警察系列

警察職權行使法逐條釋論

|第三版|

李震山、蔡庭榕、簡建章、李錫棟、許義寶　著

五南圖書出版公司 印行

三版序

本書於2018年12月修訂二版後，不到兩年時間內就有第三版面世的機會，作者們深受鼓舞。除感謝讀者的認同與支持外，同時感受到責任的加重，是因警察職權行使法與警察執勤實務關係密切，本書確需與時俱進。至於本版修正的重點包括：有關查證身分之要件及程序的第6條；有關資訊隱私、個人資料保護的第9條（警察對於公眾活動之攝錄影）、第11條（警察之長期跟監）、第16-18條（警察對個人資料之蒐集、傳遞、利用與保存），以及人民對於警察行使職權提出之異議與訴訟的第29-31條。作者除盡量容納新的理論與實務見解外，並逐條增補本書論述不周延之處，惟力有未逮之處仍多，故期待方家不吝指正。此外，最須感謝五南出版公司及編輯同仁專業且盡心的協助。

作者一同謹誌

2020年9月1日

初版序

警察職權行使法之公布施行，是警察界的一件大事，也是警察法制改革的一項挑戰，更是警察法制改革的一個新的里程碑，值得所有警察同仁惕勵、反省與深思。

警察任務繁多，除了固有的治安任務之外，似乎一般行政機關無法處理、不願處理或未能及時處理的，實務上，都會落在警察身上。警察法學先進對於警察任務的定位，已有完整的論述，足供參考，並強調法治國原則之重要性，一再呼籲「警察爲達成法令賦予之任務，其具體干預權之行使，必須另以職權條款作爲授權基礎，不能、也不可以組織法上揭示之權限或管轄規定作爲依據。」無奈，警察實務執法，仍未能完全擺脫傳統窠臼，「依憑感覺、經驗執法」，終於引爆出大法官釋字第五三五號解釋，造成警察實務執法之一陣震撼與驚恐，值得引以爲戒。若能賡續努力研究，建立完整的警察職權法制，並讓全體警察同仁體會「尊重人性尊嚴」執法意義及其重要性，相信在可預期的未來，警察依法執法，干預人民權益，應可獲得人民的諒解與支持，警察依法「保障人權、維護治安」之任務，自然亦可水到渠成。

基於上述的體認，吾人應可體會，警察職權行使法在警察實務執法的運作過程中，關係著人民權利的保護及警察任務之遂行，確實扮演相當重要的角色。即使其中仍有諸多缺失，亟待修法改正。但其既已成爲一部有效施行的法律，爲了讓我警察同仁，能有一本最起碼的研讀參考素材，以利其執法上之應用。吾人即使體認本身學殖未深，學理意見之掌握，未必皆屬正確無誤。但亦願野人獻曝，將吾人對於警察職權行使法初步的理解，寫成本書。殷盼此等野人之舉，對我警察同仁研讀本法有所助益。更亟盼警察法學的研究，能受到更多的重視，並願意共同參與，則吾願足矣。

當然，不能免俗，願藉此機會表達內心感謝。李師震山，從知悉我們計劃寫書伊始，即不斷給予我們鼓勵、指導，讓我們沒有因而喪失「勇氣」。並以「警察職權行使法之緣起與形成紀實」一文相贈，提攜後學，作爲本書導言，銘感五內。其次，警察大學行政警察研究所研究生楊贊鈞，自始即協助本書相關文獻的蒐集整理，我們聚會討論寫作相關事宜，亦由贊鈞紀錄彙整討論意見，並負責本書之排版，非常辛苦。最後，對於五南圖書出版公司，不計銷路，應允爲本書出版，表示由衷的感謝。因爲，沒有五南的幫忙，我們的夢想無以實現。

最後，要特別說明，我們只是憑著一份對於警察工作的期許，對於警察法學的一份興趣與熱愛，將我們的想法藉由本書呈現，續待充實改進之處仍多，我們會再努力，不斷力求修正原有的看法，並誠摯歡迎同好批評指正，共同爲警察法學研究及實務執法，提供更多的、更精緻的參考素材。

著者一同謹誌

2004年9月1日

作者撰寫內容一覽表

撰寫人	內容	作者學歷、現職
李震山	緒論	德國慕尼黑大學法學博士 司法院前大法官
蔡庭榕	第1～8條	美國聖休士頓州立大學刑事司法博士 中央警察大學犯罪防治學系副教授兼圖書館暨世界警察博物館館長
簡建章	第9～14條	中央警察大學警政研究所法學碩士 中央警察大學國境警察學系兼任教官
李錫棟	第15、27～28條	中正大學法律學研究所博士 中央警察大學法律學系教授
許義寶	第16～26、29～32條	中正大學法律學研究所博士 中央警察大學國境警察學系教授兼系主任

目　錄

「警察職權行使法」之緣起與形成紀實

本文之初構，係應內政部警政署之邀，於2003年8月該署舉辦「警察職權行使法（下稱「警職法」）理論與實務講習」時所完成，該講稿再度用於2004年7月花蓮縣政府法制課與警察局共同舉辦法規講習，並經增補潤飾而成。爲配合本書今年（2020）的改版機會，再檢視並調整部分用字與遣詞，以之作爲本書的開場白。本文除作爲「警職法」草案研擬至立法完成之歷史見證外，旨在提供讀者閱讀本書之背景資料。

每當在研讀、回顧或展望「警職法」時，常感念當初受內政部警政署委託共同研擬「警察職務執行法草案」攜手合作的夥伴們；包括鄭善印、許文義、蔡庭榕、簡建章、許義寶、李泰澄的齊心協力。特別無法忘懷的是故友許文義博士，他若地下有知，一定非常樂見本書的問世，因爲本書內容中有許多他的心血與智慧結晶。相信文義也會爲本書作者後續共同研究之熱忱與努力，感到欣慰。

「警職法」立法研擬過程，依時序推移可分爲以下五個階段：壹、學者研究階段（1998年10月～1999年6月）；貳、內政部警政署研擬階段（2000年1月～2001年1月）；參、內政部法規會審查階段（2001年2月～2002年4月）；肆、行政院審查階段（2002年4月～2002年12月）；伍、立法審查階段（2003年3月～2003年6月5日）。其中最具關鍵性的影響是，第貳階段期間司法院所公布的釋字第535號解釋（2001年12月14日），其除與第壹階段學者研究的成果間產生水幫魚、魚幫水的效用外，所論令二年的法令通盤檢討訂定時期，成爲加速第參至第伍階段審查的加速器，終於促成「警職法」的問世（2001年4月27日公布施行）。至於本文重點則是析論各該階段中所涉重要事實及法理問題。

壹、學者研究階段

一、緣起

事出必有因，有遠因亦有近因。「警職法」之問世，遠因是警察行使職權的合法性與正當性長期受到質疑，經常苦思因應之道，但大多坐而言，未起而行。至於下定決心要加以澈底研究，則緣起於所謂「白曉燕命案」的發生，可算是中期原因；近因則是前述釋字第535號解釋所引起廣泛重視與迴響，促使「警職法」立法腳步加速。此外，夾雜其間之因因果果甚多，或為人知或為人所不知，主動中有被動，積極中有消極，緣起而緣未滅，緣雖未滿，但有當前的成果則幸甚。

1997年間陳進興、林春生等人所引起的「白曉燕命案」及相關重大治安事件，震撼了國家社會，亦給治安機關帶來空前巨大壓力。政府除要求儘速緝捕該案之逃犯、命治安機關除採取必要措施外，為回應廣大的民意及可運用之民氣，乃有召開全國治安會議之舉，以凝聚通盤解決治安問題的共識。內政部警政署乃在國家發展諮詢會議之下，先行召開社會治安諮詢小組會議，回憶應邀與會當時，我在會中提出多項建言，重點不是如何緝捕要犯，而是將焦點集中在警察尊嚴與法制等長治久安之圖謀上，至少有以下兩要點：第一，呼籲建立合乎人性尊嚴的警察勤務制度。建議以制度衡平社會治安責任與警察人員的人格尊嚴、婚姻家庭權及職業尊嚴。因為在該事件中，我目睹到有責無權的基層執法者受委屈的一面。第二，建議制定警察職權法。使警察在法治國理念下執行公權力有所本，並提出警察依據警察勤務條例執行臨檢、盤查，以及在該事件上所採措施在法理上所生之疑慮。

前述第二點建議似乎受到正視並採納，成為在國家發展諮詢會議——社會治安諮詢小組有關「警政制度與犯罪偵防議題終結報告」的決議，進而據此要求警政署應參考日本「警察官職務執行法」或德國「警察任務與職權法」之立法例，制定一部規範我國警察職務執行的完備法律。以警政機關一貫上命下從的職業文化，該項列屬治安決策性質的紀錄，就有管考與落實的壓力，該契機終使埋下的種子有發芽而見天日的機會。至於第一項建議，一直到司法院釋字第785號有關公務人員訴訟權保障及外勤消防人員勤休方式與超勤補償解釋案中（2019年11月29日），才基於「服公職權」及「健康權最低限度保護之要求」，去審查「交通運輸、警察、消防、海岸巡防、醫療、關務等全年無休服務民眾機關（構）之輪班、輪休制度」，初步還給該等人員工作與生活的尊嚴，但也令人有遲來的正義不是正義的感歎。

警政署行政組由王組長永惠先生，於1998年初開始與我接觸，希望由我負責邀集研究同仁，擬訂研究計畫依程序報核，再由其長官定奪，決定是否有進行研究之價值。當年我正值由母校中央警官學校（中央警察大學前身）轉往中國文化大學法律系服務之際，認該研究工作應由警界學者擔綱為宜，幾經推辭不成之後，才接下此工作。當徵詢參與共同研究之意願，成員們皆爽朗應允，使我信心倍增，心生溫暖。由於研究案係因個案所引起，事過境遷後往往波瀾不興，研究成果是否會束之高閣甚至船過水無痕，不無顧慮。但我們研究小組接受委託後，並不作如是觀，倒想順勢而為，以通案且前瞻性研究態度，希望一舉解決警察職權行使之諸多重要問題。此由個人所主筆，提出的下列研究目的，即可明志。

二、研究目的

翻查當初研究計畫書，記載著以下幾個值得一提的研究目的。

（一）促使警察權行使遵守依法行政原則

依法行政原則有法律優位與法律保留兩大要素，向來不受警察實務機關之正視，其中隱含著許多錯綜複雜的因素。1.就法律優位部分：

警察所依據下位規範，必須合乎上位規範。作爲警察職權行使依據之法律、職權命令、法規命令、行政規則（相關函令）等是否牴觸上位，應受全盤檢視；2.就法律保留部分：干預性的警察職權，形式上必須有法律依據，實質上法律的實體與程序要件應明確。若以「警察勤務條例」中針對臨檢、盤查之規定爲例，實體構成要件不明確，程序要件未規範，並不合乎實質法律保留的精神，從而不得作爲警察臨檢、盤查行使干預權之依據，而該見解顯然與當時主流意見背道而馳。

（二）集中立法優於分散修法

就實務上言，警察工作需與時俱進，不能片刻停頓，於其遂行警察任務（Aufgabe）之際，隨時都有採取警察措施（Massnahme）或行使警察職權之必要。警察各項措施經長久之執行，大都已可類型化或典型化，例如以查證身分爲目的之盤查或臨檢、鑑識措施，以及管束、通知、檢查、扣留、資料蒐集、行政強制、使用警械等，分別適用不同的法令，與其分散修法，不如集中加以體系性規範，此其時矣！

觀察近五十年來，警察行使上述職權採取干預措施之依據，歷經以下幾個階段：1.以「警察法」第2條之四大任務，即「維持公共秩序、保護社會安全、防止一切危害、促進人民福利」，作爲彌補法律對職權漏未明確授權時，警察職權行使之主要依據與理由。在該階段中，警察絲毫沒有任務概括規範不得作爲具體職權行使依據之基本問題意識，甚至還陶陶然於「以天下爲己任」。殊不知，該階段的諸多作爲，正違反法治國依法行政中最基礎的理念；2.以「違警罰法」作爲治安利器之階段。靈活運用該羅織甚廣的法規範，配合拘留、施以矯正處分等剝奪人身自由之違憲措施，復以針對違警事件只能訴願不能再訴願的規定，巧妙排除檢調介入及司法審查，再配合檢肅流氓辦法等動員戡亂時期法令，將「憲法」第8條最重要的人身自由規範也拋諸腦後，遑論其他基本權利的保障。在該階段中，提議另訂警察職權行使法，大都被評價爲多此一舉，自縛手腳；3.「違警罰法」部分條文被宣告違憲後（司法院釋字第166號解釋參照）至「社會秩序維護法」問世前的十年（司法院釋字第251號解釋參照），在該階段中交叉運用「刑事訴訟法」、「違警罰法」、「警察勤務條例」、「檢肅流氓條例」、「道路交通管理處罰條例」、「集會遊行法」、「國家安全法」中零碎授權基礎作爲職權依據之階段，在當時法治鉅變的氛圍下，似仍無罣礙；4.解除動員戡亂軍事戒嚴體制後之階段，在立憲主義下民主法治國之形式略具雛形時，人民、學者、民意代表屢屢詰問警察諸多措施是否合乎法治國「依法行政」、「法律保留」、「法律內容明確性」及「程序正義」等原則？實務上，在禁不起法治國諸多原理檢驗下，確已對執法警察同仁心理上形成相當之障礙與負擔。惟尚有不少缺乏相關問題意識的警察人員，常不經意的以權力傲慢面對人民、醜化或貶抑學術功能，而一味張揚與捍衛實務價值者大有人在。至於稍具問題意識之警察人員，則執法有遲疑、畏縮或良心不安之現象。此外，前述各該法律用以保護警察人員之功能日益式微，且捉襟見肘，基層同仁常被課予法律責任，上級甚至需要連坐，影響治安功能，積極謀求集中立法可彰顯改革之決心。

（三）莫再等司法院大法官作成違憲解釋才被動修法

在長期以軍領警的狀態下，實質警察專業甚難抬頭。因此，在警察專業領域的事項，警察很少有「我們講的才算數」的豪情。缺乏自發性的自治、自決，很難有自律、自省之機會，過度依賴人治或政治，於他律且他決下即易導致警察成爲政治工具，喪失職業尊嚴的結果。在研究計畫書中即特別提出：「司法院大法官正積極受理人民釋憲案，清理過往法令之合憲性問題，此驗諸『違警罰法』、『檢肅流氓條例』、『刑事訴訟法』、『集會遊行法』部分條文、『入出境管理規定』、『道路交通管理處罰條例』等相關法令，皆曾遭解釋爲違憲之經驗以觀，其他警察法制若不求變革，恐亦遭遇同樣困境，對警察形象、士氣之影響恐非同小可。」（按：該等顧慮不幸言中，司法院釋字第535號解釋雖未直陳「警察勤務條例」違憲，卻以「警告性裁判」、「合憲性限縮」的解釋方式指出該條例中不符憲法意旨之處，故雖不中亦不遠矣。）

三、團隊組成、研究步驟與研究成果

（一）團隊組成

研究團隊係依成員留學國、專長、分工合作之秉性，以及經費有限等考量下所組成的「小團體」。除研究小組合作無間外，指導與行政支援的團隊爲：當時承辦此案之警政署行政組王永惠組長、陳朝和科長及侯欽宗科長、林俊材科員。法制室前後任主任李英生、官政哲及所屬科長、科員等。委託單位亦聘請政治大學法律系兼教務長的劉宗德教授、臺北大學法學院陳春生教授爲諮詢顧問，多次惠賜口頭及書面寶貴意見；同時並聘請當時我所任教中國文化大學校長林彩梅教授、法律系主任林信和教授爲名譽顧問，對促成本研究案皆有貢獻。當然，時任署長丁原進先生及續任王進旺先生、副署長余玉堂先生之支持，自不在話下。

（二）研究步驟

於九個月研究期間，除研究成員撰提研究報告，互動頻繁外，並連袂至臺北市、臺北縣、臺中市、彰化縣、臺南市、高雄市等警察局實際報告並座談；各單位皆以盛大陣仗、嚴謹的作業、熱烈討論回應研究小組，席間聽聞許多實務經驗與問題，具啓發性者不少，所有紀錄皆由許義寶翔實記載，列在研究成果報告之附錄中。另在警察大學、東海大學、中正大學各辦一場學術座談，請相關學者就研究方向與重點，惠賜指教。

（三）研究成果

我們所撰寫完成的「警察職務執行法草案之研究」報告共分七

章，以A4紙本印刷，共449頁，除學理論述外，包括立法草案（含立法理由）、座談紀錄、外國警察法翻譯、參考書目，也算洋洋灑灑。本人除執筆第一章及第七章外，復與許文義共同負責第三章德國法制部分；第二章我國法制部分由簡建章執筆；第四章日本法制由鄭善印捉刀；第五章英美法制由蔡庭榕撰寫；並分配各執筆者草擬條文草案及立法理由，最後交由簡建章總其成並撰擬立法說明，多次討論共同謀定，再向外徵詢高見。其間，許文義是催稿高手，使研究皆依進度進行；許義寶是整理資料蒐集文獻的快手，提供最佳後勤支援；鄭善印調和鼎鼐，內外兼顧，係最佳協同主持人；蔡庭榕則在強大歐陸、日本法籠罩下，引介英美法，其艱難處境可想而知；簡建章挾其參與「社會秩序維護法」草擬的經驗、功力與能力，在本案中表露無遺；行政庶務則有賴文化大學法律系李助教泰澄的襄助，盡心盡力的團隊，在有限的經費及短促的研究時間（原本簽約六個月，經申請延長三個月但未增加經費）奮力向前，令人印象深刻。

貳、警政署研擬階段

研究報告繳交結案後，經過半年，杳無回音，自忖，大概全案已簽結而束之高閣。當時我已從文化大學法律系轉往嘉義民雄中正大學法律系任教，大部分時間都在中南部，未再聞問，忽然接獲開會通知後，才又萌生希望。由警政署余前副署長玉堂主持，邀請內政部法規會、法務部高檢署、警政署行政組、法制室及相關警察機關代表人員及研究小組成員，於警政署會議室，按研究報告中所擬「警察職務執行法草案」逐條檢討，希望擬就警政署版本之草案，研究團隊成員皆欣然赴會。

研究團隊早已預見，於正式研擬官方版之法律草案時，必會面臨下述幾個前提問題，乃於提交之研究報告中，提出建議說帖（第429-437

頁），並成爲我參與第一次會議的開場白，提請與會者將之列爲前提問題討論之：第一，法案名稱究應採「警察職務執行法」或「警察職權行使法」？前者係委託研究所根據的會議紀錄所記載的名稱，後者爲研究小組之主張；第二，法案內容究應採保守因應現實之立法或前瞻超前之立法？研究小組推測警政署可能會考慮後續立法的順暢，而不採納草案中較先進規範（特別是個人資料蒐集與保護），從而積極建議警政署放眼未來。以下共同研議而由許文義博士主筆的說帖，事後證明其中之顧慮並非多餘。由於研究報告並未出版，讀者查證不易，爲徵信實，大部分全文照錄於次（附註省略）。

一、法案名稱之定奪

一個研究主題之確定，是任何問題探討之開端。其不僅具有主導問題研究方向，而且對於研究範圍亦具有限制之功能。本研究案定名爲「警察職務執行法」，係源自「國家治安會議」所決議，因此內政部警政署乃援爲委託本研究之定名。惟此定名是否妥適？是否符合委託研究之本旨？頗值得進一步之探討。茲先就「職務」與「職權」做字義上之分析與探討，然後再就此兩者做比較，並與本研究之目的做連結，最後提出建議。

（一）「職務」與「職權」意義之分析與探討

1. 職務

德文中Amt一詞具有多義性。首先，它是指「廣義之公共機構」（Institution），特別是指特定事務範圍之機關而言；再者，認爲它是公權力主體爲特定範圍所分配之任務整體（Gesamtheit der Aufgaben）。依德國「基本法」第33條第2項規定，一切德國人依其適性、能力及專門技能，均有就任公職（öffentlicheAmte）之權利。所謂「公職」，係指公勤務中之所有活動（alleTätigkeiten）而言。本研究所稱之「職務」，即指後者而言。

所謂「職務」，依《法律大辭典》解釋：「國家或其他機關所分配給各職員範圍內所應處理之事務之謂」；而《辭源》解釋爲：「職分中應爲之事務也」；《大辭典》解釋爲：「職位上所擔任的事務」。依「公務人員任用法」第3條第1項第3款規定：「職務：係分配同一職稱人員所擔任之工作及責任。」若從職位分類上去尋求「職務」之意義，則爲「指派給一個工作人員要其處理之工作」；甚至直接將「職務」視爲與「工作」同一意義之不同名詞。亦有將「職務」視爲係上級主管所交付辦理之工作。綜上所述，「職務」可區分爲廣、狹二義。前者係指國家或機關依據實際行政需要，分配同一職稱人員所應負擔之責任與處理之事務（工作）而言。後者則指單純之「工作」而言。「職務」若欲與後述「業務」有所區隔，依據狹義說是無法達成，而僅能依據廣義說中所強調「同一職稱人員」之工作，因此，本概念似乎應以廣義定義較爲妥適。

再依據「公務人員任用法」第6條至第8條規定，各機關組織法規所定之職務，應就其工作職責及所需資格，依職等標準列入職務列等表。必要時一職務得列兩個至三個職等。各機關對組織法規所定之職務，應賦予一定範圍之工作項目、適當之工作量及明確之工作權責，並訂定職務說明書，以爲該職務人員工作員指派及考核之依據。並應依職系說明書歸入適當之職系。可知，「職務」一詞在此法律中之意義，係指「工作」與「責任」之綜合體而言。

此外，「職務」一詞之運用範圍，在司法訴訟上，例如「職務管轄」與「職務期間」；在「刑法」第135條規定，妨害公務罪中「對於公務員依法執行『職務』時」爲構成要件之一，此處之「職務」，係指屬於公務員權限內所應爲者而言。在傳統警察學或警察法學中，未發現學術上與實定法上對其有明確之定義。此乃因爲在警察實定法及實務中，鮮少運用此一用語；再者，此一用語與警察「勤務」、「業務」十分近似，特別是警察業務；或可謂「警察職務」即是「警察業務」。此可證諸昔日所慣稱「警察協辦業務」，即指今日吾人熟悉「職務協助」。因此，「警察職務」一詞一直爲「警察業務」所取代，直到警察比較法學之開創與發展後，外國相關法令規定與文獻之翻譯與介紹至國內，特別是日本與德國警察法令，例如日本之「警察法」、「警察官職務執行法」與德國「機關間職務協助法令體系及相關學理」之引介，此一用詞才在國內文獻上有明顯運用之趨勢。

綜上討論與分析，可知「職務」係指工作、業務與責任之綜合體，至於工作或業務之性質是任意性抑或是強制性，在所不問。

2. 職權

「職權」（Befugnis）亦有譯爲「權能」，依《辭源》之解釋，執行職務之權力也。由主權者或其機關給與之，權之大小，視委任範圍之廣狹。有謂其係指機關之職掌與權限；或指本於任務依據機關組織法規規定之掌理事項。因此，更有者將警察業務視爲警察職權者。此外，有學者認爲，權能（職權）與管轄權（後述）概念有別，它指的是法律所賦予的一種資格，一種得採取某種手段、措施以達成任務之資格。然在此仍須注意者，並非所有採取手段或措施以完成行政任務之權能（本研究認爲，此處應將「權能」二字刪除，方能呼應前述「權能是法律所賦予的一種資格」）皆需法律的另外授權，毋寧，唯有當所採手段、措施涉及人民權利、義務，特別是干預、限制人民自由權利時，始有法律特別授權之必要。既然機關強制性作爲之實施，必須有明確之法律依據，因此，此種法律所賦予採取措施或手段以達成任務之資格，稱爲「職權」似較諸「權能」爲妥。

依「憲法增修條文」第3條第3項規定：「國家機關之職權、設立程序及總員額，得以法律爲準則性之規定。」同條第4項規定：「各機關之組織、編制及員額，應依前項法律，基於政策或業務需要決定之。」行政院爰依此項規定擬具「中央政府機關組織基準法」及「中央政府機關總員額法」兩項草案。在法治國家法律保留原則下，機關實施強制措施或手段時，必須依據明確之要件與程序，因此，機關之職權需有法律授權基礎，是當前法治國家之趨勢，此不獨可防止機關濫權弊端，而且可落實保障人權之理念。

（二）「職務」與「職權」與本研究目的連結之比較

綜上分析與探討，吾人不難歸納出：「警察職務執行」簡而言之，即是指「警察工作之執行」。警察工作若以強制性之有無爲區分，可概分爲任意性與強制性兩種。在法治國家中依法行政原則所強調者，乃是關係人民權利義務之警察措施，必須要有明確之法律授權基礎。若以「職務執行」作爲本研究之名稱，從其所涵攝之範圍以觀，包括警察任意性之警察工作，此一部分自不待法律規定或授權，警察即可實施，此與本研究之研究目的「尋求警察強制作爲之明確法律依據」自有未符。再者，如前所述，目前警察實務界業已依據「警察法」第2條及其施行細則第2條第2項規定，訂定「警察機關職務協助執行要點」做爲警察履行「職務協助任務」之依據，若本研究亦引用「職務」爲定名，遂使人難以分辨本研究之性質究係「任務法」抑或「作用法」，而警察實務機關卻無此問題意識。

誠如前述，本研究之目的係在警察採取手段、措施涉及人民權利、義務，特別是干預、限制人民自由權利時，必須有法律明確之授權，以符合法治國家依法行政原則之要求。因此，若本研究採用「職權」一詞，其所彰顯之警察「權力」作用，特別是強制力之行使方面，較諸以「職務」一詞定名爲強烈與明顯，此應較符合本研究之目的。再者，依據我國「警察法」第9條既以「警察職權」爲條文內容及稱謂，而本研究之目的，亦以將此條某些規定再加以具體化，使警察在實施此類職權（特別是爲達成防止危害任務之職權）時，有明確之要件與程序可為遵循，藉以落實法律保留原則之精神。基此，吾人實不必再另覓「職務執行」一詞以為代替。若此，不只易生上述任務法與作用法混淆之情形，而且亦有治絲益棼之弊端，徒增實務上適用與學術上研究之困擾。為避免如「行政執行法」中「怠金」一詞，原在1913年4月1日前北京政府公布施行之行政執行法即稱為「怠金」，後因我國於1932年12月28日國民政府制定該法時，誤植日人之用詞「罰鍰」而訂定於該法，致造成秩序罰與執行罰無法明確區分之情形，沿用迄1998年10月22日該法重新修法時，使予以更正回復為「怠金」之情形。職是之故，本研究之定名是否仍以沿用日本類似法律——「警察職務執行法」之名稱，頗值得正視。

（三）建議

從上述分析與研究之結果，本研究建議採用「警察職權行使法草案之研究」之名稱，似較為妥適。就上述觀點，研究小組在會議討論中仍持續建議。會議主席認為事關重大，最後由承辦單位簽請時任署長王進旺先生，終於採納以「警察職權行使法」作為草案之名稱。

二、超前立法或保守立法

探討本問題之前，先就德國「警察法」之發展予以分析與探討，然後再以此發展之趨勢，作為檢驗我國「警察法」發展進程，進而提出建議。

（一）德國「警察法」之發展趨勢

德國「警察法」自1950年發展至今，概可區分為以下三個階段。

1.第一階段是增列概括授權之重要基本原理、滋擾者之責任、比例原則與警察特別賠償之規定。德國警察得依概括條款之授權，採取干預措施，係警察法的老傳統。其「原始及開端的模式」，係「普魯士邦法通則」第10條第2項第17款：「為維持公共安寧、安全及秩序，以及爲防止公眾或個人當前危害而設置之必要機構，即爲警察機關。」1931年之「普魯士警察行政法」，明確記載自十九世紀以來之法律發展，其第14條即爲概括條款之規定：「爲防止對公眾或個人之危害，並防止該危害威脅公共安全與秩序，……警察機關應在法律範圍內，依合義務性之裁量，採取必要之措施。」此項規定可見諸於今日所有警察法中，然用語已現代化。秩序機關之實質法與警察機關之實質法是一致的，很少例外。1958年以後當作實質警察法核心之職權法（Befugnisrecht）亦是依據「普魯士警察行政法」所適用之職權，主要依據「警察概括條款（第14條）」，此條款同時亦是任務分配規範（Aufgabenzuweisungsnorm）。依據司法判決（主要是傳統普魯士高等行政法院）認爲，可據此條款以確定採取干預措施之種類與範圍。今日，由於警察法已明文規定許多特別職權，概括條款在實際運作上之意義已較不如往昔重要，充其量僅在功能上，扮演未有明確職權規定時之「彌縫承接」作用之角色。

2.第二階段是爲防範與日俱增犯罪、暴力犯罪與恐怖主義，擴大滿足警察工作之典型職權。德國依據「基本法」第30條之規定：「國家職權之行使及國家任務之履行，爲各邦之事務，但本基本法另有規定或允許者，不在此限。」此規定是在彰顯德國係一聯邦國家，國家事務原則上是由邦負責，「基本法」有例外規定時，才由聯邦負責。警察係屬邦之事務，包括立法與執行權。就立法權而言，聯邦並無警察法之獨占立法權（Ausschliessliche Gesetzgebung），亦無與各邦共同立法權及頒定通則之權，因此，各邦皆有各自獨立之警察與秩序法，爲了聯邦與邦，邦與邦間共同抗制犯罪之能力，聯邦政府乃思將各邦警察法規加以整理分析，統一規定。於是1972年聯邦與各邦內政部長之經常會議依「德意志聯邦共和國內部安全計畫」（Programm für die innere Sicherheit in der Bundesrepublik Deutschland）要求制定一部能爲各邦採用之廣泛實質警察法草案。1976年6月11日，經聯邦與各邦內政部長聯席會議乃議決通過「聯邦與各邦統一警察法標準草案」（Musterentwurf eines einheitlichen Polizeigesetzes des Bundes und der Länder），旋又於1977年11月25日經同會議通過其修訂案，供各邦警察與秩序法修法時參考。第一階段（截至1983年止）計有Bayern、Niedersachsen、Nordrhein-Westfalen、Rheinland-Pfalz等邦參考採用，在第三代警察法與秩序法之修正內容中，有更多邦深受其影響（詳下述），足見該草案已發揮其預期「統一整合」之功能。

在此標準草案中，警察職權除第8條「一般職權」之概括條款外，具體化者計有：查證身分及檢驗文件（第9條）、鑑識措施（第10條）、傳喚（第11條）、驅離（第12條）、管束（第13條）、人之搜索（第17條）、物之搜索（第18條）、住宅之侵入及搜索（第19條）、搜索住所之程序（第20條）、扣押（第21條）、保管（第22條）、變賣、銷毀（第23條），以及扣押物或拍賣價金之返還、費用（第24條）等。

3.第三階段是依據聯邦憲法法院人口普查之判決，個人資料之蒐集與使用，應受制於合目的性。因此，立法者本身應將資料使用之目的，在各領域中專門化且爲周詳之規定，此表現於「警察法」中則爲資料蒐集與處理之廣泛職權規定。資料蒐集及處理屬於干預措施，必須要有特別法律授權，特別是警察採取祕密措施蒐集資料時，更容易侵害「基本法」所保障之人權，例如人性尊嚴（第1條第1項）、一般人格權（第2條第1項）、資訊自由權（第5條第1項）、集會結社自由權（第8、9條）、書信、郵政與通訊祕密（第10條）、住宅不得侵入（第13條）等，因而更迫切需要有法律授權基礎。復爲顧及犯罪結構之改變，及其導致犯罪偵查之重大困境，聯邦憲法法院及聯邦最高法院均一致認爲，欲抗制組織犯罪與重大犯罪型態，有必要採取異於傳統之偵查方式，例如監蹤、線民、臥底、監聽及運用隱藏式科技工具等措施。內政部長會議（IMK）於是委託一工作小組（公共安全與秩序工作小組II），針對該項人口普查之判決對警察之資訊工作有何影響，進行審議。由該小組所成立之一個所謂「法律與警察專門委員會」，於1985年初針對標準草案之後續發展，提出第一個前置草案（Vorentwurf）。由於受到很多批評而重行修正，於1986年3月12日定案。該版本定名爲「修正聯邦與各邦統一警察法標準草案之前置草案」（縮寫爲VEMEPolG），最後由於其合於警察法後續發展之原則，內政部長會議予以通過。該前置草案之內容計有：資料蒐集（第8條a）、於公共活動、人群聚集與集會中資料蒐集（第8條b）、資料蒐集之特殊方式（第8條c）、警察監控（第8條d）、資料之儲存、變更與利用（第10條a）、檔案行政與文獻（第10條b）、資料傳遞（第10條c）、自動截取程序（第10條d）、資料比對（第10條e）、資料比對之特別方式（第10條f）、資料之更正、註銷與凍結（第10條g）與建檔規定（第10條h）等。

各邦依據此一前置草案修正其警察法，一時蔚爲風潮，以漢堡邦爲例，該邦除於1991年5月2日修正其原有之警察法（名稱爲「公共安全與秩序維護法」）外，更進而增列「漢堡邦警察資料處理法」合併警察法中，列爲該法之第二部分。其內容計四章（資料蒐集之一般職權、特別職權、資料處理之職權與終結規定）二十九條，分別爲：適用範圍、概念規定（第1條）、資料蒐集之原則（第2條）、詢問與回答義務（第3條）、查證身分與檢驗文件（第4條）、在危害狀況中爲協助準備而資料蒐集（第5條）、資料蒐集之前提（第6條）、鑑識（第7條）、於公共活動與集會及對於特別易受危害之標的物之資料蒐集（第8條〉、以監視蒐集資料（第9條）、藉科技工具祕密勤務以蒐集資料（第10條）、線民（第11條）、臥底（第12條）、警察之監情（第13條）、目的拘束原則（第14條）、資訊儲存之期限（第15條）、資料之儲存、變更與利用（第16條）、爲統計、養成與進修教育所利用之資料（第17條）、資料傳遞之一般原則（第18條）、警察機關間資料傳遞（第19條）、傳遞資料與公共部門、外國公共部門及跨國與國家間之部門（第20條）、資料傳遞與非公共領域之部門（第21條）、資料比對（第22

條）、掃瞄追緝（第23條）、資料之更正、消除與凍結（第24條）、當事人請求告知（第25條）、建檔規定（第26條）、自動資料庫與程序、資料連結（第27條）、基本權利之限制（第28條）與過渡規定（第29條）。綜上規定，吾人不難得知，該警察新修正法之內容已將警察資料蒐集與處理（包括資料之儲存、變更、利用、傳遞、更正、消除與凍結）之原則及其措施，規定甚為詳細。

4.前述三階段之演進，主要是以警察職權之概括規定，經具體規定（或稱「具體化」），進而到精緻規定（或謂「精緻化」）之歷程為重心。因此，此三個階段警察法之修法趨勢，旨在彰顯法治國家法律保留原則，凡干預人民權利之處分，皆需有明確法律授權之精神。

（二）我國「警察法」發展應有之認知與作法

若以上述德國「警察法」發展之趨勢，作為檢驗我國「警察法」發展之情形，吾人不難發現，目前我國「警察法」之發展大概處於前述第一與第二階段間，意即警察職權之行使依據，主要是依據概括條款，偶有一些職權概念稍微具體，例如臨檢、盤查等規定，但職權之構成要件與程序卻不明確。由於職權之構成要件與程序不明確，因而警察實務界在實施此職權時，常有走在鋼索上，何時違法無法自知之情形。此一違法執法之情形，隨著法治國家法律保留原則之要求，將會越來越多，此從本研究前往警察實務界座談中，可得到印證。

人類文明已從農業到工業，進而發展到電子業，所謂「第二或第三次工業革命」，此一時代趨勢是沛然莫禦。隨著電腦發明，以及社會結構之變遷，犯罪型態之改變，特別是組織犯罪、暴力犯罪與恐怖主義等日漸猖獗，因此國家之治安政策亦應隨之改弦更張，大幅調整，以為適應。由立法院於1995年8月11日公布施行「電腦處理個人資料保護法」（現易名為個人資料保護法）、1996年10月23日制定公布「洗錢防制法」並於同年12月11日制定公布「組織犯罪防制條例」等法律，正足以說明我國在此世界潮流中亦無法避免電子時代之弊端，以及政府抗制組織犯罪之必要與決心。為使我國警察人員於當前電子時代中，能「合法」且「有效」對抗暴力及組織犯罪，政府實有未雨綢繆，制定明確之職權作用法（因為上述三個法律僅就犯罪或違規行為構成要件之規定，並未授與執法人員行使職權之依據），以為執法人員實施職權依據之必要。設若執法人員能遵循明確之法律構成要件與程序予以執法，此不僅能消極的保障執法人員依法行政，防止執法違法情事之發生，同時亦積極的落實憲法保障人權之精神。

（三）建議

基於上述分析與說明，本研究乃建議：當前對於「警察職權法草案」之研究及未來之立法，不應只檢討過去，而應策勵將來採「超前」方式為宜。其實處於電子資訊時代的今日，對「資料保護職權」之研究或立法，並無所謂「超前」之情形，只是在以往我國不重視甚或輕忽之情形下，如今必須將德國第二代及第三代警察法之規範趨勢，因應法治國家精神之需要，明確立法而已。

三、理想與現實之折衝

就上述議題，如先前所料，會議中有多人發言，除顧慮規範太先進而滋生疑慮外，並認為立法阻力必大，特別是對於個人資料蒐集與保護部分，建議先就已發生重要職權之問題為規範對象，有餘力方傍及其他。此種想法從立法進程順利而言，係可以理解，但不具前瞻性的立法，可能流於「頭痛醫頭，腳痛醫腳」缺乏體系且無法因應未來。研究小組仍力主以積極前瞻為尚，故除俗稱臥底偵查（研究草案第15條、第16條）因涉及「刑事訴訟法」，並以與檢察官職權有關而尚待釐清之理由遭割捨外，其餘大多保留。「資料蒐集」相關條文，在研擬當時被認為太先進，沒有急迫性，然以今日個人資料保護及資訊自決問題之嚴重性以觀，該等規範不但不先進，反而單薄落伍有待再增修。如果當時不堅持，而通過較保守的法案，對照今日狀況，必定扼腕不已。

除前兩問題，在三次會議中，個人一再表示，本案處於理論與實務緊張關係中，如何調和法學理論、法律實務（法院、檢察、律師）及人民之見解具高度挑戰性，研究草案提出後研究小組已普遍感受到如下之困境：（一）警察同仁並不滿意。因爲職權行使處處受限，綁手綁腳。對實質依法行政理念未獲充分正確認識前，出現既愛又怕受傷害的矛盾心態；（二）引起學界及人權團體疑慮。在草案研擬階段中，媒體不定期披露，「警職法」有使警察擴權、侵害人權之虞，並未給予正面評價；（三）人民缺乏信賴。昔日的人民一向與警察處於對抗而非合作之關係，對警察權行使不信賴由來已久，對該草案亦處一知半解狀況，此種現象可能會反應在立法行爲上；（四）此草案若未經立法通過，警察是否會因本研究揭露太多警察法制的缺失而自曝其短，究會使危機四伏，亦或是轉機？未經時間淘洗，不得而知。

在研擬討論過程中，主席余玉堂先生給我們很大空間，對我等的看法皆能諒解，意見溝通理性、平和。事實上，在研究報告定案前，爲顧及警察實務作法，我們並未堅持如研究草案中所主張，例如只要涉及人身自由則應考慮「法官介入」之立場，因而折衷出「警職法」第7條第2項「帶往警所三小時」及相關程序規定。於警政署研擬階段中，我們亦不堅持「長官保留」之長官層次，由局長下降至分局長層級，理想與現實進退之間需要一點智慧與無奈的淡然胸懷。頗出人意表的是，學者版與警政署版之「警職法」草案，卻引起民間司法改革基金會的高度注意，並以之爲民間版本的藍圖，甚至蛻變成爲現行法律。此種轉機確係始料所未及，有待後續再論。

參、內政部法規會審查階段

一、審查進程

（一）釋字第535號解釋作成之前

內政部法規會歷經六次法規審查會，均由前政務次長兼法規委員會主任委員李逸洋先生親自主持，我則因服務地點（嘉義民雄）關係，未再參與相關法案之審議或公聽會議。僅從曾任警政署法制室主任的官政哲先生（從警政署副署長職位退休）於《警光雜誌》第564期（2003年7月）中擷取「官方」資料，整理以下值得一提的訊息：1.2002年1月11日內政部法規委員會第五次審查會議將原報之名稱「警察職權行使法」修正為「警察職務執行法」。換言之，研究小組在研究過程及警政署草案研擬過程，不斷努力主張「名正方能言順」，又回到原點；2.改採保守式立法，特別對資料蒐集部分採納者甚少；3.採低密度立法，以行政執行法及行政程序法原有規定為主。經刪改後之版本已甚難呼應當初研究之目的與旨趣，何以會如此，尚難揣測。個人當時略有耳聞，雖處之泰然，難免有無奈之感，研究小組成員想必也有「如人飲水，冷暖自知」的深刻感受。

（二）釋字第535號解釋作成之後

內政部法規會審查快告一段落時，司法院公布釋字第535號解釋，從解釋文與理由書的理路與用字遣辭中推測，包括釋憲聲請人與審理的大法官們應已看過我們的研究報告且採用其中甚多觀點，又由於該解釋要求有關機關應於解釋公布之日起二年內，依解釋意旨通盤檢討訂定相關法律規範，使該研究草案又有了「起死回生」的契機！

為將釋字第535號解釋意旨納入，警政署依據內政部法規會意見，又經多次修正會議並呈報內政部法規會審查完竣，草案計分五章、三十三條條文。2002年1月19日內政部發布審查通過「警察職務執行法」草案新聞稿，供各大媒體刊載。2002年2月27月內政部部務會報通過「警察職務執行法」草案。2002年4月3日內政部函報行政院審議。

二、民間司法改革基金會之「警職法」版本

在內政部法規會審議階段中，民間司法改革基金會（下稱「司改會」）發給我一開會通知，會議主旨是擬討論警察法制之興革，由顧立雄律師主持。會中決議要草擬民間版「警察職權行使法」，並希望以前揭「研究案」爲藍本。這些司法改革菁英推動此項立法工作主要靈感是源自我亦應邀參與的1998年底全國司法改革會議，於會議中大家皆將焦點集中在法官、律師、檢察官之角色、功能興革上，惟經深入研究後，發覺疏忽警察所扮演上游關鍵性角色，因爲警察執法品質若不提升，上游不清，下游污染自然嚴重。因此，若能賦予警察較大權能，改善其執法品質，應可減少檢察官與法官之負荷，所以不應再對警察之權限問題，老是抱著懷疑顧慮的心態。反之，應透過立法健全警察職權行使授權基礎，才是正本清源的作法。個人對該項看法敬表贊同，但亦當場表示，因曾參與官方版本的草擬，基於職業與專業倫理，立場上不便參與日後之研討，獲與會人士默許與諒解。

「司改會」依據其所研擬之「警職法」版本，作爲國會遊說之依據，日後並成爲立委陳其邁、邱太三等委員之版本。其草擬法案之緣由爲：「民主法治國家之警察有其法定任務，其執行職務、行使職權須遵守依法行政原則下之法律優位與法律保留原則，尤其當採取強制手段或措施，而涉及人民自由權利，特別是構成干預、限制時，更須有合憲法律的明確授權依據，方符合法治國家依法行政原則之要求，且基此，保障人民權益、維持公共秩序與保護社會安全，方有其合法性與正當性。最近大法官作成釋字第535號解釋亦認警察職權之行使影響人民行動自由、財產權及隱私權等等，均係基本權之侵害行爲，必須在有法律授權之情況下始得爲之。有鑑於此，本會依據警政署委託李震山教授所研擬

之『警察職務執行法』草案內容修正，提出本件『警察職權行使法』草案，敬請各界不吝指正。」

主其事的顧立雄律師及許恒達先生（現任台大法律系刑法教授），事後在《司法改革雜誌》（第37期，2002年2月）發表〈警察法的明天——兩難困境的存在與破解〉一文，對於警察活動的「兩難困境」（dilemma）有如下生動的描述：「首先，如果我們能夠將警察的勤務攤開來看，可以清楚地發現幾乎所有不能或是不願由其他行政機關處理的問題，最後都交給了警察，特別是『維護治安』這個抽象而模糊的角色擔當，因此警察在整個社會穩定與平衡的機制中，扮演相當重要的角色，我們可以說，警察的勤務內容具有很『概括性』的色彩。……其次，在我國現行法體系之下，刑事法和行政法是二元性的架構，亦即刑事法追究的對象是犯罪行爲，而行政法處理的主軸走社會的秩序與安寧。雖然行政與刑事二元性的架構看起來相當明確，但是當我們再檢視警察的勤務內容，就會發現警察任務中所謂的『維持治安』，基本上是界於行政目的的秩序維護與刑事目的的犯罪打擊中間，而呈現相當模糊的灰色地帶。」該文強調，要以立法方式去破解這兩難困境，難度非常高。儘管如此，「司改會」仍依據警政署委託研究團隊所研擬之「警察職務執行法草案」內容爲藍本，修正後提出「司改會」版本之「警察職權行使法」草案，共五章，計三十五條。該草案除與行政院院會通過二十二條條文（未分章）重疊部分外，最大區別在於它不用釋字第535號解釋及「警察勤務條例」中「臨檢」一詞，而以相對明確的身分查證及資料蒐集用語，並將個人資料保護法的精神落實在警察法中，另就警察以特別方式蒐集資料，如鑑識、臥底等納入規範，作爲政府草案的對案。國內重要司法改革及人權保障團體，能認同且尊重學者研究之版本，其與有權審議的行政提案機關揮舞大刀刪除不少內容相較，至少我個人有很複雜及很深的感觸。「司改會」悄悄介入，使其版本最後成爲通過立法的主要版本，這支強有力的「鴨子滑水伏兵」，係成案的重要關鍵之一，警察法制史上必須記上一筆。

三、釋字第535號解釋之重大影響

在法案整個審議過程中，司法院大法官作成的釋字第535號解釋，毋寧是發揮最大影響力。該號解釋有以下特點，值得一書。

（一）推波助瀾

釋字第535號解釋來得正是時候，除法案審查因而有大步向前邁進之勢外，並立即促使警政署積極正視警察臨檢問題。警察實務專家李建聰（時任警政署法制室主任）撰文指出：「第535號解釋公布後，警政署立刻召集相關人員及邀請專家、學者深入研討，迅即於2001年12月18日訂定『警察實施臨檢作業規定』，函發各警察機關辦理，並登載於警政署網站，便利員警上網查詢。其主要規定內容涵攝第535號解釋中有關恪遵法治國家警察執勤之原則，故凡警察有關實施臨檢之要件、程序，以及對於違法臨檢行為之救濟事項，均予以詳細之規定，同時對於大法官解釋意旨中，所稱須有相當理由足認其行為已構成或即將發生危害之情形，多以列舉實例之方式，教導警察人員於臨檢或針對駕駛行為或車輛狀況異常之稽查勤務中，究應如何透過本人觀察，根據何種具體事實狀況，加以客觀、合理判斷，並明確的說明相關實況作為。『警察實施臨檢作業規定』之訂定，除一改過去上級機關模糊規定，讓基層員警自行摸索之心態，而勇於任事，以提供警察人員執勤的準繩外，其相關運用臨場應變之實例指導作為，似也能充分掌握釋字第535號解釋之重點。」（參考警政署編，《警察法學》第二集，2003年12月，第112-113頁）該作業規定包括：實施臨檢之要件、實施臨檢之程序、違法或不當臨檢之救濟規定，後續又訂「警察實施臨檢標準作業程序」，分依準備、執行中、執行後之處置等三個階段，明訂其相關程序作為，併於警察機關分駐（派出）所常用勤務執行程序彙編（修正版），函發各警察機關參辦，並刊登於警光雜誌及警政署網站。時任警政署行政組組長陳連禎先生、繼任之吳宗順先生及法制室人員，皆功不可沒。

（二）固本清源

1.「警察勤務條例」，非單純組織法實兼有行爲法之性質

法治國家要求國家行爲必須受到「憲法」與法律的拘束，質言之，依法行政原則下之法律保留原則，要求行政機關必須在組織法之規定外（管轄、權限、任務），還要有行爲法的授權（職權、權能之行使）才可以對人民採取一定的措施。惟傳統實務見解卻認爲：「行政官署爲維持人民公共利益，對特定事件，在其職權範圍內，自可爲一定之處置」、「有組織法即有作用法的授權」（行政法院1942年判字第48號判例、1982年判字第479號判決、釋字第155號解釋），實不足採。釋字第535號解釋乃開宗明義指出：「警察勤務條例規定警察機關執行勤務之編組及分工，並對執行勤務得採取之方式加以列舉，已非單純之組織法，實兼有行爲法之性質。」並認爲：「查行政機關行使職權，固不應僅以組織法有無相關職掌規定爲準，更應以行爲法（作用法）之授權爲依據，始符合依法行政之原則，警察勤務條例既有行爲法之功能，尚非不得作爲警察執行勤務之行爲規範。……」故界定「警察勤務條例」是否爲作用法之實益，在於決定本號解釋之內容是否可成爲員警執行臨檢各項干預處分之一般準則。

惟有疑問者，由「警察勤務條例」內容觀之，其係規定勤務之機構、方式、時間、規劃及勤前教育；且從其編列的方式觀之，應屬於組織內部規範，非如解釋所稱具外部法性質之行爲法，以之作爲干預人民基本權利之依據，甚爲勉強。（另請參照釋字第570號及第654號解釋）或爲彌補以上論證的缺陷，該號解釋乃自我設限而稱：「上開條例有關臨檢之規定，並無授權警察人員得不顧時間、地點及對象任意臨檢、取締或隨機檢查、盤查之立法本意。」於其後的通篇論述，亦難證立警察

勤務條例的臨檢盤查規定兼具行爲法的功能。

「警察勤務條例」所規範內容既屬內部性質，何以需由具法律位階的「條例」規範之，其乃因「憲法」第108條第17款規定警察制度係中央立法並執行之事項，而「警察法」第3條亦依據「憲法」之規定，要求勤務制度由中央立法並執行。若非如此，該等內部規範以法規命令或行政規則訂定之即足，較能彈性因應各地區治安及執行勤務狀況的差異性，但其內容應僅止於執行方式之宣示，只要涉及人民權利之干涉，仍應適用其他要件明確的法律；惟在當時狀況下，執行臨檢、盤查在各法律中均找不到直接且適當依據，故該號解釋或許是希望在法律修正前能暫以「警察勤務條例」爲其依據，用心可謂良苦，這也就是另外制定「警職法」的迫切必要性理由。

2. 重要關聯性理論

依「司法院大法官審理案件法」，針對得聲請解釋「憲法」之諸多情形中，於第5條第1項第2款規定：「人民、法人或政黨於其憲法上所保障之權利，遭受不法侵害，經依法定程序提起訴訟，對於確定終局裁判所適用之法律或命令發生有牴觸憲法之疑義者。」其中人民「對於確定終局裁判所適用之法律或命令」發生有牴觸「憲法」之疑義者，乃涉及釋字第535號解釋的客體或標的。

由於本案之聲請人是不服「當場侮辱依法執行職務之公務員」之刑事案件判決，解釋之標的理應是規定該罪之「刑法」第140條，爲何卻以「警察勤務條例」爲釋憲客體。大法官認爲，前述「刑法」第140條之「依法」與「警察勤務條例」有「重要關聯性」，將刑事案件之爭議，轉化爲「行政法」的適用問題，從而，通篇解釋乃以行政法性質的「警察勤務條例」爲中心，鮮少再論及刑事法問題，從而引起「訴外解釋」、「大法官擴權」之疑慮與批評。

就前述問題與質疑，大法官曾在釋字第445號解釋中回應過：「惟人民聲請憲法解釋之制度，除為保障當事人之基本權利外，亦有闡明憲法真義以維護憲政秩序之目的，故其解釋範圍自得及於該具體事件相關聯且必要之法條內容有無牴觸憲法情事而為審理。」並列舉釋字第216、289、324、339、396、436號等解釋作為例示而認為：「足以說明大法官解釋憲法之範圍，不全以聲請意旨所述者為限。」由釋憲實務可知，大法官釋憲審查標的幾已擴及至所有違憲侵害人民基本權利之公權力行為，為保障人權，與其用間接、迂迴的解釋，應可考慮修改「司法院大法官審理案件法」之相關規定以符實際，堅守實質保障人權最後一道防線。本件解釋則稱：「按人民於其憲法上所保障之權利，遭受不法侵害，經依法定程序提起訴訟，對於確定終局裁判所適用之法律或命令發生有牴觸憲法之疑義者，得聲請解釋憲法，司法院大法官審理案件法第五條第一項第二款定有明文。所謂裁判所適用之法律或命令，係指法令之違憲與否與該裁判有重要關聯性而言。以刑事判決為例，並不限於判決中據以論罪科刑之實體法及訴訟法之規定，包括作為判斷行為違法性依據之法令在內，均得為聲請釋憲之對象。就本聲請案所涉之刑事判決而論，聲請人（即該刑事判決之被告）是否成立於公務員依法執行職務時當場侮辱罪，係以該受侮辱之公務員當時是否依法執行職務為前提，是該判決認定其係依法執行職務所依據之法律——警察勤務條例相關規定，即與該判決有重要關聯性，而得為聲請釋憲之客體，合先說明。」

3. 警告性解釋及合憲性限縮解釋

本號解釋認為警察得以「警察勤務條例」為依據執行臨檢、盤查，惟又認為「實施臨檢之要件、程序及對違法臨檢行為之救濟，均應有法律之明文規範，方符憲法保障人民自由權利之意旨」，實已間接指摘「警察勤務條例」中之相關規定並非合憲，具警告性解釋（另可參照釋字第559、564號解釋）及合憲性限縮解釋（另可參照釋字第242、

656、665、736號等解釋）的性質。爲免警察依據不合憲法意旨的規定繼續執行臨檢勤務，在可能的兩年法律空窗期中，大法官只好自行造法或指示立法方向，並稱：「前述條例第11條第3款之規定，於符合上開解釋意旨範圍內，予以適用」，復依釋字第185號有關司法院解釋憲法效力之意旨，大法官就臨檢的要件、程序等之解釋自有其拘束效力。惟會衍生司法與立法權限行使之界線、造法不周延造成的風險，以及解釋所生拘束力之問題。至於解釋中提及如「客觀合理判斷」、「相當理由」等用語，似可以行政法上行政判斷理論於個案執行時先行認定，嗣後應接受嚴格司法審查，對該部分立法者應有較大形成自由空間。

經大法官解釋宣告違憲之法令因定期失效仍暫支配行政之實例不少（逾三十案），顯現不法之法支配行政的相對性與現實性，這雖是維護法之安定性與司法自制的表現，但「憲法」第171條規定：「法律與憲法牴觸者無效。」第172條規定：「命令與憲法或法律牴觸者無效。」若經解釋爲違憲之法律在失效前，行政機關仍據以執行，除予人信守法治精神不足，貶抑司法尊嚴之譏外，法之位階理論受到破壞，法內部秩序因而紊亂，法律優位原則受到嚴重挑戰，進而動搖依法行政基礎，不能不慎重。邇來，大法官針對經宣告違憲法令失其效力，所遺下之法令「空窗期」問題，用填補方式解決之，例如釋字第474號解釋提出：「在法律未明訂前，應類推適用公務人員退休法、公務人員撫卹法等關於退休金或撫卹金請求權消滅時效期間之規定。至於時效中斷及不完成，於相關法律未有規定前，亦應類推適用民法之規定，併此指明。」或宣告定期間失效之同時，明示填補之方法，例如釋字第523號解釋：「……上開條例第11條第1項之規定，就此而言已逾越必要程度，與憲法第8條、第23條及前揭本院解釋意旨不符，應於本解釋公布之日起一年內失其效力。於相關法律爲適當修正前，法院爲留置之裁定時，應依本解釋意旨妥爲審酌，併予指明。」釋字第535號解釋亦作類似之處理，值得贊同（就解決該等問題，釋字第725及741號解釋已有重大的突破，值得參考）。

綜上，釋字第535號並未明指「警察勤務條例」相關條文合憲與否，而是指出：「前述條例第11條第3款之規定，於符合上開解釋意旨範圍內，予以適用，始無悖於維護人權之憲法意旨。現行警察執行職務法規有欠完備，有關機關應於本解釋公布之日起二年內依解釋意旨，且參酌社會實際狀況，賦予警察人員執行勤務時應付突發事故之權限，俾對人民自由與警察自身安全之維護兼籌並顧，通盤檢討訂定，併此指明。」將定期間失效巧妙結合「警告性裁判」、「合憲性限縮解釋」，以化解由釋憲者親口宣告法令違憲的強大衝擊，卻間接指出「裁判未必合憲」，同時仍得由行政機關適用一段期間的正義與法安定性衝突之現象，所留下的是大法官親自擬訂的臨檢要件與程序是否妥適的問題。大法官有意盡可能將臨檢、盤查之構成要件與程序說明清楚，但仍有賴立法者積極制定法律，以兼顧保障「人民自由」與「警察自身安全」之義務。

4. 正當法律程序

我國憲法並無類似美國憲法增修條文第5條及第14條所定之正當法律程序（due process of law）之一般明文規定。司法院大法官藉著解釋「憲法」第8條人身自由條款中之「法定程序」，陸續引進正當法律程序之原理（釋字第384、392號解釋），進而運用在訴訟權（釋字第396號解釋）、軍事審判程序（釋字第418、436號解釋）、財產權（釋字第409號解釋）、工作權（釋字第462、491號解釋），甚至有將之一般化爲「程序基本權」之趨勢（釋字第488號解釋）。公權力作爲踐行正當法律程序，係追求程序正義（Verfahrensgerechtigkeit）之必然，其與「目的不能證立手段」的理念是一體之兩面。換言之，目的雖然良善，但不是所有的程序與手段卻因目的良善而可以被接受。臨檢作爲一種警察行爲與作用，其程序當應合乎正當法律程序無疑。

依「行政程序法」第3條第3項，列舉某些事項之執行，排除適用「行政程序法」之程序規定，其中第3款「刑事案件犯罪偵查程序」與警察臨檢有關，但臨檢若涉及行政事件並無不適用「行政程序法」之特權，至於涉及刑事案件卻加以排除，若非考慮「刑事訴訟法」及其他相關法律有特別程序規定，實非衡平與妥當。換言之，該規定雖明示不適用「行政程序法」之程序規定，並不排除適用「刑事訴訟法」之程序，由此可知，「刑事訴訟法」中亦應就「臨檢」之程序妥為規定，此種法制之不備，亦應本於釋字第535號解釋意旨儘速規範，以免產生漏洞而侵害人權。

5. 有權利應有救濟

基於「憲法」第16條保障人民的訴訟權及「有權利，即有救濟」（Ubi jus, ibi remedium）法理，人民的行政救濟管道應予確保。臨檢行為一向被視為「事實行為」，而過去行政救濟之對象只限行政處分，因此人民無法對臨檢行為提起救濟。目前行政救濟法制已趨向完整，「行政處分」亦包括「公權力措施」，釋字第535號解釋即指出：「於臨檢程序終結前，向執行人員提出異議，認異議有理由者，在場執行人員中職位最高者應即為停止臨檢之決定，認其無理由者，得續行臨檢，經受臨檢人請求時，並應給予載明臨檢過程之書面。上開書面具有行政處分之性質，異議人得依法提起行政爭訟。」依據「訴願法」的規定，訴願僅撤銷及課予義務二種；臨檢為一次性措施，既無法撤銷亦無法課予義務，是第535號解釋理由書所稱「異議人得依法提起行政爭訟」，為保障受臨檢人權益應係指，「行政訴訟法」第6條第1項後段的確認行政處分違法之訴（因為行政處分已執行完畢，撤銷已無實益），其至少有二實益：(1)如某臨檢情形遭行政法院確認違法，可供未來臨檢時參考，以免反覆行使。(2)可恢復受臨檢人之名譽，並據之提起國家賠償之訴。

（三）引起學界高度重視與參與討論研究，彙集豐碩成果

暫不論媒體之報導，僅就相關學術論著而言，產量頗多。我曾應《月旦法學雜誌》之邀，撰寫2002年及2003年學界回顧中之「警察法」部分（元照出版），其中有許多與釋字第535號解釋有關之論文，有興趣者請參考之。另外，立法院國會圖書館所編印「警察職權行使法」之法規資源引介（第67期，2004年3月）亦盡可能將與「警職法」有關之文獻納入，其中也包含甚多對釋字第535號之評釋。回想1988年3月15日，我在中央警官學校主辦，於刑事警察局舉辦之「中歐警察學術研討會」中發表〈警察盤查權之研究——以西德警察法之規定爲例〉，其中主要論點大都被釋字第535號解釋所接受，惟當時並未得到警察法學與實務界的正面迴響。相對的，時任臺大法律系主任蔡墩銘教授卻邀我以相同主題在臺大法律系演講（應是參與研討會陳志龍教授之推薦）。警察圈內與圈外人士對「警察法」問題，反應靈敏度有相當落差，撫今追昔，不甚唏噓。

肆、行政院審查階段

行政院審查由政務委員葉俊榮教授主持召開六次審查會，爲回應行政院修正意見，警政署又召開十二次會議，內政部也由簡太郎次長續召開多次會議協商，並決議將法案名稱由「警察職務執行法」修改爲「警察職務執行條例」。

行政院第2816次院會通過「警察職務執行條例草案」審查，游院長錫堃裁示：「請內政部積極協調立法院朝野黨團，全力推動完成立法，並督促警政署先期加強教育宣導，各級警察同仁均應落實遵守相關執行要件與規定，以符法制。」經行政院審查通過之版本計二十二條，其規模及精神與內政部版相去不遠，重點只落在因應釋字第535號解釋

上。該版本將「資料蒐集」部分完全刪除，所餘者為身分查證與即時強制。該條文之內容除在立法院公報可查得外，《臺灣本土法學雜誌》第44期（2003年3月）亦特別企劃〈警察職務執行之定位與出發〉（第79-86頁）。該草案全文亦出現在陳春生與蔡震榮兩位教授為前揭企劃所撰專文中。

一般而言，有關警察職權的法案，因直接、間接涉及檢察官的職能與權限，法務部代表皆會積極表示意見，往往需花費可觀的溝通與折衝時間。或許由於檢察官之重要強制處分權，包括羈押、搜索的主控權已移至法官，且因應檢察機關將工作焦點移至提起公訴及所謂交互詰問等法庭活動上，對「警職法」草案，並未有強力反對意見出現，行政院審查堪稱順利。

伍、立法審查階段

一、各版本整合

行政院版之法案送達立法院審議時，立法委員陳其邁、陳學聖等各提一版本與行政院版合併審查，立法委員版本均以內政部警政署之原始版本為基礎，故其名稱均改稱「警察職權行使法」。立法院內政及民族委員會於2003年3月27日及4月2日進行審查，先後由召集委員陳建銘及葉宜津擔任主席。完成審查後，由於司法院、行政院及法務部對其中部分條文尚有歧見，民進黨立法院黨團於4月16日召開行政立法協調會暨黨團會議，邀請行政院葉政務委員俊榮、內政部余部長政憲、法務部陳部長定南及警政署王署長進旺列席說明。立法院並分別於4月29日及5月27日召開黨團協商會議，邀集立法院各黨團、司法院、法務部及內政部與會，均由葉宜津委員主持協商，終獲致共識，全法共分五章，三十二條條文。終於在6月5日院會審議時，極為順利的完成二、三讀之立法程序，「警察職權行使法」於焉誕生（立法院審查詳細情形，建議參考立法院公報處印行，「警察職權行使法案」《法律案專輯》，第335輯，2004年7月，共420頁）。

立法之常態上，在野黨之立院黨團或個別委員通常會提出相對於官方版本草案以資抗衡。惟「警職法」之立法院主要版本，亦是由執政黨委員提出，與行政院版本並列皆是「在朝版本」，此種特殊狀況與草案研擬跨越政黨輪替時間點有關。此外，審查會的進行出人意表的順利，在釋字第535號解釋諭示兩年期限之半年前即已完成立法。相對取代「違警罰法」之「社會秩序維護法」，是在大法官諭令限期將屆前兩天才立法完成，即趕在1991年7月1日失效前之6月29日通過（釋字第251號解釋參照），頗屬不易。

二、立法院通過版本之分析

立法院通過的版本，較接近警政署原始版本，更貼近學者研究版本。在立法過程中，經立法委員的提案，亦增補一些用語與條文，有以下差異，值得說明：

（一）審查中新增第3條第3項（不得引誘、教唆人民犯罪）、第8條（交通工具攔停及相應措施）、第10條（裝設監視器蒐集資料）、第15條（治安顧慮人口查訪），皆係立法院審議過程中臨時加入的規定，妥當與否，就請讀者參閱本書作者之見解。

（二）依釋字第535號解釋，將訴願與行政訴訟明確規定（第29條第3項），「研究版」中並未充分顧及此。

（三）「研究版」中鑑識措施之要件本是列於身分查證之後，惟新法並未採納，卻在第14條第1項第2款及第2項出現「非侵入性鑑識措施」，只有名詞而沒有立法定義及要件規定。「研究版」第10條鑑識措施之規定爲：「警察於有下列情形之一時，得對當事人採取鑑識措施：一、依前條第一項第一款至第五款，不能或顯難達成身分查證之目的時。二、依事實狀況及其前科素行，足認有觸犯刑事法律之虞者。前項所稱鑑識措施下：一、採取指紋或掌紋。二、照相或錄影。三、確認體外特徵。四、量取身高、體重。五、其他得以辨識身分之法定鑑識措施。」「研究版」中的臥底偵查條文，於二讀中因法務部的反對而刪除。

（四）新法受到釋字第535號解釋之影響，使用了不少英美法之用語與概念，例如合理懷疑（第6條、第8條第2項）、經合理判斷（第8條第1項）、隱私或祕密合理期待之行爲或生活情形（第11條第1項）。這些用語的概念，本書作者蔡庭榕有專精之研究，可在其負責撰述之部分得到啓發。

（五）新法將警察職權行使之「概括條款」（第28條）列入「即時強烈」一章內，而「研究案」版將之納入「警察職權」一章中。定位的不同，已產生解釋上之疑義與困難。

綜言之，蔡震榮教授於其所撰〈警察職權行使法之評析〉一文中指出（《法學講座》，第19期，2003年7月）：「立法院於審議法案過程中，臨時加入之條文及字句，產生所謂『不搭調』（第3條第3項）、『不連貫』（第14條）、『畫蛇添足』（第6條）、『放錯地方』（第28條）或『顯不適當』（第15條）。」描述頗爲傳神。

陸、學者專家對「警職法」草案或立法通過版本之評析

「警察職權行使法」係2003年6月25日總統公布，同年12月1日施行，爲警察法學與實務界之大事。2002年學界就警察法領域之著作大都將焦點集中於釋字第535號解釋之評析。2003年後則以該法之草案（下述一～三）及現行法（四～八）爲評介對象。

一、陳春生，〈評「警察職務執行條例草案」與「警察職權行使

法草案」〉（《臺灣本土法學雜誌》，第44期，2003年3月）。該文從「行政院版」與「立委版本」之異同切入，指出「警察職權法之立法，猶如刀之兩刃，一方面，制定警察職權法固有使警察執行職務發動公權力時其規範明確，人民權利同時可獲得確保之優點，但另一方面亦潛藏著，賦予警察侵害人民基本權利之正當性（憑藉）」。文中對於警察行政與刑事任務功能界限頗爲關注，「從社會發展現況角度，『立委版本』規範密度相當深且廣，廣泛賦予警察多樣之職權執行手段樣式，使警察較能發揮危害防止功能，但相對地，卻也有介入本應屬於刑事訴訟規範領域之虞，例如線民、臥底、鑑識身分等，警察執行職務稍一不慎，很可能使實際之刑事犯罪偵防行爲，朝向形式上之行政調查行爲。」因此，該文建議將非侵入性之鑑識措施、跟監、線民、臥底等，皆改納入「刑事訴訟法」，值得正視。至於，我國「警職法」究應採德國或日本立法例，該文認爲「我國新訂法律自然不應只參考五十年前低規範密度思考之日本條文內容，仍應納入時代發展新產生之法律現象，與我國學界、實務界向來之見解與經驗」，立法院稍後通過之「警職法」，與該見解相契合。

二、陳愛娥，〈相關警察執行職務法律草案是否已提供警察明確且有效的執法權限規範？——評論「警察職權行使法草案」與「警察職務執行條例草案」〉（《臺灣本土法學雜誌》，第44期，2003年3月）。該文扼要比較分析兩草案後中肯的指出，立法委員所提草案，「正確地——未拘泥於大法官針對現行臨檢規定所提出之區分『場所之臨檢』與『對人實施之臨檢』，並分別界定其發動要件的方式。相反地，本草案第2條第3項先明白提示，『本法所稱警察職權，係指警察爲達成其法定任務，於執行職務時，依法採取查證身分、鑑識身分、祕密蒐集資料、通知、管束、驅離、直接強制、物之扣留、保管、變賣、拍賣、銷毀、使用、處置、限制使用、進入住宅、建築物、公共場所、公眾得出入場所或其他必要的公權力之具體措施』，之後於各個條文中進一步規定各項職權的具體內涵與發動要件。」而行政院之版本則「除了回應大法官關於臨檢法制化的要求外，『警察職務執行條例草案』並未大肆更張地檢討警察為達成警察任務所需之職權，乃至進一步明定其要件」。另於全文中一再重申，警察職權之遂行實可分別增修「集會遊行法」、「道路交通管理處罰條例」、「警察法」或直接適用「行政執行法」即可，不必大費周章集中另立新法。另訂新法「實乃治絲益棼的作法」，並具體建議強化及徹底檢討「警察法」第9條，以為因應。其實，分散立法與集中立法各具利弊，同樣皆需面對立法技術與實際運作之困難。再者，「警察法」第9條第1款規定，警察有依法發布警察命令之職權，僅具組織法之劃定職權與管轄事務之性質，欠缺行為法之功能，不足以作為發布限制人民自由及權利之警察命令之授權依據（釋字第570號解釋理由書參照）。若欲藉由澈底檢討「警察法」中有關警察職權之規定，去解決已刻不容緩的相關警察職權問題，横亙在前的難題，恐亦非輕易可解決。不過，該文實已間接點出，警察法制「頭痛醫頭，腳痛醫腳」之宿疾。醫病的時機，往往是司法院大法官作出特定解釋之後，早有案可稽，甚為被動與無奈。

三、蔡震榮，〈警察職務執行條例草案之探討〉（《台灣本土法學雜誌》，第44期，2003年3月）。該文只針對「行政院版」提出檢討，重點落在臨檢、盤查或盤檢等身分查證措施，分別介紹我國、美、日、德規定，再結合釋字第535號解釋之意旨，並論及即時強制問題。該文未涉及「立法委員版」中較為前瞻，同時較具爭議之個人資料蒐集面向為探討。惟就警察行使強制力之即時強制多所著墨，具有特色。最後並對員警執勤之人身安全保護提出具體修法意見。蔡教授的另一篇大作〈警察職權行使法之評析〉（《法學講座》，第19期，2003年7月），則針對警察職權行使法草案及立法通過法案之研擬及立法過程相關訊息，掌握相當精確，並指出警察任務從「危害防止」、「犯行追緝」之外，因應重大犯罪類型及組織集團犯罪，不得不面對「犯行預先抗制」

（Vorbeugende Bekämpfung von Straftaten）之措施。從而，「警職法」中授權警察機關於危害尚未具體發生的前領域（Gefahr im Vorfeld）或危害嫌疑（Gefahrverdacht）階段，即得採各種形式的資訊蒐集作爲（informationelle Vorfeldtätigkeiten），包括祕密科技工具或運用線民等。既稱爲預防，表示危害尚未發生，除未達犯罪程度外，亦尚無行政義務之違反；亦表示所涉事件具有高度須預測及不確定性質，若採對人民權益侵害強度大之預防措施，恐公權力恣意，因此，必須特別立法。此種預防性法律，因同時事涉行政與刑事危害，造成立法規制與相關法令歸類之困難，並使預防措施究應受刑事法或行政法之理論支配，引起爭議，屬行政法與刑事法鄰接灰色領域，有其研究重要性。此外，文中指出立法院於審議法案過程中，臨時加入之條文及字句，產生扞格，皆有所本，並具參考價值（見前述伍之二末段）。

四、鄭善印，〈警察職權行使法解釋架構之研究〉（《警學叢刊》，第34卷第3期，2003年11月）。該文從美、德、日、我國警察臨檢法制及司法院大法官釋字第535號解釋出發，除分析「立法院版」、「行政院版」外，尚及於「內政部版」。由於作者長期關心並投注心力於該領域，且是研究小組的協同主持人，因此娓娓道來，言之有物，信而有徵。該文最具參考價值者爲自問自答的10個問題，或回應學者提出之看法、或再詮釋憲法之見解，或解答警察實務之問題與疑慮。文中對於德國「警察法」上之「危害」一詞解釋產生極大疑慮，其實「概括條款」中適用之危害，必須經列舉條款所應保護之權益之事先篩檢，「危害」作爲概括承接之功能，已受大幅壓縮，「警職法」第28條第2項「補充條款」規定之適用亦同。文末中提及「八方風雨會中州，電光石火各不同，到得雲開風清日，遍地狼藉有誰收」相當傳神。警察職權行使架構的法制，素未受重視，延宕所生之弊端，在釋字第535號解釋催化下，恐怕只有大開大闔之舉措，才能迎接衝擊。作者毫不迴避提出10個問題，並負責任的提出解決方案，即爲「遍地狼藉」收拾的勇者之一，令人敬佩，但願「雲開風清之日」快快到來。

五、官政哲，〈新世紀之警察職權法制——警察職權行使法之立法經過與規範重點〉（《警光雜誌》，第564期，2003年7月）。該文清楚交代，警察機關因應釋字第535號解釋後，所採取具體作爲與法制作業，積極負責面對法制變局，見證了許多對警察法制望治心切的有識之士的苦心。

六、李建聰，〈從釋字535號談警察職權法制之重構歷程與展望〉（《警察法學》，第2期，2003年12月）。本文與前述官政哲文性質相近，兩人皆屬側身警察實務機關的警察法學者，適時反映並記錄重要警察法制之演變，爲法制作業留下歷史紀錄。李建聰所撰《警察職權行使法》（自印，2003年12月）一書，係將「警職法」三十二條條文，依條文意旨、條文註解及相關條文索引之體例編排，爲逐條釋義。該書之內容大量採用警察法學者及實務見解，特別是附錄了內政部警政署所編《警察職權行使法逐條釋義》（2003年8月）及我國、日本「警察官職務執行法」、韓國「警察官職務執行法」、德國聯邦與各邦「統一警察法標準草案」（第93-177頁），參考資訊充足。並以供警察實務參考爲主要目的於新法通過施行之際，能快速彙整資料公諸於世，有積極正面的貢獻。

七、蕭龍吉、吳芳富，〈警察職權行使法之犯罪偵防功能評析〉（《警察法學》，第2期，2003年12月）。該文從警察「犯罪偵防」功能出發評析「警職法」，論述固有所據，惟「警職法」之規範主要是針對行政危害之防止，以及尚未構成犯罪之危害先前領域。因此，該法自無法完全承載刑事法中犯罪偵防之功能。文中提及「治安顧慮人口之查訪」之立法，係參考德國聯邦與各邦「統一警察法標準草案」，應非正確。該條文係於立法院審查時臨時提案納入，規範之妥當性已引起學者之批評。該文高度期待「警職法」通盤考慮到「其他的相關法律及未來可能的問題」，不應只抱持爲「解一時燃眉之急而爲之應付態度」，惟

「警職法」只是將警察常用執勤手段，特別是具干預性質者，依法治國原理以法律明確定之，尚有賴其他警察作用法之支援，才有可能達到作者之期望。

八、林明鏘，〈警察職權行使法基本問題之研究〉（《台灣本土法學雜誌》，第56期，2004年3月）。本文應係「警職法」公布後，對該法爲最詳實評析的力作，雖然有很多問題並非陌生，但作者將之體系化，收綱舉目張之效，特別將行政法一般原理原則結合探討，將警察法制明確與憲法、行政法接軌，意義重大。文中關注的焦點，仍在警察傳統勤務，如臨檢、勤區查察、交通稽查、警械使用、管束、即時強制，但卻賦予許多新意與法理，對警察蒐集資料所衍生新興問題，則屬待開發之處。由此可知，「警職法」只是將過去警察實際執行的重要措施，依法治國相關原理提升至法律層次。因此，隨之衍生幾個結構性問題，包括：（一）「警職法」適用上之優先性問題；（二）「警職法」係屬行政法或刑事法域；（三）「警職法」可否由其他機關例如海巡、消防引爲行使職權之依據；（四）概括條款問題。……。該文所提出之批判意見，皆極具建設性。誠如作者所言：「職是之故，『警職法』之公布生效，不僅對於警察機關與警察人員均屬一件重大之法治發展，而且對於行政法學研究者而言，亦樹立一些重要里程碑的指導功能，……稱今年（2003年）爲公法界的警職年，實不爲過。」

透過以上之介紹，相信讀者對「警職法」之來龍去脈更能掌握，至於條文的內容，則須仰賴本書以下之逐條釋論，敬請讀者細予閱讀品評。

柒、其他背景資料

有關「警職法」及本書之閱讀，尚有以下幾點值得一提：

一、德國警察法中所謂「標準草案」

「警職法」立法階段各版本中立法理由，皆可能一再提及德國聯邦與各邦「統一警察法標準（模範）草案」（Musterentwurf eineseinheitlichen Polizeigesetzes des Bundes und der Länder）（下稱「標準草案」），可能引起讀者以下的不解。何以德國沒有一部統一的警察法，此其一；既稱爲「草案」之法律，必定尚未生效，如何援引爲立法依據，此其二；回答上述二問題，對「警職法」之研究與本書之閱讀皆有重要意義。

德意志聯邦共和國（簡稱德國）並無統一之警察法，其所屬各邦則有其個別之警察或秩序法（Polizei-und Ordnungsrecht）。之所以如此，係憲政體制之關係，依德國「基本法」就聯邦與各邦立法權限之劃分，聯邦並無警察法之獨占立法權（Ausschlißliche Gesetzgebung），亦無與各邦競合立法權（Konkurrierende Gesetzgebung）及制訂通則（Rahmenvorschriften）之權（參照德國「基本法第73條、第74條及有關條文之規定）。質言之，一般警察法之立法權屬於各邦所有，但爲加強聯邦與邦、邦與邦間共同防止危害、抗制犯罪的能力，聯邦政府乃思將各邦警察法規加以統整爲「標準草案」，藉供各邦修訂警察法之參考。經長期醞釀完成所謂「聯邦與各邦統一警察法標準草案」，經各邦內政部長會議於1976年6月11日議決通過，旋又於1977年11月25日經同會議通過其修訂案。當時德西十一邦中以該「標準草案」爲藍本而修訂邦警察法者計有：Bayern、Bremen、Niedersachsen、Nordrhein-Westfalen、Rheinland-Pfalz等五邦，至於Berlin一邦則早在該草案公布前，便以起草委員會所提之初稿爲藍本，率先公布施行其「公共安全與秩序維護法」，Baden-Württemberg邦於1976年3月3日修訂公布之「警察法」亦大部分與「標準草案」相契合，足見該草案已發揮其預期「統一整合」之功能。1990年10月3日兩德統一，德東各邦「警察法」亦以德西諸邦之「警察法」爲藍本，作大幅度興革。研究德國「警察法」，若以邦爲限，難免有地域性與侷限性，若同時以各邦爲研究對象而比較彼此之異同，頗爲繁冗，因此，該草案對「警察法」研究意義就格外重大且具代表性。

1977年所通過之「標準草案」在立法理由書中提及：「爲顧及聯邦與邦警察不斷增加共同合作之趨勢，致力於將迄今在內容上幾乎一致之各邦「警察法」，包括強制權、直接強制之運用，予以統一。因此，乃訂定一廣泛的實質警察法草案，藉供各邦援用。」但對於性質上屬於官方版本的「標準草案」，並非沒有受到批評。1978年由許多學者組成之警察法工作小組，提出一聯邦與各邦「統一警察法選擇（相對）草案」（Alternativentwurf einheitlicher Polizeigesetze des Bundes und der Länder）（下稱「選擇草案」），並公諸於世。在此草案之結論中有如下之敘述：「設若聯邦與各邦依計畫完全接受『標準草案』，我們或許要永久揮別法治國家警察法之特殊典型，就如同1931年頒行之普魯士警察行政法。人們所期待者，或不僅是欲統一聯邦國家中各邦歧異之警察法而已，殊不知此將使得警察法中部分法治國原則遭到破壞，且賦予警察在危害未形成前，使得採取某些重要抗制措施。該『標準草案』不僅在量上大大擴張警察職權，而且在質上賦予警察一嶄新且過早或逾越預防之權限。」這反映部分學者對警察可能擴權因而侵害人權的疑慮，言之有物。我曾將該草案之中譯，置於與指導教授Dr. Heinrich Scholler合著之《警察法案例評釋》一書中（中德對照，第194-218頁，1988年，高雄登文書局出版）。「警職法」之立法理由中，亦有以「選擇草案」爲依據者，例如第4條、第7條、第16條、第18條。足見「選擇草案」亦受到本案研究小組相當的重視。

由於德國聯邦憲法法院於1983年作成「人口普查判決案」（BVerfGE 65, 1），提出「資訊自決權」（informationelles Selbstbestimmungsrecht）應受憲法保障之觀點，在其判決主文第一段提及：「在現代資料處理（Datenverarbeitung）之條件下，應保護每個人之個人資料（persönliche Daten），免遭無限制之蒐集、儲存、運用、傳遞，此係屬『基本法』第2條第1項（一般人格權）及『基本法』第1條第1項（人性尊嚴）保護範圍。該基本人權保障每個人，原則上有權自行決定其個人資料之交付與使用。」警察法為於資訊時代中，落實資訊自決權之保障，乃著手增修「標準草案」，於1986年3月12日將先前擬訂試圖要凝聚共識的「前置草案」（Vorentwurf zur Änderung des MEPolG）納入原草案中（第8a-8d，10a-10h）。除此之外，在該次修正中，亦同時修改第1條（將預防犯罪之任務納入）及第1a條「警職法」之立法理由中，亦有引用該「前置草案」者，例如第11條、第12條、第13條。但必須說明者是，該「前置草案」已成為「標準草案」的一部分。

個人對於警察職權與個人資料保護之議題，一向極為關注，曾於1987年發表〈西德警察保護個人資料之立法趨勢〉一文（於《中央警官學校公共安全與資訊管理學術研討會論文集》，第133-141頁），當時被評價為太過「先進」，並未獲正視。亦曾藉祝賀臺灣大學法律系李鴻禧教授六秩華誕所撰〈論資訊自決權〉一文（1997年），文末以個人資料保護法在警察法領域專精化為名，籲請警察界應予重視（收於拙著，《人性尊嚴與人權保障》，元照出版公司，2020年5版，第239-314頁），而該問題隨通訊科技快速發展而成為人民切身之問題，「警職法」中資料蒐集之規範，當具有一定時代意義。

二、警察職權與基本權利之保障

在現代國家中，基本權利保障與維護治安兩者間之協調，似乎不易，倚輕倚重都將導致不良後果。因此，治安與人權孰重之爭論，難有定論，因為其受社會環境、時代背景，乃至思潮主流之影響。認為治安重於人權者，大都以團體主義思想為基礎，將社會視為一個與組成分子個人意志有別之獨立實體，其超出個人之上。強調人權至上者，是由個人主義思想及自然法思想出發，認爲人類擁有某種基本權利，如果統治者侵犯了此等權利，人民將不信任政府並撤回授予統治者之權利，兩者之間並非「零和」關係，應有調和之必要。

由於警察保護人民基本權利，大都在其遂行治安任務中一併完成，兩者殊不易截然劃分，也由於警察任務的特質，基本權利之保障極易在籠統治安目的下，任意被矮化。特別是警察在有「作之君、作之親、作之師」心態的時代裡，政府是以人民的監護人的姿態出現，只要認爲有必要，就可以在保護人民或爲民謀福利的空泛理由下，賦予警察任務，並作爲採取干預措施之依據。此時，維護治安是政府用以限制人權最常見理由，以治安爲目的限制人權爲手段，忽略民主法治國家之治安任務係以保障人權爲目的，也缺乏手段應受目的制約之合比例性考量，導致目的與手段錯置之不良現象。

綜上，當我們研究警察職權行使時，應注意「警職法」與「憲法」保障基本權利之條文，從「憲法」保障各該基本權利之法理予以分析。以下僅列出關係條文供參考：（一）人身自由（第7條第2項、第14條第2項、第19條、第27條）；（二）居住、遷徙自由（第6條第1項及第2項、第10條、第25條、第26條）；（三）集會自由（第9條）；（四）財產權（第21條至第26條）；（五）工作權（第6條）；（六）生命、身體權（第5條、第7條、第19條至第20條、第28條）；（七）資訊自決、資訊隱私權（蒐集、處理、利用、傳遞、查閱、保存、銷毀，第二章皆有密切關係）。

不論警察法的理論或實務，皆以保障人權爲核心目的，惟當今民主鞏固的進程面臨停滯、逆流或失靈的危機與挑戰，自由與安全的關係再度來到緊張的關卡，國際之間以自由之矛攻自由之盾的專制威權政體，有捲土重來之勢，在此關鍵轉折時刻面世，至盼「警職法」能對整體警察法學的研究發展及維持自由、民主、法治、人權生活方式，有所貢獻。

三、「警職法」相關重要配套法律

要充分掌握「警職法」之內容，以下相關重要法律必須配合加強研習，例如：（一）「憲法」，尤其第二章人民之權利；（二）「警察法」，其係為確立我國全國一致性之警察制度，根據憲法第108條第1項第17款所制定，內容包括警察任務、組織（機關／構、設備、經費預算）、人員（教育、訓練、人事）、作用（職權）及救濟等基本原則規定，堪稱警察專業領域之基準（本）法無疑；（三）「行政程序法」，警察職權行使應遵守公正、公開、民主之正當法律程序；（四）「刑事訴訟法」，警察行使犯行追緝或犯罪預防之依據，許多涉及基本權利保障之規範；（五）「個人資料保護法」，與警察蒐集資料職權關係密切；（六）「行政執行法」，與警察強制（即時強制）結合；（七）其他個別警察作用法，例如「社會秩序維護法」、「集會遊行法」、「道路交通管理處罰條例」、「入出國及移民法」等；（八）相關行政救濟法制，含「訴願法」、「行政訴訟法」、「國家責任法」（賠償、補償及其他填補損害或損失責任法制）（按：「警職法」公布施行後制定的「行政罰法」（2005.2.5）、「公務人員行政中立法」（2014.12.26）亦屬其中之要者）。

「警職法」的內容已直接、間接的影響「入出國及移民法」、「海岸巡防法」、「消防法」、「行政罰法」等規定，相信不僅止於此。至於有關「警職法」之定位、性質、體系架構、內容之要旨，即請各位讀者詳細閱讀本書，並請將批評指教的寶貴意見，回饋給本書作者，共同灌溉警察法學的園地。

捌、結語

本書作者們共同且素樸的心願，是推廣警察法學，特別是提供第一線執法的基層警察同仁，有進一步認識「警察職權行使法」的可選擇資料。作者們在授課、研究、進修忙碌之餘，定期聚首交換心得，並決議採逐條釋論的方式，試圖闡明堪稱警察職權基本法之「警職法」。行文體例上則將每個條文分成：一、立法緣由：理由、目的、可資參考國內外法條；二、條文意旨：文義、法律理論與實務見解；三、相關問題探討。作者群中，蔡庭榕、簡建章、許義寶皆曾全心投入警政署委託「警察職權行使法草案」研擬工作，能充分瞭解並掌握該法之脈絡與精神，專長爲刑事法的李錫棟隨後加入，注入新的視野。由於作者們皆無撰寫註釋書之經驗，初試啼聲盼能引起共鳴。

惟「警職法」並非警察職權行使的萬靈丹或百寶箱，而要使之成爲維護治安的利器之一，就需與時俱進接受時間的考驗與淘洗。因此，隨時正視學者專家對該法的批評，並將之轉化爲滋養本書的養分，就成爲本書作者們的功課與責任。更期望這本書能面對後續的深化與批判的挑戰，使原本具濃厚德國色彩的「警職法」，能在地化的紮根嘉惠這塊土地上的人民。若能將此書當成引玉的磚，引出更多其他團隊的創作成果，使一向受到主流法學領域所忽視而較顯荒蕪的警察法學園地，有枝繁葉密的一天，也是個人大半生的夢想。總之，非常樂見此書的問世，並誠摯將此書推薦給關心警察法學發展的讀者們。

第一章
總　則

第1條（立法目的）
為規範警察依法行使職權，以保障人民權益，維持公共秩序，保護社會安全，特制定本法。

壹、立法緣由

一、立法理由與目的

有關本法制定之緣起與形成紀實，前已列述甚詳[1]，可資參考瞭解本法之立法背景、過程與必要性。而本條之制定，旨在說明本法之立法目的。首先揭櫫民主法治國家強調「依法行政」原則，尤其警察任務之達成，常需有警察強制力作爲配合，對於限制或剝奪人民自由或權益之職權要件、程序與救濟，必須以明確之法律規範之，使符合「法律保留」與「法律明確性」原則。我國「憲法」第23條規定「以上各條列舉之自由權利，除爲防止妨礙他人自由權利，避免緊急危難，維持社會秩序或增進公共利益所必要者外，不得以法律限制之」，爰爲踐行憲法保

[1] 按「警察職權行使法」最初草案係於1998年10月由內政部警政署委託李震山教授（曾任大法官）召集學者組成研究團隊，共同研擬「警察職務執行法草案」，經分五階段立法完成。相關本法之緣起與形成紀實，請參閱前述緒論。

障人民自由與權利之意旨，並達到有效維護治安之目的而制定本法。由於警察執行職務行使職權，干預性作爲必須遵守「法律優位」與「法律保留」原則，尤其於涉及人民自由權利之職權行使，更需有合憲之法律的明確授權依據[2]，以使之在保障人民權益與維持公共秩序及保護社會安全，有其民主法治之正當性基礎。過去實務上，常被引用爲警察職權行使依據之「警察法」第9條[3]與「警察勤務條例」第11條[4]，因不合乎警察職權行使之「法律明確性原則」，頗受訾議。是以，制定本法，明確規定警察職權行使之要件與程序，以及相關救濟規定。故本條首揭「爲規範警察依法行使職權」爲制定本法之核心目的，俾使其執法有據，其目的在於保障人民權益，以達成警察維持公共秩序及保障社會安全之任務。

再者，爲符合憲法保障人權之機制，基於「行政組織法」與「行政作用法」有別，組織法不得作爲警察職權作用之行使依據[5]，在大法官釋字第535、570號解釋意旨明示，加上「法律明確性」規定要求，過去

---

2 民主法治國家之警察執行職務行使職權所採取之措施，涉及人民自由權利時，應遵守「法律保留」與「法律明確性」原則，爲立法院併案審查之委員提案之「警察職權行使法」草案與政府提案之「警察職務執行條例」草案總說明之主要立法基礎。參見《警察職權行使法案》，立法院內政委員會編（122），法律案專輯，第335輯，立法院公報處印行，2004年7月，初版，頁3、77。

3 警察法第9條之「警察職權」規定，僅作名詞性規定，並未分別爲要件、程序之規定，已經大法官釋字第570號解釋理由書明白指出：「警察法第2條規定，警察任務爲依法維持公共秩序，保護社會安全，防止一切危害，促進人民福利；同法第9條第1款規定，警察有依法發布警察命令之職權，僅具組織法之劃定職權與管轄事務之性質，欠缺行爲法之功能，不足以作爲發布限制人民自由及權利之警察命令之授權依據。」故警察法應非作用法之依據，不得作爲警察職權行使之依據。

4 警察勤務條例第11條係規定警察勤務方式，共區分爲六種，即：勤區查察、巡邏、臨檢、守望、值班及備勤等，其中該條第3項所定「臨檢」，係指「於公共場所或指定處所、路段，由服勤人員擔任臨場檢查或路檢，執行取締、盤查及有關法令賦予之勤務」並未明白規定授權臨檢之件、程序及救濟規定。

5 司法院大法官釋字第535號解釋意皆已經闡明，對人民權利之干預，應有行爲法（作用法）之依據，不得據組織法爲之；又第570號解釋認「警察法」不屬於作用法之性質，不得作爲職權行使依據。

以「警察勤務條例」之「臨檢」作爲執法依據[6]，在其要件、程序及救濟均不明確，經由大法官釋字第535號解釋之推助，乃有將警察職權分別明定之必要。

二、法理基礎

（一）落實依法行政原則

警察機關有鑑於過去警察法制，多有任務之賦予，卻少明確之職權規定，僅得依據勤務規範性質之「警察勤務條例」之「臨檢」概括規定[7]爲行使職權之依據，迭遭質疑[8]。故爲貫徹「依法行政」原則，並使警察相關職權措施有明確之法律依據，早在1987年行政院版之「社會秩序維護法草案」第42條：「警察人員對於顯有違反本法行爲可疑之人、地、物，得爲必要之盤詰、檢查。但進入有人居住之住宅，以有事實足信有人在內違反本法行爲，而情形急迫，非進入不能制止者爲限[9]。」當時主動要求對於執行「社會秩序維護法」所必要之干預性職權措施，加以立法明定授權依據，亦即希望能對於警察臨檢勤務之攔檢、盤查有作用法之授權規範。爲求良好社會治安，以法律賦予警察人員對於舉動異常之人，或顯有可疑之物或場所，得實施盤詰、檢查，或爲防止湮滅證據，可採取必要之干預處分措施，主要目的在於防止社會

6　司法院大法官釋字第535號解釋文首段雖指出：「警察勤務條例規定警察機關執行勤務之編組及分工，並對執行勤務得採取之方式加以列舉，已非單純之組織法，實兼有行爲法之性質。」然觀之該條例共八章內容（總則、勤務機構、勤務方式、勤務時間、勤務規劃、勤前教育、勤務督導、附則）均屬於對警察機關內部之要求事項，並非對民眾行爲規範事項可知，致其行爲作用法之性質亦曾受到質疑。

7　臨檢屬警察諸多措施的抽象上位或集合概念，屬統合性名詞。參考李震山，〈從釋字第五三五號解釋談警察臨檢的法制與實務〉，收錄於吳宗順主編，《警察職權行使法逐條釋義》，內政部警政署常訓教材，2003年8月，頁113；蔡庭榕（發言內容），〈「警察臨檢行爲法制化」——釋字第五三五號解釋座談會〉，《月旦法學雜誌》，第81期，2002年2月，頁35。

8　吳景芳，〈臨檢法制之探討〉，《法令月刊》，第53卷，第1期，2002年1月，頁15-17。氏認基於「強制處分法定主義」，既無任何法律明文規定臨檢時可以使用強制力，則臨檢應爲一種「非強制性的行政處分」。

9　《立法院議案關係文書》，院總第1409號（政府提案第3119號之1），1991年3月11日印發。

發生危害，維護安寧秩序，兼具防範犯罪之作用。因此，藉由盤詰、檢查之職權措施，對顯有違反「社會秩序維護法」之可疑之人、地、物，進行必要之盤詰、檢查，藉以發現眞實，而保全證據，亦可制止實施中之犯罪或預先防制之[10]。然該法草案之該條對於臨檢得進行之措施及要件均屬概括[11]，最後並未獲得立法院通過。另又在本法制定前，2002年6月26日「警械使用條例」增訂第5條，其規定：「警察人員依法令執行取締、盤查等勤務時，如有必要得命其停止舉動或高舉雙手，並檢查是否持有兇器。如遭抗拒，而有受到突擊之虞時，得依本條例規定使用警械。」惟該規定內容，應受「警械使用」之目的範圍拘束，並非臨檢盤查之授權，不宜擴張適用於所有警察職權之情況。況且，該條第一句明確指出：「警察人員依法令執行取締、盤查等勤務時」，故執行取締、盤查等勤務應另定明確之警察職權法令，以資適用。因此，論者認爲警察實務執法施行之干預性措施，仍宜有法律之明確授權作爲依據，實務機關與人員亦對此迭有要求。故依據1997年「國家發展諮詢會議——社會治安諮詢小組」有關「警政制度與犯罪偵防議題總結報告」決議制定「警察職務執行法」，以明定警察任務與具體職權，俾利有效推行警察行政，達成警察任務。因此，內政部警政署乃委託學者李震山等成立研究小組，於1998年9月至1999年6月進行研究，並草擬「警察職務執行法草案」初稿[12]，以提供立法參考，藉以衡平人權保障與治安維護之關係。在制定法律過程中，適逢司法院大法官釋字第535號解釋之推助[13]，

10 李震山，〈論行政管束與人身自由保障兼論警察盤查權〉，收錄於《「人性尊嚴與人權保障」學術論文集》，元照出版公司，2001年11月，修訂再版，頁250。

11 該草案僅規定「盤詰、檢查」之干預性措施，對於「攔停、詢問、令出示證件或進一步帶往警所查證身分」之措施、要件、程序則未規定，仍有不足，尚不如現行「警察職權行使法」之明確規定。

12 李震山等，《警察職務執行法草案之研究》，內政部警政署委託研究，1999年6月。

13 「警察職權行使法草案」係由警察機關主動研議提出，而非因大法官釋字第535號要求始進行立法作業，而係立法作業受該號解釋之推助。因此，大法官釋字第535號解釋於90年12月14日公布時，本法草案已經內政部經過四次審查，隨後並即送行政院審議。林明鏘氏則認爲：「警察職權行使法主要係因應司法院大法官釋字第535號解釋，宣告警

使該草案能快速由行政院審查通過，並隨即經由立法院進行法制作業程序，最終於2003年5月5日完成三讀，並於同年6月25日由總統明令公布，同年12月25日生效。

（二）明確警察職權規範

「警察職權行使法」（以下簡稱「本法」）之制定，旨在保障人權與達成警察任務，故要求警察依法行使職權。因此，爲達成警察任務之職務執行而行使職權，亦必須考量憲法人權保障之衡平。司法院大法官釋字第535號解釋明示，「警察勤務條例」之「臨檢」規定，屬對人或物之查驗、干預，影響人民「行動自由、財產權及隱私權」等，關於臨檢之要件、程序及對違法臨檢行爲之救濟，均應有法律之明確規範，方符憲法保障人民自由權利之意旨[14]。更進一步指明，法律無授權警察人員得不顧時間、地點及對象任意臨檢、取締或隨機檢查、盤查。除法律另有規定外，警察人員執行場所之臨檢勤務，應限於已發生危害或依客觀、合理判斷易生危害之處所、交通工具或公共場所爲之，……；對人實施之臨檢則須以有相當理由足認其行爲已構成或即將發生危害者爲限，且均應遵守「比例原則」，不得逾越必要程度。臨檢進行前應對在場者告以實施之事由，並出示證件表明其爲執行人員之身分。此號解釋更於解釋理由書指出，對違法、逾越權限或濫用權力之臨檢行爲，應於現行法律救濟機制內，提供訴訟救濟（包括賠償損害）之途徑，得依法於現場提出異議，甚至，於事後得依法提起行政爭訟。內政部警政署隨即於解釋後三日內即依據本號解釋意旨訂定「警察實施臨檢作業規

察勤務條例第11條第3款之臨檢勤務與憲法保障人身自由之意旨不符合，應於解釋後二年內儘速通盤檢討修正現行警察執行職務法規，而爲立法。」參見林明鏘，〈警察職權行使法基本問題之研究〉，收錄於《警察法學研究》，2019年1月，二版一刷，頁176。

14 按「行動自由」及「隱私權」係屬於憲法第22條所保障之非列舉權；「財產權」則是憲法第15條所保障之。參考李震山，《人性尊嚴與人權保障》，元照出版公司，五版一刷，2020年3月，頁251-255。

定」，通令全國警察據以實施。並制定本法，於解釋後二年內，將警察臨檢職權之要件、程序、救濟程序明確規範之[15]。故本法制定之法理基礎乃在於規範警察行使職權有明確之法律依據，以保障人民權益，圓滿達成良好的社會治安任務。

三、相關條文

（一）「警察法」第2條：「警察任務為依法維持公共秩序，保護社會安全，防止一切危害，促進人民福利。」

（二）「警察法」第9條：「警察依法行使左列職權：

一、發佈警察命令。

二、違警處分。

三、協助偵查犯罪。

四、執行搜索、扣押、拘提及逮捕。

五、行政執行。

六、使用警械。

七、有關警察業務之保安、正俗、交通、衛生、消防、救災、營業建築、市容整理、戶口查察、外事處理等事項。

八、其他應執行法令事項。」

（三）「警察勤務條例」第11條第3款：「臨檢：於公共場所或指定處所、路段，由服勤人員擔任臨場檢查或路檢，執行取締、盤查及有關法令賦予之勤務。」

---

15 司法院大法官釋字第535號解釋於92年12月14日公布，要求於二年內將臨檢之要件、程序及救濟等予以完備法制，未完備前之緩衝期二年內則依該號意旨實施。因此，「警察職權行使法」經於92年6月5日立院三讀，同年6月25日總統公布，並於同年12月1日施行。在解釋後之二年內，內政部警政署即依該解釋所陳明之有關臨檢要件、程序及救濟程序，訂定「警察臨檢作業規定」作為施行依據。

貳、條文解說

一、名詞解釋

（一）「職權」

國家統治權經由政府機關依法行政以達成，係民主與法治之理。而職權乃法定職務上得以執行之公權力作用之基礎，其正當性與合理性來自於人民經由法律或法規命令之授予，得據以對人民產生強制性干預作爲。例如，行政機關之行政處分權、強制執行權等是。本法則於第2條第2項明確定義「警察職權」，並將本法之各職權措施予以明列。「職權」與「職務」之不同及本法使用「職權」爲名之緣由，前述「警察職權行使法之緣起與形成紀實」已有詳細說明，茲不贅述。而「職權」（Befugnis）與「權限」（Kompetenz）亦不相同，本法之初始研究草案第2條之立法說明，指出前者係指機關爲達成其法定任務，所採取公權力之具體措施，在性質上是屬於「行政作用法」之範疇；後者係指機關爲達成其法定任務，所得採取公權力措施之範圍與界限，在性質上是屬於「行政組織法」之範圍，使用時應注意予以區辨[16]。基於上述二者之差異，因此，當時研究團隊提出立法草案時，即建議以「警察職權行使法」名之[17]。

（二）「人民權益」

一般簡稱爲「人權」（Human Rights），亦即作爲「人」應該具有之基本權利。我國「憲法」第二章明定之平等權（§7）、自由權

16 李震山等，《警察職務執行法草案之研究》，內政部警政署委託研究，1999年6月，頁222。

17 李震山等，《警察職務執行法草案之研究》，內政部警政署委託研究，1999年6月，頁432。亦參見：蔡震榮、黃清德，《警察職權行使法概論》，五南圖書出版公司，四版，2019年11月，頁10。

（§8-14）、受益權（§15-16）、參政權（§17-18）及其他概括權利（§22）[18]，其中有屬於消極防禦（如自由權）或積極請求（如受益權）性質之基本人權。大法官釋字第535號認臨檢之檢查、路檢、取締、盤查等措施，可能影響人民之自由權、隱私權或財產權是。若欲由上述政府權力限制或剝奪人民權益，應符合「憲法」第23條所規定之四大公益原則（爲防止妨害他人自由、避免緊急危難、維持社會秩序、增進公共利益），並經比例原則考量，認有必要時，經明確法制化程序[19]，而由執法者依法行政。

（三）「公共秩序」

論者援引普魯士「警察行政法」第14條之立法理由中論及：「公共秩序爲依照一般社會及道德觀念應該遵從，且被視爲對警察轄區內（特定區域內）人民共同生活有益，並不可或缺的要件之規範總稱。」然由於憲法或立法者並未賦予其明確之定義，其概念與範圍並非一成不變，具有時空性。因此，其係不確定的法律概念，爲一般大眾行爲所應共同遵守的社會規範，其來自於一個社會多數個人所共同認知的價值與道德之綜合結果，因而可能隨時空而轉變之。是否列爲警察法之概括條款內容？正反意見皆有，贊成者認爲其頗能顧及大多數人之共同看法，符合民主多數決原則，並可以隨時空環境調整之；反對者擔心警察擴權，導致侵犯人權，如德國Bremen邦「警察法」就將與公共秩序有關危害之防止，不再列爲警察任務之概括條款。事實上，概括規定內容不可能由立法者在法律中做價值判斷，尚待相關司法見解闡明，以及行政

---

18 李震山，多元、寬容與人權保障——以憲法未列舉權之保障爲中心，元照出版公司，2007年9月，二版。

19 警察勤務條例第11條第1項第3款「臨檢」勤務之法定四項措施，由此可知「臨檢」乃統合各項措施之集合名詞，而被該條例列爲六種勤務方式之一。然因欠缺執行臨檢措施之法規範明確性，以致於司法院大法官釋字第535號解釋文首段即指出：「實施臨檢之要件、程序及對違法臨檢行爲之救濟，均應有法律之明確規範，方符憲法保障人民自由權利之意旨。」

自制能力，以保障人權[20]。

二、實體要件

司法院大法官釋字第535號雖首揭「警察勤務條例」係組織法兼有行爲法之性質，得作爲執行干預性措施之依據，而使臨檢措施免於違憲，然該解釋指明了「有組織法即有作用法」之迷思。則對人民權利有所限制或剝奪之公權力作爲，必須有行爲法（作用法）之依據。而且該作用法規範必須在要件、程序與救濟規範上具有明確之法律規定，始符合民主法治國對人權保障之原則。因此，本法之立法目的正用以達到上述大法官釋字所示之符合憲政秩序之要求。本條主要規範內涵係闡述本法之立法目的在於「爲規範警察依法行使職權（公權力），以保障人民權益（基本權利），維持公共秩序，保護社會安全（警察任務）」，特制定本法。因此，如何使政府公權力（Governmental Power）與私權利（Individual Rights）得以平衡，來達到警察任務（Police Mission），並貫徹警察「依法行政」（Rule of Law）原則[21]，明確規範警察職權行使措施[22]，乃是本法之重心。本法之制定除了貫徹「法律保留原則」，亦符合「法律明確性」要求，更確定「警察職權」應有明確規範「職權」性質之作用法爲依據之法治要求，達到大法官釋字第535號之要求意旨。本法爲規範警察依法行使職權，稱之爲「警察職權行使法」，名實相符。其立法目的，於本條之前二句「爲規範警察依法行使職權，以保障人民權益」，即已明確指出其主旨，爲使「衡平警察職權之公權力

---

20 李震山，《警察行政法論：自由與秩序之折衡》，元照出版公司，2016年10月，修訂四版一刷，頁217。

21 符合「憲法」第23條規定在四大公益原則（除爲防止妨礙他人自由、避免緊急危難、維持社會秩序，或增進公共利益）、比例原則（有必要時）及法律保留原則（以法律限制之）。「行政程序法」第4條亦規定：「行政行爲應受法律及一般法律原則之拘束。」

22 「警察職權行使法」對於干預性職權措施之明確要件、程序與救濟規定，符合司法院大法官釋字第535號解釋之「實施臨檢之要件、程序及對違法臨檢行爲之救濟，均應有法律之明確規範，方符憲法保障人民自由權利之意旨。」

行使與人民權利保障」[23]，並以達成「維持公共秩序，保護社會安全」之警察任務爲目標。茲分述本法制定目的內涵如下：

（一）規範警察依法行使職權

「警察任務」能否有效完成？有賴縝密的「警察業務」規劃與務實的「警察勤務」作爲。然警察勤務執行若對人民進行干預性措施，將因而影響人民權益，故爲衡平「警察職權」與「人權保障」，必須有法律之明確授權，並貫徹「依法行政」原則之「民主法治」要求，始得以克盡其功。

（二）貫徹憲法保障人民權利

警察職權措施類型於本法第2條第2項明確規定，至於司法院大法官釋字第535號解釋所要求之實施各項職權措施之要件、程序與救濟規定，則分別於本法各個條文中明確規範，以使執法之警察人員能有符合法律明確性之規範內涵，作爲執法之基礎，進行公權力措施前，先判斷是否符合職權措施之要件規定，並於實施中，嚴格遵守法定程序要求，考量一般法律原則，遵守「依法行政」旨意，受執行之人民，若有不服，尚得依本法規定進行行政救濟。因此，在警察職權之干預性公權力措施下，人民權利仍能受到應有保障。

（三）達成「維持公共秩序，保護社會安全」之警察治安任務

依據「警察法」第2條：「警察任務爲依法維持公共秩序、保護社會安全、防止一切危害、促進人民福利。」除了上述爲了公益、公序之必要，以貫徹警察治安任務，並有效保障人權。因而制定了「警察職權行使法」，其主要任務有二：一爲保障人權，二爲達成警察任務。爲有關維護公益公序之公權力（Governmental Power）與保障人民權益之私

---

23 蔡震榮、黃清德，《警察職權行使法概論》，五南圖書出版公司，四版，2019年11月，頁3。

權利（Individual Rights）之衡平機制。

參、問題探討

一、實務問題

本法制定後，「警察勤務條例」可否繼續適用？實務上有此疑義。雖然，司法院大法官釋字第535號解釋意旨，認為「警察勤務條例」係組織法兼有行為法之性質，而又指出其臨檢之要件、程序與救濟應以法律明確規定。如今，本法即符合大法官該號解釋意旨，對警察職權明確規定，故對警察行使職權規範，應優先適用本法，至於「警察勤務條例」則仍宜維持其勤務法規之方式，對於非限制或剝奪人民之措施，或其勤務相關規定，仍得作為警察內部之勤務規範。

二、理論爭議

本法規定與大法官解釋不相符合之規定，亦即立法職能與司法院大法官解釋有所差異，如何適用？在大法官釋字第535號解釋公布，學界多有質疑本號解釋，司法解釋權似乎侵越了立法權，而對於警察臨檢之要件、程序與救濟內涵明確規範，並要求行政權之警察臨檢作為，應予遵循。然而，上述解釋明定僅適用於立法尚未完成前之二年緩衝期。至於立法之後，有關本法規範內容，應屬立法自由形成空間，雖該號解釋內涵中之「對人實施之臨檢則須以有相當理由足認其行為已構成或即將發生危害者為限」規定，然最後立法者係於本法第6條為查證身分而攔停職權要件中，有以「合理懷疑」（Reasonable Suspicion）或「有事實足認」（Specific Articulable Fact）等作為執法判斷心證程度之職權要件，而並未將「相當理由」（Probable Cause）[24]明定於本法，則該解釋內容應不予繼續適用，其所解釋之憲法意旨，則仍須予以遵守。

三、問題提出

本法之制定，固然符合依法行政原則之基本要求，然如何架構整體警察法制，使之符合民主法治國之明確合理之法律規範，仍有待繼續努力，例如，警察之任務、組織、職權、勤務規範之區分；警察危害防止之行政權作用與犯罪偵查之司法權作用之法制規範與適用關係；本法與其他個別法律（如「社會秩序維護法」、「行政執行法」、「道路交通管理處罰條例」等）之規定與相關適用問題；本法規定與大法官解釋意旨不同之處理；以及「警察法」第9條之職權規定，在本法制定後，已有本法有關警察職權之明確規定可資適用，則「警察法」未來應如何調整，均涉及警察整體法制結構之建立與改進，允宜未雨綢繆，期待能有持續努力研究精進，以有效落實保障人權及維護治安之任務。另外，在實務上，則警察機關有訂定相關作業要點或行政規則，甚至形成標準作業程序[25]，將相關抽象之不確定概念予以操作化，以供實作人員遵循，並加強法制訓練，提升其執法之判斷與裁量能力，強化依法行政之執法心態。

---

24 See: Kit Kinports, "Probable Cause and Reasonable Suspicion: Totality Tests or Rigid Rules?" 163 U. PA. L. Rev. Online 75, 2014. pp. 75-87.

25 內政部警政署編制，《警察機關分駐（派出）所常用勤務執行程序彙編》，中央警察大學印行，2019年5月。區分10大類共148項，分別爲行政類（24）、保安類（4）、防治類（25）、國際類（5）、交通類（13）、後勤類（1）、勤務指揮類（2）、刑事類（72）、資訊類（1）及民防管制類（1）。

肆、其他

一、本法之性質與定位

（一）本法之性質

司法院大法官釋字第535號解釋文指出：「警察勤務條例規定警察機關執行勤務之編組及分工，並對執行勤務得採取之方式加以列舉，已非單純之組織法，實兼有行為法之性質。」已經明確打破傳統上「有組織法即有行為法」之迷思。大法官更於該號解釋理由書釋明：「查行政機關行使職權，固不應僅以組織法有無相關職掌規定為準，更應以行為法（作用法）之授權為依據，始符合依法行政之原則。」本法係以警察職權行使規範為內容，相關職權措施執行使多可能限制或剝奪人民之權利，是屬於行為法（作用法）之性質，因係執行職務行使職權之對象為人民，是屬於外部法。再者，警察任務可類分為危害防止之行政任務與犯罪偵查之刑事司法任務，而本法主要係屬於危害防止之行政任務之警察職權行使規範，應屬於「行政作用法」[26]，此由對於本法職權行使之救濟程序，依據本法第29條之規定，應循由訴願、行政訴訟方式可知，係屬於依據本法之警察職權行使之行政權作用。再從先進法治國家之法治經驗而論，警察法在體系上，多將任務、權限、職權、勤務分別規定而有任務法、組織法、職權法、勤務法之截然劃分，前二者僅具有宣示性質，可作為警察發動非干預權利措施之依據，至於干預權之行使，必須以職權條款為依據[27]，而依職權條款則得導出應負之任務。因此，本法第1條即明定：「為規範警察行使職權……」，並名之為「警察職權行使法」，與其法律性質極為相符，亦為警察職權措施之基礎，將警察

---

26 李震山，《警察行政法論：自由與秩序之折衝》，元照出版公司，2016年10月，修訂四版一刷，頁189。

27 李震山等，《警察職務執行法草案之研究》，內政部警政署委託研究，1999年6月，頁10-11。

職權措施之要件、程序與救濟明確規定，符合民主法治國「依法行政」原則之要求。

（二）本法之定位

本法立法之初，在一讀審查會通過草案第1條第2項規定：「警察行使職權，依本法之規定；本法未規定者，適用其他法律之規定。」主要係我國過去警察法律常有警察任務之規定，卻無相應職權之法律規範或授權不明確，故爲暫補此缺漏，乃於本法規定警察行使職權，應依本法之規定。本法未規定者，而其他法律對特定警察職權另有規定者，則適用其他法律之規定，如「警械使用條例」、「社會秩序維護法」。若該條草案通過立法[28]，則本法性質將具有特別法之性質。然而，該草案內容，並未獲得立法院之通過，則其他法律若有警察職權措施之規定，得先依據個別法律規範之[29]，本法則屬普通法之性質[30]，亦得以本法補充其他警察法規所未規定之職權規範基礎，使得警察職權行使規範，更加周全。

就警察法制規範而言，警察之任務、組織、勤務、職權等宜有分別規範[31]。就法的規範屬性，「警察法」係依據「憲法」第108條第1項第

---

28 「警察行使職權，依本法之規定：本法未規定者，適用其他法律之規定」之特別法條款，因法務部質疑本法不分條文規定，涉及犯罪偵查領域，爲避免與刑事訴訟法產生適用疑義，爰經行政院政務委員於92年5月21日，邀集法務部、行政院一組、行政院法規會及警政署協商後決議將之刪除。參見吳宗順主編，《警察職權行使法逐條釋義》，內政部警政署常訓教材，2003年8月，頁8。

29 內政部警政署於92年8月頒行之「警察職權行使法逐條釋義」之第1條「問題釋義」，頁6。釋答，稱「本法係警察職權作用法，亦爲警察職權行使之基本規範，凡警察行使職權時，應依本法之規定；職權行使事項如未在本法規範而在其他法律另有特別規定者，例如集會遊行法、警械使用條例、社會秩序維護法、國家安全法、道路交通管理處罰條例、檢肅流氓條例等，則適用各該法律之規定。」似有誤解，此應指原草案第3條「警察行使職權，依本法之規定：本法未規定者，適用其他法律之規定」之特別法條款，經立法通過，使具有優先適用之性質。

30 鄭羽軒，〈警察職權行使法諸問題之研究〉，中央警察大學警察政策研究所博士論文，2018年1月，頁2。

31 「中央行政機關組織基準法」第5條第3項規定：「本法施行後，除本法及各機關組織法規外，不得以作用法或其他法規規定機關之組織。」

17款規定「警察制度」，屬任務與組織法性質，雖其在第9條規定「警察職權」類型，惟並無內容要件與程序，尚無法據以適用。更且，司法院大法官釋字第570號解釋亦指出「警察法」第2條之警察任務條款與第9條發布警察命令之規定，不屬於警察作用（行爲）法之性質。「警察勤務條例」係依據「警察法」第3條規定制定，主要規範警察勤務機構之區分與設置、勤務方式、勤務時間、勤務規劃、勤前教育及勤務督導等勤務制度事項；其內容大部分雖爲警察機關內部規範事項，就法的規範屬性，該條例較偏向行政法中的組織（內部）法之性質。該法雖經司法院釋字第535號解釋文略謂「具有組織法兼行爲法」之性質，但亦指出其臨檢要件、程序與救濟未有法律明確規定，指示於解釋後二年內改善，爰制定本法以資因應。另一方面，由於刑法與行政法的分殊化，致使警察維護治安之任務區分爲防止行政危害之「危害防止」與防止刑事危害之「犯行追緝」。警察執行職務時，如發現犯罪事實或犯罪嫌疑，則進入「犯行追緝」階段，應依刑事訴訟法相關規定辦理。本法所規範者，爲預防犯罪之「危害防止」階段[32]，爲警察執行「警察法」所定警察危害防止任務範圍內之執行職務行使職權時，涉及人民自由權利一些典型化干預性措施之要件、程序及救濟等；其規範屬性，係屬行政法中具有干預型職權措施之作用規範性質[33]。除其他警察之個別職權法律規定可資適用外，本法具有補充法之功能。另一方面，亦有論者指出：「從作用法觀點言，警察職權行使法亦是基礎性法律[34]，而有別於個別性法令。」

---

32 鄭羽軒，〈警察職權行使法諸問題之研究〉，中央警察大學警察政策研究所博士論文，2018年1月，頁53-54、68-69。氏論指本法是無需令狀的犯罪預防活動的法規，主要係賦予個別的警察官於實施犯罪（危害）預防活動時，得採取措置之法規，而實施犯罪偵查活動之職權則應由刑事訴訟法加以規範之。

33 http://www.npa.gov.tw/faq/faq2-30.htm, last visited: 2004/07/09.

34 李震山，《警察行政法論：自由與秩序之折衝》，元照出版公司，2016年10月，修訂四版一刷，頁190。

二、本法體例結構與主要內涵

（一）本法之體系結構

本法共分五章，其主要結構如下：第一章總則（§1-5）：主要說明立法目的（§1）、相關名詞定義（§2）、比例與誠信原則之適用及陷害教唆之禁止（§3）、表明執法者身分與告知事由之程序規定（§4）、警察職權行使所需之救助與救護規定（§5），本章總則規定以作為本法其他各章相關規定之基本原則。第二章查證身分（§6-8）與蒐集資料（§9-18）：首先，規定查證身分執法作為之要件（§6）、查證身分得進行之措施（§7）、攔檢交通工具之要件與措施（§8）。再者，對於資料蒐集之措施、要件與處理之程序規定如：對集會遊行或其他公開活動之蒐證（§9）、跟監蒐證（§10）、裝設監錄器（§11）、遴選第三人協助蒐集治安資料（§12-13）、通知到場蒐證（§14）、對治安顧慮人口之查訪（§15）、資料之傳遞（§16）、資料之利用（§17）、資料之註銷或銷毀（§18）。第三章即時強制（§19-28）：主要規定分為對人管束要件（§19）與管束得使用警銬或戒具（§20）、扣留物之範圍、要件與處理程序（§21-24）、對於物之處置、使用或限制其使用（§25）、對於建築物之進入（§26）、驅離與暫時禁止進入（§27）、概括條款規定（§28）。第四章救濟規定（§29-31）：包括現場異議與事後訴願或訴訟（§29）、損害賠償（§30）及損失補償（§31）。第五章附則（§32）規定本法之施行日期。

（二）本法之主要內涵

基於司法院大法官釋字第535號解釋意旨強調警察臨檢，不擇時間、不擇地點、不擇對象，進行全面臨檢之「三不」作法，為民主法治國家所不許。本法將「警察職權」措施歸類為：「對人」之查證身分、鑑識身分、蒐集資料、通知、管束、驅離、直接強制；「對物」之扣留、保管、變賣、拍賣、銷毀、使用、處置、限制使用；「對處所」之進入；以及「對其他」必要之公權力之具體措施（如治安顧慮人口之定期查訪、資料傳遞、資料利用、概括授權規定等）[35]。而每一職權措施再於本法中有專門法條對其要件、措施及相關程序作進一步清楚規定，有別於過去僅以警察「臨檢」之概括性集合名詞爲依據之模糊規範[36]。特別是對於查證身分之要件與措施更分別有明確規定。本法對警察臨檢之查證身分所得施行之各項措施（第7條），如攔停、詢問、令出示證件、檢查人之身體及其攜帶之物件，甚至必要時得依法將受檢人帶往警察勤務處所進一步查證身分。而前述職權措施發動前，必須有各項相關職權行使要件（第6條）之符合，始得爲之，並應遵守各項程序規範。因此，對於本法實施後，警察同仁執行臨檢勤務，應本「事出有因、師出有名」發動各項職權措施，更應加強要件判斷能力，避免不計代價、不擇手段、不問是非、不加判斷及沒有合理懷疑之「四不一沒有」的執法心態，進行任意、隨機或全面臨檢之警察職權作爲，而是應精緻判斷，依法執法，發揮警察專業，以保障人民權益，維護社會治安。本法對於警察職權涉及對人、對物、對處所及對其他相關涉及人民之公權力措施，分別各有專條明確規範其措施、要件與實施程序。其中，尤以本法第6條之查證措施之要件及第7條有關查證身分措施之規定，是爲該法規範之重心，亦爲警察職權行使之基礎，亦是釋字第535號解釋緣起問題爭議之核心。

本法以防止危害及預防犯罪爲目的：1.「危害」係指公共安全與秩序直接受到損害之威脅。論者指出：「警察依法防止公共性危害任務，……應可分爲行政危害防止、刑事犯行追緝、危害預防三大部

---

35 參見「警察職權行使法」第2條第2項。

36 司法院釋字第535號解釋文首段指明：「臨檢實施之手段：檢查、路檢、取締或盤查等不問其名稱爲何，均屬對人或物之查驗、干預，影響人民行動自由、財產權及隱私權等甚鉅，應恪遵法治國家警察執勤之原則。實施臨檢之要件、程序及對違法臨檢行爲之救濟，均應有法律之明確規範，方符憲法保障人民自由權利之意旨。」

分。[37]」固然本法各種職權行使之要件，對於所要保護之法益、危害之程度及損害發生可能性之等級，各有不同之要求。但必須有危害之存在，警察方有依本法行使職權之可能。損害未發生前，採取措施，旨在預防。若損害已形成，但未全然完成或結束，則有滋擾之制止與排除之問題。若已全然完成或結束，警察依本法再採取措施，則應爲法所不許；2.基於警察雙重任務之特性，警察亦有偵查犯罪之任務。再加上犯罪型態的改變，爲了有效抗制犯罪，本法亦於具體危害之先前領域，賦予警察若干資料蒐集職權。由於這些措施係用以作爲預防性之犯行抗制，非在偵查犯罪，故其措施之採行，必須是以犯行先前領域之案情爲目的，方受允許。然論者亦指出：「我國警察職權行使法亦賦予警察蒐集資料職權（第9條至第18條），在傳統警察二大任務之外，另闢危害發生前之預防任務領域，雖隱合時代潮流，但對其界限也常引起爭論[38]。若一個犯罪行爲已經存在，或行爲人從事犯罪行爲之企圖已經存在，警察即不得依本法行使職權，而是依刑事訴訟法所賦予之任務行事。

警察職權行使屬干預性措施，對於人民之權利限制或剝奪，應依法行政。按「行政程序法」第4條規定：「行政行爲應受法律及一般法律原則之拘束。」因此，警察行使職權，除必須貫徹依法行政原則，在執法過程中亦應遵守「比例原則」、「誠信原則」、「平等原則」、「合義務性裁量原則」及「有利不利予以兼顧原則」等。故本法對於警察勤務進行之查證身分或其他執法作爲時，賦予警察執行職務行使職權之授權基礎，符合「法律保留」及「明確性」原則。此亦正符合「爲規範警察依法行使職權，以保障人民權益，維持公共秩序，保護社會安全，特

37 李震山，《警察行政法論：自由與秩序之折衝》，元照出版公司，2016年10月，修訂四版一刷，頁38。

38 李震山，《警察行政法論：自由與秩序之折衝》，元照出版公司，2016年10月，修訂四版一刷，頁39-40。

制定本法」之立法目的。

三、本法施行後之警察法制發展趨勢

自從大法官釋字第535號解釋之後，有關警察職權之研討非常蓬勃，期刊論文、報章討論，甚至書籍研究，均有良好表現，特別是在2003年「警察職權行使法」通過法制化，達到最高峰，此從林明鏘教授稱其爲「公法界之警職年」可證之[39]。相關主要警察職權研究參考資訊可參考立法院《法規資源引介》[40]之「警察職權行使法」專輯與《二○○三年學界回顧》[41]有關「行政法各論」中之「警察法」部分。至於警察法制（學）之未來發展趨勢，茲引李震山教授在上述《二○○三年學界回顧》之「整體評價」所論之一段話可得清楚圖像。其內容爲：「警察法學之研究已跨出『警察圈』，此種現象至少會產生以下幾個積極影響：1.警察法學與一般法學接軌，相互挹注豐富學術資源；2.對原研究警察法學群體產生良性刺激，同時，亟需建立對話機制、平臺與共通語言；3.當公法或刑法學界的人普遍關心警察法這塊『處女地』，必會造福警察實務界及人民[42]。」從以上述說，可知警察法學研究之蓬勃發展，已漸萌芽[43]。從另一角度觀察，警察實務界對於完備警察法制，

39 林明鏘，〈警察職權行使法基本問題之研究〉，收錄於《警察法學研究》，2019年1月，二版一刷，頁177。

40 《法規資源引介》，第67輯（「警察職權行使法」專輯），立法院國會圖書館編印（中正大學法律學系李震山教授審訂）（註：李震山教授現已轉任政治大學法律系教授），2004年3月。

41 《二○○三年學界回顧》（有關「行政法各論」中之「警察法」部分由李震山教授主筆），元照出版公司，2004年8月，初版一刷，頁28-36。

42 《二○○三年學界回顧》（有關「行政法各論」中之「警察法」部分由李震山教授主筆），元照出版公司，2004年8月，初版一刷，頁36。

43 例如，李震山，《警察行政法論：自由與秩序之折衝》，元照出版公司，2016年10月，修訂四版一刷；李震山，《人性尊嚴與人權保障》，元照出版公司，2020年3月，五版一刷；李震山等，《警察職權行使法逐條釋論》，五南圖書出版公司，2018年12月，二版一刷；林明鏘，《警察法學研究》，2019年1月，二版一刷；陳正根，《警察與秩序法研究》，五南圖書出版公司，2013年8月，初版一刷；蔡震榮、黃清德，《警察職權行使法概論》，五南圖書出版公司，2019年11月，四版；許福生主編，劉嘉發等合著，

亦已有主動積極準備，例如從「警察職權行使法草案」即是由實務界要求研究提出，成立該法之諮詢小組，並積極進行基層實務之常年訓練「警察職權法制」講習，進行強化整體配套措施，以資因應。另亦由內政部警政署編製「警察機關分駐（派出）所常用勤務執行程序彙編[44]，訂出10大類常用警察勤務之標準作業程序，以利警察事實務運作之遵行。因此，警察法制學術理論與實務之整合，將可完備警察法制體系，以保障人民權利及維護良好治安。

四、各國警察任務與職權規定之簡析

各國警察組織體系常配合各該國政治制度而有中央集權或地方分權之不同屬性。警察維護治安目的之達成乃有危害防止及犯罪偵查兩大重要任務，而任務之明確定位即牽動著警察實務上之業務與勤務之範圍，亦即各機關間之工作分配與管轄範圍。鑑於由「夜警國家」邁入民主法治國家，警察行政已從消極干預逐漸轉變成積極服務的治理型態，除一般職務之外，警察必要時尚需協助其他行政機關推行一般行政。為使警察工作發揮專業與效率，警察任務法規規範宜更明確且專業化。再者，警察依法行政與追訴犯罪均與人民之自由與權利息息相關。警察為達成法定任務，於執行確保各法益之作為，並為有效發現及逮捕罪犯時，通常必須採取強制干預性措施，而檢視各該措施的發動要件、程序與效果是否合法、正當，即為警察職權規範。警察職權行使必須有法律授權基礎，即必須遵守法律優位及法律保留原則，始符合法治國原理。因此，我國現行「警察法」對於警察任務與職權之規範方式與內容是否妥適，乃有研究之必要。

《警察法學與案例研究》，五南圖書出版公司，2020年2月，初版一刷；蔡震榮主編，劉嘉發等合著，《警察法總論》，一品文化，2020年5月，四版。

44 內政部警政署編制，《警察機關分駐（派出）所常用勤務執行程序彙編》，中央警察大學印行，2019年5月。

警察任務將決定其業務範圍與勤務作爲，因而影響法定之制裁處罰要件內容，亦牽動警察職權與程序。由於機關「任務」範圍，將影響管轄權之界限，亦爲業務規劃與勤務執行範圍之基礎，若因太過於概括其任務範圍，易造成相關機關間管轄之「積極競合」或「消極競合」問題。特別是警察有較強執行力，加上我國法定警察任務太概括，以致一般行政機關動輒將原屬其可自行完成之工作，要求警察協辦，最後甚至成爲警察主辦任務。因此，配合現行我國政府機關組織改造之時機，允宜考量我國特性，參酌各國對警察任務之相關具體規定，進一步劃分與各相關機關就任務分配，予以明確律定「警察任務」之具體內容與範圍。另一方面，「警察職權」法制亦因應國家安全與社會治安任務而檢討修整必要，使之配合現代社會之科技發展與任務需求，賦予警察執法上必要之職權，以達成民主法制國家之警察任務。

（一）各國警察任務之規定

1. 外國警察任務之規定

(1) 德國各邦統一警察法標準草案[45]

第1條 警察之任務

1. 警察之任務在於防止公共安全或秩序之危害。警察在該任務範圍內，亦得對犯行追緝爲準備並對犯行爲預防（犯行之預防性抗制），並得爲防止未來危害，採取準備措施。

2. 唯有在無法即時獲得司法保護，且非得警察之協助，無法遂行其權利或權利之施行將更爲困難時，警察方有依本法維護私法上權利之責。

3. 警察依本法第25至27條之規定，協助其他機關執行任務。

4. 警察另應完成其他法規所賦予之任務。

---

45 李震山，《警察行政法論：自由與秩序之折衝》，元照出版公司，2016年10月，四版。

第1條a　與其他機關之關係

除第1條第1項第二句情形外，警察僅得於其他機關不能或不可能適時防止危害時，防止該危害。警察應將該事件中對其他機關任務履行有關重要訊息，立即通知該其他機關，第10條c第二句規定不受影響。

德國警察體制雖由各邦爲主，然仍不脫聯邦政府深切指導的精神，可由其「德國統一警察法標準草案」可知，由聯邦律定標準供作各邦遵循。德國警察任務與職權採整合性立法方式，明定於同一法規中。其任務範圍規定於前述標準草案第1條首揭，其警察任務範圍則由上述標準草案第1條及第1條a予以明定，其中以第1條第1項之「防止公共安全或秩序之危害。警察在該任務範圍內，亦得對犯行追緝爲準備並對犯行爲預防（犯行之預防性抗制），並得爲防止未來危害，採取準備措施。」爲任務之基礎範圍；至於同條第2項明定「私權保護」任務；同條第3項係職務協助規定；同條第4項則是任務補充性原則。再者，第1條a則是規定警察與其他機關之關係。

(2) 日本警察法[46]

第2條第1項：「警察任務：

1. 個人生命、身體及財產之保護。
2. 犯罪之預防、鎮壓及偵查。
3. 嫌疑犯之逮捕。
4. 交通之取締。
5. 其他公共安全與秩序之維持。」

日本國警察體制配合都道府縣之地方體系爲之，然其中央政府仍有極強而有力的警察廳，其警察權限較屬於中央立法來統一任務與指揮事權，地方多負責執行事宜。日本警察之任務與組織規範與職權法分開

46 日本警察法，See: https://elaws.e-gov.go.jp/search/elawsSearch/elaws_search/lsg0500/detail?lawId=329AC0000000162, last visited: 2020/07/18.

於不同法令規定，前者主要是「日本警察法」，而後者則由「日本警察官職務執行法」規範之。邦政府深切指導的精神，可由其「德國統一警察法標準草案」可知，由聯邦律定標準供作各邦遵循。德國警察任務與職權採整合性立法方式，明定於統一法規中。其任務範圍規定其於「日本警察法」第2條第1項，其中第1至4項列舉明定行政取締與刑事偵查任務，第5項則屬概括規定，亦屬寓意有任務補充性原則。

(3) 中華人民共和國人民警察法

現行第2條第1項：「人民警察的任務是維護國家安全，維護社會治安秩序，保護公民的人身安全、人身自由和合法財產，保護公共財產，預防、制止和懲治違法犯罪活動。」

然而，中國大陸公安部於2016年12月1日網站公布關於「人民警察法」（修正草案稿）公開徵求意見的公告[47]。修正草案稿由現行法（2013年）之八章凡五十二條減少一章（第三章義務和紀律）但增加五十七條文，新修正草案計七章凡一〇九條，內涵有二大主軸：一爲組織法上的機構、人員管理與保障；另一爲作用法上的職權（第二章之權力§16-36）規範。其現行任務規定與修訂草案之差異比較如下表：

47 劉嘉發，大陸《人民警察法》（修訂草案稿）評析，展望與探索，第16卷，第3期，2018年3月；亦參考：大陸公安部關於《中華人民共和國人民警察法》（修訂草案稿）公開徵求意見的公告，See: http://www.mps.gov.cn/n2254536/n4904355/c5561673/content.html, last visited: 2020/07/22.

人民警察法現行任務規定與修正草案之差異		
現行任務規定	修正草案	差異點
第2條（現行任務） 人民警察的任務是維護國家安全，維護社會治安秩序，保護公民的人身安全、人身自由和合法財產，保護公共財產，預防、制止和懲治違法犯罪活動。 人民警察包括公安機關、國家安全機關、監獄、勞動教養管理機關的人民警察和人民法院、人民檢察院的司法警察。	**第3條（公安機關任務）** 公安機關的任務是維護國家安全和公共安全，維護社會治安秩序和社會穩定，保護公民、法人和其他組織的合法權益，保護公共財產，預防、制止、查處和懲治違法犯罪活動。	新修正刪除現行法本條第2項有關「人民警察範圍包括公安機關、國家安全機關、監獄、勞動教養管理機關的人民警察和人民法院、人民檢察院的司法警察。」並將第1項之「人民警察」修正為「公安機關」。使本法適用範圍確定在「公安」。
	第12條（職責範圍） 原有14項增加至23項，公安部（機關）之職責範圍比我國警政署之職掌寬廣許多。（含戶政、國境邊防、海巡、消防、維和、反恐……等。	現行法第2項刪除。此項與我國警察法規定之制度有差異。亦即將如我國之國安、獄政及法警均納入「人民警察」範圍，而「公安」僅係其中一部分。

再者，中國大陸人民警察法修訂草案與現行法之大綱與內容有極大差異，茲將新舊大綱列表比較如下：

人民警察法綱要與修正草案大綱之比較		
舊法（現行法）	新法（修正法）	說明
第一章總則§1-5	第一章總則§1-11	增6條
第二章職權§6-19	第二章職責和權力§12-39	將「職權」二字區分為「職責和權力」，增11條
第三章義務和紀律§20-23	刪除本章	刪4條

人民警察法綱要與修正草案大綱之比較		
舊法（現行法）	新法（修正法）	說明
第四章組織管理§24-31	第三章組織管理§37-64 第一節機構管理§37-47 第二節人員管理§48-64	1. 增為二節區分「機構管理」與「人員管理」 2. 增20條
第五章警務保障§32-41	第四章保障§65-84 第一節警務保障§65-75 第二節職業保障§76-84	1. 減二字「警務」 2. 增為二節區分「警務保障」與「職業保障」 3. 增10條
第六章執法監督§42-47	第五章執法和監督§85-96	1. 增一字「和」 2. 增6條
第七章法律責任§48-50	第六章法律責任§97-103	增4條
第八章附則§51-52	第七章附則§104-109	增4條

中國大陸公安警察體制仍以配合政治維權之中央集權體制為主，可由其中華人民共和國「人民警察法」可知，指揮權限主要由中央公安部統籌。警察任務與職權採整合性立法方式，明定於同一法規中。此次修法在公安警察任務與職權上採取綜合德國與日本警察法主要內容之方式，將組織法性質之任務、組織、人員管理等與作用法性質之「職責與權力」並列，且在內容規定份量相當，既未如「日本警察法」僅以組織法為主，而「德國警察法標準草案」則以作用法為主。現行法第2條第1項將其任務範圍包含國家安全確保、社會治安維護及人民自由與權利保護均予以規定，雖然聚焦，但極為概括，首先強調維護國家安全。然中國大陸公安體制極為龐大，有關入出國與移民管理、消防、海警等均屬於警察系統，並以中央統籌指揮為主。

(4) 美國警察任務之規定

美國雖有聯邦與各州之政治體制，其於「憲法」第4條明定聯邦與各州權限之劃分。美國「憲法」本文第1條立法權中採列舉式明定聯邦國會立法項目；又再於「憲法」第十修正案中規定：「本憲法所未授予美國政府或未禁止各州行使之權限，皆保留於各州或其人民。」因此，美國警察體制爲完全地方分權制度，屬於各州之權限。各州之警察任務由各地方政府自行規定，其內容雖不完全相同，然亦屬聚焦於社會治安與人民之自由權利保障。另一方面，美國屬於海洋法系國家，其相關法令規範，主要是以判例法規定之。有關美國警察任務規定各州或各地方警察局均有其任務規定，茲分述如下：

美國紐約市警察局之任務規定

紐約市警察局任務在藉由與社區合作執法來提升市民生活品質，維護平和秩序，降低犯罪恐懼，及維持良好社會秩序。警察承諾貫徹保護紐約市民的生命、財產安全之任務，以同理心、禮貌、專業和尊重態度來對待每一位市民，並透過震懾地與不懈地追緝打擊犯罪，來有效率地提供警察服務與公正執法，以對抗犯罪[48]。

① 學者分析美國警察之四大任務及其活動[49]：

任務一：執行法律（Law Enforcement）

A. 偵查犯罪活動；

B. 逮捕犯罪者；

C. 偵查進行中之犯罪；

D. 適用令狀；

E. 訊問嫌疑犯。

任務二：維持秩序（Order Maintenance）

A. 強制乞丐或醉漢離去；

B. 調查嫌犯及其車輛；

C. 調查家庭騷擾；

D. 處理酒吧打鬥；

48 See: https://www1.nyc.gov/site/nypd/about/about-nypd/mission.page, last visited: 2020/06/18.

49 See: Larry K. Gaines & Victor E. Kappeler, "Policing America", 4th ed. U.S. OH: Anderson Publishing Co., 2003, p.18.

E. 鎮壓暴亂與失序；

F. 取締吵雜舞會或聚眾。

任務三：其他服務（Miscellaneous Services）

A. 幫助陷入困境或迷途之駕駛；

B. 提供緊急醫療協助；

C. 找尋迷失兒童；

D. 幫助鑰匙鎖在車內者；

E. 提供民眾相關資訊。

任務四：執行簡易規則（Convenience Norms）

A. 調查交通事故；

B. 開出交通罰單；

C. 開出停車通知；

D. 指揮交通；

E. 建議工程變更以幫助交通車流順暢。

② 學者Herman Goldstein（1977）認爲美國警察有以下任務[50]：

A. 預防與控制威脅生命與財產安全之行爲；

B. 幫助遭受危害之民眾，諸如，犯罪受害者；

C. 維護憲法權利保障，諸如，言論與集會自由等；

D. 協助民眾及車輛流通；

E. 協助需要照顧之弱勢族群；

F. 解決爭端，不論是個人間或團體間，或是民眾與政府之間的爭端；

G. 找出有可能使問題變爲更嚴重而影響個人、警察或政府之問題；

---

[50] See: Larry K. Gaines & Victor E. Kappeler, “Policing America”, 4th ed. US. OH: Anderson Publishing Co., 2003, p.19-20.

H.營造社區安全意識與環境。

(5) 英國警察任務之規定

英國自1829年由內政部長皮爾爵士（Sir Robert Peel）所提「警察法案」（Police Bill），經英國議會通過，創立身著警察專業制服且訓練有素，以治安維護及爲民服務職志之倫敦都市警察，被世人公認爲現代警察首次誕生。由於英國源自1215年發布之「大憲章」（Magna Charta）起，即開始要求政府執法應有正當法律程序（Due Process of Law）爲基礎精神。然而，英國屬於海洋法系（Common Law System）〔亦有稱之爲「習慣法」，以判例法（Case Law）爲主，較少如大陸法系（Civil Law System）有許多制定法（Statutes）爲執法基礎。〕由於自從二十世紀的七〇年代英國各地曾發生多次反對警察之大規模騷亂事件，嚴重影響治安，惟因當時警察在偵查程序上並無明確之制定法爲依據，造成一些執法錯誤或民眾冤屈，乃由英國國會成立專門委員會調查結果，認爲基礎原因係習慣法上有關警察職權規範不明確所致，乃決定研議制定明確專法，因而通過了「1984年警察暨刑事證據法」（The Police And Criminal Evidence Act 1984，簡稱PACE）[51]，以使英國政府對人民執行公權力時，使警察職權有明確之實體與程序之法制規範。至於英國各警察之任務，則由各警察機關自行依當地警察之治安與服務需求規定之。

2. 我國警察任務之規定

我國現行「警察法」第2條規定：「警察任務爲依法維持公共秩序，保護社會安全，防止一切危害，促進人民福利。」並由該法細則第2條規定：「本法第二條規定之警察任務，區分如左：一、依法維持公共秩序，保護社會安全，防止一切危害爲警察之主要任務；二、依法促進人民福利爲警察之輔助任務。」

---

51 See: https://www.legislation.gov.uk/ukpga/1984/60/contents, last visited: 2020/07/09.

我國警察法及其細則對於警察任務之規定，經初步檢討，至少仍有下列問題：

(1)任務範圍太廣及規定太概括：上述警察任務內涵與我國憲法總綱中之國家任務相比，除了鞏固國權之外，其他已經超乎國家任務；再者，所規定之四大任務太過概括，幾至無所不包，特別是「防止一切危害」與「促進人民福利」之任務規定，實難以在行政任務分配上與其他行政機關釐清。再者，我國警察法規定之任務範圍，與上述相關各國比較，明顯太過於廣泛，規定太過於概括而不具體，應與修正，以符合實際需求；(2)警察法第2條之上述任務規定，以致在同法第5條之組織規定：「內政部設警政署（司），執行全國警察行政事務，並掌理左列全國性警察業務」雖已經脫警察化，例如，第5條第2款「關於保護外僑及處理涉外案件之外事警察業務」已由移民署承接；另同條第5款之「關於防護連跨數省河湖及警衛領海之水上警察業務」則已經由海洋委員會海巡署辦理，但現行警察法仍明列在該條文中，並未更正或刪除。再者，亦影響同法第9條第7款「有關警察業務之保安、正俗、交通、衛生、消防、救災、營業建築、市容整理、戶口查察、外事處理等事項」中「衛生、消防、救災、營業建築、市容整理、戶口查察、外事處理等事項」已不屬於警察業務，亦仍列於警察法之中。因此，警察任務之法定範圍，將影響其業務管轄分配及勤務態樣與執行；(3)時空因素已不合適：依據立法院議事錄查知，我國警察法之初稿係於1948年於大陸所為，經多次審查，始於1953年6月15日通過施行。超過半世紀以來，僅有在1986年、1997年及2002年等四次修正，而且幅度極小，多集中第15條之警察教育機關之因應變動而修正。至於關於本議題之警察任務（第2條）與職權（第9條）則從未檢討與修正。然而，基於現今科技快速發展及外國警察法比較可知，我國警察法之規定，已有時空不宜之情形，允宜研修之。

（二）各國警察職權之規定

1. 外國警察職權之規定

(1) 德國各邦統一警察法標準草案

依德國基本法第21條規定，德意志聯邦共和國為民主社會聯邦國家，一切權力均來自國民，國權由國民以選舉及人民議決，並由立法、行政及司法機關分別行使之（第1項）。立法應受合憲秩序之拘束，行政及司法應受法律（Gesetz）及法（Recht）之拘束（第2項）。依德國基本法第30條規定：「國家職權之行使及國家任務之履行，為各邦之事務，但本基本法另有規定或允許者，不在此限。」此項規定，是在彰顯德國係一聯邦國家，國家事物原則上是由邦負責，基本法有例外規定時，才由聯邦負責，此種原則與例外之關係支配聯邦與邦權限分配。警察既屬邦之事務，則包括立法與執行權。專就立法權而言，聯邦並無一般警察法之獨占立法權，亦無與各邦競合（共同）立法權及頒定通則之權，因此，各邦皆有各自之警察與秩序法，為齊一步調，聯邦只能以聯邦與各邦內政部長聯席會議，制頒統一（標準）草案之方式，供各邦參考。在警察法標準草案之立法理由書中有說明：「為顧及聯邦與邦警察不斷增加共同合作之趨勢，致力於將迄今在內容上幾乎一致之各邦警察法，包括強制權、直接強制之運用，予以統一。因此，乃訂定一廣泛的實質警察法草案，藉供各邦援用。」但1978年由許多學者組成之警察法工作小組，提出一聯邦與各邦統一警察法選擇（相對）草案（以下簡稱「選擇草案」），並公諸於世。

德國警察執行職務，所行使之具體職權，皆規定在各邦警察與秩序法之中，其仍係以前述「標準草案」之規定為範本，該法於第二章第8條至第24條規定概括與具體之警察職權，於第四章第28條至第44條規定警察強制，亦屬廣義警察職權範圍。警察為達成法令所賦予之任務，除在組織法上揭示其權限或管轄外，多藉職權法授予具體職權，但具體規定難免在執行上產生疏漏，尚須一般性之職權條款彌補之，此通稱為警察職權概括條款。基此，德國警察與秩序法中，除警察任務之一般概括條款外，亦有職權之一般概括條款，例如：「標準草案」第8條第1項規定：「爲防止公共安全與秩序所生之具體危害，警察除依第9條至第24條特別規定之警察職權外，仍得採取必要之措施。」據此規定而制定之聯邦與各邦警察與秩序法亦均有類此之規定。

德國警察法標準草案除第8條之一般職權的概括規定：「爲防止公共安全與秩序所生之具體危害，警察除依第9條至第24條特別規定之警察職權外，仍得採取必要之措施。爲執行其他法律賦予警察之任務（第1條第4項），警察具有該法所規定之職權。若該其他法律未規定警察職權，則警察有本法所規定之警察職權」之外，其他各條則由極爲明確之具體警察職權規定。以下參考李震山教授所著《警察任務法》附錄之「德國聯邦與各邦統一警察法標準草案」中譯文列述，例如，資料蒐集（§8a）、於公共活動、人群聚集與集會中資料蒐集（§8b）、資料蒐集之特殊方式（§8c）、警察之監控（§8d）、查證身分及檢驗文件（§9）、鑑識措施（§10）、資料之儲存、變更與利用（§10a）、檔案行政與文獻（§10b）、資料傳遞（§10c）、自動調閱程序（§10d）、資料比對（§10e）、資料比對之特別形式（§10f）、資料之更正、註銷與封存（§10g）、建檔規定（§10h）、傳喚（§11）、驅離（§12）、管束（§13）、法官裁定（§14）、被留置者之處遇（§15）、剝奪自由之期限（§16）、人之搜索（§17）、物之搜索（§18）、住所之侵入及搜索（§19）、搜索住所之程序（§20）、扣押（§21）、保管（§22）、變賣、銷毀（§23）、扣押物或拍賣價金之返還、費用（§24）（以上§8-24屬於該法草案第二章「警察職權」規定）。第三章則爲「執行協助」規定，主要內容如：執行協助（§25）、執行協助之程序（§26）、剝奪人身自由之執行協助（§27）。再者，該法草案第四章規定（§28-44）爲「強制」規定，區分爲第一節「行爲之強制、忍受及不作爲」（§28-34）及第二節「直接強制之行使」（§35-44）。前者之強制職權，例如，行政強制之許可（§28）、強制處分之方法（§29）、代履行（§30）、強制金（§31）、易處拘留（§32）、直接強制（§33）、強制處分方法之告誡（§34）。後者之直接強制職權規定有：法律基礎（§35）、定義條款（§36）、指令行爲（§37）、傷者濟助（§38）、直接強制處分之告誡（§39）、對人使用銬鏈（§40）、使用射擊武器之一般規定（§41）、對人使用射擊武器（§42）、對人群中之人使用射擊武器（§43）、特殊武器、爆炸物（§44）。

德國多數邦之警察法在體系上，皆將任務，權限，職權分別規定。前二者僅具宣示性質，可作爲警察發動非干預權利措施之依據；至於干預權之行使，必須以職權條款爲依據。德國警察法中，將可類型化之職權加以歸納，並將各職權發動之要件與程序等詳爲規定，合乎法治國家法律規定明確性及可預見性，此頗值得我國借鏡與參考。

(2) 日本警察官職務執行法[52]

日本在二次大戰之後，將警察組織分爲中央與地方二級，其行政警察或司法警察執行職權，一改戰前行政規則之方式，而皆已依國會制訂之法律。全國警察更有統一之「警察法」以爲組織、任務、職掌及官制之依據。全國警察所執行之任務，亦與戰前及於廣泛行政事務之情況不同，而僅限於以下數種：①個人生命、身體及財產之保護；②犯罪之預防、鎮壓及偵查；③嫌疑犯之逮捕；④交通之取締；⑤公共安全與秩序之維持（警察法第2條第1項）。爲執行上述「警察法」所規定的任務，乃訂定「警察官職務執行法」，該法第1條開宗明義即規定：「本法制定之目的，乃爲使警察官能忠實地順利進行『警察法』所定之保護個人生命、身體及財產，預防犯罪，維持公安以及執行其他法令等職權職務，而規定其必要之手段。」因此，「警察法」與「警察官職務執行

[52] See: https://elaws.e-gov.go.jp/search/elawsSearch/elaws_search/lsg0500/detail?lawId=329AC0000000162, last visited: 2020/07/18.

法」具有目的與手段之關係。

日本的「警察官職務執行法」屬於規範「警察職權」行使的法律。其與組織法不同，亦與刑事訴訟法不同，而屬於行政警察執行職務之法律。本法重點在危害防止，所以其規定內涵有一部分屬強制行為，如緊急救護、避難措施、有犯罪疑慮行為之制止等；有一部分則屬任意行為，如盤問、同行等。又為避免警察濫權，故僅規定必要之職權，其餘警察於職務上所需之執法作為，則委諸「警察法」之概括條款及司法逐案解決。

本法共計八條：第1條規定，本法之目的。第2條規定，盤問之時機、方法、同行及留置與搜索身體之界線。第3條規定，對於精神錯亂人、醉酒者、迷童、病人、傷患等之緊急救護與所需程序。第4條規定，遇有天災事變時之警告、留置及避難等措施及其所需程序。第5條規定，對於犯罪之預防及制止。第6條規定，對於土地、建築物、舟車及公眾得出入場所之侵入及其界線。第7條規定，武器之使用及其界線。第8條規定，警察可依刑事訴訟法、其他相關法令及警察之職權命令執行職務。至其餘警察所須之職務行為，如跟蹤、監視、檢查攜帶物品、車檢、巡迴聯絡、警戒、凶器之扣留及其他行政法規所定之職務等，皆依「警察法」上之概括條款、司法判決及其他行政法規解決。

日本現有「警察官職務執行法」與「刑事訴訟法」乃分屬行政與刑事兩套法律，其各自規範著行政警察與司法警察兩種功能，而前者之規定中，包含了攔停、盤問、同行（以及學說上承認的無法律明文之任意性的檢查）等警察職權，此又與後者規定之逮捕與搜索，在程度上難以截然劃分，上述二者之區別標準，即在於對人權侵害的「程度」。簡單地說，攔停、盤問、同行、檢查，所能侵害人權的程度，在於「尚未達逮捕與搜索」的程度，亦即尚非刑事訴訟法上規定的「強制處分」。而何種程度屬於「尚未達逮捕與搜索」的程度，則除原則上的「有無剝奪對方自由意思」這一抽象標準外，其餘均委諸判例作個案解決。

日本警察職權規定於「警察官職務執行法」第2至7條，其規範方式與德國有很大差異。就其手段予以分類探討，可分爲二：①依手段行使之對象的不同，可分兩類；A.異常狀態時行使之手段（第2條、第3條）：(a)在犯罪之異常狀態下（第2條），其行使之手段有攔停、盤問、要求同行、檢查凶器。(b)在救護生命、身體之異常狀態下（第3條），其行使之手段有保護。B.危險事態時行使之手段（第4條、第5條、第6條、第7條）：(a)在天災、事變、混亂等危險事態下（第4條、第6條），其行使之手段有警告、留置、避難、必要措施及侵入。(b)在犯罪之危險事態下（第5條、第6條、第7條），其使用之手段有警告、制止、侵入及使用武器。②依手段之強制性與任意性的不同，又可分兩類：A.規定強制手段者有：檢查凶器（第2條第4項）、泥醉者等之保護（第3條第1項第1款）、屬於避難措施之留置、避難、必要措施（第4條第1項）、制止（第5條）、危險事態時之侵入（第6條第1項）、使用武器（第7條）。B.規定任意手段者有：盤問（第2條第1項）、要求同行（第2條第2項）、迷童等之保護（第3條第1項第2款）、屬於避難措施之警告（第4條第1項）、爲預防犯罪之警告（第5條）、侵入之要求（第6條第2項）。日本警察職權依據之簡要立法方式，亦可作爲我國之參考，惟在職權授權與行使明確性上，恐較難符人民及執法者之需要。

(3) 中華人民共和國人民警察法

「中華人民共和國」係將其公安警察任務與職權統一規定於「中華人民共和國人民警察法」。首先，在該法第一章總則之第1條即規定其立法目的：「爲了維護國家安全和社會治安秩序，保護公民的合法權益，加強人民警察的隊伍建設，從嚴治警，提高人民警察的素質，保障人民警察依法行使職權，保障改革開放和社會主義現代化建設的順利進行，根據憲法，制定本法。」繼而在第2條第1項規定公安任務爲：「人民警察的任務是維護國家安全，維護社會治安秩序，保護公民的人身安全、人身自由和合法財產，保護公共財產，預防、制止和懲治違法犯罪活動。」繼而，在現行法第二章規定公安警察之「職權」（從第6條至第19條）分別明定相關公安執行職務行使之職權，茲分別列述如下：

①業務職掌：公安機關的人民警察按照職責分工，依法履行下列職責：A.預防、制止和偵查違法犯罪活動；B.維護社會治安秩序，制止危害社會治安秩序的行爲；C.維護交通安全和交通秩序，處理交通事故；D.組織、實施消防工作，實行消防監督；E.管理槍支彈藥、管制刀具和易燃易爆、劇毒、放射性等危險物品；F.對法律、法規規定的特種行業進行管理；G.警衛國家規定的特定人員，守衛重要的場所和設施；H.管理集會、遊行、示威活動；I.管理戶政、國籍、入境出境事務和外國人在中國境內居留、旅行的有關事務；J.維護國（邊）境地區的治安秩序；K.對被判處拘役、剝奪政治權利的罪犯執行刑罰；L.監督管理電腦資訊系統的安全保護工作；M.指導和監督國家機關、社會團體、企業事業組織和重點建設工程的治安保衛工作，指導治安保衛委員會等群眾性組織的治安防範工作；N.法律、法規規定的其他職責。（§6）

②行政強制措施與行政處罰：公安機關的人民警察對違反治安管理或者其他公安行政管理法律、法規的個人或者組織，依法可以實施行政強制措施、行政處罰。（§7）

③人身自由之限制：公安機關的人民警察對嚴重危害社會治安秩序或者威脅公共安全的人員，可以強行帶離現場、依法予以拘留或者採取法律規定的其他措施。（§8）

④查證身分措施與留置、拘留：爲維護社會治安秩序，公安機關的人民警察對有違法犯罪嫌疑的人員，經出示相應證件，可以當場盤問、檢查；經盤問、檢查，有下列情形之一的，可以將其帶至公安機關，經該公安機關批准，對其繼續盤問：A.被指控有犯罪行爲的；B.有現場作案嫌疑的；C.有作案嫌疑身分不明的；D.攜帶的物品有可能是贓物的。對被盤問人的留置時間自帶至公安機關之時起不超過24小時，在特殊情

況下，經縣級以上公安機關批准，可以延長至48小時，並應當留有盤問紀錄。對於批准繼續盤問的，應當立即通知其家屬或者其所在單位。對於不批准繼續盤問的，應當立即釋放被盤問人。經繼續盤問，公安機關認爲對被盤問人需要依法採取拘留或者其他強制措施的，應當在前款規定的期間作出決定；在前款規定的期間不能作出上述決定的，應當立即釋放被盤問人。（§9）

⑤使用武器：遇有拒捕、暴亂、越獄、搶奪槍支或者其他暴力行爲的緊急情況，公安機關的人民警察依照國家有關規定可以使用武器。（§10）

⑥使用警械：爲制止嚴重違法犯罪活動的需要，公安機關的人民警察依照國家有關規定可以使用警械。（§11）

⑦犯罪偵查職權：爲偵查犯罪活動的需要，公安機關的人民警察可以依法執行拘留、搜查、逮捕或者其他強制措施。（§12）

⑧緊急執法特權：公安機關的人民警察因履行職責的緊急需要，經出示相應證件，可以優先乘坐公共交通工具，遇交通阻礙時，優先通行。公安機關因偵查犯罪的需要，必要時，按照國家有關規定，可以優先使用機關、團體、企業事業組織和個人的交通工具、通信工具、場地和建築物，用後應當及時歸還，並支付適當費用；造成損失的，應當賠償。（§13）

⑨即時強制之保護性約束措施：公安機關的人民警察對嚴重危害公共安全或者他人人身安全的精神病人，可以採取保護性約束措施。需要送往指定的單位、場所加以監護的，應當報請縣級以上人民政府公安機關批准，並及時通知其監護人。（§14）

⑩交通管制：縣級以上人民政府公安機關，爲預防和制止嚴重危害社會治安秩序的行爲，可以在一定的區域和時間，限制人員、車輛的通行或者停留，必要時可以實行交通管制。公安機關的人民警察依照前款規定，可以採取相應的交通管制措施。（§15）

⑪犯罪偵查之技術偵查措施：公安機關因偵查犯罪的需要，根據國家有關規定，經過嚴格的批准手續，可以採取技術偵查措施。（§16）

⑫危害治安事件之現場管制與強制措施：縣級以上人民政府公安機關，經上級公安機關和同級人民政府批准，對嚴重危害社會治安秩序的突發事件，可以根據情況實行現場管制。公安機關的人民警察依照前款規定，可以採取必要手段強行驅散，並對拒不服從的人員強行帶離現場或者立即予以拘留。（§17）

⑬人民警察及司法警察分別依法律行使職權：國家安全機關、監獄、勞動教養管理機關的人民警察和人民法院、人民檢察院的司法警察，分別依照有關法律、行政法規的規定履行職權。（§18）

⑭非在職之緊急職責：人民警察在非工作時間，遇有其職責範圍內的緊急情況，應當履行職責。（§19）

然而，中國大陸公安部於2016年12月1日網站公布關於《人民警察法》（修正草案稿）增加五十七條，新修正草案計七章凡一〇九條，其中除組織法上的機構、人員管理與保障外，另一重大修訂係爲作用法上之公安「職權」（第二章§16-36）規範。其新修定草案之主要內容如下表：

人民警察之攔檢或管制職權（§16-29）
§16身分證件查驗
§17依法行政處罰與行政強制執行
§18傳喚；§19現場處置；§20當場盤問檢查；§21繼續盤問； §22場所、物品、人身檢查或住所檢查；§23交通工具攔檢
§24人身檢查及生物特徵樣本採集；§25資訊蒐集（依國家有關規定）； §26依法採取偵查或刑事強制措施；§27警察緊急優先權；§28保護性約束措施； §29交通或現場管制（設路障、管網路、安檢或電子封控等）

人民警察使用警械或武器之職權（§30-36）
§30驅逐性、制服性或約束性警械使用（人民警察使用警械和武器條例規定）
§31武器使用：人民警察遇有下列情形之一，經警告無效的，可以使用武器：（一）實施嚴重危害國家安全、公共安全行為或者實施該行為後拒捕、逃跑的；（二）實施危及他人生命安全行為或者實施該行為後拒捕、逃跑的；（三）在押犯罪嫌疑人或被告人、罪犯騷亂、暴亂、行兇、脫逃，以及劫奪上述人員或者幫助上述實施行為的；（四）國家規定的警衛、守衛、警戒物件和目標受到暴力襲擊、破壞或者有受到暴力襲擊、破壞的緊迫危險的；（五）以暴力、危險方法抗拒、阻礙人民警察依法履行職責或者暴力襲擊人民警察，危及人民警察生命安全的。（第1項） 按照前款規定使用武器，來不及警告或警告後導致更為嚴重危害後果的，可以直接使用武器。（第2項） 為了攔截危及公共安全、人身安全且拒不聽從人民警察停車指令的車輛，或者為了排除危及人身安全的動物的侵害，可以直接使用武器。（第3項） 持有武器的人民警察遇有違法犯罪行為人拒不聽從該人民警察保持安全距離的指令，或者接觸其武器時，有權根據第1款第5項的規定使用武器。（第4項）
§32不得使用武器情形
§33停止使用武器情形
§34現場工具使用：未攜帶或無法有效使用警械、武器的，可以使用現場足以制止違法犯罪的物品
§35警械武器使用必要限度（比例）原則
§36警械武器使用報告與勘驗調查程式

(4) 美國警察職權之規定

由於美國在政治上採地方分權，各州有其憲法上所保留的權力，得自行制定法律行使其權限，因此警察盤查權，或因各州制定法之不同，或經由各州判例之決定，致範圍與內容常有差異。美國警察職權，法院以判例法（Case Law）檢驗警察執行職務行使職權是否合法，常以「憲法」第4增修條款之規範爲基礎。

美國「憲法」第4增修條款，不只是有關身體搜索之保障，亦包括私人住宅、營業處、個人及公司文件，甚至對車庫和車輛之搜索扣押也在內。然僅在無理之搜索及扣押始受到禁止；合理之搜索與扣押是被允許的。首先，需有檢察官開出之「搜索狀」（Warrant），其中須記載所要搜索和扣押之人與物，除非取得搜索狀，否則無論是多麼可信之意見，或有文件支持有犯人藏匿於某一屋內，警方亦無權進行搜索。然而，警方基於逮捕現行犯，在沒有搜索狀之情形下得搜索某人；另外可在逮捕行爲完成後，立刻搜索該區域。另法院曾允許警方，在有法人機構涉案時（如公司、托拉斯）於搜索上有更大之活動餘域。又對現代運輸工具，如飛機、船舶、汽車和扣押走私品等，加以搜索。

警察傳統典型措施之職權應可包括一般所指之盤查措施（在建築物外之查察）、臨檢措施（建築物內之臨檢），因而產生：對人之自由與對物之強制（即盤查與臨檢措施）；可類型化爲攔停與拍搜、詢問、令交付文件、同行、傳喚、留置、逮捕、鑑識措施、搜索與扣押、武器使用等；資料蒐集措施〔攝（錄）影、音、臥底、線民等〕；警察資料之處理（如儲存、變更、傳遞、利用與銷毀等）警察職權行使之類型。「正當法律程序」（Due Process of Law）原則，爲美國警察公平正義執法之基石與指針。正當法律程序係傳承自西元1215年英國「大憲章」第39條所揭櫫之內容爲基礎。後來伴隨殖民新大陸而傳入美國，在1791年正式納入憲法。美國「憲法」第5增補條款明定：「任何人非經正當法律程序，其生命、自由或財產不得被剝奪。」正當法律程序之精神，並具體呈現在美國「憲法」增補條款第1條至第10條內容中，其規定與人民生命、自由或財產之保障息息相關者，主要爲第4條、第5條、第6條。例如：第4條爲規定警察人員偵查犯罪之程序規範，亦對人民權益保障有重大效果。以執法之目的及程序上，均須兼顧人權保障與治安之維護。警察執法手段之攔阻、拍搜所形成之盤查概念，在合憲性之規範下，所呈現之範疇，必須與制定法之規定相符。基本上，攔阻、拍搜是屬於憲法第四修正案所指拘禁（Seizures）和搜索（Search）範圍，須受合理性之規範，得視爲無令狀之控制型態。而這種控制方式有別於令狀主義之於逮捕、搜索。警察盤查對於人身自由之短暫拘束，其方式和時間都必須合乎比例原則。因此，以統一逮捕法中有關要求可疑人提出身分證明和行爲之解釋，尙不得作爲拘留偵訊之規定，此亦已違反「憲法」第十四修正案之精神。美國法制中追求「程序正義」之理念，在本研究擬具個別職權條款時，發揮關鍵影響力。

(5) 英國警察職權之規定

英國屬於普通法（Common Law）體系，不同於歐洲大陸則爲民法體系。著名的英國1215年之「大憲章」，其第39條明訂保障任何自由人，除經其領地貴族之合法判決，或經國家法律之判決外，不得加以監禁或沒收其財產，或將其流放，或加以損害。到了第十四世紀，此規定被擴張爲：「在任何人不論其身分或財產狀況如何，非經正當法定程序，不得……逮捕、拘禁……或被處死刑。」其後，有關刑事被告之法定權利，即隨英國清教徒之移民美國而傳到新大陸。

英國係現代警察之發軔地，自1829年由皮爾爵士成立首批制服警察啓始，對於警察之服務與執法均有極高之評價。然在1970年至1980年中期以前，英國境內發生許多暴動，民眾感到社會治安日益惡化，1979年之大選，保守黨以「法律與秩序」（Law and Order）爲主題，獲得執政機會，乃思重整治安，並明確執法人員之依據，遂於1984年制定「警察與刑事證據法」（The Police And Criminal Evidence Act 1984，簡稱PACE），對於犯罪之偵查職權與程序法制規定，如詢問、錄音及相關告知程序，指紋及其他樣本之採集與銷毀等職權與程序，相當明確。

英國警察職權法融合了制定法（Statutes）與判例法（Case Law），亦未如大陸法系之德國立法方式將行政法獨立成爲一個體系，並另設有行政法院爲之。英國過去僅依判例法爲警察職權之依據，始自1984年「警察與刑事證據法」起，乃有制定法之運用。如英國有名之行政法學者威德（Wade）即指出，雖然英國警察有許多制定法賦予之職權（Statutory Powers），執法者主要之職權與任務主要基於普通法（Common Law），而其無令狀之逮捕職權及其他權限已經長久依據制定法，如1984年之「警察與刑事證據法」，該法主要爲職權作用之規範內容。英國之警察制定法（Statutes）則比美國來得具體明確。英國警察執行職務，自1984年之「警察與刑事證據法」頒布後，則以該法爲主要依據。該法乃授權國務大臣（Home Secretary）（相當於內政部長）訂頒該法之實務法典A-H（Codes of Practice）（類似我國之施行細則），由國會兩院備查後施行，以明確嫌犯之人權保障，並作爲警察執法之指導綱領。英國之「1984年警察與刑事證據法」共十一章一百二十二條，將英國警察權之種類及運作方式規定甚詳[53]。依據該法，英國警察執法之主要職權與程序極爲明確，特別如：爲發現贓物或違禁物之人、車搜索手段與方式、路檢搜索、無令狀搜索及令狀搜索之規定。該法之主要內容爲：

第一章：攔停與搜索（Stop and Search)（§1-7）

第二章：進入、搜索及扣押（Entry, Search and Seizure）（§8-23）

第三章：逮捕（Arrest）（§24-33）

第四章：留置（Detention）（§34-52）

第五章：偵訊及處遇（Questioning and Treatment）（§53-65）

第六章：實施細則（Codes of Practice）（§66-68）

第七章：刑事訴訟程序中之文件證據（Documentary Evidence）（§68-§72）

第八章：一般刑事訴訟程序中有關證據之規定（Evidence in Criminal Proceedings General）（§83-105）

第九章：對警察不當行爲之控訴規定（Police Complaints and Discipline）（§83-105）

53 See: https://www.legislation.gov.uk/ukpga/1984/60/contents, last visited: 2020/07/09.

第十章：警察之一般性規定（Police-General）（§106-112）

第十一章：附則（Miscellaneous and Supplementary）（§113-122）

除了上述英國之「1984年警察與刑事證據法」之外，亦有該法之實施細則分別將其警察職權類型進一步更細節性的規定，以利執法。茲列述其最新版本之細則A～H等各項規定[54]，值得一提的是細則H配合反恐需求而特別加以特別規定。

A. pace-code-A-2015（攔檢人或車輛）

B. pace-code-B-2013（搜索場所與扣押物品）

C. pace-code-C-2018（警察留置與詢問）

D. pace-code-D-2017（查證嫌疑犯身分）

E. pace-code-E-2018（警察詢問嫌犯之錄音檔）

F. pace-code-F-2018（警察詢問嫌犯之有聲錄影檔）

G. pace-code-G-2012（逮捕）

H. pace-code-H-2018（與反恐有關之留置與詢問）

2. 我國警察職權之規定

我國「警察職權行使法」在司法院大法官釋字第535號解釋（2001.12.14）之推波助瀾下完成立法並公布（2003.6.25），並於2003年12月1日正式實施，本法旨在將警察「臨檢」之概括用語，依據解釋意旨，予以明確規定其「查證身分之要件、程序及救濟」，使警察執法發動時，具有符合「法律保留」與「明確性」原則之法律授權規定，使之更符合本法第1條之立法目的：「規範警察依法行使職權，保障人民權益」，來達到「警察法」第2條之「維持公共秩序，保護社會安全」的警察任務。特別是在警察執行職務行使職權時，亦提供「查證身分」之干預性措施所需使用之判斷基準。警察執法應基於「事出有因、師出

54 See: https://www.gov.uk/guidance/police-and-criminal-evidence-act-1984-pace-codes-of-practice#pace-codes-of-practice, last visited: 2020/07/12.

有名」之法定正當合理之「因」與「名」（亦即與涉及違反法律規定義務之構成要件的可能程度，例如本法第6條之判斷要件即屬之），並以「整體考量」（The Totality of Circumstances）法則進行實際判斷，以涵攝法定之違法構成要件考量是否符合本法明文授權之警察職權行使基礎。我國「警職法」在當時採前瞻立法，對於資料蒐集方式（如公共活動之攝錄影、監視器、跟監、警察線民、通知與治安顧慮人口之查訪等治安資料蒐集作爲），以及蒐集後之資料傳遞、利用與註銷或銷毀，均於本法逐條規範之。本法更且將屬於警察常用之「即時強制」方式進一步明確規定之。而且，對於警察職權行使所可能造成人民權利受影響，亦於本法規定得提起之救濟方式，如當場異議、訴願、訴訟、國家賠償或損失補償等。因此，我國「警職法」性質上主要屬授權警察職權作爲之「行政作用法」，屬於警察干預性勤務措施之要件、程序，並進而規定了救濟規範（如，當場異議、訴願、訴訟、國家賠償或損失補償）。警察法規體系由警察依法所擔負的「行政危害防止」與「刑事犯罪偵查」之雙重任務所形成，依據我國「警察法」第2條（任務）與第9條（職權）規定，警察任務有行政危害防止（含犯罪預防）與刑事犯罪偵查作用，乃形成警察具有行政與刑事雙重任務。基於上述任務之不同在法規體系亦殊其適用。「警察法」屬於「組織法」之性質；「作用法」則可區分爲「制裁、程序及執行法」之類型，除個別立法已經有其規定外，有共通性質或規定不足者，可由屬於集中式立法之普通法補充其適用。因此，警察法規體系可知，依據其法規條文中，規定有違反法定義務之構成要件及其法律效果，而屬於「制裁法」性質者，有「社會秩序維護法」、「集會遊行法」、「槍砲彈藥刀械管制條例」；屬於「職權或程序法」性質者有「警察職權行使法」、「警械使用條例」；屬於「執行法」性質者爲「行政執行法」，其實兼有分散式立法之個別法與集中式立法之普通法性質，另爭訟法則有分散於個別法中之救濟規定與普通法性質之「訴願法」與「行政訴訟法」。至於刑事罰體系以行政刑罰（「集會遊行法」第29至31條）、類似特別刑罰之「槍砲彈藥刀械管制條例」或一般刑罰之「刑法」總則爲主，其程序適用「刑事訴訟法」，其執行與爭訟更有刑事法之特別規定。除此之外，尚有部分法規範之特殊規定者，如「社會秩序維護法」之拘留、勒令歇業、停止營業由法院簡易庭裁定之特別處分與程序等。

大法官釋字第535號及第570號解釋，打破了「有組織法，即有行爲法授權」之迷思。一般而言，有任務不能推論爲有職權，有職權應可推論爲有任務。警察在任務領域內，若經干預之授權，則得行使其職權。若非經干預之授權，在任務範圍內，警察對人民僅得採行非強制力之措施。經由其同意或承諾採行干預性措施，固非法所不許，但難免會對相對人造成心理困擾，立法論上，仍以制定法加以規範爲宜。規範警察任務與職權法制，性質上區分爲「組織法」與「行爲法」。

警察採行干預人民自由權利之措施，應符合法律保留原則及明確性原則，而且須合比例的授權基礎。只要警察的行爲，會妨礙到人民自由權利的行使、限制或剝奪，或會危及到自由權利的狀態，不論是事實上的行爲或法律上的行爲，直接或間接的行爲，抑且不論是否具有強制性，均係屬於自由權利的干預，應有「憲法」第23條之適用。本法第2條第2項有關「警察職權」之界定內涵，包括警察對人、對物、對處所及對其他之職權措施之授權，更特別的是爲符合法律明確性之法治原則，配合於本法之第二章查證身分與蒐集資料及第三章即時強制對各項警察職權措施之一般要件或特別要件予以詳細明確規定之。比較本法制定前，僅有以「警察勤務條例」之概括性授權警察「臨檢」作爲，故被大法官釋字第535號解釋指明欠缺要件、程序與救濟，顯已有大幅改善。

（三）小結

1. 我國現行「警察法」除第2條之任務與第9條之職權及第10條

之救濟規定外，其餘各條文幾均屬於警察機關內部之組織、人事、教育與經理等規定。然而，與上述外國相關警察法制比較，我國之警察「任務」規定，實在太概括，未如上述各國之警察任務法規範之聚焦與明確；而且任務範圍，甚至幾乎大過國家任務（除鞏固國權屬國防部外）。因此，依據任務分配之法理性質，我國警察任務宜參酌各國法規定，配合我國特性，以具體明確為原則，予以深入研究規範之。

2. 我國警察任務研修上允宜考量(1)中央與地方警察組織與權限（中央集權或地方分權之警政組織系統）；(2)檢警關係及友軍關係，例如法務部調查局或其他相關機關之權責分配。因警察任務予以明定範圍，將牽動組織管轄與業務範疇。

3. 由於警察任務亦具有「補充性原則」之特性，故在任務具體類型化之後，仍宜留有彈性規定，以資適用。

4. 為因應反恐作為，以及配合現代科技發展在執法上之需求，外國多有修正警察法制以為因應，將警察任務從犯罪預防更往前挪移到風險預防或治理，更增設因應反恐機關，是否使其任務範圍更為廣泛，值得參考。

5. 警察「任務」與「職權」規範之立法採各自獨立方式，如日本（警察法內容僅為任務與組織內部管理）；或是採取併合於同一法律中之立法方式，如德國（將警察任務與職權併列，並將各項職權逐一明定）、中國大陸（綜合日本與德國之立法方式），何者為宜？有研究必要。近來警察法學者多有建議將警察任務與職權法規範如德國之立法方式合併規定，並在職權上給予逐一明確授權規範，並在行政與刑事法制上分別規定執法上所需之職權內容，以利有效執法來達成警察任務。

6. 如何配合具有大陸法系特色我國法制型態規定行政危害防止與刑事犯罪偵查職權之銜接，有研究必要。例如，我國現行之毒品與酒駕違法均橫跨上述二領域，如何在警察職權上加以授權規範，應屬重要。

7. 我國現行警察職權雖有法律（「警察職權行使法」）明定，其明確與周延性仍不如德國與中國大陸之警察職權法制。再者，我國警察職權法制在法定之強制力賦予與抗拒執法之罰則明顯不足（我國「警職法」各條文均未有罰則配套，以致實務執法上常有不配合即難以執法之困難），亦遠不如友軍，例如，「入出國及移民法」第85條明定數款規定，對於抗拒執法，均有罰則規定；另一方面，因強制執法之授權不足，亦無法明確建立執法應有之信賴度，而致警察執法安全與效能均受影響。例如，現行警察執法在執法「安全距離」之法規範律定不足，難以要求民眾配合執法，亦無法養成如外國警察與民眾在執法上之安全範圍，造成警察執法困難。

第2條（名詞定義）
本法所稱警察，係指警察機關與警察人員之總稱。
本法所稱警察職權，係指警察為達成其法定任務，於執行職務時，依法採取查證身分、鑑識身分、蒐集資料、通知、管束、驅離、直接強制、物之扣留、保管、變賣、拍賣、銷毀、使用、處置、限制使用、進入住宅、建築物、公共場所、公眾得出入場所或其他必要之公權力之具體措施。
本法所稱警察機關主管長官，係指地區警察分局長或其相當職務以上長官。

壹、立法緣由

一、立法理由與目的

由於本法適用之名詞，基於明確其範圍，避免適用時之混淆，乃有本條加以規範之必要。立法目的主要在於將本法多數條文共用之重要名詞加以明確定義，以確定其適用範圍。如本條第1項係對本法條文中之「警察」一詞界定其適用範圍於「行政組織法」內，亦即實定法上之警察概念爲範圍，而不以「行政作用法」之警察概念作爲劃分依據。是以，本法所稱之警察，爰參考「警察法施行細則」第10條規定，於第1項予以明定，並限定於「警察機關與警察人員」之總稱。

「警察職權」之定義，由於過去警察法規之「組織法」與「作用法」混淆，甚至有以組織法之職掌項目作爲發動警察職權措施之授權依據之誤用。再者，警察之「任務」、「勤務」與「職權」亦未明確區分，以致實務混淆運用，無法達到民主法治國之依法行政與明確法律規範之意旨，亦無法彰顯警察職權之作用法本質，在執行上，常遭致民眾質疑，例如，過去「警察勤務條例」第11條所規定之「臨檢」，即爲明例，其性質爲何，尚須由大法官釋字第535號用心良苦地闡明其爲組織法兼有行爲法之性質，而在法律明文上係指警察勤務方式之一種。又依據「警察勤務條例」第11條第1項第3款規定，臨檢一詞爲統合性用語，並非一具體職權措施，因臨檢地點包括「公共場所或指定處所、路段」；臨檢方法爲「臨場檢查或路檢」；臨檢目的係「執行取締、盤查及有關法令賦予之勤務」。該勤務方式之施行，極可能使用許多種警察職權措施，對人民權利產生剝奪或限制之情形。因此，本條第2項特別予以界定「警察職權」之態樣與範圍。又警察爲達成法定任務，得採取之作用或行爲方式與類型極多，大致上可類分爲意思表示之決定，如警察命令、警察處分等，以及物理措施，如攔停、查證身分、鑑識措施、通知等。本法旨在規範後者，除於各職權條款明定行使要件與程序，以避免因任意而侵害人民權益外，並於本條第2項明定警察職權之概念範圍，以明其義[55]。論者亦有指出：「警察職權的概念可進一步氛圍廣義與狹義，廣義係依據警察法第9條規定，警察職權乃泛指警察機關或人員爲達成法定任務，得採用之作用或行爲方式。而狹義所指職權之概

55 李震山等，《警察職務執行法草案之研究》，內政部警政署委託研究，1999年6月，頁222。

念，係執行職務的權利。……而警察職權行使法對「職權」一詞的理解，及採狹義說，限於行使強制力之權力作用[56]。」

本條第3項之「警察機關主管長官」，主要是明確規定「主管長官」之層級，如第6條第1項第6款之「指定」公共場所、路段或管制站，以進行查證身分措施，即必須依據同條第2項之要件，由「警察機關主管長官」指定之[57]。

二、相關條文

1.「警察法施行細則」第10條：「本法第9條所稱依法行使職權之警察，爲警察機關與警察人員之總稱，……。」

2.「警察人員管理條例」第3條：「本條例所稱警察人員，指依本條例任官授階執行警察任務之人員。」

貳、條文解說

一、名詞解釋

（一）「警察」之定義

本條第1項：「本法所稱警察，係指警察機關與警察人員之總稱。」係參考「警察法施行細則」第10條規定，本法之主體係以「警察機關與警察人員」爲範圍，與「警察法」第9條所稱依法行使職權之警察範圍界定一致。以警察機關及其人員，合稱爲警察，是所謂狹義警察或形式上、組織法上之警察意義，而非以警察之任務或作用爲界定標

---

56 陳正根，《警察與秩序法研究》，五南圖書出版公司，2013年8月，初版一刷，頁50-51。

57 許福生主編，劉嘉發等合著，《警察法學與案例研究》，五南圖書出版公司，2020年2月，初版一刷，頁68。

準[58]。然而，亦有論者指出：「警職法之適用主體－警察機關與警察人員宜採廣義見解，即以危險預防爲任務之機關與人員均可包含在內，故其行使法定職權時，即皆在恪守警職法的種種規範，不得藉口非警政署所轄機關，而脫免警職法的制約，以確實保障人民權益。[59]」而且，從「警察機關」[60]而言，只有依據「警察法」及其個別之警察組織法規設置之警察機關屬之。至於內政部則依據「警察法」第3條規定，僅於「發布警察命令」時，視爲行使警察機關之職權。至於「行政院海岸巡防署」、「內政部消防署」、或「內政部移民署」等，均非屬於本法「警察」之範圍，然「入出國及移民法」第17條及第28條均明定其移民執法人員得於執行公務時，準用「警察職權行使法」第二章之規定。因此，本法之「警察機關」係以各組織法上之警察機關爲範圍。至於所稱「警察人員」係指依據「警察人員管理條例」之資格要件與程序取得任官授階之警察人員而言。因此，其係得依法行使警察職權之人員，並非所有警察機關組織編制內之人員都有資格行使警察職權。由於警察職權之行使具有高度專業性，尤其查證身分措施、使用警械、即時強制措施、資料蒐集措施及其他干預性警察職權措施等均涉及剝奪或限制人民

58 李震山，《警察行政法論：自由與秩序之折衝》，元照出版公司，2016年10月，修訂四版一刷，頁3-9。

59 林明鏘，〈警察職權行使法基本問題之研究〉，收錄於《警察法學研究》，2019年1月，二版一刷，頁191。

60 按警察機關屬於「行政機關」之性質，吳庚氏稱機關之三項標準爲：一、有無單獨之組織法規；二、有無獨立之編制及預算；三、有無印信。參見吳庚，《行政法之理論與實用》，自印，2003年8月，增訂八版，頁183。又行政院第一組74年11月7日臺（74）組一字第081號書函說明以：具有「獨立編制」、「獨立預算」、「依法設置」及「對外行文」之四項標準。行政程序法第2條第2項定義：「本法所稱行政機關，係指代表國家、地方自治團體或其他行政主體表示意思，從事公共事務，具有單獨法定地位之組織。」中央行政機關組織基準法第3條第1款定義「機關」爲：「就法定事務，有決定並表示國家意思於外部，而依組織法律或命令（以下簡稱組織法規）設立，行使公權力之組織。」然應注意者是：目前實務上「警察分局」雖未符合上述標準，但在違反社會秩序、集會遊行案件之裁處及一般刑案之移送，均由其爲之，故於本法所定部分職權行使之適用上仍以「機關」認定之。參見內政部警政署於92年8月頒行之《警察職權行使法逐條釋義》，頁11。

權利，故必須由具有專業教育訓練之警察人員爲之，至於服務於警察機關之一般公務人員，如人事、主計、文書、庶務或其他非執行警察勤務之簡、薦、委任之官職等人員或其他技術人員，均尙不屬之。

（二）「警察職權」之定義

「臨檢」一詞雖出現在「警察勤務條例」上，因其無明確之要件與程序，因而，產生「有名詞無定義」或「有菜單無食譜」[61]之譏。其實，它是警察勤務方式之一種，而執行該勤務時可能運用許多相關公權力作爲，亦即警察職權措施。因而，依大法官釋字第535號對警察「臨檢」解釋指明：「臨檢實施之手段：檢查、路檢、取締或盤查等不問其名稱爲何，均屬對人或物之查驗、干預，影響人民行動自由、財產權及隱私權等甚鉅，應恪遵法治國家警察執勤之原則。實施臨檢之要件、程序及對違法臨檢行爲之救濟，均應有法律之明確規範，方符憲法保障人民自由權利之意旨。」因此，爲達成警察任務，必須要有「業務」規劃，「勤務」執行，而干預性勤務執行，常須行使違反當事人意願之公權力作爲，因而須有法律授予「職權」，作爲執行限制或剝奪人民權利措施之基礎[62]。

警察爲達成法定任務，得採取之作用或行爲方式與類型極多，大致上可類分爲意思表示之決定，如警察命令、警察處分等；以及物理措施，如攔停、查證身分、鑑識措施、通知等。本法旨在規範後者，除於各職權條款明定行使要件與程序，以避免因任意而侵害人民權益外，並於本條第2項明定警察職權之概念範圍，以明其義。而本條第2項定義「警察職權」係先採類型化方式，將本法明定要件、程序之具體職權一一列舉；再以「其他必要之公權力之具體措施」概括之方式立法。有

---

61 林鈺雄（發言內容），〈警察臨檢行爲法制化——釋字第五三五號解釋座談會〉，《月旦法學雜誌》，第81期，2002年2月，頁39。

62 林佳璋，〈警察職權法制化與人身自由保障〉，《警專學報》，第3卷，第4期，2003年12月，頁20-21。

關條文主要規定於本法第二章之「身分查證與資料蒐集」及第三章之「即時強制」，特別是第6條至第8條之身分查證與交通攔檢職權，更屬核心。因此，本法之「警察職權」規範類型，可歸類如下：

警察職權 →

1. 對人：查證身分（§6-8）、鑑識身分、蒐集資料（§9-13）、通知（§14）、管束（§19-20）、驅離（§27）、直接強制
2. 對物：扣留（§21）、保管（§22）、變賣、拍賣、銷毀（§23-24）、使用、處置、限制其使用（§25）
3. 對處所：進入（§26）
4. 對其他：定期查訪（§15）、資料傳遞（§16）、資料利用（§17）、註銷或銷毀（§18）、概括規定（§28）

由上列所示，值得一提的是本法第2條第2項所列舉之具體職權中，除「鑑識身分」及「直接強制」兩者之外，其餘所列舉之具體職權，在本法第6條至第28條均各有明文規定其要件或程序。然經查「鑑識身分」在原委託學者研究之草案中，有特別條文規定之，惟因立法折衝過程中，將各該條文刪除，卻未將本條第2項中之「鑑識身分」之名詞刪除所致。至於「直接強制」是指以體力、幫助物或武器，對人或物強制干預的警察最後手段之一，但必須是其他強制方法（間接強制）皆不合目的時，才得依法行之[63]，如第7條第2項規定，警察將人民帶往勤務處所時，非遇有抗拒不得使用強制力。

另一方面，本條第2項規定，在警察具體職權措施列舉之後，尚規定「或其他必要之公權力之具體措施」，其意義似應在指明上圖中之本法有條文具體規定之其他職權措施，但未具體明列於本條第2項中之名

63 李震山等，《警察職務執行法草案之研究》，內政部警政署委託研究，1999年6月，頁57。

詞者，如定期查訪（§15）、資料傳遞（§16）、資料利用（§17）、註銷或銷毀（§18）、概括規定（§28）。特別是本法第28條之概括授權之其他職權措施，若其他法律未有規定者，亦應受本法總則與救濟之規範。

（三）「警察機關主管長官」之定義

本法第2條第3項所稱「警察機關主管長官」，係指地區警察分局長或其相當職務以上長官。警察行使職權，涉及人民自由權利者，如臨檢場所、路段及管制站之指定等，必須由具有相當層級之警察長官核准，方可實施，以維護人權。至於「地區警察分局長或其相當職務以上長官」，係指直轄市、縣（市）警察局之局長、副局長、督察長、分局長、刑事、交通、保安警察（大）隊（大）隊長、少年警察隊、婦幼警察隊隊長等人員；專業警察機關比照之。本法第6條對於警察得對人民進行查證身分共有六款要件規定，前五款均授權由線上執勤員警依據法律要件及現場實況判斷其是否合乎查證身分要件，來決定是否得以進行本法第7條之各項查證身分之職權措施。然本法第6條第2項規定：「前項第六款之指定，以防止犯罪，或處理重大公共安全或社會秩序事件而有必要者爲限。其指定應由警察機關主管長官爲之[64]。」依此，再配合本條第1項第6款：「行經指定公共場所、路段及管制站者。」之適用，顯已將個別員警之是否有使用第7條之查證身分之職權措施的正當性判斷，於法律明定由警察分局長以上之主管長官來指定擔負之，而且，其指定並應符合「以防止犯罪，或處理重大公共安全或社會秩序事件而有必要者爲限」之法定要件，始得爲之。基於保障人權觀點，對於人民身體自由之剝奪或限制，有「憲法」第8條「憲法保留」之制度性保障。

64 本法第2條第3項定義「警察機關主管長官」之規定，若僅爲第6條第1項第6款：「行經指定公共場所、路段及管制站者」適用於「指定」者之層級，其他各條並無適用之必要時，則得僅於第6條另立一項定義「警察機關主管長官」即可，而無須於本法總則中規定之，以符合立法體例。

然而，警察依據本法進行查證身分之措施，亦將對於人民自由有短暫之干擾或限制，甚至要求同行至勤務處所之短暫限制（或剝奪）其自由之情形，或許基於其對於人民權利之侵擾較小與維護社會公益治安所必要，立法者雖未要求要有「法官保留」，然爲審慎人權保障，在程序上，規定應由「警察機關主管長官」指定之。然論者指出：「以警察職權行使法爲例，至少爲地區警察分局長或其相當職務之長官，藉此所謂『長官保留』[65]初步約制人身自由之干預措施，惟事後仍應即補送請法官裁定。」

二、實務與學術可解

（一）實務見解

1. 內政部警政署2004年1月12日警署行字第0930002479號函釋要旨略以：「警察執行臨檢、路檢勤務時抄錄民眾身分證資料，無逾越警察職權行使法授權之虞。」其理由係以「警察職權行使法」第2條第2項明定，警察爲達成其法定任務，於執行職務時，得依法採取查證身分、蒐集資料等措施；又，依據「電腦處理個人資料保護法」第3條第9款及第7條規定，得爲個人資料之蒐集。是以，警察執行臨檢、路檢勤務時抄錄民眾身分證資料，其基於「犯罪預防」、「刑事偵查」所爲必要之個人資料蒐集，自無逾越該法授權之虞。另前揭依法蒐集之個人資料，其傳遞、利用、註銷或銷毀等，應依「警察職權行使法」第16條至第18條及相關法令規定處理。

2.「警察職權行使法」所謂地區警察分局長與其相當層級以上者，包括哪些人員？立意何在？內政部警政署釋示：(1)警察職權之行使，涉及人民自由權利者，如臨檢處所、路段之指定等，必須由具有相

65 李震山，《人性尊嚴與人權保障》，元照出版公司，2020年3月，五版一刷，頁236；亦參考：李震山，《警察行政法論：自由與秩序之折衝》，元照出版公司，2016年10月，修訂四版一刷，頁317。

當層級之警察長官核准，方可實施，爰以明定由「地區警察分局長或其相當層級以上者」指定之。(2)本法所定地區警察分局長或其相當層級以上者，係指直轄市、縣（市）警察局之局長、副局長、督察長、分局長、刑事、交通、保安警察（大）隊（大）隊長、少年警察隊、婦幼警察隊隊長等人員，避免授權過於廣泛，而影響人民自由權利。

3. 有哪些警察職權之行使，須由地區警察分局長以上長官核准後，方可實施？內政部警政署釋示：(1)目前警察職權之行使，係依各相關法律規定，如集會遊行之申請、刑事案件之移送，均以分局長之名義行之；另法未明定部分而由地區警察分局長以上長官核准者，於警察勤務中較常見者，爲臨檢處所、路段之指定。(2)依據《警察偵查犯罪手冊》第98條規定：「司法警察官或司法警察爲調查犯罪情形及蒐集證據，得使用通知書（格式如附件七），通知犯罪嫌疑人到場接受詢問。惟案件未經調查且非有必要，不得任意通知犯罪嫌疑人到場。前項通知書，應記載下列事項，由地區警察分局長或其相當職務以上長官簽章，以派員或郵寄方式送達犯罪嫌疑人。」

（二）學術見解

「警察」意義，在學說上通常分爲「廣義」（實質、學理或作用）與「狹義」（形式、組織）上警察。前者係傳統學理上，凡具有以維持社會安寧秩序或公共利益爲目的，並以命令強制爲手段爲特質之國家行政權作用或國家行政主體稱之[66]。又稱之爲「學理上之警察意義」；廣義的警察或實質、功能的警察意義。因之，舉凡除一般所理解之警察機關及其人員外，尙及於普通行政之建管、環保、衛生、交通……等機關及其人員。甚至受託行使公權力之私人（包括自然人、法人與非法人團體）亦應包括在內。後者係從實定法觀點來詮釋，例如警

66 陳立中，《警察行政法》，自印，1992年，增訂版，頁42-46。

察法施行細則第10條第1項規定：「本法第九條所稱依法行使職權之警察，爲警察機關與人員之總稱。」「警察職權行使法」第2條第1項亦採之：「本法所稱警察，係指警察機關與警察人員之總稱。[67]」

參、問題探討

一、實務問題

本法施行後，已經有查證身分措施，則「警察勤務條例」之「臨檢」是否仍有其適用？按「警察勤務條例」第11條規定「臨檢」爲勤務方式之一，雖大法官釋字第535號解釋意旨稱該條例屬組織法兼有行爲法性質，然亦明示「臨檢」之要件、程序與救濟應以法律明確規定，其中所涉臨檢之干預性措施之要件、程序與救濟，均於本法明確規定，至於「臨檢」之勤務方式仍可存在適用，警察勤務表仍可將之列爲勤務方式編排。至於其中所涉各項警察職權干預措施，應予以分別適用本法之規定。例如臨檢勤務方式之進行，可能產生查證身分之必要措施，則得符合本法第6條之要件，據以進行第7條之職權措施。

二、理論爭議

「警察」意義學理上通常區分爲「作用法上」與「組織法上」，前者屬廣義警察概念，從功能上考量，舉凡爲維護公益公序之目的，以公權力強制爲手段之國家行政權作用稱之；後者係狹義之警察概念，從組織法上考量其範圍，如本條所稱之「警察」範圍，在立法說明中，即明指係參考「警察法施行細則」第10條所規定「警察機關與警察人員之總稱」，屬於「組織法」上之警察意義。然亦有論者從廣義的警察意義或

67 李震山，《警察行政法論：自由與秩序之折衝》，元照出版公司，2016年10月，修訂四版一刷，頁6-7。

作用法上立場，認為本法亦得適用於消防署、海巡署及調查局、憲兵隊等廣義警察人員，甚至一般行政機關，若從事「危險預防」之任務者，如建管、環保及衛生、教育等機關，亦應適用「警職法」之規範[68]。雖從警察之作用法上意義，可將凡是以維護公共安寧秩序或公共利益為目的，並以命令強制為手段之公權力作用或國家行政主體，故可稱之「警察權作用」，若將之歸屬本法所稱「警察」範圍，則容易混淆「組織法上之警察」概念。然從本法立法意旨與立法方式而言[69]，僅是以組織法上或狹義的「警察」意義為範圍，亦即係指「警察機關與警察人員」之總稱。

三、案例解析

（一）摘要

司法院大法官釋字第570號解釋理由書：「人民自由及權利之限制，依憲法第二十三條規定，應以法律定之。其得由法律授權以命令為補充規定者，則授權之目的、內容及範圍應具體明確，始得據以發布命令。以符合憲法保障人民自由權利之本旨。內政部為中央警察主管機關，依警察法第二條暨第九條第一款規定，固得依法行使職權發布警察命令。然警察命令內容涉及人民自由權利者，亦應受前開法律保留原則之拘束。警察法第二條規定，警察任務為依法維持公共秩序，保護社會安全，防止一切危害，促進人民福利；同法第九條第一款規定，警察有依法發布警察命令之職權，僅具組織法之劃定職權與管轄事務之性質，

68 林明鏘，〈警察職權行使法基本問題之研究〉，收錄於《警察法學研究》，2019年1月，二版一刷，頁191。

69 本法第2條第1項明定：「本法所稱警察，係指警察機關與警察人員之總稱。」其立法方式係以警察法第9條及警察法施行細則第10條一致，係指實定法上之警察而言，若其他機關有警察權作用之作為者，則得於其個別法規中，以「準用」本法方式立法明定為宜。而且，本法對於「警察機關主管長官」亦明定其範圍為「係指地區警察分局長或其相當職務以上長官」。從體系上觀察，本法之適用範圍亦應僅限於組織法上之警察機關與警察人員。

欠缺行爲法之功能，不足以作爲發布限制人民自由及權利之警察命令之授權依據。」

（二）研析

上述司法院大法官釋字第570號解釋理由書意旨，明指我國現行「警察法……僅具組織法之劃定職權與管轄事務之性質，欠缺行爲法之功能，不足以作爲發布限制人民自由及權利之警察命令之授權依據。」又參酌大法官釋字第535號解釋理由書特別指出：「警察法第二條規定警察之任務爲依法維持公共秩序，保護社會安全，防止一切危害，促進人民福利。第三條關於警察之勤務制度定爲中央立法事項。警察勤務條例第三條至第十條乃就警察執行勤務之編組、責任劃分、指揮系統加以規範，第十一條則對執行勤務得採取之方式予以列舉，除有組織法之性質外，實兼具行爲法之功能。查行政機關行使職權，固不應僅以組織法有無相關職掌規定爲準，更應以行爲法（作用法）之授權爲依據，始符合依法行政之原則，警察勤務條例既有行爲法之功能，尙非不得作爲警察執行勤務之行爲規範。」因此，上述兩號大法官解釋打破了過去「有組織法即得爲職權作用」之迷思。未來我國警察法制之建構，應有明確之任務、組織、勤務及職權之區分，特別是對人民產生直接干預效力之職權作用法，更應符合要件、程序及救濟之明確規範，使符合民主法治國依法行政之要求。

四、問題提出

基於組織法定，管轄恆定原則，設官分職，各有所司，各一般行政機關之干預性作爲或查察，「脫警察化」或「一般行政專業分工化」，宜由各專業行政機關加強其本身執行力，依法爲之。若非由警察介入執行不可，則可透過委託或職務協助方式，請求警察基於「警察補充性」原則介入之，似不宜陸續增設環保警察、電信警察、衛生警察……等，則警察組織仍將日趨龐大，而各行政機關將涉及干預性作爲均交由警察爲之，勢不符合專業化潮流，亦對警察主要任務之治安與交通秩序維護造成影響。因此，對於警察任務範圍與性質，應予以釐清，「警察法」之研修，乃有其必要性。

肆、其他

有關警察機關之定義，內政部警政署釋示：「有關『機關』之定義，依據行政院第一組74年11月7日台（74）組一字第081號書函說明：係以具有『獨立編制』、『獨立預算』、『依法設置』及『對外行文』等四項爲認定標準。」另「中央行政機關組織基準法」第3條第1款規定，機關之定義，係「就法定事務，有決定並表示國家意思於外部，而依組織法律或命令設立，行使公權力之組織體[70]」。「行政程序法」第2條第2項規定「行政機關指代表國家、地方自治團體或其他行政主體表示意思，從事公共事務，具有單獨法定地位之組織。」依上開說明，符合「警察機關」要件者，目前計有警政署暨所屬各警察機關，以及直轄市政府警察局、各縣市警察局等。至於警察分局（或連江縣之警察所）雖未訂定組織規程及單獨編制表，但實務上違反社會秩序案件之裁處及一般刑案之移送，均由其爲之，另「集會遊行法」第3條第1項規定：「本法所稱主管機關，係指集會、遊行所在地之警察分局。」因此，警察分局在警察作用法之適用上，多以「機關」認定之。

70 「中央行政機關組織基準法」第3條另規定：「獨立機關：指依據法律獨立行使職權，自主運作，除法律另有規定外，不受其他機關指揮監督之合議制機關。附屬機關：指爲處理技術性或專門性業務之需要，劃出部分權限及職掌，另成立隸屬之專責機關。」

第3條（比例原則）

警察行使職權，不得逾越所欲達成執行目的之必要限度，且應以對人民權益侵害最少之適當方法為之。

警察行使職權已達成其目的，或依當時情形，認為目的無法達成時，應依職權或因義務人、利害關係人之申請終止執行。

警察行使職權，不得以引誘、教唆人民犯罪或其他違法之手段為之。

壹、立法緣由

一、立法理由與目的

比例原則具有憲法之位階，可以拘束行政、立法及司法。我國憲法第23條亦定有明文，基於公益原則之正當性，並考量比例原則之必要，得以法律授權行政實施公權力措施，爲使此一憲法原則落實於警察職權之行使，爰於本條予以明定。於本條第1項明定行使職權之「必要性原則」，規範警察行使職權，不得逾越所欲達成執行目的之必要限度，且應以對人民權益侵害最少之適當方法爲之。第2項則規定，警察行使職權所欲達成之目的已經完成，或依當時情形，認爲目的無法達成時，應依職權或因義務人、利害關係人之申請終止執行。若仍繼續據以行使職權，則不合於目的性，即不符合適當性原則。至於屬於利益衡量之「狹義比例原則」，亦即不得「以砲擊雀」，在本條則漏未規定，然基於比例原則之通則性適用，有稱爲「帝王條款」者，「行政程序法」第7條亦已明文規定，仍應有其適用。

另一方面，本條第3項規定：「警察行使職權，不得以引誘、教唆人民犯罪或其他違法之手段爲之。」係立法院審查本法草案進行協商時，加入之條款[71]，旨在要求警察辦案過程中，注意實質的正當原則，並於立法說明三列述：「警察實務上所使用類似『釣魚』偵查方式，常引發爭議，爰參酌美國、日本及我國司法實務上之判例、判決見解，於第3項明定警察行使職權，不得以引誘、教唆等違法（即對原無犯意之人民實施『誘捕』行爲）之手段爲之。」如此亦係在規範警察行使職權應遵守誠信原則，亦即「行政程序法」第8條之規定，應以誠實信用之方法爲之。惟須注意的是本條立法理由，乃規定警察行使職權不得對原無犯意之人民，以欺詐或陷害教唆等不當手段使人民犯罪，再行逮捕之。反面而言，對於原有犯意之人民，是否不受本項限制，值得斟酌。

二、法理基礎

本條主要規定警察職權行使，應遵守「比例原則」與「誠信原則」。「行政程序法」第4條規定：「行政行爲應受法律及一般法律原則之拘束。」因此，警察執行職務，行使職權，除了以法律構成該當性、有責性及合法性之法律要件，作爲執法基準外，亦應遵守一般法律原則。而比例原則與誠信原則更是一般法律原則之重要原則。

（一）比例原則

我國「憲法」第23條規定有「比例原則」之「必要」考量，作爲是否政府公權力措施得以介入人民自由權利領域之基礎，是屬於憲法原則。比例原則源自法治國家原則，並具有憲法位階，其得用以制約立法、行政及司法，以避免各該權利行使之恣意與逾越，是爲調和公益與私利，達到實質正義的一種理性思考的法則[72]。「行政程序法」第

71 參見《警察職權行使法案》，立法院內政委員會編（122），法律案專輯，第335輯，立法院公報處印行，2004年7月，初版，頁381。陳建銘委員更於三讀通過後發言感謝增訂本項之支持，參見同此專輯，頁406。

72 李震山，《行政法導論》，三民書局，2019年2月，增訂十一版一刷，頁275。

7條規定，比例原則尚包含適當性原則（亦稱合目的性原則）、必要性原則（亦稱「最小侵害原則」）及狹義比例原則（亦稱「利益衡量原則」）。李震山氏指出：「比例原則之要素，包括合適性必要性（侵害最小）、合比例性（狹義），已受到大多數人之贊同，三要素間環環相扣，譬如：以公權力爲基礎之干預性行爲，雖符合所謂合適性、必要性原則，未必合乎狹義比例原則，易言之，縱然已『就無數可行處分中，選擇傷害最小者爲之』，該經選擇之行爲之效果，尚有可能『肇致與其結果顯然不成比例之不利』。反之，若同一行爲，已符合狹義比例原則，自應已吸收合適性及必要性原則[73]。」

因此，本條係規定於總則，若警察依據本法行使職權，無論第二章之查證身分或蒐集資料措施、第三章之即時強制作爲，均應考量比例原則之適用，避免恣意而致不當限制或剝奪人民權益。因此，警察職權如本法第2條之定義，各項職權措施之行使，均涉及限制或剝奪人民基本權利之干預，依據「憲法」第23條之規定，應有比例原則之適用。再者基於政府公權力之公正公開，爲維護公益公序目的服務，本條第1、2項特就「比例原則」強調明定之。

（二）誠信原則

「行政程序法」第8條：「行政行爲，應以誠實信用之方法爲之……。」即，行政機關不得出爾反爾、不得強人所難及不得欺詐、隱匿、引誘或教唆方式實施行政行爲。本條第3項則是規定警察行使職權，應遵守誠信原則，不得以引誘、教唆人民犯罪或其他違法之手段爲之。本項主要立法意旨，依立法理由說明及條文字義，意在禁止警察使用引誘或教唆手段，以偵查犯罪，逮捕人犯。又違背法定程序而取得之證據，其有無證據能力，仍應審酌人權保障及公共利益之均衡維護，始

73　李震山，《行政法導論》，三民書局，2019年2月，增訂十一版一刷，頁277。

足以資認定。美國法制設有「毒樹果實理論」之規定，警方偵辦犯罪所得之證據，若認其違反人權保障之情形嚴重，且排除該項違背法定程序取得之證據，於公共利益之均衡維護無影響者，自得認該項證據欠缺證據能力，而予以排除。因此，本條第3項規定旨在保障人權，避免警察恣意以陷害教唆方式辦案，故意入人於罪。然爲了維護治安之公益考量，某些犯罪案件之特性，屬常業犯罪類型，原即有犯罪之故意，若由警察提供機會，於其犯罪時，伺機逮捕之，應仍合乎法理，亦尙符合該立法說明理由，避免對原無犯意之人民爲引誘或教唆犯罪之執法作爲。亦即「提供機會型」之「誘捕偵查」尙爲最高法院判決多所肯認；相反地，若是警察執法對原無犯意之人以「創造犯意型」之「陷害教唆」而使之違法，將不被司法實務所允許[74]。

三、相關條文

1.「集會遊行法」第26條：「集會遊行之不予許可、限制或命令解散，應公平合理考量人民集會、遊行權利與其他法益間之均衡維護，以適當之方法爲之，不得逾越所欲達成目的之必要限度。」

2.「行政執行法」第3條：「行政執行，應依公平合理之原則，兼顧公共利益與人民權益之維護，以適當之方法爲之，不得逾達成執行目的之必要限度。」

3.「行政程序法」第7條：「行政行爲，應依下列原則爲之：

---

[74] 最高法院108年度台上字第2916號刑事判決。該判決文指出：學理上所稱「陷害教唆」，屬於「誘捕偵查」型態之一，而「誘捕偵查」，依美、日實務運作，區分爲兩種偵查類型，一爲「創造犯意型之誘捕偵查」，一爲「提供機會型之誘捕偵查」。前者，係指行爲人原無犯罪之意思，純因具有司法警察權者之設計誘陷，以唆使其萌生犯意，待其形式上符合著手於犯罪行爲之實行時，再予逮捕者而言，實務上稱之爲「陷害教唆」；後者，係指行爲人原已犯罪或具有犯罪之意思，具有司法警察權之偵查人員於獲悉後爲取得證據，僅係提供機會，以設計引誘之方式，佯與之爲對合行爲，使其暴露犯罪事證，待其著手於犯罪行爲之實行時，予以逮捕、偵辦者而言，實務上稱此爲「釣魚偵查」。

一、採取之方法應有助於目的之達成。

二、有多種同樣能達成目的之方法時，應選擇對人民權益損害最少者。

三、採取之方法所造成之損害不得與欲達成目的之利益顯失均衡。」

貳、條文解說

一、名詞解釋

（一）比例原則

此原則可以區分爲三項重要內涵：1.適當性原則：亦稱之爲「合目的性原則」，如「行政程序法」第7條第1項第1款規定：「採取之方法應有助於目的之達成。」2.必要性原則：亦稱之爲「最小侵害原則」，如「行政程序法」第7條第1項第2款規定：「有多種同樣能達成目的之方法時，應選擇對人民權益損害最少者。」3.狹義比例原則：又稱之爲「利益衡量原則」，如「行政程序法」第7條第1項第3款規定：「採取之方法所造成之損害不得與欲達成目的之利益顯失均衡。」

（二）「誘捕偵查」與「陷害教唆」

「誘捕偵查」爲「機會提供型」，係指行爲人原本即有犯罪之意思，偵查人員僅係提供機會讓其犯罪，於其犯罪時予以逮捕者而言，亦稱之爲「釣魚式」偵查[75]。「陷害教唆」爲「創造犯意型」，係對於原無犯意之人民，由執法者以引誘或教唆犯罪之不正當手段，使原無犯罪

75 林俊益，〈陷害教唆與釣魚偵查〉，《月旦法學教室》，第22期，2004年8月，頁26。亦參考：最高法院108年度台上字第341號刑事判決及107年度台上字第4659號刑事判決。

故意之人因而萌生犯意而實施犯罪行爲，再進而蒐集其犯罪之證據而予以逮捕偵辦。

誘捕方式之辦案可區分爲兩種，一爲創造犯意型，二爲提供機會型。前者，又稱爲陷害教唆，係指行爲人原無犯罪意思，因受他人（如便衣警察或受警方唆使之人）之引誘，始生犯意，進而著手實行犯罪構成要件行爲，再進而蒐集其犯罪之證據加以逮捕偵辦，其手段顯然違反憲法對於基本人權之保障，且已逾越偵查犯罪之必要程度，對於公共利益之維護並無意義，因此所取得之證據資料，應不具有證據能力[76]；後者，「刑法」上所謂警員之陷害教唆，係指行爲人原無犯罪的意思，純因具有司法警察權者的設計誘陷，以唆使其萌生犯意，待其形式上符合著手於犯罪行爲的實行時，再予逮捕者而言。此種「陷害教唆」，因行爲人原無犯罪的意思，具有司法警察權者復伺機逮捕，係以不正當手段入人於罪，尚難遽認被陷害教唆者成立犯罪。至於刑事偵查技術上所謂的「釣魚」者，則指對於原已犯罪或具有犯罪故意的人，司法警察於獲悉後爲取得證據，以設計引誘的方式，佯與之爲對合行爲，使其暴露犯罪事證，待其著手於犯罪行爲的實行時，予以逮捕、偵辦者而言。此種「釣魚」，因屬偵查犯罪技巧的範疇，並未違反「憲法」對於基本人權的保障，且於公共利益的維護有其必要性，故所蒐集的證據資料，自可具有證據能力[77]。

二、實體要件

（一）警察職權行使應遵守之比例原則

比例原則之遵守，除「憲法」第23條立法規範要求，亦爲執法重要原則之一，已有許多法律條文將之具體化[78]。因此，執法「比例原

76 最高法院108年度台上字第1615號刑事判決及108年度台上字第1163號刑事判決。

77 最高法院107年度台上字第2233號刑事判決。

78 例如「行政程序法」第7條、「行政執行法」第3條、「警械使用條例」第5條、「集會

則」之適用，如同「依法行政」原則之遵守，爲一般性執法原則，本法第3條予以重申警察職權行使，應遵守比例原則。本法第3條第1項規定：「警察行使職權，不得逾越所欲達成執行目的之必要限度，且應以對人民權益侵害最少之適當方法爲之。」比例原則具有憲法之位階，亦有稱之爲「帝王條款」可以拘束行政、立法及司法。我國「憲法」第23條亦定有明文，爲使此一憲法原則落實於警察職權之行使，爰於第1項及第2項分別予以明定。一般論者指出比例原則包含三項次要原則：「適當性原則（合目的性原則）」、「必要性原則（最小侵害原則）」及「狹義比例原則（衡量性原則）」。「行政程序法」第7條更明文規定該三項次原則內涵：「行政行爲，應依下列原則爲之：一、採取之方法應有助於目的之達成。二、有多種同樣能達成目的之方法時，應選擇對人民權益損害最少者。三、採取之方法所造成之損害不得與欲達成目的之利益顯失均衡。」雖本法第3條第1項及第2項並未如「行政程序法」第7條明定比例原則之三項次要原則，但執法時仍須考量之。

警察行使職權，遵守比例原則之考量。參考「行政程序法」第7條[79]、「集會遊行法」第26條[80]、「行政執行法」第3條[81]、第8條第1項第1款、第3款、與「日本警察官職務執行法」第1條第2項[82]及「德國聯邦與各邦統一警察法標準草案」第2條[83]規定。首先，應爲目的性考量，亦

遊行法」第26條、「社會秩序維護法」第19條及第22條等明文規定。

79 「行政程序法」第7條：「行政行爲，應依下列原則爲之：一、採取之方法應有助於目的之達成。二、有多種同樣能達成目的之方法時，應選擇對人民權益損害最少者。三、採取之方法所造成之損害不得與欲達成目的之利益顯失均衡。」

80 「集會遊行法」第26條：「集會遊行之不予許可、限制或命令解散，應公平合理考量人民集會、遊行權利與其他法益間之均衡維護，以適當之方法爲之，不得逾越所欲達成目的之必要限度。」

81 「行政執行法」第3條：「行政執行，應依公平合理之原則，兼顧公共利益與人民權益之維護，以適當之方法爲之，不得逾達成執行目的之必要限度。」

82 「日本警察官職務執行法」第1條第2項：「本法所規定之手段，以執行前項目的之必要最小限度爲限，不得濫用。」

83 「德國聯邦與各邦統一警察法標準草案」第2條：「警察應就無數可行及適當處分中，選擇對個人或公眾傷害最小者爲之（第1項）。處分不得肇致與結果顯然不成比例之不

即遵守「適當性原則」，以作爲職權行使之界限。因此，本法第3條第2項規定：「警察行使職權已達成其目的，或依當時情形，認爲目的無法達成時，應依職權或因義務人、利害關係人之申請終止執行。」因此，若已達成執行目的或認爲目的無法達成時，應即停止其職權之行使，以避免不當之繼續行使，造成不成比例之傷害。再者，本條第1項對於合目的性之警察職權適當行使時，並應考量對於執法客體最小侵害之手段之「必要性」作爲。因此，本條第1項規定：「警察行使職權，不得逾越所欲達成執行目的之必要限度，且應以對人民權益侵害最少之適當方法爲之。」相同於本條第1項及第2項規定，「行政執行法」第3條亦規定：「行政執行，應依公平合理之原則，兼顧公共利益與人民權益之維護，以適當之方法爲之，不得逾達成執行目的之必要限度。」然而，本條雖未對於利益衡量之「狹義比例原則」予以明文規定，然其爲比例原則之主要內涵之一，且在「行政程序法」亦有明定，仍爲警察執行職務行使職權應考量之法理原則。

再者，司法院大法官釋字第535號解釋文指出：「……有關臨檢之規定，並無授權警察人員得不顧時間、地點及對象任意臨檢、取締或隨機檢查、盤查之立法本意。……且均應遵守比例原則，不得逾越必要程度。」因此，警察行使查證身分之各項職權措施，應嚴格遵守比例原則之適用，例如，不得進行未加判斷或無合理性基礎之全面、或任意攔停，必須有本法第6條各款要件符合始得爲之。攔停後，對於受檢人身體或所攜帶之檢查，必須有執法人員有明顯事實足認受檢者攜有危險物而致相關在場人員（包括檢查者及受檢者本人在內）安全上受威脅，始得進行檢查，而該檢查應爲衣服外部之拍搜（Frisk），以及受檢者迴身範圍內爲其所攜帶且立即可觸及之物，始得依本法檢查，而非「刑事訴訟法」之搜索（Search）而得澈底搜查之措施，故應有其比例原則之

利（第2項）。目的達成後，或發覺目的無法達成時，處分應即停止（第3項）。」

適用。本法將比例原則規定於總則，故本法所列各條之相關警察職權措施，均有其適用，如資料蒐集與處理及即時強制措施等，均須注意考量比例原則，避免執法恣意。

（二）警察禁止引誘或陷害教唆犯罪手段行使職權

本法第3條第3項規定：「不得以引誘、教唆人民犯罪或其他違法之手段為之。」而該條之立法條文說明為：「警察實務上所使用類似『釣魚』之偵查方法，常引發爭議，爰參酌美國、日本及我國司法實務上之判例、判決見解，於第3項明定警察行使職權，不得以引誘、教唆等違法（即對原無犯意之人民實施『誘捕』行為）之手段為之[84]。」有關其適用，一般論者將之區分為「誘捕偵查」與「陷害教唆」兩類型，實務上肯認不得「陷害教唆」，但得對原有犯罪者實施「誘捕偵查」；學術論者，則有不同見解，認兩者均有違誠信原則。

本項之適用，實務上即參考美、日之實務運作方式，以人民原有無犯意區分為「誘捕偵查」或「陷害教唆」二種，前者為「提供機會型」，亦即行為人原就有犯罪之意思，執法人員僅提供機會讓其犯罪；後者為「創造犯意型」，係指行為人原無犯罪之意思，因受執法者之引誘或教唆，始萌生犯意，而著手實施犯罪者而言[85]。申言之，因「陷害教唆」係司法警察以引誘或教唆犯罪之不正當手段，使原無犯罪故意之人因而萌生犯意而實施犯罪，再進而蒐集其犯罪之證據或予以逮捕偵辦；縱其目的係在於查緝犯罪，但其手段顯然違反「憲法」對於基本人權之保障，且已逾越偵查犯罪之必要程度，對於公共利益之維護並無意義，其因此等違反法定程序所取得之證據資料，應不具有證據能力。又

---

84 吳宗順主編，《警察職權行使法逐條釋義》，內政部警政署常訓教材，2003年8月，頁15。《警察職權行使法案》，立法院內政委員會編（122），法律專輯，第335輯，立法院公報處印行，2004年7月，頁381。

85 林俊益，〈陷害教唆與釣魚偵查〉，《月旦法學教室》，第22期，2004年8月，頁26-27。

「陷害教唆」與警方對於原已具有犯罪故意並已實施犯罪行爲之人，以所謂「釣魚」之偵查技巧蒐集其犯罪證據之情形有別，自不得混爲一談。另有最高法院相關判決亦支持執法人員基於辦案之必要性，得進行對原有犯意者之提供機會型的「誘捕偵查」，而非創造犯意型之「陷害教唆」[86]。然而，誘捕偵查仍須不違背法定程序，始爲法之所許，否則仍將受到刑事訴訟法第158條之4證據排除法則之適用，而致不具證據能力[87]。

本法第3條第3項規定：「警察行使職權，不得以引誘、教唆人民犯罪或其他違法之手段爲之。」陳瑞仁氏指出：「觀其立法意旨，可能想引進美國法中有關『陷害教唆』之法理，但此條文規定易讓人解讀爲所有之『引誘』均爲非法手段，如此將有矯枉過正之嫌。未來法官裁判時，實應參考立法理由中的特別規定，即將該項限制僅適用於『原無犯意之人民』，並能形成判例，方能在保障人權的同時，有效兼顧打擊犯罪之需。陷害教唆在美國是州法發展出的一種『積極抗辯』，指警方對原無犯意之人，鼓動或引誘其犯罪，再加以逮捕之謂，屬陪審團得判被告無罪之法定原因之一，其與誘捕不同，後者是警方對於原已有犯意之人，提供再次犯案之機會，然後再加以逮捕[88]。」例如，在毒品買賣、

86 最高法院108年度台上字第2916號刑事判決。

87 林俊益，〈陷害教唆與釣魚偵查〉，《月旦法學教室》，第22期，2004年8月，頁26-27。

88 陳瑞仁，〈誘捕違法辦案，得等到有人受害？〉，《聯合報》，2003年6月6日。陳氏指出：我國警察現今實務上較常使用「誘捕」之案型，是在毒品買賣、網路援交與機車搶劫。在販毒案中，小盤毒販經警破獲後爲求減刑，即配合警方佯爲再次交易，等上游毒販現身後再行逮捕，此種情形，上游之犯意是「本來就存在」。其次在網路援交，如果行爲人是自己先上網廣告，警方依其提供之聯絡方法佯爲召妓而逮捕之，該行爲人之犯意亦是本來就有。另外在機車搶劫案型中，女警佯裝爲柔弱婦女，故意在搶犯經常出沒之處單獨夜行，「引誘」搶犯現身行搶，再由埋伏在旁之同仁加以逮捕，行爲人之犯意亦是本來就有。這些破案手段，倘依前述之條文文義，警察均不得爲之，非但有違社會大眾之法律感情，且與法理似有不合。據上，前述條文實應修改爲：「警察行使職權，不得以引誘、教唆原無犯意之人民犯罪，或其他違法之手段爲之。」較能符合實務與法理，否則一切犯罪都要消極等到有眞正的被害人出現再緝捕，豈不成了以人民之「第一滴血」來做爲破案契機？如今三讀通過之條文僅以「立法理由」的方式納入此法理，實

網路援交與機車搶劫等，均屬於原有犯意之人，執法之警察人員得以相關辦案手段誘捕之。

另一方面，在內政部警政署於92年8月所印發之《警察職權行使法逐條釋義》指出「『陷害教唆』與『誘捕』不同之處，在於『誘捕』係警方對原已有犯意之人，提供再次犯案之機會，然後再加以逮捕；而其與『陷害教唆』係指警察對原無犯意之人，鼓動或引誘其犯罪，再加以逮捕之情形不同。故若行為人本來就有犯意，縱或警察有積極提供其機會，行為人仍不得主張『陷害教唆』。而且，一但行為人被判定為原已有犯罪意圖時，警察之『提供犯罪機會之手段』幾乎不受限制[89]。」

（三）警察不得以其他違法之手段行使職權

本條第3項規定：「警察行使職權，不得以引誘、教唆人民犯罪或其他違法之手段為之。」因此，除上述禁止以引誘、教唆人民犯罪之手段行使職權外，亦不得以其他違法之手段為之。此所稱「其他違法手段」係概括規定，包含不合法定職權要件之作為或非法律所許可干預性職權措施，如不符合「通訊保障及監察法」規定而實施監聽。

三、程序要件

1. 比例原則之適用程序：首先，警察職權行使應先考慮其干預性措施是否合乎目的性要求；再者，應考慮可達成目的之多種警察職權行使方法中，選擇一種對當事人侵害最小者為之。其次，基於法益衡量，若警察職權行使之付出成本與所獲法益顯失均衡，則應遵守「狹義比例原則」。

2. 警察職權行使，應避免「陷害教唆」方式辦案，故應注意不得

「美中不足」，未來仍待執法機關加強宣導，及裁判機關進一步以判決宣示，以達保障人權及打擊犯罪雙贏的目標。

89 吳宗順主編，《警察職權行使法逐條釋義》，內政部警政署常訓教材，2003年8月，頁17。

對原無犯意之人以引誘、教唆或其他違法之手段爲之。

四、實務與學術見解

（一）實務見解

綜合前述析論，一般實務上之檢察官、法官、警政署或最高法院判決，以認爲對原有犯意之人民得以提供機會方式之誘捕偵查手段爲之。茲摘錄其見解如下：

1. 陳瑞仁氏：認爲「未來法官裁判時，實應參考立法理由中的特別規定，即將該項限制僅適用於『原無犯意之人民』，並能形成判例，方能在保障人權的同時，有效兼顧打擊犯罪之需。」並認爲應修改本條第3項爲：「警察行使職權，不得以引誘、教唆原無犯意之人民犯罪，或其他違法之手段爲之。」較能符合實務與法理[90]。

2. 林俊益氏：認爲「以人民原有無犯意區分爲『誘捕偵查』或『陷害教唆』二種，前者爲『提供機會型』，亦即行爲人原就有犯罪之意思，執法人員僅提供機會讓其犯罪；後者爲『創造犯意型』，係指行爲人原無犯罪之意思，因受執法者之引誘或教唆，始萌生犯意，而著手實施犯罪者而言。」並認爲「陷害教唆」與警方對於原已具有犯罪故意並已實施犯罪行爲之人，以所謂「釣魚」之偵查技巧蒐集其犯罪證據之情形有別，自不得混爲一談[91]。

3. 內政部警政署：《警察職權行使法逐條釋義》[92]對於「警察實施『誘捕偵查』，是否構成『陷害教唆（引誘、教唆人民犯罪）之違法行爲？」警政署認爲「陷害教唆」與「誘捕」不同。「誘捕」係警方對原已有犯意之人，提供再次犯案之機會，然後再加以逮捕。故若行爲人本

---

90 陳瑞仁，〈誘捕違法辦案，得等到有人受害？〉，《聯合報》，2003年6月6日。

91 林俊益，〈陷害教唆與釣魚偵查〉，《月旦法學教室》，第22期，2004年8月，頁26-27。

92 吳宗順主編，《警察職權行使法逐條釋義》，內政部警政署常訓教材，2003年8月，頁17-18。

來就有犯意，縱或警察有積極提供其機會，行爲人仍不得主張「陷害教唆」。而且，一但行爲人被判定爲原已有犯罪意圖時，警察之「提供犯罪機會之手段」幾乎不受限制。並舉例毒販爲求減刑，與警方配合誘出上游毒販，由警察執行逮捕；在網路援交案中，警察佯爲顧客再予逮捕；以及在偵辦機車搶劫案中，女警佯裝弱女，「引誘」搶犯行搶，再由埋伏同仁加以逮捕等情形，行爲人的犯意本來就有，均非所謂「陷害教唆」。警政署認爲，警察之「誘捕偵查」有無構成違法，端視被誘捕對象有無犯意而定。

（二）學術見解

1. 刑事訴訟法學者林鈺雄氏：提出兩點主要質疑：「一是以行爲人原先有無主觀犯罪意向來作爲合法性界限，基本上已經窄化了犯罪挑唆問題的面向，因爲關鍵在於國家行爲本身的界限，縱使是原先有犯罪意向之人，國家也不得對其爲所欲爲，試圖強化或鞏固其犯罪意向。二是縱使以犯罪意向爲基準，也無法迴避關鍵的證明問題，亦即，憑什麼證據來證明行爲人原先即有犯罪之意向？」而認爲最高法院92年度台上字第4458、7006及7346號等三則判決中，有關警方辦案取證手法已逾越合法性之界限，構成違法[93]。警察行使職權不得以「陷害教唆」、「誘捕偵查」（或稱「釣魚」）方式進行辦案，亦有適法疑慮。

2. 行政法學者林明鏘氏：「引誘或教唆違法、犯罪方式辦案，本身即非合法。本條第3項規定與誠信原則之基本精神相悖，……不僅陷害教唆爲違法行爲，『誘捕偵查』或其他『釣魚辦案』亦屬違法[94]。」

綜上，學者論述多主張本條第3項規定，警察不得以「陷害教

93 林鈺雄，〈國家挑唆犯罪之認定與證明——評三則最高法院九十二年度之陷害教唆判決〉，《月旦法學雜誌》，第111期，2004年8月，頁207-234。

94 林明鏘，〈警察職權行使法基本問題之研究〉，收錄於《警察法學研究》，2019年1月，二版一刷，頁187。

唆」[95]，甚至「誘捕偵查」（或稱「釣魚」）方式進行執法作爲，亦有質疑[96]。另一方面，實務上則認爲屬於「陷害教唆」之對原無犯意者，受上述第3項規定之拘束，不得進行引誘、教唆方式辦案，但若是原已有犯意之「誘捕偵查」之「釣魚」方式辦案，則非不得爲之，最高法院108年度台上字第2916號刑事判決對於違反毒品危害防制條例之判決，亦持相同見解。按所謂「陷害教唆」，係指行爲人原不具犯罪之故意，純因司法警察之設計教唆，始萌生犯意，進而實施犯罪構成要件之行爲者而言。申言之，因「陷害教唆」係司法警察以引誘或教唆犯罪之不正當手段，使原無犯罪故意之人因而萌生犯意而實施犯罪，再進而蒐集其犯罪之證據或予以逮捕偵辦；縱其目的係在於查緝犯罪，但其手段顯然違反「憲法」對於基本人權之保障，且已逾越偵查犯罪之必要程度，對於公共利益之維護並無意義，其因此等違反法定程序所取得之證據資料，應不具有證據能力。又「陷害教唆」與警方對於原已具有犯罪故意並已實施犯罪行爲之人，以所謂「釣魚」之偵查技巧蒐集其犯罪證據之情形有別，自不得混爲一談。然如此在學理論述與實務認知之差異，有待未來有權解釋機關予以解釋或法院判例，以形成此法律解釋與適用之規範基準。

---

95 林鈺雄，〈國家挑唆犯罪之認定與證明——評三則最高法院九十二年度之陷害教唆判決〉，《月旦法學雜誌》，第111期，2004年8月，頁207-234。林氏提出四項偵辦毒品犯罪證明基準之作爲判定國家是否違法挑唆犯罪檢驗，其基準爲：「一、對於被告是否存有販毒之犯罪嫌疑；二、被告有無販毒之犯罪傾向；三、被告最終之犯罪範圍是否超過挑唆行爲之範圍；四、誘餌的方式及強度，是否對被告造成過當壓力而促使其販毒。」

96 林鈺雄，〈國家挑唆犯罪之認定與證明——評三則最高法院九十二年度之陷害教唆判決〉，《月旦法學雜誌》，第111期，2004年8月，頁207-234。林氏提出兩點主要質疑：「一是以行爲人原先有無主觀犯罪意向來作爲合法性界限，基本上已經窄化了犯罪挑唆問題的面向，因爲關鍵在於國家行爲本身的界限，縱使是原先有犯罪意向之人，國家也不得對其爲所欲爲，試圖強化或鞏固其犯罪意向。二是縱使以犯罪意向爲基準，也無法迴避關鍵的證明問題，亦即，憑什麼證據來證明行爲人原先即有犯罪之意向？」而認爲最高法院92年度台上字第4458、7006及7364號等三則判決中，有關警方辦案取證手法已逾越合法性之界限，構成違法。

參、問題探討

一、實務問題

由於本法係警察防止危害及預防犯罪時，干預人民自由權利之授權規範，並非賦予警察偵查刑事犯罪職權之法律。將採行誘捕手段，於此明文禁止，立法體例，自顯得突兀。即或依目的解釋，認爲警察防止危害及預防犯罪，亦不得使用誘捕手段，似亦與中外司法實務，肯認一定要件下之誘捕，顯得嚴苛。如此嚴格之規定，將來在危害防止及犯罪偵查實務，會有如何之影響，仍待觀察。依本項條文文義，應認爲所有之誘捕行爲，均爲非法手段。惟立法理由說明，卻認爲誘捕原無犯意之人，始在禁止之列。立法理由雖可作爲歷史解釋之依據，但卻不能有效拘束現行條文之具體適用。況且，得否爲誘捕，僅以被誘人原來有無犯意以爲區辨，是否可行，得否尋得更有說服力之判準，均是一大問題。本項條文，究應如何解釋適用，不僅是警察之一大考驗，更是得否承認一定條件下之誘捕行爲之適法性的關鍵所在，值得從立法論及解釋論之觀點深入研究探討之。如果從法治國家正當法律程序之觀點看待此一問題，危害防止及犯罪追訴之利益，固屬重要，但正當法律程序之要求，亦不應爲此目的性之考慮，而全然被犧牲。因此，普遍均認爲，只要被誘使人並未因此淪爲國家行爲之客體的情況下，爲誘使行爲應是被允許的。至於何種情況構成所謂國家行爲之客體，則要在個案上考量被誘使人的既有嫌疑程度，誘使行爲的影響方式、強度及目的，被誘使人對自我行爲之決定能力等狀況，綜合判斷後方能決定。

二、理論爭議

執法者得對於原有犯意之人民，提供機會使之犯案後予以逮捕之「誘捕偵查」型之執法方式，反對者認爲引誘或教唆違法、犯罪方式辦案，本身即非合法。論者有認爲上述規定「與誠信原則之基本精神相悖，……不僅陷害教唆爲違法行爲，『誘捕偵查』或其他『釣魚辦案』亦屬違法[97]。」在實務上，警察喬裝消費客人進入欲取締之違法處所進行查處作爲，爲常見之傳統執法方式之一，亦屢屢爲電視、電影警匪片中的劇情。警方以這樣的辦案方式是否合法，不無受到質疑。一般而言，在學理及實務上較有爭論的是在教唆者的部分，因爲教唆者是以引起犯罪的方式來遏止犯罪，其引起犯罪的行爲是否要加以處罰，學理上有正反不同意見。臺北地方法院判決中被教唆者是否成罪上，學理上多無異議地採取肯定看法，惟地方法院於判決中採取了與學理上不同的看法，認爲被教唆者不成立犯罪，其自構成要件解釋角度出發所得的推理與結論，均有值得探討之必要。陷害教唆的教唆者是否成立犯罪，關鍵在於對於教唆犯「雙重教唆故意」的理解之上。一般認爲，陷害教唆的教唆者主觀上須具備教唆故意，而其內涵除須是「對於自己行爲貢獻的故意」外，還必須有「促使他人主行爲既遂之犯意」。若自其立場觀察，行爲人以陷害他人之目的而爲教唆，顯然缺乏後一部分的「促使他人主行爲既遂之犯意」，而不成立教唆故意，因爲教唆者根本不想行爲人眞正成立犯罪，而既然欠缺了主觀的故意，不論客觀上所有犯罪構成要件是否具備，皆不應成立犯罪。此說純粹從教唆犯的要件加以演繹思考，故不爲罪。然亦有論者另外從利益衡平的角度來加以省思，認爲陷害教唆是以誘使他人犯罪，待其犯罪性呈現之時，即加以逮捕爲目的。這樣的主觀意思是在惹引一個新的犯罪，造成新的法益危險，而以造成新法益危險的方式來制裁一個原先「可能存在」的犯罪。這種以罪制罪的方式，在利益衡量上實無法令人贊同。因此，認爲陷害教唆者仍成立犯罪[98]。並認爲陷害教唆與臥底執法方式不同，「臥底」是以洩露行爲

---

97 林明鏘，〈警察職權行使法基本問題之研究〉，收錄於，《警察法學研究》，2019年1月，二版一刷，頁187。

98 游明得，〈傳統辦案方法之再省思——陷害教唆諸般問題之解析〉，財團法人國

人的犯罪消息，藉此以達制裁之目的，本身並未再如陷害教唆般引起新法益侵害的風險，二者不得相提並論。

三、案例解析

◎「陷害教唆」或「誘捕偵查」之分辨
（最高法院108年度台上字第2916號刑事判決）

（一）摘要

最高法院108年度台上字第2916號刑事判決違反毒品危害防制條例之判決中亦指出：學理上所稱「陷害教唆」，屬於「誘捕偵查」型態之一，而「誘捕偵查」，依美、日實務運作，區分爲兩種偵查類型，一爲「創造犯意型之誘捕偵查」，一爲「提供機會型之誘捕偵查」。前者，係指行爲人原無犯罪之意思，純因具有司法警察權者之設計誘陷，以唆使其萌生犯意，待其形式上符合著手於犯罪行爲之實行時，再予逮捕者而言，實務上稱之爲「陷害教唆」；後者，係指行爲人原已犯罪或具有犯罪之意思，具有司法警察權之偵查人員於獲悉後爲取得證據，僅係提供機會，以設計引誘之方式，佯與之爲對合行爲，使其暴露犯罪事證，待其著手於犯罪行爲之實行時，予以逮捕、偵辦者而言，實務上稱此爲「釣魚偵查」。依原判決認定之事實，上訴人係與共犯自行決定販賣第二級毒品營利而上網刊登隱含販售上開第二級毒品甲基安非他命之暗語訊息，供不特定網友觀覽，適有員警廖仁蔚於執行網路巡邏勤務時發現，始佯爲買家與上訴人聯繫而查獲（見原判決第1至2頁），本件並無「陷害教唆」之情形至明。

家政策研究基金會，國家研究報告，2001年7月23日；See: http://www.npf.org.tw/PUBLICATION/CL/090/CL-R-090-041.htm, last visited: 2004/06/04.

（二）研析

本條第3項規定涉及誠信原則之遵守，究應如何適用，論者多以警察職權措施行使之公權力介入前，該人民有無犯罪之意作爲基礎，而衍生有關「陷害教唆」或「誘捕偵查」之分辨，以作爲合法或違法職權作爲之判別。本判決意旨對原有犯意者之「誘捕偵查」（俗稱「釣魚」）與對原無犯意者之「陷害教唆」使之因而萌生犯意而致犯罪之逮捕偵辦，加以區分，肯認警察必要時得進行「誘捕偵查」，但不得爲「陷害教唆」之辦案方式。此見解與目前警察實務上運作一致，亦爲內政部警政署所發《警察職權行使法逐條釋義》之內涵相同[99]。所持見解雖與部分法學論者所持之不得陷害教唆，亦不得誘捕釣魚式之偵查有差異[100]，得俟未來判例或大法官明確解釋之。然本案最高法院判決意旨認原判決混淆「陷害教唆」與「釣魚」辦案之適用，以致有判決理由矛盾之違誤；且強調應調查「警方取得證據之過程有無違反法定程序」之見解，値得執法辦案人員重視。本判決意旨値得警察辦案時之審愼分辨「誘捕釣魚」辦案方式與「陷害教唆」之差異，主要係在於執法客體是否原即具有犯意爲基礎，而禁止對於原無犯意者以引誘、教唆其犯罪或其他違法之手段爲之，特別是不得將兩者混淆不分，並遵守法定蒐證程序。至於分辨其有無犯意，則須依據個案相關特性認定之。

四、問題提出

警察執法禁止以創造犯意之「陷害教唆」，惟若基於特殊犯罪個案之執法所需，允宜予以執法警察對原有犯意之人民，以提供機會型之「誘捕偵查」手段進行辦案。然而，警察執行職務行使職權之法制規

99 吳宗順主編，《警察職權行使法逐條釋義》，內政部警政署常訓教材，2003年8月，頁17-18。

100 林明鏘，〈警察職權行使法基本問題之研究〉，收錄於《警察法學研究》，2019年1月，二版一刷，頁187。

範，宜兼顧人權保障與公權力行使之必要衡平，並以法律明確規定之，以符合民主法治國依法行政之要求。本條第3項在未來修法時，有將對原有犯意之人民得以實施誘捕偵查方式，予以明文規定。

第4條（出示身分與告知事由）
警察行使職權時，應著制服或出示證件表明身分，並應告知事由。
警察未依前項規定行使職權者，人民得拒絕之。

壹、立法緣由

一、立法理由與目的

警察職權行使措施，常有限制或剝奪相對人權利之可能，基於民主法治國正當程序之遵守，司法院大法官釋字第535號解釋文指出：「臨檢進行前應對在場者告以實施之事由，並出示證件表明其為執行人員之身分。」由於本法之職權措施，尚未達到刑事犯罪之「逮捕」或「訊問」之程度，尚無須踐行司法正當程序，因而不必有如美國之「米蘭達警告」（Miranda Warning）[101]程序。然而，本法之警察職權行使措施，已屬於干預性質，多屬於違反當事人意願之警察公權力作為，乃有必要於警察行使各相關職權時，身著制服或出示證件表明警察身分，以取信於相對人，並依據所欲施行之本法所授權之職權措施告知其合於要件之

[101] 美國憲法第5增補條文，聘請律師辯護為其正當程序權利之一，而聯邦最高法院在Miranad v. Arizona, 384 U.S. 436（1996）一案中，認執法者應於訊問被告時，提示其應有之權制：(1)有權保持緘默；(2)所說一切將成為呈堂證供；(3)有權利請律師到場；(4)若請不起律師，政府將提供一位律師協助之；(5)得隨時終止其訊問。因此，被稱之為「米蘭達警告」（Miranda Warnings）。

事由，並有明確之程序，特規定本條。

二、法理基礎

「行政程序法」第5條規定：「行政行爲之內容應明確。」因此，本條規定：「警察行使職權時，應著制服或出示證件表明身分，並應告知事由。」由於明確性可產生安定與安全感，對於人民之自由權利將受到干預時，即使是政府公權力之介入，亦應先取得身分確證，以及公權力介入之事由，故原則上應有告知之必要，以避免事後錯誤而致影響。即使警察人員身著制服，對仍要求出示證件者，爲去除其疑慮，仍以出示證件爲宜。由於警察職權作爲，影響人民自由權利極大，基於「憲法」第8條之正當法定程序要求及第23條之公益原則與必要性基礎，自有將警察職權行使措施之要件與程序，遵守絕對法律保留原則，以本法明定之。再者，基於避免歹徒冒充警察犯案，保障人民權益，確認執法者身分，乃極爲必要。故本條第2項規定：「警察未依前項規定行使職權者，人民得拒絕之。」亦即對於未表明身分者，得不予配合處理。

三、相關條文

1.「警械使用條例」第1條第2項：「警察人員依本條例使用警械時，須依規定穿著制服，或出示足資識別之警徽或身分證件。但情況急迫時，不在此限。」

2.「治安顧慮人口查訪辦法」第7條：「警察實施查訪時，應著制服或出示證件表明身分，並應告知事由。」

3.「刑事訴訟法」第131條之1：「搜索，經受搜索人出於自願性同意者，得不使用搜索票。但執行人員應出示證件，並將其同意之意旨記載於筆錄。」

4.「行政程序法」第96條第1項第6款：「表明其爲行政處分之意旨及不服行政處分之救濟方法、期間及其受理機關。」

貳、條文解說

一、名詞解釋

表明身分，係執法者主動表明身分，以確證警察身分之眞實性，避免有冒充警察行使職權者，乃於本條立法明示執法之警察應身著制服或出示身分證件。警察制服均繡有臂章，列明隸屬單位及編號，辨識清晰。雖然冒穿警察制服得依「刑法」第159條規定「公然冒用公務員服飾、徽章或官銜者，處五百元以下罰金」然亦不無發現假冒者。爲使民眾確信，若對制服有疑義，仍得要求執法警察出示證件。至於刑事警察人員執勤時應著便服，必須主動出示「刑警證」，表明其身分。依「警察服制條例」第2條規定，警察制服分爲禮服、常服及便服三種。同條例第5條並制定「警察制服制式說明書」將禮服、常服及便服之式樣及配件詳爲規定。

二、實體要件

（一）警察行使職權應明示身分

司法院大法官釋字第535號解釋文指出：「臨檢進行前應對在場者告以實施之事由，並出示證件表明其爲執行人員之身分。」本法第4條規定：「警察行使職權時，應著制服或出示證件表明身分，並應告知事由。警察未依前項規定行使職權者，人民得拒絕之。」警察行使職權，爲執行公權力之行爲，爲使人民確信警察執法行爲之適法性，警察於行使職權時，須使人民能確知其身分，並有告知事由之義務，爰於第1項予以明定。警察行使職權，既未著制服，亦未能出示服務證件，顯難澄清人民之疑慮。爲保障人民免受假冒警察者之欺騙，爰於第2項明定人民有拒絕之權利。惟警察執行職務行使職權時，雖身著制服，而人民仍要求出示身分證明文件，爲免除「假警察」之疑慮，亦須出示警察身分證明文件。本條參考「德國聯邦與各邦統一警察法選擇草案」第36條[102]規定制定之。德國該法不但對於著制服與未著制服行使警察職權時，有分別明確規定應遵守之程序。兩者亦有例外規定：「但依狀況，其將使任務之達成不可能或相當困難時，不在此限。一俟情況許可，經要求警察應即補示證件。」然而，本法明定許多相關預防性之犯行抗制措施，本質上多屬隱匿性而不爲當事人所察覺。本條第1項未作除外規定，立法顯有瑕疵。但解釋上，若是事務本質所致，而警察於執行職務行使職權時，暫時不適用上開出示身分之規定者，應可接受。惟爲貫徹前揭規定意旨，職權措施結束後，警察應有告知之義務。

（二）警察行使職權應告知事由

基於「行政程序法」要求之執法程序，係以作成處分或進行公權力措施前，受執行者有受明確告知事由，以及確知執法者身分與權限之正當權利，以避免受非法或不當之侵害，特別是該法第5條規定「行政行爲之內容應明確」，是符合實體上正當法律程序之要求，由明確性產生安定與安全感，乃依法行政之基礎精神，亦是「憲法」第8條與第23條之意旨。大法官釋字第535號解釋文亦明指「告知事由」[103]係警察行使職權應遵守程序之一。除了本條第1項之「告知」義務列爲總則，爲本法各個相關職權行使應予注意遵守外，本法又特別對於限制或剝奪人身自由之部分[104]，予以明文強調，除告知當事人外，尚應通知其親友，如第19條之留置或管束；甚至應通知其所指定之律師，如第7條第2項之帶

---

102 「德國聯邦與各邦統一警察法選擇草案」第36條規定：「著制服執行公務之警察人員，應於其制服上配帶得以辨識身分之標誌。經關係人要求警察人員應出示證件；但依狀況，出示證件將使任務不可能或相當困難完成者，不在此限（第1項）。警察人員於勤務之外，未著制服而對個人執行職務行爲，應未經請求主動出示服務證及服務標記；但依狀況，其將使任務之達成不可能或相當困難時，不在此限。一俟情況許可，經要求警察應即補示證件（第2項）。」

103 大法官釋字第535號解釋文：「臨檢進行前應對在場者告以實施之事由，並出示證件表明其爲執行人員之身分。」

104 李震山，《人性尊嚴與人權保障》，元照出版公司，2020年3月，五版一刷，頁222。

往勤務處所（同行）。進而在本條第2項規定：「警察未依前項規定行使職權者，人民得拒絕之。」因而，警察若未能明確提示身分，告知事由，受執法之民眾將無配合之義務。

再者，所爲告知之「事由」，必須與所行使之警察職權，有正當合理之連結，所謂「不當連結之禁止」，即警察執行職務，所行使之職權措施，均有要件規範，則所施行之措施作爲，應事出有因，師出有名，其職權措施之「因」與「名」並須緊扣警察職權措施之要件，始爲正當合理之連結。

（三）人民對警察未依法定程序行使職權之拒絕

本法第4條第2項：「警察未依前項規定行使職權者，人民得拒絕之。」其立法體例與「憲法」第8條第1項[105]之人身自由保障條文規範相類似。吳庚氏指出：「憲法第8條第1項最後一段文字：『非依法定程序之逮捕、拘禁、審問、處罰，得拒絕之。』通常都等閒視之，未賦予規範效力，殊非解釋憲法之道。」因而吳庚氏強調其規定除表現基本權是防衛（禦）權的遺跡之外，亦認爲更大意義在於對顯然非依法定程序而侵害人身自由之違法公務員，被害者有權抗拒，甚至以實力對抗或避免拘禁而逃避之，均不構成「刑法」上妨害公務或脫逃的刑責[106]。參酌前述「憲法」第8條之相似意旨，本條第2項係以應履行第1項要件（警察行使職權時，應著制服或出示證件表明身分，並應告知事由）而未履行者，人民得拒絕警察行使依本法所授權之各項職權措施。例如，未出示證件表明身分，即不予開門或其他配合執法措施。由於警察此基本程序之未完備，人民因而不予配合執法作爲，不得作爲妨害公務或其他歸責之基礎。

---

105 人民身體之自由應予保障。除現行犯之逮捕由法律另定外，非經司法或警察機關依法定程序，不得逮捕拘禁。非由法院依法定程序，不得審問處罰。非依法定程序之逮捕、拘禁、審問、處罰，得拒絕之。

106 吳庚，《憲法的解釋與適用》，自印，2003年9月，修訂版，頁197。

三、程序要件

警察行使職權時之程序要件，首先應以著制服或出示證件方式表明身分，若對身著警察制服之執勤人員仍不信任，民眾亦得要求警察出示證件，以釋其對警察身分之疑慮。隨著表明身分之後[107]，警察並應告知行使職權之事由，而該事由必須與該職權之行使有正當合理之連結。否則，人民得拒絕配合之。

四、實務與學術見解

（一）實務見解

本條雖已明定員警執勤「應著制服或出示證件表明身分」，若穿制服執行職務行使職權，民眾仍有質疑時，內政部警政署規定，爲化解民眾疑慮，如民眾有所要求且未妨礙職務執行，以出示證件爲宜。

（二）學術見解

警察執法應有正當程序之遵守，大法官釋字第535號解釋文明指：「臨檢進行前應對在場者告以實施之事由，並出示證件表明其爲執行人員之身分。」因此，本法修正過去對於「臨檢」之要件與程序之不明確規定，本條即在於程序上明定執法人員行使職權時，應讓受檢人民確知其身分，並告知其行使警察職權之措施與事由。

參、問題探討

一、實務問題

警察人員執行職務行使職權時，告知事由之時機，亦應有例外而事

107 雖然大法官釋字第535號解釋文明指：「臨檢進行前應對在場者告以實施之事由，並出示證件表明其爲執行人員之身分。」於行使職權時，以「告知事由」爲先，隨後並應出示證件來表明身分。但警察職權行使法第4條規定係先表明身分，並隨之應告知事由。

後告知之情形，否則將無法竟其功。例如本法許多職權措施之施行，在本質上不宜事前告知事由者，如跟監、第三人之蒐集資料等，允宜於事後告知當事人相關事由，然本法並未有此例外情形之規定，應有修正之必要。

二、案例解析

◎臨檢應出示證件表明身分及告知事由

（臺北地方法院92年1月27日（91）易字第887號刑事判決）

（一）摘要

2001年12月28日三名便服員警臨檢一家KTV歌城，遭業者強力阻擋，導致員警多處受傷，檢察官起訴四名業者涉嫌妨害公務。但地方法院法官判決認定，三名員警臨檢穿著便服，又未出示警察證件，更無搜索票，無法證明他們正在執行公務，故判四名業者不成立妨害公務罪。三名員警待制服警察到場支援，才得以進入臨檢，當場查獲大麻5支、K他命10小瓶，並帶回154人到警局採尿送驗，結果109人有毒品陽性反應。案發次日，警方向地檢署及地院補聲請逕行搜索，並經核准備查。臨檢遭攔阻致員警受擦傷，案經地檢署以妨害公務罪起訴，審判中，警方堅持臨檢前曾表明警察身分，並曾出示證件，但是，業者堅決主張只有一位有出示證件，但卻是身分證。法官援引大法官解釋第535號認為，警察不能不顧時間、地點及對象任意臨檢、取締或隨機檢查、盤查，在臨檢前，也應告訴在場者實施臨檢的事由，並出示警察證件，表明其執法身分，才是合法的臨檢。法官根據警方製作的臨檢報告書、現場錄影帶、現場目擊證人指證等資料綜合論斷認定，三名員警進入歌城執行臨檢前，並未表明身分，也未出示警察證件，儘管後來有陳報逕行搜索結果，且經核備，也不能彌補臨檢失當之處。判決結果妨害公務罪不成立，四名被告無罪。

（二）研析

按臨檢勤務之進行，除要件之遵守外，有關表明身分，告知事由之程序遵守，大法官釋字第535號解釋甚明，內政部警政署亦隨即頒行「警察實施臨檢作業規定」，其中規定「實施臨檢之程序」首先即爲表明身分，告知事由。此亦爲本法第4條所明定。本判決之主要爭點之一在於便衣員警並未於臨檢時表明身分，也未出示警察證件，儘管後來有陳報逕行搜索結果，且經核備，也不能彌補臨檢失當之處，爲判決法官所指涉。因此，依本條規定，實施攔檢時，便衣員警應主動出示身分，並告知事由。至於穿制服執勤，民眾仍有質疑時，是否必須同時出示證件，內政部警政署特予釋明：本條文雖規定「應著制服或出示證件表明身分」，惟爲化解民眾疑慮，如民眾有所要求且未妨礙職權行使，以出示證件爲宜。另刑事警察人員執勤時，均應出示「刑警證」或「刑警徽」[108]。

由於警察行使本法之職權措施，如查證身分措施，須判斷是否符合各該措施之施行要件，而遵守相關程序規定。其要件與告知之事由應有正當合理之連結。特別是警察查證身分時，應有之注意事項如下：

1. 確立攔檢前之正當合理性基礎：以情報、現場觀察、結合環境因素及經驗法則，加以判斷是否符合行使警察職權措施之要件。如符合本法第6條各款情形之一者，得進行本法第7條之攔檢措施。又如本法第8條攔檢交通工具，則須有「已發生危害或依客觀合理判斷易生危害之交通工具」，始得進行該條所定之攔檢職權措施。

2. 攔檢之出示證件：首先表明身分，若著制服，而當事人仍要求出示證件，則仍應出示之；至於若著便服，則應主動出示證件，表明身分。實務上，若能有錄音或錄影作爲執行此程序之證明，將更完備。

---

108 吳宗順主編，《警察職權行使法逐條釋義》，內政部警政署常訓教材，2003年8月，頁18-19。

3. 告知事由之方式：可改進過去實務上之問話方式，過去實務上，常將車輛攔停後，首先要求「駕照、行照」，若能改變以詢問方式，於表明警察身分後，即問：「您知道爲何被攔下？」若相對人答：「不知道」，則須告以「將之攔停之理由」（合理懷疑）；又如非強制性之詢問「是否需要協助？」等，並以「目光所及」（Plain View）原則進行觀察。

三、問題提出

我國現行之警察證件，不論是行政警察之服務證或是刑事警察人員之「刑警證」，均極爲小張，照片及記載字體亦不明顯，一般距離內，肉眼不易辨識。應可仿效美國警察之「警徽」，無論是便衣刑警或制服警察均有一枚，極易辨識，亦具有其公權力之權威表徵。再者，依據我國「警械使用條例」第1條第2項[109]，已經有得出示「警徽」之規定。

第5條（救助義務）
警察行使職權致人受傷者，應予必要之救助或送醫救護。

壹、立法緣由

一、立法理由與目的

警察執行職務、行使職權，因而致人受傷者，應即將傷者給予必要之救助或送醫救護，爰予以本條明定：「警察行使職權致人受傷者，應

109 「警械使用條例」第1條第2項規定：「警察人員依本條例使用警械時，須依規定穿著制服，或出示足資識別之警徽或身分證件。但情況急迫時，不在此限。」

予必要之救助或送醫救護。」本條之規定，乃是義務之教示，並非如本法第二章及第三章之職權規定，旨在強調警察因行使職權導致人民之傷害，警察基於危害防止之任務特性，更有必要積極主動對傷者救助或送醫救護。

二、法理基礎

「警察法」第2條：「警察任務爲依法維持公共秩序，保護社會安全，防止一切危害，促進人民福利。」基於「防止一切危害」是警察之主要任務之一，更何況其傷害係警察行使職權所肇致，更應有予以救助或送醫救護之義務。爰參考「德國統一警察法標準草案」第38條規定：「當事實需要且情況許可時，因直接強制處分而受傷者，應予救助並延醫救護[110]。」「德國聯邦直接強制法」第5條規定：「直接強制之實施，如有必要且情況許可時，應對受傷者提供援助，並使其獲得醫師之協助[111]。」明定警察行使職權致人受傷，應有救助或送醫救護之義務。本法旨在規範警察依法行使職權，本條雖非公權力之行使，卻是在規範警察因其行使職權導致人民受有傷害之救助或送醫救護之「義務」，以非屬於「權力」之性質，若有不履行此義務之情形，因而導致人民之損害，亦有法律上之責任。

貳、條文解說

一、名詞解釋

「救助」，乃係輕微受傷，予以關懷協助，尚未達到送醫救護之程

---

110 H. Scholler、李震山合著，《警察法案例評釋》，登文書局，1988年7月，頁188。

111 李建良，〈論行政強制之執行法〉（附錄：德國聯邦直接強制法中譯文），《政大法學評論》，第63期，2000年6月，頁197-201。

度；至於「送醫救護」，則應是對受傷害程度較爲嚴重，非延醫救護將產生危險時，主動將之送至醫院爲必要之救護手續。

二、實體要件

（一）須為警察行使職權之情形

依據我國「警察法」第2條規定，保護社會安全及防止一切危害本即爲警察任務之內涵之一。矧依本條意旨，受傷係由警察行使職權所造成的，更有不可推諉之立即救助或送醫救護之義務，始符合警察保障人權與防止危害之任務本質。警察除了使用警械，必須依據「警械使用條例」第11條規定負擔相關賠償或補償責任外，基於警察任務本即有危害防止之必要，若有傷亡事件，應負有救助或協助救護之義務，更何況其傷害乃警察行使職權而致他人受傷之情形。又如本法第19條及第20條之管束之目的，本質上即在於預防其傷害或救護其生命，若有必要，尙可予以管束之。又因其管束或第27條之驅離等強制措施，均有可能致人受傷，故本條規定警察行使職權致人受傷，應必要之救助或送醫救護，以爲教示。而且，本法第26條尙規定：「警察因人民之生命、身體、財產有迫切之危害，非進入不能救護時，得進入住宅、建築物或其他處所。」故基於警察任務即負有「防止危害」之必要，對於因其行使職權致人受傷者，更應予以必要之救助或送醫救護。

（二）警察行使職權與該人民受傷有因果關係

依本條規定之要件，首先，爲警察行使本法規定之職權措施；再者，因而有致人受傷，與警察行使職權有因果關係時，若無因果關係之救助或送醫救護，則非本條之法定義務，係如路倒病人之救助或救護。

（三）應予必要之救助或送醫救護

本條規定救助或送醫救護，警察於現場處理時，應依據事實狀況所需，在合比例性考量下，以「合義務性裁量」原則[112]，將因警察職權行使而受傷者予以救助或送醫救護，例如僅是輕微之皮肉小傷則予以救助即可，若一般社會通念，已經屬於有送醫救護之必要性者，應予以送醫救護。惟若當事人亦表示無需救助或送醫救護，應予同意，但需有證明，以免事後產生爭議。至於當事人若有因警察行使職權之賠償或補償問題，則得另依法請求之。

三、程序要件

（一）表明身分，告知事由：本條係因警察行使職權致人受傷，故於行使職權時，即應表明身分，若傷者仍要求致其受傷之警察有關更詳細之身分資料，仍應告知，甚或受傷人民因而要求書面文件，亦應有掣給之必要。另亦應告知給予救助或送醫救護之原因，及相關救護內容及程序。

（二）確證受傷者身分，並通知其親友：救助或救護進行前，亦應確證傷者身分，對於因受傷嚴重而無清楚意識之受傷者，則須爲緊急處理，並應查知其身分，儘速通知其親友。

（三）遵守合理適當之救護程序：救助或送醫救護應依一般合理適當之救護程序，不得恣意不當作爲，則非本法規範之「必要」之救助或送醫救護方式。

四、問題提出

本條規定：「警察行使職權致人受傷者，應予必要之救助或送醫救護。」基於舉輕以明重之法理，對於受傷者，應予以救助或救護，對於因警察行使職權而致人死亡者，更應予以處理。首先，警察對於是否受傷或死亡之認定，並非專業，故而若有疑似死亡之情形，除依法定應

112 林明鏘，〈警察職權行使法基本問題之研究〉，收錄於《警察法學研究》，2019年1月，二版一刷，頁188。

有之處理程序外，不宜由警察人員逕行認定其死亡，而仍以送醫救護為必要。然基於「依法行政原則」，對於因警察行使職權致人受傷或死亡者，均應有緊急處理之規範，本條對於因而致死者，漏未規定，允宜有修法補正之必要。

參、問題探討

一、實務問題

本條規定：「警察行使職權致人受傷者，應予必要之救助或送醫救護。」然並未對於因警察行使職權致人死亡者如何處理，做出規定。因此，若是否致傷或致死不明者，不宜由警察判斷之，警察亦應有送醫之義務，而由具專業醫術之人員處理，並免延誤救治情形發生。

二、理論爭議

本條規定之「應」予必要之救助或送醫救護，是否仍有裁量權限，而不為必要之救助或救護，不無疑義。林明鏘氏指出：「警職法第5條之對受傷者（含警察、行使職權對象及其他原不相關之第三人）之「必要救助」與「送醫救護」裁量權限，如果受輕傷者拒絕警察之救助或送醫救護時（自己願意自行就醫），警察人員任其離去，是否違反裁量原則？」尚有究明之必要[113]。

113 林明鏘，〈警察職權行使法基本問題之研究〉，收錄於《警察法學研究》，2019年1月，二版一刷，頁187-188。

肆、其他

因違反本條關於警察救助或送醫救護義務，亦有法律上責任。我國「刑法」第15條對於不作爲犯之規定：「對於一定結果之發生，法律上有防止之義務，能防止而不防止者，與因積極行爲發生結果者同（第1項）。因自己行爲致有發生一定結果之危險者，負防止其發生之義務（第2項）。」警察若有違反本條之救助或送醫救護之義務，得依據「刑法」、「民法」予以歸責，更有行政上之責任，可能遭受懲戒或懲處之。例如，「刑法」第294條第1項之「遺棄罪」，以行爲人對於無自救力之人，依法令或契約，應扶助、養育或保護而遺棄之，或不爲其生存所必要之扶助、養育或保護者爲要件。「遺棄」，指將他人之生命置於生存危險之狀態之行爲而言，不問積極地置被遺棄人處於生存危險之境地，抑或對被遺棄人消極地不予生存上所必要之扶助或保護之謂。「道路交通管理處罰條例」第62條第1項：「汽車駕駛人，駕駛汽車肇事致人受傷或死亡，應即採取救護或其他必要措施，並向警察機關報告，不得駛離……。」之規定，即可能成立此罪。

第二章

身分查證及資料蒐集

第6條（查證身分要件）

警察於公共場所或合法進入之場所，得對於下列各款之人查證其身分：

一、合理懷疑其有犯罪之嫌疑或有犯罪之虞者。

二、有事實足認其對已發生之犯罪或即將發生之犯罪知情者。

三、有事實足認為防止其本人或他人生命、身體之具體危害，有查證其身分之必要者。

四、滯留於有事實足認有陰謀、預備、著手實施重大犯罪或有人犯藏匿之處所者。

五、滯留於應有停（居）留許可之處所，而無停（居）留許可者。

六、行經指定公共場所、路段及管制站者。

前項第六款之指定，以防止犯罪，或處理重大公共安全或社會秩序事件而有必要者為限。其指定應由警察機關主管長官為之。

警察進入公眾得出入之場所，應於營業時間為之，並不得任意妨礙其營業。

壹、立法緣由

一、立法理由與目的

本法第7條明定：「警察依前條規定，爲查證人民身分，得採取下列之必要措施。」因此，本法授權得查證人民身分之職權要件係依「前條」（亦即本法第6條）規定施行。本條之立法旨在明確規範查證身分之要件及程序，以作爲本法第7條採行查證身分各項措施之合理性或正當性基礎。警察在日常執行職務、行使職權中，常涉及限制或剝奪人民權利之干預性措施，如攔檢、盤查等職權作爲，應符合法律保留原則及規範明確性之必要[1]，亦即論者指出「警察行政作用中對人身自由限制之措施，大多非屬犯罪嫌疑人或刑事被告，措施所使用的名稱亦非『逮捕、拘禁』，雖然如此，仍應遵守憲法第8條之限制人身自由之實體要件，更應遵守以下所述之程序要件」。[2]但過去所依據之「警察勤務條例」之規定，缺乏各項職權措施之授權明確性，爰於本條明定其公權力發動要件與程序，以符合司法院大法官釋字第535號解釋文意旨[3]。本條第1項第1款及第2款之目的在防止犯罪；第3款係爲防止具體危害；第4款至第6款是爲預防潛在（抽象）危害，而專針對易生危害之地點爲身分查證，此具有預防作用。得以進行本條查證身分措施之地點則以第1項所規定之「公共場所」及「合法進入之場所」爲範圍。第3項並明定，對於警察進入公眾得出入之場所，除應依法爲之，並應於營業時間內爲之，並不得妨礙其營業，以保障人權。

「警察勤務條例」第11條規定之「臨檢」含括範圍極廣，係指「於公共場所或指定處所、路段，由服勤人員擔任臨場檢查或路檢，執行取締、盤查及有關法令賦予之勤務」。然而，無論「檢查、路檢、取締、盤查」其目的在於預防危害或偵查犯罪，首先必須先進行身分確認，並以確認身分作爲資料蒐集方式之一，亦得據以進行相關資料比對，並藉

---

1 李震山，《行政法導論》，三民書局，2019年2月，修訂十一版一刷，頁52-62、272-274。

2 李震山，《警察行政法論：自由與秩序之折衝》，元照出版公司，2016年10月，修訂四版一刷，頁263。

3 司法院大法官釋字第535號解釋文首揭：「臨檢實施之手段：檢查、路檢、取締或盤查等不問其名稱爲何，均屬對人或物之查驗、干預，影響人民行動自由、財產權及隱私權等甚鉅，應恪遵法治國家警察執勤之原則。實施臨檢之要件、程序及對違法臨檢行爲之救濟，均應有法律之明確規範，方符憲法保障人民自由權利之意旨。」

由時、空及相關環境因素來涵攝判斷是否違法。然此基於違法之嫌疑而展開之調查，係警察基於治安目的而爲，往往須採取干預措施，需特別法律授權，屬於特別調查[4]，亦爲司法院釋字第535號所指明。因而本法第6條及第7條分別規定查證身分之要件與措施，亦即查證身分將會有一連串之公權力措施，如第7條規定之攔停、詢問、令出示身分證件，甚至檢查或合於要件時將之帶往勤務處所等干預、限制或剝奪相對人之自由權利之作爲，故基於「行政程序法」第4條規定：「行政行爲應受法律及一般法律原則之拘束。」乃是依法行政原則之適用，故於本法明確規範之。

本條之立法目的在於明確規範查證身分之要件，使警察實施查證身分之判斷基礎符合預防犯罪或危害防止治安任務之目的性[5]，亦合於「行政程序法」第5條：「行政行爲之內容應明確」之規定。關於警察實施身分查證之主要目的如下：

（一）預防犯罪與防止危害

警察查證身分係國家公權力措施，爲大陸法系國家之警察遂行危害防止或犯行追緝任務，於初始階段，用以確認受查證者身分之手段。其主要目的，在於消極的避免執法客體錯誤，積極的蒐集與比對資料，以確證受檢者之身分與查證要件之關聯性，作爲進一步職權措施行使之依據。本法第6條對於該條所定各款之人查證其身分，係爲防止其本人或他人生命、身體之具體危害及預防潛在危害，有查證其身分之必要者，始予爲之。並爲預防危害或犯罪，得對於滯留於有事實足認有陰謀、預

4　李震山，《行政法導論》，三民書局，2019年2月，修訂十一版一刷，頁471。

5　本條立法說明二明確指出：「第1項第1款、第2款爲防止犯罪；第3款係爲防止具體危害；第4款、第5款係爲防止潛在危害，而專針對易生危害之處所爲身分查證；第6款則針對公共場所、路段及管制站，實施臨檢之規定。」參見《警察職權行使法案》，立法院內政委員會編（122），法律案專輯，第335輯，立法院公報處印行，2004年7月，初版，頁383。

備、著手實施重大犯罪或有人犯藏匿之處所者進行查證身分措施。更有進者，爲了防止犯罪，或處理重大公共安全或社會秩序事件而有必要者，可對於行經警察機關主管長官指定之公共場所、路段或管制站者，依法進行第7條所規定查證身分之各項職權措施。由於「危害」係對於公共安全與秩序之直接威脅情形，故爲達成警察任務之目的，必須有進行臨檢盤查措施，而本法第6條則規定以查證身分作爲基礎，並在符合該條規定要件下，得進行本法第7條之各相關職權措施，以期達到預防犯罪與防止危害之治安目的。因此，以「查證身分」方式，其得據以進行查證身分相關措施之法定要件（本法第6條）推論出其明顯目的，在於預防犯罪與防止危害。而且，伴隨著詢問及令出示證件以表明身分之查證身分基本措施，必然以攔停爲始。在攔停之後，亦可依據一目瞭然（Plain View）法則[6]，進行肉眼觀察受檢者之行爲、物之狀況，及周遭環境之事實現象，加以判斷有無發生犯罪與具體危害之疑慮情形，以作爲發動進一步職權措施之基礎。

（二）身分鑑別以確定受檢者之法律關係

由於警察在實務上執行職務、行使職權，常有施行干預性措施之可能，故有必要以身分查證方式確定身分爲基礎，繼而依法進行其他相關職權措施，避免造成目標打擊錯誤。故本法規定得據以詢問、令出示證件，表明身分，甚至於必要時得將之帶往警察勤務機構進一步查證其身分，避免造成職權行使之客體錯誤。

（三）對於本法第6條各款情形釋疑之資料蒐集

此攔檢以查證身分蒐集可能違法之資料蒐集方式，各國亦有所採行。例如，「日本警察官職務執行法」[7]第2條第1項規定：「警察官因

---

6 Rolando V. del Carmen, Criminal Procedure Law and Practice, 6th ed., Wadsworth Publishing Company, US, 2007, pp. 347-348.

7 https://elaws.e-gov.go.jp/search/elawsSearch/elaws_search/lsg0500/

異常舉動及其他周圍情事而合理判斷，認爲有相當理由足認其人有犯某罪之嫌疑或之虞者，或認定其對已經發生之犯罪或即將發生之犯罪知情者，得將其人攔停盤問。」日本警察職務質問是重要之犯罪搜查與預防手段之一，並以之作爲發現舉報違法犯罪方法之一。另一方面，美國並無統一的刑事訴訟法，常分別由聯邦憲法增補條文或州憲法來加以判例運用，而形成判例法來作爲依據。其並無任何單一的刑事法院程序。聯邦體系有一套國家層級的法院程序，而各州與各地區也有自己影響司法程序的一套規則[8]。警察若有合理的理由懷疑一在戶外之嫌疑犯已經正在或即將犯罪時，可加以攔阻（Stop）[9]，並可詢問他的姓名、地址、在外逗留的原因和去哪裡。又任何可疑人無法證明自己的身分，或解釋自己行爲令警察滿意時，警察可加以拘留，並進一步偵訊。留置不是逮捕，留置後，嫌犯不是釋放，就是被逮捕及起訴[10]。另有英國刑事證據法第一篇及其細則規定[11]，警察攔停與檢查之相關執法措施、要件與程序等職權，亦値得參考之。

再者，德國某些邦之警察法規定以確認身分作爲資料蒐集，然在資料蒐集權之內，同樣的存在一些競合關係，「首先爲詢問權與身分確認之間，此二規範皆允許確認身分資料。在確認被詢問人與欲尋找之人的身分是否一致時，只得在身分確認之範圍內執行之。此外，若詢及事實資訊，則僅有以詢問權爲依據。……Bayern, Berlin, ……諸邦之法

---

detail?lawId=323AC0000000136, last visited: 2020/06/15.

8 https://web-archive-2017.ait.org.tw/infousa/zhtw/PUBS/LegalSystem/criminal.htm, last visited: 2020/06/18.

9 Terry v. Ohio, 392 U.S. 1 (1968).

10 https://www.law.cornell.edu/constitution-conan/amendment-4/detention-short-of-arrest-stop-and-frisk, last visited: 2020/06/15.

11 Police and Criminal Evidence Act 1984, Part I., also see: CODE A Revised Code of Practice for the exercise by: Police Offcers of Statutory Powers of stop and search Police Offcers and Police Staff of requirements to record public encounters, https://assets.publishing.service.gov.uk/government/uploads/system/uploads/attachment_data/file/903810/pace-code-a-2015.pdf, last visited: 2020/07/16.

律，基於措施目的之不同，尚有區別之規定，及依詢問權詢問姓名等資料，目的係爲以後有可能再與關係人聯絡或再詢問。因此，不能以其他強制之措施對待當事人。反之，身分確認之目的，係藉身分之確認以採取必要之措施，而其對象係已有密切關聯之已知關係人，而措施之採取前，應先驗明其身分。有此區別就可清楚看出可採取措施之對象，在詢問個人資料方面，對象不必已具危害者性質，但在確認身分方面，則應具有危害者之性質，或者與可能產生之危害有關，且因而有危害者之性質[12]。」參考上述，可以說明查證身分之職權措施之目的，涵括有蒐集資料以對本法第6條預防犯罪或危害防止釋疑之目的。

因此，基於上述有關警察實施查證身分之目的，本法乃有依此目的取向明確立法規範查證身分相關職權措施之要件。又參酌各國法制相關規定，可知警察執行職務行使職權，以查證身分爲基礎，進行攔停，同時詢問個人身分資料，及危害防止之資料蒐集與查證。因此，查證身分措施並從人之行爲、物之狀況、現場環境之事實現象等來判斷，加以考量時間、地點或其他相關特性，經合理判斷認有異常或可疑現象，得進行本法第7條之相關職權措施，如攔停、詢問、令出示證件等，若因而有事實足認其有攜帶自殺、自傷或傷害他人生命、身體之物者，得進一步檢查身體或所攜帶之物件，若經現場詢問或查閱證件，仍無法確認其身分時，並得將之攜往警所繼續查證，爲受到自攔停起三小時之限制。本條進行查證身分之目的，除確認身分之外，基於對第6條得以進行查證身分之要件，應有加以攔停觀察或詢問等方式，詢問該職權行使之客體對於第6條各款情形釋疑之相關問題，應屬合適。如此立法明確規定查證身分之要件，亦符合大法官釋字第535號解釋意旨。

12 H. Scholler、B. Scholler合著，李震山譯，《德國警察與秩序法原理》，登文書局，1995年11月，中譯二版，頁114。

二、法理基礎

（一）查證身分之要件應有法律保留原則之適用

本法第1條明示主要目的在於使警察行使職權有明確規範，以符合依法行政原則，並保障人權，以順利達成維護公益及公序之治安任務。因此，警察依本法第7條規定之查證身分措施，係警察對於人民有符合第6條要件之情形時，得加以違背當事人之意願，依法予以查證其身分之職權措施，係屬於侵益之行政處分[13]。又依據同法第2條第2項明定「查證身分」爲警察職權之內涵之一。而且，進一步於本法第7條規定各項查證身分之職權措施，係基於第6條各項要件之一施行，第8條更對於駕駛交通工具違規之攔檢時，得以進行之各項措施及其相關要件等，加以明確規範。然而，由於基於查證身分而進行之本法第7條及第8條之對人及交通工具之措施，均未必符合當事人之配合意願，屬於干預性之公權力措施，對於人民自由及其他權利必有可能造成侵擾[14]。因此，基於憲法保障人權機制設計，警察行使查證身分職權措施須「依法行政」，對於違背當事人意思之攔停，並使之接受詢問，甚至於現場暫時留置檢查或攜往警所，已屬對人身自由之「限制」或「剝奪」[15]，故均應有法律保留原則之適用，以明確及實質正當之法律規範，來執行公權力職權措施。由於在符合法定要件下，依法得進行身分查證措施，於保障人權基礎上，以達到預防犯罪及對於本法第6條各項情形之釋疑功能。因此，本法之目的即如第1條所定旨意，以民主基礎之明確法制來規範公權力行使及保障人權，使達成警察任務。

---

13 林明鏘，〈警察臨檢與國家責任〉，收錄於《警察法學研究》，2019年1月，二版一刷，頁427-428。

14 鄭善印，〈警察臨檢法制問題之研究〉，《警察法學》，內政部警察法學研究中心暨內政部警政署印行，創刊號，2003年1月，頁54。

15 李震山，《人性尊嚴與人權保障》，元照出版公司，2020年3月，五版一刷，頁232-234。

（二）警察實施查證身分之要件應實質正當

司法院大法官第535號解釋文指出：「檢查、路檢、取締或盤查等不問其名稱爲何，均屬對人或物之查驗、干預，影響人民行動自由、財產權及隱私權等甚鉅，應恪遵法治國家警察執勤之原則。實施臨檢之要件、程序及對違法臨檢行爲之救濟，均應有法律之明確規範，方符憲法保障人民自由權利之意旨。」另指出「上開（警察勤務）條例有關臨檢之規定，並無授權警察人員得不顧時間、地點及對象任意臨檢、取締或隨機檢查、盤查之立法本意。除法律另有規定外，警察人員執行場所之臨檢勤務，應限於已發生危害或依客觀、合理判斷易生危害之處所、交通工具或公共場所爲之，其中處所爲私人居住之空間者，並應受住宅相同之保障；對人實施之臨檢則須以有相當理由足認其行爲已構成或即將發生危害者爲限，且均應遵守比例原則，不得逾越必要程度。」因此，司法院大法官解釋憲法時，常要求對於人民自由之干預，除應有依法行政之「法律保留」原則適用外，而且法律內容的明確性及實質正當非常重要[16]。至於所謂「實質正當」，則須符合「憲法」第23條之公益、比例及法律保留原則，當以「法律」規定時，亦有法律明確性原則之適用[17]。

（三）警察實施查證身分應依要件專業判斷並合理行使職權——「事出有因」與「師出有名」

「事出有因」宜由第一線執行職務行使職權之員警進行判斷其因（事由），以抽象之法律規範要件涵攝於勤務現場有關人之行爲、物之狀況、事實現象，若有符合第6條之要件，而得以進行第7條之職權

16 司法院大法官釋字第384號解釋強調：「凡限制人民身體自由之處置，不問其是否屬於刑事被告之身分，國家機關所依據之程序，須以法律規定，其內容更須實質正當，並符合憲法第二十三條所定相關之條件。」另釋字第523號及第567號均有相同之解釋意旨。

17 大法官釋字第445號及第491號解釋均強調：「法律以抽象概念表示者，其意義須非難以理解，且爲一般受規範者所得預見，並可經由司法審查加以確認，方符法律明確性原則。」

措施，並遵守程序規範。其合理性、正當性之職權行使事由係由員警判斷決定。本法第6條第1項第1款「合理懷疑」，例如，過去臺中豐原警察分局曾破獲僞造提款卡盜領案，嫌疑人於凌晨2時左右，頭戴棒球帽，戴墨鏡，深夜前往提款機盜領數十萬元，經警巡邏發現其「深夜戴墨鏡」是爲異常可疑情形，乃攔檢盤查而破案[18]。另一方面，「師出有名」則以警察機關主管長官之「指定」公共場所、路段、管制站之法定要件，應以防止犯罪，或處理重大公共安全或社會秩序事件而有必要者爲限。只要行經上述指定地點，即可加以進行查證身分之職權措施。因此，其合理性、正當性之職權行使事由，係提前由地區警察分局長及其相當職務以上長官，依據地區治安狀況紀錄（如治安斑點圖、民眾舉報、特殊治安需求等）以合乎上述指定要件之下，提前指定地點，進行查證身分等相關職權行使，必要時，亦得以全面（或集體）臨檢盤查。以上不論是事出有「因」或師出有「名」，均是以「合理性」（Reasonableness）作爲形成基礎。因此，如何建立「合理懷疑」之心證程度，並非限於以個別之單一具體因素爲基礎，而在許多案件均以「整體考量」（The Totality of Circumstances）[19]法則爲之。美國最高法院對於如何形成「合理懷疑」而決定之案例，如United States v. Arvizu（2002）一案[20]，即強調應以「整體考量」所有因素爲決定有無合理懷疑之基礎。

（四）警察實施查證身分之干預性措施應有合理正當性基礎

本法第2條第2項所規定之「警察職權」措施，均須分別有其要件

18 《自由時報》，2003年10月14日。

19 刑事訴訟中據以確定傳聞（hearsay）證據的可靠性是否足以使逮捕證或搜查證的簽發存在可成立理由（probable cause）的標準。依據該標準，傳聞證據的可靠性要根據可成立理由宣誓書中陳述的全部情況來判斷，而不是僅僅考慮其中某一特定因素。該標準取代了「Aguilar-Spinelli test」標準，元照英美法詞典；亦參考：https://www.yourdictionary.com/totality-of-the-circumstances-test。

20 534 U.S. 266 (2002).

爲基礎，並輔以相關程序規定，以作爲警察職權行使之授權基礎。而其中大多數之職權措施之授權，均分別有其要件規定，其要件規定即是人民權利干預性、限制性或剝奪性之判斷基準，亦即以各項措施之合理性、正當性作爲考量基礎，亦如司法院大法官釋字第535號解釋意旨所指，禁止不顧時間、地點、對象之全面或任意、隨機進行臨檢，而須有其合理性之要件爲啓動警察職權行使措施之基礎。雖然該號解釋要求「警察人員執行場所之臨檢勤務，應限於已發生危害或依客觀、合理判斷易生危害之處所、交通工具或公共場所爲之，其中處所爲私人居住之空間者，並應受住宅相同之保障；對人實施之臨檢則須以有相當理由足認其行爲已構成或即將發生危害者爲限，且均應遵守比例原則，不得逾越必要程度。」然而，「合理懷疑」或「相當理由」均含有不確定之法律概念，其判斷危害發生與否之心證認知程度上或有差異，並須依其差異程度而賦予不同強制力之職權措施，然其形成其差異之機制，則以「合理性」（Reasonableness）爲基礎，來建立警察職權行使法制規範。2017年3月在臺北市京站轉運站的臺北市警局保大執法攔檢李○得先生案導致是否符合「合理懷疑」，得否依法攔檢市民之爭議案件[21]，亦屬於警察干預性執法之「心證程度」（Level of Proof）之具備問題，司法院大法官釋字第535號解釋文最後一段指出：前述（警察勤務）條例第11條第3款之規定（「臨檢」），於符合上開解釋意旨範圍內，予以適用，始無悖於維護人權之憲法意旨。現行警察執行職務法規有欠完備，有關機關應於本解釋公布之日起二年內依解釋意旨，且參酌社會實際狀況，賦予警察人員執行勤務時應付突發事故之權限，俾對人民自由與警察自身安全之維護兼籌並顧，通盤檢討訂定，併此指明。因此，「警察職權行使法」第1條規定：「爲規範警察依法行使職權，以保障

21 http://news.ltn.com.tw/news/society/paper/1087588, last visited: 2018/06/12；亦參考：穿夾腳拖像壞人？李永得遭警盤查！臨檢爭議？警察國家侵犯人權？刁民太多治安難好？http://talk.news.pts.org.tw/show/14677, last visited: 2018/06/12.

人民權益，維持公共秩序，保護社會安全，特制定本法。」明定該法係以落實憲政機制，明確規範警察職權措施、要件、程序及救濟等，以保障人民權益，達成警察治安任務爲本法之主要目的。遵行依法行政之民主、法治國原則，以國會保留之明確立法，並以實質正當之規範內涵，來衡平公權力貫徹與私權利保障之憲法意旨。因此，合憲政秩序的法律保留，貫徹立法羈束行政之機制，制定了明確、實質正當之「警察職權行使法」，並輔以完備之救濟管道，使警察執法能更專業化，除達到維護人權，並據以建立警察應有之職業尊嚴。

（五）警察實施查證身分之要件遵循層級化之職權行使體系

「合理懷疑」（Reasonable Suspicion）與「相當理由」（Probable Cause）在隱私權侵犯程度、搜索（或檢查）方式與強制力之行使、犯罪（或危害）嚴重性、事實證據之確定性、急迫性等有不同程度的考量。警察實施攔檢，即是基於客觀合理之判斷，亦即其心證門檻達「合理懷疑」程度即可。警察實施臨檢干預處分之行政作用，應與「刑事訴訟法」中搜索門檻「必要時」、「相當理由」予以區別，方爲警察作爲之合理存在空間[22]。警察對於事實情況產生「合理懷疑」，常基於自己之觀察、民眾舉報、其他單位之提供訊息或行爲人自首等情形，而得以爲初步之偵查或調查，常因合理懷疑有危害情事，而加以攔停、詢問、拍搜檢查，而發現有更具體之違法犯罪之情事，乃轉而具有「相當理由」得以逮捕、搜索、扣押之。「合理懷疑」與「相當理由」只是程度之差異，在本質上並無不同。至於主觀認識、客觀事實與執法措施之間的關係，可參考下圖[23]，以助理解。

---

22 翁栢萱，〈警察執行臨檢盤查之合理懷疑原則探討〉，立法院議題研析（編號：R00802），See: https://www.ly.gov.tw/Pages/Detail.aspx?nodeid=6590&pid=188966, last visited: 2019/10/18。

23 Also see: Benson Varghese, "Burden of Proof Chart: What is Proof Beyond a Reasonable Doubt?", https://www.versustexas.com/criminal/beyond-reasonable-doubt/, last visited:

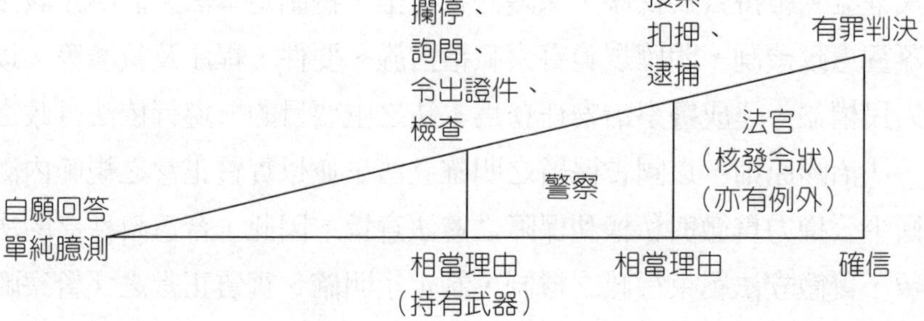

美國聯邦最高法院在Terry v. Ohio案[24]，將攔停、拍搜之程序要求標準與搜索、扣押做不同規範，然亦要求應遵守「憲法」第4增補條款之禁止不合理搜索與扣押之原則[25]。該案並不排除上訴人走在街上，其受有「憲法」第4增補條款之保護的權利。然在此情況下，警察在處理急速展開且常屬危險的街頭情況，依其所得之情況多寡，常需要逐漸升高一連串有彈性之反應，因而必須強調，「攔阻」與「逮捕」以及「拍搜」與「搜索」之間，應加以區分。因此，Terry原則認爲：「警察可攔阻某人並加以短暫留置，以詢問該人之涉嫌。基於該人可能攜帶凶器而危及執法人，警察應有權拍搜該人衣服外部，以查察危險武器。如因攔阻與拍搜而致有相當理由可信爲該嫌疑人犯罪，警察即可加以逮捕之。逮捕之後，可有全面搜索該人之權。」此權利之正當化基礎在於，攔阻與拍搜不過是「略微不便與輕微侮辱」，爲了有效的執法，可基於警官的合理懷疑，妥當的加諸人民此種不便與侮辱。「憲法」第4增補條款之中心在於嚴格要求凡屬侵害憲法所保護之人身安全者，必須有特定的相當理由，以及一個高度發展且由司法控制之制度，以對聯邦官

2018/06/12.

24 392 U.S. 1 (1968).

25 於Terry案中，有關攔停與拍搜等職權措施，仍應遵守「憲法」第4增補條款之禁止不合理搜索與扣押之原則，並受聯邦最高法院之管轄，僅執法者對事實狀況，有「合理懷疑」即可，無須如搜索、扣押，必須達到「相當理由」之較確切的認知犯罪行爲已經發生或正在進行中之程度。

員強制執行該憲法要求。自始以來，不得採用違反「憲法」第4增補條款所取得之證據的規定，向來被認爲係阻止不法的警察行爲之主要方法[26]。聯邦最高法院並不同意因「憲法」第4增補條款內並無「攔阻」（Stop）與「拍搜」（Frisk）之字眼，而認其並非達到「搜索」及「扣押」之程度，即不須受憲法原則之檢視。最高法院並進一步說明，「憲法」第4增補條款規範對人的「扣押」，此未必皆發生押赴警察局並爲犯罪訴追之結果，亦即傳統所謂之「逮捕」。因此，不論何時警察招呼某人，並限制該人逕自走開之自由，其即已「扣押」該人。再者，如說仔細檢視拍搜外部衣物，以找尋危險武器之行爲，不屬於「搜索」，無異極度扭曲英語，不可思議。因此，在Terry案中，警官抓住嫌犯並由上往下拍其衣服之外表時，其係「扣押」上訴人並予「搜索」。然而，本案應探討的另一重點是該警官在行爲之初，是否有合理理由認其所爲正當，以及其所爲在範圍上是否與原先認可該侵害之情況，具有合理的關聯。

攔停與拍搜雖非必然，但常常是連結在一起的，因爲警察人員在有「合理懷疑」將歹徒攔停之際，常因懷疑其攜帶有危險武器致可能危害執法者的安全而予拍搜衣服外部。美國最高法院在Terry v. Ohio案中建立了攔停與拍搜的執法原則，提供了警察人員辦案時明確的判斷及行動準則。其中，亦有人們強調「攔阻」與「逮捕」（或對人之扣押）及「拍搜」與「搜索」之間，應加區分。於是主張警察應可攔阻某人並予短暫之留置，以就該人可能涉嫌之犯罪行爲詢問之。基於懷疑該人可能攜帶凶器，警察應有權「拍搜」該人，以搜查凶器。如該攔阻與拍搜之結果，引發相當理由可知該嫌疑人犯罪，則警察應有正式逮捕及附帶全面搜索該人之權。因攔阻與拍搜不過係「略微不便與輕微侮辱」，爲了有效之執法，可基於警官之懷疑，妥當的加諸人民此種不便與侮辱。

---

26 Weeks v. United States, 232 U.S. 383, 391-393 (1914).

搜索、扣押、逮捕必須有「相當理由」始得爲之。然而，較重要的是如何區分「合理懷疑」與「相當理由」？「相當理由」是指，具有事實資訊使一個和現場執法之警察有相同訓練及經歷之合理謹慎的人，相信將被逮捕之人有罪，始得逮捕之。然而，警察並無須去證實「罪證確鑿」（Beyond Reasonable Doubt），亦不限於僅可被使用之證據，而是可以「整體情況」考量之，必須有客觀事實指出確有犯罪存在。因此，警察不僅以事實考量，亦參酌其知識、訓練、專業、經驗及觀察等，甚至他人（如線民、一般人民、其他警察等）所提供之訊息亦可，只要在將嫌犯加以拘禁、逮捕時具有相當理由即可。然而，當對受調查而暫時留置之身體加以抑制、加上手銬或拔出槍枝等作爲，常被視爲已達逮捕之程度。至於所謂「合理懷疑」，必須有客觀之事實作判斷基礎，而非警察主觀上的「單純的臆測」或第六感，必須依據現場之事實情況，即使一位謹慎小心之平常人，亦將形成合理懷疑有不法情事發生，並可能與之有關聯。例如，在Terry案，警察發現Terry在某商店前反覆徘徊，對內張望，並與第三者交談算計，警察依其經驗判斷，懷疑他們正打算搶劫該商店，乃予以攔停、詢問，二人未能清楚回答，警察感到渠等可能攜帶危險武器，而危及其安全，乃觸摸Terry之衣服外部，覺得有槍，乃予取出並逮捕之。聯邦最高法院認爲該基於合理懷疑之攔停與拍搜作爲，並未違背「憲法」第4增補條款之規定。因此，「合理懷疑」與「相當理由」只是程度之差異，在本質上並無不同[27]。

有關「合理懷疑」或「相當理由」或其他得作爲判斷違法（規）與否之心證程度，應與所採取之職權措施的強制程度及程序保障成正比例性。我國大法官釋字第535號解釋意旨，有二項未經採爲本法規定：

---

27 「合理懷疑」與「相當理由」在隱私權侵犯程度、搜索方式與強制力之行使、犯罪嚴重性、事實證據之確定性、急迫性等有不同程度的考量。警察對於事實情況產生「合理懷疑」，常基於自己之觀察、民眾舉報、其他單位之提供訊息或行爲人自首等情形，而得以爲初步之偵查或調查，常因合理懷疑有違法情事，而加以攔停、詢問、拍搜，而發現有更具體之違法犯罪之情事，乃轉而具有「相當理由」得以逮捕、搜索、扣押之。

一為對人實施之臨檢須以有「相當理由」足認其行為已構成或即將發生危害者為限[28]；二為警察人員執行「場所之臨檢」勤務，應限於已發生危害或依客觀、合理判斷易生危害之處所。由於本法並未採取「相當理由」心證程度之要求，而僅採「合理懷疑」作為本法警察職權行使之標準，再進一步參考「刑事訴訟法」第122條及第131條均有「相當理由」而得實施相關「搜索」之規定，亦符合上述附圖之情形。釋字第535號之解釋意旨，對於「臨檢」之要件、程序與救濟規定，係在法律未為完備設計前，提供警察執法之準據，應無拘束未來立法形成空間之意。後來，立法者制定本法且經公布施行，本法有關警察職權行使之要件、程序及相關救濟規定，即或與釋字第535號臨檢解釋意旨不同，應為立法自由形成之空間，並不生牴觸解釋意旨之問題。

三、相關條文

1.「警察勤務條例」第11條第1項第3款：「臨檢：於公共場所或指定處所、路段，由服勤人員擔任臨場檢查或路檢，執行取締、盤查及有關法令賦予之勤務。」

2.「刑事訴訟法」第122條：「對於被告或犯罪嫌疑人之身體、物件、電磁紀錄及住宅或其他處所，必要時得搜索之（第1項）。對於第三人之身體、物件、電磁紀錄及住宅或其他處所，以有相當理由可信為被告或犯罪嫌疑人或應扣押之物或電磁紀錄存在時為限，得搜索之（第

28 李震山等，《警察職務執行法草案之研究》，內政部警政署委託研究，1999年6月，頁191以下；蔡庭榕，〈論警察攔檢之法規範〉，《警大法學論集》，第6期，2001年8月，頁8以下；陳瑞仁，〈如何由法制面提升警察之辦案品質〉，《月旦法學雜誌》，第56期，2001年1月，頁51-53；王兆鵬，《路檢、盤查與人權》，翰蘆圖書出版有限公司，2001年6月，頁96以下；蔡庭榕（發言內容），〈警察臨檢行為法制化——釋字第五三五號解釋座談會〉，《月旦法學雜誌》，第81期，2002年2月，頁35-36；林俊義，〈臨檢與搜索〉，《月旦法學雜誌》，第81期，2002年2月，頁18-19。蔡庭榕，〈論警察臨檢之發動門檻——「合理懷疑」與「相當理由」〉，《警察法學》，內政部警察法學研究中心暨內政部警政署印行，創刊號，2003年1月，頁33-48。

2項）。」

3.「刑事訴訟法」第131條第2項：「檢察官於偵查中確有相當理由認爲情況急迫，非迅速搜索，二十四小時內證據有僞造、變造、湮滅或隱匿之虞者，得逕行搜索，或指揮檢察事務官、司法警察官或司法警察執行搜索，並層報檢察長。」

貳、條文解說

一、名詞解釋

「查證身分」係要求相對人提供身分證明文件或相關資料進行確證其眞實身分。查證身分職權用以身分確認，其賦予警察得確認一不認識的人之身分資料，或得以已認識的人之身分與一不認識者相比對之。因此，警察得要求受查證人出示相關身分證明資料，亦可經由相關人之對質而確認身分[29]。本法第7條第1項第3款規定，基於第6條之要件進行查證身分時，得令出示身分證明文件，故一般國民即有義務配合說明其身分或提示其足以證明其身分之文件，但並不限於國民身分證，只要能證明其身分爲已足。然現今我國國民均有戶籍及身分資料，而辦理國民身分證時，亦須備有個人之最近照片，加上因科技進步有資料庫連線，故目前警察欄檢查證身分時，常運用內政部警政署「M-Police」行動警察建置，可立即於現場有效透過影像與照片比對而達成身分查證之功效[30]。而爲律定各級警察機關警用行動電腦之使用及管理權責，確保人

29 Scholler、Schloer合著，李震山譯，《德國警察與秩序法原理》，登文書局，1995年11月，中譯二版，頁111。

30 「M-Police行動警察建置案」係行政院愛臺十二建設「智慧臺灣」（i-Taiwan）子計畫之一，自民國96年至100年爲期五年執行，爲擴展警政資訊行動化之應用，建構M-Police平臺及開發新型載具。M-Police載具與舊型警用行動電腦不同，結合了3G網路以及彩色LCD觸控螢幕，能結合後端資料庫提供第一線執勤員警更多資訊，截至目前爲止，M-Police可提供查詢之項目（會因網路連線狀態略有不同），於具連線狀態下有

民資訊隱私權及維護機關資訊安全，警政署亦訂定「警用行動電腦使用管理要點」[31]，各設備使用單位必須律定專責保管人，保管、註冊，並保存查詢紀錄電子檔，在使用管制部分，限於警察機關所屬人員執行勤務或維護治安之目的，不得作目的以外之運用。然此個人資料之比對運用，涉及個人資料保護與隱私等相關基本權利，得否僅以屬於「行政規則」之上列管理要點爲依據，恐生訾議。另外，對於外國人，年滿十四歲以上之外國人在我國停留、居留或永久居留，則須依「入出國及移民法」第26條規定，應隨身攜帶護照、外僑居留證或外僑永久居留證，主管機關或其他依法令賦予權責之公務員得於執行公務時，要求其出示前項證件。故警察人員如係執行「入出國及移民法」之檢查任務，外國人應出示前述之證件，或是亦得以前述之「M-Police」查察其身分；又如警察人員向駕駛汽、機車之外國人要求查明身分係在執行交通稽查任務，一般係以查驗駕駛執照爲主，如有疑問，自得要求出示其他證件，以資佐證，如係執行入出國及移民法之檢查任務，外國人仍應依「入出國及移民法」出示相關身分證件。

二、實體要件

警察在日常勤務運作中，執行臨檢、盤查人民身分之情形相當頻繁，因涉及人民自由權利，其權力發動要件及時機，允宜法律明確授

「查捕逃犯、失蹤人口、應受尿液採驗人、遺失身分證、逃逸外勞、中輟學生、治安顧慮人口、大陸人士行方不明、失竊汽機車、户籍、車、駕籍、統號變更、典當紀錄、前科、國人相片、治安顧慮人口相片、大陸行方不明相片、逃逸外勞相片、脱離兒少、緊急求救、治安資訊頻道、刑案紀錄、失蹤人口影像」，而「全國廣播即時訊息及人車協尋」係向全國M-Police載具使用者發佈即時性訊息之功能，如全國性重要治安、交通資訊獲通報涉案人、車之資訊，以集合全國警察力量投入犯罪查緝工作，有效提升治安維護效能。See: https://www.police.taichung.gov.tw/qingshui/home.jsp?id=61&parentpath=0,5&mcustomize=faq_view.jsp&dataserno=201712050094&t=FAQ&mserno=201712050010, last visited: 2020/07/18.

31 內政部警政署於101年5月8日警署資字第101081198號函頒修正「警用行動電腦使用管理要點」。

權，爰於本條第1項明定。本項共分六款規定得以查證身分之要件（事由），以作爲實施第7條查證身分措施之判斷基礎。本條第1項第1款、第2款爲防止犯罪；第3款係爲防止具體危害；第4款、第5款係爲防止潛在危害，而專針對易生危害之處所爲身分查證；第6款則授權由「警察機關主管長官」依據實際情況，認有爲防止犯罪，或處理重大公共安全或社會秩序事件而有必要者，得指定公共場所、路段及管制站，對行經者實施臨檢。因此，查證身分之正當合理性事由，亦即本條規定得以進行查證身分之要件，以作爲執法判斷之基礎，有些要件內容屬於不確定法律概念之抽象性規定，更應注意以整體事實狀況依法判斷之，茲將各要件分述如下：

（一）合理懷疑其有犯罪之嫌疑或有犯罪之虞者

「合理懷疑」（Reasonable Suspicion）其有犯罪之嫌疑或有犯罪之虞者。由於「合理懷疑」係一種作爲得否進行本條規定查證身分之判斷基準，係不確定之法律概念，必須依據個案之整體事實狀況判斷決定之。因此，內政部警政署頒行《警察職權行使法逐條釋義》釋明「合理懷疑」係指「必須有客觀之事實作爲判斷基礎，根據當時的事實，依據專業（警察執法）經驗，所做成的合理推論或推理，而非單純的臆測」。並進一步例示說明「合理懷疑之事實基礎有：1.情報判斷之合理懷疑；2.由現場觀察之合理懷疑；3.由環境與其他狀況綜合研判之合理懷疑；4.由可疑行爲判斷之合理懷疑[32]。」提供員警參酌，值得肯定。

---

[32] 吳宗順主編，《警察職權行使法逐條釋義》，內政部警政署常訓教材，2003年8月，頁23。合理懷疑之事實基礎有：「一、情報判斷之合理懷疑：例如警察由曾經提供情報的線民口中得知，某人於假釋期間仍隨身攜帶武器且車上藏匿毒品，因而對其實施攔車盤查。二、由現場觀察之合理懷疑：例如警察深夜於曾經發生縱火地區巡邏，發現某人手持打火機並提著一桶汽油，在騎樓下逗留徘徊，而懷疑其可能從事縱火犯罪。三、由環境與其他狀況綜合研判之合理懷疑：例如警察於濱海公路執行夜間巡邏，發現某車內滿座有大陸口音之乘客，其駕駛人見警巡邏有企圖逃避或不正常之駕駛行爲，且該車輛顯現超載或車內有人企圖藏匿；又當時濱海地區的海象狀況正適合船隻接駁靠岸，因而懷疑該車內可能載有大陸偷渡人民。四、由可疑行爲判斷之合理懷疑：例如警察於深夜時

惟以上僅是例示而非列舉，仍有不勝枚舉之情形，爲合理懷疑之判斷基礎，必須依據員警之經驗、現場之狀況、其他相關異常或可疑現象作爲綜合判斷基礎。因此，警察依據本款實施攔檢以查證身分，其判斷要件應具有「職權要件」與「違法要件」二者，前者是執法警察以五官六覺之執法現場判斷需達「合理懷疑」之心證程度（Level of Proof），後者是「有犯罪之嫌疑或有犯罪之虞者」，始得據以實施本法第7條之查證身分措施。例如，2017年3月19日，客家委員會前主委李○○（以下簡稱「李君」）在台北京站轉運站因遭警方攔檢盤查而被譏爲「警察國家」之爭議案[33]。又例如，美國United States v. Arvizu（2002）一案，聯邦最高法院認爲警察之合理懷疑（Reasonable Suspicion）之基礎係源於其經驗認知「整體狀況」（The Totality of the Circumstances）法則，而非個別單一因素之考量[34]。Black's Law Dictionary對「合理懷疑」原則之解釋爲：「正當化警察因美國憲法第4增補條款之目的所爲之於公共場所攔停被告，是其懷疑之認知總量足以使一位普通的謹慎小心之人在該情形下相信犯罪行爲即將發生[35]。」

至於「犯罪之嫌疑」應是已有犯罪發生，某人被警察合理懷疑係其所爲，而成爲犯罪嫌疑人，爲預防犯罪，而得以查證其身分。另對於「有犯罪之虞者」，指犯罪雖發生，然基於警察合理懷疑即將有犯罪之

段，在一個高犯罪區域的街道上，發現某人所離開之公寓，是曾多次藏匿武器或毒品罪犯之犯罪處所，且該某看到警察時，立刻將小紙袋藏入衣內，神色慌張，迅速走避，而懷疑該某有藏匿毒品的嫌疑。」

33 穿夾腳拖像壞人？李永得遭警盤查！（有話好說），https://www.youtube.com/watch?v=U-yTB8gp7a0, last visited: 2020/05/18；李永得遭警盤查　民眾力挺警察，蘋果日報，2018年3月20日，https://tw.appledaily.com/local/20170320/Z6KPGGACJY2VSZNBWI4GKULVR4/；穿拖鞋遭攔查李永得：北市變警察國家？https://news.ltn.com.tw/news/focus/paper/1087329, last visited: 2020/05/18。

34 蔡庭榕，〈論警察臨檢之發動門檻——「合理懷疑」與「相當理由」〉，收錄於《內政部警政署警政法學研討會——警察臨檢盤查與偵查犯罪權限系列論文集》，內政部警政署編印，2002年6月11日，頁34。

35 參見Black's Law Dictionary, West Publishing Co., 1991, p.875.

可能時，得以防止犯罪之理由，對之進行查證身分。例如，見警即逃，是否構成合理懷疑程度，而可以進行攔停措施？美國聯邦最高法院表示，是否有合理懷疑，應依人類之行爲習慣，進行合乎一般常理之推論判斷之。因此，行爲人之緊張與逃避行爲，得作爲判斷是否具有合理懷疑之相關因素之一，因爲合理懷疑是由「整體考量」形成之心證程度[36]。故聯邦最高法院於Illinois v. Wardlow（2000）[37]即作出與州最高法院不同之判決，而於該案支持見警即逃已經足以構成「合理懷疑」其有危害或犯罪之虞，得進行攔停等相關查證身分之措施。有關基於犯罪預防與危害防止目的之本法，與以犯罪偵查爲目的之「刑事訴訟法」，作爲之要件、強制力措施及救濟方式，均不相同，例如，本法對於查證身分措施之要件僅要求「合理懷疑」或「有事實足認」之認知程度，不若刑事訴訟之對第三人搜索作爲，應有「相當理由」之心證程度。有關「合理懷疑」、「相當理由」或其他合理性程度，及其分別可進行哪些公權力之強制措施，將併敘述於後列之「建立身分查證措施之合理性基礎」說明之。美國紐約市警察局要求員警於執法時查填攔檢表件UF250[38]，員警因未具有足夠的「合理懷疑」（Reasonable Suspicion）而進行執法攔停（Stop）或拍搜（Frisk）執法，以致遭到法院判決違憲案[39]，更是值得警察實施干預性執法措施時，應先在心證程度或舉證責任上，具有實施執法作爲之合理性，始得爲之。

---

36 United States v. Arvizu 534 U.S. 266 (2002)；該判決以「整體考量」（The Totality of Circumstances）作爲形成「合理懷疑」之基礎。亦參見蔡庭榕，〈論警察臨檢之發動門檻——「合理懷疑」與「相當理由」〉，《警察法學》，內政部警察法學研究中心暨內政部警政署印行，創刊號，2003年1月，頁54。

37 Illinois v. Wardlow 528 U.S. 119 (2000).

38 See: https://www.prisonlegalnews.org/news/publications/blank-uf-250-form-stop-question-and-frisk-report-worksheet-nypd-2016/, last visited: 2018/06/15.

39 See: NYPD's 'stop-and-frisk' practice unconstitutional, judge rules, last visited: 2018/06/15. Also See: Floyd, v. City of New York, 959 F. Supp. 2d 540 (S.D.N.Y. 2013).

（二）有事實足認其對已發生之犯罪或即將發生之犯罪知情者

本法第6條第1項第2款所稱「有事實足認……」與同項第1款之「合理懷疑」同屬於抽象規範，必須藉由行使職權之執法人員依據事實狀況做出判斷，認知其合理性之程度，以決定是否採取何種公權力措施。按德國警察法中對於「有事實足認……」之要件，可分爲須視事情是否發生而定，及無須視事情是否發生而定。其中，「有事實者」尚未達於所指之處所將有犯罪發生之「有事實根據」程度，僅須有一具體之嫌疑，或者在該概念範圍內存在有嫌疑狀況。然而，「有實際根據者」不待事件發生，即可採取措施[40]。由於「合理懷疑」及「有事實足認」均於同一條文相同項次中規範，其心證程度應屬相近不遠，然均無須高於「刑事訴訟法」中得以對第三人進行搜索「相當理由」門檻。例如，得以依據本法進行查證身分措施之本款規定之相關事實，如其他單位提供之消息（或勤務指揮中心之無線電通知）、查緝專刊、民眾舉報、執法者親自觀察等。本款之規定，從積極性而言，旨在以法律明定課予人民對於治安工作有協力或負擔之提供治安情報義務者之身分確證，並進一步研判其與案件之關聯性；從消極性考量，係避免對提供情報者身分不明，而致情報錯誤卻無從查證。

（三）有事實足認為防止其本人或他人生命、身體之具體危害，有查證其身分之必要者

此爲本法第6條第1項第3款規定之要件，係參考「德國聯邦與各邦統一警察法標準草案」第9條第1項第1款「爲防止危害，警察得查證身分」而來，其係指對於肇致危害之人得行使盤查權，該危害則僅限於「具體危害」，不得任意擴張。「具體危害」係指「在具體案件中之行爲或狀況，依一般生活經驗客觀判斷，預料短期間內極可能形成傷害的

---

[40] H. Scholler、B. Scholler合著，李震山譯，《德國警察與秩序法原理》，登文書局，1995年11月，中譯二版，頁117。

一種狀況。」因此，案件必須具體，危害發生須有不可遲延性、可能性及傷害性，具體危害要件方能構成，警察盤查權之發動才有依據。此外，基於合理的理由（Reasonable Cause），盤查對象、時間、地點之選擇，並非漫無限制[41]。爲防止警察權濫用或過度擴張，立法者乃將警察應防止之危害界限於「具體危害」，此種原則性之規定，大都適用於警察消極排除危害或防止危害之工作領域；但某些特殊工作領域上，警察尚須致力於「預防危害工作」，此時若受制於警察僅得防止具體危害，則無法將觸角延伸至危害可能產生之前期階段。警察所防止之危害，得不限於「具體危害」，而擴及「潛在危害」，甚至「危害嫌疑」階段，但必須合乎一定嚴格要件[42]。因此，若以本法第6條之要件區分，例如第1款規定「合理懷疑有犯罪嫌疑或有犯罪之疑者」應屬於「具體危害」性質；而第5款規定「滯留於應有停（居）留許可之處所，而無停（居）留許可者」；或第4款規定「滯留於有人犯藏匿之處所者」，尚屬於「潛在危害」之情形。

（四）滯留於有事實足認有陰謀、預備、著手實施重大犯罪或有人犯藏匿之處所者

本款規定之目的，在於防止潛在危害。對滯留於有事實足認有陰謀、預備、著手實施重大犯罪或有人犯藏匿之處所者，係屬滯留於「易生危害地點」之人。雖其未必然爲肇致「具體危害」之人，但基於該地點產生危害可能性極高，警察權若不能適時介入，恐貽誤事機，事後再處理，事倍功半。故爲預防危害發生，乃授權得進行查證身分措施。「易致危害地點」依「德國聯邦與各邦統一警察法標準草案」[43]第9條第

---

41 李震山，〈從釋字第五三五號解釋談警察臨檢的法制與實務〉，《台灣本土法學雜誌》，第33期，2002年4月，頁74。

42 李震山，《人性尊嚴與人權保障》，元照出版公司，2020年3月，五版一刷，頁223-225。

43 李震山譯，〈西德聯邦與各邦統一警察法選擇草案〉，《警學叢刊》，第16卷，第3期，1986年3月，頁111。

1項第2款規定：「依據實際線索與經驗認爲1.約定、預備、實施犯罪行爲之地；2.聚於有無停（居）留許可證明人之地；3.有人犯藏匿之地；4.賣淫之地。」德國警察正是以此款規定爲依據，作爲集體盤查之依據。「集體盤查」，乃是由警察暫時封鎖某地，集體對滯留該地之人行使盤查之依據[44]。上述規定，雖然限制「易生危害地點」之範圍，但彈性仍極大，對警察打擊犯罪，防止危害實務工作而言，有其正面意義，相對的就須自我節制，避免濫權。集體盤查之對象，不僅及於肇致危害之有責任人，尚且及於無責任人，若欲要求無責任人作爲或不作爲時，應充分顧及警察法上之比例性、適當性及必要性等原則。所以，除非在無法提出證明或拒絕陳述之例外情形下，才得將無責任人帶往警所。在這之前，必要性原則更應充分受到考量[45]。

（五）滯留於應有停（居）留許可之處所，而無停（居）留許可者

本條款規定亦係爲防止潛在危害，而針對易生危害之處所，對於未經主管機關許可而進入停留或居留者，得進行身分查證。然而，並非僅指對於外國人或大陸地區人民等之無停、居留許可之情形，而是指廣義的應經許可，始得停、居留之處所，而滯留於該處所未取得許可者，均屬於本款之適用範圍。可參考「德國聯邦與各邦統一警察法標準草案」第9條第1項第3款明白授權，警察得於「易遭危害地點」行使盤查權，所謂易遭危害之地點，特別是指有交通設施、重要民生必需品生產儲存設施、大眾交通工具、政府辦公大樓等標的物所在之地點[46]。當有人滯留該標的物之內或附近，有事實足以認爲，將可能實施犯罪，且將危及

---

44 李震山，〈論行政管束與人身自由之保障〉，收錄於《「人性尊嚴與人權保障」學術論文集》，元照出版社，2001年11月，修訂再版，頁262。

45 H. Scholler、B. Scholler合著，李震山譯，《德國警察與秩序法原理》，中譯二版，登文書局，1995年11月，頁118。

46 李震山等，《警察職務執行法草案之研究》，內政部警政署委託研究，1999年6月，頁54。

該地點之物或人時，警察方得行使其盤查權。警察於「易遭危害地點」行使盤查權，不以「具體危害」構成為要件，只要該標的物將有可能遭致犯罪行為之破壞則可。譬如，有事實足認為某郵局將受爆炸威脅，但該威脅必須與該「標的物」之功能、任務運作有直接關係，假若只準備在郵局內偷竊，則不能構成盤查要件[47]。因此，本款對於滯留於應有停留或居留許可之特定處所之人員，因其身分與停留地點不相稱時，即得對其行使查證身分之職權措施，避免其遭致危害。例如，機場之管制區、國營事業之油庫、電廠、海岸或山地管制區等，若任意滯留於該處所，本法授權得對之進行查證身分措施。

（六）行經指定公共場所、路段及管制站者

本款規定可作為必要時全面攔檢之依據，然而其攔停查證身分之合理性基礎，以非如前述要件，由執勤員警依據個案判斷之心證程度為原則，而是將之提前至攔檢勤務出發或進行前，其地點（如公共場所、路段、管制站[48]）由「警察機關主管長官」指定之[49]。至於營業場所之臨檢則未於本法中授權，詳細分析請參見後述「程序要件之（二）查證身分之地點」。然而，第6條第1項第6款之指定要件，於同條第2項明定以防止犯罪，或處理重大公共安全或社會秩序事件而有必要者為限。故依此規定，警察機關主管長官指定公共場所、路段及管制站者，除必須有「防止犯罪，或處理重大公共安全或社會秩序事件」之要件合致外，尚須考慮比例原則之適用。因此，警察機關依據本法固可實施全面攔停進行治安檢查，但必須其決定地點之程序與要件均受到本款之拘束，否

47 H. Scholler、B. Scholler合著，李震山譯，《德國警察與秩序法原理》，登文書局，1995年11月，中譯二版，頁118。

48 內政部警政署於92年8月頒行之《警察職權行使法逐條釋義》，2003年8月，頁25，釋明：「所謂管制站，係指臨時設置者而言。此措施係一種封鎖，可在此攔停人、車，並於特定目的及範圍內，依法檢視該人及其所攜帶之物品或其使用之交通工具。」

49 「警察職權行使法」第2條第3項規定：「本法所稱警察機關主管長官，係指地區警察分局長或其相當職務以上長官。」

則，不問時間、地點或對象之設置管制站做全面攔檢，或不加判斷其合理性要件之任意或隨機攔檢，均非合法，亦為司法院大法官釋字第535號解釋所無法肯認。

因此，在設置管制站進行攔檢時，「合理懷疑」之檢視時點，應往前拉至「設置時」，如果設置時有其合法性，例如，有情報來源指出有大範圍之具體危害（如飆車、集體械鬥等）可能發生時，則得依據本款指定地點對所有人車進行攔阻檢查，惟仍應注意必要性與比例原則之遵守[50]。例如，美國聯邦最高法院在Michigan Department of State Police v. Sitz一案[51]認為，在道路上設置檢查點，進行全面攔檢駕駛人是否酒醉駕車，即使對個別駕駛人沒有「合理懷疑」，仍不違憲；然警察若要進一步對駕駛人做酒精測試，則需有「合理懷疑」作為基礎要件。又United States v. Martinez-Fuerte一案中[52]，美國最高法院判定警察為了抓偷渡客，在離邊境不遠之主要道路設置永久性的檢查哨，對所有過往車輛攔車盤問是合憲的，其合理性基礎係因國境檢查較為寬鬆[53]，且有合理懷疑偷渡客經常使用該道路。另在Delaware v. Prouse一案中[54]，判定警察不得在無合理懷疑下任意或隨機路檢攔車查驗駕照；然如有合理懷疑無照駕駛、無車籍登記或其觸犯交通法規時，得以攔檢，亦不排斥各州政府自行規範定點阻路攔車（Road Block-Type）之方式路檢（Spot Check）。對於以輕微侵擾（Less Intrusion），非恣意性之選擇或任意、隨機攔檢，是可受允許的[55]。

---

50 陳瑞仁，〈個別盤查與集體盤查〉，參閱調查員改革協會網站：http://www.mjib.org/essay/listMSG.asp, 2004/06/28。

51 Michigan Department of State Police v. Sitz, 496 U.S. 444 (1990).

52 States v. Martinez-Fuerte, 428 U.S. 543 (1976).

53 蔡庭榕，〈論國境檢查〉，收錄於《各國警察臨檢制度比較》，五南圖書出版公司，2002年8月，初版一刷，頁193-230；王兆鵬，〈經同意之搜索〉，收錄於《路檢、盤查與人權》，翰蘆圖書出版有限公司，2001年6月，頁146-175。

54 Delaware v. Prouse, 440 U.S. 648 (1979).

55 蔡庭榕，〈論警察攔檢之法規範——以美國警察對行人及汽車攔檢為例〉，《中央警察大學法學論集》，第6期，2001年8月，頁161。

本法第6條第1項第6款規定：「行經指定之公共場所、路段、管制站者。」得對之實施第7條之查證身分措施。因此，有別於個別盤查時，基層員警得自行決定其合理性基礎作爲是否發動查證身分措施之要件；至於是否得行使集體盤查權，其合理性基礎前提則由「警察機關主管長官」指定，且其指定並須「以防止犯罪，或處理重大公共安全或社會秩序事件而有必要者爲限」。因此，其指定不得僅憑第六感或個人好惡而爲之，必須有所憑據，如過去之治安紀錄，民眾之舉報或其他相關合理性因素，作爲指定之基礎，始得爲之[56]。所謂之管制站，係指臨時設置者而言。此措施係一種封鎖，可在此對人攔阻，並在一特定目的及特定範圍內，檢視該人及其所攜帶之物品或其所使用之運輸工具[57]。設置該臨時性之管制站，依「德國聯邦與各邦統一警察法標準草案」第9條第1項第4款規定，必須是爲了防止「德國刑事訴訟法」第100條a[58]及「集會法」第27條所指之犯罪行爲，方有設置臨時管制站之可能。「德國刑事訴訟法」第100條a主要是規定，對某種犯罪得實施「通訊監聽之條件」，厥爲重大犯罪行爲。「集會法」第27條則爲不得攜武器或得以損害人、物器械參加遊行之禁止規定，在遊行人群尚未聚集前，設管制站以爲盤查之用[59]。

三、程序要件

本條查證身分除規定六款實體要件作爲查證身分之判斷基礎外，尚

---

56 內政部警政署於92年8月頒行之《警察職權行使法逐條釋義》（頁24）指出：「有關公共場所、路段及管制站之指定，係由警察分局長或其相當職務以上長官依據轄區全般治安狀況、過去犯罪紀錄、經常發生刑案之地點及治安斑點圖等綜合研判分析所得。例如，某地區發生刑案或重大治安事故，其相關人犯逃逸必經之路線、關口等。」

57 H. Scholler、B. Sch1oer合著，李震山譯，《德國警察與秩序法原理》，登文書局，1995年11月，中譯二版，第119頁。

58 蔡敬銘譯，《西德刑事訴訟法》，法務部，1982年7月，頁38。

59 李震山，〈從釋字第五三五號解釋談警察臨檢的法制與實務〉，《台灣本土法學雜誌》，第33期，2002年4月，頁75。

有相關程序上應注意事項，如查證身分之時間、地點、所涉及之物品及其他應注意事項，茲分別列述如下：

（一）查證身分之時間

得進行查證身分者爲依法執行職務之警察人員。其於任何時間，只要符合查證身分之法定合理事由，即得進行相關查證身分措施，並無日、夜間之區別。由於警察勤務係二十四小時全天候實施，於勤務進行中遇有合於本法第6條之查證身分要件時，基於時間與空間特性，應許可立即實施本法第7條之查證身分之相關措施，如攔停、詢問、令出示證件以表明身分、檢查身體及攜帶之物件，以及必要時得將之帶往勤務處所，因各項措施均具有時間急迫性及空間限制性，故不能將查證身分之時段予以限制。至於本條第3項所定「警察進入公眾得出入之場所，應於營業時間爲之，並不得任意妨礙其營業。」係規定進入之時間限制及注意事項。其所稱「營業時間」係以該場所實際從事營業之時間爲準，而其進入營業場所仍須以本條第1項之合法進入之場所爲界限。又非其實際營業時間，即便是合法得進入之場所，亦不得任意進入進行查證身分措施。

另一方面，每一個案得以進行查證身分之時間，是否有所限制之必要？因攔停受檢對象後之現場暫時留置時間，若非合理性之拖延，則將侵害人權；若將得以查證身分之暫留時間限制得太短，則將無法達成查證目的。本法並未對於攔停後之現場暫留時間給予規定，僅有第7條第2項依法將受檢人帶往勤務處所查證，其時間自攔停起，不得逾3小時之規定。由於留置並未規定於本法中，除了本法第7條所列五種職權措施之外，實務上尚有其他查證身分有關之職權措施之使用，然而本法並未規定者，例如，爲查證身分之暫予留置（簡稱「暫留」），則未規定。有學者稱，每次應以20分鐘爲原則，若逾此限，而有爭議，則執法人員負舉證責任；若未逾此限，而受暫留者認有侵害其人身自由權利，則其有舉證責任[60]。美國最高法院判例則未規定暫留時間之長短，而歸納出禁止爲不必要遲延（Unnecessary Delay）之原則[61]。然而，因攔檢以查證身分而帶往勤務處所進行3小時以內之驗證，雖爲本法第7條第2項所明定，論者基於非刑事案件關係人之人身自由保障，認此除踐履告知與通知義務，仍應引進法官介入之作法，至於法官介入之時機，則可依法爲彈性之規定，例如本法規定至少應報告地區警察分局長或其相當職務之長官，藉此所謂「長官保留」初步約制人身自由之干預措施，惟事後仍應即補送請法官裁定[62]，以保障人權。

（二）查證身分之地點

本條第1項首先規定「警察於公共場所或合法進入之場所，得對於下列各款之人查證其身分」，因此，其地點「公共場所」及「合法進入之場所」爲界限。前者係指公眾得自由使用或停留之場所，如公園、車站或道路等是，因其具有公共性，警察基於治安需求，自得於該場所依法執行查證身分措施，除非有法律特別規定，尚無須特別對「進入」或「停留」於公共場所取得法律授權。至於所稱「合法進入之場所」，依據本法草案說明：「係指警察依『刑事訴訟法』、『行政執行法』、『社會秩序維護法』等相關法律規定進入之場所，或其他『已發生危害或依客觀合理判斷易生危害』之場所（司法院釋字第535號解釋參照）。至於『私人居住之空間』，應受住宅相同之保障，警察非依法

60 王兆鵬，《路檢、盤查與人權》，翰蘆圖書出版有限公司，2001年6月，頁139-140。

61 在美國法院並無一定時限之規定，法院僅以不得長於攔停該個人之目的所需完成之時間，否則，無謂的留置，將構成逮捕之程度，至於暫留時間之長短，只得以個案判定之。United States v. Place一案，法官認爲在Terry原則下，警察留置行李由警犬嗅聞，並無違憲，然而對其行李做九十分鐘之留置，並不合理。United States v. Sharpe一案之議決，在無不必要之遲延下，攔停二十分鐘，在第4增補條款下是合理的。在美國聯邦之「統一逮捕法」則規定以二小時爲限，然而，大多數的州及聯邦最高法院亦均不採此原則。

62 李震山，《人性尊嚴與人權保障》，元照出版公司，2020年3月，五版一刷，頁235-236。

不得以臨檢手段任意爲之，乃理所當然[63]。」然而，論者認爲本條第1項「警察於公共場所或合法進入之場所」之規定，乃屬重複「場所」之規定，似有畫蛇添足之嫌，宜修法刪除爲當[64]。亦有論者認此過多細緻之個別解釋規定，混淆了「合理懷疑」有犯罪嫌疑之要件[65]。

本法第6條規定，警察於公共場所或合法進入之場所，得基於法定之六種合理性事由，進行查證身分。亦即，只要警察依法執行職務，基於本法第6條所定之六種查證身分要件之一，即得依法進行相關查證身分之職權措施。只要法定要件符合，任何人均有配合警察執法之查證身分措施，即使享有外交豁免權之特殊身分者，亦得出示其特殊身分證明文件，所不同者乃在於身分辨識之後，有關進一步查證身分措施之差異而已。由於查證身分措施之執行客體得分爲特定個體或集體進行，而可區分爲「個別盤查」與「集體盤查中之場所臨檢」[66]。「個別盤查」是指警察針對某特定之人或車進行盤查，此時警方有無跨過警察盤查之法定門檻即「合理懷疑」，較易判斷（例如該車有無蛇行、大燈不亮、車窗破裂等異狀）。而「集體盤查」是指警方對某處所之所有在場人進行盤查，或設置管制站對所有過往之人車進行盤查。然而，論者指出本條關於治安攔檢地點選擇之程序要件與本法第8條交通攔檢顯有不同，亦即第8條並無本條第1項第6款得以進行對行經主管長官所指定處所者加以全面或集體盤查，又根本不應區分對人（第6條）與對交通工具（第8條）之於公共場所攔檢，若是，均應遵守如第6條第2款規定由分局長事

63 參見《警察職權行使法案》，立法院內政委員會編（122），法律案專輯，第335輯，立法院公報處印行，2004年7月，初版，頁383。

64 蔡震榮、黃清德，《警察職權行使法概論》，五南圖書出版公司，2019年11月，四版，頁130。

65 林明鏘，〈警察職權行使法基本問題之研究〉，收錄於《警察法學研究》，2019年1月，二版一刷，頁195-196。

66 陳瑞仁，〈個別盤查與集體盤查〉，http://www.lawtw.com/article.php?template=article_content&area=free_browse&parent_path=,1,6,&job_id=46230&article_category_id=20&article_id=20570, last visited: 2020/07/16.

先核定之程序要件。再者，若有在分局長指定後之變更必要，抑或事後或事中補行通報分局長核准之必要者，甚至授權先由勤務指揮中心代行分局長之指定，均應可以行政規則或分層負責授權表加以事先規定其權變依據，以避免形成程序違法之爭議[67]。

得進行查證身分措施之場所爲本法第6條第1項規定之「警察於公共場所或合法進入之場所」，然而，本條並未將「公共得出入之場所」明定於本條，例如相關營業場所，是否得以依本法即進入爲查證身分相關措施有待斟酌。鑑於明示其一，排除其他之原則，本法僅規定「公共場所」及「合法進入之場所」，並無法推知得依據本法授權進入營業場所內，對其人員進行查證身分措施；再者，「進入」係另一種干預性職權措施，並須有明確授權。另以本條第3項規定：「警察進入公眾得出入之場所，應於營業時間爲之，並不得任意妨礙其營業。」係規定進入之時間限制及注意事項，並非爲得進入執行查證身分或檢查場所之授權。至於本法第26條之「進入」住宅、建築物、公共場所及公眾得出入之場所，則僅限於即時強制之制止或驅除目前急迫危害，並非以預防犯罪或取締違法危害爲主，故亦不得作爲依據。

司法院大法官釋字第535號解釋明指：「處所爲私人居住之空間者，並應受住宅相同之保障。」故私人住宅或其相類性質之居住空間，均須受到較嚴密的隱私權保障措施，如令狀要求等，始得爲之；再者，由本法研究草案第25條第2項規定[68]：「警察爲防止危害，得於公開時間內，進入娛樂場所、旅館、酒店或其他公眾得出入之場所。但不得妨害其營業。」但未獲立法通過觀之，警察對於「公眾得出入之場所」之進入，並未有明確授權。故僅得依據本條規定之「合法進入之場所」於有第6條要件符合時，進行第7條之查證身分措施。其「合法進入之場所」

---

67 林明鏘，〈警察職權行使法基本問題之研究〉，收錄於《警察法學研究》，2019年1月，二版一刷，頁194。

68 李震山等，《警察職務執行法草案之研究》，內政部警政署委託，1999年6月，頁235。

係指依據相關個別法規之授權，始得以進入之公眾得出入場所[69]，似乎是立法者有意排除警察以本法授權得進入屬公眾得出入場所性質之營業場所臨檢之意。雖然釋字第535號解釋指出：「警察人員執行場所之臨檢勤務，應限於已發生危害或依客觀、合理判斷易生危害之處所、交通工具或公共場所為之……。」在解釋後二年之立法緩衝期內，似乎容許警察依據該解釋意旨進行場所臨檢，然本法制定發布施行起，其限時性之臨檢要件應不再適用[70]，而應以本法之規範要件為基礎。然本法除對於公共場所得進行查證身分措施外，亦僅授權「合法進入之場所」而合於法定要件下，始得為查證身分措施，故本法並未明確授權進入營業場所臨檢查察，而是須依據其他個別法令之授權為之。

然而，是否有制定授權進入公眾得出入之場所進行臨檢查察之必要？衡諸憲法保障人權機制，對於進入臨檢營業場所，若對其營業、財產權或其他法益有不良影響，即須符合「憲法」第23條之公益、比例、及法律保留原則之要求。警察進入公開之營業場所進行類似行政調查之臨檢查察，並遵守第6條第3項規定：「警察進入公眾得出入之場所，應於營業時間為之，並不得任意妨礙其營業。」雖其進入對於隱私權或自由權之干擾極為輕微，然由於警察進入營業場所將可能影響其營業情形及財產收入，故宜有法律明文授權得以進入[71]，較為妥適合宜。

---

69 「合法進入之場所」係指「警察依刑事訴訟法、行政執行法、社會秩序維護法等相關法律規定進入之場所」，或其他「已發生危害或依客觀合理判斷易生危害」之場所（參照司法院釋字第535號解釋）。至於私人居住之空間，應受住宅相同之保障，警察非依法不得以臨檢手段任意為之。警政署將「合法進入之場所」增加解釋其範圍及於「已發生危害或依客觀合理判斷易生危害」之場所，是否妥適，不無斟酌餘地。參見吳宗順主編，《警察職權行使法逐條釋義》，內政部警政署常訓教材，2003年8月，頁22。

70 釋字第535號之解釋意旨，僅係在法律未為完備設計前，提供警察執法之準據，應無拘束未來立法形成空間之意。立法者已制定本法且經公布施行，本法有關警察職權行使之要件、程序及相關救濟規定，即或與釋字第535號臨檢解釋意皆不同，應為立法自由形成之空間，並不生牴觸解釋意旨之問題。本法自92年12月1日起施行生效後，釋字第535號有關臨檢之解釋，應不再適用。換言之，「警察勤務條例」第11條第3款有關臨檢之規定，宜解為僅係單純之勤務方式的規範，應不得作為警察干預人民自由權利之依據。

71 洪文玲，〈論警察對於營業場所之檢查權〉，《警大法學論集》，中央警察大學法律學參考「日本警察官職務執行法」第6條第2項規定：「娛樂場所、旅館、酒店、車站或其他多數客人聚集場所之管理人或類似之人，在公開時間內，對於警察官因預防犯罪或預防對於人之生命、身體或財產之危害，而要求侵入時，若無正當理由不得拒絕。」第3項規定：「警察官依前二項規定侵入時，不得任意妨害關係人之正當業務。」第4項「警察官依第一項或第二項規定侵入時，經該場所管理人或類似之人要求，應告以理由並出示身分證件。」日本之立法方式明確授權警察得進入營業場所之規定，其明確、可預見性之規範，對於警察職權行使極有幫助。「德國各邦統一警察法標準草案」得進行查證身分及檢驗文件。有下列各款情形之一者，警察得查證其身分：1.為防止危害。2.當其滯留於某地：(1)據實際線索，依經驗認為該地①有約定、預備、實施犯罪行為之人；②聚有無停（居）留許可證明之人；③有人犯藏匿；④有人賣淫。3.當其滯留於交通設施、民生必需品生產儲存設施、大眾交通工具、政府辦公大樓，或其他特別易受傷害之標的物，或滯留於其直接不遠之處，且有事實足以認為，於該類標的物內或周圍將可能實施犯罪行為，且該犯罪行為會危害該標的物內或周圍之人或危害標的物本身。4.於警察為防止「刑事訴訟法」第100條a或「集會法」第27條所指之犯罪行為所設之管制站。至於有關進入處所是否需要令狀，「憲法」並未明定應由法官介入。因此，基於行政檢查，亦可如美國方式，可有令狀之設計，若某些情況無需令狀，亦必須從絕對法律保留之觀點，由立法者將要件事先明定，甚至引進德國制度，在某些案件上，必須由某一層級長官來決定，謂之「長官保留」，係相對於「法官保留」之概念，讓人權與公益之間取得協調[72]。

系出版，第6期，2001年8月，頁107-140。洪氏深入探討「營業場所之路檢」，認為現行法令未賦予對於警察臨檢場所之「進入」職權，未來應於個別法規中明定之。

72 李震山（發言內容），〈「從釋字第五三五號解釋談警察臨檢的法制與實務」研討會〉，《台灣本土法學雜誌》，第33期，2002年4月，頁111。

至於美國各州或有不同，然一般均以行政檢查令狀，其性質上爲例行一般性檢查，但亦有因特殊需求（Special Needs）或例外無須令狀可進入檢查者，有稱之爲行政檢查。行政檢查以合理性（Reasonableness）爲基礎，毋庸達到刑事搜索之相當理由程度。而行政檢查在發現行政違法及預先進行防範，對被檢查人或公眾有利，且檢查者僅爲一般行政人員，人民較不緊張；然刑事搜索係因受搜索人之犯罪涉嫌，搜索人常爲檢察官及荷槍實彈之警察，氣氛較緊張害怕。其合理性標準係植基於行政法規範之目的，依當時的事實與情狀，權衡政府與人民間之利益爲判斷，作爲實施檢查之事由[73]。美國聯邦最高法院在Donovan v. Dewey一案後[74]，建立了許可無令狀進入營業處所檢查之三要件：1.受檢行業係屬嚴密規範之行業；2.合乎檢查對政府有顯著利益、無令狀檢查係有效貫徹法令之必要方式、有明確規定限制檢查人員的裁量權；3.雖然拒絕檢查得受刑事處罰，但不得使用強制力進入。所謂「嚴密規範性行業」係如我國之特定營業或特種工商業，例如酒吧、中古貨商、槍械店、汽車零件裝配業等地點，警察可進入作公安或贓物查察[75]，無需令狀即得以進行檢查，因其在申請取得特種工商業登記時，即同意遵從管理監督單位進入檢查之義務，惟檢查仍應遵守比例原則，不得逾越必要之程度[76]。美國對於進入場所實施行政檢查之方式及其合理性基礎，值得我國參考，然我國屬大陸法系，強調依法行政之法律保留原則適用，是在思考他山之石時，應予注意之處。

公共安全與社會秩序之公益與隱私權保障之衡平（Balancing Test）後，對於屬於公眾得出入之場所的個人隱私權期待，已經顯然不如私人

73 王兆鵬，〈臨檢與行政搜索〉，《月旦法學雜誌》，第85期，2002年6月，頁159。

74 Donovan v. Dewey 452 U.S. 594 (1981).

75 王兆鵬（發言內容），〈「從釋字第五三五號解釋談警察臨檢的法制與實務」研討會〉，《台灣本土法學雜誌》，第33期，2002年4月，頁108。

76 王兆鵬，〈臨檢與行政搜索〉，《月旦法學雜誌》，第85期，2002年6月，頁161-165。

住宅空間之要求程度，又基於公共利益（Public Interest）之治安維護考量，各國對於一般營業場所之進入雖有不同，但比起對住宅之要求，顯然寬鬆許多。日本於其「警察官職務執行法」第6條明白規定，警察於營業時間得以進入，業者非有正當理由，不得加以拒絕。德國則可有法官保留或長官保留，但一定要有絕對法律保留，已如前述。因此，對於日本及德國之立法例，以符合法律保留原則之明確性地授權警察得以進行場所臨檢，參考美國或德國之法官保留方式，或再以德國之「長官保留」方式來作限縮，均屬値得參考之方式。

（三）查證身分所涉及之物品

查證身分之物品可區分爲用以查證身分之工具，及進行查證身分之相關措施時，得被查察物件之範圍，茲分別論述如下：

1. 查證身分之工具

利用侵入性鑑識措施之科技工具進行查證身分，是否適法？由於本法並無直接授權進行鑑識措施，包括侵入性及非侵入性鑑識措施，均不在本法授權之列。然而，依據一般法理，行使侵入性鑑識措施，對於人權干預極大，必須符合法官保留之搜索票，並由專業人員進行，始得爲之，而且多係對犯罪嫌疑者或被告爲之。故本法職權措施之行使，並無查證身分之工具使用，是否須有明確授權之問題。

2. 查證措施可及之物件

如證件、所攜帶之物品。查證身分措施可包括攔停、詢問、令交付證件，即亦可進一步檢查其人身體及其所攜帶之物件，以避免造成執法人員之任何危險，故此處之檢查，係猶如美國警察執法中之「拍搜」（Frisk），相近於本法第7條之「檢查」規定。依據本法第7條第1項第4款之「檢查」物件之範圍，因係以有明顯事實足認其攜有自殺、自傷，或傷害他人生命、身體之物者而加以查察防制，故可推論得以檢查之物，應僅止於受檢人隨身攜帶或其迴身可觸及之物者爲限。其物件之檢查手段，須以可驅除造成危險之疑慮爲已足，若以目視可達目的，及不能搓揉揑擠；若以手翻看已足，則不得要求全部倒出，更不可達於搜索之程度，因檢查尙非尋找犯罪或違法證據，而是避免有危險物造成安全問題。

本法第6條雖規定六種得以進行查證身分措施之要件，然其是否可達到周延與互斥，仍值得研究。雖然其中每一款均涵蓋面極廣，然而警察工作極爲紛繁，以此六種要件條款規定得否完全達到警察查證身分職權行使之需求，不無疑義。況且，在六款類型化要件列舉之外，並無概括條款之規定，在實務適用上是否周延可行，仍待檢驗。明文化之制定法乃是大陸法系之特徵，故本條得以進行查證身分措施之要件乃於本法明定，以供實務適用。然而，有疑義的是若此要件未盡周延，是否即表示警察不得據以進行查證身分之措施？頗値斟酌。在屬於英美法系的美國則僅以「憲法」第4增補條款之禁止不合理之搜索、扣押爲據，由判例法中形成「合理性」（Reasonable）之法律原則[77]，如臆測（Mere Suspicion）、合理懷疑（Reasonable Suspicion）、相當理由（Probable Cause）、超越合理懷疑（Beyond Reasonable Doubt）之極爲確定等不同心證程度，作爲是否採取或採取何種查證身分措施之要件基礎，其並未對於要件種類一一明定，是其與大陸法系之立法方式不同之處，値得參考。

---

77 美國「憲法」第4增補條款規定：「人民身體、住所、文件和財產有不受政府不合理搜索、拘禁與扣押之權利；非有相當理由，政府不得簽發行使上述行爲之令狀……。」各級法院，尤其是聯邦最高法院乃以判決先例將「禁止不合理搜索與扣押」、「相當理由」及「令狀原則」等適用於警察執法實務上，形成許多具體明確之職權措施規範，例如，警察盤查之Terry原則，雖攔停並非逮捕，拍搜亦非搜索，且美國「憲法」亦未對攔停、拍搜等盤查措施加以規定，然聯邦最高法院則於Terry案中，決議對於攔停、拍搜仍應受「憲法」第4增補條款規範，卻以「合理懷疑」代替「相當理由」，授予執法者對於事實現況具有「合理懷疑」其違法，即可對之攔停、拍搜；對之搜索、扣押或逮捕，則仍需有「相當理由」認其違法，始得爲之。

（四）有關查證身分之其他應注意事項

本條係警察得以進行查證身分職權措施之要件規定，除實體要件符合外，亦應注意判斷程序之要件適用。茲舉本條應注意遵守之相關程序要件如下：

1. 應屬警察任務管轄範圍內之事務：警察所為查證身分之措施，應以警察任務範圍內為限，應注意其職掌權限之管轄範圍。

2. 進入公眾得出入之場所，應依法為之：本條第1項規定，除公共場所之外，明定對於合法進入之場所，亦得進行查證身分措施。因此，本條第3項之警察進入公眾得出入之場所，應依法為之；並應於其實際營業時間內進行，並注意不得妨害其營業。

3. 依法進行專業判斷：本條主要規定警察得以查證身分之要件，以之作為執法判斷之基礎。其中多有不確定法律概念之抽象性規定，如合理懷疑或有事實足認相關危害或犯罪存在之虞時，使得以進行查證身分措施，故應以整體事實狀況依法進行專業判斷是否有進行查證身分之必要。

4. 對於「行經指定公共場所、路段及管制站者」之查證身分，其指定應由警察機關主管長官為之，亦即本法第2條規定之地區警察分局長或其相當職務以上長官。警察機關主管長官之指定公共場所、路段及管制站並應以防止犯罪，或處理重大公共安全或社會秩序事件而有必要者為限，不得僅憑直覺或隨機指定之。

四、實務與學術見解

（一）實務見解

1. 「警察機關執行搜索扣押應行注意要點」[78]：對於「必要性」及

---

[78] 2002年4月4日內政部警政署警署刑司字第0910047971號函頒第14點修訂條文，2018年12月27日更新網頁，https://www.cib.gov.tw/News/ClauseDetail/13?Sort=3, last visited: 2020/05/22.

「相當理由」之見解，值得本條「合理懷疑」適用之比較參考。「警察機關執行搜索扣押應行注意要點」第4點：「警察人員偵查犯罪，於必要時，得對犯罪嫌疑人之身體、物件、電磁紀錄、住宅或其他處所執行搜索。所稱『必要時』，係指一般合理之人依其正常判斷，可認爲有犯罪證據存在之相當可能性之情形而言。此種相當可能性，雖無要求達到充分可信或確定程度之必要，惟須以有相當或然性存在爲條件。」同要點第5點：「警察人員偵查犯罪，認有相當理由可信爲被告或犯罪嫌疑人或應扣押之物或電磁紀錄存在時，得對第三人之身體、物件、電磁紀錄、住宅或其他處所執行搜索。所稱『有相當理由』，非以搜索者主觀標準判斷，尚須有客觀之事實爲依據，其所認定有犯罪證據存在之相當可能性，程度必須較第4點之『必要時』爲高，以區別對第三人與對犯罪嫌疑人發動搜索要件之不同。」另亦可參考「執行搜索扣押作業程序」[79]及「警察偵查犯罪手冊」（2019.10.4修正）等執法判斷要件與程序規定。

2. 內政部警政署民國92年9月25日警署行字第0930137528號函釋略以：依「警察職權行使法」第6條第2項規定，……有關公共場所、路段及管制站之指定，依法係屬地區警察分局長或其相當職務以上長官之職權。現行派出所主管編排勤務分配表（內含指定路段之路檢勤務），於前一日陳報各該轄警察分局，經分局長核准（或於晚報中裁定）後實施，於程序上仍屬分局長之指定；惟對於公共場所、路段及管制站之指定，仍須符合法定要件而非定期性、固定性實施。

3. 依據「警職法」，何謂合法進入之場所？內政部警政署釋示：「係指警察依刑事訴訟法、行政執行法、社會秩序維護法等相關法律規定進入之場所，或其他『已發生危害或依客觀合理判斷易生危害』之場

79 內政部警政署，〈執行搜索扣押作業程序〉，收錄於《警察機關分駐（派出）所常用勤務執行程序彙編》，內政部警政署編製，中央警察大學印行（108年4月11日警署行字第10800078356號函授權印製），108年版，頁382-384。

所（參照司法院釋字第535號解釋）。至於私人居住之空間，應受住宅相同之保障，警察非依法不得以臨檢手段任意爲之。」

4. 依據「警職法」，警察到PUB、酒店等公眾出入場所能否查證在場所有相關人的身分？內政部警政署釋示：「依本法規定，警察若合理懷疑其有犯罪嫌疑或有犯罪之虞，或認爲其滯留有事實足認有陰謀、預備著手實施重大犯罪或有人犯藏匿的處所者，都可查驗相關人的身分，也就是說如查獲搖頭丸，在一定認知下，可對在場者盤查身分，同時臨檢時間，以該場所實際營業時間才可進行。」

（二）學術見解

1. 警察查證身分之要件，在於「預防犯罪」及防止「具體危害」與「潛在危害」。本條第1、2款係爲預防犯罪目的而規定。至於「具體危害」係指「在具體案件中之行爲或狀況，依一般生活經驗客觀判斷，預料短期間內極可能形成傷害的一種狀況。基此，案件必須具體，危害發生必須有不可遲延性、可能性及傷害性。至於「潛在危害」則是危害可能產生之前期階段。例如，本條第3款是屬於預防犯罪及具體危害之規定；第4至6款則是法律特別授權，警察所防止之危害，得不限於「具體危害」，而擴及「潛在危害」，但必須合乎一定嚴格之要件[80]。

2. 警察實施查證身分，應符合場所限制及本條規定之六款實體要件之一時，始得爲之。凡缺少其中一要件即逕行臨檢，當屬違法行爲，受臨檢人依本法第4條第2項規定之意旨，即有行使拒絕之權利[81]。

---

80 李震山，〈論行政管束與人身自由保障兼論警察盤查權〉，收錄於《「人性尊嚴與人權保障」學術論文集》，元照出版公司，2001年11月，修訂再版，頁261-265。

81 林明鏘，〈警察職權行使法基本問題之研究〉，收錄於《警察法學研究》，2019年1月，二版一刷，頁195。

參、問題探討

一、實務問題

（一）依據本條之構成要件得否進行全面攔檢？

按本條有關查證身分之各款規定，係以影響治安危害之考量，得據以進行第7條之各項措施，若是符合本條第1項第6款及第2項之規定，係基於「防止犯罪，或處理重大公共安全或社會秩序事件而有必要者，並由警察機關主管長官指定之公共場所、路段或管制站，則得因治安任務而合於本條要件據以實施全面攔檢」，如「319總統候選人槍擊案」由警察機關主管長官立即下令對密切與該治安維護案件有關之區域予以封鎖攔檢。至於得否以本條之要件，全面攔檢車輛以進行第8條之酒測檢定？由於第8條以維護交通秩序爲目的，其要件以「已發生危害或依客觀合理判斷易生危害之交通工具」爲攔檢之要件，其目的與要件均與本條不同，以本條之要件，進行全面酒醉駕車之攔檢，與本條立法目的與要件，均有未合。然而，內政部警政署所頒行之「執行巡邏勤務中盤查盤檢人車作業程序」[82]、「執行路檢攔檢身分查證作業程序」[83]及「執行臨檢場所身分查證作業程序」[84]等三種SOP均未明定得否爲全面進行集體攔檢與否，然其均有引用本法第6條第6款：「行經指定公共場所、路段及管制站者」作爲各該攔檢類型之要件，故可推知只要符合本條第1項第6款及第2項之規定，則得以進行全面攔檢。

---

82 內政部警政署，〈執行巡邏勤務中盤查盤檢人車作業程序〉，收錄於《警察機關分駐（派出）所常用勤務執行程序彙編》，內政部警政署編製，中央警察大學印行（108年4月11日警署行字第10800078356號函授權印製），108年版，頁20-23。

83 內政部警政署，〈執行路檢攔檢身分查證作業程序〉，收錄於《警察機關分駐（派出）所常用勤務執行程序彙編》，內政部警政署編製，中央警察大學印行（108年4月11日警署行字第10800078356號函授權印製），108年版，頁26-31。

84 內政部警政署，〈執行臨檢場所身分查證作業程序〉，收錄於《警察機關分駐（派出）所常用勤務執行程序彙編》，內政部警政署編製，中央警察大學印行（108年4月11日警署行字第10800078356號函授權印製），108年版，頁32-36。

（二）得否依本條對於營業場所進行臨檢？

本條第1項規定警察查證身分係以「公共場所或合法進入之場所」爲範圍，並未明定包括「公眾得出入之場所」。雖然大法官釋字第535號解釋文指出：「警察人員執行場所之臨檢勤務，應限於已發生危害或依客觀、合理判斷易生危害之處所、交通工具或公共場所爲之，其中處所爲私人居住之空間者，並應受住宅相同之保障。」內政部警政署亦於「執行臨檢場所身分查證作業程序」明定：「進入場所之要件：1.公共場所。2.合法進入之場所。3.進入公眾得出入之營業場所，限於已發生危害或依客觀、合理判斷易生危害者，且應於營業時間爲之。」但因本法要件爲「合法進入之場所」係應符合相關個別法律之規定，始得爲之，實不得擴及於屬於「公眾得出入之場所」之相關營業處所。論者經研析行政法院相關判決事例之結論指出：「警職法第6條規定警察進入公眾得出入場所及從事身分查證之要件需有具體危害之合理懷疑。惟行政法院仍誤認警察進入公眾得出入場所並不須具備具體之合理懷疑，嚴重損害警職法第6條之立法目的及釋字第535號解釋之意旨[85]。」至於本條第3項規定：「警察進入公眾得出入之場所，應於營業時間爲之，並不得任意妨礙其營業。」僅係規定進入營業場所查察之時間，及注意不得任意妨礙其營業之義務，並非授權進入之規定，應予明辨之。

二、理論爭議

臨檢須符合「相當理由」與「合理懷疑」之差異？大法官釋字第535號解釋意旨，得對人實施之臨檢法定要件：「須以有相當理由足認其行爲已構成或即將發生危害者爲限。」然而，「臨檢」一詞，具有統合性概念，並未於本法規定，本法係以「查證身分」替代之，而查證身分措施又分爲攔停、詢問、令出示身分證件、檢查、帶往勤務處所等，

85 林明鏘，〈警察職權行使法與行政法院裁判〉，《台灣法學雜誌》，法學線上，http://www.taiwanlaw.com.tw/newsDetail.aspx?id=45, last visited: 2020/06/12。

其所依據之要件，並未引用上述大法官釋字第535號解釋之「合理懷疑」與「相當理由」對場所與對人之區分，僅於第6條第1項第1款查證身分要件規定：「合理懷疑其有犯罪之嫌疑或有犯罪之虞者。」上述大法官解釋有認應具「相當理由」以作爲警察對人臨檢要件。

然而，論者認爲易與「刑事訴訟法」第122條及第131條之搜索所應具之「相當理由」程度混淆，若與之要件一致，則要求採取職權措施要件之心證程度過高。因此，本法未將「相當理由」規定於本法，將可使屬於行政危害與預防犯罪性質之本法授權得進行查證身分措施之程度，有別於「刑事訴訟法」規定得進行「搜索」要求之心證程度，具有釐清層次效果。

三、案例解析

◎任意性或強制性臨檢

（臺灣基隆地方法院108年度易字第241號判決及臺灣高等法院108年度上易字第2422號刑事判決）

（一）摘要

按警察臨檢職權係以「強制」或「任意」手段爲之，應予辨明。論者指出兩者之區別在於警察執行職務時，除非有特別法律授權，否則不得採行強制手段。並進一步指出本法第6條及第7條規定之「身分查證」措置及同法第8條規定之「對於危險交通工具之攔停等措置」[86]，屬於伴隨實力行使型之行政調查。由上法定要件與明示可知，有關本法查證身分職權係屬有法律明定之強制型執法作爲。本法第7條明定須有第6條所定職權要件之1者，始得以實施其法定之攔檢執法相關措施。按上

86 鄭羽軒，〈警察職權行使法諸問題之研究〉，中央警察大學警察政策研究所博士論文，2018年1月，頁70、89-90。

列案件上訴人（臺灣基隆地方檢察署檢察官）因被告妨害公務案件經臺灣基隆地方法院108年度易字第241號判決被告無罪，於中華民國108年8 月20日第一審判決（聲請簡易判決處刑書案號：臺灣基隆地方檢察署107年度偵字第5328號）後，提起上訴，而由臺灣高等法院108 年上易字第 2422 號刑事判決「上訴駁回」而仍維持被告無罪判決。第一、二審法官所持一致理由，略以：「檢察官以員警知悉被告曾有施用毒品前科，而施用毒品者有高度反覆實施可能性等爲由，認員警是基於合理懷疑，以被告有犯施用毒品罪之虞而將其攔查，員警係在執行警察職權行使法第6條第1項第1款之臨檢公務云云。然依警察職權行使法第6條規定內容觀之，雖授權警察機關得在公共場所或合法進入之場所施以攔檢，但仍以「具合理懷疑」爲發動之門檻，亦即須有確切之根據而得爲合理之可疑者，始足當之，並非繫於値勤員警一己單純主觀上之懷疑，否則即流於恣意濫權。依證人張○○於原審訊問時所述：（當天蕭○○身上有沒有包包很鼓、口袋很鼓之類的情形？）沒有，當天攔蕭○○只是因爲知道他先前曾經犯過毒品，再犯率比較高，所才對他實施攔查，他是毒品人口，但是已經不用採驗尿液，已經解除管制了，（蕭○○走路有無搖搖晃晃？）還好，只是看到他就會想要查一下等語（見原審108年度基簡字第621號卷第44至46頁）。是以員警所述攔檢前被告之行爲舉止，客觀上並無任何犯罪嫌疑。雖員警認爲被告有毒品前科，其再犯毒品機率比較高云云，然依員警張○○就此部分於原審訊問時所述：伊抓過他搶奪、毒品跟竊盜，搶奪是95年抓的，跟毒品是同一年，竊盜應該是97、98年抓的等語（見同上卷第44頁），而依卷附本院被告前案紀錄表，被告自100年11月4日前案執行完畢後，即未曾有犯罪紀錄，是不論以員警張○○所述先前對被告偵辦刑事案件之自身經驗，甚或是被告之前案紀錄情形，俱與員警張○○前揭所述被告再犯機率較高云云明顯不符，則員警張○○認爲被告有再犯罪之虞，並無任何根據，純係出於其一己之主觀臆測懷疑。本件員警既無任何確切根據，而有合理懷疑被告有犯罪嫌疑或有犯罪之虞，按上說明，自不符合警察職權行使法所規範發動攔檢之要件。是本件員警對被告實施之攔檢行爲，既無任何法律上之憑據，即使以檢察官上訴意旨所指之形式上觀察認定標準，仍難認此舉是合法執行職務。……構成要件不符，是原審爲無罪諭知，並無不合。」

（二）研析

按釋字第535號解釋意旨指出：「有關臨檢之規定，並無授權警察人員得不顧時間、地點及對象任意臨檢、取締或隨機檢查、盤查之立法本意。除法律另有規定外，警察人員執行場所之臨檢勤務，應限於已發生危害或依客觀、合理判斷易生危害之處所、交通工具或公共場所爲之。」因此，警察依本法從事攔檢措施，並非屬任意性臨檢，應有本法及相關法律之違法要件與職權要件規範，始得爲之，已符合上開解釋及維護人權之憲法意旨。

四、問題提出

公共場所與公共得出入之場所，對於營業場所之臨檢，對於得否進入之要件、程序，以及進入後之作爲，除對人之檢查之外，其範圍、要件爲何？有無提示營業執照之必要等，均漏未規定，允宜修法時增補之。本法第6條明定「攔檢地點之分類與限制」，雖論者指出本條第1項之「公共場所或合法進入之場所」屬畫蛇添足的多餘規定[87]。然另一方面，亦有論者持不同看法指出：地點與被臨檢人誠屬二事，絕不可混爲一談。並進一步認爲「本條之規定除場所之限制外，尙須受臨檢人有受合理違法懷疑時，警察始得發動其臨檢權利。凡缺少其中一要件即逕行臨檢，當屬違法行爲，受臨檢人依第4條第2項規定之意旨，即有行使拒

87 蔡震榮、黃清德，《警察職權行使法概論》，五南圖書出版公司，2019年11月，四版，頁130。

絕之權利[88]」。

肆、其他

由於各國對於警察查證身分相關職權之行使，爲使實務上對於各該要件具有適用上之共識，均特訂定相關解釋性行政規則或裁量基準，作爲組織內部各單位或成員間之共同遵守之準則，值得參考，茲略述日本與美國之相關要項如下：

一、日本警察機關對查證身分職權行使之注意要項[89]

日本警察進行警察職務質問時，常以下列各點作爲判斷有無嫌疑之基礎資料[90]：

（一）從被攔停時之舉動中所能看出的判斷資料

1. 明明聽得見警察攔停，卻裝作不知道的樣子而離去。

2. 被警察攔停而驚慌失措，臉色、態度驟變之人。

3. 在警察是在攔停誰都不知道的情況下，立即停止或折返等快速反應之人。

（二）從盤查之答詢中所能看出的判斷資料

1. 對於警察之盤查爲激烈反抗之人。

2. 無論聽到什麼都不回答之人。

3. 對於警察所詢問之事做過度辯解之人。

---

88 林明鏘，〈警察職權行使法基本問題之研究〉，收錄於《警察法學研究》，2019年1月，二版一刷，頁195-196。

89 有關「日本警察機關對查證身分職權行使之注意要項」係由李錫棟所翻譯。

90 譯自綱川政雄、半田嘉弘合著，《職務質問》，平成5年（西元1993年）7月10日，改訂版第十一刷，頁71-76。

4. 在警察詢問之前就自我辯解之人。例如：在警察詢問之前就辯解自己絕不是可疑之人等等。

5. 辯解自己在別的地方已經被盤查過之人。

6. 在假日回答要去銀行，或沒有帶存簿回答要去存款等類似情況之人。

7. 回答要去探病或因爲有不幸之事要前往處理，但在態度上並不大相符。

8. 被詢問人所回答的出發地、目的地等從其所述的路徑、時間關係來加以檢驗發現有不一致之情形者。

9. 關於住居所、職業、姓名、年齡、家庭、拜訪的對象、重要的事情、前來的路徑等，於第二次詢問時，與第一次詢問做不同回答的人。

10. 對於欲前往目的地的電車、換車的地方、下車的車站等並不清楚，或回答時曖昧不明。

11. 對於自己所回答之職業，連最基本的專業知識都沒有的人。

12. 對於從巷子出來之人，予以盤問時回答「自己的家（或親友的家）就在巷子裡」，但是就客觀的情況來看並不像者。

13. 對於所詢問的重點故意閃避不答，或故意顧左右而言他。

14. 分別詢問二連袂之人時，就重要事項及重要事項以外之事項，二人之回答內容並不一致。

15. 對於所攜帶、持有之物品的說明，曖昧不清或與客觀情況不一致。

16. 說話的口音、方言與自己所回答的本籍、出生地等不一致。

17. 以「有緊急之要事；要搭最後一班車；要搭第一班車」等理由故意催促警察者。

18. 被攔停之後，故意向警察問路。

（三）在被盤問時之態度中所能看到的判斷資料

1. 被盤問而臉色、態度驟變者。

2. 在被詢問中，態度不穩定者。例如：一會兒摸一下口袋，一會兒看一下四周。

3. 被盤問時，故意要回家或假裝耳聾，而想要逃離者。

4. 在被詢問中，告以自己生病、想要上廁所等等，以爭取同情。

5. 在被詢問中，低頭不正視警察的臉。

6. 在被盤問時，臉色驟變或手腳發抖。

7. 將攜帶的物品、錢包等丟到地上，或拿到貼近警察臉部的位置，大聲地說「給你檢查」。

8. 盤問結束後，走向與先前回答要去的目的地不同的方向。

（四）關於持有物、攜帶物品的判斷資料

1. 持有與服裝、性別、年齡等不相稱的物品、大量的現金、證券等。

2. 持有記載與本人不相稱之地位、職業的名片，或名人的名片。

3. 將與其身分不相稱之物品送入當舖、古董商店等，而辯稱是別人委託的。

4. 持有與本人姓名不一致的身分證件、駕照等等。

5. 持有大量的當票、寄物處的兌換券等等，且就其內容之說明曖昧不明，或持有好幾張不同姓名的當票或其他類似之票券。

6. 持有與其姓名不同之印鑑。

7. 持有登載重要事件之報紙、剪報。

8. 在所持有之記事本記載記號、符號或其他不詳之事項。

9. 持有二個以上的錢包、手錶等，而對於該持有物又不能說明清楚。

10. 在所持有之物品上附著有泥土、蜘蛛網、灰塵等。

11. 提著大量衣物走路。（注意洗衣店標示的記號）

12. 穿著十分體面，又同時攜帶大件行李。

13. 攜帶沒有必要的上衣、外套等。

14. 攜帶刀類之物、鉗子、鏍絲起子、切割玻璃之工具、萬用鑰匙等等。

15. 攜帶麻繩、細繩、電線等。

16. 攜帶深色眼鏡、面具、手套等。

17. 攜帶裝內服藥的小袋子、小瓶子等。（麻藥類）

18. 出示可疑爲政府機關的證明書，而想要逃避盤問之人。

19. 不知道錢包內之金額，或不知道手提包裡的內容物爲何。

20. 持有女性貼身衣物。

二、美國警察機關對查證身分職權行使之注意要項

警察職權行使宜加強整理案例，訂定職權行使標準程序，編寫操作手冊，強化訓練作爲，特別是屬於海洋法系且以判例法爲基礎的美國更是如此。因此，美國警察機關對於職權規範亦訂定許多相關因應要領[91]。例如，參考美國在Terry案，清楚確立攔停、拍搜必須具有合理懷疑之情形，學者LaFave依據判例結果整理出五大類，可供參考[92]。其類分爲：（一）警察本人之觀察，巡邏警察所見之可疑事物；（二）剛發生之犯罪現場附近；（三）線民提供之情報；（四）警方之通報；（五）計畫性掃蕩犯罪，經過上級之監督之計畫性盤查。從上述之合理性驗證標準中，法院將盤查之範圍予以界定，其決議得歸納出下列四項

91 許福生主編，劉嘉發等合著，《警察法學與案例研究》，五南圖書出版公司，2020年2月，初版一刷，頁99。亦參考：蔡庭榕，〈論警察職權行使規範〉，收錄於朱金池等合著，《各國警察臨檢制度比較》，五南圖書出版公司，2002年8月，頁31-36。

92 Wayne R. LaFave, Search and Seizure, VIII, 1987, pp. 422-497；轉引自陳瑞仁，〈警察盤查之權源與界限〉，《臺灣臺北地方法院士林分院檢察署八十四年度研究發展報告》，1995年6月，頁6-7。

原則：

第一，警察之攔停盤查是合法，則必須在盤查當時，有特殊且明顯之事實足以使理性慎重之人經合理的推論認爲被盤查之人犯了罪，或正在犯罪或即將犯罪方可，但是其懷疑之程度不必達到足以構成逮捕原因之相當理由。

第二，拍搜行爲是合法，則必須在盤查時合理地感覺到受盤查之人身上帶有武器，會使警察本身或其他人感受危害之虞方可。

第三，拍搜之目的在於保護執法者及周遭之人的安全，因此僅限於搜索有無兇器，而非違禁品，故其方法是從衣服外部輕拍摸索，不得揑擠、操弄，除非有合理的理由感覺到衣服內部藏匿武器，方得伸入取出，但不得做全面之搜索。

第四，除非是逮捕，否則對於受盤查人之拘束，不能導致將人帶回警所（同行），並做有罪之控訴。

攔停與拍搜係對嫌疑人予以攔阻、詢問和身體外部輕拍，以發現是否攜帶危險武器之執法活動。於Terry案中，Ohio州法院認爲攔阻係不同於逮捕，僅係一種應調查上之需要而爲之攔停，並不形成「憲法」第4增補條款上所稱之扣押之問題；而拍搜則是由衣服外部輕拍觸摸找尋當事人是否攜有危險武器，其目的在避免危害執法者之安全，其與爲獲取犯罪證據之完全搜索並不相同。因此，拍搜有別於搜索，只要有合理懷疑即可，不受「憲法」第4增補條款之規範。但聯邦最高法院對Terry案則認爲警察盤查之攔停與拍搜亦已構成對人之搜索和扣押，但是其對人身自由侵犯之程度有別於傳統之逮捕，因此不以相當理由作爲判斷之標準，而是必須考量社會秩序和執法者安全，以及侵害之合理性作爲權衡，並以憲法之一般禁止：即人民不受不合理之搜索、扣押中所蘊涵之合理性理念作爲基礎驗證。否則，雖美國聯邦最高法院於Terry案明示：「攔阻」不等於「逮捕」、「詰問」不等於「偵訊」、「拍搜」不等於「搜索」，然由於此些警察作爲係在無令狀下所作成的，運用不當便可能成爲釣魚式、變相的非法逮捕、偵訊或搜索[93]。因此，警察在行使盤查權時，若違反上述原則，將視爲侵犯「憲法」第4增補條款所保障之人民權益，是屬於憲法程序保障之違反，所獲得證據無容許性。

警察在執行職務、行使職權時，必須考量實際情況，以判斷其執法是否合理。合理與否必須隨時衡量人民之基本權利保障，與國家治安維護之利益，以決定是否實施盤查及盤查所允許的範圍，而這些都必須參酌客觀環境所存在之要素來作評估。因此，聯邦最高法院承認警察得基於政府之利益—有效的預防及偵查犯罪，於必要時得攔阻可疑之人，以便對可能存在之犯罪活動作調查。然而，所謂「必要時」係指具體的事實和狀況，顯示犯罪活動存在之可能性，足以使警察具有「合理懷疑」犯罪正在或即將發生即可，不必達到足以構成逮捕之「相當理由」之程度。所謂合理懷疑是客觀事實足以使一個謹慎小心之人相信警察所採取的行動是適當的，如Illinois v. William aka Sam Wardlow一案[94]認爲，見警即逃提供警察攔檢之合理懷疑程度要件；又如United States v. Hensley案[95]決議，若依據要犯專刊之描述，合於特殊而清楚之事實，則可爲Terry原則之攔停與檢查之。因此，警察所爲之推論不能單以個人主觀的誠信作依據，否則憲法對人民的保護，必將因警察無法獲得明確證實之個人臆測所形成之任意裁量而失其意義。如Florida v. J. L.[96]一案決議，匿名者提供線索情報不足以正當化Terry原則之攔停與拍搜，因傳聞證據缺乏信賴能力，且事後無法追查，原則上無證據力。

警察常以徵兆、幸運猜測、第六感等自認爲非任意的感覺作爲，卻只是拙於清楚理出爲何相當理由當時是存在的。然而，警察卻仍然必須

93 陳瑞仁，〈偵查程序中警察作爲之權源與界限〉，《行政院所屬各機關因供出國人員出國報告書》，行政院研考會（A4/C8301918），1993年10月，頁15。

94 68 U.S.L.W. 4031 (2000).

95 469 U.S. 221 (1985).

96 68 U.S.L.W. 4236 (2000).

將特別之事實狀況明確的記載於報告及法庭上之陳述。再者，「合理懷疑」是對於暫留受查者之基礎。法院查驗是否具有合理懷疑，常以警察對下列兩點之認知為準：第一，犯罪活動是否正發生中。第二，被暫留之人是否可能與之有所關聯。警察不可僅憑簡單懷疑、直覺、謠傳或徵兆等即加以暫留，而必須有合理懷疑，如一個人在半夜搬電器，一見警察即逃跑[97]。

Terry案之攔停情況，是基於警察之經驗發現有不尋常活動導致其合理懷疑：首先，犯罪活動正在進行或已經完成；且該對象可能有武器或具有危險性，則此時警察必須出示身分，並為合理之偵查。若為保護其自身及在場之他人的安全，警察得對受攔檢者之衣服外部為有限度的拍搜，以期發現該武器。一般警察機關將Terry原則落實到警察手冊中作為處理攔停與拍搜之步驟如下[98]：

1. 觀察；
2. 接近及識別身分；
3. 詢問相關問題，若不能驅除警察對安全之顧慮，則；
4. 實施拍搜衣服外部；
5. 若因而感到有碰觸到武器，必要時得伸手查抄之，並予以逮捕；
6. 逮捕之後，得對之實施全身搜索。

三、警察攔檢與醫生診斷判斷考量之比較分析

為了進一步說明判斷之基礎及其重要性，茲試以表2.1醫生判斷是否為SARS病例之考量與警察職權行使之執法判斷作一類比說明之。表2.1比較警察與醫生之判斷過程中，心證形成之認知總量（註：作者

97 Illinois v. William aka Sam Wardlow, 68 U.S.L.W. 4031 (2000).
98 Rolando V. del. Carmen, Criminal Procedure Law and Practice, 7th ed., Wadsworth Publishing Company, U.S., 2007, pp. 139-141.

並非醫事專業，僅爲強調警察專業判斷之重要與必要，故思以醫生對SARS判斷作爲比較聯想，以供參考），爲易於瞭解，特以美國警察訓練之百分比區分其程度之差異，以使明確易解。甚至，美國國土安全部亦以「反恐五燈獎」（紅、橙、黃、藍、綠等不同顏色）來區分其不同之安全威脅程度，以使全國民眾易於辨識區分。由於有些警察職權規範要件具有不確定法律概念，如何進行實務之適用與操作化，必須具有判斷之能力與誠意，始能達到專業執法，實現職權行使之法制規範效果。特別是無論是警察或醫生的判斷程度，牽動著後續受檢人民被拘束之程度，對於人民之自由權利影響極大，不可不愼。

表2.1　警察是否行使職權之判斷與醫生對SARS病患之判斷比較表

警察對是否行使職權措施之判斷	心證認知百分比（Proof of Evidence）	醫生對是否為SARS病患之判斷
相當確定案例（犯罪、違規）（Beyond Reasonable Doubt）經專業執法人員（警察、檢察官、法官等）依其知識、具體證據、經驗及論理法則決定之。 （效果：可被行政處分或法院裁定、判決）	80～90%	確定病例（SARS感染）經專業醫師依其知識、經驗並透過精密儀器檢測判定。 （效果：被隔離於專案醫院，甚至無法探視）
相當理由（Probable Cause） （效果：如符合「刑事訴訟法」第122條或第131條規定有「相當理由」……而得加以進行「搜索」之情形）	50%	以上可能病例（Probable Case）： 肺浸潤＋其他可能為SARS之較具體現象出現。 （效果：可能被要求在醫院專案隔離）

警察對是否行使職權措施之判斷	心證認知百分比（Proof of Evidence）	醫生對是否為SARS病患之判斷
合理懷疑（Reasonable Suspicion）：徵兆＋驚恐＋其他異常舉動。（效果：如符合「警察職權行使法」第6條之要件，得進行第7條之職權措施，如攔停、詢問、拍搜等）	20～30%	疑似病例（Suspected Case）：徵兆＋來自疫區＋其他可疑現象（效果：可能被要求居家隔離）
徵兆（Hunch）：奔跑、喊叫……（效果：繼續觀察、蒐集資料，尚非行使警察干預措施之程度）	5～10%	徵兆（Hunch）：發燒、咳嗽……（效果：可能被判定為感冒，或可回家休養）

第7條（查證身分措施）

警察依前條規定，為查證人民身分，得採取下列之必要措施：

一、攔停人、車、船及其他交通工具。

二、詢問姓名、出生年月日、出生地、國籍、住居所及身分證統一編號等。

三、令出示身分證明文件。

四、若有明顯事實足認其有攜帶足以自殺、自傷或傷害他人生命或身體之物者，得檢查其身體及所攜帶之物。

依前項第二款、第三款之方法顯然無法查證身分時，警察得將該人民帶往勤務處所查證；帶往時非遇抗拒不得使用強制力，且其時間自攔停起，不得逾三小時，並應即向該管警察勤務指揮中心報告及通知其指定之親友或律師。

壹、立法緣由

一、立法現由與目的

民主法治國家對於干涉人民基本權者必須遵守依法行政原則，「憲法」第23條亦明定法律保留原則之意旨。再者，「行政程序法」第4條規定：「行政行爲應受法律及一般法律原則之拘束。」大法官釋字第535號解釋文第一段即強調：「臨檢實施之手段：檢查、路檢、取締或盤查等不問其名稱爲何，均屬對人或物之查驗、干預，影響人民行動自由、財產權及隱私權等甚鉅，應恪遵法治國家警察執勤之原則。實施臨檢之要件、程序及對違法臨檢行爲之救濟，均應有法律之明確規範，方符憲法保障人民自由權利之意旨。」因此，本法之制定，對於查證身分之要件與措施及程序乃爲規範核心內容之一，分別於第6條及本條予以明定查證身分之要件與得據以進行之查證身分措施，以符合維護人權之憲法意旨。

本條主要係承繼第6條明確規定得以查證身分之一般要件之後，據以清楚規範警察於符合要件時，得進行何種查證身分之一連串措施及其範圍，包括攔阻、詢問、令出示文件、檢查、帶往警所等，爰於第1、2項予以明定。並進一步對於部分個別職權措施增定其特別要件，例如，除依據第6條之一般要件得進行本條第1至3款之攔停、詢問、令出示證件查證身分之職權措施外，檢查及帶往勤務處所之職權措施，須進一步遵守其特別要件及其程序規定，始得執行之。由於本條所定查證身分之各種措施，均屬干預性質，對人民權利影響深遠，乃予以明定其要件與程序，明顯將過去「警察勤務條例」之「臨檢」予以法律明確化與具體化，以符合法治國之法律保留與明確性原則。

二、法理基礎

（一）警察執行治安任務所需物理力行為應受「法律保留原則」之拘束

警察任務之達成，除一般意思表示之行政處分方式外，在勤務作爲中，常有賴物理力行爲竟其功。然警察物理力措施多可能限制或干預人民之自由或權利，故需有法律明確規範之。本條第1項規定係警察在合乎第6條要件之情況下，得以進行查證身分之措施，如攔停、詢問、令出示證件、檢查、帶往勤務處所等干預人民基本權之職權作爲，特以法律明確規範，以符合依法行政之「法律保留」原則。民主法治國家對於限制或剝奪人民基本權之干預性職權措施，應有法律明確規範，迭經司法院大法官解釋在案。例如，大法官釋字第445號及第491號指出「法律明確性」必須在立法使用抽象概念者，苟其意義非難以理解，且爲受規範者所得預見，並可經由司法審查加以確認，始足當之。然由於本法施行前之警察臨檢，係依據「警察勤務條例」第11條規定之勤務方式爲之，對於臨檢之要件、程序與救濟均無明確規定，遂由大法官釋字第535號解釋認應於解釋發布後二年內改善。從本法第6條之要件內容及本條第1項之各項職權措施規定可知，本條之目的旨在規範以治安維護目的所需之查證身分措施，與本法第8條以規範交通秩序所需職權措施之要件、措施及程序，有立法目的上之差異，應予分辨。

（二）明確「檢查」授權界限

本條第1項第4款規定：「若有明顯事實足認其有攜帶足以自殺、自傷或傷害他人生命或身體之物者，得檢查其身體及所攜帶之物。」係爲避免緊急突發之危難，而影響到受檢者、檢查者或第三人之生命或身體安全，乃明定得據以檢查其身體及其所攜帶之物件，應符合「憲法」第23條保障人權之意旨，惟應注意比例原則之適用，特別是本條之檢查尚非「搜索」之授權，應予注意其差異。再者，在程序上亦應注意合理保護受檢者之名譽與隱私，避免受到不當之影響。

（三）將人民帶往勤務處所之特別要件與程序以法律明確規範

本條第2項規定，以詢問或令出示證件之查證措施之方法顯然無法查證身分時，警察得將該人民帶往勤務處所查證（一般稱之爲「同行」）；帶往時非遇抗拒不得使用強制力，且其時間自攔停起，不得逾三小時，並應即向該管警察勤務指揮中心報告及通知其指定之親友或律師。從「憲法」第8條及第23條之合憲性思考，本條第2項授權警察於合乎要件得將人民帶往勤務處所查證身分之「同行」，已屬於人身自由之「逮捕拘禁」性質，而其對人身自由之拘束，最多得爲三小時，並須遵循法定程序，亦即「警職法」所定之程序，例如，告知理由及通知親友或律師等。依據大法官釋字第384號及第392號解釋之意旨，凡限制或剝奪人身自由之公權力措施，均須遵守「憲法」第8條之規定。從我國「憲法」第8條第1項規定意旨，並參酌德國「基本法」第104條之精神，則警察依法將人民帶往勤務處所查證身分之同行措施，似可認爲僅屬人身自由之「限制」，而尚非「剝奪」，故尚無法官介入或令狀要求之規定，是否有法官保留及令狀需求，允宜考量人權保障法理與實務作爲之可能範圍，以「警職法」之同行規定，在三小時之內，嚴格要求法官保留與令狀制度，實非容易，似可以嚴格規定同行要件與同行之其他法定程序彌補之。又若「同行」係人身自由之限制，所以尚不需要有「憲法」第8條第2項至第4項之「提審」規定之適用。

如前所分析，我國「憲法」第8條第1項明定，警察機關依據法定程序，得實施逮捕拘禁之限制或剝奪人身自由措施。因此，依據「警職法」第7條第2項之規定之同行要件、程序、與救濟之規定，係遵循「憲法」第8條之規定意旨。對於限制或剝奪人身自由之法律規範，依據釋字第384號解釋意旨，所稱「依法定程序」，係指凡限制人民身體自由之處置，不問其是否屬於刑事被告之身分，國家機關所依據之程序，須以法律規定，其內容更須實質正當，並符合「憲法」第23條所定相關之條件。「憲法」第23條揭櫫自由權利保障，應遵循「公益原則」、「比例原則」及「法律保留」原則，而法律規定之內容必須實質正當，而且符合「明確性原則」，爲大法官解釋所經常強調。對於「警職法」將人民帶往勤務處所查證身分之同行規定，以「憲法」第23條加以檢視，首先，該法規定應符合「公益原則」，亦即係基於「防止妨礙他人自由、避免緊急危難、維持社會秩序或增進公共利益」之四大公益原則所規定，而賦予警察要求相對人同行之職權，應與「憲法」第23條規定尚無不符，惟最需注意適用者厥爲「比例原則」之適用。

三、相關條文

1. 「警察勤務條例」第11條第3款：「臨檢：於公共場所或指定處所、路段，由服勤人員擔任臨場檢查或路檢，執行取締、盤查及有關法令賦予之勤務。」

2. 「刑事訴訟法」第123條：「搜索婦女之身體，應命婦女行之。但不能由婦女行之者，不在此限。」

3. 「刑事訴訟法」第124條：「搜索應保守祕密，並應注意受搜索人之名譽。」

4. 「刑事訴訟法」第132條：「抗拒搜索者，得用強制力搜索之。但不得逾必要之程度。」

5. 「行政執行法」第5條第3項：「執行人員於執行時，應對義務人出示足以證明身分之文件；必要時得命義務人或利害關係人提出國民身分證或其他文件。」

6. 「行政程序法」第96條第1項第1款：「處分相對人之姓名、出生年月日、性別、身分證統一號碼、住居所或其他足資辨別之特徵；如係法人或其他設有管理人或代表人之團體，其名稱、事務所或營業所，及管理人或代表人之姓名、出生年月日、性別、身分證統一號碼、住居所。」

7.「治安顧慮人口查訪辦法」第9條：「警察依本法第六條至第十條規定實施身分查證及資料蒐集，發現行方不明治安顧慮人口之第三條所定資料時，應通報其戶籍地警察機關。」

貳、條文解說

一、名詞解釋

（一）檢查

本條第1項第4款規定，警察爲查證身分而攔停之人，若有明顯事實足認其有攜帶足以自殺、自傷或傷害他人生命或身體之物者，得檢查其身體及所攜帶之物。此處所稱之「檢查」應僅止於保護執法者或他人安全之目的，而授權得以進行「拍搜」（Frisk）檢查之謂。因執法者恐因受檢查者攜有刀、槍或其他危險物，足以自殺、自傷或傷害他人生命、身體之物者爲合理依據，其檢查行爲係以雙手做衣服外部由上而下之拍搜；對於所攜帶之物件之檢查，僅及於拍搜者立即可觸及範圍內之物爲限，並非及於其一切所有物；而且檢查之深度，亦不得如「刑事訴訟法」所授權「搜索」的澈底搜查之程度。至於「檢查」與「搜索」之區隔，及其進行時所需之合理性程度差異，應依據所建立之身分查證措施之合理性基礎爲之。再者，本條之「檢查」範圍係以衣服外部及迴身可及之攜帶物，其有別於第8條對交通工具之「檢查」，及第19條第3項規定對受管束人身體及所攜帶之物的檢查[99]。

[99] 本法第8條對交通工具之檢查，係以「有事實足認其有犯罪之虞者」爲前提要件，得檢查交通工具；第19條第3項之對受管束人身體及所攜帶之物的檢查，係在避免管束人有自殺或自傷之安全上疑慮爲正當性基礎。

（二）同行

係指本條第2項規定「依前項第二款（詢問）、第三款（令出示證件）之方法顯然無法查證身分時，警察得將該人民帶往勤務處所查證。」而釋字第535號解釋則指出：「臨檢應於現場實施，非經受臨檢人同意或無從確定其身分或現場爲之對該受臨檢人將有不利影響或妨礙交通、安寧者，不得要求其同行至警察局、所進行盤查。」原則上，同行必須先有依法得進行查證身分之要件爲前提，並經過詢問與令其出示證件仍無法查證身分時，得將之帶往勤務處所繼續查證。

二、實體要件

本條係規定在符合第6條及本條之相關法定要件下，得以進行查證身分之法定措施。司法院大法官釋字第535號解釋文指出：「實施臨檢之要件、程序及對違法臨檢行爲之救濟，均應有法律之明確規範，方符憲法保障人民自由權利之意旨。」然而，臨檢之內涵爲何？及臨檢措施爲何？從「警察勤務條例」或相關警察法規中並無法明確瞭解臨檢含有哪些干預性職權措施，將足以影響人民權益，而大法官並未加以說明，致有學者即指出，「警察勤務條例」之「臨檢」規定，是「有名詞無定義」、「有菜單無食譜」[100]。而今，「警職法」對於菜單上「臨檢」這一道菜中之「查證身分」之內容所含括各項要件與措施，分別於本法第6條及第7條中規定。對於查證身分之措施又分爲「攔停、詢問、令交付證件、檢查、帶往勤務處所」（第7條）。然而，欲進行第7條之職權措施，從個別攔檢（個案判斷）到集體盤查（警察機關主管長官指定處所），必須先有第6條各款要件之一，而執行各項措施時，尙須遵守相關程序規定。

警察依法執行職務，行使查證身分職權時，所採取之必要措施，包

---

[100] 林鈺雄（發言內容），〈警察臨檢行爲法制化——釋字第五三五號解釋座談會〉，《月旦法學雜誌》，第81期，2002年2月，頁39。

括攔停、詢問、令出示身分證明文件、檢查等，爰於第1項予以明定。第1項第1款所稱「攔停」，係指將行進中之人、車、船及其他交通工具，加以攔阻，使其停止行進；或使非行進中之人，停止其動作而言。爲保障人權，爰於第2項明定對無法查證身分者，例如該人民拒絕回答或出示身分證明，至顯然無法於現場查證其身分者，警察得將其帶往勤務處所查證之時間限制及應報告、通知等相關事項。該人民身分一經查明後，除發現違法事實，應依法定程序處理者外，即應任其離去，不得稽延，亦爲釋字第535號意旨所指陳。本條參考「有關德國聯邦與各邦統一警察法選擇草案」第15條、第23條及「韓國警察官職務執行法」第3條規定制定本條款。茲先就本法所定警察查證身分之職權措施析論如下：

（一）攔停

「攔停」（Stop）係指「將行進中之人、車、船及其他交通工具，加以攔阻，使其停止行進；或使非行進中之人，停止其動作而言[101]。」攔停措施爲查證身分首先採取之必要步驟。依據本法第7條第1項第1款規定，警察爲查證身分而攔停之對象爲人、車、船及其他交通工具。攔停（Stop）並非逮捕（arrest），須有合理懷疑（Reasonable Suspicion）受攔停人有本法第6條第1項各款情形之一者，得對之進行攔停。因非逮捕，其對於人權之侵擾極爲輕微，故無須達於「相當理由」（Probable Cause）[102]之程度，亦無須申請令狀及法官介入，惟須依法爲之，即得

101 參見《警察職權行使法案》，立法院內政委員會編（122），法律案專輯，第335輯，立法院公報處印行，2004年7月，初版，頁384。

102 「相當理由」之違法犯罪之心證程度高於「合理懷疑」，例如，「刑事訴訟法」第122條第2項規定：「對於第三人之身體、物件、電磁紀錄及住宅或其他處所，以有相當理由可信爲被告或犯罪嫌疑人或應扣押之物或電磁紀錄存在時爲限，得搜索之。」另同法第131條第2項規定：「檢察官於偵查中確有相當理由認爲情況急迫，非迅速搜索，二十四小時內證據有僞造、變造、湮滅或隱匿之虞者，得逕行搜索，或指揮檢察事務官、司法警察官或司法警察執行搜索，並層報檢察長。」均以具有「相當理由」程度，始得依法進行搜索；而「警察職權行使法」第6條規定，則以「合理懷疑」程度，作爲進行「檢查」職權措施之要件。由此可知，其對違法犯罪判斷認知之心證程度不同，法律授予得進行之職權措施強制程度亦有差異。

依據本法第7條規定，對之施行攔停作為，人民有配合及忍受之義務。至於攔停查證身分之時間就應多久始為合理？有論者認為應以二十分鐘為度[103]；美國聯邦之「統一逮捕法」（Uniform Arrest Act）則規定以二小時為限；亦有以德國警察職權法制析論，認為從攔阻、詢問到證件查驗，原則上以不超過十分鐘為宜。然一般認為，行政處分有其公定力，在未循一定途徑認定其非法時，應推定其合法，處分相對人有忍受義務，但忍受有其界限，該界限則有時空性，在一定範圍內必然是游移不定的[104]。以之相同見解者亦認應隨著個案之不同而有差異，須以當時執法之整體事實狀況考量，但不得為非必要遲延（Unnecessary Delay）[105]。

再者，本條「攔停」職權行使之客體含括對人及車、船及其他交通工具。對於車、船及其他交通工具之攔停及相關職權措施之要件，除依據第6條各款情形之外，第8條所列之「已發生危害或依據客觀合理判斷易生危害之交通工具」，亦是本法授權「攔停」交通工具之基礎。然而，第6條與第8條之立法規範目的不同，不可不予以辨明。前者為治安目的而授權攔停；後者為交通秩序目的而得以為之。再者，其要件亦因目的不同而有差異，是否得以第6條之要件而進行第8條之攔查交通工具，值得斟酌，特別是第6條第1項第6款之行經指定之公共場所、路段或管制站者，得進行第7條之查證身分措施，但並非第8條之攔檢交通工具之措施，由於第6條「指定」之事由係「以防止犯罪，或處理重大公共安全或社會秩序事件而有必要者為限。」其顯然係以治安目的，而非第8條之交通秩序為基礎，得否逕以第6條之要件，實施第8條之攔檢交

103 王兆鵬，〈警察盤查之權限〉，收錄於《路檢、盤查與人權》，翰蘆圖書出版有限公司，2001年6月，頁140-141。

104 李震山等，《警察職務執行法草案之研究》，內政部警政署委託研究，1999年6月，頁55。

105 蔡庭榕，〈論警察職權行使規範〉，收錄於朱金池等合著，《各國警察臨檢制度比較》，五南圖書出版有限公司，2002年8月，初版一刷，頁25。

通工具之職權措施，即不無疑義。

日本「警察官職務執行法」第2條第1項規定：「警察官因異常舉動及其他周圍情事而合理判斷，認爲有相當理由足認定其人有犯某罪或將犯某罪之嫌，或認定其人對已發生之犯罪或即將發生之犯罪知情，得將其人攔停盤問。」本項包括「攔停權」與「盤問權」兩種。雖依據同法第3條規定：「前二項所規定之人，非依刑事訴訟法相關法律之規定，不得拘束其身體自由，或違反其意思強求至警察分局、派出所或分駐所，或強其答辯。」學者均認爲理論上警察對於上述二種權力，不得以強制力爲之，僅屬於任意性措施[106]。至於實務見解，大致皆承認輕度實力行使之適法性，亦即得以腕力輕微使其停止，亦有認爲基於警察爲職務質問之必要性與緊急性，及該案之具體狀況而承認一定限度之有形實力行使者[107]。

（二）詢問

「詢問」（Questioning）係指對於依法攔停人、車、船或航空器之後，立即依據實際狀況進行詰問依法應受查證身分之人。詢問之範圍則依據本法第7條第1項第2款規定，警察爲查證身分而攔停之人，僅得加以詢問其姓名、出生年月日、出生地、國籍、住居所及身分證統一編號等。人民經依法攔停之後，基於人別之瞭解，有查證身分之必要，故得進一步詢問被攔停人之基本身分識別資料，若不爲答覆或爲不實答覆，將可依據「社會秩序維護法」第67條第1項第2款規定處罰之。亦即，於行政調查時，受調查人不得保持緘默而拒絕陳述其姓名及住居所，或爲

---

106 梁添盛，〈日本警察權限法制〉，《警察權限法》，1999年8月，初版一刷，頁26-28。

107 蔡秀卿，〈日本警察臨檢法制與實務——兼論大法官釋字第五三五號解釋〉，《台灣本土法學雜誌》，第33期，2002年4月，頁86-88。

不實陳述，否則將有該條款之適用[108]。然而，亦有持反對態度者[109]。按詢問（Questioning）尚非訊問（Interrogation），對於訊問則可問及案情及其涉案之可能性或其程度。故詢問無須先行給予「米蘭達警告」，訊問則可問及案情，除應給予「米蘭達警告」之外，受訊問者並得有保持緘默權。

此項之詢問範圍，雖本法規定僅得限於詢問姓名、出生年月日、出生地、國籍、住居所及身分證統一編號等。然而，爲對於本法第6條各款要件之釋疑，基於危害防止或預防犯罪之情形下，有容許授權給執法人員詢問有助於第6條各款釋疑之相關問題，係視警察所需防止危害之性質及實況，決定詢問之內容，而其內容應與查證身分有正當合理之連結，而非與盤查目的不合之詢問[110]。凡與盤查目的不合之詢問，皆爲法所不許。否則將與偵訊、行政調查等要件產生混淆[111]。然而，尚非達訊問之程度與範圍，亦即尚不觸及單一個案之具體內容。然本法僅規定詢問範圍及於身分基本資料，實有進一步觸及相關詢問範圍有助於使執法人員對本法第6條之各項要件之釋疑，亦即當時其人之行爲、物之狀況及事實現象，若執法人員有因其關聯而懷疑該受攔停進行詢問之對象可能涉及，則該執法人員得以進行一般詢問，尚不得以個案之具體事項或範圍，對之進行強制性訊問。亦即，執法人員僅得以任意性詢問，受詢問者並無回答之義務，亦不得受到強制力拘束。然而，若因此簡單一般性詢問，而受詢問者即據實以告其違法犯罪之事實，得據以偵（調）查，因而所獲得之具體違法犯罪證據，應尚非不得作爲證據，其係有合

108 林明鏘，〈警察臨檢與國家責任〉，收錄於《警察法學研究》，2019年1月，二版一刷，頁427。

109 蔡震榮，〈交通執法與警察職權行使之探討〉，收錄於《九十二年道路交通安全與執法研討會論文集》，中央警察大學交通學系，2003年10月17日，頁67。

110 李震山，〈論行政管束與人身自由之保障〉，收錄於《「人性尊嚴與人權保障」學術論文集》，元照出版公司，2001年11月，修訂再版，頁267。

111 李震山等，《警察職務執行法草案之研究》，內政部警政署委託研究，1999年6月，頁55。

理性爲基礎。

參考美國「統一逮捕法」（The Uniform Arrest Act 1942）第2條之規定：1.警察若有合理的理由懷疑一在戶外之嫌犯已經、正在或即將犯罪時，可加以攔阻，並可詢問他的姓名、地址、在外逗留的原因，和去哪裡。2.任何可疑人無法證明自己的身分，或解釋自己行爲令警察滿意時，警察可加以留置，並進一步詢問。詢問，通常在受詢者不感到威脅或壓力之下，進行相關案情之瞭解，此僅爲任意性之詢問措施，故不需要明確之法律依據。然而，若逾越程度而有強暴或威脅之情形，因而所獲得之證據將被排除適用。又若是在拘禁狀態所爲之訊問，則必須在訊問之先，給予米蘭達警告，否則所獲之證據亦將不被承認。詢問之主要目的不外是確認身分及有關可疑行爲之必要詢問。警察人員執行法律時，詢問措施經常伴隨攔停而來，甚且，常配合拍搜措施而行，幾不可分。

再者，「紐約刑事訴訟法」第180條a（N.Y. Code Criminal Procedure §180.a）亦規定[112]，在公共場所，警察若合理的懷疑有人正在、已經或即將犯重罪或犯本章第550條之罪，則可加以攔阻、詢問他的姓名、住址並對自己的行爲提出解釋。而且，美國有些州法規定，受盤查人不表明眞實身分時，構成犯罪；有些則否。至於聯邦最高法院並未直接對這個問題形成判例原則[113]。然而，依據Terry原則，攔停並非逮捕、詢問並非偵訊，拍搜並非搜索，故不可對之使用強制力[114]。因拍搜僅係爲執法安全需要，而非爲確定身分爲之。因此，警察不得因爲受攔

---

112 章光明節譯，〈美國警察相關盤查法令〉，《新知譯粹》，中央警官學校出版社，第3卷，第6期，1988年2月。

113 陳瑞仁，〈警察盤查之權源與界限〉，《臺灣臺北地方法院士林分院檢察署八十四年度研究發展報告》，1995年6月，頁54。但Wisconsin州之最高法院則在State v. Flynn, 285 N.W. 2d 710（1979）案中肯認警察對無正當理由而拒絕説明身分者，可爲拍搜（Frisk），以達確認身分之目的。

114 我國「警察職權行使法」第20條第2項亦規定：「警察對人民實施查證身分或其他詢問，不得依管束之規定，令其供述。」

停之人拒絕回答，即予以逮捕，亦不得加以處罰，乃在避免造成警察濫權，致使無辜之人因拒答問話而受罰。

至於刑事訴訟法上之訊問（Interrogation），主要是對於嫌疑犯或不合作之證人等。因此，在進行審問時，除了有律師在場之外，尚必須遵守法律規定之程序，由Dickerson v. United States一案[115]重申聯邦最高法院所創設之米蘭達[116]及其所衍生原則規範聯邦及各州法院拘禁訊問內容之有效性，否則，可能造成程序上之不足。縱然美國最高法院後來將此一判決限縮適用，有些例外情況，無須對被告提出米蘭達警告[117]，然而該項權利的告知，原則上仍爲警察實務上之重要程序，因此，美國警察經常隨身攜帶米蘭達權利之制式表，必要時，可交由被訊問者簽名。惟本條規定屬於一般攔停後之詢問，因尚非有單一具體犯罪個案之涉嫌，且多僅是查證身分及現場釋疑之一般詢問，尚無像美國米蘭達警告之刑事訴訟訊問之必要程序。

（三）令出示身分證明文件

警察依法查證身分得令關係人交付其應攜帶之證件（Identification），或要求其他資料比對或求證方式，使警察得以辨識其眞實身分。依據本法第7條第1項第3款規定，警察爲查證身分而攔停之人，經詢問其基本資料之後，仍得基於確定身分，避免造成因實施職權措

---

115 2000 U.S. Lexis 4305.

116 Miranda v. Arizona 384 U.S. 436 (1966).米蘭達警告（Miranda Warning）之內容爲：
1.可以保持緘默，無義務說明或回答任何問題。
2.如果放棄緘默，則所說之內容將成爲呈堂證供。
3.有權於審問時，請律師在場。
4.若請不起律師而仍想要有律師在場，則政府應免費提供協助。

117 王兆鵬，〈美國刑事訴訟制度簡介〉，收錄於《刑事被告的憲法權利》，國立臺灣大學法學叢書（116），1999年3月，頁374。該內文指出：美國警察爲了公共安全得不需要對被告達警與的告知（NY v. Quarles, 467 U.S. 649）（1984）。又警察得喬裝爲受刑人，在囚禁被告監獄中向被告套話，亦不需要爲以上權利之告知（IL. v. Perkins, 496 U.S. 292）（1990）。

施時，客體之錯誤，爰規定得令其出示身分證明文件。除了一般身分證件外，對特定人而言，亦有提供特殊身分證明之義務，如核電廠員工，在其廠區管制範圍內，即有應要求出示服務證或通行證之必要[118]。我國現行法令僅對於外國人有攜帶護照之義務[119]，而汽、機車駕駛人有攜帶駕、行照之規定[120]。然而，對國人之一般性質之查證身分，則以國民身分證為基礎。我國法令雖有規定：「國民身分證應隨身攜帶[121]，……。」然並無附隨罰則，以致一般人民未帶或不予提供國民身分證供查證，亦無強制效力。故雖本條規定得令其出示身分證明文件，若未帶而無法出示，僅得以口頭詢問，並以其他方法查證之，例如，透過無線電查對電腦相關資料，或以電話向其親友查證，若於現場窮盡各種可能查證身分之方法仍不可得時，若有必要，則得依法將之帶往警察勤務處所，作進一步查證。

美國「加州刑法」（California Penal Code Ann. 1 West 1970）第647條e規定，警察於必要時得對街頭遊蕩而無確切目的之人，基於公共安全之理由要求對方提出身分證明，若拒絕證實其身分及解釋所在之理由，得以判處輕罪。聯邦最高法院於Kolender v. Lawson案[122]認為，警察依據上述規定所為要求提出可靠及可信之身分證明，無法指出明確之標準，其將造成警察自由裁量，並鼓勵任意執法，此不明確之法律規定，已違反「憲法」第14增補條款關於正當法律程序之規定。然而，若行為人已有違法之事實，經警察要求提出相關證明文件，卻拒絕或無法提

---

118 李震山等，《警察職務執行法草案之研究》，內政部警政署委託研究，1999年6月，頁55。

119 我國「入出國及移民法」第26條規定：「年滿十四歲以上之外國人，入國停留、居留或永久居留，應隨身攜帶護照、外僑居留證或外僑永久居留證（第1項）。主管機關或其他依法令賦予權責之公務員，得於執行公務時，要求出示前項證件（第2項）。」

120 我國「道路交通管理處罰條例」第14條（未隨身攜帶行車執照者）、第25條（未隨身攜帶駕駛執照者），均有處罰規定。

121 「戶籍法施行細則」第20條第3項。

122 461 U.S. 352 (1983).

供，將形成警察裁量是否逮捕因素之一。例如，Atwater et al. v. City of Lago Vista etal.一案[123]，被告未繫安全帶駕車，致違反交通規則，經警要求駕照及保險資料，Atwater無法提供，而被警察逮捕。

（四）檢查

依據本法第7條第1項第4款規定，警察爲查證身分而攔停之人，若有明顯事實足認其有攜帶足以自殺、自傷或傷害他人生命或身體之物者，得檢查其身體及所攜帶之物。此處所稱之「檢查」[124]應是僅止於美國法規範警察之「拍搜」（Frisk），因執法者恐因受檢查者攜有刀、槍或其他危險物，足以自殺、自傷或傷害他人生命、身體之物者爲合理依據，其檢查行爲係以雙手做衣服外部由上而下之拍搜；對於所攜帶之物件之檢查，僅及於給拍搜者立即可觸及範圍內之物爲限，並不及於其所有物。而且檢查之深度，亦不得如「刑事訴訟法」所授權「搜索」的澈底搜查之程度。至於「檢查」與「搜索」之區隔及其進行時所需之合理性程度差異，應依據所建立之身分查證措施之合理性基礎爲之。

美國授權警察之拍搜（Frisk）檢查，是基於維護執法者之安全，在Terry案中所允許的範圍僅限於衣服外表輕拍，除非合理的感覺到衣

---

123 532 U.S. 318 (2001).

124 內政部警政署於92年8月頒行之《警察職權行使法逐條釋義》（頁30-31）釋明：本條第1項第4款所定之「檢查」界限爲：
一、本法所定之「檢查」爲警察基於行政權之作用，有別於「行政搜索」（海關緝私條例參照）及「司法搜索」（刑事訴訟法參照）。因此，檢查時尚不得有侵入性（例如以手觸摸身體衣服內部或未得當事人同意逕行取出其所攜帶之物品）而涉及搜索之行爲。
二、檢查的態樣可概分爲：
（一）由當事人身體外部及所攜帶物品的外部觀察，並對其內容進行盤問——即一般學理上所稱的「目視檢查」，僅能就目視所及範圍加以檢視。
（二）要求當事人任意提示，並對其提示物品的內容進行盤問——相當於「目視檢查」的範圍。
（三）未得當事人同意，即以手觸摸其身體衣服及所攜帶物品外部——相當於美國警察實務上所稱的「拍搜檢查」（Frisk）。
三、警察在一般臨檢盤查時，僅得實施「目視檢查」；惟如有本條第1項第4款所定要件，即有明顯事實足認當事人有攜帶足以自殺、自傷或傷害他人生命或身體之物者，亦得實施「拍搜檢查」（Frisk），以符合比例原則。

服內部藏有武器，始得以伸入衣服內部將其取出，但若盤查時事先已知道武器藏匿之詳細位置則可直接取出，未必需要先做衣服外部搜身。另外須注意的是搜身有別於一般爲取得犯罪證據或基於證據保全目的之傳統搜索，亦非逮捕後之附帶搜索[125]，因此不得擴大其所允許之目的範圍，而爲證物之搜尋。而如何的客觀事實，始足以讓一個理性謹慎之人相信執法者之推論是合理的，則須有許多判例以形成一些原則，提供美國警察人員於執法判斷之基準，美國法院係以判例形成基準，將抽象要件以判例微分，以形成具體之法律原則。例如：盤查時未必允許搜身，除非有合理的理由相信受盤查人攜帶武器，且能夠使一個理性謹慎之人相信執法者已處於危險狀態，方得爲之。由於檢查時所面臨之客觀環境互爲差異，唯有由執法者遵守上述之原則，根據事實作判斷，以決定是否行使搜身之職權，而不可假程序之便，恣意濫權，侵犯人民之權益，損及整體利益之均衡性。而判例之態度，乃法律詮釋之容許標準，執法者唯能確切掌握其精神，才能適當的行使其職權，提高效率並維護憲法所保護之權利。

以上在Terry v. Ohio案[126]，刑警基於合理懷疑Terry等有犯罪之虞時，將之攔停，並基於安全需求與考量，所爲之拍搜檢查所獲之違法槍械，得做爲證據，具證據能力，並將Terry繩之以法。然而，在Minnesota v. Dickerson案[127]，警察基於合理懷疑將身著大衣走在路上之Dickerson攔停，並爲驅除安全威脅，對其拍搜檢查，於其大衣內部之上衣口袋碰觸到一四方形硬盒，警察直覺反應是該人攜有毒品，經伸手

125 依「刑事訴訟法」第130條規定：「司法警察官或司法警察逮捕被告、犯罪嫌疑人或執行拘提、羈押時，雖無搜索票，得逕行搜索其身體。」一般稱之爲「附帶搜索」，以避免上述之人抗拒逮捕或毀滅、隱匿證據。參見王兆鵬，〈論附帶搜索〉，收錄於《搜索扣押與刑事被告的憲法權利》，國立臺灣大學法學叢書編輯委員會，2000年9月，頁167-168。

126 392 U.S. 1 (1968).

127 508 U.S. 366 (1993).

取出後，果然爲毒品，並將之起訴判刑。被告不服經以違反「憲法」第4增補條款之非法搜索及扣押，經上訴到聯邦最高法院，最高法院以毒品對警察無立即危險，且大衣內之硬盒所裝爲毒品之懷疑心證程度甚低，無法構成得以進行搜索之「相當理由」之程度，其職權措施實施之合理性顯然不足，而認定警察之取證作爲已屬於「搜索」之程度，爲憲法所不許。由美國以上兩個案例比較可知，警察職權措施發動之合理性要件非常重要，如何取得證據之程序，將是未來我國法院交互詰問時，被告律師最可能詰問之重點。

（五）帶往勤務處所

本法第7條第2項規定，在經過警察以詢問或令其出示證件，表明身分方式，仍顯然無法查證其身分時，可將之帶往警察勤務機構，以進一步進行查證，亦即一般所稱之「同行」。爲應注意自攔停時起，不得逾3小時[128]，除非遇有抗拒，否則，不得使用強制力[129]，並應報告勤務指揮中心，並通知其指定之親友或律師。本法原草案第10條定有同行至警所後，得進行鑑識措施，以進一步查證確定其身分。然而，並未獲得通過，帶往警所若仍無法查證其身分者，則應注意，避免逾越其時效。司法院大法官釋字第535號解釋文強調：「臨檢應於現場實施，非經受臨檢人同意或無從確定其身分或現場爲之對該受臨檢人將有不利影響或妨礙交通、安寧者，不得要求其同行至警察局、所進行盤查。其因發現違法事實，應依法定程序處理者外，身分一經查明，即應任其離去，不得

---

128 內政部警政署於92年8月頒行之《警察職權行使法逐條釋義》（頁30）釋明：「係參酌德國警察法選擇草案第23條第4款『爲查證身分而剝奪人身自由，至遲十二小時後開釋』、韓國警察官職務執行法第3條『同行留置三小時』之規定及考量警察實務之需要。」

129 內政部警政署於92年8月頒行之《警察職權行使法逐條釋義》（頁30）註明：行政院「警察職務執行條例」草案版本及立法院審查會通過條文，均無使用強制力之規定，迄第二次朝野協商時，參酌立法委員陳學聖所提版本，明文規定「帶往時非遇抗拒不得使用強制力」。換言之，帶往時如遭遇抗拒即得使用強制力，惟不得逾越必要程度。

稽延。」此解釋意旨並經採爲本條立法說明理由之一[130]。於此，特別是使用強制力，應注意到比例原則之適用。另亦須注意要求「同行」之帶往勤務處所查證身分與「社會秩序維護法」第47條之「留置」概念，並不相同。在對人身自由之拘束程度上法律所授權許可之時間、拘束之目的、程序與救濟均不相同，應予明辨。

日本「警察官職務執行法」第2條第2項規定：「爲前項盤問時，苟認在現場爲之對其人不利，或將妨礙交通時，得要求其人同行至附近警察分局、派出所或駐在所，以便盤問。」第3項：「前二項所規定之人，非依刑事訴訟法相關法律之規定，不得拘束其身體自由，或違反其意思強求至警察分局、派出所或分駐所，或強其答辯。」然該條之盤問與同行，學者通說認爲係屬於所謂的「任意調查」及「任意同行」，不得以強制力爲之[131]。依據「德國聯邦與各邦統一警察法標準草案」規定，關係人拒絕答覆詢問，或提供不完全資料，令人懷疑該資料不正確時，尚未構成留置之要件[132]。上述德國「標準草案」第9條第2項第三句之規定，須以其他方法仍無法查證身分或有重大困難時，要件才構成。所謂其他方法，如以無線電對講機、警車內之電腦、電話手機查詢等。所謂有重大困難者，譬如，因此將阻礙交通或引起太多好奇民眾圍觀，或因當時天候正是大雷雨，或者將受第三人之干擾、阻止遲延等，始得將關係人攜往勤務處所進行查證身分工作。再者，由於將受盤查之人攜往警所，已構成人身自由的剝奪，亦應嚴格遵守剝奪人身自由之法定程

130 本條立法說明三：「爲保障人權，爰於第二項明定對無法查證身分者，例如該人民拒絕回答或出示身分證明，警察得將其帶往勤務處所查證之時間限制及應報告、通知等相關事項。該人民身分一經查明後，除發現違法事實，應依法定程序處理者外，即應任其離去，不得稽延。」參見《警察職權行使法案》，立法院內政委員會編（122），法律案專輯，第335輯，立法院公報處印行，2004年7月，初版，頁384。

131 蔡震榮，〈警察職務執行條例草案之探討〉，《台灣本土法學雜誌》，2003年3月，第44期，頁101。

132 李震山等，《警察職務執行法草案之研究》，內政部警政署委託研究，1999年6月，頁55-56；轉引自Vgl., R. Samper & H. Honnacker, a.a.O., Anm.14 zu Art. 12.

序，如法官裁定、理由告知與通知義務及剝奪人身自由之理由一消失，即應釋放；若事先爲依法由法官裁定者，至遲在留置當日結束前釋放之[133]。

警察對嫌疑人實施盤查時，認爲有繼續詢問查證之必要，或認爲當場詢問，將不利於本人或妨害交通時，得要求嫌疑人隨同前往警所。雖然，美國「統一逮捕法」規定，任何可疑人無法證明自己之身分，或解釋自己之行爲以令警察滿意時，警察可加以拘留，並進一步偵訊。然而，根據Terry原則，除非逮捕，否則對於受檢查人之拘束，不能導致將人帶回警所，並作有罪之控訴。因此，如可攜往警所即已達逮捕之程度[134]。例如，聯邦最高法院曾以判例作成非逮捕之攜往警所，乃違反「憲法」第14增補條款之決議[135]。爲避免上述「統一逮捕法」之規定，因無客觀之認定標準而致執法濫權，其規定乃不爲美國最高法院判例所肯認。因此，除非是逮捕，否則基於盤查而爲之同行，必須得到相對人之同意且所爲之意思表示，不得有任何瑕疵。對於同行後之詢問並非犯罪偵訊，相對人有選擇自由離去之權利，警察必須予以告知，否則可能被視爲逮捕而受違憲之宣告。

「警職法」第7條第2項僅規定「依前項第二款（詢問）、第三款（令出示證件）之方法顯然無法查證身分時，警察得將該人民帶往勤務處所查證」，而釋字第535號解釋則指出：「臨檢應於現場實施，非經受臨檢人同意或無從確定其身分或現場爲之對該受臨檢人將有不利影響或妨礙交通、安寧者，不得要求其同行至警察局、所進行盤查。」原則上，同行必須先有依法得進行查證身分之要件爲前提，始得爲之。惟兩

133 李震山等，《警察職務執行法草案之研究》，內政部警政署委託研究，1999年6月，頁55-56。

134 Dunaway v. New York, 442 U.S. 200（1979）一案，警察對嫌犯僅具合理懷疑，而非達相當理由程度懷疑其犯罪，警察將其自家中載到警局詢問，而嫌犯爲告知其已被捕，聯邦最高法院認其已被逮捕，其合理性程度不足，故逮捕不合法。

135 Ko1ender V. Lawson, 461 U.S. 356 (1983).

者規定尚有不同的是上述「警職法」所規定之「同行」，係以能否達成目的性原則（顯然無法查證身分）爲考量，而未考慮是否對當事人將有不利影響或妨礙交通、安寧之情形等，或其他因素不適合在現場查證時，亦得要求「同行」。因其並非顯然不能查證，而是在場查證對當事人將有顯然不利之情形。例如，日本「警察官職務執行法」第2條之「同行」規定其要件，應爲在現場盤問對本人不利、或有礙交通或其他不適宜在現場實施之情形，始得要求同行[136]。再者，依據「警職法」之同行規定，僅以「詢問」或「令出示證件」之方法而顯然無法查證身分，作爲要求同行之要件，然參考日本「警察官職務執行法」第2條係以「對當事人不利或妨礙交通」爲要件，或者大法官釋字第535號亦揭示四項要件，亦即「非經受臨檢人同意或無從確定其身分或現場爲之對該受臨檢人將有不利影響或妨礙交通、安寧者，不得要求其同行至警察局、所進行盤查。」以之作爲是否要求同行之決定基礎，較符合實務需要，值得未來修法時參考採納。又因所有法令上並未有強制規定人民有攜帶國民身分證之義務[137]，而且依據「戶籍法」第8條第1項之規定：「人民年滿十四歲者，應請領國民身分證。」然並無罰則或強制規定，以致尚有人可能並未有身分證及其他證件或攜帶之，以致無法出示。若該等人經詢問後，告知姓名等基本資料，則此時應由在場警察依無線電查證或其他可能方式爲之，其查證責任應在警察，若無法進一步查證，亦無其他實害違法，應讓其自由離開，實不得以所告知之姓名資料無法查證，而將之帶往警所。

136 鄭善印，〈日本警察偵查犯罪職權法制之探討〉，《刑事法雜誌》，第45卷，第6期，2001年12月，頁34-35。

137 僅有「户籍法施行細則」第20條第3項規定：「國民身分證應隨身攜帶，非依法律不得扣留。」但並無任何罰則。

三、程序要件

警察執行勤務作爲，一般均以處理實害或防止具體危害之必要時，始有查證身分之必要性，至於依據本法第6條第1項第6款之規定，對行經由警察機關主管長官所指定之公共場所、路段或管制站者，經攔停與詢問之後，若無任何進一步可疑，而無查證其身分之必要時，即無須令其出示身分證明文件。故本法基於第6條要件之符合，並未必然進行本法第7條所規定之全部查證身分得以進行之職權措施。惟若有實害或爲防止具體危害之必要，則其一般程序得攔停相對人，令其出示相關身分證明文件，若其無法出示，則依據本法第7條第1項第2款規定，詢問其身分之基本資料，以作爲進一步處理案件之參考。若相對人無法出示身分證明文件，又拒絕於警察人員依法調查或查察時，就其姓名、住所或居所爲不實之陳述或拒絕陳述者，得依據「社會秩序維護法」第67條處罰之。在另一方面，警察執行查證身分措施時，應遵守本法第4條之規定：「警察行使職權時，應著制服或出示證件表明身分，並應告知事由。」

依據本法第7條第1項第2款及第3款進行詢問或令其出示身分證明文件，仍無法查明身分時，若有必要繼續查證時，得將相對人帶往勤務處所，程序上必須向勤務指揮中心報告，以使分局得以掌控狀況，若有不當，警察機關主管長官亦得下令停止其同行措施。另應通知其指定親友或律師，以保障人權。然而，若有不願意通知者，得尊重其意願，惟可要求其簽名爲證，或記載拒絕通知之情形與事由並附卷備查。目前警察機關實施臨檢查證身分時，係以警用行動電腦查證民眾身分，可於執勤現場查詢資料爲：失竊汽機車、副載波廣播系統通報查協尋車輛、查捕逃犯、失蹤人口、逃逸外勞、國民中小學中途輟學學生、出矯治機構毒品人口及遺失身分證等八項資料[138]。因此，查證身分措施之進行，於

---

138 http://www.npa.gov.tw/faq/faq2-21.htm, last visited: 2004/07/10.

攔停後經詢問姓名等基本資料，若有必要得進一步要求其出示證件，並據以核對上述資料，若無可疑，即應任其離去，不得稽延，以保障人權。再者，有關本條將人民帶往勤務處所查證身分，在程序上仍應注意下列事項：

（一）同行所至之處所：原則上，同行至警察勤務處所以查證身分，是否可以帶至其他適當處所？「警職法」或釋字第535號解釋均未有明文。例外時，亦可經當事人同意而至方便進行查證身分之處所。例如，日本「警察官職務執行法」之同行規定，其判例或學說認為有時可同行至附近空地、事務所或其他處所。

（二）同行之時間：雖然同行之法定時限，自攔停時起，不得超過三小時，但同行而拘束人身自由之時間，仍必須遵守依法立即處理原則，查證後應依據釋字第535號解釋意旨，除因發現違法事實，應依法定程序處理者外，身分一經查明，即應任其離去，不得稽延。三小時同行時限係包括帶往勤務處所之在途期間，亦即自攔停時起，最多僅能拘束受查證身分人三小時，縱然尚未查明身分，若無其他違法事由，必須立即讓其自由離開。

（三）同行之告知：依據「警職法」之同行規定，若將人民帶往勤務處所查證身分，應即向該管警察勤務指揮中心報告及通知其指定之親友或律師。原草案係以「向警察局長報告」，其係以「長官保留」作為拘束人身自由與人權保障衡平之考量。經立法過程中，以「向該管警察勤務指揮中心報告」替代之，想必係因勤務中心代表機關二十四小時運作，且首長隨時可掌握狀況，亦有同樣功能，且在實務上較為可行。至於通知其指定之親友或律師，則是「憲法」第8條所稱法定程序之一環，亦為「程序之正當法律程序」的一部分，迅速使其親友知情或通知其律師，以保障其權益。亦有論者認為警察應主動告知其將被帶往之勤務處所及進行查證之時間限制，以使其作為斟酌是否配合警察詢問之考量，並建議警察更宜透過制定行政規則之機會，充實其必要之程序保障，課予警察更多之主動告知義務[139]。然而，通知其指定之親友或律師，若無法查證身分，則此通知義務，在實務上將造成困難，本文認爲若當事人不願意通知，則應尊重其意願。

（四）同行查證身分之目的與方法：同行，係將人民帶往勤務處所查證身分，然而查證身分之目的何在，「警職法」並未明定，其實同行目的應隱含有蒐集或連結相關身分背景因素，以協助執法者對於第6條危害防止或預防犯罪之可疑要件之釋疑功能，以作爲合理懷疑或其他判斷要件之連結，以形成決定是否有進一步執法作爲之決定基礎。至於帶往勤務處所後，如何進行查證身分，「警職法」欠缺如何進一步查證措施及其要件、程序之規定，原草案有帶往勤務處所後之鑑識身分的規定，以爲配套措施，但惜未通過立法。若無任何得進一步查證措施，而僅將人民帶往警所拘束其自由三小時，則顯然不合大法官釋字第535號解釋之一經查明，即應任其離去，不得稽延。因此，本法有關同行規定，應考量其同行後之配套措施，例如修法授權得以進行鑑識措施，使之能進一步達成查證身分之目的。否則，即無同行之必要，該規定似可被考量刪除。

（五）強制力程度：「警職法」對於同行之規定，在帶往時非遇抗拒不得使用強制力；則反面而言，若遇有抗拒，則得使用強制力，以屬於強制同行性質，此爲釋字第535號所未解釋者。若僅是潛在性危害之疑慮，而以強制力帶往警所，是否逾越憲法比例原則，不無疑慮，已探討如前述。然強制力之行使則必須符合比例原則，吾人認爲以徵求其同意爲先，不宜貿然使用強制力，似不宜使用警銬。例如，日本有關同行規定，雖爲任意性，但有許多判例仍許可警察行使有形的實力，認以身體動作要求同行，乃屬當然，但仍有一定之界限[140]。

---

139 林明鏘，〈警察職權行使法基本問題之研究〉，收錄於《警察法學研究》，2019年1月，二版一刷，頁205。

140 鄭善印，〈日本警察偵查犯罪職權法制之探討〉，《刑事法雜誌》，第45卷，第6期，

（六）給予同行書，並告知救濟途徑：依據「警職法」第29條規定，對警察依本法行使職權之方法、應遵守之程序或其他侵害利益之情事，得於警察行使職權時，當場陳述理由，表示異議。若異議不被採納，經義務人或利害關係人請求時，應將異議之理由製作紀錄交付之。舉輕以明重，現場攔停、檢查等警察職權作爲可提起異議，並請求給予異議紀錄文書，同行對於人身自由權利干預較重，吾人認爲既然帶至警所，應在警所留有書面紀錄，並主動給予受查證身分人一份文件，或可稱之爲「警察同行書」[141]，記載同行之事由及相關資料，並載明若有不服，得進行之救濟途徑，作爲教示，確保人權。

基於上述分析，「警職法」之同行規定，應有該法第6條要件之一，始得進行第7條第1項查證身分措施，如攔停、詢問、另出示證件或合於要件之檢查身體或其所攜帶之物件。又必須經上述詢問及令其出示身分證明文件之後，仍顯然無法查證身分，若有必要，始得將該受查證者帶往勤務處所繼續查證。除可當場表示異議，由現場員警決定是否接受，若仍繼續執行，則同行之後，若有不服，依據「警職法」第29條規定得提起爭訟。同行之程序，應立即通報該管警察勤務指揮中心，並通知受查證人之親友或律師。其有關規定，吾人認爲尙符合「憲法」第8條第1項規定：「非經司法或警察機關依法定程序，不得逮捕拘禁」之人身保障規定。該規定雖未要求有法官介入，然「憲法」第8條第1項於上述分析，並無「法官保留」之規定；至於第2項至第4項之提審制度，係以犯罪嫌疑人或刑事被告身分爲規範基礎，而「警職法」之同行對象，尙非該身分者，且最多三小時之同行時限，若要「法官介入」有事實上之困難，故該法設計之人權保障機制，於要求同行時，應立即通報該主管警察局長，後雖於立法時，修改爲該管通報勤務指揮中心，亦不

2001年12月，頁34-35。

141 「少年事件處理法」第22、23、59條及「保安處分執行法」第44條規定有使用「同行書」之名稱。

失為「長官保留」之意旨，亦即長官若認為同行有所不妥，可命令其停止實施。至於「憲法」第23條之檢驗，通過「公益」及「法律保留」原則應無問題，至於是否合於「比例原則」之適用，則有斟酌餘地，因若僅為潛在性危害之性質，例如，滯留於高犯罪習性之區域，而遭到地區警察主管長官指定全面攔檢，僅以「詢問」及「令出示證件」而顯然無法查證，即可將之強制同行至警察勤務處所查證身分，必要時並得使用強制力，應與比例原則未合，必須嚴格遵守最後手段性，亦即窮盡一切其他方法，例如，無線電通訊、巡邏車電腦系統或其他可行方法，仍無法達成查證目的時，而仍有必要查證時，始得要求同行。

四、實務與學術見解

（一）實務見解

1. 內政部警政署民國93年4月7日警署行字第0930062896號函「警察職權行使法施行後各單位於實務上遭遇之問題或疑義彙復表（問題編號：2）」（臺北市政府警察局）：依「警察職權行使法」第7條第1項第2款、第3款之方法若無法查證身分時，得將該人民帶往勤務處所查證，並應即向勤務指揮中心報告及通知其指定親友或律師。如民眾無其他親友，且不通知律師到場，警察人員該如何處理？建議如當事人無其他親友或不通知律師到場時，若當事人已達成年者，請其切結，即可略過通知手續，進行查證。另未成年部分應如何處置？

   警政署解答： (1)查「警察職權行使法」第7條第2項後段規定：警察將人民帶往勤務處所查證身分，應通知其指定之親友或律師。準此，警察將人民帶往勤務處所查證時，有通知其指定親友或律師之義務；人民則有親友或律師之指定權。是以，警察將人民帶往勤務處所，應即時告知其有指定親友或律師之權，以便執行通知；如人民告知「無親友或不通知律師到場」，致不能執行通知者，自不必通知，惟應於相關工作紀錄文件載明，並請其簽名。(2)前揭人民指定權，不因當事人未成年，而受影響。

2. 內政部警政署民國93年4月7日警署行字第0930062896號函「警察職權行使法施行後各單位於實務上遭遇之問題或疑義彙復表（問題編號：4）」（臺北縣政府警察局）：「警察職權行使法」並無罰責及缺乏較強制之規定，例如當事人於受查證身分時拒絕、虛僞搪塞或拒絕到場，除使用強制力外，並無罰鍰或其他行政罰。對於是否可以適用其他的法令（例如：「社會秩序維護法」、「行政執行法」或「道路交通管理處罰條例」……等）之處罰，可否彙集專家學者之意見，以行政規則或函示，讓於第一線執勤同仁瞭解。

警政署解答：(1)查「警察職權行使法」係規範警察依法行使職權之法律，惟並不排除其他法律有關處罰與強制規定之適用。又警察行使職權時，應注意「警察職權行使法」第3條之比例原則規定。(2)本案舉當事人於受查證身分時拒絕、虛僞搪塞或拒絕到場之處置，查「警察職權行使法」第7條已明定警察查證身分之必要措施包括強制力之執行；又如警察行使職權已達成其目的，或依當時情形，認爲目的無法達成時，應依職權終止執行；另查「社會秩序維護法」第67條第1項第2款規定：「於警察人員依法調查或查察時，就其姓名、住所或居所爲不實之陳述或拒絕陳述者，處三日以下拘留或新臺幣12,000元以下罰鍰。」本案宜視具體個案事實及情節輕重，分別依前揭相關規定辦理。

3. 內政部警政署民國93年4月7日警署行字第0930062896號函「警察職權行使法施行後各單位於實務上遭遇之問題或疑義彙復表（問題編號：6）」（臺北縣政府警察局）：「警察職權行使法」第7條第2項規定三小時之查證時間並無但書規定，如當事人係犯罪之人（如通緝犯），其帶有身分證明文件（或無），但於受檢時拒不提供證件、拒不配合查證或以謊報身分等方式，刻意將查證時間拖延至三小時以上，其時間既已逾規範之查證時間，警方依本法意旨即應任其離去，尚難謂非有疏縱之嫌。

警政署解答： 依「警察職權行使法」第7條第2項規定查證人民身分時，有事實足認受查證者係涉嫌犯罪之人（含現行犯、準現行犯、犯罪被告、嫌疑人、通緝犯等），即應依「刑事訴訟法」相關規定程序辦理。

4. 內政部警政署民國93年4月7日警署行字第0930062896號函「警察職權行使法施行後各單位於實務上遭遇之問題或疑義彙復表（問題編號：7）」（臺北縣政府警察局）：本法第7條第2項所規定三小時之查證時間係自攔停起算，如因不可抗力因素，以致於前往勤務機構途中嚴重耽誤時程，將影響員警查證工作。其自攔停起至到達勤務處所止之時程，應比照「刑事訴訟法」第96條之1之立法意旨，增訂「法定障礙事由」規定，如合理之在途同行期間，因交通障礙或其他不可抗力事由所生之遲滯等。

警政署解答： 本項建議留待將來修法之參考。

5. 內政部警政署民國91年1月21日警署行字第0910003741號函釋略以：編排其他警察勤務（巡邏、勤區查察等），如發現有臨檢要件時，……應靈活運用可達成任務之勤務方式（如臨檢、路檢），為應向勤務指揮中心報告，勤畢後，並應於「工作紀錄簿」中，詳實記載。

（二）學術見解

參考美國聯邦最高法院在Terry v. Ohio案確立了警察實施攔停原則[142]。警察有「合理懷疑」某人已經或正在施行違法行為，即可予以攔停查察[143]，原則上無須令狀及「相當理由」，然警察依法不得為毫無理

---

142 Terry v. Ohio 392 U.S. 1 (1968).

143 王兆鵬，《路檢、盤查與人權》，翰蘆圖書出版有限公司，2001年6月，頁119。

由或無正當性之攔停[144]。美國最高法院指出對在公共道路或場所之行人或車輛攔檢，必須具有「合理懷疑」其涉嫌違法，始得爲之[145]。聯邦上訴巡迴法院亦曾指出：警察不具有無限制的權力去攔停行人或車輛，僅基於警察之「善意」原則及模糊之徵兆是不足以正當化攔停措施，必須對攔檢對象有正在進行、已經完成或即將從事錯誤行爲之合理懷疑，始足當之[146]。因此，參照美國在Terry v. Ohio一案，最高法院雖說「攔停」（Stop）不等於「逮捕」（Arrest）與「拍搜」（Frisk）不等於「搜索」（Search），攔停與搜索之用語亦未在其憲法或其增修條文中規範，然其最高法院嚴正指出其仍應受到「憲法」第4增補條款之規範，惟依據強制力大小，相對地要求其施行條件之證據之心證確定程度亦有高低之比例原則考量。

參、問題探討

一、實務問題

（一）依據本條受攔檢之人，得否行使「緘默權」？

按本條第1項第2款：「詢問姓名、出生年月日、出生地、國籍、住居所及身分證統一編號等。」若於行政調查時，受調查人不得保持緘默而拒絕陳述其姓名及住居所，或爲不實陳述，否則將有該條款之適用。可依據「社會秩序維護法」第67條第1項第2款規定處罰之。

144 蔡庭榕，〈論警察攔檢之法規範〉，《警大法學論集》，第6期，2001年8月，頁8以下。

145 United States v. Cortez, 449 U.S. 411 (1981).

146 United States v. Montgomery, 561 F.2d 875 (1977).

（二）本條之「檢查」身體及其所攜帶之物，其範圍與程度為何？與「搜索」有何不同？

本法第7條第1項規定，警察依第6條規定，爲查證人民身分，得採取攔停、詢問、令出示身分證明文件及「若有明顯事實足認其有攜帶足以自殺、自傷或傷害他人生命或身體之物者，得檢查其身體及所攜帶之物等4種必要措施。其中前3款措施並無另規定要件，但第4款規定進一步「得檢查其身體及所攜帶之物」，則須是爲了執法之安全性考量，始得爲之，而非依法得以攔停，即得加以檢查受攔停人之身體或所攜帶之物件。本條之「檢查」規定，係爲保障執法者及第三人之安全而規定，對於主觀上感覺依法查證身分之相對人有本條第1項第4款規定：「若有明顯事實足認其有攜帶足以自殺、自傷或傷害他人生命或身體之物者，得檢查其身體及所攜帶之物。」得進行拍搜（Frisk）其衣服外部或其所攜帶之物，以確定其未攜帶危險物品。

二、理論爭議

（一）「限制」或「剝奪」權利

司法院大法官釋字第535號解釋及本法對於因查證身分而得要求同行至警察勤務處所之規定，引起許多論者對於可能侵害人權之疑慮[147]。特別是涉及我國「憲法」第8條之人身自由的審問處罰部分，應符合「法官保留」原則。本法第7條第2項規定，警察於依法可將之帶往警察勤務機構，以進一步進行查證，除非遇有抗拒，否則不得使用強制力。反面之意，若欲將之帶往勤務機構查證身分而遇有抗拒時，則得使用強制力。因此，其是否須法官介入或適用令狀原則，均有待進一步釐清。本條之帶往勤務處所之規定與日本之任意同行顯有差異，是否過度侵犯人權，則有探討餘地。尤其是依據本法第6條查證身分之要件考量，

---

147 王兆鵬、李震山（發言內容），〈「從釋字第五三五號解釋談警察臨檢的法制與實務」研討會〉，《台灣本土法學雜誌》，第33期，2002年4月，頁108-111。

有些僅是抽象危害[148]，而有些屬於具體危害之防止[149]，均尚未構成違法或犯罪之實害時，若即得以強制力將之攜往警所，而參考美國法精神，此作為已屬逮捕性質，必須有令狀或相當理由足信其可被逮捕，始得為之。因此，對於本法之同行，應審慎為之。有關「同行」規定，與我國同屬於大陸法系的德國作法，應值得參考。

依德國「基本法」第104條第2項第一句規定，人身自由之剝奪、許可及繼續，原則上應由法官裁定。情況急迫時，事後應即補送請法官裁定。警察行使盤查權，有必要剝奪他人自由時，事實上不可能事先得到法官允許，因此，「德國聯邦與各邦統一警察法標準草案」第14條第1項第二句規定：「若法官之裁定，於警察處分依據消滅後才會到達者，則無需請求法官裁定[150]。」因此，原則上，將受查證身分者攜往警所，須有法官許可，如果條件或環境上不允許，可事後報告。若法官信賴警察作為，亦可透過電話或傳真方式許可；然法官若不認可，即應將人釋放，藉以遵守憲法對人身自由保障機制[151]。綜上，我國對於將人民帶往勤務處所查證身分之暫時性拘束其行動自由，自攔停時起，以三小時為限，係為公益之治安目的所需，而依法定程序行使之公權力，對於人身自由之暫時拘束，當應受到「憲法」第8條及第23條之規範，而符合「實質正當之法定程序」。

（二）「同行」須否法官介入

警察不論是依法從事防止危害之行政權作用，或犯行追緝之司法

148 H. Scholler、B. Scholler合著，李震山譯，《德國警察與秩序法原理》，登文書局，1995年11月，中譯二版，頁71-73；H. Scholler、B. Scholler氏論對於「抽象危害」與「具體危害」清楚析述。

149 蔡震榮，〈警察職務執行條例草案之探討〉，《台灣本土法學雜誌》，第44期，2003年3月，頁101。蔡氏論對於德國警察法上之具體危害與犯行預先抗制之區隔，析之甚詳。

150 李震山等，《警察職務執行法草案之研究》，內政部警政署委託研究，1999年6月，頁55-56。

151 李震山（發言內容），〈「從釋字第五三五號解釋談警察臨檢的法制與實務」研討會〉，《台灣本土法學雜誌》，第33期，2002年4月，頁111。

權作用，均難以避免可能暫時拘束人身自由，特別是在「警察職權行使法」實施後，對於其第7條第2項授權警察在一定要件下，得將人民帶往勤務處所查證身分，其在公益上固有其必要。然在另一方面，亦因而可能對人民之身體自由造成限制或剝奪。雖在我國憲法無明文規定此暫時拘束人身自由之「同行」，本文認爲「逮捕」、「拘禁」、「審問」、「處罰」已有「憲法」第8條明文規範，而過去已經由大法官在第384、392、523號等各次解釋，予以明白說明無論名稱爲何，只要對於人身自由有限制或剝奪，均受「憲法」第8條之規範。我國「警職法」之同行規定，不同於日本「警察官職務執行法」之任意性，而係屬強制同行，其與德國「標準草案」第9條之留置規定較爲相近，兩者均未規定有法官介入之必然性，惟必須遵守法定程序，始得爲之。

（三）「同行」規定是否符合「比例原則」及「實質正當」

本條第2項有關「同行」規定，有疑義者爲「同行」規定是否合於「必要者」之「比例原則」適用？以及雖有「警職法」之授權實施「同行」措施，形式上符合「法律保留原則」，惟須進一步思考者是其法律規定程序內容，是否「實質正當」原則。以上兩疑義，有必要進一步探討如下。

1.「同行」規定是否符合「比例原則」：以憲法「比例原則」來檢視「警職法」第7條第2項之同行規定的立法授權是否合度適當，須注意其能否通過「適當性原則」、「必要性原則」及「狹義比例原則」，不無疑義。首先，警察於攔檢現場經詢問或令出示證件顯然無法查證身分，而將受查證人帶往勤務處所後，若無其他配套措施，例如，原草案有得進行鑑識身分措施以爲配套[152]，但未經立法通過，導致在現場無法

---

152 「警職法」原研究草案在第9條「同行」規定之後，原訂有第10條鑑識身分規定如下：
「警察於有下列情形之一時，得對當事人採取鑑識措施：
依前條第一項第一款至第五款，不能或顯難達成身分查證之目的時。
依事實狀況及其前科素行，足認其有觸犯刑事法律之虞者。

查證，同行至勤務處所仍無法查證，而致無其他作爲，僅爲「同行」而「同行」，而無法達成查證身分之目的時，則此立法不無違反「適當性原則」之疑義。況若人民僅因路過「警職法」第6條第1項第2款之某一經指定得進行全面攔檢之公共場所或路段，而經攔檢並被要求查證身分，屬於因抽象（或潛在）危害，經警詢問或令出示證件仍顯然無法查證時，即得要求強制同行，且同行之性質，與無令狀逮捕相近，若將之置於警用巡邏車載往警所，除使人民產生極大之心理強制力，依社會一般通念，或將認爲該人爲警察所逮捕，而使其產生壓力或恥辱感，其緣由僅爲路經被指定爲警察攔檢區域而顯然無法查證身分而已。果眞如此，則警察所爲不無「以砲擊雀」之疑慮，似與「狹義比例原則」不相符。因此，若人民經詢問後，已經告知姓名及地址等身分基本資料，或已經出示證件，則此時對其身分查證之義務，即在於警察，縱然警察無法在現場確認其眞僞，亦即不得以顯然無法查證身分而將之帶往警察勤務處所。再者，行使同行職權措施，亦應遵守「必要性原則」，亦即非有抗拒不得行使強制力，若有必要行使強制力，亦應在能達成目的之方法中，選擇對當事人最小侵害者爲之。雖「警職法」僅規定同行，自攔停起不得逾三小時。但應注意縱然在三小時內，亦應遵守釋字第535號解釋所要求之「身分一經查明，即應任其離去，不得稽延」之意旨。

2. 是否符合「實質正當」原則：「正當法律程序」包括「程序上正當程序」與「實質上正當程序」已如前述。程序之正當即如「憲法」第8條第2項所定犯罪嫌疑人被逮捕拘禁時，應遵守之程序規範，如告知原因、二十四小時內移送法院審問、人民聲請提審權，以及「刑事訴訟

前項所稱鑑識措施如下：
一、採取指紋或掌紋。
二、照相或錄影。
三、確認體外特徵。
四、量取身高、體重。
五、其他得以辨識身分之法定鑑識措施。」

法」之相關程序規定。另一方面，非屬於刑事犯罪嫌疑人雖非「憲法」第8條第2項規定範圍，然基於上述「憲法」第8條第1項與釋字第384號及第392號解釋可知，亦應有正當法律程序之遵守，如「行政程序法」或其他個別行政法所定之程序，其內容必須實質正當，且符合「憲法」第23條所定之條件始可。論者認爲「警職法」規定之三小時之強制同行，實質上已經剝奪相對人之自由，而僅課予警察通報勤務指揮中心之程序義務而已，其憲法之「正當法律程序保障」及「法院保留主義」[153]將全盤落空，並認爲「警職法」第7條第2項之強制同行規定，明顯欠缺對當事人之程序保障條款，且無司法機關事前或事後之監控機制，有違憲之虞[154]。亦有論者認爲「憲法」第8條係指刑事處罰而言，但是否包括行政秩序罰，不無討論之餘地。惟其仍指出行政罰若涉及人身自由的拘束，仍應受到正當程序的保障與法律保留原則之限制，始符合憲法保障人身自由之旨[155]。按「憲法」第8條第1項規定係要求司法或警察機關，非依法律程序，不得逮捕拘禁。又經過釋字第384及392號解釋，凡限制或剝奪人身自由之公權力行爲，不限於刑事被告身分者，故「警職法」屬於行政危害防止或預防犯罪之強制同行，由警察依據法定程序爲之，釋字第535號解釋文對於同行，並未要求需要有「法官保留」或符合「令狀主義」。因此，「警職法」所規定之「同行」，並無要求法官保留或令狀需求之必然性，應認符合「憲法」第8條第1項之規定。

三、案例解析

警察執行職務行使職權時，於符合本法第6條之要件時，得進行本條之職權措施，然各該措施實施後，亦不無相關爭議產生，茲舉相關實

153 內政部委託學者研究認爲警察職權行使法涉有侵犯人權顧慮條文之研處意見，認「警職法」第7條第2項之強制同行，因無司法審查（法官介入）而有違憲之虞，建議刪除該項規定。

154 林明鏘，〈警察職權行使法基本問題之研究〉，收錄於《警察法學研究》，2019年1月，二版一刷，頁204。

155 李惠宗，《憲法要義》，敦煌書局，1999年4月，二版，頁111-112。

例析論如下：

◎行政臨檢或刑事搜索

（衍生司法院釋字第535號之臺灣士林地方法院（87）易字第1092號刑事判決）

（一）摘要

警察執行路檢勤務，要求被告出示證件受檢而不從，進行拍觸其衣服外部時，被告當場以三字經辱罵執勤員警，因認其涉犯「刑法」第140條第1項之妨害公務罪嫌送辦，案經檢察官起訴（87年度偵字第182號）。地方法院以被告所辯係因員警對伊搜身，始罵三字經等情，尚非虛妄。然當時執行路檢勤務之員警，並未持用搜索票即對於被告之身體加以搜索，則該搜索之行爲，應非屬於依法執行勤務之範圍，是被告雖公然侮辱上述四名員警，惟仍與「刑法」第140條第1項妨害公務罪之構成要件有間，自不得遽以該罪相繩，而逕爲諭知不受理之判決[156]。本案經上訴高院判決結果：認爲「警察勤務條例」第11條第3款臨檢之規定，爲警察勤務之一，而盤查權即爲警察執法手段之一，是員警執行其法定之路檢盤查任務，自係依法執行職務。原審未察，徒以當時執行路檢勤務之員警，未持用搜索票即對於被告之身體加以搜索，該搜索之行爲，非屬於依法執行勤務之範圍云云，認事用法容有未當。以致原不受理之判決由高院撤銷，且爲顧及被告審級利益，發回原法院更爲適法之判決[157]。案經地方法院更審判決，以被告於警察臨檢時妨害公務罪，處其拘役二十日，如易科罰金以三百元折算一日。緩刑二年[158]。被告不服提起上訴，案經臺灣高等法院88年度上易字第881號刑事判決上訴駁回。

---

156 參見臺灣士林地方法院87年度易字第1092號刑事判決。

157 參見臺灣高等法院87年度上易字第5570號刑事判決。

158 參見臺灣士林地方法院87年度易更字第5號，1998年12月29日第一審判決。

（二）研析

司法院大法官釋字第535號解釋，係緣起於本案員警執行路檢勤務，攔檢路人，並觸摸其口袋外部時，遭受檢人抗拒並辱罵執行員警。案經以涉犯「刑法」第140條第1項之妨害公務罪嫌起訴後，地院初以攔檢員警未持用搜索票執行搜索，應非屬於依法執行勤務之範圍，雖被告有公然侮辱執勤之四名員警，認非屬妨害公務罪，而認被告係該當「刑法」第309條第1項之公然侮辱罪，依法須告訴乃論。惟因員警不願告訴，爰不經言詞辯論，逕爲諭知不受理之判決。然而，案經上訴高等法院判決略以：依「警察勤務條例」第11條第3款臨檢之規定，路檢爲警察勤務之一，而盤查權即爲警察執法手段之一，是員警執行其法定之路檢盤查任務，自係依法執行職務。案經發回原法院更爲適法之判決。經地院更審判決，認係依法執行臨檢勤務，實施盤查作爲。並指出臨檢與「刑事訴訟法」所定就特定處所、身體或物件所爲搜查、尋索強制處分之「搜索」不同，應屬警員依法執行職務無誤，自難以未持有搜索票遽認警員執行之臨檢係違法搜索行爲，否則其他諸如法庭或飛機乘客之安全檢查亦認非持搜索票不得就身體作任何檢查，實難達安全檢查目的，而將被告判刑，被告不服依法窮盡救濟程序後，提請大法官解釋，乃有大法官釋字第535號解釋，其意旨指臨檢係依據「警察勤務條例」之合法執行作爲，然其要件、程序與救濟應有法律明確規範。然而，突顯出長久以來許多有關警察臨檢查證身分之法律定位與明確性之問題。大法官亦肯認警察雙重任務之性質，卻仍有行政危害防止之行政臨檢作爲與刑事犯罪偵查之司法搜索之界分之困難[159]。再者，基於依法行政原則與法律明確性要求，大法官亦要求臨檢之要件、程序與救濟應有明確之法律規範。因此，本法對於查證身分與蒐集資料措施，以及即時強制均有

---

159 蔡庭榕，〈論檢察之查證身分〉，收錄於《「刑事訴訟法（交互詰問制）與警察職權行使法」學術研討會論文集》，中央警察大學行政警察學系與中華警政學會合辦，2003年12月12日，頁101-145。

其要件、程序與救濟規定。明確的警察職權行使規範，使執法之判斷與裁量有確切之授權依據，將使警察之執法心態因更明確而安定，亦可收保障人權之效果。

（臺灣臺北地方法院109年度交字第55號行政訴訟判決）

（一）摘要

本案某甲於108年7月1日晚間9時30分許，就坐車號○○○○-○○號自用小客車內，並停放在臺北市○○區○○路○段○○○號前，經警以接獲線報爲由上前攔查，復令其下車受檢，俟在原告車輛駕駛座椅處，發現第三級毒品硝甲西泮、4-甲基甲基卡西酮之咖啡包8包，另經採尿送驗，呈愷他命陽性反應；嗣前開案件經檢察官偵查結果，認無施用第二級毒品甲基安非他命、MDMA之犯罪嫌疑，遂以臺灣臺北地方檢察署檢察官108年度毒偵字第3195號爲不起訴處分等情，業據證人即員警甲○○、乙○○於本院審理時證述綦詳，且經本院核閱前開偵查卷宗無訛，足以信實。惟此際員警係以接獲線報爲由上前攔查原告，其權力源自行政查證身分，抑或刑事逮捕程序？又其後所爲係行政檢查，或者是刑事搜索？其後所踐行對原告之採尿檢驗程序屬行政測試檢定，還是刑事採取鑑定？均有未明，實待調查認定，復因本件屬負擔處分（交通裁決）之撤銷訴訟，併應由作成處分之被告，對原處分係符合法定要件之事實，負舉證之責。

（二）研析

員警對某甲因不存在交易毒品之合理懷疑，更非以其車輛紅線停車之交通違規或其他行政違規爲由予以攔查，自不合於警察職權行使法第6條第1項第1款之「合理懷疑其有犯罪之嫌疑或有犯罪之虞」要件，不得逕予對原告實施查證身分之行政檢查（臨檢、盤查），所爲攔查原告之程序，明顯違法。況員警在攔查某甲之前，對之既無何犯罪嫌疑之合理懷疑，此際原告外觀上並無顯露（準）現行犯跡證，不得逕行逮捕；故本件員警在攔查某甲之前，皆不知其涉有任何犯罪嫌疑，亦非（準）現行犯，無由實施刑事逮捕程序，詎員警以原告形跡可疑爲由予以攔查，顯不合法。故本件員警對原告既不存在警察職權行使法第6條第1項第1款「合理懷疑其有犯罪之嫌疑或有犯罪之虞」，員警無權對原告實施攔查之身分查證行政檢查（臨檢、盤查）程序，其所取得之疑似毒品咖啡包亦因有違反誠實信用原則，不得作爲證據；復本件原告因無犯罪之合理懷疑，無構成（準）現行犯情事，員警無權對之加以逮捕，並進行附帶搜索，且未獲原告自願（眞摯）性同意，不符合同意搜索要件，所爲程序均屬違法。則在此情形下，原告既非行政檢查之對象，亦非刑事犯罪嫌疑人，且有關行政法規俱無何要求吸食毒品交通違規之強制採尿檢驗規定，更不符合刑事強制採尿檢驗之要件，實無由受員警命令接受尿液採驗之測試檢定程序；縱本件得以原告同意採取尿液程序辦理，惟依上述說明，此項同意尿液檢查程序，必須獲原告「自願（眞摯）性同意」，始可謂符合誠實信用原則。從而，某甲訴請撤銷原處分，爲有理由，應予准許。

（臺北高等行政法院108年度交上字第315號判決；臺灣臺北地方法院108年度交字第223號判決；臺灣臺北地方法院109年度交更一字第9號判決）

（一）摘要

臺灣臺北地方法院108年度交字第223號行政訴訟判決駕駛普通重型機車之某甲，因「駕駛機車經測試檢定有吸食毒品」之違規事實，爲警予以職權舉發，並依（行爲時）道路交通管理處罰條例暨違反道路交通管理事件統一裁罰基準及處理細則等規定，裁決處罰鍰新臺幣9萬元，吊扣駕駛執照12個月，並應參加道路交通安全講習；但原告不服原處分，故提起行政訴訟。案經上開法院判決略以：某甲爲警攔停當時，其人僅單純在巷口等候他人，於外並無顯露何犯罪之嫌疑或有犯罪之虞，而該處又非經指定之公共場所、路段或管制站，員警尙無由率爾向經該處之原告查證身分；況原告爲警查證身分當時，其己身並無駕駛機車行爲，自不存在已發生危害或依客觀合理判斷易生危害之交通工具情形，俱不合於警察職權行使法有關之查證身分實施程序要件，究員警持何種法律依據，得以上前查證原告身分，誠屬可疑。又因員警未能適法依警察職權行使法規定，對原告實施查證身分（盤查）程序在先，且未獲原告眞摯性同意，亦不符合刑事之同意搜索要件，更無告知原告可否接受或拒絕毒品尿液檢驗程序，俱不合於行政行爲之誠實信用原則，所得毒品尿液檢驗報告自屬違法，不得作爲認定原告吸食毒品駕駛機車之證據使用，某甲當無庸擔負本件行政處罰責任。從而，某甲訴請撤銷原處分，爲有理由，應予准許。

（二）研析

本件經臺北高等行政法院108年交上字第315號判決略以：警員固屬行政人員，亦係實施刑事訴訟程序之公務員，衡諸犯罪之發覺，通常隨證據之浮現而逐步演變，可能原先不知有犯罪，卻因行政檢查，偶然發現刑事犯罪，是欲硬將此二種不同程序截然劃分，即不切實際。從而，警員依警察職權行使法或警察勤務條例等法律規定執行臨檢、盤查勤務工作時，若發覺受檢人員行爲怪異或可疑，有相當理由認爲可能涉及犯罪，自得進一步依據刑事訴訟法之相關規定執行搜索（最高法院99年度台上字第2269號判決意旨參照）。換言之，前述警察職權行使之各項措施，會隨著證據發現、開展，銜接刑事犯罪偵查作爲，在外觀上差異不大，祇是所施強制力之強度不同、發動門檻要件有別而已；具體以言，前述警察行政行爲之發動門檻，係出於警察人員對於犯罪嫌疑之「合理懷疑」，逮捕、搜索及扣押之刑事（司法）強制處分，則需達於「相當理由」（刑事訴訟法第122條第2項參照）始得爲之。而判斷警察所爲行政行爲是否合理，應考慮警察執法現場的專業觀察、直覺反應，受檢人員是否有緊張、逃避行爲以及其他異常之行爲表徵，有無民眾報案、根據線報或其他情資，並綜合當時的客觀環境（諸如深夜時分、人員出入複雜之場所、治安重點及高犯罪發生率之地區等等），是否足以產生前述之合理懷疑，而爲必要之查證、攔阻，甚至檢查，以維護執法人員安全及避免急迫危害發生，苟因此發現具體的違法犯罪情事，進而具有「相當理由」認爲受檢人員涉嫌犯罪，即得依刑事訴訟法逮捕、搜索及扣押等相關規定爲司法強制處分。又刑事訴訟法第88條規定：「（第1項）現行犯，不問何人得逕行逮捕之。（第2項）犯罪在實施中或實施後即時發覺者，爲現行犯。有左列情形之一者，以現行犯論：一、被追呼爲犯罪人者。二、因持有兇器、贓物或其他物件、或於身體、衣服等處露有犯罪痕跡，顯可疑爲犯罪人者。」第130條規定：「檢察官、檢察事務官、司法警察官或司法警察逮捕被告、犯罪嫌疑人或執行拘提、羈押時，雖無搜索票，得逕行搜索其身體、隨身攜帶之物件、所使用之交通工具及其立即可觸及之處所。」第131條之1規定：「搜索，經受搜索人出於自願性同意者，得不使用搜索票。但執行人員應出示證件，並將其同意之旨記載於筆錄。」因此，北高行乃以本件並未於原審主張係受迫採尿，且原審認定被某甲不符現行犯要件遭警逮捕乙情，於法有違，復未調查及論明本件是否不具刑事訴訟法第205條之2規定之相當理由而爲採尿，逕認員警所爲採尿程序違反誠信原則及被上訴人係受迫接受毒品採尿檢驗，實嫌速斷。綜上，認原判決有上揭違法，且其違法情事足以影響判決之結論，上訴意旨指摘原判決有違背法令情事，求予廢棄，即應認爲有理由。又因本件事證尙有未明，自有由原審法院再爲調查審認之必要，本院無從自爲判決，故將原判決廢棄，發回原審法院更爲適法之裁判。最後乃經臺灣臺北地方法院109年交更一字第9號判決，以警員執行網路巡邏勤務，發現原告於交友軟體暱稱

「Hi（菸的符號）好相處常掛網」，因其ID有菸的符號通常代表甲基安非他命的意思，與原告聊天後疑似要約他人共同吸毒，有原告與員警間LINE聯繫紀錄在卷可佐，足見某甲本有吸食第二級毒品甲基安非他命的犯意，非遭員警設計誘陷才萌生犯意，不屬陷害教唆。此因釣魚偵查蒐獲的上揭各項直接、間接證據，自均有證據能力，經核於法尚無不合。綜上所述，某甲訴請撤銷原處分，爲無理由，乃予駁回。

四、問題提出

對於危害防止任務之行政權措施限制或剝奪人身自由者，有無「法官保留原則」、令狀及提審法適用？未來修法時應以法律明定之，以建立明確規範。另在本條其他相關方面，「警職法」規定尚有部分在適用上恐有困難，建議未來修法時，亦應予正視之部分，列述如下：

（一）爲使法律明確規範「詢問」之界限，配合執法實務需求，符合法律制定目的，本法第7條規定查證身分措施之詢問內容範圍，除基本身分資料外，未來考量修法加入尚可詢及事實資訊範圍與程度之規定，以協助對於預防犯罪與危害防止之釋疑。

（二）對國人之一般性質之查證身分，則以國民身分證爲基礎，特別是從本條第1項第2款之詢問範圍，均可由國民身分證比對得知其身分。然我國「戶籍法施行細則」雖有規定：「國民身分證應隨身攜帶[160]，……。」但並無附隨罰則，以致一般人民未帶或不予提供國民身分證供查證，亦無強制效力。未來修法時，允宜考量增定罰則，以間接強制方式規定國民隨身攜帶國民身分證之義務。

（三）「警職法」固然有同行規定，但同行至警察勤務處所後，相關運用進一步查證身分配套措施之法律授權，亦即得以辨明身分之相關鑑識措施，如指紋按捺比對等，應屬必要。否則，沒有進一步得以進行

160 「户籍法施行細則」第20條第3項。

之配套措施，「警職法」之同行規定，將無法期待其有進一步查證身分之效果。

（四）得以要求同行之條件，似可不只以目的功能作爲考慮基礎，而侷限於「詢問」與「令出示證件」而顯然無法查證身分，似可將釋字第535號及日本「警察官職務執行法」亦有規定之「現場查證不利於當事人或將有妨礙交通之情形時」加入考量。甚至日本之判例或學說，亦認爲基於現場昏暗無法清楚辨識時、盤問對象在人群中之其他事實上不便之情況，亦得要求同行。

（五）同行之處所，似可不侷限於警察勤務處所，而及於其他適當之處所，如附近空地、事務所或電話亭等，依個案而定，但必須當事人之同意，否則應仍以警察勤務處所爲限。

（六）同行之時間，除「警職法」規定，自攔停時起，不得逾三小時。但若在三小時內，應可將釋字第535號之「身分一經查明，即應任其離去，不得稽延」之意旨，予以納入規範之。

肆、其他

實務上，對於查證身分措施，應注意符合攔檢要件與程序，茲檢附日本相關查證身分措施應注意事項如下[161]：

一、攔停要件之判斷

警察爲攔停行爲時，得以在具體個案中可以判斷爲適當的方法，且所加諸被攔停人之實力必須未涉及強制之程度。所謂「在具體個案中可以判斷爲適當的方法」舉例如次[162]：

161 有關「日本相關查證身分措施應注意事項」係由李錫棟所翻譯。

162 譯自茂田忠良，《「警察活動における強制手段と任意手段」警察學論集》，第35卷，第2號，頁38。

1. 不得毆打或用腳踢被攔停人。亦不得爲予以恐嚇，諸如「再不停下來的話就要逮捕你！」、「再不停下來就要開槍！」等類似用語均不得使用。

2. 爲了攔停所爲之實力行使必須限於促使對方注意回答盤問，或請求其回心轉意這種程度之實力行使，不得強迫其回答。

3. 「刑事訴訟法」等相關法律規定之逮捕、拘提，在觀念上是含有不論被逮捕人之意思如何都要給予某種程度之時間上的拘束，而攔停行爲是爲了使被攔停人停止而爲之暫時行爲，當被要求停止之人任意性地停止時，必須立刻中止實力行使。

二、日本警察攔檢盤查之實力使用程度[163]

警察用手搭在不理會盤查而想要逃跑之人的肩膀上，以阻止其逃跑之行爲，是否爲適當的方法？警察爲了盤查可疑之人而予以攔停時，不得逾越必要之限度，諸如以類似拘提之強制力同行被盤查人，或強留其身體，或強迫其回答，或施予暴行等均不得爲之，此由日本「警職法」第2條、第1條之規定意旨即十分清楚。不過，警察依被盤查人的異常舉動或其他周遭的情形，經合理的判斷，認爲是可疑之人，爲了對其施行盤查而予以攔停，若被攔停人不予理會，警察爲了使其停下來接受盤查，應以適當的方法讓被攔停人停止其行動，此爲警察爲了忠實地遂行盤查所必要的，只要在具體個案中被判斷爲適當的方法，或加諸未涉及暴行的實力，都可以認爲是執行職務上正當的方法。

三、日本警察攔檢盤查之實力使用案例[164]

警察追躡盤查中逃跑之人，並用手從背後抓住被盤查人的手腕以防止其逃跑之行爲，是否爲適當的方法？警察在這種情形要使被盤查人

163 譯自札幌高判函館支判，昭和27年（西元1952年）12月15日。

164 譯自名古屋高判昭和28年（西元1953年）12月7日「愛知縣西春井地區警察署事件」。

停止所必要的方法，應選擇在客觀上可以被認爲是妥當的方法始可，不得出於可能涉及暴行之態度，在此限度內，究竟加諸多少實力還能認爲是執行職務之適當方法。原判決對於警察追躡被盤查人約130公尺，並用手攔住其身體之行爲，認爲是具有逮捕性質之行爲，且已脫逸合法之職務行爲之範圍，不過，不論其距離如何，爲了阻止被盤查人逃跑而予以追躡，是事物自然要求之通常手段，應認爲在客觀上是妥當的，對於此種行爲終究不能認爲是強制或強制手段，況且該名警察一面在其背後叫說「爲什麼逃跑？」，一面用手抓住被盤查人的手腕，此種爲了讓不任意停止逃跑的被告停下來，而出於此一程度之實力行爲實在是不得已的，應認爲是執行職務的正當手段。總之，此種程度之實力行爲，應認爲不是非依「刑事訴訟法」之相關規定不得爲之之逮捕行爲，原判決用所謂「具有逮捕性質」之行爲這種用語，完全是將上述行爲理解爲即使不是眞正的逮捕，恐怕也應是準逮捕之行爲，但是逮捕行爲與攔停行爲在觀念上是有明顯的不同，逮捕行爲在觀念上是含有不論被逮捕人之意思如何都要給予某種程度之時間上之拘束，反之，攔停行爲是爲了讓被攔停人停下來而爲之暫時性的行爲，當被要求停止之人任意性地停止時，必須立刻中止攔停行爲，因爲攔停行爲具有這種性質，所以該名警察在本案所爲之攔停行爲根本不應認爲是逮捕行爲，亦不得謂爲具有準逮捕性質之行爲。

四、日本警察檢查相對人攜帶物品之案例[165]

單純地打開手提袋的拉鍊，不翻動袋內物品，僅僅看一下其袋內所裝之物品，這樣的行爲是否爲檢查持有物之適當行爲？原判決認爲依「警職法」所爲之行爲，只能用手在手提袋外面觸摸，逾越上述之程度，諸如即使只是打開手提袋的拉鍊以確認袋內所裝之物品，也絕對是

[165] 譯自東京高判昭和47年（西元1972年）11月30日「厚木基地爆破未遂事件」。

不允許的。不過此一道理，如果就本案之具體狀況來看，不免有很強烈的疑問。亦即如果觀察觸摸手提袋後之經過的話，可以認爲A警察是因爲發現手提袋內有堅硬的罐狀物品，才請求被告出示該物，但被告沒有答應，所以才親自動手將手提袋之拉鍊打開，未翻動袋內之物品，看了一下袋內所裝之物品，當警察決定要打開拉鍊之際，是處於如下的一種緊急狀況，即諸如被告是不是想要炸航空基地，袋內所裝之物品是不是被告要用來炸航空基地之爆裂物，類此重大犯罪之嫌疑十分濃厚，如果就這樣任由其放置該可疑之爆裂物是十分危險的，所以可以認爲該警察也已有這樣的感覺。若徵諸上述狀況，在執行盤查之A警察說「讓我看一下裡面所裝的物品」以請求出示該可疑物品之行爲，以及說「打開一下好嗎？」這種請求承諾之行爲，作爲「警職法」上行爲當然是合法的，當這些要求被拒絕時，沒有損壞手提袋，只是單純地打開手提袋的拉鍊，不翻動袋內物品，僅從外面看一下其袋內所裝之物品，這樣的行爲在外形上雖然也可以認爲多多少少有超越「警職法」第2條第1項之行爲範圍，但是從成爲問題之嫌疑事實的重大性與危險性、實力行使之態樣與程度、因此所侵害之法益與應被保護之利益的權衡來看，並未違反包括「警察法」、「警職法」之全體法秩序之精神，而且在社會上也被肯定爲妥當之行爲，所以此種行爲認爲可以被容許是適當的。

五、警察是否得於未經被盤查人之承諾，逕行檢查其持有物？[166]

日本「警職法」第2條第1項只規定警察得攔停並盤查該條項所規定之人，至於檢查持有物並未明文規定，不過因爲檢查持有物與口頭盤問有緊密的關聯，而且是提高盤查效果所必要而有效的行爲，所以有時可以附隨於該條所規定之盤查，檢查被盤查人之持有物。檢查持有物因爲是作爲盤查（任意手段）之附隨行爲而被容許，所以，原則上應得持

[166] 譯自最小判昭和53年（西元1978年）6月20日「松江相互銀行米子支店強盜事件」。

有人之承諾始得爲之，自不待言。不過，盤問乃至檢查持有物都是以預防、遏止犯罪爲目的之行政警察作用，而對於具有流動性之各種警察事務都應迅速而適當地處理是行政警察的責任與義務，所以如果從這樣的觀點來看的話，解釋爲所有未經持有人同意之檢查持有物均不得爲之並不妥當，而應認爲未達到搜索程度之行爲，只要不涉及強制，亦有得檢查持有物之情形。不過，因爲檢查持有物有各種不同的態樣，所以要就其容許之限度作一般性的規定是有困難的，不過，人民有不被搜索及扣押持有物之權利，乃是日本「憲法」第35條所規定之保障，未達到搜索程度之行爲對於受上開保障之人的權利而言也是一種侵害，所以當然不能解釋爲「不論情況如何，通常都得爲此種行爲」，而應認爲此種行爲只要在一定之情況下，考慮檢查持有物之必要性、緊急性，並權衡因檢查持有物所侵害之個人法益與應保護之公共利益，而在具體之情況下可認爲是在適當的限度內，則仍得檢查持有物。

第8條（攔停交通工具之要件與措施）

警察對於已發生危害或依客觀合理判斷易生危害之交通工具，得予以攔停並採行下列措施：

一、要求駕駛人或乘客出示相關證件或查證其身分。

二、檢查引擎、車身號碼或其他足資識別之特徵。

三、要求駕駛人接受酒精濃度測試之檢定。

警察因前項交通工具之駕駛人或乘客有異常舉動而合理懷疑其將有危害行為時，得強制其離車；有事實足認其有犯罪之虞者，並得檢查交通工具。

壹、立法緣由

一、立法理由與目的

本條第1項係為攔檢交通工具之職權措施與其要件的特別規定，作為警察對交通工具實施攔檢之權力發動基礎。第2項前段在於避免交通工具遭依法攔停後，因駕駛人或乘客之異常作為而致現場員警依據整體事實狀況判斷其有危害執勤員警或其自身之可能時，得強制其離車，旨在明定其發動要件，賦予警察強制駕駛人或乘客離車之權限，以保障警察執勤安全[167]。第2項後段規定，已非為維護交通秩序之目的，而係為預防犯罪之要求，而授權得對有事實足認其駕駛人或乘客有犯罪之虞者，得檢查該遭攔停之交通工具。本條並非研究草案之原始草擬條文，亦非立法委員版本之條文，而係於行政院版草案第7條[168]，主要基於社會大眾均強烈要求酒醉者不可駕車，以維護交通安全的原則下，特別希望將此條列入。因此，本條主要目的在於維護交通秩序，而授權攔停交通工具之職權措施及明定其要件。本法第6條及第7條之攔停車輛係以犯罪預防目的為基礎，與本條之交通違法（規）之特定目的，顯有不同。

雖然本條規定「警察對於已發生危害或依客觀合理判斷易生危害之交通工具」之攔檢交通工具要件，主要係駕駛者之行為作為歸責判斷之要件，其有部分應已屬於第6條一般性攔檢要件之門檻，例如第6條第1項第3款所規定「有事實足認為防止其本人或他人生命、身體之具體危害，有查證其身分之必要者」或第6款規定「行經指定公共場所、路段及管制站者」之情形，而得進行第7條第1項第1款之攔停。至於攔停交通工具後，所得對於相對人得進行之相關查證身分之職權措施，則得分

167 參見《警察職權行使法案》，立法院內政委員會編（122），法律案專輯，第335輯（立法理由說明），立法院公報處印行，2004年7月，初版，頁385。

168 參見《警察職權行使法案》，立法院內政委員會編（122），法律案專輯，第335輯（立法理由說明），立法院公報處印行，2004年7月，初版，頁303-307。

別依其事實要件及立法目的，依據本法第6條之要件及第7條或第8條之措施進行。另本條規定有特別對於攔檢交通工具之特別要件者，例如，查證車籍資料或特徵、酒測、強制離車及檢查車輛等職權措施，特別爲攔檢交通工具而定之職權措施，乃有相關特別要件門檻之規定。

二、法理基礎

（一）攔檢交通工具之要件與程序應有明確法律規範

警察不論基於危害防止或犯行追緝任務之執行，經常有行使攔車檢查之必要。前者，如「道路交通管理處罰條例」之交通違規防止或取締；後者，如酒醉駕車違反「刑法」第185條之「公共危險罪」規定是。基於治安維護與人權保障之要求，警察在行使干預性措施時，必須有明確的法律授權始可爲之，乃符合憲法保障人民基本權利之精神。有關警察干預職權之發動，常造成人民自由及權利之限制，甚或剝奪。因此，在強調「依法行政」原則須被落實，並期待成爲民主法治的我國，更應強化警察執法措施的合憲性。由於過去各個別法規所定之概括或不完整之立法方式，例如，「警察法」第9條之警察職權係以型態分類，並未有內容及程序規定；「警察勤務條例」之「臨檢」、「盤詰」、及「盤查」等規定，則亦概括而不明確，並未一一將傳統典型職權措施加以明文規範。至於解嚴後之警察執法措施與模式，亦未有所更動，爲執行擴大路檢任務所爲之車輛之攔停、人員之拍搜、詢問、令交付文件、同行等作爲，均屬於干預性措施。攔檢交通工具可能影響當事人之行動自由權、財產權及隱私權等[169]。因此，基於「依法行政」之「法律保留」及「法律優位」原則，交通攔檢亦係一項干預性警察職權措施，有以法律明確規定之必要，乃於本法第8條明定，將警察對於交通工具之攔檢要件、得進行之措施、程序等予以規定，以符合「法律保留」與

[169] 蔡庭榕，〈論警察攔檢之法規範——以美國警察對行人及汽車攔檢爲例〉，《中央警察大學法學論集》，第6期，中央警察大學法律學系出版，2001年8月，頁177。

「明確性」原則。

（二）以本條攔檢交通工具之職權規範補充「道路交通管理處罰條例」之授權

道路交通執法，其目的應在維護交通安全與秩序。由於「道路交通管理處罰條例」賦予警察維護交通安全秩序之任務，除若干禁止、扣留及移置之特別職權的規定外，並未賦予警察機關達成任務必要之職權。該條例第7條第1項固然賦予交通警察稽查執法之任務，援引以為任意性稽查執法之依據，固無疑慮。若欲執行強制性之稽查，依法治國家法律保留及授權明確之原則以觀，除符合同條例相關特別職權行使要件之規定者外，欲援引第7條第1項之任務規範，以為職權行使之依據，藉以行干涉取締，自與法治國家執法應遵守依法行政原則不符，自會遭致質疑。再者，同條例第60條對於不服稽查、不聽制止及拒絕稽查而逃逸者，規定應受罰鍰之處罰。其目的應僅係以秩序罰之罰則，形成行為人心理上之壓力，擔保任意性稽查之遂行，並無授權以實力介入稽查取締之意。是以，合併援引該條例第7條第1項及第60條之規定，亦難導出強制性實力稽查取締之授權基礎，應注意予以辨明。「道路交通管理處罰條例」對於一般性的稽查執法，既乏明確之授權基礎。除依立法方式，於該條例增列相應職權外，基於本法具有之補充性及承接性之功能，以及本法第8條之立法意旨，該第8條之規定，自得作為當前警察相關於道路交通執法職權之補充依據。

（三）本條之規範目的在於維護交通秩序而非治安考量

對於交通工具之攔檢，係指警察人員基於危害防止或犯行追緝之目的，對於可疑違反交通秩序法令之交通工具加以攔停，而對駕駛人或乘客加以詢問，或對於其身體、所攜帶之物、或所駕駛之車輛加以檢查之謂。而攔檢可能對於行進中之車輛加以攔停檢查，屬警察執法作為中初始發動之職權，且常為不可或缺之作為。因此，本條第1項明定警察對交通工具實施攔檢之要件及得採行之措施。第2項賦予警察強制駕駛人或乘客離車及檢查交通工具之權限，並明定其發動要件，以防止犯罪及保障警察執勤安全。就駕駛人及乘客之身分查證而言，本法第7條及第8條，均有得爲查證身分之授權規定。惟符合本法第6條之要件規定時，得進行第7條之身分查證職權措施，包括攔檢人、車、船及其他交通工具，其係爲一般危害防止任務而設，非在維護交通安全與秩序。是以，該項職權之行使，自應受其立法目的之拘束，其並非作爲交通稽查之立法目的，應予辨明。

（四）汽車攔檢之授權基於其「機動性」及「較少隱私期待」考量

本條第2項之強制離車及檢查交通工具之規定，並未規定需有法院令狀，係基於汽車攔檢之授權基於其「機動性」及「較少隱私期待」考量。例如，美國「憲法」第4增補條款明定，搜索、扣押以持有令狀爲原則，然而參考其最高法院鑑於汽車搜索之特性，容許有多種例外情形，可稱之爲「汽車例外」（Automobile Exception）原則。該原則係基於汽車與房屋不同，其機動性（Mobility）造成緊急狀況，若聲請令狀，汽車將逃離現場，而被允許爲無令狀之搜索。王兆鵬氏引論美國最高法院之相關判例，歸納出無令狀之汽車搜素係基於「機動」理論與「較少隱私期待」理論互相作用之結果[170]。其所舉適例如美國最高法院於1925年之Carroll v. U.S.案[171]，基於汽車之機動特性，創設了汽車搜索無需令狀之「汽車例外」原則，後來Chambers v. Maroney案[172]亦適用此

170 王兆鵬，〈論汽車之搜索〉，收錄於《搜索扣押與刑事被告的憲法權利》，翰蘆圖書出版有限公司，2000年9月，頁199-240。

171 267 U.S. 132 (1925).因Carroll違反「禁酒法案」（Prohibition Act），在高速公路上爲警察攔檢搜索後，發現私酒。聯邦最高法院判定爲合法，因其汽車與房屋不同，其機動性造成緊急狀況，若申請令狀，汽車將逃離現場。此案以汽車具有機動性（Mobility）爲由，而被允許爲無令狀之搜索。

172 399 U.S. 42 (1970).基於被害人報案，據以攔查車輛，帶回警局後再於未持有搜索票之情形下搜索該車並發現武器。法院認爲本案已經具備「相當理由」，且仍有「機動性」之情形存在。因此，若在攔車現場已具有相當理由得搜索汽車，則移至警察局亦得爲無令

原則。然而，Coolidge v. New Hampshire（1971）案[173]則有不同見解。再者，汽車具有較少之隱私權期待理論（Expectation of Privacy）則有Cady v. Dombrowski案[174]及Cardwell v. Lewis[175]；更進一步，在California v. Carney案[176]，聯邦最高法院同時以「機動性」、「較少隱私期待」理論為基礎，對被告將汽車屋（Motor Home）停放於公共停車場，對於被告在車內以性交易交換毒品之違法行為，為無令狀之搜索該汽車屋為合法。因其汽車屋有立即駛離之「機動性」，再者，汽車屋應為汽車，而非房屋。惟聯邦最高法院仍認應以具體之情形判斷，如：停放地點、是否得隨時開動或是以磚塊墊高、是否有汽車牌照、是否接通水電、是否與公共道路相通等為客觀判斷，若汽車非作一般房屋使用，而得隨時開上道路行駛，應為「汽車」，而非屬「房屋」。以上美國對於汽車例外不適用令狀得進行搜索之法理，值得參考。

三、相關條文

1.「警察勤務條例」第11條第1項第3款：「臨檢：於公共場所或指定處所、路段，由服勤人員擔任臨場檢查或路檢，執行取締、盤查及有關法令賦予之勤務。」

2.「道路交通管理處罰條例」第7條之1：「對於違反本條例之行為者，民眾得敘明違規事實或檢具違規證據資料，向公路主管或警察機

狀之搜索，並不違憲。

173 403 U.S. 443 (1971).最高法院判決：並非汽車，即當然具有機動性之例外，而不受令狀原則之拘束。大法官Steward宣稱：不因「汽車」而成為政府不遵守憲法要求之護身符。汽車為容器之一種，與任何其他容器一樣，如手提箱、盒子等，均具有可移動之性質，為何其他容器受憲法之保障，汽車卻不受憲法之保障？

174 413 U.S. 433 (1973).非執勤警員酒醉駕車車禍，另一名警察於事後為尋找其配槍，而發現其他涉及殺人之證據，被認為係合理搜索。因汽車與房屋不同，且具有不同之特性。

175 417 U.S. 583 (1974).因有相當理由認為該汽車在謀殺案中被使用，經扣押汽車，並嗣後加以無令狀搜索，最高法院以「汽車較少隱私期待（Lesser Expectation of Privacy），因汽車為交通運輸工具，甚少作為居住使用，亦鮮少放置私人物品。汽車幾乎無法逃避公眾的窺視，在公眾道路上行駛，公眾得一目瞭然，輕易看見其內之乘客及物品。」

176 471 U.S. 386 (1985).

關檢舉，經查證屬實者，應即舉發。」

貳、條文解說

一、名詞解釋

（一）攔檢交通工具

本法第8條爲維護良好交通秩序之目的，授予警察得以攔停交通工具之要件及得以進行之相關職權措施，可統稱之爲「攔檢交通工具」。「攔停」係警察對於已發生危害或依客觀合理判斷易生危害之交通工具，予以阻斷其繼續行駛之謂。至於交通工具經攔停之後，得依法進行查證駕駛人及乘客身分、檢查車輛資料、酒精檢測、強制駕駛者或乘客離車及檢查交通工具等職權措施。

（二）酒精濃度測試檢定

2019年7月1日0時起酒駕新制上路，除酒後駕車及拒測罰則提高外，累犯罰鍰亦採累進制，同車乘客亦有連坐之處罰，駕駛人酒測值達0.25mg/L以上，而依「刑法」第185條之3移送法辦，同車乘客則依「道路交通管理處罰條例」第35條第8項規定舉發，最高可罰3,000元罰鍰，目的係希望課予同車乘客應極力規勸、制止有飲酒之駕駛人開車上路之義務；另外經攔檢站經攔檢不停之情形，警方亦依「道管條例」第35條第4項第1款規定逕行舉發，罰鍰金額高達18萬元。因目前取締酒駕違規執法標準嚴格，酒測值超過0.15 mg/L即屬違規，只要體內酒精稍未代謝完全極可能超過規定標準，提醒民眾如有飲宴的行程，應事先規劃返家之方式；另如晚上聚餐有飲用多量或酒精濃度較高的酒類，隔日早上亦應避免「宿醉酒駕」，以免影響駕駛安全[177]。又「取締酒後駕車作業

---

[177] 酒駕新制上路首日北市警防制酒駕不間斷，臺北市政府警察局公共關係室，2019年6月

程序」規定，對於駕駛人酒後駕車，有「刑法」第185條之3情形，依下列說明相關重要事項辦理[178]：

1. 有「刑法」第185條之3第1項第1款（吐氣所含酒精濃度達每公升0.25毫克或血液中酒濃度達0.05%以上）之情形者，其經測試（檢測）事證明確，則檢具相關事證移送法辦，無需再檢附「刑法第一百八十五條之三第一項第二款案件測試觀察紀錄表」。

2. 有「刑法」第185條之3第1項第2款（其他情事足認服用酒類或其他相類之物，致不能安全駕駛）之情形者，或經員警攔檢駕駛人拒絕吐氣酒精濃度測試，且有「刑法第一百八十五條之三第一項第二款案件測試觀察紀錄表」所列之客觀情事，判斷足認其有不能安全駕駛之情形，均需檢附該紀錄表及相關佐證資料，依法移送法辦。對已達移送標準事證明確，顯不能安全駕駛者，輔以錄音、錄影（照相）方式存證，連同調查筆錄、吐氣或血液酒精濃度檢測數值資料，併案移送。

3. 調查違法事證時，應依相關規定辦理，佐以犯罪嫌疑人（駕駛人）不能安全駕駛之客觀情事，記載於筆錄，以強化證據力，提供辦案參考。

4. 調查詢問，應遵守「刑事訴訟法」第100條之3規定：「司法警察官或司法警察詢問犯罪嫌疑人，不得於夜間行之。但有下列情形之一者，不在此限：一、經受詢問人明示同意者。二、於夜間經拘提或逮捕到場而查驗其人有無錯誤者。三、經檢察官或法官許可者。四、有急迫之情形者。犯罪嫌疑人請求立即詢問者，應即時爲之。稱夜間者，爲日出前，日沒後。」

5. 完成詢問後，將犯罪嫌疑人連同筆錄、舉發違反道路交通管理

30日發布新聞稿，See: https://www.npa.gov.tw/NPAGip/wSite/ct?xItem=92918&ctNode=11436&mp=7, last visited: 2020/05/18。

178 內政部警政署，〈取締酒後駕車作業程序〉，收錄於《警察機關分駐（派出）所常用勤務執行程序彙編》，內政部警政署編製，中央警察大學印行（108年4月11日警署行字第10800078356號函授權印製），108年版，頁208-215。

事件通知單（移送聯影本）、酒精測定紀錄單2份（影本）及「刑法第一百八十五條之三第一項第二款案件測試觀察紀錄表」依刑案程序移送該分局偵查隊處理。

6. 汽車駕駛人肇事拒絕接受檢測或肇事無法實施吐氣酒精濃度檢測者，應將其強制移由受委託醫療或檢驗機構對其實施血液或其他檢體之採樣及測試檢定。若當事人仍堅持不配合實吐氣檢測，則檢附不能安全駕駛或可能達每公升0.25毫克以上相關資料（時間、地點、情況及犯罪嫌疑人個資等）通報偵查隊處理。由偵查隊陳報檢察官依職權核發鑑定許可書。依檢察官核發鑑定許可書，對拒測駕駛人強制抽血檢驗酒精濃度後，製作調查筆錄、刑法第185條之3案件測試觀察紀錄表等資料，並隨案移送檢察官偵辦。檢察官未核發鑑定許可書時，全案仍應依規定製作調查筆錄、刑法第185條之3案件測試觀察紀錄表等資料，隨案移送檢察官偵辦。判斷駕駛人無客觀情狀足認「不能安全駕駛（判斷吐氣可能達每公升0.25毫克以上）」情事，依「道路交通管理處罰條例」第35條第4項規定製單舉發，車輛當場移置保管後，人員放行[179]。

7. 「酒駕肇事駕駛人移送法辦原則」如下：(1)吐氣所含酒精濃度未達每公升0.15 毫克或血液中酒精濃度未達0.03%者：原則上不依「刑法」第185條之3規定移（函）送檢察機關。但如有其他證據足以證明其確實不能安全駕駛者，應向當地管轄地檢署檢察官報告，並依其指示辦理。(2)吐氣所含酒精濃度達每公升0.15毫克以上或血液中酒精濃度達0.03%以上者：移（函）送檢察機關。

8. 駕駛人因不勝酒力於路旁車上休息，未當場查獲有駕駛行為者，應補充相關證據足可證明其有駕駛行為，始得依法舉發；如駕駛人係因發覺警察執行稽查勤務，始行駛至路邊休息，仍應依規定實施檢測。

[179] 內政部警政署，〈取締酒後駕車作業程序〉，收錄於《警察機關分駐（派出）所常用勤務執行程序彙編》，內政部警政署編製，中央警察大學印行（108年4月11日警署行字第10800078356號函授權印製），108年版，頁216-218。

（三）檢查交通工具

本條之「檢查」係指基於「有事實足認其有犯罪之虞者，得檢查交通工具」。檢查並非搜索，不得翻開做澈底檢查；亦不同前條之「拍搜」（Frisk），係於符合規定要件時，得要求受檢人打開交通工具之後車廂或置物櫃接受檢查，但尚未達到澈底搜索之程度。

二、實體要件

（一）攔檢交通工具之要件

1. 已發生危害或依客觀合理判斷易生危害

依本條第1項本文規定之文義解釋，執行交通警察勤務之攔停交通工具，稽查、取締交通危害行為，係以「已發生危害或依客觀合理判斷易生危害」之「交通工具」，亦即單純以「物之狀況」，作為判斷準據。未以駕駛行為所外顯之危害狀態，作為認定標準，似屬錯誤之立法。道路交通執法，主要應係稽查取締交通違規行為。交通工具機件、設備之檢驗，雖亦屬稽查取締之範圍，但並非交通警察勤務之主要任務。而且，交通安全與秩序之維護，主要仍繫諸駕駛人之駕駛行為。是以，對於交通安全與秩序之危害行為，仍應以駕駛人本身或其駕駛交通工具所外顯之危害狀態，作為得否攔停採取措施之依據，始為正確。最起碼亦應將二者並列，方不致倚輕倚重。本法第8條第1項將來在具體個案上之解釋適用，似仍有賴行政規則加以釋明補充為宜。至於本條第1項所定攔停交通工具之要件，尚有以下之內涵：

所稱「危害」[180]之範圍，應限縮在交通安全與秩序直接受到損害之威脅；其他公共安全與社會秩序目的之危害防止或預防犯罪，則屬於本法第6條及第7條之範疇。至於，本條所謂「已發生危害」，對照條文中

180 「危害」之概念、類型與具體危害之先前領域，可參考H. Scholler、B. Scholler合著，李震山譯，《德國警察與秩序法原理》，登文書局，1995年11月，中譯二版，頁71-78。

所謂「依客觀合理判斷易生危害」之用詞，似可將其解爲包括具體危害（係指現存狀況中，一實際發生之事件，極有產生危害之虞），及損害已然形成而未全然完成或結束兩種情形。至於「易生危害」，則似指抽象危害，其判斷標準，則以警察人員就其所知之事實及狀況，依經驗所作的具體合理推論，得認爲一事件可能於具體危害中發生者之謂。通常抽象危害，係作爲警察於具體危害先前領域，採取措施預防抗制犯罪之依據。現行條文將之作爲攔停交通工具採取措施之依據，對於道路交通之稽查執法，有其正面的意義。但相對地，亦賦予警察極大的任務範圍與得行使職權之領域，對相對人人權之保障，必有極大影響，實務運用上，允宜合理節制之。

全面攔檢之禁止。本法第8條第1項，既已明文規定攔檢之要件，係以「已發生危害或依客觀合理判斷易生危害」之「交通工具」，作爲判斷準據。則昔日全面或任意攔檢之作法，顯已不符規範之要求，自應予以避免。而是應依據本條要件與客觀之具體事實現象涵攝判斷，合義務性裁量決定是否或如何採取職權措施。所謂「客觀合理判斷」，係以執勤員警之經驗、現場之客觀事實，或其他環境狀況之「整體性考量」（The Totality of Circumstances）所形諸之「合理性」（Reasonableness）基礎[181]。本條係對於交通工具，無論在行使中或停止狀態，若有造成上述交通危害要件，即得依法予以攔檢。然而，若尚缺乏攔檢要件之合理性，爲了確認危害要件是否存在，而採行全面攔檢，顯將手段與目的錯置，亦不符比例原則，亦爲大法官釋字第535號解釋意旨所不採[182]。本條並未賦予警察實施全面交通攔檢，應是一正確的選擇。

---

181 蔡庭榕，〈論警察職權行使規範〉，收錄於，朱金池等合著，《各國警察臨檢制度比較》，五南圖書出版公司，2002年8月，初版，頁20及33。

182 大法官釋字第535號解釋理由書指出：「上開（警察勤務）條例有關臨檢之規定，並無授權警察人員得不顧時間、地點及對象任意臨檢、取締或隨機檢查、盤查之立法本意。」

本法第6條第1項第6款及第2項合併第7條第1項第1款規定，作為交通路檢，實施攔停採取措施之可行基礎，其目的主要係為了預防犯罪、處理重大公共安全或社會秩序事件，與本條之維護交通秩序目的，並不相同。例如發生重大肇事逃逸案件，應可認為符合本法第6條第2項規定之「處理重大公共安全或社會秩序事件」。此時，應可依本法第6條第1項第6款及第2項合併第7條第1項第1款規定，於經主管長官指定特定之路段，對於符合肇事逃逸特徵之車輛或交通工具，即得實施全部攔停查證，不受本法第8條第1項本文攔停要件之限制。但實務執法上，應特別注意：(1)路段之指定，應依合義務性之裁量，審慎決定。(2)注意遵守攔檢之要件與程序，如非符合肇事逃逸特徵之車輛或交通工具，應不在得予攔停之範圍，如無其他依法得予攔停之原因，任意攔停，即屬恣意執法，應予避免。亦即，攔檢相關交通工具，應受合目的性及比例原則之拘束，並非經指定路段後，即不分任務之目的性，而予以實施全面性攔檢，進行所謂「亂槍打鳥」或「一網打盡」之職權措施。

2.「強制離車」之特別要件

本條第2項前段規定：「警察因前項交通工具之駕駛人或乘客有異常舉動而合理懷疑其將有危害行為時，得強制其離車。」本條之規定，並非為了維護交通秩序，取締交通違規所定，而是為使攔停交通工具後之順利查證，並確保執法安全，故不僅規定駕駛人有此配合義務，亦包括乘客在內。因此，警察若欲強制駕駛人或乘客離車之措施時，必須考量本條第1項之要件符合時，進行攔檢措施，若依當時事實情況，又符合因受攔檢之交通工具之駕駛人或乘客有異常舉動而使警察合理懷疑其將有危害行為時，始得強制其離車。

3.「檢查交通工具」之特別要件

本條第2項後段規定：「有事實足認其有犯罪之虞者，並得檢查交通工具。」亦即，警察若欲進行本條所定之「檢查交通工具」措施時，必須考量本條第1項之要件符合時，進行攔檢措施，若依當時情形，客觀上有事實足認其有犯罪之虞者，警察得對受攔檢之交通工具進一步檢查，而此檢查雖非搜索，但得要求其開啓置物箱或後車廂，接受檢查，但不得達到搜索程度之翻箱倒櫃的深入性作爲。

三、程序要件

（一）攔檢交通工具之措施

1. 攔停交通工具

「攔停」係指將行進中之車輛加以攔阻，使其停止行進。本條第1項規定，警察對於已發生危害或依客觀合理判斷易生危害之交通工具，得予以攔停，並進一步採行本項法定措施，如查證駕駛及乘客之身分、查驗引擎及車身號碼、酒測檢定、強制離車及檢查交通工具等。若交通工具之駕駛人不聽制止停車，可依法處罰[183]。另一方面，本法第6條第1項第6款及第2項合併第7條第1項第1款規定，於警察機關主管長官依法指定之公共場所、路段或管制站，亦得依其勤務目的實施路檢而進行攔停交通工具。然而，依據第6條第1項第6款及第2項之規定要件，係以「防止犯罪，或處理重大公共安全或社會秩序事件而有必要者爲限」，其主要係爲社會治安目的，而非交通違法（規）之防制或取締爲基礎，應予辨明。因此，是否得以本法第6條及第7條之規定進行以酒測爲目的之攔檢，乃有疑義。對於交通秩序爲目的之執法，含括攔停進行酒測之職權措施，應屬本條之規範，其並未明確授權得進行全面攔檢酒測，不宜遽引第7條第7款之規定作爲實施本條相關職權措施之授權基礎。

---

183 「道路交通管理處罰條例」第60條第1項規定：「汽車駕駛人，駕駛汽車有違反本條例之行爲，經交通勤務警察或依法令執行交通稽查任務人員制止時，不聽制止或拒絕停車接受稽查而逃逸者，除按各該條規定處罰外，處新臺幣一萬元以上三萬元以下罰鍰，並吊扣其駕駛執照六個月；汽車駕駛人於五年內違反本項規定二次以上者，處新臺幣三萬元罰鍰，並吊扣其駕駛執照一年。」

2. 要求駕駛人或乘客出示證件或查證身分

本條第1項第1款規定：「要求駕駛人或乘客出示相關證件或查證其身分。」查證身分得採行之措施爲何，法無明文。詢問或審驗其交付之證明文件，應受允許。拒絕出示駕、行照，法無明文得採行進一步之強制措施，應不得以實力強制其出示。但可依事實狀況，援引「道路交通管理處罰條例」第60條第2項第1款規定，予以開單舉發。

拒絕身分詢問或爲虛僞之陳述者，實務認爲得援引「社會秩序維護法」第67條第1項第2款及第42條規定處理之。但有論者認爲，攔停該當之事件，若未有違反「社會秩序維護法」分則條款中個別規範之要件，例如第79條「於公共場所任意叫賣物品，妨礙交通，不聽禁止者」之規定，基於法規範之目的及範圍，並避免割裂式或選擇性的交叉適用法律，造成法制適用之紊亂，而採否定之見解。

對於身分之詢問，有無緘默權保障之問題。有關緘默權之概念及其範圍如何，學界固有不同之見解。一般而言，所謂之「緘默權」，應係指受訊問人對於公權力機關所爲關於其違法行爲事實，得保持緘默，毋庸違背自已的意思而爲陳述之意。此觀之「刑事訴訟法」第95條係規定在第94條人別訊問之後，依體系解釋之方法，受訊問人對於公權力機關關於人別之訊間，即有回答之義務，應不在緘默權之保障範圍，其理甚明。再者，對於公權力機關所爲之人別訊問，受訊問人有回答義務，如有拒絕陳述或虛僞陳述之情形，德國「秩序違反法」第110條第1項之規定，即屬類似我國「社會秩序維護法」第67條第1項第2款之處罰明文，可資參考。

現場無法查證身分時，得否將其帶往勤務處所查證問題。如相對人拒絕出示證件，又拒絕回答身分之詢問，警察人員仍須窮盡一切在現場得以調查之方式，而仍無效時，始得認係符合於現場無法查證身分之要件。至於此時得否將其帶往勤務處所查證，如採實務見解，認爲得援引「社會秩序維護法」第67條第1項第2款及第42條規定處理，本問題應可獲得解決。如採否定之看法，則依本法第8條所爲攔停並於現場無法查證身分之問題，依本法第7條規定之文義，似難以之援引爲帶往勤務處所查證之依據。此種立法上之漏洞，更見之於本法並無得採行鑑識措施，以作爲確認身分之最後手段。對於警察防止危害任務之功能，自然打了一個很大的折扣，值得正視，並立法增補之。

3. 檢查引擎、車身號碼或其他足資識別之特徵

本條第1項第2款規定攔停後，得採行「檢查引擎、車身號碼或其他足資識別之特徵」之措施，其若爲了查贓或治安目的，與本條之交通秩序規範目的並不完全相符合，則以規定於本法第6條之要件爲宜。第1項第2款所稱「其他足資識別之特徵」，係指該交通工具之稀有零件廠牌、規格、批號及其所有人所爲之特殊識別記號（如車身紋身）等[184]。然而，若因本條第1款之查證措施無法達到目的，而得藉由檢查引擎、車身號碼或其他足資識別之特徵，則得以之達到法定目的。

4. 要求駕駛人接受酒精濃度測試之檢定

爲使執勤員警有更明確之執法依據，內政部警政署特訂定取締酒醉駕車之解釋性或裁量性行政規則，以供遵循。例如，2014年2月9日警署交字第1030060261號函修正之「警察人員對酒後駕車當事人實施強制作爲應注意事項」。又若當事人仍堅持不配合實吐氣檢測，則檢附不能安全駕駛或可能達每公升0.25毫克以上相關資料（時間、地點、情況及犯罪嫌疑人個資等）通報偵查隊處理。由偵查隊陳報檢察官依職權核發鑑定許可書。依檢察官核發鑑定許可書，對拒測駕駛人強制抽血檢驗酒精濃度後，製作調查筆錄、刑法第185條之3案件測試觀察紀錄表等資料，並隨案移送檢察官偵辦。檢察官未核發鑑定許可書時，全案仍應依規定製作調查筆錄、刑法第185條之3案件測試觀察紀錄表等資料，隨案

---

[184] 參見《警察職權行使法案》，立法院內政委員會編（122），法律案專輯，第335輯（立法理由說明），立法院公報處印行，2004年7月，初版，頁385。

移送檢察官偵辦[185]。

5. 強制離車

本條第2項前段規定，以駕駛人或乘客有異常舉動而合理懷疑其將有危害行為時，得強制其離車。如此規定，主要在於避免車內人員危及執法人員之安全，故只要客觀上其有異常舉動而致執法人員主觀上合理懷疑其將有危害行為時，即為已足。其離車之後，若有本法第6條所定要件之一者，亦得對之進行本法第7條所規定之查證身分職權措施。再者，為使執勤員警有更明確之執法依據，內政部警政署特訂定取締酒醉駕車之解釋性或裁量性行政規則，以供遵循。例如，內政部警政署95年5月15日警署交字第0950068310號函修正發布「警察人員對酒後駕車當事人實施強制作為應注意事項」。

6. 檢查交通工具

本法第8條第2項後段規定：「有事實足認其有犯罪之虞者，並得檢查交通工具。」此「檢查」與「刑事訴訟法」規定之「搜索」不同，亦與本法第7條對於攔停之人身或其所攜帶之物進行之「檢查」及第19條第3項規定對於受管束人之身體及其所攜帶之物件所為之檢查，均有差異。「刑事訴訟法」之搜索，除緊急搜索外，應依據該法第122條之要件規定，並應依法聲請搜索令狀。至於本法第7條所規定之檢查係指為避免危及安全所為衣服外部或所攜帶物件之拍搜（Frisk），不得進行深入性搜索。至於對管束人之身體及其所攜帶物件之檢查，係為避免管束人之自殺或自傷之危險而為之。本條之「檢查」交通工具之要件為「有事實足認其有犯罪之虞者」經合義務性裁量為之。因此，依此規定從事檢查交通工具之置物箱或後車廂，必須合於前述要件，始得為之。

---

185 內政部警政署，〈取締酒後駕車作業程序〉，收錄於《警察機關分駐（派出）所常用勤務執行程序彙編》，內政部警政署編製，中央警察大學印行（108年4月11日警署行字第10800078356號函授權印製），108年版，頁217。

例如，依法攔停時，以一目瞭然法則發現車內有注射針筒，經詢問而無正當理由時，因而有事實足認其用來施打毒品，而得以進一步檢查交通工具，要求其開啓置物箱（含後車廂）接受檢查，但不得達搜索之程度。又如發現車內有血跡，經詢問駕駛人卻無正當理由足以說明其來源時，得進一步檢查其交通工具是。

（二）其他程序上應注意事項

警察依據本法第8條攔檢交通工具，進行查證身分或車輛稽查、酒測等特別措施時，仍應遵守本法總則之規定，其主要程序如下：

1. 身著制服或出示證件表明身分。
2. 基於第6條各款或第8條要件之規定攔停車輛。
3. 攔停後立即告知事由。
4. 得要求出示證件。
5. 得依法進行本條所規定之措施。
6. 受檢人要求檢查紀錄單時，應依規定塡發。
7. 告知若有不服之救濟程序。

四、實務與學術見解

（一）實務見解

1. 內政部警政署民國93年4月7日警署行字第0930062896號函「警察職權行使法施行後各單位於實務上遭遇之問題或疑義彙復表（問題編號：5）」（臺北縣政府警察局）：有關於「警察職權行使法」第8條：「警察……有事實足認其有犯罪之虞者，並得檢查交通工具。」所謂的「檢查」是到何種程度？範圍是如何？

   警政署解答： (1)「警察職權行使法」規定之「檢查」爲警察基於行政權之作用，有別於「司法搜索」（「刑事訴訟法」參照）。因此，檢查時尚不得有侵入性「例如以手觸摸身體衣服內部或未得當事人同意逕行開啓汽車行李箱取出其所載運之物品」涉及搜索之行爲。

(2)「警察職權行使法」第8條第2項後段規定之「檢查」，依同條第1項第2款規定，得檢查交通工具之引擎、車身號碼或其他足資識別之特徵。此外，亦得以目視檢查車輛內部，或請當事人自行開啓行李箱進行目視檢查，並對其載運可疑物品之外部進行「拍搜檢查」（Frisk）。

2. 內政部警政署民國93年4月7日警署行字第0930062896號函「警察職權行使法施行後各單位於實務上遭遇之問題或疑義彙復表（問題編號：8）」（臺北縣政府警察局）：有部分員警於執行攔車稽查時，未發現任何違規情形下，仍要求被稽查人提供證件或供述其姓名、住址、車號等資料並予以記錄，已超出職權之外。建議應落實法令教育，並加強於各項專案勤前教育時加強宣導。

警政署解答：查「警職法」第8條第1項明定：「警察對於已發生危害或依客觀合理判斷易生危害之交通工具，得予以攔停並要求駕駛人或乘客出示相關證件或查證其身分。」員警依上開規定，執行攔車稽查時，自得要求被稽查人出示相關證件或陳述其姓名、住址、車號等資料，並非以有無發現違規情形爲要件。另查「警職法」第2條第2項明定，警察爲達成其法定任務，於執行職務時，得依法採取查證身分、蒐集資料等措施；又依據「電腦處理個人資料保護法」第3條第9款及第7條規定，得爲個人資料之蒐集。是以，警察執行臨檢、路檢勤務時抄錄民眾身分證等資料，其基於「犯罪預防」、「刑事偵查」所爲必要之個人資料蒐集，自無逾越該法授權範圍。至於警察依法蒐集之個人資料，其傳遞、利用、註銷或銷毀等，應依「警職法」第16條至第18條及相關法令規定處理。

（二）學術見解

有關本條第2項規定：「有事實足認其有犯罪之虞者，並得檢查交通工具。」其中「檢查」一詞，應是在符合上述要件下，得要求對於附屬於汽車之行李箱或置物櫃進行「一目瞭然」法則之檢查。至於在何種要件及是否需令狀來對之進行搜索？又可否進一步對於車內之容器進行搜索？王兆鵬氏引用美國作法，基於汽車容易駛離之「機動理論」特性及與住宅相比較之「較少隱私期待」理論，認爲警察對附屬於汽車之行李箱或置物櫃具備相當理由無令狀搜索汽車時，得一併搜索此部分。但放置於汽車上之物品，如衣服、皮包或其他容器等，不得爲無令狀搜索，但若具備相當理由，則得爲無令狀之扣押，以等候搜索票之聲請及核發[186]。又美國聯邦最高法院對於警察合理相信駕駛人具危險性，且可能立即取得武器時，警察對於車內駕駛人立即可控制的範圍，且可能放置或隱藏武器之範圍，得因發現武器之目的而搜索之[187]。

參、問題探討

一、實務問題

（一）實務執法上，可否以交通錐做全面攔停：若是依第6條而爲第7條之指定全面攔檢，則得爲之，屬於執行措施之運用。如圍捕要犯張○銘或319總統候選人槍擊案，得爲全面攔檢，可以輔助器物協助全面攔檢，應屬合法。但若僅以本條之要件及職權措施規定，尚不得作爲全面進行交通攔檢之依據。故對於本條之酒測檢定，並未授權全面攔檢。至於可否做僅爲檢查有無攜帶駕行照而進行交通稽查？似與本法第8條之構成要件並不相符合。

186 王兆鵬，〈論汽車之搜索〉，收錄於《搜索扣押與刑事被告的憲法權利》，翰蘆圖書出版有限公司，2000年9月，頁239-240。

187 王兆鵬，〈警察盤查之權限〉，收錄於《路檢、盤查與人權》，翰蘆圖書出版有限公司，2001年6月，頁129。亦參考：Michigan v. Long 463 U.S. 1032 (1983).

（二）「檢查」交通工具應非屬搜索性質與程度，須受比例原則及個案事實有犯罪之虞，始得檢查後車廂及車內置物箱。並非得依法攔停車輛，即當然得進一步依本條第2項檢查交通工具，應予辨明。

二、理論爭議

本條第2項前段：「警察因前項交通工具之駕駛人或乘客有異常舉動而合理懷疑其將有危害行爲時，得強制其離車。」美國之相關爭議與作法，值得參考。美國各州對於合法攔停汽車後，是否當然得命令駕駛人下車之規定，頗爲分歧。賓州最高法院在Pennsylvania v. Mimms[188]一案，判決警察在無客觀事實懷疑駕駛人犯罪或具危險性時，無權在攔停後，命令駕駛人下車。然而，聯邦最高法院則認在合法攔停汽車後，要求駕駛人下車之侵擾極爲輕微，而警察則有危險之威脅，而認爲警察命令被告下車之行爲以附隨於攔停權力，不需要再尋求另一正當化事由，亦得爲之[189]。一般係以聯邦最高法院之判例具有全國之拘束力。

三、案例解析

◎交通攔檢措施

（臺北高等行政法院91年度訴字第2703號裁定）

（一）摘要

臺北高等行政法院民國91年度訴字第2703號裁定，關於「行政訴訟法」第6條第1項所謂行政處分，依「訴願法」第3條第1項規定係指中央或地方機關就公法上具體事件所爲之決定或其他公權力措施而對外直接發生法律效果之單方行政行爲而言。至警察機關所爲「臨檢」僅爲

188 434 U.S. 106 (1977).

189 王兆鵬，〈警察盤查之權限〉，收錄於《路檢、盤查與人權》，翰蘆圖書出版有限公司，2001年6月，頁125。

一單純事實行爲，並未直接對相對人有何法律效果，必嗣行政機關就該次臨檢結果另有所表示，而該項表示係就公法上具體事件所爲之決定或其他公權力措施而對外直接發生法律效果者，始足當之。本件原告訴請確認之臨檢行爲並非行政處分，且原告亦不因該次臨檢而成立任何公法關係，依前揭說明，原告對之提起確認無效之訴，顯與要件不合，原告之訴，自非合法，應予駁回。因此，由本裁定中，關於高速公路警察在原告未有違規發生或足以預見即將造成危害之情形下，利用原告車輛通過收費站減速之機會實施「攔檢」，該臨檢程序有無違反司法院釋字第535號解釋及「警察實施臨檢作業規定」？

（二）研析

本裁定內容係於本法施行之前，爲民國93年所裁定，然所稱：「『臨檢』僅爲一單純事實行爲，並未直接對相對人有何法律效果，必嗣行政機關就該次臨檢結果另有所表示，而該項表示係就公法上具體事件所爲之決定或其他公權力措施而對外直接發生法律效果者，始足當之。」按「行政程序法」第92條及「訴願法」之「行政處分」均含括「其他公權力措施」，又大法官釋字第535號解釋及本法規定，對於因臨檢勤務方式所爲之警察職權行使措施，若有不服，均得依法於現場表示異議，或事後依法提出訴願及訴訟之救濟。因此，若有將車輛攔停檢查，應屬於「行政程序法」規定之「其他公權力措施」之行政處分，得依法進行救濟。至於藉由車輛繳費緩慢通過收費站時，以一目瞭然（Plain View）法則進行目視觀察，並未有任何攔查動作者，應屬單純之事實行爲，並未發生對駕駛人或乘客任何權利之限制或剝奪情形，則非屬於行政處分之性質。

◎港務警察之攔檢車輛行李箱

（內政部警政署93年1月21日警署行字第09100031920號函釋）

（一）摘要

有關進出港區管制站之車輛，執勤員警可否要求駕駛人打開行李箱接受檢查？按港務警察執行進出港區人車之「檢查」，係依「商港法」第23條之1與「國際商港港務管理規則」第57條規定授權，並非依「警察勤務條例」之臨檢勤務規定辦理。「商港法」第23條之1第2項規定：「進入港區內從事有關勞務工作人員及車輛，均應申請商港管理機關核發通行證，並接受港務警察之檢查。」大法官釋字第535號解釋略以：「……除法律另有規定外，警察人員執行場所之臨檢勤務，應限於已發生危害或依客觀、合理判斷易生危害之處所、交通工具或公共場所爲之……。」因此，上述「商港法」第23條之1規定之檢查，應屬釋字第535號解釋文中之「除法律另有規定」之情形。港區警察之特性係爲防杜走私、偷渡及執行國境治安工作，港務主管機關均在要衝路口設站管制人車，港務警察於檢查站檢查進出車輛時，自得衡酌現場狀況及不逾越必要程度下，要求駕駛人開啓後車廂受檢。

（二）研析

本函釋要旨係在本法制定前下達，故函釋內容明指：港務警察執行進出港區人車之「檢查」，係依「商港法」第23條之1與「國際商港港務管理規則」第57條規定授權，亦符合大法官釋字第535號解釋意旨。至於「檢查程度」爲何？是否得要求駕駛人開啓後車廂受檢？則基於「國境檢查」與「營造物管理」之特性，依據現場勤務需求及比例原則考量，依法或相關規定，要求駕駛人開啓後車廂受檢。既有「商港法」及相關規定可資依循，即使本法制定後，因本法並非特別法性質，故仍宜適用個別法之規定，而得以本法作爲職權補充規定之性質。

◎酒醉駕車攔檢酒測與酒精檢測之時機

（攔檢酒測之時機：臺北高等行政法院109年度交上字第193號裁定）

（一）摘要

本件係員警攔停、實施酒測合法時機之要件爭議，緣起於臺灣臺北地方法院108年度交字第537號行政訴訟判決，經上訴臺北高等行政法院109年交上字第193號裁定（以下簡稱：「本裁定」），以法律見解歧異，送請最高行政法院統一裁判見解（迄待判解！）。本件案情略以：原判決係以員警由系爭車輛外觀及被上訴人行爲，尚無合理懷疑系爭車輛已發生具體危害或易生危害，故員警對被上訴人隨機攔停、實施酒測，要屬違法。又因攔停程序屬立法者所定之正當行政程序，員警違法攔停所爲之舉發，自違反正當行政程序，以舉發爲基礎之裁決亦應予以撤銷。……惟查，對於警察機關依道交條例第35條第1項第1款、第4項以及警察職權行使法第8條之規定，對於交通工具予以攔停並要求實施酒測者，是否必須依個案具體實際情狀，判斷審查臨檢、盤查、取締之交通工具是否確有「已發生危害」之情形，本院法律見解與高雄高等行政法院法律見解已有歧異，茲說明如下：

1. 已發生危害說：參酌司法院釋字第699號解釋關於道交條例第35條第4項合憲性之解釋，其解釋理由亦謂：「依法維持公共秩序，保護社會安全，防止一切危害，促進人民福利，乃警察之任務（警察法第二條規定參照）。警察對於已發生危害或依客觀合理判斷易生危害之交通工具，得予以攔停，要求駕駛人接受酒精濃度測試之檢定（以下簡稱酒測；警察職權行使法第八條第一項第三款、刑法第一百八十五條之三、道路交通管理處罰條例第三十五條及道路交通安全規則第一百十四條第二款規定參照），是駕駛人有依法配合酒測之義務。而主管機關已依上述法律，訂定取締酒後駕車作業程序，規定警察對疑似酒後駕車者實施酒測之程序，及受檢人如拒絕接受酒測，警察應先行勸導並告知拒絕之法律效果，如受檢人仍拒絕接受酒測，始得加以處罰。」等語，亦揭示：警察必須首先依警察職權行使法第8條第1項第3款規定，得「對於已發生危害之交通工具」或「依客觀合理判斷易生危害之交通工具」具有加以攔停，並要求駕駛人接受酒測之權限，亦即依法令駕駛人負有接受酒測之行政法上義務，方有進一步對拒絕受檢者依相關作業程序規定進行勸導、告知拒絕之法律效果後，再依法對拒測者加以處罰之餘地。再者，警察職權行使法第8條第1項第3款關於警察得攔停交通工具並對駕駛人實施酒測之要件，參酌司法院釋字第535號解釋保障人民行動自由與隱私權利之意旨，要求警察人員「不得不顧時間、地點及對象任意臨檢、取締或隨機檢查、盤查」，因此闡釋關於警察臨檢之對象，必須針對「已發生危害或依客觀合理判斷易生危害之交通工具」，此亦警察職權行使法第8條第1項之立法基礎。則關於警察機關依本條項規定，對交通工具予以攔停並要求實施酒測者，自應回歸本號解釋之意旨，不得不顧時間、地點及對象，任意臨檢、取締或隨機檢查、盤查，而必須依個案具體實際情狀，判斷審查臨檢、盤查、取締之交通工具是否確有「已發生危害」之情形，例如已駕車肇事；或有「依客觀合理判斷易生危害」之情形，例如車輛蛇行、猛然煞車、車速異常等。換言之，無論「已發生危害」或者「依客觀合理判斷易生危害」，皆必須具有「相當事由」或「合理事由」，可資建立駕駛人有酒駕之合理可疑性（參見湯德宗大法官於司法院釋字第699號解釋之協同意見書），警察機關方得要求人民接受酒測。是以，警察機關在所謂「易肇事路段」，以抽象性時間、地點標準，於道路上設置路障，要求該時段經過該特定道路之交通工具，行經警察機關設有告示執行酒測檢定之處所，如不依指示停車接受稽查，固已直接違反道交條例第35條第4項規定而得予處罰；但若非此等情形，倘汽車駕駛人在未行經該告示執行檢測檢定處所前，即已自行停止駕駛行爲者，警察機關僅得依警察職權行使法第8條第1項規定，對於「已發生危害之交通工具」或「依客觀合理判斷易生危害之交通工具」等，始有予以攔停，並要求駕駛人接受酒測檢定之權限，且不能因駕駛人不願順服前往接受此無差別性、概括、隨機性之臨檢措施，即主觀臆測凡任何不服膺此警察威權之國民，均屬可疑酒駕之人，甚至在駕駛人已無任何駕駛交通工具之行爲無從攔停之情形下，仍強令其接受酒測，忽視警察職權行使法對其權限行使之限制，並架空司法院釋字第699號、第535號解釋對於警察攔停交通工具進行酒測所要求關於酒駕懷疑之客觀合理關聯性。否則，即屬違法濫權盤檢取締，遭檢查人民依法並無配合接受酒測之義務，亦不得以道交條例第35條第4項規定予以處罰（本院105年度交上字第131號裁定參照）。

2. 尚未發生危害說：道交條例第35條第1項第1款、第4項前段及警察職權行使法第8條之規定乃立法者有鑒於酒後駕車爲道路交通事故主要肇事原因之一，衡酌人民飲酒後注意力、反應力均較常人爲低，若駕車上路，對路上其他汽車或行人之生命、身體安全均存有危險性，故特立法嚴禁酒後駕車，以保障路上過往車輛及行人之法益，並課予汽車駕駛人有接受酒測檢定之義務，便利酒測檢定作業之及時順利實施，以取得客觀正確之判測結果，進而防免可能產生之交通事故，且汽車駕駛人拒絕接受酒測，或係爲逃避其酒後駕車致可能受刑法第185條之3公共危險罪之處罰，然由於酒後駕駛，不只危及他人及自己之生命、身體、健康、財產，妨害公共安全及交通秩序，且駕駛人本有依法配合酒測之義務，爲杜絕此種僥倖心理，促使汽車駕駛人接受酒測之效果，防堵酒駕管制之漏洞，有效遏阻酒後駕車行爲，是在駕駛人經執勤警員勸導並告知拒絕酒測之法律效果，仍執意拒絕接受酒測，自應予以處罰。而依道交條例第35條第4項之文義解釋，亦無將駕駛人消極推諉拖延接受酒測檢定情況排除在外之意。因此，只要駕駛人有拒絕接受酒測檢定之實質作爲，無論係積極明示不接受酒測檢定，抑或消極推諉拖延接受酒測檢定時間之不作爲，均有上開罰則之適用。而授權警員實行酒測檢定之規定，乃是基於警員執行交通稽查勤務之必要性所設，警員固不能毫無理由對駕駛人實施酒測，然只要有事實足認駕駛人有酒後駕車之可能性，其發動門檻即已足備，而得對易生危害之交通工具駕駛人實施酒測。並其實施酒精濃度測試檢定之對象不以攔停之汽車駕駛人爲限，對於駕駛人已完成駕駛行爲自行停車者，警員若發現有事實足認駕駛人剛完成之駕駛行爲有酒後駕車之可能性，亦得對該次駕駛之駕駛人加以攔查酒測，因爲酒後駕車行爲是有繼續狀態之違規行爲，其行爲何時終了，僅係其依道交條例第90條規定之舉發期間何時起算之問題，而非其違規行爲終了後，警員即不得再加以檢測舉發，是汽車駕駛人不得無故拒絕（高雄高等行政法院105年度交上字第5號判決、本院108年度交上字第117號裁定參照）。綜上所述，原判決所持法律見解，雖與本院105年度交上字第131號裁定相同，惟與高雄高等行政法院105年度交上字第5號判決及本院108年度交上字第117號裁定之見解歧異，且有確保裁判見解統一之必要，自應依首揭規定，送請最高行政法院統一裁判見解，爰裁定如主文。

（二）研析

警察執法係「判斷」與「裁量」的連結過程。經由警察執法人員之五官六覺的判斷事實是否違反法律規定之義務（構成要件該當否），再據以進行「決定裁量」(ob或if；即是否採取執法作爲)與「選擇裁量」(wie或how；即採取何種執法措施)。從「判斷」事實上是否已發生危害或犯罪、即將發生危害或犯罪，到「決定」是否採取執法作爲及採取何種執法措施（含採取正當措施及適當處分），乃是一連串之判斷與裁量過程[190]。按本法第8條規定：警察對於已發生危害或依客觀合理判斷易生危害之交通工具，得予以攔停並採行酒測措施，司法院釋字第535號及第699號亦均有明示不得任意或隨機進行無理由之攔檢或酒測等執法

190 許福生主編，劉嘉發等合著，《警察法學與案例研究》，五南圖書出版公司，2020年2月，初版一刷，頁63。

措施。又證之警政署頒行之「取締酒後駕車作業程序」之注意事項五－（五）[191]明指：「駕駛人因不勝酒力於路旁車上休息，未當場查獲有駕駛行為者，應補充相關證據足可證明其有駕駛行為，始得依法舉發；如駕駛人係因發覺警察執行稽查勤務，始行駛至路邊休息，仍應依規定實施檢測。」因此，基於執法之判斷應在執法措施進行前具有「正當合理性」（Justification），在執行後立即輔以「證據」（Evidence），當屬正辦。因此，本案實不應以「已發生危害說」或「未發生危害說」來論斷，而應回到本法第8條「已發生危害或依客觀合理判斷易生危害」，而以執法當時員警之五官六覺或其他方法得以對於當時之行為狀況責任人有「已發生危害或依客觀合理判斷易生危害」之情狀或相關因素得以證之，甚至美國係以「整體考量」法則（Totality of Circumstances Test）[192]為個案審視其是否得以攔檢並酒測。審視本案若執法員警有攝錄影或監視或其他相關佐證資料得以證明相對人甫完成駕車且並無接續飲酒，抑或因其走路不穩上車發動引擎準備開車等，均可依法加以攔檢並酒測之。

四、問題提出

（一）我國針對道路交通安全與秩序之維護，既已有「道路交通管理處罰條例」之專法規定，應非屬一般危害防止任務之範疇，而係道路交通安全與秩序規範，自應有其取締交通違規之攔檢交通工具之職權規定。然本法未能審慎考量其與「道路交通管理處罰條例」之連結關係，將其職權規定於本法，顯然欠缺體系之關照。易言之，「道路交通管理處罰條例」等其他法律，既賦予警察一定之任務，即應相對地賦予一定

---

191 內政部警政署，〈執行搜索扣押作業程序〉，收錄於《警察機關分駐（派出）所常用勤務執行程序彙編》，內政部警政署編製，中央警察大學印行（108年4月11日警署行字第10800078356號函授權印製），108年版，頁214。

192 許福生主編，劉嘉發等合著，《警察法學與案例研究》，五南圖書出版公司，2020年2月，初版一刷，頁58。

之職權。但因立法怠惰或立法上之瑕疵等原因，未能於各該特別法律窮盡必要職權之規定，僅以本法規範加以補充，於立法論上，實值得省思。

（二）本條第2項雖規定：「有事實足認其有犯罪之虞者，並得檢查交通工具。」然而，得否對於車內之相關置物袋或其他相關容器加以檢查，則未有明文規定。參考美國作法[193]，允宜於修法時，明文規範之。

（三）未來應於個別法規中明定得以進行攔檢之要件與拒絕配合警察執法之法律責任。參考「廢棄物清理法」第9條規定：「主管機關得自行或委託執行機關派員攜帶證明文件，進入公私場所或攔檢廢棄物、剩餘土石方清除機具，檢查、採樣廢棄物貯存、清除、處理或再利用情形，並命其提供有關資料；廢棄物、剩餘土石方清除機具應隨車持有載明廢棄物、剩餘土石方產生源及處理地點之證明文件，以供檢查。……」再者，該法第56條明定相對人不配合之法律責任爲：「違反第三十七條第一項規定或無故規避、妨礙或拒絕第九條第一項之攔檢、檢查、採樣或命令提供有關資料者，處新臺幣三萬元以上五百萬元以下罰鍰。」另一方面，「入出國及移民法」第85條亦有相似規定：「有下列情形之一者，處新臺幣二千元以上一萬元以下罰鍰：……五、違反第六十六條第二項規定，拒絕到場接受詢問。六、違反第六十七條第三項規定，規避、妨礙或拒絕查證。七、違反第七十一條第二項規定，規避、妨礙或拒絕查察登記。」

193 美國對合法攔截的汽車，若警察有相當理由而有權爲無令狀之搜索時，警察得對汽車內每一個部分爲搜索，任何地方或容器只要可能藏有所欲搜索之物品，皆得搜索。警察不論對「汽車」或車內「容器」有相當理由，皆得對該汽車或其內之容器爲無令狀之搜索。因此，只要在汽車內發現之容器，完全適用「汽車例外」法則，不受令狀原則之保護。參見王兆鵬，〈論汽車之搜索〉，收錄於《搜索扣押與刑事被告的憲法權利》，翰蘆圖書出版有限公司，2000年9月，頁221-237。

肆、其他

實務上，對於攔檢交通工具，應符合法定之要件與程序，茲檢附美國及日本相關攔檢盤查汽車之應注意事項如下：

一、美國攔檢交通工具時應注意要點[175]

（一）攔檢汽車之合理正當性與程序

在攔停汽車之前，應先報告你的或巡邏車的位置及相關狀況，並保持適當距離。任意性之碰面或遭遇（Consensual Encounter）並不構成任何強制，即使在公共場合詢問其身分或其他簡單問題、要求其將手抽出口袋，或於夜間以手電筒照射以求辨認，仍非強制，因該人仍然可以自由離去，或不理你的要求，因你係詢問而非命令。若有以警察授權強制性質介入，如以警車閃燈要求其停下接受查問，則此時已經是留置（Detention），而非僅是任意問話。此時雖非屬於「逮捕」，卻已經不屬於任意問話。警察可為不需法律授權之任意性問話或合意式碰面（Consensual Encounter），必須有「相當理由」（Probable Cause）始得逮捕，而實施暫時留置則需要有「合理懷疑」（Reasonable Suspicion）[176]。只要被警察所查問的人合理的感到不能自由離去時（如一些身體之限制或命令性的問話內容使之感到必須服從時，而接受偵查），已經構成「暫留」。至於「逮捕」則是更進一步受到法律授權下之拘禁，如為了避免其逃跑或制伏其反抗等所加之身體上限制或其他可能之強制力作為。一般而言，逮捕必須有令狀，例外情形下，必須具有相當理由始得為之。而「相當理由」是指具有事實資訊使一個和你有相

175 蔡庭榕，〈論警察攔檢之法規範——以美國警察對行人及汽車攔檢為例〉，《中央警察大學法學論集》，第6期，中央警察大學法律學系出版，2001年8月，頁174-180。

176 Miller, Mark R., Police Patrol Operations, Copperhouse Publishing Company, Incline Village, Nevada, 1995, p. 266.

同訓練及經歷之合理謹慎的人相信將被逮捕之人有罪，始得逮捕之。然而，警察並無須去證實「罪證確著」（Beyond Reasonable Doubt），亦不限於僅可被使用之證據，而是可以「整體情況」（Totality of the Circumstances）考量之。因此，警察不僅以事實考量，亦參酌其知識、訓練、專業、經驗及觀察等，甚至他人（如線民、一般人民、其他警察等）所提供之訊息亦可，只要在將嫌犯加以拘禁、逮捕時具有相當理由即可。然而，當對受調查而暫時留置之身體加以抑制、加上手銬或拔出槍枝等作爲，常被視爲已達逮捕之程度。

在Terry原則建立了十五年之後，美國聯邦最高法院於1983年決定了「攔停」與「拍搜」（Frisk）可適用於車輛攔檢。在Pennsylvania v. Mimms一案[177]，最高法院主張，因交通違規之攔停，警察得要求違規者下車，如有合理相信該人可能攜帶有危險武器，並得拍搜其衣物外部，以保護執法者之安全。

Adams v. Williams一案[178]，警察在線民的提供下，得以進入車內，並自駕駛者腰間拔出槍枝，法院認爲係在路邊攔檢時所面對危險時所必要之反應。在Michigan v. Long一案[179]中，有清楚而客觀的合理相信受檢者有武器，因此，得以搜查乘客區，因而所獲得之證據，可以做爲法院之依據。而其搜查範圍僅可及於受檢者立即可觸及爲限。在Florida v. J.L.（2000）一案中，聯邦最高法院法官一致通過，在美國「憲法」第4增補條款之保障下，縱然警察接獲匿名檢舉指出某人隨身藏有武器，仍不足以作爲攔檢及搜索之「相當理由」。

（二）警察攔檢時得進行之職權措施

警察基於合理懷疑或例行性攔停車輛，一般可以依據實際情況之需

177 98 S. Ct. 330 (1977).
178 92 S. Ct. (1921).
179 103 S. Ct. 3469 (1983).

要決定下列步驟：

1. 得命令駕駛離車；

2. 得命令乘客離車；

3. 得要求駕駛出示駕照或依據州法所規定之必要文件；

4. 得詢問駕駛或乘客問題；

5. 得要求涉嫌酒醉之駕駛測試酒精濃度；

6. 得檢查汽車識別號碼（VIN）；

7. 若有發現「相當理由」涉及違法，得進一步搜索該車；

8. 若得駕駛人之同意，亦得爲無相當理由之搜索；

9. 爲查察武器得搜索乘客區；

10. 可在目視所及（Plain View）之範圍內，將所發現之查禁物扣押之；

11. 若發展爲具有「相當理由」時，得將之逮捕；

12. 若將嫌犯逮捕後，通常可對其所駕駛之汽車爲徹底搜索（Vehicle Inventory Searches）。

二、日本攔檢交通工具時應注意要點[180]

（一）攔檢汽車應注意事項[181]

1. 車燈一閃一閃，或其他異常駕駛方法之車輛，因爲這種情形有可能是駕駛人被脅迫（搶劫汽車），或車上載有犯罪嫌疑人的求救信號。

2. 仔細檢查三角玻璃窗及車體之其他部位有無破損，尤其要仔細檢查該部車子是否與引擎、電路無直接關係（車子與引擎、電路不符）。

---

180 有關「日本相關攔檢盤查汽車之應注意事項」係由李錫棟所翻譯。

181 譯自綱川政雄、半田嘉弘共著，《職務質問》，平成5年（西元1993年）7月10日，改訂版十一刷，頁78。

3. 仔細檢查前後座及後車廂內之狀況、載運之物品等。

4. 對於貨車，應仔細核對載運貨物之內容、數量、出貨人、收貨人、送貨單等。

5. 盤問時應特別注意對方之舉動，尤其對於駕駛人與乘客之回答要注意其有無齟齬或矛盾之處。

6. 盤查時，務必讓駕駛人關熄引擎，而且要盡可能讓被盤查人下車。引擎沒有關熄時，絕對避免踏在腳踏板上或把頭伸入車窗內。

（二）用三部巡邏車包圍一部贓車，是否為適當的攔停汽車之方法？[182]

本案是警察在開車巡邏中發現贓車，乃請求其他警車支援在現場附近進行埋伏等待，當被告開著該部贓車行經該處時，埋伏之警車即予以攔車盤查，在上述具體之情形下，警察對於開著該部贓車之被告實施盤查，加上在偵查犯罪上被認爲是重要而緊急之事項，如果再將所預料之犯罪的重大性及汽車可能高速行駛之機動性列入考慮的話，則於此情形下，爲期盤查有其實效性，將警車暫時性地開到接近贓車前後某種程度之距離以使其停車，是爲了進行盤查所爲之通常手段，當然應被允許。不過，此種攔停不得有涉及逮捕、監禁之強制力，本案警察爲了盤查所爲之一連串行爲，難以認爲該當於涉及逮捕、監禁之強制力行使。

（三）警察用手伸入車窗內關熄引擎，制止其駕駛之行為，是否為適當的方法？[183]

若依原判決之認定，A警察與B警察在執行交通違規之取締勤務時，發現被告所駕駛之車輛闖紅燈，A警察乃示意請被告停車，並告以上述違規事實，被告大致上承認上述違規事實，乃交出汽車駕照，該名警察爲了製作紀錄乃請求其任意同行到巡邏車，但是被告不答應，警察只好將巡邏車開到被告所駕駛之汽車前面，並說服被告答應任意同行至巡邏

---

182 譯自名古屋高判金澤支判，昭和52年（西元1977年）6月30日。

183 譯自最決，昭和53年（西元1978年）9月22日。

車，被告下車之後，約距離1公尺左右，即發現被告身上有酒臭味，該名警察因為懷疑被告帶有酒味駕駛，乃對被告說「是不是有喝酒？我們來檢測看看！」，在警察告知其要檢測酒味之意旨時，被告激烈地表示反對的態度，且一面怒斥「我喝酒有什麼關係！」，一面奪走已交給警察之汽車駕照，坐進引擎仍在發動中之被告汽車的駕駛座，操作離合器準備起步駛離，B警察乃用手伸入駕駛座之車窗內關熄引擎，制止被告駕駛。依上述原判決所認定之事實關係，B警察將手伸入駕駛座之車窗內關熄引擎，制止被告駕駛之行為是本於日本「警職法」第2條第1項之規定，為了實施盤查所為使其停止駕駛之必要而適當的行為。

第9條（蒐集公共活動參與者現場活動資料）

警察依事實足認集會遊行或其他公共活動參與者之行為，對公共安全或秩序有危害之虞時，於該活動期間，得予攝影、錄音或以其他科技工具，蒐集參與者現場活動資料。資料蒐集無法避免涉及第三人者，得及於第三人。

依前項規定蒐集之資料，於集會遊行或其他公共活動結束後，應即銷毀之。但為調查犯罪或其他違法行為，而有保存之必要者，不在此限。

依第二項但書規定保存之資料，除經起訴且審判程序尚未終結或違反組織犯罪防制條例案件者外，至遲應於資料製作完成時起一年內銷毀之。

壹、立法緣由

一、立法理由與目的

集會遊行或其他公共活動中，尤其針對非法之集會遊行及公共活動，警察蒐證工作確有必要，且行之多年。然而因事涉人民權益，且易影響參與者心理，許多參與集會遊行及公共活動者，皆以各種理由質疑警察蒐證工作之合法性，此對警察實務工作者在執行上形成極大困擾。因此，以立法方式解決問題爭議，不失爲一適當的方法。行政院函請立法院審議之「警察職務執行條例草案」第10條立法說明第1點，即明確說明本條之立法，即在將實務之作法明文予以立法，以杜爭議[184]。

邇來隱私權、肖像權、個人資料保護之思潮，方興未艾，在先進民主國家都已將之提升至基本人權保障之層級。我國基本權利清單，雖未明文規範隱私權之類型，但大法官明確揭示隱私權乃受憲法保障之基本權利，並闡明：「隱私權雖非憲法明文列舉之權利，惟基於人性尊嚴與個人主體性之維護及人格發展之完整，並爲保障個人生活私密領域免於他人侵擾及個人資料之自主控制，隱私乃爲不可或缺之基本權利，而受憲法第二十二條所保障。」[185]並謂：「個人縱於公共場域中，亦應享有依社會通念得不受他人持續注視、監看、監聽、接近等侵擾之私人活動領域及個人資料自主。」[186]賦予警察在集會遊行或公共活動中，有權攝錄影、錄音，此乃係因應人民資訊自由決定之權利意識高漲所造成的立法結果。惟適度的預防與嚇阻是法律規範可理解之目的，若因而限制基本權利之重要內容，或導致一般人恐懼於行使其基本權利，甚至放棄之，則屬不法。警察實務者亦不否認集會遊行或公共活動中之攝錄影、錄音，不難對參與者產生預防性壓力。而且自從科技發達後，攝錄影、錄音已從個人至群體，甚至可以剪接、變造、快速累積傳遞，如何調和警察維護治安之公益目的與個人自由權利間之價值衝突，必須積極予以正視。

集會遊行或公共活動之參與者，其之所以自願將自己暴露於他人窺視之危險中，這是集會遊行或公共活動之必然結果，並不當然要承擔他

184 《立法院第五屆第二會期第十五次會議議案關係文書》，院總第915號，政府提案第8870號，2002年12月25日，頁33。
185 大法官釋字第603號解釋解釋文參照。
186 大法官釋字第689號解釋理由書參照。

人窺視之危險。況且，他人並不當然包括公權力之主體，尤其主張集會自由權，即是用以對抗公權力過分或不當干預，而非用以對抗其他一般人。此亦正是警察對群眾活動僅以目視耳聽所做現場一般觀察，以及以科技幫助物為工具，讓人民感受不同之基本區別所在[187]。因此，賦予警察在集會遊行或公共活動中，有權攝錄影、錄音，如從個人資料保護之觀點，則更應給予更嚴格之界限。所以官方立法說明第2點至第4點，即明白表示警察之攝錄影、錄音，僅能針對危害肇因者，於不可避免之情況下，始得例外准許及於第三人，並明定蒐集資料保存銷毀之要件。

本條文之立法，依其立法理由說明，係為防止有不法行為嫌疑之參與者，造成公共安全與社會秩序之危害。此從該條文本文中所指，警察依事實足認集會遊行或其他公共活動參與者之行為，對公共安全或秩序有危害之虞時，於該活動期間，得予攝影、錄音或以其他科技工具，蒐集參與者現場活動資料，應可獲得明證。此外，依本條文第2項及第3項，為調查犯罪或其他違法行為，得保存攝影、錄音資料之規定來看，本條職權之行使，亦有預防性犯罪抗制之作用。

二、法理基礎

憲法固然保障人民基本權利，但國家並非不能對該基本權利施加限制。在探討國家對基本權的行使施加限制，如何始為適法之問題時，通常係經由三階段的論證方式，予以檢驗。第一階段論證，目的在判斷各該基本權的保護範圍。因不落入基本權保護領域的行為，根本就不受基本權保障，國家對其進行干預，也不構成基本權的限制，自然毋須具備各種基本權限制所須的合憲要件。第二階段的論證，旨在判斷涉及基本權之行使的國家行為，是否構成基本權的限制。唯有確定構成對基本權的限制後，對各種基本權之限制所需的合憲要件是否具備的第三階段問

187 李震山，〈集會遊行時警察攝錄影之法律問題〉，《警政學報》，第19期，1991年7月，頁1-16。

題，才有進行檢視的必要。通過第三階段之審查者，即爲合憲的基本權限制，否則爲違憲[188]。

（一）可能受到干預的基本權保護領域

警察於集會遊行或公共活動期間，以攝錄影、錄音蒐集參與者現場活動資料，可能觸及人民的基本權利，主要包括人民的集會自由與資訊自決權。

「憲法」第14條規定人民有集會之自由，係指多數人本於共同一致目的之意思聯繫，暫時性地聚集交換或表達思想或意見之自由。集會自由權的保障，不僅及於外在形式自由部分，亦及於實質內在的集會自由，即毫無恐懼的遂行集會權之決定自由。[189]易言之，國家不得以逾越一定程度措施或可能不利處分，監視威嚇行使集會自由權，使之心生恐懼[190]。依實證研究及警察實務經驗，警察在集會遊行中攝錄影、錄音，會使合法參與集會之人心生恐懼，至少對參與者之心理造成極大影響[191]。因此，警察於集會遊行或公共活動期間，以攝錄影、錄音蒐集參與者現場活動資料，自己涉及人民集會自由權之保護的問題。

其次，警察於集會遊行或公共活動期間，以攝錄影、錄音蒐集參與者現場活動資料，可能觸及人民的基本權利，應屬人民對於個人（包括肖像、隱私等）資訊的自我決定自由。德國聯邦憲法法院以其「基本法」第1條第1項以及第2條第1項連結所保護之一般人格權爲出發，認爲在現代資料處理的現實情況下，應保護事涉個人的資訊有免於受到無限

188 許宗力，〈基本權的保障與限制（上）〉，《月旦法學教室》，第11期，2003年9月，頁64。

189 大法官釋字第445號解釋理由書亦論及：「集會自由之保障，不僅及於形式上外在自由，亦應及於實質上內在自由，俾使參與集會、遊行者在毫無恐懼的情況下進行。」

190 李震山，〈集會遊行時警察攝錄影之法律問題〉，《警政學報》，第19期，1991年7月，頁6-7。司法院大法官釋字第445號解釋理由書。

191 李震山，〈集會遊行時警察攝錄影之法律問題〉，《警政學報》，第19期，1991年7月，頁7。

制攫取、傳送、儲存及分析的可能。個人基本上應有權利能自我決定，個人的生活事實在何時及在何種範圍內被揭露或被使用。此一權利肯認每一個人對於涉及個人資料提供及利用的決定過程時，皆有積極參與形成自我決定之可能，並且具有抗拒恣意干涉之消極自由權[192]。我國大法官亦闡明所謂個人資料自主控制之資訊隱私權，乃保障人民決定是否揭露其個人資料、及在何種範圍內、於何時、以何種方式、向何人揭露之決定權，並保障人民對其個人資料之使用有知悉與控制權及資料記載錯誤之更正權。[193]我國憲法所列舉人民之自由權利中，雖未如德國基本法般明示人性尊嚴及人格權的保障，但從「憲法」第22條「凡人民之其他自由及權利，不妨害社會秩序及公共利益者，均受憲法之保障」的概括規定中，應可找到我國憲法保障資訊自我決定權的基礎。因此，人民參與集會遊行或公共活動，理所當然的具有主張其個人資訊不被第三者，特別是國家，獲取、使用之可能。警察於集會遊行或公共活動期間，以攝錄影、錄音蒐集參與者現場活動資料，自亦涉及人民資訊自決權之保護的問題。我國個人資料保護法以識別性作爲判斷個人資料之重要準據，國家於集會遊行中蒐集之資訊，不外乎個人之肖像、身體活動、事實情狀的發生經過、對話內容等，並於特定目的下，以其辨別特定個人以掌握其身體、心理的活動，因此，若得透過該資訊足以連結至特定人，即應認定爲具有識別性。是以，國家對於該等資料之蒐集、處理及運用，亦須關注人資料保護法之相關規定。[194]至於得否援引「個人資料保護法」第51條第2款針對在公開場所或活動中所蒐集、處理或利用，而未與其他個人資料結合之影音資料，得利外不適用個人資料保護法之

192 楊雲驊，〈證據使用禁止在個案上的判斷過程——以電話分機聆聽案爲例〉，《東吳法律學報》，第13卷，第2期，2002年2月，頁86。

193 大法官釋字第603號解釋解釋文參照。

194 李寧修，〈國家蒐集集會遊行資料的憲法界限：德國聯邦憲法法院「巴伐利亞邦集遊法部分暫停適用」裁定之反思〉，《東吳法律學報》，第27卷，第3期，2016年1月，頁160。

規定，從而導出國家集會遊行之資料蒐集及其後續利用得排除個人資料保護法之適用，立法未言及具體理由，學者則多認爲若藉此卸除個人資料保護法課予國家於蒐集處理與利用相關個人資料應遵循之原則，則恐與憲法保障人民資訊隱私權之意旨背道而馳，而產生倒果爲由之謬誤，値得贊同。[195]

資訊隱私權之保障，並不因其身處公共場域而減損其必要性，「是個人縱於公共場域中，亦應享有依社會通念得不受他人持續注視、監看、監聽、接近等侵擾之私人活動領域及個人資料自主[196]。」因此，即便集會遊行之資料蒐集係於公共場域中對自主參加集會遊行之人爲之，「所謂已公開的資訊即不受隱私權之保障，並非的論。至多僅得謂：已爲眾所週知或相當多數之人所知之資訊，或個人自願公開之資訊，並在其授權公開之範圍內，即難以再主張受到隱私權之侵害。且基於重視個人資訊隱私權之保障之觀點，縱係個人自願公開資訊下，也不意謂第一次的授權後，個人對其自願公開之資訊即因此完全喪失控制，而不能對違反其授權目的與範圍的侵害行爲有所主張[197]。」故國家於集會遊行期間之資料蒐集，仍應於法律授權之目的與範圍內，尊重個人資料主體之個人資料自主控制權，在參與者所得預期之範圍內爲合理、必要之蒐集、處理及利用[198]。

（二）攝錄影、錄音對基本權的干預

根據干預的傳統學說，對干預的界定，須國家的行爲爲「法律上的

195 李寧修，〈國家蒐集集會遊行資料的憲法界限：德國聯邦憲法法院「巴伐利亞邦集遊法部分暫停適用」裁定之反思〉，《東吳法律學報》，第27卷，第3期，2016年1月，頁161。
196 大法官釋字第689號解釋理由書參照。
197 大法官釋字第603號解釋林大法官子儀所提出之協同意見書參照。
198 李寧修，〈國家蒐集集會遊行資料的憲法界限：德國聯邦憲法法院「巴伐利亞邦集遊法部分暫停適用」裁定之反思〉，《東吳法律學報》，第27卷，第3期，2016年1月，頁155-156。

行為」，且以「直接」，並以「強制或命令」的方式為之，而以損害人民基本權利為其目的，方可構成「干預」。但近代對干預的界定已有改變，只要國家的行為妨害到人民基本權利的行使，即屬「干預」，不論國家的行為是事實上行為或法律上行為，直接或間接的行為，或是以強制性的方式為之，或是否具有目的性，均屬「干預」[199]。

警察在集會遊行中攝錄影、錄音，從集會內在自由保障之觀點而言，會使合法參與集會之人心生恐懼，至少對參與者之心理造成極大影響。因此，警察於集會遊行或公共活動期間，以攝錄影、錄音蒐集參與者現場活動資料，自已干預人民集會自由權[200]。德國Bremen邦高等行政法院曾對某一示威遊行案作成判決，其決議首點便宣示不論是通盤性或個人性攝影，皆已構成集會自由之干預，即係適例[201]。

警察在集會遊行中攝錄影、錄音，係將個人的意思排除在外，甚至是違背基本權主體之意思，尤其個人對於攝錄影、錄音資料之後續處理，更是毫無置喙餘地，對資料的各種處理方式喪失自主權，自是對於人民資訊自決權的一種干預。警政署行政釋示認為：「警察執行錄影、攝影蒐證，如在執行上有密行之必要，則尚非屬干預人民自由權利之措施，而是對於人、事、物狀態的資訊蒐集，屬於無干涉性的行政調查」，並進而認為警察於集會遊行期間所為之攝錄影音之行為，「其性質同屬不具直接干涉人民自由權利之行政調查」[202]，恐有誤會。

（三）干預的合憲性要件

國家行為干預人民基本權利是否合憲的判斷，依據「憲法」第23

---

[199] 吳信華，〈基本權利的體系思考〉，《月旦法學教室》，第9期，2003年7月，頁127。
[200] 李震山，〈集會遊行時警察攝錄影之法律問題〉，《警政學報》，第19期，1991年7月，頁716。
[201] Val. OVG Bremen, Urt. V. 24.4.1990-1 BA 18\89, NVwG, 1990 Heft 12,S. 1188ff.轉引自李震山，〈集會遊行時警察攝錄影之法律問題〉，《警政學報》，第19期，1991年7月，頁16。
[202] 內政部警政署98年12月25日警署行字第0980186951號書函參照。

條之規定，其要件包含「四項公益理由」、「法律一法律保留」及「必要一比例原則」等之審查。由於本法是立法院三讀通過，並經總統公布施行之法律，是以外在形式上，已符合法律保留原則，應無疑義。再者，依本法第1條「維持公共秩序，保護社會安全」之立法目的以觀，至少亦已符合四項公益理由中「維護社會秩序」之目的。是以本條賦予警察於集會遊行或公共活動期間，得以攝錄影、錄音蒐集參與者現場活動資料，在實質內涵上是否合憲，僅餘比例原則各細節之檢驗而已。

警察於集會遊行或其他公共活動時，以攝影、錄音蒐集參與者之活動資料，警察實務者並不否認此項措施之採行，不難對參與者產生預防性壓力[203]。即使眞有非法行爲發生，依此可將當時發生的事實經過重現，依此證據依法訴究，亦易使人信服，並可避免當時及時介入處理，影響群眾心理，橫生枝節。故立法授權警察於集會遊行或公共活動時，得以攝影、錄音蒐集集會遊行參與者之活動資料，應有其合適性。

不過，我國憲政實務向來對於立法是否符合比例性，常以「立法自由形成權」爲廣泛的認可；然而，考慮到憲法應賦予基本權保障優越性的憲政主義思想，我國憲政實務之觀點，即值得商榷。至於本條蒐集資料職權之要件規定，幾乎都是使用一些不確定的法律概念，是否有違法律明確性之原則，亦值得加以重視[204]。誠然，職權行使之要件，立法固應要求明確，但透過解釋尚可得而確定其意義範圍者，即難謂此等立法有違明確原則。充其量只能謂此立法將造成解釋適用上之爭議與困難。解決之道，則需個案裁判見解之累積，形成共識。

---

203 李震山，〈集會遊行時警察攝錄影之法律問題〉，《警政學報》，第19期，1991年7月，頁7。

204 大法官釋字第445號解釋認爲「集會遊行法」第11條第2款「有明顯事實足認爲有危害國家安全、社會秩序或公共利益之虞者」之規定，有欠具體明確，宣告其違憲，即係適例。

貳、條文解說

一、名詞解釋

（一）資料之概念

「資料」一詞，在一般語意上，係指可做參考的材料[205]。在一般通念上，我們經常將「資料」與「資訊」兩者相互混用。其實「資料」與「資訊」之用語，既有不同，是其涵攝之內涵及範圍，自亦應有所差異。

我國「行政程序法」第44條第2項規定：「前項所稱資訊，係指行政機關所持有或保管之文書、圖片、紀錄、照片、錄影（音）、微縮片、電腦處理資料等，可供聽、讀、閱覽或藉助科技得以閱讀或理解之文書或物品。」依「德國聯邦資料保護法」第2條之規定，所謂「個人資料」，概括性地將之定義爲，涉及特定或可得特定自然人之所有屬人或屬事之個別資料[206]。我國「個人資料保護法」第2條第1款，則係例示的舉出，所謂「個人資料」，係指自然人之姓名、出生年月日、國民身分證統一編號、護照號碼、特徵、指紋、婚姻、家庭、教育、職業、健康、病歷、醫療、基因、性生活、健康檢查、犯罪前科、聯絡方式、財務狀況、社會活動及其他得以直接或間接方式等足資識別該個人之資料。

依上開定義分析，資料應係指未經處理之原始數值或文字，換言之，即係一定事實或狀態之存在或紀錄。性質上是屬於客觀、靜態之在問題。資訊，則係基於特定目的，對資料加以整理，甚至建立檔案，在性質上，屬於主觀且經動態資料處理[207]。因此，我國「行政程序法」中

205 陸師成主編，《辭彙》，文化圖書公司，1985年2月，頁833。
206 許文義，《個人資料保護法論》，三民書局，2001年1月，初版一刷，頁19。
207 許文義，《個人資料保護法論》，三民書局，2001年1月，初版一刷，頁20。

所指稱之資訊，有許多是屬於「個人資料保護法」中之個人資料。基此，個人資料，應可泛指足資識別個人且具有個人私密性質之資訊。若資訊冠上個人兩字，與個人資料之區別則不大[208]。

（二）集會遊行之意義

1. 憲法中「集會」之意義

我國「憲法」第14條規定人民有集會之自由。其中所謂之集會，究何所指，憲法並未加以定義。若依憲法學者見解歸納，憲法中所指之集會，係指人民爲特定共同目的而臨時結合，聚集於一定地點而表達意見之活動。此之集會不限於室外集會，尙包括室內集會。所謂遊行，其主要的特點則爲前進中經由地點之變換，以達讓廣大群眾知悉參與者所要表達的意見[209]。憲法雖未明文列舉規範遊行自由權，但至少仍在第22條的概括保障範圍。由於集會與遊行均爲人民爲特定目的而臨時結合表達意見之活動，其間固有動態與靜態之差別，但論者認爲，爲落實憲法規範之完整性，實應將遊行視爲動態之集會，故而認爲憲法中集會之意義，係指包括遊行在內之「廣義之集會」[210]。觀諸大法官釋字第445號解釋亦可得出相同之結論。

2. 集會遊行法中「集會遊行」之意義

依「集會遊行法」第2條第1項之規定，其所謂之集會，係指於公共場所或公眾得出入之場所舉行會議、演說或其他聚眾活動。至於遊行，依同法第2條第2項之規定，則係指於市街、道路、巷弄或其他公共場所或公眾得出入之場所之集體行進。

208 李震山，〈論國家機關蒐集資訊之合法性〉，收錄於《監聽法vs.隱私權 —— 全民公敵》，三民書局，2001年7月，初版，頁2-3。
209 李震山主持，《集會遊行法執行之研究》，行政院研究發展考核委員會委託，1991年7月，頁24-26。
210 李震山主持，《集會遊行法執行之研究》，行政院研究發展考核委員會委託，1991年7月，頁26。

3. 本條文中「集會遊行」之意義

由於「集會遊行法」中所謂的集會遊行，均須在「公共場所或公眾得出入之場所」舉行，因此，必須具備「公共性」之要件，顯然較憲法中之意義，狹隘許多。換言之，「集會遊行法」中之集會遊行，乃憲法中集會之一種，其立法規範乃就廣泛憲法集會自由中具「公共」性質之集會，予以特別規定而已。本條文中之「集會遊行」，究是否包括「公共性」與「非公共性」之集會兩者，條文本身並未明文加以定義。惟依其立法所參考之德國「集會法」第12條a之規定及本條文概括規定之「其他公共活動」以觀，其所指之集會遊行，應僅及於「公共性」之部分，應不包括「非公共性」之集會。換言之，其所謂之集會遊行，與「集會遊行法」第2條中所稱之集會遊行，應屬相當。

由於「集會遊行法」第8條第1項各款所稱之「依法令規定舉行之集會遊行」、「學術、藝文、旅遊、體育競賽或其他相類似之活動」及「宗教、民俗、婚喪、喜慶活動」，解釋上仍屬「集會遊行法」第2條中所指之「其他聚眾活動」或「集體行進」，只是依「集會遊行法」規定，這些集會遊行不必申請許可而已。是以，這些不必申請許可之「其他聚眾活動或集體行進」，解釋上，並非即當然被排斥在本條文中所稱之集會遊行之外，允予注意予以辨明。再者，「集會遊行法」第8條第2項但書規定：「室內集會若使用擴音器或其他視聽器材足以形成室外集會者，以室外集會論。」此種「以室外集會論」之「室內集會」，是否在本條集會構成要件射程範圍之內，不無疑義。本文以爲「室內集會」，非在公共場所及公眾得出入之場所舉行，本即非在「集會遊行法」之規範範圍。該法第8條第2項將之視同室外集會，規定應經許可始得舉行，已不當擴張警察權限，並限制憲法集會自由權之行使。若再將之解爲在本條集會構成要件射程範圍之內，憲法保障人民室內集會自由權之行使，將更雪上加霜，更給警察「進入住宅」干涉人權的合法依據，其之不當甚明。將來實務解釋及實際運作，宜採限縮解釋，將之排除在本條集會構成要件射程範圍之內，始爲正當。

（三）其他公共活動之概念

國家機關蒐集資訊應遵守法律明確原則[211]。基於此項明確性的要求，在立法技術上，就必須仔細考慮其發動要件的明確性。本條明文規定警察亦可以於集會遊行之外的其他公共活動，蒐集參與者之活動資料。由於「其他公共活動」之概括規定，其意義內涵具有相當大的彈性空間，使法律具有較強的適應能力，但同時也帶來某種程度不安定的危險[212]。

「其他公共活動」究應如何解釋，立法理由雖未見說明。但吾人亦不應將之當作是「乾坤袋」。假若任何活動都可包括在內，就根本不需要在法律例示「集會遊行」之規定。是以，「其他公共活動」之內涵，也不能因其模糊、不明確，而無限的延伸。因而必須對之做限制解釋，甚至做目的論限縮。依一般法學方法論的觀點，例示的規定是涵蘊於概括規定之內。相對地，對於具體例示的規定而言，概括規定是法典上所明示出來的「立法意旨」[213]。換句話說，前導的例示概念，不但會讓條文的描述變得更清楚，也爲概括條款提供具體的解釋方向。立法者透過這種具有截堵功能的一般條款，就已經對於構成要件的適用範圍劃定了最外圍的界線。基於這樣的理解，「集會遊行法」第2條所定義之「集會遊行」，似已窮舉了所有公共活動之模式，從而本條所謂「其他公共活動」，應已無獨立於例示集會遊行概念之適用可能性，有無存在的實益，不免令人質疑。

211 李震山，〈論國家機關蒐集資訊之合法性〉，收錄於《監聽法vs.隱私權——全民公敵》，三民書局，2001年7月，初版，頁11。

212 關於概括規定之解釋及其具體化的方法論，詳可參考劉幸義，〈罪刑法定原則的理論與實務批判（下）〉，《刑事法雜誌》，第38卷，第6期，1994年12月，頁21-22。

213 劉幸義，〈罪刑法定原則的違論與實務批判（下）〉，《刑事法雜誌》，第38卷，第6期，1994年12月，頁24。

依前揭論述，本條文所謂之集會遊行，係指「公共性」，此「公共性」之特徵，正是概括規定之「其他公共活動」所顯示的立法意旨。是以，非屬公共性的活動，即非在「其他公共活動」之列。集會遊行之「公共性」，依一般論者見解，首先與「多數人」有關。當任何人都有可能參與該多數人所形成之集會方屬公共性。若僅特定人方得參與之集會，即非公共性集會。其次，「公共性」之要件，亦涉及相關聯目的。以集會爲例，即必須集會者有共同意願就公共事務表達立場。固然亦有認爲，只要多數人爲共同討論公共事務，或（及）表達意見而共聚，且有此共識即可，不必太嚴格限制「相關聯目的」。不論採行何種標準，至少吾人可以肯認「公共性」活動，係以超個人的方式體現，而有別於「單純一群人」[214]。

二、實體要件

（一）特定目的之確認

目的拘束原則爲「個人資料保護法」第5條揭示個人資料蒐集、處理或利用之基本原則。[215]因此，國家於集會遊行過程中進行之資料蒐集，必須基於特定目的，並藉以評價蒐集是否合於目的、是否屬於必要範圍，以及後續資料處理利用之行爲是否具備合理實質關聯，以及屬目的內、外使用。

論者認爲本條款並未明確揭示其目的，本法第1條規定之立法目的於此亦欠缺直接關聯性。從而認爲應結合「集會遊行法」第1條第1項之立法目的「保障人民之集會、遊行之自由，維持社會秩序」，以及大法

214 李震山主持，《集會遊行法執行之研究》，行政院研究發展考核委員會委託，1991年7月，頁23-29。

215 「個人資料保護法」第5條規定：「個人資料之蒐集、處理或利用，應尊重當事人之權益，依誠實及信用方法爲之，不得逾越特定目的之必要範圍，並應與蒐集之目的具有正當合理之關聯。」李惠宗，〈個人資料保護法上的帝王條款－目的拘束原則〉，《法令月刊》，第64卷，第1期，2013年，頁50-51。

官釋字第445號解釋所闡明「國家爲保障人民之集會自由，應提供適當集會場所，並保護集會、遊行之安全，使其得以順利進行」之意旨，作爲集會遊行資料蒐集目的之憑藉。基此，和平之集會遊行活動，應受到憲法保障，國家亦負有保護集會遊行安全之義務。因此，國家於集會遊行蒐集資料之行爲，應是以排除干擾集會遊行和平進行之來源，以確保集會自由之積極行使，使集會遊行得順利進行爲目的而實施。如果，該資料之蒐集在當下無法循得與特定目的之合理正當關連性，即無蒐集之必要，若以未來可能有用之預設立場進行資料之蒐集，除違反特定目的應於蒐集前確認之要求，恐亦有逾越必要範圍之疑慮。[216]

警察介入集會遊行之目的，應在於保護集會遊行得以不受惡意干擾和平地進行，而非爲阻礙集會遊行、甚或藉此挑釁讓集會遊行朝非和平趨勢發展。在此目的拘束下，警察自須於對相關人有不利於和平集會遊行進行之合理懷疑甚至是掌握有確定事實之情況下，發動蒐集資料之權限，方符合其目的；而後續之處理或利用，亦應循此一目的爲之；若有目的外利用之需，則必須另有法律之明確規範作爲依據。[217]

（二）須於集會遊行或其他公共活動期間

本條第1項第1句規定，警察依事實足認集會遊行或其他公共活動參與者之行爲，對公共安全或秩序有危害之虞時，於該活動期間，得予攝影、錄音或以其他科技工具，蒐集參與者現場活動資料。是以，警察依本條得以行使之資料蒐集職權，僅得於「活動期間」，始得爲之。其所謂之「活動期間」，係指集會遊行或其他公共活動開始至結束的這一

216 李寧修，〈國家蒐集集會遊行資料的憲法界限：德國聯邦憲法法院「巴伐利亞邦集遊法部分暫停適用」裁定之反思〉，《東吳法律學報》，第27卷，第3期，2016年1月，頁161-164。

217 李寧修，〈國家蒐集集會遊行資料的憲法界限：德國聯邦憲法法院「巴伐利亞邦集遊法部分暫停適用」裁定之反思〉，《東吳法律學報》，第27卷，第3期，2016年1月，頁175-176。

段期間，固無疑義。但是否包括與集會遊行或其他公共活動相關聯的其他時刻，解釋上，即有爭議。依學者之看法，至少應包括緊接在活動前後之時刻。但活動之預備階段則不屬之[218]。

（三）須有事實足認參與者有危害公共安全或秩序行為之虞

警察在集會遊行或其他公共活動期間蒐集資料，依本條第1項第1句之規定，其要件為，依事實足認集會遊行或其他公共活動參與者之行為，對公共安全或秩序有危害之虞時。此項要件與其所參考之德國「集會法」第12條a，係以公共安全或秩序之「重大危害」比較，顯然寬鬆許多。此是否有本土化的特殊考量，得否禁得起比例原則之檢驗，值得省思。論者認為，憲法保障人民透過集會遊行之方式發表意見、主張，實為落實民主政治的基礎性權利，若非有「明顯而之即之危險」，國家應予最大程度之保障[219]，值得贊同。

1. 公共安全及秩序與危害之概念

本條條文中所謂「公共安全」、「公共秩序」及「危害」等概念應如何詮釋，於此，僅藉助德國法之概念說明之。所謂「公共安全」，係指個人之生命、健康、自由及財產之不可傷害性、法規範（秩序）之保護，以及國家重要設施之維護。簡言之，公共安全之維護，即係維護個人重要之利益及國家設施。所謂的「公共秩序」，係指公共生活中，個人行為的整體不成文規範，而且依大多數的見解，遵守該規範係有秩序國民共同生活不可或缺之要件。至於「危害」，則係指一種情況，在該情況中發生的事若未受阻止，極有可能因一狀況或一行為，造成損害，即造成對公共安全及公共秩序法益之損害。簡言之，危害，即係指法益

218 李震山，〈集會遊行時警察攝錄影之法律問題〉，《警政學報》，第19期，1991年7月，頁4。

219 李寧修，〈國家蒐集集會遊行資料的憲法界限：德國聯邦憲法法院「巴伐利亞邦集遊法部分暫停適用」裁定之反思〉，《東吳法律學報》，第27卷，第3期，2016年1月，頁163。

直接受到損害的威脅[220]。由於危害存在與否，涉及一預測性之判斷。某一個行爲或事實狀況是不是構成危害，除危害已經實現、發生，或是已經出現違法的狀態，必須透過警察的「危害預測」來加以確認。既然是危害預測，其能否通過法院的合法性審查，重點也就在於警察如何以「事前」的角度，對未來整個事件的發展過程做出假設性的預估。警察在作危害預測時，首先必須確認相關事實，再以這些事實作爲基礎，並以「客觀觀察者的知識水準」作爲標準[221]，依經驗法則來判斷系爭個案中法益受到損害的可能性是否已經達到充分可能性之程度。[222]

2. 有事實足認爲有理由採取措施

在警察職權要件之設定上，一般立法經常以「有事實足認爲」，作爲有理由採取措施之判斷準據。惟何謂「有事實足認爲」，並非一個自明的概念。其中所謂之「事實」，必須是客觀可證明的社會歷程、狀態或現象，並非警察的客觀評價[223]。因此，僅依警察之經驗或臆測，自不符此要件之要求。其次，所謂「足認爲」，係指警察依該事實判斷，應極有可能形成一預期的後果。此涉及一預測性之判斷，一般而言，此一預測性之判斷，並不一定要求嚴格地合乎邏輯，只要警察之判斷是客觀而非恣意，亦即只要合理，即可滿足構成要件之要求。再者，預測性之判斷，總有主觀之特質，但此之預測性之判斷，非指警察人員在具體個案中依個人能力判斷之標準，而是以標準類型之一般警察人員之能力爲準[224]。

---

220 關於公共安全、公共秩序及危害概念之詳細說明，詳請參考李震山譯，《德國警察與秩序法原理》，登文書局，1995年11月，二版，頁65-73。

221 所以警察在作危害預測時，並不需要達到各該領域專家的專業程度。謝碩駿，〈警察職權行使法第二八條第一項作爲警察法上之概括條款〉，《法學新論》，第6期，2009年1月，頁59。

222 謝碩駿，〈警察職權行使法第二八條第一項作爲警察法上之概括條款〉，《法學新論》，第6期，2009年1月，頁59。

223 李震山譯，《德團警察與秩序法原理》，登文書局，1995年11月，二版，頁105-106。

224 李震山譯，《德國警察與秩序法原理》，登文書局，1995年11月，二版，頁71-72、105-

（四）須針對特定有危害行為之個別參與者為之

由於警察實務上早就於集會遊行或人民公共活動中實施攝影、錄音，且多係採行全面、全程及多方向的方式爲之。因之，本條規定警察於集會遊行或其他公共活動期間，以攝影、錄音方式蒐集參與者活動資料，究係鳥瞰式攝影、錄音，或是針對特定個人而爲，即有爭議。由於在公共活動中攝影、錄音，難免會涉及一大群人，包括許多非參與者或非危害者。若採鳥瞰式攝影、錄音之看法，本條第1項第二句即形同具文，且屬多餘。是以，依本條第1項第二句「資料蒐集無法避免涉及第三人者，得及於第三人」規定之意旨，自以將之解爲限制於針對危害者，比較符合立法之意旨。換言之，資料蒐集之措施係針對特定人，而非針對集會遊行本身，或集會遊行某階段之單一個人。資料蒐集措施之相對人，原則上爲危害肇因者。非參與者不得爲該措施之客體，在技術上或其他實際上，不可避免會波及時，則不在此限。[225]

至於立法政策上，有無授權警察於集會遊行進行的過程中，爲了達成引導與帶領警力部署之目的，以全覽式攝錄集會遊行之行爲，甚至進一步將全覽式攝錄內容予以儲存記錄，或將全覽式記錄供作教育訓練使用，則另於後述問題探討中再作論述，並於後述其他標題項下摘錄德國巴伐利亞邦集會遊行法第9條之規定，以供參閱。

（五）須係蒐集危害者現場活動資料

警察於集會遊行或其他公共活動期間，以攝影、錄音方式蒐集資料，其資料範圍，僅限於危害者在其所參與公共活動之現場活動資料。由於非現場活動資料，即非本項職權得以干預之範疇，即或於非現場仍有蒐集該危害者資訊之必要，亦係另一法律授權基礎之問題，自不得任

106。

225 李震山，〈集會遊行時警察攝錄影之法律問題〉，《警政學報》，第19期，1991年7月，頁12。

意將本項職權任意擴張及於非現場之活動資料，是以現場範圍之界定，即有其重要性。按此之所謂「現場」，自係指該公共活動之現場。有問題的是，此現場之範圍有多大？危害者如已離開，其應與活動地點距離多遠，才算是非現場活動？此均有待將來個案裁判的累積，形成共識，方才有一個大致可以遵循的共識基礎。警察實務機關執法時，尤應妥適斟酌，如任意予以擴張，則會滋生疑慮。

（六）須以攝影、錄音或以其他科技工具為之

警察於集會遊行或其他公共活動期間，蒐集資料參與者現場活資料，依本條之規定，係限於以攝影、錄音或其他科技器材作爲工具。蒐集係指以任何方式取得個人資料[226]。攝影、錄音器材，可以取得關係人之影像、言論談話內容及活動資料，故於此以特別授權之方式，賦予警察得以攝影、錄音器材作爲工具，以取得關係人之資料。若不具有蒐集之特徵，例如以裸眼或藉助望遠鏡觀看，則不在本條規範之列。至於條文所稱之「其他科技工具」，究何所指，本條文並無明確之定義，加上科技一直持續發展，法律無法列舉各該器具，欲予明確界定，亦是不容易且不可能。而且，隨著資訊設備一日千里的發展，科技工具突破了傳統以人工蒐集與處理資料的侷限性，協助國家得更爲快速、精準、正確地獲取所需資訊，資料內容的辨識與判讀、儲存、轉載、保存亦更爲方便，但對於人民個人資料所帶來之危機亦趨廣且深。因此，若未依據個別集會遊行之情況，限制科技工具之運用，例如是否得以無人機進行空拍，或於制高點架設參與者恐無法獲知之攝影機，並拉近拍攝，其所得資料之廣泛與精細程度，恐怕皆超乎想像，其運用必須十分謹慎。因此，「其他科技工具」，究竟可以包含哪些器材，原則上應將科技工具之特性與影響範圍納入考量，並藉由警察行政規則定之，並依科技發展

226 依「個人資料保護法」第2條第3款之定義，所謂蒐集，係指以任何方式取得個人資料。

狀況，隨時檢討修正，樹立一與憲法保障人民基本權利意旨相符之明確標準及依據。但警察於決定時必須注意，此之其他科技工具，應具有得以蒐集關係人資料之特徵。至於可否及於用於蒐集郵電、通訊秘密之科技工具，法雖無明文，但參諸立法參考之德國法制，則應採否定之見解[227]。

三、程序要件

（一）指令權誰屬

警察於集會遊行或其他公共活動中，以攝影、錄音或以其他科技工具，蒐集參與者現場活動資料，係屬資料蒐集的特別方法。如何在措施採行中，貫徹對基本權利保障之要求，是資料干預職權發動要件外的另一項重要配套措施。其中，多係透過程序上的預防、特別命令權及紀錄義務等要求完成之。就指令權而言，本條並未明文規定，依文義解釋，似可由執法之警察人員逕自決定並執行之。如此解釋，對於警察實務執法，固有其便利。但欠缺制衡的機制，難免造成恣意與濫權。「德國Nordrhein-Westfalen邦警察法」第15條合併第17條，則明文規定，警察於公共活動期間，除爲保護實施警察勤務之人而攜帶或使用科技工具攝影、錄音，無需指令之外，若以科技工具爲秘密之攝影錄音，則僅得依機關首長之令行之[228]，可供未來立法之參考。

「集會遊行法」第24條規定警察人員之集會遊行在場權：「集會、遊行時，警察人員得到場維持秩序。主管機關依負責人之請求、應到場疏導交通及維持秩序。」但該權力之賦予，應著重於保護集會遊行得以順利進行，用意非在監督或妨害集會遊行權利之行使。被派赴會場

227 許文義，〈德國警察職權法制之研究〉，李震山主持，《警察職務執行法草案之研究》，內政部警政署委託，1999年6月，頁93。

228 李震山，〈集會遊行時警察攝錄影之法律問題〉，《警政學報》，第19期，1991年7月，頁14-15。

之警察，其目的在於發揮保護集會遊行之功能，非以資料蒐集爲主要目的，故僅得於執行保護集會遊行職務之同時，藉由自身五官對集會遊行之情狀及對參與者進行觀察與判斷，必要時得以一般方式進行資料蒐集，例如：在場檢查、身分查證等，若欲進一步運用輔助設備蒐集資料，仍須符合本條規定之要件，始得爲之。[229]

（二）公開式或隱密式蒐集

警察於集會遊行或其他公共活動中，以攝影、錄音或以其他科技工具，蒐集參與者現場活動資料，此項措施之採行，究應以公開方式行之，或亦得秘密爲之，本條文並未明文規定。復以本法第4條第1項「警察行使職權時，應著制服或出示證件表明身分，並應告知事由」，使得本項措施之採行，究應公開或隱密行之，更顯得曖昧不明。

國家爲確保人民得以集會與遊行方式將其想法與意見對外傳遞，應同時重視其形式上外在自由與實質上內在自由的實現。從實質上內在自由的實現而言，集會遊行之參與者應得無後顧之憂地表達意見、主張訴求，而無須憂慮其主張憲法上權利而可能致生之後果。故爲緩解參與者對於其參與集會遊行活動之行爲遭到秘密監控之恐懼，避免寒蟬效應之產生，警察於集會遊行蒐集資料之權限，應以固定、公開，而且爲參與集會遊行者所得知悉之地點或形式爲原則，避免使用移動式、隱藏式的攝錄設備，或甚至採用秘密蒐集的方式[230]。

---

229 李寧修，〈國家蒐集集會遊行資料的憲法界限：德國聯邦憲法法院「巴伐利亞邦集遊法部分暫停適用」裁定之反思〉，《東吳法律學報》，第27卷，第3期，2016年1月，頁160。

230 李寧修，〈國家蒐集集會遊行資料的憲法界限：德國聯邦憲法法院「巴伐利亞邦集遊法部分暫停適用」裁定之反思〉，《東吳法律學報》，第27卷，第3期，2016年1月，頁178。本書前主張應採隱密式攝錄影，基於內文之理由說明，於此改變看法，特予敘明。

（三）通知義務

本法第4條第1項「警察行使職權時，應著制服或出示證件表明身分，並應告知事由。」警察於集會遊行或其他公共活動中，以攝影、錄音或以其他科技工具，蒐集參與者現場活動資料，本質上，即難於事前踐行告知義務[231]。是以，如何在程序上，貫徹對基本權利保障之要求，即顯得特別重要。此種程序上的保障要求，本條雖未明文。但爲緩解參與者對於其參與集會遊行活動之行爲遭到祕密監控之恐懼，避免寒蟬效應之產生，警察於集會遊行蒐集資料之權限，應以固定、公開，而且爲參與集會遊行者所得知悉之地點或形式爲原則，避免使用移動式、隱藏式的攝錄設備，或甚至採用祕密蒐集的方式[232]。至少依本法第4條第1項規範之精神，似可以事後的通知義務，予以彌補。「德國Nordrhein-Westfalen邦警察法」第17條第5項規定「警察應於措施結束後，在不致危及資料蒐集之目的下，即通知被蒐集資料者。但因同一案情而對關係人進行刑事調查程序時，警察之通知應停止之[233]。」即是本此意旨所爲之規範，值得我國法立法及實務運作之參考。至於行政實務以其性質屬不具直接干涉人民自由權利之行政調查，且欠缺期待可能性之理由，主張無須踐行本法第4條告知義務之見解，本書並不贊同[234]。

（四）資料處理

所謂資料處理，係指資料之儲存、變更、傳遞、封鎖及註銷[235]。

---

231 本法第4條第1項之立法，未考量本法相關職之行使，究係公開抑或隱密方式，一律要求應事前踐行事由之告知義務，欠缺妥當性。

232 李寧修，〈國家蒐集集會遊行資料的憲法界限：德國聯邦憲法法院「巴伐利亞邦集遊法部分暫停適用」裁定之反思〉，《東吳法律學報》，第27卷，第3期，2016年1月，頁178。本書前主張應採隱密式攝錄影，基於內文之理由說明，於此改變看法，特予敘明。

233 李震山，〈集會遊行時警察攝錄影之法律問題〉，《警政學報》，第19期，1991年7月，頁15。

234 內政部警政署民國98年12月25日警署行字第0980186951號書函參照。

235 李震山譯，《德國警察與秩序法原理》，登文書局，1995年11月，二版，頁170。

「個人資料保護法」第2條第4款規定，個人資料之處理係指爲建立或利用個人資料檔案所爲之資料之記錄、輸入、儲存、編輯、更正、複製、檢索、刪除、輸出、連結或內部傳送。本條對於攝影、錄音所蒐集之資料，得爲如何之處理，僅於其第2項及第3項規範保存及銷毀二種處理措施，餘者均無明文。解釋上，其他處理措施，仍應受本法規範之拘束，其他未明文規定者，則亦應有「個人資料保護法」之適用，亦無疑義。惟後兩者均屬資料保護法制之一般原則性規定，本法雖無資料蒐集的一般職權規定[236]，但既已於第9條至第15條，規定資料蒐集的特別職權，甚至第6條至第8條亦都具有資料蒐集特別職權之地位，針對此種已經「領域專精化」之資料蒐集職權規範，其相應的資料處理法制，自亦應有「領域專精化」之考量，方爲正途。本法立法就此部分，有欠妥適，值得檢討改進。

1. 銷毀

政府干預人民自由權利之行爲，依「憲法」第23條之規定，必符合法律保留及比例原則。此外，在資料保護法制中，「目的拘束」係一個相當被強調的原則[237]。相關國際組織及各國立法例，均明文予以揭示；我國「個人資料保護法」亦有類似之規定；德國法上更是一個經聯邦憲法法院肯認的資料保護原則[238]。當然要嚴格遵守並執行目的拘束原則，亦不可能，故在一定的要件之下，亦必須承認得爲例外的使用[239]。

---

236 資料蒐集之一般職權規定，亦有將其稱之爲資料蒐集的概括條款。一般資料蒐集職權與蒐集資料之特別職權之間，就如同概括條款與「傳統」特別職權間之關係，係依特別法優先適用於普通法原則處理。德國警察法之所以在一般警察概括條款之外，另規定資料蒐集之一般職權規定，主要在因應法治國家法律的發展狀況。即在個人資料保護法制的發展下，認爲應避免「依警察概括條款蒐集資料」，乃代之以「一般資料蒐集之職權」。我國法之立法，亦有考量予以參考訂定之必要。參考李震山譯，《德國警察與秩序法原理》，登文書局，1995年11月，二版，頁181。

237 許文義，《個人資料保護法論》，三民書局，2001年1月，初版一刷，頁183。

238 李震山，〈論國家機關蒐集資訊之合法性〉，收錄於《監聽法vs.隱私權——全民公敵》，三民書局，2001年7月，初版，頁14。

239 得爲目的外的使用，應有法律之特別規定，其立法與執行，並應符合若干基本要求，故本條爲了確保禁止他用之拘束，乃於第2項及第3項明文規定，蒐集之資料，應於公共活動結束或達到使用目的後，「立即銷毀」或「一年內銷毀」。本法第18條第3項，則另有「五年內註銷或銷毀」之明文規定。

(1) 銷毀之概念

銷毀通常係指毀滅物的實體。由於攝影、錄音等資料體[240]（例如磁帶），在現代的科技技術之下，大都有可供重複使用之可能性。如一律均以銷毀的方式來處理，從經濟的觀點來看，應無必要。故爲了確保禁止他用之拘束，重點應在使該資料之內容無法再辨識。故在德國法制上，即以「註銷」作爲使資料成爲不可辨識所採方法的上位概念，得以包括物理上的銷毀、覆蓋及刪除之[241]。本條明文規定應予銷毀，就實務執法而言，未免過於僵化，而有做目的性擴張之必要。是以，在解釋上，若已構成銷毀之要件，實務機關僅以覆蓋或刪除等可使資料內容無法再辨識者，應已符合立法意旨，而無違法之可言。爲了用語上之方便，並避免困擾，以下仍以法條用詞之「銷毀」名之。

(2) 立即銷毀之要件

依本條第2項本文之規定，警察蒐集之資料，於集會遊行或其他公共活動結束後，應即銷毀之。由於本條之立法目的在於防止具體危害先前領域之危害，並可作爲預防性之犯罪抗制，考量蒐集行爲係以維護集會遊行安全爲目的，因此當集會遊行落幕，即得認蒐集目的已消失或達成，故應即於活動結束後銷毀資料。故在公共活動中，若危害或犯罪並未發生，警察所蒐集之資料，在「目的原則」的拘束下，即無再予保存之必要性。故法條明文規定應予銷毀，值得肯定。

法律之特別規定，仍應有得以正當化之事由。正當化事由的基本原則，可參考許文義，《個人資料保護法論》，三民書局，2001年1月，初版一刷，頁183-184。

240 所謂資料體，係指所有適於在資料處理措施上接收個人資料之器具。參考李震山譯，《德國警察與秩序法原理》，登文書局，1995年11月，二版，頁167。

241 李震山譯，《德國警察與秩序法原理》，登文書局，1995年11月，二版，頁168。

再者，依本條第2項但書規定，爲調查犯罪或其他違法行爲，而有保存之必要者，始不受立即銷毀之限制。而所謂調查，參考「社會秩序維護法」第39條及「刑事訴訟法」第229條至第231條之規定，至少參與者應有不法行爲之嫌疑，始得開啓調查程序，且應以調查該次集會遊行相關之不法事實或嫌疑所需爲前提，故本條項但書之「但爲調查犯罪或其他違反行爲，而有保存必要」之情況，即應限縮解釋爲：於集會遊行過程中有犯罪或其他違法行爲，而警察機關需保存該資料以爲調查者，方得例外儲存，作爲後續犯罪追訴之用，一旦有跨足作爲犯罪預防使用之情況，亦必須另行明定其要件，並視不法程度區分其保存期限之長短，避免無限期之儲存。另外，在攝錄之過程中，恐怕無法避免將及於第三人，惟就此第三人之資料，亦即其行爲並未涉有危害公共安全秩序或其他犯罪及不法行爲者，其資料之後續處理，本條並未有明文規定，實應考量其有附隨在有保存需求之資料中被處理利用，即應就其個人之資料進行技術上不可回復之去識別性處理，以強化對於個人資料之保護[242]。如無嫌疑，應即無所謂的調查之問題，資料自亦無保存之必要性。此時，警察依法蒐集之資料，即係符合前揭所謂應立即銷毀之範圍，自應依本條第2項本文規定處理。

(3) 一年內銷毀之要件

依本法第2項但書及第3項之規定，不須立即銷毀之資料，至遲應於資料製作完成時起一年內銷毀之。其中所謂之「製作」，依其文義，似指攝影錄音完畢之時。是以，此之一年期間之起算，即非以將資料置放（儲存）於資料庫或檔卷之時間，作爲起算點，應注意予以辨明。再者，所謂的一年內，應如何計算，本法並未做特別之規定，自可依「民法」有關期間計算之方法爲之，於此不再贅述。

---

242 李寧修，〈國家蒐集集會遊行資料的憲法界限：德國聯邦憲法法院「巴伐利亞邦集遊法部分暫停適用」裁定之反思〉，《東吳法律學報》，第27卷，第3期，2016年1月，頁179。

至於不須立即銷毀，但至遲應於資料製作完成時起一年內銷毀之資料，依本法第2項但書及第3項之規定，係指爲調查犯罪或其他違法行爲，而有保存之必要者爲限。如該犯罪或違法行爲，業經追訴或追究，而程序尚未終結者，或是違反「組織犯罪防制條例」之案件，此時原依法蒐集之資料，則不受一年內應予銷毀之限制。但應注意本法第18條第3項，則另有「五年內註銷或銷毀」之明文規定。

所謂有保存之必要，解釋上係指參與者已有不法行爲之嫌疑，如無嫌疑，應即無所謂的調查之問題。至於不法行爲嫌疑，應如何認定，關係蒐集資料後續處理利用之合法性問題，自不得僅憑主觀臆測，通常得開啓調查程序所謂之嫌疑，係指存在具體的事實根據，依警察執法經驗，足以認爲可能存在可得追訴、追究的不法行爲。依此，只要實際上可想像的事件可能符合某個不法構成要件，即符合開始嫌疑之概念。[243]如確因有不法行爲之嫌疑，而將資料保存，嗣後，經調查證明參與者並無不法，亦應認爲資料已無保存之必要，自此時點起，應即予以銷毀。此即所謂必要與否判斷之具體例證，亦係第3條第1項及第2項所揭示「比例原則」之體現。

(4) 五年內註銷或銷毀之要件

本法第18條第3項明文規定，除法律有特別規定者外，警察依法所蒐集之個人資料，至遲均應於資料製作完成時起五年內註銷或銷毀之。由於本條對於參與者因不法行爲業經追訴或追究，而程序尚未終結之案件，或是其違反「組織犯罪防制條例」之案件，警察原蒐集而作爲證據之資料，並無特別之保存期限規定。此一法律漏洞，究應如何解決，解釋上，有二種可能性：其一，表示可以無限期（永久）的保存；其二則是依本法第18條第3項之原則處理。至於應採何者，立法理由並未敘明。基於所蒐集之資料係供作不法行爲之證據使用之理由，可以無限期

243 薛智仁，〈刑事程序法定原則〉，《月旦刑事法評論》，第11期，2018年12月，頁27。

（永久）保存之說法，應不可採。據此，本條既無特別之保存期限規定，即應適用本法第18條第3項之規定，予以補充。換言之，該等證據資料，至遲均應於資料製作完成時起五年內註銷或銷毀之[244]。

資料至遲均應於製作完成時起五年內註銷或銷毀，此於行政不法行爲之追究處罰，或已足夠。行政不法行爲是一種小銅幣的犯行，即使因期間之經過，資料遭到銷毀，致行政不法行爲無法追究處罰，對公益影響不大，就當事人資訊自決權之保護而言，此時之銷毀，亦是比例原則的體現，應無可訾議。惟就刑事案件而言，通常稍爲複雜者，要在五年之內判決確定，已有困難，更何況在判決確定後，仍有再審之可能，如再加上聲請回復原狀之情形，補充規定之五年期限，並不符合實際之需求。是以，本條如不考慮修法增加保存之特別規定，亦應考慮在第18條第3項之補充規定，修法增設但書規定，使得上開仍未終結之刑事案件，不致因爲證據之銷毀，而造成眞實無法發現，讓不法之徒逍遙法外之窘境[245]。

另外必須說明者，本條第2項但書之規定，包括犯罪及其他違法行爲。惟第3項規定卻僅以「起訴」、「審判」程序指稱調查之後的後續程序，由於行政不法行爲調查後之處理程序，並非「起訴」、「審判」程序可以完全涵蓋。是以，第3項之用詞，立法上即有不當，雖然不致造成解釋上的太大困難，但立法技術上仍應予以避免。

---

244 警察所蒐集之資料，若符合法定要件時，亦即爲調查犯罪或其他違法行爲或供法院審判程序所需者，是否即得永久保存而不受銷毀規定之約束，若依「警察職權行使法」第18條第3項之文義解釋：「除法律另有特別規定者外，所蒐集之資料，至遲應於資料製作完成時起五年內註銷或銷毀之。」因「警察職權行使法」第9條係屬同法第18條第3項之特別規定，所以即不受最遲銷毀年限之限制。惟此種純文義的解釋，有欠妥當，論著亦持否定之看法。參考林明鏘，〈警察職權法基本問題之研究〉，《台灣本土法學雜誌》，第56期，2004年3月，頁119。

245 通常情形，資料應保存到判決確定才予銷毀，因爲在判決確定前，這些資料仍有再度使用之可能性。當然少數情形，資料會保存超過上開期間，這類例外，主要是本案有幾可預見會聲請再審，或聲請回復原狀之情形。參考林鈺雄，〈對被告犯罪嫌疑人之身體檢查處分〉，《台灣本土法學雜誌》，第55期，2004年2月，頁66。

(5) 銷毀之監督與紀錄

本條關於銷毀之規定，並無監督機制之規定，更無應製作銷毀紀錄之要求，難免造成警察之恣意與濫權。將來修法應有考量予以增訂之必要。

2. 保存

所謂的保存，係指資料得在一資料體中爲一定時間的儲存。若係在資料處理中短時間暫時儲存，則非屬保存[246]。是以，攝影、錄音後即時銷毀，參與者活動資料雖想暫儲存在資料體中，即非此處所稱之保存。循此概念，本條資料保存之情形，若不考慮法律漏洞之問題，可能有二：

其一，不法行爲調查期間之資料保存，其實際得以保存的期間究竟多長，應視不法行爲嫌疑何時獲得澄清爲判斷之基準。並非謂基於調查之理由，即可將所蒐集資料一律保存一年。此觀之法文使用「至遲」應於資料製作完成時起一年內銷毀之規定，即可獲得明證。具體言之，參與者如經證明並無不法，自此時點起，資料即不得再予保存，應依銷毀規定處理之。如經證明有不法行爲嫌疑，且已達追訴或追究之門檻者，其資料之保存期限，則應轉換依本法第18條之規定辦理。

其二，追訴追究後案件未終結前之資料保存，其實際得以保存的期間究竟多長，應視不法行爲之處罰或判決，何時確定終結爲斷。並非謂基於處罰判決程序之理由，即可將所蒐集資料一律保存五年。具體言之，如果案件在本法第18條所規定的五年期間內的某一時點，確定終結者，自此時點起，資料即不得再予保存，應依銷毀規定處理之。當然，案件確定終結時，若仍未逾五年期間，在少數情形，資料仍有續予保存之必要，這類例外，主要是本案有幾可預見會聲請再審，或聲請回復原狀等非常救濟之情形。至於五年期滿，案件仍未處理終結者，依現行法

246 李震山譯，《德國警察與秩序法原理》，登文書局，1995年11月，二版，頁167。

第18條之規定，資料只有銷毀一途。其所造成的法律漏洞、因而衍生的負面影響及應如何補救，前已有論述，於此不贅。

四、實務與學術見解

（一）立法體系問題

本條之立法，於體系上是否適當，學者有不同之看法。有認爲如此立法，不顧相關職權與其他個別法律在事理上的連結關係，係屬不當[247]。此從立法體系的觀點，固有其論據。惟本文以爲，警察實務上早就於集會遊行中，實施攝影、錄音等蒐證活動。我國「集會遊行法」並未賦予警察此項職權，因此，本條文之規定，可作爲「集會遊行法」警察執法職權之補充依據。但個別且周延的立法，考量我國立法效率，雖非緣木求魚，短時間內至少難以期待。況且，本條職權措施尚可及於「其他公共活動」，並非專爲彌補「集會遊行法」警察職權之不足而設。其次，不同法律賦予警察之職權，不論競合與否，亦有其適用優先順序之法理，可資遵循。如此立法雖稍有瑕疵，但瑕不掩瑜，並且至少已符當初立法原意[248]，仍值得予以贊同。

考量警察職權行使法與集會遊行法於立法目的上之本質差異，及集會遊行在當代法治國家中的重要意義，或可將警察於集會遊行蒐集資料之條款轉置於集會遊行法中，擬定更爲細緻之要件，作爲特別法優先適用，並於集會遊行法中針對集會遊行與其他公共活動之本質與功能加以區辨；但此一立法模式之建立有一重要前提，即是應先緩解現行集會遊行法中對集會遊行之敵意，否則將集會遊行資料蒐集之規範納入，反而可能在體系上得出更不利之結果，造成集會遊行自由更大的箝制。[249]不

247 陳愛娥，〈相關警察執行職務法律草案是否已提供警察明確且有效的執法權限規範——評論「警察職權行使法草案」與「警察職務執行條例草案」〉，《台灣本土法學雜誌》，第44期，2003年3月，頁94。

248 李震山主持，《警察職務執行法草案之研究》，內政部警政署委託，1999年6月，頁6。

249 李寧修，〈國家蒐集集會遊行資料的憲法界限：德國聯邦憲法法院「巴伐利亞邦集遊法

得不甚。至於有無參考外國立法例，就集會遊行之資料蒐集制定專法予以規範[250]，則是另一立法政策問題，仍有待評估考量。

（二）監督機制建置問題

隨著預防原則在警察法上的廣泛應用，警察機關必須提前在危害尚未發生前，即著手進行資料蒐集之行爲，警察依本條於集會遊行過程中蒐集參與者資料之行爲，即是提前在不法情事發生前，介入蒐集相關資料作爲日後佐證之行爲，其雖對於潛在之不法有警示之作用，但同時亦對於合法權利之行使帶來莫大之影響。論者認爲在強化安全管制之同時，如何覓得警察預防危害任務執行與集會遊行參與者權利間之衡平，若得建置功能完善之事後監督機制，應得適度發揮相互制衡之力量，值得贊同。

首先，作爲個人資料之主體，得依「個人資料保護法」第3條規範之權利，作爲人民事後監督國家蒐集資料行爲之途徑。其次，藉由組織設計落實個人資料保護之監督模式，其得由兩個面向著手：其一，依「個人資料保護法」第18條之規定，於警察機關內部設置資料保護監察人，專責就警察蒐集、處理及利用資料之行爲，提供建議與監督。其二，同時於外部設置獨立之個人資料保護監察機構，兩者共同合作，致力於促進合於個人資料自主控制權利保障之個人資料合理利用。最後，司法權作爲國家權利之一環，其權力之行使應受基本權利拘束，故對於警察機關發動集會遊行資料蒐集權限行使之合法性，自應義不容辭擔負事後監督之責任。同時考量此一職權之發動具有預防性質，且當事人於

部分暫停適用」裁定之反思〉，《東吳法律學報》，第27卷，第3期，2016年1月，頁176。

250 德國柏林邦於2013年4月就集會遊行之資料蒐集單獨立法，制頒「公開集會與遊行影音攝錄與記錄法」，取代聯邦集會遊行法第19a條之適用，首開單獨就集會遊行資料蒐集制定專法予以規範之先河。李寧修，〈國家蒐集集會遊行資料的憲法界限：德國聯邦憲法法院「巴伐利亞邦集遊法部分暫停適用」裁定之反思〉，《東吳法律學報》，第27卷，第3期，2016年1月，頁174。

攝錄過程恐未有得適度參與陳述之機會，故此事後之司法審查，對於當事人權利保護實別具意義，其審查之密度與範圍皆應予以強化，針對包括認定有違害公共安全秩序之虞之判斷、採行手段是否合於比例，以及資料之保存與利用等，同時就其適當性進行實質監督，以調和在預防性措施中因尊重「專業判斷」而衍生行政專擅之可能性[251]。

參、問題探討

一、實務問題

（一）摘要

刑警某甲於合法之遊行中，在尚未有任何犯罪行爲發生前，即使用攝影機對所有參加遊行之人進行全程錄影蒐證，試問甲之行爲是否適法？

（二）研析

警察對於合法之遊行活動，進行全程蒐證，依題示並無本條所謂參與者之行爲，對公共安全或秩序有危害之虞之情形出現，警察自無可能援引本條以爲蒐證之法律依據。再者，依「集會遊行法」第24條之規定，警察人員僅得於集會遊行時，到場維持秩序，並無授權警察得在合法之遊行中全程攝影蒐證之特別規定。是以，依「集會遊行法」警察亦無得以在合法遊行中全程蒐證之法律授權基礎，其蒐證行爲，自屬依法無據。

論者或謂，參加遊行之人既已選擇公共場所作爲其活動地點，自

251 李寧修，〈國家蒐集集會行資料的憲法界限：德國聯邦憲法法院「巴伐利亞邦集遊法部分暫停適用」裁定之反思〉，《東吳法律學報》，第27卷，第3期，2016年1月，頁180-182。

係自願將自己暴露於他人窺視之危險中。換言之，參加遊行本身已將自己對某項公共事務之觀點，暴露於眾，故警察之攝影行爲，並未對參與者之自由權利造成任何妨害，只要在警察任務範圍之內，警察自得本於其行政作用，從事一切必要之防範措施，包括事先錄影蒐證。此項論點並未慮及警察蒐證行爲已對集會內在自由，構成侵害，亦未從個人資料保護之觀點，加以立論，驟然認爲警察蒐證行爲，並未干預人民自由權利，並援引警察任務之宣示性規定，作爲論據，顯然不符法治國家原則。本文以爲集會遊行中之攝錄影，已對人民集會內在自由權及個人資訊自決權造成危險狀態，顯已具有干預之性質，依「憲法」第23條之規定，須有立法院通過，總統公布之法律作爲執行依據。若無法律授權，於法自有未合。

二、理論爭議

由於警察於集會遊行或公共活動期間，以攝錄影、錄音蒐集參與者現場活動資料，已干預人民之集會自由權及個人資訊自決權。於比例原則審查上究應適用哪一基本權，對此，有主張國家所採限制措施須通過兩基本權的雙重審查，始爲合憲的平行審查說者。此說認爲，所有競合的基本權皆應平行適用，也就是認爲同一行爲受到不同基本權的雙重保護。亦有主張一次將兩相競合基本權合併適用審查，使其併合發生作用。由於我國憲法對於每一基本權皆一視同仁平等看待，而平行審查觀點，基本上係將兩相競合基本權視爲永不交會的兩條平行線，不認爲其彼此間會發生任何影響作用，是以，無論根據其中任何一個基本權審查，並無保護強弱之別，其說所強調藉由平行審查，以強化人權保障之理由，即無由成立。相對的，由於不同基本權競合發生作用的「價值聚積」，原則上應比單獨作用的個別基本權獲得更多的重視、保護與容忍。是以採行合併審查的觀點，對人民基本權之保障，似較具實益[252]。

三、問題提出

立法者可否以法律授權的方式，賦予警察得於合法集會遊行或其他公共活動期間，以攝錄影、錄音之方式，全程攝錄影、錄音？

集會遊行活動中，警察蒐證工作確有必要，尤其針對非法集會遊行。然而，因事涉人民權益，且易影響群眾心理，處理不慎容易節外生枝。為調和公益與私益，並保障執法人員之權益，對集會遊行中蒐證工作，極有必要以審慎態度加以研究。警察以攝錄影、錄音方式蒐集資料，既已干預個人資訊自決權，又會干預集會自由權。因此，對於合法之集會遊行，若非即將有可能形成之危害，即賦予警察得採行預防性資料蒐集，爭議較大。這其中涉及警察危害防止與犯行追緝任務競合，及預防性危害措施採取界限等諸問題。但從警察觀點而言，為期未來有效的抗制犯罪，在立法上，適度放寬警察權，藉以打擊非法，保障合法，確值得吾人深思。

相較於一般性攝錄，全覽式攝錄，其所能達成資料蒐集之效能已超越傳統攝錄之極限，故外國立法例多係為了集會遊行進行中，警力的部署與引導所需而制定，且嚴格限制其發動要件[253]。我國目前集會遊行相當蓬勃，警察機關卻往往於集會遊行活動採行全程攝錄，依本條規定警察自無得以在合法遊行中全程蒐證之法律授權基礎，其蒐證行為，自屬依法無據。未來若立法授權警察得為全覽式攝錄，考量全覽式攝錄並非以辨識特定人為目的，若須就全覽式攝錄之對象進行身分辨識時，則必須回歸本條一般攝錄之要件予以檢視其適法性。另外，全覽式攝錄應以

---

252 許宗力，〈基本權的保障與限制（上）〉，《月旦法學教室》，第11期，2003年9月，頁68。

253 例如德國柏林邦「公開集會與遊行影音攝錄與記錄法」第2條第二句之規定，得於有事實足證集會遊行之部分或其周遭將因此對公共安全或秩序致生顯著危險時，方得為之。

即時影像轉播爲原則，若須進一步儲存製成全覽式紀錄，則應由法律明文訂定更爲嚴格之要件[254]。

肆、其他

一、行政院函請立法院審議之「警察職務執行條例草案」第10條[255]

「警察依事實足認集會遊行或其他公共活動參與者之行爲，對公共安全或秩序有危害之虞時，於該活動期間，得予攝影、錄音或以其他科技工具，蒐集參與者現場活動資料。資料蒐集無法避免涉及第三人者，得及於第三人。

依前項規定蒐集之現場活動資料，除爲調查犯罪或其他違法行爲，而有保存之必要者外，應即銷毀之。

依前項規定保存之資料，除犯罪偵審程序尚未終結者外，至遲應於資料製作完成時起三年內銷毀之。」

二、立法委員陳其邁等提案審議之「警察職權行使法草案」第11條[256]

「警察依事實足認集會遊行或其他公共活動參與者之行爲，對公共安全或秩序有重大危害時，於該活動期間，得予攝影、錄音或以其他科技工具，蒐集參與者現場活動資料。資料蒐集無法避免涉及第三人者，

---

254 李寧修，〈國家蒐集集會遊行資料的憲法界限：德國聯邦憲法法院「巴伐利亞邦集遊法部分暫停適用」裁定之反思〉，《東吳法律學報》，第27卷，第3期，2016年1月，頁178。

255 《立法院第五屆第二會期第十五次會議議案關係文書》，2002年12月25日，院總第915號，政府提案第8870號，頁33-34。

256 《立法院第五屆第一會期第十九次會議議案關係文書》，院總第915號，委員提案第4259號，2002年5月29日，頁290-292。

得及於第三人。

依前項規定蒐集之資料，於集會遊行或其他公共活動結束後，應即銷毀之。但爲調查參與者之犯罪行爲或犯罪嫌疑，而有保存之必要者，不在此限。

依第二項但書規定保存之資料，除經起訴且審判程序尚未終結者外，至遲應於資料製作完成時起一年內銷毀之。」

三、德國巴伐利亞邦2010年修正集會遊行法第9條[257]

警察僅得公開攝錄並儲存於集會遊行中或其周遭參與者的圖像及聲音，當有事實上之根據足以認定，其將導致公共安全或秩序之顯著危險。上述措施無法避免涉及第三人而行之時，得及於第三人。

警察爲達成引導與帶領警力部署之目的，以全覽式攝錄公開集會之行爲，惟有考量各個集會遊行之規模與不可全覽性而屬必要時，方許其以公開方式爲之。全覽式記錄，僅得於有事實足證集會遊行之部分或其周遭將因此公共安全或秩序致生顯著危險時，方得爲之。對於全覽式攝錄或記錄中之人進行身分辨識，必須符合第1項之要件。

依據第1項及第2項所儲存之影、音及全覽式攝錄，應於集會遊行結束後即刻進行評估，並至遲於2個月內銷毀，當其無須提供：（一）集會遊行中或其周遭犯罪行爲之追訴；（二）個案中之危險防禦，因其中相關人涉及於集會遊行中或其周遭準備或開始著手犯罪之嫌疑，而爲防免其對於未來集會遊行之進行致生顯著危險。

當儲存之影、音及全覽式記錄中所涉及之人，並未有第1句第2款所定情況而有進行身分辨識之必要時，應在技術上將其爲不可回復之去識別化。基於第1句第2款之目的而未銷毀之影、音及全覽式記錄至遲於

257 李寧修，〈國家蒐集集會遊行資料的憲法界限：德國聯邦憲法法院「巴伐利亞邦集遊法部分暫停適用」裁定之反思〉，《東吳法律學報》，第27卷，第3期，2016年1月，頁174，註68。

資料製作完成時起6個月刪除，若於此期間依據第1句第1項有作爲追訴犯罪之需時，則不在此限。

依據第2項第2句所儲存之全覽式攝錄，若需作爲警察教育及進修使用時，應製作另一獨立版本，並就其中所涉及之人進行不可回復之去識別化。該版本不得作爲其他目的使用。基於警察教育及進修目的製作獨立版本之資料，必須非屬第3項所定應銷毀之資料。

依據第1項及第2項儲存之影、音及全覽式攝錄之理由以及依據第3項第1句第1款及第2款所爲之利用，應予以記錄。若依據第4項第1句就全覽式記錄製作獨立版本時，應記錄其作爲警察教育及進修之急迫性、製作版本之數量及其存放地點。

依據刑事訴訟法及秩序維護法蒐集個人資料之職權不受此限。

第10條（以監視器蒐集治安資料）

警察對於經常發生或經合理判斷可能發生犯罪案件之公共場所或公眾得出入之場所，為維護治安之必要時，得協調相關機關（構）裝設監視器，或以現有之攝影或其他科技工具蒐集資料。

依前項規定蒐集之資料，除因調查犯罪嫌疑或其他違法行為，有保存之必要者外，至遲應於資料製作完成時起一年內銷毀之。

壹、立法緣由

一、立法理由與目的

我國公私場域，已經廣設有各種形式的監視錄影器。[258]除了治安

258 台灣目前監視器設置之密度，依警政署2017年11月22日發布之統計數字顯示，截至2017年10月底，針對公共場所或公眾得出入場所設置之攝錄影音之錄影監視設備，計13萬

機關大力鼓吹之外[259]，人民在經常觀看大眾傳媒所餵食的監視錄影帶畫面，造成監視錄影器的設置如同破案保證之迷思的流風所及，亦是主要原因之一。由於監視器無所不在，且管理不善，人民對於自己隱私可能受到侵害，日益產生疑慮。除學者撰文批評之外[260]，立法委員亦多次以此向行政院提出質詢，要求改善[261]。但行政院送立法院審議之「警察職務執行條例草案」，以及立法委員陳其邁等人擬具之「警察職權行使法草案」中，皆未見有本條之立法。現行條文則是立法院審議本法時，在倉促中「夾帶」於本法草案而制定通過。

本條文之立法，依其立法理由說明，係為配合「刑事訴訟法」嚴格證據主義，健全人證之供述而設[262]。是以，警察以監視器蒐集個人資料，主要目的應在藉由監視拍攝，以保全證據，達到預防性犯罪抗制之作用。往昔，我國警察實務並未重視使用監視器可能造成人民基本權利干預之問題，均將關注的焦點，集中在監視紀錄的利用上，以致大量在公共空間裝設閉路監視系統，甚至宣導、鼓勵、補助村里社區裝設閉路監視系統，使人們置身毫無遮掩的透明空間，造成公共空間的瓦解。學

2,627處，其中以臺北市3萬2,315處、新北市3萬1,574處、高雄市1萬6,586處設置較多。並說明近五年各警察機關運用錄影監視系統協助刑案破獲比重呈逐年增加趨勢，105年達17.81%，較101年10.45%增加7.36個百分點，其中協助破獲案件以竊盜占逾1/3為最大宗，顯示各警察機關運用錄影監視系統已有效發揮支援刑案偵查作業，強化犯罪蒐證功能。內政部106年12月2日106年第48週內政統計通報。

259 例如內政部於1998年3月10日函頒之「建立全國社區治安維護體系——守望相助再出發推行方案」，以及1999年7月內政部配合「全國治安年」，宣布將規劃在全國各重要路口、金融機構設置十萬個監視器，並與七十餘家有線電視業者合作，透過業者的光纖網路銜接監視錄影系統，構成嚴密的治安天羅地網，全面監控各地治安狀況，防堵犯罪。

260 劉靜怡，〈十萬個監視器如果遭濫用威權不仁或科技宰制〉，《聯合報》，1999年7月13日。

261 黃健庭，〈立法委員對於監視器之設置是否合法適當質詢案〉，《立法院公報》，第93卷，第6期，頁27。

262 李建聰，《警察職權行使法》，自刊，2003年12月，修正二刷，頁38。

者諷喻爲「玻璃缸裡的金魚」[263]，値得省思[264]。如今能面對此一問題，立法予以規範，自應予以贊同。至於本條立法設定的實質要件，能否通過合憲性的檢驗，將分別於以下各要項中，摘要說明，於此不作體系論述。

二、法理基礎

（一）以監視器蒐集資料之型態

監視器，依現有的科技技術，可能有閉路與開路之分[265]。本條條文雖未明示其所謂之監視器，究何所指，但依目前普遍盛行裝設之設備情形觀察，立法者主觀上想要規範之對象，應僅有閉路監視器，而不及於開路監視器。

閉路監視器之資訊處理，通常可依監視行爲的型態以及強度，區分三個層次：第一，根據攝影機——顯示器原則，單純的影像觀看。第二，透過攝影設備，對於監視過程的錄影。第三，則是對於錄影內容的再加工利用[266]。由於法條並無得以再加工利用之明確授權，監視錄影內容之加工利用，即或另有法律之特別規定（例如本法第17條），應非本條所要規範之範圍。是以，依本條以監視器蒐集資料，其型態應僅可及於單純的影像觀看或監視過程的錄影而已。

再者，本條之監視錄影與第9條之攝錄影音，有其本質上之不同，不可混用。第9條之攝錄影音，係針對具有共同一致目的之公共活動的

---

263 何信全、張煜麟，〈如果監視器無所不在〉，《中國時報》，2003年12月29日，A15版。

264 臺灣全面架設監視器系統的發展，主要是從1998年起，便由內政部推動「建立全國社區治安維護體系——守望相助再出發推行方案」，積極編列預算架設監視系統，其後更推動「天羅地網」計畫，補助各地鄉長架設監視系統經費，以致嗣後應運而生。參考何信全、張煜麟，〈如果監視器無所不在〉，《中國時報》，2003年12月29日，A15版。

265 閉路監視器之用語，參考江慶興，〈閉路監視器（CCTV）應用於警察工作之探討——以英國爲例〉，《警專學報》，第2卷，第8期，頁43。

266 程明修，〈國家透過公共場所的監視器對人民基本權利的干預〉，《法學講座》，第3期，2002年3月，頁67。

參與者為對象，目的在蒐集其可能的違法行為，對象及目的，均屬特定。反之，本條之監視錄影，僅是一種一般性犯罪防制的開放空間監視，原則上僅是一種隱名影像的資料蒐集，對象僅是過往的人車或者是一般性的、非目的合致的單純一群人。對象及目的，依一定時空，雖可得確定，但非特定，應注意予以辨明。

（二）以監視器蒐集資料對人民基本權利干預之情形

由於監視器之本質特性，在特定場所中的所有人，正巧都被監視。但因被監視者可能並不知自己被監視，甚至更無從知悉這種監視是否會被錄影，或者被加工利用。單純的影像觀看或監視過程的錄影，至少亦是一種對於人民資訊自決權的間接、事實上的影響措施。若是違背基本權主體之意思，而因此對基本權所保障之法律地位產生影響時，這種當事人無法預期是否會有干預發生的基本權利危險狀態，依當今的基本權干預理論，亦得以視其為對基本權的干預[267]。警察以監視器蒐集治安資料，既係屬對人民基本權利之干預，依法治國家原則，一般性的警察任務規定，自不得作為監視器設置運作之依據。本條第1項立法，形式上已賦予警察採行此類措施之法律授權基礎，值得肯定[268]。

於公共空間裝設監視器，有嚇阻犯罪發生之作用，犯罪發生時，亦可藉由影像之觀看，即時介入處理，但主要目的係圖藉由監視過程的錄影，保全證據，並於犯罪發生後，可按圖索驥，辨識嫌犯身分，以利後續追訴程序之進行。有其合憲性的公益目的存在。實務上，吾人或許經常聽聞到，藉由監視過程的錄影，循線破獲犯罪的偶一個案。但是，

---

267 程明修，〈國家透過公共場所的監視器對人民基本權利的干預〉，《法學講座》，第3期，2002年3月，頁67。

268 警察實務對於以監視器蒐集人民資料，係以人民身處公共場所，自無祕密及合理的隱私期待，作為該項措施並未侵害人民隱私權為由，作為立論基礎。惟如此思考，似正可反證，本條即無立法必要性。尤為警察措施如未侵害人民自由權利，以任務條款以為依據即可。上開實務見解，可參考李建聰，《警察職權行使法》，自印，2003年12月，修正二刷，頁112。

此種一般預防性的抗制犯罪措施，其效力是否及於所有的犯罪類型、成效如何、是否符合經濟效益、有無可能造成犯罪轉移效應，仍待進一步整體評估[269]。因此，此種一般預防性的抗制犯罪措施，似非達成犯罪預防的有效手段，與其他警察犯罪預防作爲比較，似亦非侵害人民基本權利之最小手段，能否禁得起比例原則之檢驗，即值得懷疑。學者慨謂：難道臺灣的警察，不再需要進行社區巡守的工作，只需要坐在監視器前面，等著犯罪行爲發生[270]？不正是此疑慮的最佳註腳。

貳、條文解說

一、名詞解釋

治安資料之概念，依本條第1項規定，警察對於經常發生或經合理判斷可能發生犯罪案件之公共場所或公眾得出入之場所，爲維護治安之必要時，得協調相關機關（構）裝設監視器，或以現有之攝影或其他科技工具蒐集「資料」，其立法意旨，應在授權警察爲維護治安之必要，得在一定要件下，於公共空間設置監視器蒐集資料。該資料之內容及屬性爲何，法無明文規定。惟依監視器之屬性及功能，應是指監視器設置場所，而監視器攝錄功能所及範圍內，所有之人、事、物之影像及紀錄。因係爲維護治安之必要而爲，故爲行文方便，乃以「治安資料」名之。

治安一詞，本爲實務用語，本條逕予沿用，難免突兀。但依實務用法，亦有其特定涵義。若從法令規定與實務運作以觀，警察維護治安，

---

269 有關閉路監視器裝設之優缺點簡要分析，可參考江慶興，〈閉路監視器（CCTV）應用於警察工作之探討——以英國爲例〉，《警專學報》，第2卷，第8期，頁41-45。

270 何信全、張煜麟，〈如果監視器無所不在〉，《中國時報》，2003年12月29日，A15版。

應可分爲危害防止與犯行追緝兩部分。警察危害防止任務已概括規定於「警察法」第2條及同法施行細則第2條。犯行追緝部分，「警察法」第9條第3款及第4款及同法施行細則第10條第1項第3款及第3項，則有協助偵查犯罪及執行搜索、扣押、拘提及逮捕等職權。「刑事訴訟法」第230條第2項及第231條第2項，則更明文規定警察知有犯罪嫌疑者，應即開始調查之義務。本條所謂之「維護治安」一詞，是否涵蓋警察雙重任務，不無疑義。如從本條文設置場所以「經常發生或經合理判斷可能發生犯罪案件之場所爲之」爲限之文句以觀，「維護治安」一詞，似僅及於犯行追緝，而不包括危害防止。

二、實體要件

（一）須為維護治安而有必要時

治安一詞，本爲實務用語，本條逕予沿用，難免突兀。但依實務用法，亦有其特定涵義。若從法令規定與實務運作以觀，警察維護治安，應可分爲危害防止與犯行追緝兩部分。警察危害防止任務已概括規定於「警察法」第2條及同法施行細則第2條。犯行追緝部分，「警察法」第9條第3款及第4款及同法施行細則第10條第1項第3款及第3項，則有協助偵查犯罪及執行搜索、扣押、拘提及逮捕等職權。「刑事訴訟法」第230條第2項及第231條第2項，則更明文規定警察知有犯罪嫌疑者，應即開始調查之義務。

本條所謂之「維護治安」一詞，是否涵蓋警察雙重任務，不無疑義。如從本條文設置場所以「經常發生或經合理判斷可能發生犯罪案件之場所爲之」爲限之文句以觀，「維護治安」一詞，似僅及於犯行追緝，而不包括危害防止。至於立法政策上，有無必要結合設置場所之規範，將監視器設置目的擴及於防止危害、重大違反秩序行爲或其他不法行爲，即有值得斟酌之必要。警察架設監視器預先存取資料之行爲，某種程度上有可能嚇阻不法行爲之發生，但其對於一般人，恐怕也會引發類似的「嚇阻」效應，在被監看的氛圍上，因此放棄其權利之主張或行使。擴張監視器設置目的，執法上或有其必要，但考量我國對於監視器設置法制仍有許多待釐清與強化之處，如何於建置法制之同時，恪遵憲法所設定之界限，妥適於人民基本權利之保障及公共利益之維護間，取得平衡，亦應特別予以關注。

由於監視器的本質，在監視攝錄影的過程中，如有發現犯罪行爲以外之其他違法行爲，依本條第2項之規定，及警察雙重任務之特性，對於監視攝錄影之資料，仍得加以利用，以防止危害。但此與上開裝設要件僅及於犯行追緝，係屬兩個不同層次的問題，不可混爲一談。再者，監視器之設置，作用係在預防性的犯罪抗制，目的無非在蒐集保全犯罪證據。是以，法條中，所謂之「有必要時」，其合理的解釋，應係指有合理的根據，認爲犯罪發生時，非藉助監視器之攝錄影功能，難以即時蒐集保全證據之謂。如從個人資料保護法第5條揭示個人資料蒐集應遵守必要性原則觀之，必要性原則乃作爲限縮合法及合目的之資料處理範圍的要件，如果該資料之蒐集在當下無法循得與特定目的之合理正當關連性，即無蒐集之必要，若以「未來可能有用」之預設立場進行資料之蒐集，除違反特定目的應於蒐集前確認之要求，恐亦有逾越必要範圍之疑慮。[271]

我國法上，賦予公務員行使職權，以「有必要時」作爲要件之一者，不在少數。例如「刑事訴訟法」第122條第1項規定，對於被告或犯罪嫌疑人之身體、物件、電磁紀錄及住宅或其他處所，「必要時」得搜索之。學說上，雖然對於何謂必要時，已有一致的解釋，可資遵循。但解釋仍屬抽象的描述，刑事司法實務上，即因欠缺具體客觀的標準，以致任由檢察官或法官憑一己之喜惡、一己之主觀價值，任意決定，頗

271 李寧修，〈國家蒐集集會遊行資料的憲法界限：德國聯邦憲法法院「巴伐利亞邦集遊法部分暫停適用」裁定之反思〉，《東吳法律學報》，第27卷，第3期，2016年1月，頁164。

受學界指摘[272]。有鑑於此，本條文要求的「必要性」之判斷，警察實務上，如何在執法有效性及人民權利保障中，做出更細密的思考，以改變目前囫圇吞棗認定必要性之有無，即顯得特別重要。

（二）須於公共場所或公眾得出入之場所為之

1. 公共場所或公衆得出入之場所之概念

本條第1項規定，警察對於經常發生或經合理判斷可能發生犯罪案件之「公共場所」或「公眾得出入之場所」，爲維護治安之必要時，得協調相關機關（構）裝設監視器，或以現有之攝影或其他科技工具蒐集資料。所謂「公共場所」，係指供不特定多數人共同使用或聚集的場所。所謂「公眾得出入之場所」，係指不特定人得出入之場所。公共場所之概念，重點在於公用。公眾得出入之場所，重點在於出入。然大部分之公共場所，性質上皆允許任意出入，但能任意出入之場所，則未必爲公共場所。再者，法條既已明定監視器裝設地點，限於公共場所及公眾得出入之場所。則住宅或與住宅相類似之處所，甚至前二者以外之其他場所，如其性質，不能被認定係屬公共場所或公眾得出入之場所者，自亦屬不適格之裝設地點。

2. 公衆得出入之場所作爲監視器裝設地點之問題

公共場所，係指供不特定多數人共同使用或聚集的場所，重點在於公用。由於對外公開，已完全提供外部使用，是以不論其所有權歸屬，以之作爲監視器裝設地點，問題不大。

公眾得出入之場所，係指不特定人得出入之場所。商店、餐廳、旅館、百貨公司等，都是一般我們所認爲的公眾得出入之場所。由於公眾得出入之場所，重點在於出入。是以，出入該場所，是否「隨時」或

272 王兆鵬，〈論無預警強制處分權之實質原因〉，收錄《搜索扣押與刑事被告的憲法權利》，翰蘆圖書出版有限公司，2000年9月，頁39。

「自由」，自須視場所之實際情形而定。例如商店等營業處所，在其一般營業活動時間，雖屬公眾得出入之場所，若於打烊後，則與一般住宅無異，非屬公眾得出入之場所，自仍應受憲法居住自由權之保障。警察若得於此種地點裝設監視器，而目的僅在做預防性的犯罪抗制，自已侵害憲法保障人民居住自由權之核心領域，顯然違憲。

或有認爲憲法保障人民居住自由權，其保障之程度及必要性，仍應視各空間領域之性質而有不同。營業場所依其開設之目的，固然具有向外公開性之特點，有和外部社會往來接觸之目的，從而有把營業場所從私人領域釋放出來。工商主管機關基於監督任務，依法律授權採行措施，以防止因工商活動所產生的危險，可以理解。但是工商營業行爲與治安並無直接必然的關係，警察以一般危害防止及預防性的犯罪抗制任務，若得針對營業空間內的非營業活動，加以管理，自已違背憲法保障人民居住自由權之本旨，更是對營業自由的一種嚴重侵害，應予改正。

（三）須於經常發生或經合理判斷可能發生犯罪案件之場所為之

1. 設置之必要性

本條第1項規定，警察對於「經常發生」或「經合理判斷可能發生」犯罪案件之公共場所或公眾得出入之場所，爲維護治安之必要時，得協調相關機關（構）裝設監視器，或以現有之攝影或其他科技工具蒐集資料。職是之故，警察閉路監視系統，除須裝設於公共場所或公眾得出入之場所之外，仍須該場所係「經常發生」或「經合理判斷可能發生」犯罪案件，始符裝設之實質要件。惟於該場所，犯罪案件是否「經常發生」，是否「可能發生」，如無一定之判斷準據，難免過度強調監視器在維護治安的功能，而輕忽實質要件保障人權的限制及衡平作用。其結果，全面監視的社會，人民在公共空間的隱私自由，終將全部被監視器所啃噬。

一般而言，所謂「經常」，係對偶發而言，指同一場所，在相距不久之相當期間內，有具體之事實，足認爲有二次以上之犯罪行爲發生之謂。至於其所謂之經常發生，應否參考同一期間之犯罪發生率，例如全國、同一縣市、同一鄉鎮市或同一警察機關轄區之犯罪發生率，以爲判斷是否爲「經常發生」之參考依據，甚至對於所謂經常發生之「犯罪」，應否以同一犯罪類型，作爲判斷準據，法文雖未明白規定，似可不予考慮。但考量監視器對於個人隱私侵害之嚴重性，本文認爲肯定見解可採，並宜由警政署就上開各種參考因素，予以量化，作爲各警察機關執行之準據。

以特定場所是否有犯罪經常發生，作爲監視器裝設之準據，從預防性抗制犯罪之角度來看，有其事理上之關聯性及必要性，或可贊同。但以該場所經合理判斷可能發生犯罪爲由，作爲監視器裝設之要件，即或有事理上之關聯性，但是否通得過比例原則的檢驗，殊值懷疑。尤其其中「合理判斷」，究應如何解釋，又所謂「可能」之百分比如何，更是解釋適用上的一大難題。對於如此寬鬆的設置門檻，警察實務執行上，如貿然援引以爲依據，終將招來任意踐踏個人隱私的惡名，値得省思。至於現行條文中之「合理判斷」及「可能性」之判斷，如何解讀，嘗試說明如下。

警察干預職權之行使，非有實質之正當理由，不得任意、恣意爲之。立法者於此，創設了所謂「經合理判斷可能發生犯罪」之實質要件，來規範警察以監視器蒐集犯罪證據之實質理由。所謂合理判斷，從文字意義來看，係指只要警察之判斷是合理的，即符合此一要件。但是警察之判斷究竟有無「合理性」，學說上認爲並無固定的標準，必須以權衡法則，衡量政府與人民的利益而爲判斷[273]。由於依合理性標準，若依特定的事實及情狀，加以判斷，措施的採行係合理的，即具備合理

273 王兆鵬，〈臨檢與行政搜索〉，收錄於《當事人進行主義之刑事訴訟》，元照出版公司，2002年10月，初版一刷，頁120。

性，不需要對該特定事實及情狀，有個別的懷疑。因此，合理性與合理懷疑[274]亦有其區別，不可混為一談[275]。至於「合理性」的判斷基礎是什麼，法條中因未明示。本文以為似可以犯罪學所發展出來的相關犯罪理論，例如「日常活動理論」、「機會理論」及「生活型態理論」等，來說明各主要犯罪型態發生的條件和結構，人只不過是犯罪發生的一個要素而已，尚須外在其他條件的配合，如合適的標的物、監控的缺乏及特殊的時空等[276]，據以推論該當場所比較可能發生的犯罪類型及其機率。當然，因為法定要件寬鬆，只要求「可能發生」的判斷是合理的，是以，依該場所之地理環境、人文等各種背景因素，經依犯罪理論推測，其「可能性」雖難以量化，但其文字意義，似在表徵只要有些微客觀的正當性，即足當之。正由於合理性標準，重點在於措施之採行是否合理，不需有嫌疑行為或狀況作為判斷基礎，此種規範、價值的判斷，既未給予警察明確的指示或指導原則，事後的審查即難免流於主觀價值判斷的較勁。而可能性的標準，又僅要求具備些微表徵，無須到達一定或相當程度的門檻，警察權力的行使，即有不能或不受控制的危險，以之作為警察權力發動之依據，顯屬不當，宜予修法改正。

2. 設置之相當性

(1) 設置方法之相當性

設置方法之相當性，係依各攝影系統設置位置及其目的加以檢討，設為抑制犯罪之用者，則應考慮其設置密度及攝影機之性能，如為高密度設置，且攝錄影機具360度迴轉機能者，因其可能作全程連續性

274 所謂合理的懷疑，不是主觀上的猜測或預感，而係指警察依據當時的事實，依據其執法經驗，所作的合理推論或推理。而且此一推論或推理，只要有些微客觀正當性即可。參考王兆鵬，〈警察盤查之權限〉，《刑事法雜誌》，第45卷，第1期，2001年2月，頁18、22。

275 關於合理懷疑與合理性之區別，可參考吳巡龍，〈相當理由與合理懷疑之區別〉，收錄於《新刑事訴訟制度與證據法則》，學林文化公司，2003年9月，初版，頁115-117。

276 許春金，《犯罪學》，三民書局，2000年8月，修訂三版，頁327。

對特定人爲全方位追蹤，以掌握其行蹤，即有過剩監視之嫌，不符相當性之要求。[277]關於此要件，本條未見明文規定，考量監視器於攝錄過中，不可避免會將與設置目的有關聯及無關聯之內容一併攝錄之特性，設置方法之相當性，即有納入考量之必要。

(2) 當事人值得保護之利益應優先考量

警察機關設置監視器，除須通過目的、必要性及相當性之檢證外，參考外國立法例[278]，尙須經法益之權衡，僅有在當事人值得保護之利益未具備應受優先保障之充分事由時，方得爲之。即從法益衡量的觀點，必須設置監視錄器之利益優於一般人之利益，這就必須有足夠可友持的理由。所謂當事人指的是，資訊隱私權或資訊自決權，以及行爲自由，因設監視器而受干預之人。例如，爲防竊賊目的而在廁所或更衣間設監視錄影器，從法益衡量言，理由就不充足。[279]當然，當事人利益值得保護之程度，往往會隨著其涉及之權利類型與採行之侵害手段，而有不同之評價，例如對於私密空間之監視或採行不間斷監視之情況，多會於法益權衡時，提升當事人之保護程度。[280]

關於此要件，本條未見明文規定，但「臺北市錄影監視系統設置管理自治條例」第4條第2項即規定：「錄影監視系統之主要攝影方向，應以公共場所爲主，不得針對特定私人處所設置。」[281]已有從法益衡量的觀點，優先考量當事人值得保護之利益之發展趨勢，應具有參考之價

277 范姜眞媺，〈監視攝影系統設置、使用之法律問題〉，《律師雜誌》，第307期，2005年4月，頁37。

278 例如德國邦個人資料保護法第4條第1項本文即規定，以電子設備監視公眾得出入之場所，僅於有下列情 形，且未有事由足認當事人値得保護之利益應爲優先時，方得爲之。李寧修，〈警察存取預防性資料之職權與個人資料保護：以監視器之運作模式爲例〉，《台大法學論叢》，第48卷，第2期，2019年6月，頁411。

279 李震山，〈從公共場所或公眾得出入場所普設監視器論個人資料之保護〉，發表於第一屆東吳公法研討會，2004年6月5日，頁19。

280 李寧修，〈警察存取預防性資料之職權與個人資料保護：以監視器之運作模式爲例〉，《台大法學論叢》，第48卷，第2期，2019年6月，頁412。

281 臺北市政府102年7月1日府法綜字第10231853900號令制定公布。

值。考量監視器於攝錄過中，不可避免會將與設置目的有關聯及無關聯之內容一併攝錄之特性，當事人值得保護之利益應優先考量，即有納入考量之必要。

（四）須以監視器或現有攝影或其他科技工具為之

依現有或可能發展的科技技術，監視器可分爲閉路與開路兩種型態。本條所謂之監視器，依前揭說明，應僅指閉路監視器，而不及於開路監視器。閉路監視器之資訊處理，通常可依監視行爲的型態以及強度，區分三個層次。由於法又並無得以再加工利用之明確授權，監視錄影內容之加工利用，即或另有法律之特別規定（例如本法第17條），應非本條所要規範之範圍。是以，依本條以監視器蒐集資料，其型態應僅可及於單純的影像觀看或監視過程的錄影而已。

至於以現有攝影或其他科技工具爲之，其對人民資訊干預的型態，解釋上，亦應受立法目的之拘束。換言之，亦僅可及於單純的影像觀看或監視過程的錄影。其他可能或將來科技可能產生的新干預型態，均不在本條授權之範圍。警察若無法律的另外授權，做出觀看與錄影以外之處理措施或利用新興科技技術，任意逾越上開資訊處理之授權型態，去干預人民資訊隱私，皆已構成不法，應予注意避免。當然，爲了避免科技工具相關功能，被誤用或濫用，侵害人民資訊隱私，除應注意律定相關程序規範，以爲制約之外，何種監視器、攝影器材及科技工具，可供使用？宜由警政署統一定之。

至於以現有攝影或其他科技工具爲之，其所謂之「現有」，究係何指，頗耐人尋味。一般而言，規範職權行使之法律，其立法，在法治國家法律保留原則、法律明確性原則及比例原則之拘束下，其規範之內容，應係指職權發動之要件與程序，即或職權之行使須藉助科技工具，亦只要將科技工具之種類與功能，加以限定即可。自無必要限定不能依科技發展狀況，依預算程序，添購新的器材。更何況，器材可能損毀，必須汰舊換新，如果條文所指之「現有」，係指限制使用新添購的器材，顯然背離常情。是以，論著認爲所謂之「以現有攝影或其他科技工具爲之」，其目的無非是想藉由此一規範，來爲先前已經裝置及正在裝置中之監視系統，就地合法化尋得法律依據之見解，應屬可採[282]。惟須特別注意的是，就地合法化固有法律的依據，但該已經裝置及正在裝置中之監視系統，是否符合本條法定裝設要件，主管警察機關仍應逐一檢視判斷，並須將不合法定裝設要件之監視系統，予以拆除，還給人民一個自由的生活空間，始爲正的。如仍任令其存在，即爲失職，並構成不法。

三、程序要件

（一）監視器裝設之指令權

在公共場所設置閉路監視系統，無疑地會干預人民的資訊隱私，同時也阻礙人民自我決定自由的行使，會讓人民形成一種無形的精神壓力，並置人民於無所預測的處境，其侵害性不可謂不大。吾人認爲，在合理的範圍之內，使用監視器，以預防犯罪，應有其容許性。但是，人民也不希望生活在無所遁逃的監視社會之中。是以，監視器之裝設，本條雖無明文，實踐上，仍宜以警察機關首長爲指令權人。理由在於本條對於架設監視器之要件，本來就極爲寬鬆，如再任由各階層警察機關，甚至一個基層警察單位，逕自決定，難免陷於科技迷思，逕以勤務、偵查利益或治安理由，粗糙草率地犧牲掉人民的基本尊嚴。

再者，監視器監視錄影的對象，依其裝設地點，大多數可能都是生活在該地區人民，其等之日常生活作息，都會被監視拍攝下來。因此，裝設監視器時，如何考量該地區人民值得保護之利益，亦是一個重點。是以，在具體實踐上，亦有容許社區成員參與裝設決策之必要。因此，

---

282 何信全、張煜麟，〈如果監視器無所不在〉，《中國時報》，2003年12月29日，A15版。

即有論者認為關於設置地點、方式及管理方法，均讓可能因監視攝影系統設置而隱私權受限制之當地居民有參與表達意見之機會，始符合現民主社會之精神[283]，值得贊同。

本條第1項規定，監視錄影系統之設置，得由警察機關「協調」相關機關（構）後為之。此處之「協調」究竟何意？立法理由並未說明，且所謂「相關機關」是否為設置地點之村里辦公室？既然是「得」協調，則警察機關可否未經協調即逕行裝置？抑或經協調而相關機關（構）不意裝置時，又當如何處理？無法自現行法中得到任何解答，將來實務如何運作，尚有討論空間。[284]

1. 警察機關自行裝設監視器問題

依本條法文規定之文義解釋，警察機關於符合法定要件時，似僅得協調相關機關（構）裝設監視器，或以現有之攝影或其他科技工具蒐集資料，並未有得自行裝設監視器之授權；臺北市錄影監視系統設置管理自治條例亦無得自行設置之明文。此時，警察機關若於符合法定要件而有必要裝設監視器時，除未來修法明定外，於修法前應如何尋得其授權基礎，即值得特別關注。

其一，援引「個人資料保護法」第15條規定作為授權基礎。惟該條規定之蒐集要件有三：其中，經當事人書面同意，在監視錄影情形恐難以適用。至於，對當事人權益無侵害的條件，監視器之使用，一般情形仍可能對當事人言行舉止、人際互動或社會生活產生寒蟬效應，恐難一概認為對其權益毫無侵害可言。因此，恐怕僅能適用「執行法定職務必要範圍」之規定。較有疑義者，則是監視器所攝得自然人之畫面，是否屬於「個人資料保護法」適用前提之直接或間接辨識特定人的資料。

---

283 范姜真媺，〈監視攝影系統設置、使用之法律問題〉，《律師雜誌》，第307期，2005年4月，頁39。

284 范姜真媺，〈監視攝影系統設置、使用之法律問題〉，《律師雜誌》，第307期，2005年4月，頁39。

自監視器使用目的觀察，就是為了需要時，透過指認或臉部辨識技術，識別畫面中人士的身分，自屬「個人資料保護法」所稱之個人資料[285]。

惟「個人資料保護法」第15條第1款「執行法定職務必要範圍內」之規定，欠缺具體之法定要件，不但不限定適用職務之種類，而且未指定哪些蒐集個資的方法對偵查哪些犯罪屬於必要手段，明顯不符合法律明確性原則。其規範功能至多是指示各國家機關援引其他具體的授權法令，作為蒐集與處理個資的法律根據。[286]是其作用法之屬性已受質疑，以之作為警察機關設置監視器之授權依據，恐有不妥。

其二，仍得適用本條規定作為授權基礎。依本條法文規定之文義解釋，警察機關於符合法定要件時，既得協調相關機關（構）裝設監視器，或以現有之攝影或其他科技工具蒐集資料，自亦有授權警察機關於符合法定要件時，得自行裝設監視器之職權。此一依目的性擴張解釋之結果，就警察裝設監視器之法定要件而言，較之前者割裂適用法律，並衍生設置要件不一致之情形，自比較值得採納。但依干預保留之明確性原則，干預措施之授權，此一目的性擴張解釋，不無抵觸類推適用禁止原則之疑慮。是以，仍以修法於本條明定為宜。

2. 協調相關機關（構）裝設監視器問題

本條固然明定警察機關得協調相關機關（構）裝設監視器，但其他機關（構）若無法律之特別授權，應無基於治安目的裝設監視器之依據與權限。至於本條裝設要件及得經協調裝設之規定，得否視為其他機關（構）主動或被動經協調後裝設監視器之授權基礎，論者則持否定之看法[287]。

285 劉定基，〈個人資料之定義、保護原則與個人資料保護法適用的例外──以監視錄影為例（上）〉，《月旦法學教室》，第119期，2012年5月，頁50-51。

286 薛智仁，〈GPS跟監、隱私權與刑事法──評最高法院106度台上第3788號刑事判決〉，《月旦裁判時報》，第70期，2018年4月，頁50。

287 李震山，〈從公共場所或公眾得出入場所普設監視器論個人資料之保護〉，發表於第一屆東吳公法研討會，2004年6月5日，頁23。

是以，在現行相關法規幾無得經警察機關協調基於治安目的裝設監視器之特別授權之情況下，其他公務機關經警察機關協調，亦僅能援引「個人資料保護法」第15條第1款「執行法定職務必要範圍內」以為設置之依據。但此一條款是否具有作用法之質，已受質疑，援引以為其他公務機關設置監視器之授權基礎，亦有不妥。至於非公務機關蒐集處理一般個人資料，「個人資料保護法」第19條第1項雖定有八款情形，但非公務機關設置監視器，大都以維護其本身場所、財產安全為由，就監視器之設置而言，非公務機關在「個人資料保護法」之規定，如欲合法設置監視攝影設備，恐有一定之困難[288]。

3. 欠缺協調私人之規定

警察機關依本條授權得協調相關機關（構）裝設監視器，但其設置場所涉及房間、營業處所等特殊空間者，並無協調私人之規定，於該等場所設置監視器是否即完全由警察機關自行決定之，不無疑義。基於私人亦屬「個人資料保護法」之「非公務機關」，在現行相關法規幾無得經警察機關協調基於治安目的裝設監視器之特別授權之情況下，警察機關協調私人裝設監視器，該私人亦應適用「個人資料保護法」第19條第1項之規定，作為設置之授權基礎。

基於其他機關（構）或私人裝設監視器，依現有法規規定均非基於維護治安目的而設（而是執行法定職務或維護其本身場所、財產安全為由），是以，警察機關基於維護治安目的之必要，而有利用其監視資料之必要時，則必須依本法第16條有關傳遞之規定為之，方屬適法。

288 非公務機關難以援引「個人資料保護法」第19條規定，作為裝設監視器之授權依據，其詳細分析，可參考：劉定基，〈個人資料之定義、保護原則與個人資料保護法適用的例外──以監視錄影為例（上）〉，《月旦法學教室》，第119期，2012年5月，頁45-47。

（二）告知義務

本法第4條明文規定，警察行使職權，應告知其事由。是以，即使吾人同意於合理的範圍內，警察得使用監視器蒐集治安資料。至少，亦應將其裝設的地點，以適當的方式標識，讓人民知悉監視的情況及設置的單位。本條就此雖無明文規定，但在具體實踐上，若未能落實此一程序，終將使人民成爲政府行政行爲之下的單純客體，自已侵及憲法所保障的人性尊嚴及人格自由發展權的核心領域，而屬違憲。當然，此一程序的具體實踐，不能如現行實務僅以牌示，泛泛指稱「本區已全面裝設錄影監視系統全面監控中」，而須明確標示出設置的地點、設置的單位，如有可能並應將監視所及的範圍及監視錄影作業之時間，一併予以標示，才能達到可預見性的效果。從而，若警察藉由法條中所謂的「現有之攝影或其他科技工具」爲名，夾帶以祕密科技工具蒐集資料，更是破壞該條文之整體意旨及結構[289]，實務機關必須特別予以注意，以免觸法。另外，外國立法例亦有若顯然可認爲，因公共場所設置監視器，將使犯罪或秩序違反行爲轉移到其他地點、其他時間或以其他方式爲之者，得以祕密方式裝置監視器之規定，亦值得參考立法[290]。

或許有人會質疑，監視器的裝設，本即具有隱匿的特質，如要求踐行告知標識之程序，即難以發揮監視器之功效。再者，若因告知標識而當事人亦已明確知悉，同時自願置身於監視器監視下，亦已拋棄自己的基本權利，又何必要有裝設的法律授權基礎。

監視器的裝設有其正面的功效，吾人無須全面予以排斥。但爲了基本權利保障與公益維護間之衡平，減少對人民基本權利不必要的干預，裝設的透明性即是一個必然的基本要求。是以，論者即謂，讓人民知悉

---

289 李震山，〈從公共場所或公眾得出入場所普設監視器論個人資料之保護〉，發表於第一屆東吳公法研討會，2004年6月5日，頁23。

290 李震山，〈從公共場所或公眾得出入場所普設監視器論個人資料之保護〉，發表於第一屆東吳公法研討會，2004年6月5日，頁22。

後，有行為選擇自由，若因此嚇阻違法行為，設置之目的就已達到，何況追緝不法，不應以設監視器為唯一主要的方法，更不必迷信監視器有萬靈丹功效，確是諍言[291]。

更何況，仍有諸多的人，他可能沒有看到告知標識，甚至不得不置身於此場所。如此，其即無法自願地放棄基本權所保障的自由行使。即使有了法律的形式授權，但若無相關程序的制約，人權與公益之間，仍難取得衡平。尤其，人民對個人資料雖由國家依法蒐集，但何時會被利用，懷有不確定的恐懼感。因此，特定個人資料若因警察之需要列為比對之客體時，該特定人應有權知悉，由負責蒐集資料之警察機關將此情形通知之，誠屬必要且合理[292]。

（三）期間限制

本條對於監視器設置之期間，並無明文規定。但依法條裝設要件之限制，亦無准許警察得以在監視器裝設後無限期使用。是以，法定要件之「經常發生或經合理判斷可能發生犯罪案件之場所」，已屬寬鬆，且警察就此已有先行詮釋之空間，濫權可能性已屬不可避免。如於設置後，不於一定期間檢討其設置之必要性，其後患可能更大。「德國聯邦警察法」第15條a第4項，即特別規定是否有必要再繼續設置監視錄影器，每年必須檢討一次[293]，值得警察實務作為及未來立法之參考。

（四）以監視器蒐集治安資料之處理

1. 銷毀

本條為了確保禁止他用之拘束，乃於第2項明文規定，蒐集之資

291 李震山，〈從公共場所或公眾得出入場所普設監視器論個人資料之保護〉，發表於第一屆東吳公法研討會，2004年6月5日，頁28。

292 李震山，〈從公共場所或公眾得出入場所普設監視器論個人資料之保護〉，發表於第一屆東吳公法研討會，2004年6月5日，頁28。

293 李震山，〈從公共場所或公眾得出入場所普設監視器論個人資料之保護〉，發表於第一屆東吳公法研討會，2004年6月5日，頁23，註44。

料，除有保存之必要者外，至遲應於資料製作完成時起「一年內銷毀」。本法第18條第3項，則另有「五年內註銷或銷毀」之明文規定。有關銷毀之概念，前已論述，於此不贅。

(1) 一年內銷毀之要件

依本條第2項規定，除有除有保存之必要者外，至遲應於資料製作完成時起一年內銷毀之。其中所謂之「製作」，依其文義，似指攝影、錄音完畢之時。是以，此之一年期間之起算，即非以將資料置放（儲存）於資料庫或檔卷之時間，作爲起算點，應注意予以辨明。再者，所謂的一年內，應如何計算？本法並未做特別之規定，自可依「民法」有關期間計算之方法爲之，於此不再贅述。

至於不須一年內銷毀之資料，依本條第2項之規定，係指爲調查犯罪嫌疑或其他違法行爲，而有保存之必要者爲限。但應注意本法第18條第3項，則另有「五年內註銷或銷毀」之明文規定。

所謂有保存之必要，解釋上係指參與者已有不法行爲之嫌疑，如無嫌疑，應即無所謂的調查之問題。如確因有不法行爲之嫌疑，而將資料保存，嗣後，經調查證明參與者並無不法，亦應認爲資料已無保存之必要，自此時點起，應即予以銷毀。

(2) 五年內註銷或銷毀之要件

本法第18條第3項明文規定，除法律有特別規定者外，警察依法所蒐集之個人資料，至遲均應於資料製作完成時起五年內註銷或銷毀之。資料至遲均應於製作完成時起五年內註銷或銷毀，此於行政不法行爲之追究處罰，或已足夠。行政不法行爲是一種輕微的犯行，即使因期間之經過，資料遭到銷毀，致行政不法行爲無法追究處罰，對公益影響不大。就當事人資訊自決權之保護而言，此時之銷毀，亦是比例原則的體現，應無可訾議。惟就刑事案件而言，通常稍爲複雜者，要在五年之內判決確定，已有困難，更何況在判決確定後，仍有再審之可能，如再加上聲請回復原狀之情形，補充規定之五年期限，並不符合實際之需求。

是以，本條如不考慮修法增加保存之特別規定，亦應考慮在第18條第3項之補充規定，修法增設但書規定，使得上開仍未終結之刑事案件，不致因爲證據之銷毀，而造成眞實無法發現，讓不法之徒消遙法外之窘境[294]。

(3) 銷毀之監督與紀錄

本條關於銷毀之規定，並無監督機制之規定，更無應製作銷毀紀錄之要求，難免造成警察之恣意與濫權。將來修法應有考量予以增訂之必要。

2. 保存

所謂的保存，係指資料得在一資料體中爲一定時間的儲存。若係在資料處理中短時間暫時儲存，則非屬保存[295]。是以，攝影、錄音後即時銷毀，資料雖短暫儲存在資料體中，即非此處所稱之保存。循此概念，本條資料保存之情形，若不考慮法律漏洞之問題，可能有二：

其一，不法行爲調查期間之資料保存，其實際得以保存的期間究竟多長，應視不法行爲嫌疑何時獲得澄清爲判斷之基準。並非謂基於調查之理由，即可將所蒐集資料一律保存一年。此觀之法文使用「至遲」應於資料製作完成時起一年內銷毀之規定，即可獲得明證。具體言之，當事人如經證明並無不法，自此時點起，資料即不得再予保存，應依銷毀規定處理之。如經證明有不法行爲嫌疑，且已達追訴或追究之門檻者，其資料之保存期限，則應轉換依本法第18條之規定辦理。

其二，追訴追究後案件未終結前之資料保存，其實際得以保存的期間究竟多長，應視不法行爲之處罰或判決，何時確定終結爲斷。並非

---

294 通常情形，資料應保存到判決確定才予銷毀，因爲在判決確定前，這些資料仍有再度使用之可能性。當然少數情形，資料會保存超過上開期間，這類例外，主要是本案有幾可預見會聲請再審，或聲請回復狀之情形。參考林鈺雄，〈對被告犯罪嫌疑人之身體檢查處分〉，《台灣本土法學雜誌》，第55期，2004年2月，頁66。

295 李震山譯，《德國警察與秩序法原理》，登文書局，1995年11月，二版，頁167。

謂基於處罰判決程序之理由，即可將所蒐集資料一律保存五年。具體言之，如果案件在本法第18條所規定的五年期間內的某一時點，確定終結者，自此時點起，資料即不得再予保存，應依銷毀規定處理之。當然，案件確定終結時，若仍未逾五年期間，在少數情形，資料仍有續予保存之必要，這類例外，主要是本案有幾可預見會聲請再審，或聲請回復原狀等非常救濟之情形。至於五年期滿，案件仍未處理終結者，依現行法第18條之規定，資料只有銷毀一途。其所造成的法律漏洞、因而衍生的負面影響及應如何補救，前已有論述，於此不贅。

參、問題探討

一、實務問題

（一）加強管理措施問題

為使裝設錄影監視系統能更嚴謹使用，內政部已於民國92年5月22日以臺內警字第09200756945號函各直轄市、縣（市）政府，要求其針對公共場所裝置錄影監視系統訂定加強管理措施，內容包括律定各目的事業主管機關管理權責、明定規範標的之範圍、明定規範標的之設置程序、明定申請設置之應備文件、明定主管機關查核、調閱、明定檔案保存期限等，避免觸犯「刑法」妨害秘密罪章及「個人資料保護法」等相關法律規定。

目前各地方政府大都制定有錄影監視系統設置管理自治條例之法規，由於各自治條例之規範內容不盡一致，自難逐一加以檢視。以下僅以臺北市及臺中市制定之錄影監視系統設置管理自治條例為例[296]，提出

---

296 臺北市政府民國102年7月1日（102）府法綜字第10231853900號令制定公布。臺中市政府民國101年04月12日府授法規字第1010059824號令。

幾點說明，提供比較參考。

1. 警察機關基於維護治安必要設置之監視錄影系統，本法第10條之授權規範，應屬框架規範，各地方政府自得因地制宜，於設置要件及後續資料之處理、利用，於各該自治條例爲更爲嚴格之規定。此外，由於本法係屬中央法律，本法第10條之授權規範，雖屬框架規範，但各地方政府制定之自治條例，自不得逾越此一框架規範，否則即生地方法規牴觸中央法律之違法問題[297]，值得予以注意。

2. 以臺北市制定之自治條例爲例，基於維護治安必要設置之監視錄影系統，本由警察機關「得協調相關機關（構）裝設監視器」之規定，依自治條例規定，警察機關本是被監督者，卻搖身一變成爲監督者；「臺中市公設錄影監視系設置管理自治條例」第4條亦有類似之規定，即有地方法規牴觸中央法律之違法問題，應予正視[298]。

3. 以臺北市制定之自治條例爲例，市政府所屬各機關申請設置錄影監視系統，依該自治條例第4條規定，其錄影監視系統之設置，仍應以維護公共安全、社會秩序、犯罪預防及偵查爲目的，忽視各機關各有其法定業務職掌，各機關如基於執行法定職務所必要之目的，而須設置錄影監視系統，即欠缺授權基礎；「臺中市公設錄影監視系統設置管理條例」第5條亦作類似之規定，自有未當。

4. 以臺中市制定之自治條例爲例，該條例第4條但書規定，但因交通車流監控、災害防救、內部監錄等所設置者，不在此限。此一規定，或可稍解各機關如基於執行法定職務所必要之目的，而須設置錄影監視系統之欠缺授權基礎問題，但仍掛一漏萬，自難完全符合各機關執行法定職務所需，而且其規定亦有設置機關不明、設置要件欠缺明確性之疑慮，難謂妥適。

---

297 「地方制度法」第30條第1項規定參照。

298 「臺北市錄影監視系設置管理自治條例」第5條第1項、「臺中市公設錄影監視系設置管理自治條例」第4條之規定。

5.「臺北市錄影監視系設置管理自治條例」第10條規定，依本自治條例設置之錄影監視系統，警察局及設置機關應每半年公告其設置區位。「臺中市公設錄影監視系設置管理自治條例」第6條規定，監視錄影系統之設置地點及設置單位，應以適當方式公告。此一公告周知規定，本法並未明文，自較爲可取。另外，「臺北市錄影監視系設置管理自治條例」第2條及「臺中市公設錄影監視系設置管理自治條例」第2條有關規定會勘之規定，亦爲可取。

（二）依本條設置之監視器舉發交通違規問題

2015年時任台北市長之柯文哲即曾主張，爲整頓交通秩序，警察得在違規停車熱點，運用路口監視器畫面，舉發違停，或於該地點設置監器，作爲取締依據，因而引發高度議論。[299]

1. 以監視器舉發交通違規具有基本權干預性

個人資料判斷之重心，在於該資料與自然人間應得以直接或間接方式連結，使該自然人因此得自群體中被識別。[300]所謂「得以間接方式識別」，依「個人資料保護法施行細則」第3條規定，係「指保有該資料之公務或非公務機關僅以該資料不能直接識別， 與其他資料對照、組合、連結等，始能識別該特定之個人」。因此，各式資料是否具有識別性，均須就個案情況爲個別認定。是以，若主張以監視器舉發交通違規，僅係以牌照號碼或交通工具爲主，並未涉及駕駛人之「人格」，故非屬個人資料之類型，而無個人資料保護法之適用，亦無侵害資訊隱私權之疑慮，即恐略嫌速斷。[301]故以監視器舉發交通違規既具有基本權干預性，即應有法律之授權基礎始得爲之。

299 用監視器抓違停合法嗎？柯P：國道攝影機每天都在開罰，The News Lens關鍵評論網，2015年4月29日，https://www.thenewslens.com/article/15955, last visited: 2020/08/17。

300 參照「個人資料保護法」第2條第1款之規定。

301 李寧修，〈警察存取預防性資料之職權與個人資料保護：以監視器之運作模式爲例〉，《台大法學論叢》，第48卷，第2期，2019年6月，頁401。

2. 依本條設置之監視器舉發交通違規之適法性

依本條第1項之規定，其將警察架設監視器之目的與功能設爲「維護治安」，並將設置之地點限定於與犯罪案件有高度關聯性之公共場所或公眾得出入之場所。本法第17條本文規定：「警察對於依本法規定所蒐集資料之利用，應於法令職掌之必要範圍內爲之，並須與蒐集之特定目的相符。」交通違規既非屬犯罪案件，基於「目的拘束原則」，依本條設置之監視器舉發交通違規，既非爲初始蒐集目的所涵蓋，則應視爲目的外利用，即必須有法律之明文規範作爲其依據，方得爲之。本法第17條但書規定：「但法律有特別規定者，不在此限。」即係適例。

(1) 本條第2項作爲特別規定之可能性

本條第2項規定：「依項規定蒐集之資料，除因調查犯罪嫌疑或其他違法行爲，有保存之必要者，至遲應於資料製作完成時起一年內銷之。」交通違規行爲既屬違法行爲，其中因調查其他違法行爲之保存規定，若非爲目的外利用而設，其保存規定即無意義。是以，援引本條第2項因調查其他違法行爲之保存規定，作爲舉發交通違規之依據，即有其適法性。惟本條第2項保存之規定，若與第11條第2項資料保存僅限調查犯罪嫌疑比較，本條第2項另規定因「調查其他違法行爲」之保存規定，是否具有正當性，即有再檢討之必要。

(2) 以「道路交通管理處罰條例」第7條之2第1項第7款規定作爲特別規定之可能性

「道路交通管理處罰條例」第7條之2第1項第7款規定，經以科學儀器取得證據資料證明其行爲違規者，得逕行舉發。由於該條款並未明文界定科學儀器之種類，故依本條設置之監視器似乎也是一種可能之選項。惟若與實務違規照相及自動偵測之科技執法系統比較，將依本條設置之監視器視爲「科學儀器」作爲取締交通違規之依據，似有違法律明確性原則，亦難通過比例原則之檢驗。至於未來有無於道路交通管理處罰條例另定以監視器取證作爲舉發交通違規之手段，則係另一問題，於此不贅。[302]

(3) 回歸適用個人資料保護法之可能性

「個人資料保護法」第16條但書設有七款得爲目的外利用之規定，若依其特性區分，有法律保留之要求者（第1款）、基於公益之維護者（第2、5款）、基於當事人權益之確保或增進者（第3、6款）、基於基本權衝突調和所需者（第4款）及經當事人同意者（第7款）。除第1款「法律明文規定」，已檢討如上之外，其中得作爲監視器舉發交通違規者，似僅第2款「爲增進公共利益所必要」者，爲唯一之選項。由於個人資料保護法係採框架式立法，故當其他法律針個人資料之蒐集、處理或利用，予以特別規範時，則應取得優先適用之地位。若將個人資料保護法對於目的外利用之規定，理解爲本法第17條但書所指「法律有特別規定者，不在此限」恐落入倒果爲因之謬誤。[303]

二、理論爭議

本條文雖係專對治安問題而爲規定，但從個人資料保護之觀點，除監督機制設置問題，已於第9條中論述可供參考外，仍有以下幾個比較重大的問題，值得斟酌[304]：

（一）規範之法領域歸屬問題

警察依本條蒐集治安資料，係屬預防性質。既稱預防，即表示危

302 相關討論可參考：劉靜怡，〈監視科技設備與交通違規執法〉，《月旦法學雜誌》，第248期，2016年1月，頁73-84；蕭明欽，〈警察運用監視錄影系統舉發交通違規之研究－以臺北高等行政法院104年度交上字第80號判決探討〉，《警學叢刊》，第47卷，第3期，2016年11月，頁37-56；李寧修，〈警察存取預防性資料之職權與個人資料保護：以監視器之運作模式爲例〉，《台大法學論叢》，第48卷，第2期，2019年6月，頁406。

303 李寧修，〈警察存取預防性資料之職權與個人資料保護：以監視器之運作模式爲例〉，《台大法學論叢》，第48卷，第2期，2019年6月，頁409。

304 李震山，〈從公共場所或公眾得出入場所普設監視器論個人資料之保護〉，發表於第一屆東吳公法研討會，2004年6月5日，頁21-25、28。

害尚未發生，除未達犯罪程度外，亦尚無行政義務之違反。是其同時事涉行政與刑事危害，自難以避免。但亦因而造成立法規制與相關法令歸類之困難，並使此預防措施究應受刑事法或行政法之理論支配，引起爭議。如能參考德國立法例，將相關措施之授權，依行爲性質之不同，分別在「刑事訴訟法」、「個人資料保護法」、「警察職權行使法」皆有相應規定，就不會產生規範之法領域屬性問題。

（二）監視器之裝設欠缺可預測性

本條文並未明定以適當方式使人知悉監視之情況及負責的單位，使人民有受突襲或不知情之下處於監視的風險中，即欠缺可預測性或可量度性。即使有足夠堅強的理由，必須以祕密方式裝置監視器，亦須要有法律之明確授權。

（三）告知義務之欠缺

人民對個人資料雖由國家依法蒐集，但何時會遭利用，懷有不確定的恐懼感。尤其特定人之資料，因警察機關之需要列爲比對之客體時，該特定人應有權知悉，由負責蒐集資料或相關機關通知之，誠屬必要且合理。

（四）隱私合理期待未受重視

個人隱私合理的期待是資訊自決權之核心價值，不能因單純的公益理由而遭排斥或否定。是以如何將此精神，體現在本條文之中，值得再探究。

三、問題提出：立法體系問題

德國法就監視器所採規範模式，係於其聯邦及各邦所制定之個人資料保護法中，訂定設置及運用監視器之一般性框架規範，並依據架設監視器之主體及其目的判斷其適用範圍之類型：若係由聯邦機關或是非公務單位所設置，則須依據聯邦個人資料保護法之規定行之；各邦及鄉鎮作爲設置機關時，則是適用各邦之個人資料保護法。另外，針對檢警機關及情治機關運用監視器之權限，則另以特別法予以規範，以警察機關爲例，其設置監視器之要件，得見於聯邦警察法及各邦之警察及秩序法中。此種層級化規範模式，一方面透過一般性規範完整涵蓋所有公務及非公務單位設置監視器之情形，亦爲特別法建立一足以資依循之基本框架。聯邦及各邦之警察法，以聯邦個人資料保護法的規範爲本，並以防止危害及查犯罪爲目的，同時配合警察職權之特性，將警察運用監視器執行職務之特殊納入考量，再爲細緻化之規範。所有公務及非公務單位設置監視器均有具體明確之法律依據，確實具有參考價值。[305]

我國現行對於架設監視器之規範，並未制定一般性之條文，就特別領域之資料蒐集、處理及運用，立法者多於特別法中予以規範，且未能完整涵蓋蒐集、處理及利用等各階段之情形，導致其適用要件略嫌繁雜且未臻明確。德國法監視器相關規範之要件及程序，與我國仍有不盡相同之處，雖未必有全盤接收之必要，但其規範模式確有參考之價值。首先，於個人資料保護法中訂定一般性條款，爲監視器之設置，確立框架式之規範，提供中央及地方之公務機關及非公務機關一致之遵循標準，其次，整併現行關於警察設置監視器之各個規範，於現行警察職權行使法中所建立之基礎框架上，再爲細緻化之要件規範，並就個人資料保護之基本原則事項，明定個人資料保護法相關規範準用之可能性，現行各縣市訂定錄影監視系設置管理自治條例，以臺北市制定之自治條例爲例，基於直轄市警政與警衛係屬自治事項，得由地方自治團體自爲立法並執行，故臺北市制定臺北市錄影監視系統設置管理自治條例，應無逾越地方立法權之疑慮。惟地方自治團體所享有之立法權，並未給予其

305 李寧修，〈警察存取預防性資料之職權與個人資料保護：以監視器之運作模式爲例〉，《台大法學論叢》，第48卷，第2期，2019年6月，頁418。

置身於國家主權以外之立法空間，地方立法權作爲國家立法權行使態樣之一種，仍應遵循憲法及法律對於立法權所設下之限制，而有其界限。觀諸臺北市錄影監視系統設置管理自治條例之規範，其大致依循警察職權行使法所建立之框架，故應無牴觸中央法規之疑慮。惟有疑義者，係該自治條例適用對象相較中央之立法，有擴張之趨勢，亦即該自治條例規範設置監視器之機關，並不限於警察機關，而是允許市政府所屬各機關皆得作爲該條例主管機關之臺北市警察局提出申請；且其於設立目的中，引入「維護公共安全、社會秩序」等較爲寬泛的蓋念，似乎亦不排除基於「犯罪預防及偵查」之目的外而設置之可能性。以監視器蒐集個人資料，屬於重大干預人民隱私及自決權，基於權力分立原則及民主原則，涉及基本權重要事項時，應保留給國會立法決定。但在個人資料保護法及警察職權行使法未明確規定，亦未有授權之情況下，恐有逾越中央立法權之疑慮。爲避免各自治法規各行其是，中央立法機關責無旁貸，應建置監視器之完整要件規範，並建立相應配套，方爲正本清源之道。[306]再者，基於層級化法律保留原則，隨著基本權利的干預程度越高，法律保留的密度亦應隨之提高，臺北市錄影監視系統設置管理自治條例第11條第3項規定，將錄影監視系統影音資料之處理、利用，授權設置機關以行政命令訂定，亦有違反法律明確性原則之疑慮，值得斟酌。

306 李寧修，〈警察存取預防性資料之職權與個人資料保護：以監視器之運作模式爲例〉，《台大法學論叢》，第48卷，第2期，2019年6月，頁423-424。

肆、其他

一、行政院函請立法院審議之「警察職務執行條例草案」

無此條文。

二、立法委員陳麗慧等提案條文第10條[307]

第2項[308]：「警察對於經常發生或經合理判斷可能發生犯罪案件之路段，爲偵查犯罪、維護治安之必要前提下，得協調相關機關裝設路邊或場所監視器，或以現有之前項工具爲資料之蒐集。」

第4項：「依第二項規定蒐集之資料保存，除爲調查有犯罪嫌疑參與者之犯罪或其他違法行爲有長期保存之必要者外，至遲應於資料製作完成時起三年內銷毀之。」

三、德國巴伐利亞邦察任務與職權法第32條第2-4項[309]

警察於下列情形，得公開對人攝影、錄音或錄影：

307 《立法院公報》，第92卷，第20期（上），2003年4月26日，頁353-354。

308 陳麗慧等提案條文第10條第1項及第3項，即係原行政院函請立法院審議條文第10條條文。依該次委員會紀錄，陳麗慧等提案條文係如何產生，難以查證。依《立法院公報》第92卷第20期第364頁之記載，該次審查會又提出修正動議（何人提出無明文）第9條條文，其內容約略與陳麗慧等提案條文相同，嗣後並依該修正動議條文審查通過。就此，李震山教授曾於論述個人資料保護時，表示政府普設監視錄影器，人民不知所蒐集的資料會被如何使用，於日益產生疑慮下，在倉促中「夾帶」於警察職權行使法草案而制定通過，且第10條之立法並非純然以個人資料保護爲目的，毋寧是以治安爲目的，並將過去的行爲就地合法化。此規定既出，就給予吾人以自由民主憲政秩序的基本原理予以嚴肅檢驗的機會，歪打正著，誠屬不幸中的大幸（李震山，〈從公共場所或公眾得出入之場所普設監視錄影器論個人資料之保護〉，發表於東吳大學法律學系所舉辦之第一屆東吳公法研討會，2004年6月5日，頁4）。嗣將前揭修正動議條文錄之如下：
「警察對於經常發生或經合理判斷可能發生犯罪案件之公共場所或公眾得出入之場所，爲維護治安之必要時，得協調相關機關裝設監視器，或以現有之攝影或其他科技工具爲蒐集資料。
依前項規定蒐集之資料，除因調查有犯罪嫌疑或其他違法行爲，有保存之必要者外，至遲應於資料製作完成時起一年內銷毀之。」

309 李寧修，〈警察存取預防性資料之職權與個人資料保護：以監視器之運作模式爲例〉，《台大法學論叢》，第48卷，第2期，2019年6月，頁416。

1.為防止(1)危害，或(2)對於重要法益之即刻危害，2.於本法第13條第1項第2款所定地點，且其屬公眾得出入者，或3.有事實足認該地點為實施重大違反秩序行為之處所，且其屬公眾得出入者。

警察得於本法第13條第1項第3款所稱處所中或其周遭，對人攝影、錄音或錄影，當有事實足認於該處將有罪行為之實施，而該人將對此處所或其中之物造成危害。

該攝影、錄音或錄影以及從中製作之資料，除對違反秩序之重大行為或犯罪行為之追訴有必要，至遲應於資料蒐集時起2個月內刪除或銷毀之。

第11條（以監視方式蒐集重罪虞犯生活言行資料）

警察對於下列情形之一者，為防止犯罪，認有必要，得經由警察局長書面同意後，於一定期間內，對其無隱私或秘密合理期待之行為或生活情形，以目視或科技工具，進行觀察及動態掌握等資料蒐集活動：

一、有事實足認其有觸犯最輕本刑五年以上有期徒刑之罪之虞者。

二、有事實足認其有參與職業性、習慣性、集團性或組織性犯罪之虞者。

前項之期間每次不得逾一年，如有必要得延長之，並以一次為限。已無蒐集必要者，應即停止之。

依第一項蒐集之資料，於達成目的後，除為調查犯罪行為，而有保存之必要者外，應即銷毀之。

壹、立法緣由

一、立法理由與目的

警察實務於偵查犯罪時，經常對偵查對象實施跟蹤監視，已是眾所皆知，更將其執行要領明文規定於警察偵查犯罪手冊第四章第四節之中。雖然我國司法實務似未見有將警察跟監行為認定違法之案例。但無可否認地，跟監有可能侵害個人隱私權，甚至制約被跟監人行動自由之可能。尤其附隨照相、錄影之跟監活動，其對相對人之權利侵害更為嚴重[310]。從法治國家原則之觀點而言，自應依法劃定其得運作之領域與界限。

二、法理基礎

依前揭說明，資訊自決權是憲法保障的個人基本人權。個人基於此項權利，既可對抗他人擅自取得自己個人之資訊，亦可對抗他人將其所知有關自己之資訊擅自向第三人公開或加以利用。監視措施既有可能干預人民的資訊自決權，若再濫用，人即會因此產生排斥或恐懼之心理，受此心理制約，由內而外構成行為上的限制，自然會涉及人的行為自由之干預。是以，警察採行監視措施，自應受到法律保留原則之拘束，若無法律明確之授權，自不得為之[311]。我國傳統法制中，關於警察監視活動之規定，似僅見諸於警察犯罪偵查手冊，惟因該規定非但無監視要件及程序之規定，且僅屬行政規則之性質，以之作為監視活動之依據，已有不當，更遑論於監視時，藉助科技工具，以蒐集個人資料。

警察監視活動，可依其方式，而作不同之分類。首先，可分為靜態及動態監視二種類型。前者係就固定處所，就特定人進行祕密監視；後者，即係指跟蹤，亦即以特定人、車為對象，以徒步或車輛尾隨對象，祕密蒐集其活動資料[312]。法條中所謂「進行觀察或動態掌握」，應已包

310 李錫棟，〈跟監對基本權之干預〉，發表於中央警察大學法律系2004年法律學術研會，頁2。

311 依日本學說及實務見解，認為監視沒有對個人權利直接加諸物理之侵害，且沒有使國民負擔法律上之義務，故而承認在一般犯罪偵查或行政警察情報蒐集中，採用此種措施係屬任意性之行為，不需要有法律之授權，警察即得為之。參考李錫棟，〈跟監對基本權之干預〉，發表於中央警察大學法律系2004年法律學術研會，頁3。

312 陳通和，《警察情報蒐集活動法律建制之研究——從基本權保障及實質法治主義之觀點以論》，中央警察大學法律學系碩士論文，2001年6月，頁34。

含有靜態及動態監視之意涵。其次，以有無利用工具或設備作為輔助區分，可分為目視監視及利用科技工具監視二種。由於本條對於目視監視及科技工具監視，並未做要件上之區分，是以，以科技工具監視，可以視為目視監視的輔助。再者，依時間長短區分，可分為短期監視及長期監視二種。若依德國法之觀點而言，短期監視係依據一般蒐集資料職權為之，長期監視則另須有法律之特別授權，始得為之[313]。而其所謂長、短期之區分，係以是否逾越二十四小時作為準據[314]。由於本法並無一般資料蒐集職權之規定，且依本條文義，似亦無區分長、短期監視之用意。是以，警察監視職權之行使，不論監視時間之長短，只要期間未逾一年，均應受到本條之規範。

貳、條文解說

一、名詞解釋

所謂監視，即是有計畫地、隱密地對人、物為密切具體的掌握，以獲取情報資訊。換言之，即是警察於法定要件下，於必要時，以長期或短期觀察、監控或警戒之方式，以蒐集個人資料之謂[315]。「德國北萊茵——西發冷邦警察法」第16條有關以監視蒐集資料之規定，其概念約略為，警察為達成其任務，以特定之人、事、物、地等對象，所實施之一種祕密而持續之觀察活動。其目的在蒐集為達成警察任務之線索或證據[316]。

313 李震山譯，《德國警察與秩序法原理》，登文書局，1995年11月，二版，頁192。

314 參考「德國北萊茵——西發冷邦警察法」第16條，李震山譯，〈德國北萊茵——西發冷邦警察法第九條至第二十一條〉，《新知譯粹》，第7卷，第2期，頁35。

315 陳通和，《警察情報蒐集活動法律建制之研究——從基本權保障及實質法治主義之觀點以論》，中央警察大學法律學系碩士論文，2001年6月，頁34。

316 李震山譯，〈德國北萊茵——西發冷邦警察法第九條至第二十一條〉，《新知譯粹》，第7卷，第2期，頁35；陳通和，《警察情報蒐集活動法律建制之研究——從基本權保障

二、實體要件

（一）須為防止犯罪而有必要時

1. 須爲防止犯罪

犯罪是指具有刑事不法而且有責任的行爲。防止犯罪是警察二大任務之一。本條第1項本文明文規定，警察爲防止犯罪認有必要時，得採行監視措施。由於條文未並明文將防止危害與防止犯罪一同並列，是以，警察得否爲了防止危害而依本條採行監視措施，即有疑義。依立法所參考之「德國警察法前置草案」第8條c之規定，則係將防止重大危害與防止特定犯罪並列[317]，本條僅規定防止犯罪之監視措施，似乎有意排除警察於防止危害活動中，採行監視措施。實務執行時，應予特別注意。

依本條第1項第1款及第2款之規定，警察爲防止犯罪，採行監視措施，其所謂之犯罪，以特定之犯罪爲限，並非對所有的犯罪，均得採行此種預防性的抗制措施。其一，係指最輕本刑五年以上有期徒刑之罪。其二，係指職業性、習慣性、集團性或組織性之犯罪[318]。再者，依本條採行監視措施，其目的係在預防性的抗制犯罪，並非等犯罪發生後再行偵查。是以，法條明文規定，須有事實足認其有該特定犯罪之虞時，即得採行監視措施。

警察採行監視措施，僅限於特定的重罪或隱匿性高的犯罪，是否適

及實質法治主義之觀點以論》，中央警察大學法律學系碩士論文，2001年6月，頁34。

317 李建聰，《警察職權行使法》，自印，2003年12月，修正二刷，頁40。

318 所謂職業性犯罪，係指以職業意思傾向，反覆實行同種行爲之犯罪。至於犯罪所得之多少，是否恃此犯罪爲唯一之謀生職業，並非所問，縱令兼有其他職業，仍無礙於職業犯罪之成立。所謂習慣性犯罪，係指以習慣性之意思傾向，反覆實施同種行爲之犯罪，其具有機會就犯之企圖、意圖或不務正業等習性，以排除偶發、突然、一時間之犯罪態樣。所謂集團性犯罪，係指以集體行動或分工方式，從事不法行爲之犯罪態樣，其具有以眾暴寡之特性，必須要有三人以上共同從事犯罪之事實，排除個別不法行爲與偶發共犯。所謂組織性犯罪，係指以組織型態從事犯罪而言，例如「組織犯罪防制條例」第2條對於犯罪組織之定義，即係適例。參考內政部警政署，《警察職權行使法逐條釋義》，2003年8月，頁42-43。

當，有論者認爲，此一要件適用在計畫性的長期監視，尙屬適當。但在法定特定犯罪之外其他犯罪類型，無論其發生的可能性有多高，依本條規定，警察均不得予以監視，而只能袖手旁觀，任由犯罪發生之後再行偵查，如此不但不合理，也不免有未善盡警察職責之嫌[319]。由於本法並無一般資料蒐集職權之規定，對於法定特定犯罪之外其他犯罪類型，並不可能如德國法般，可以依據一般資料蒐集職權之規定爲之。是以，上開見解，於人權保障與防止犯罪間之衡平，仍有斟酌調和之空間，值得實務機關將來立法之參考。

2. 須認有必要

由於採行監視措施之目的，係在蒐集爲達成警察防止犯罪之線索或證據。是以，法條中所謂之必要，其合理的解釋，應係指有合理的根據，於特定個人有特定犯罪之虞時，非藉助監視措施，難以即時蒐集保全證據之謂。

我國法上，賦予公務員行使職權，以「有必要時」作爲要件之一者，不在少數。例如「刑事訴訟法」第122條第1項規定，對於被告或犯罪嫌疑人之身體、物件、電磁紀錄及住宅或其他處所，「必要時」得搜索之。學說上，雖然對於何謂必要時，已有一致的解釋，可資遵循。但解釋仍屬抽象的描述，刑事司法實務上，即因欠缺具體客觀的標準，以致任由檢察官或法官憑一己之喜惡、一己之主觀價值，任意決定，頗受學界指摘[320]。有鑑於此，本條文要求的「必要性」之判斷，警察實務上，如何在執法有效性及人民權利保障中，做出更細密的思考，以改變目前囫圇吞棗認定必要性之有無，即顯得特別重要。

至於警察爲防止犯罪，採行監視措施，是否必須以預防或偵查上

319 李錫棟，〈跟監對基本權之干預〉，發表於中央警察大學法律系2004年法律學術研會，頁3。

320 王兆鵬，〈論無預警強制處分權之實質原因〉，收錄於《搜索扣押與刑事被告的憲法權利》，翰蘆圖書出版有限公司，2000年9月，頁39。

將有重大困難或遲延爲要件[321]，法條並未明文。德國大部分之警察法，則均有此最後手段性之要求，例如本條立法參考之「德國警察法前置草案」第8條c及「德國聯邦國境保護法」第28條，我國「通訊保障及監察法」第5條第1項，亦有相類似之規定。如從比例原則的觀點加以檢驗，現行監視措施之要件，顯然寬鬆許多，對人民資訊自決權及行爲自由權之影響，似屬過度，其影響如何，有待後續的觀察。

（二）須係蒐集虞犯有隱私或秘密合理期待之資料

1. 資訊自決權或資訊隱私權

本條第1項明文規定，警察監視係以目視或科技工具，針對特定對象，所進行的資料蒐集活動。之所以會有如此之規定，主要乃因認識到資料蒐集與處理具有干預性，所以在個別領域上，要有特別的法律根據。但因各國法制之不同，其使用的用語，也有所差異。德國法以資訊自決權作爲保障的標的，美國法則以資訊隱私權稱呼之。固然德國法上的個人資料，不一定皆與隱私有關，但經立法明定應予保障之「個人資料」，則大多與「隱私」有關[322]。是以，本條賦予警察採行監視措施之要件，雖以資訊隱私作爲保護標的，應與保護個人資訊自決權，差異不大。

2. 法定要件「無隱私或秘密合理期待」有待商榷

警察行使職權，其之所以要有法律之授權基礎，無非在於其對於人民基本權利具有干預性。警察監視措施既會干預人民之資訊隱私，自應要有法律之授權依據。如果依法條明示之「無隱私或秘密合理期待」之要件推論，似認爲警察採行措施，即使不會干預人民自由權利，亦應要有職權法以爲依據，顯已顛覆了一般法治國家法律保留原則的思想內

321 例如我國「通訊保障及監法」第5條第1項，即明文規定，犯罪偵查之通訊監察，即以「不能或難以其他方法蒐集或調查證據者」爲限。

322 李震山，〈從公共場所或公眾得出入場所普設監視器論個人資料之保護〉，發表於第一屆東吳公法研討會，2004年6月5日，頁9。

涵。立法之所以有如此之誤植，本文推測應係爲了與「通訊保障及監察法」作一區隔，並避免警察擁有超出檢察官或法官權力之本位思想所致。蓋依「通訊保障及監察法」第3條第2項之規定，其所受保障之通訊，以有事實足認受監察人對其通訊內容有隱私或秘密之合理期待者爲限。殊不知通訊監察與監視均係因干預人民資訊隱私權，故要有法律之授權基礎。只是二者得據以干預人民資訊隱私之種類、範圍與程度，及得使用之手段或方法，各有不同而已。並不是以「有」或「無」隱私或秘密合理期待，作爲二者界分之問題。是以，本文以爲，本條賦予警察得採行監視措施，蒐集個人資訊隱私資料，仍應以該個人對於該資訊隱私，具有隱私或秘密合理期待者，警察之監視措施，始受本條要件與程序之拘束。如果個人對該資訊隱私，並無隱私或秘密之合理期待，則不受本條之保護，警察只要在任務範圍內，即可爲之，並不需要特別的職權法依據。

我國刑事司法實務部分判決[323]亦受本條「無隱私或秘密合理期待」要件之影響，而謂跟監係針對他人「無隱私或秘密合理期待之行爲或生活情形」。固然大法官對於資料隱私權之保護領域採取限縮解釋，但至少認爲對於資料隱私權之保護，係以合理期待於他人者爲限。[324]因此，跟監是否干預資料隱私權，自須取決於個別情況。前述判決一方面認爲跟監係針對他人「無隱私或秘密合理期待之行爲或生活情形」。另一方面卻又認爲跟監「對於被跟監者之隱私權、資料自決權等憲法所保留之基本權利固有不當之干預」。既然他人對系爭行爲或生活情形的隱私或秘密已欠缺合理期待，跟監行爲又如何干預隱私權或資料自主權？相反地，跟監行爲既是對隱私權或資料自主權之不當干預，不就是以他人對系爭行爲或生活情形享有合理隱私或秘密合理期待爲前提嗎？前述判決

323 最高法院102年度台上字第3522號判決參照。
324 大法官字第689號解釋參照。

之說法顯然是自相矛盾。[325]

3. 資訊隱私之「合理期待」理論

「隱私或秘密之合理期待」，究竟爲何義，本條並無明文定義。論者認爲其所使用之文字，乃仿效美國聯邦最高法院判決對其「憲法」第4增補條款「禁止不合理搜索」的詮釋。美國初期對於隱私的保護，採用「物理侵入」法則，認爲未侵入住宅之行爲，並不構成隱私之侵害。1967年時，美國聯邦最高法院在Katz v. US案，推翻過去「物理侵入」法則，認爲憲法所保障爲人，而非地方，雖無物理上的侵入，即使在公共場所，只要人民欲保有其隱私，仍受憲法的保障。本案協同意見大法官Harlan對此部分補充詮釋：憲法所保護者爲「合理的隱私期待」，在主觀上，人民必須展現眞實的主觀隱私期待，在客觀上，其所期待之隱私，必須社會認爲係合理的，二條件必須同時具備。嗣後，法院皆以合理的隱私期待，作爲隱私應否受保障的標準，以及是否違反「憲法」第4增補條款的標準[326]。

人民之行爲或生活情形，何種情形之下，應有隱私或秘密之合理期待，除了上述抽象的檢驗基準之外，似僅能於具體個案逐案判斷。或有待將來更多案例的累積，始能再做分析討論。但値得注意的是，例如一個人在「家裡」裸露身體，但其房間玻璃是透明的，其若因未將窗簾拉起來，正巧被對面鄰居看到，由於其未將窗簾拉起來，應可認爲其並未展現眞實的主觀隱私期待，又因房間玻璃是透明的，任何人只要在此目光所及之處，不可能不看到其裸露身體，是以，即使其個人主觀上不想讓人看到，客觀上此種主觀所期待之隱私，依一般社會通念，亦可認爲係屬不合理的。相反地，若人民處於公共場所，是否即表示其對其行爲

325 薛智仁，〈司法警察之偵查概括條款——評最高號法院102年度台上字第3522號判決〉，《月旦法學雜誌》，第235期，2014年11月，頁240。

326 王兆鵬，〈私人違法錄音錄影監察之證據能力〉，收錄於《搜查扣押與刑事被告的憲法權利》，翰蘆圖書出版有限公司，2000年9月，頁127-128。

或生活情形，即無隱私或秘密之合理期待，論者認爲人民處於公共場所與非公共場所，對於隱私保護之要求會有所不同。但不能據此即認爲，人民自願出現在公共場所，就表示其放棄個人隱私，或可推定其不在乎「具有侵犯性的眼睛」的注視。更不能以「合理社會拘束」爲理由，要求人民對來自於公權力的介入，應予忍受[327]。

源自美國法之「合理隱私期待」概念，其認定標準，應依(1)權利人的主觀期待，以及(2)社會對主觀期待的合理性等雙重判準。就權利人主觀層次的隱私期待而言，依美國實務見解而論，倘若權利人知悉其特定隱私內容有揭露於公眾的風險時，即可考慮否定主觀隱私期待，個案判斷時，則必須考量揭露於公眾的風險程度、揭露範圍，以及可預期的揭露對象等因素。換言之，主觀期待的重心應是他人的知情可能性，而非「希不希望別人知情」，應注意辨明。

由於主觀隱私期待在認定上往往取決於隱私權人的個人意思，這種內在意思往往浮動且不穩定，也常缺乏外在指標可供判斷，以之作爲定性隱私法益之出發點，恐陷入非常不明確的困擾。故有論者認爲，合理隱私期待之判斷，無須考量隱私權人之個人意思，即值得贊同。至於，應如何從客觀視角定性合理隱私期待，則應優先觀察有無足以依據社會共同接受的客觀指標，再綜合審視此些客觀指標後，可承認其屬值得納爲社會理性成員共同承認的合理保護對象，才能構成合理隱私期待。其具體判準，重點可從(1)行爲人的侵害方式，尤其考量其使用的工具或設備，是否爲一般社會生活中不常見的類型；(2)隱私權人有無採取有效的隱匿措施，如果未有明確隱匿措施，而容易被他人窺見，即否認有值得保護的隱私利益；(3)行爲人侵害時間長短與空間廣狹，考量這些要素之後，才能具體地認定個案中有無隱私利益，值得參考[328]。

---

327 李震山，〈從公共場所或公眾得出入場所普設監視器論個人資料之保護〉，發表於第一屆東吳公法研討會，2004年6月5日，頁11。

328 許恆達，〈GPS抓姦與行動隱私的保護界限——評台灣高等法院100年度上易字第2407

（三）須係對虞犯之行為或生活情形進行觀察或動態掌握

警察之監視措施，固係有計畫的鎖定一個人，在一定時期內加以監視。依本條文義，即係對其行爲或生活情形，爲靜態觀察或動態的掌握。

何謂行爲及生活情形，法無明文定義。一個人的行爲及生活情形，包含有無數多的舉止。以同爲保障人民資訊隱私的「通訊保障及監察法」及「刑法」第315條之1之規定爲例，所謂的行爲及生活情形，至少有「通訊保障及監察法」第3條第1項規定之通信（有線及無線電信、郵件及書信、言論及談話）及「刑法」第315條之1規定之活動、言論及談話。

由於法條明文規定之監視措施僅限於「目視」及「利用科技工具」輔助之「觀察及動態掌握」，是以，上開之電信、郵件、書信、言論及談話內容之監察或錄音、錄影等記錄措施，應均非屬「觀察及動態掌握」之方式，更不是「觀察及動態掌握」之標的。換言之，警察監視措施之標的，應僅限於虞犯之通信、言論及談話內容以外之身體外在舉止之活動而已，其約略等同「刑法」第315條之1規定之所謂的「活動」。換言之，活動係指人類身體舉止動靜本身，只有附著於人類身體活動本身的隱私資訊，才落入本條之保護領域。一旦基於事務的性質或科技設備，使這些隱私資訊脫離人類身體舉止而被儲存，縱使第三人可從系爭資訊推論或證明曾經發生過特定的人類活動，這些資訊本身或資訊的儲存媒介本身，不會因此質變爲人類身體舉止。而其監視之方式，則爲「觀察及動態掌握」，應不包括語音的攝錄。至於觀察及動態掌握，是否可以附帶單純活動影像之攝錄，從法條第3項資料之保存及銷毀之規範用意來看，本文以爲應可允許。由於人透過目視感覺之記憶，容易隨時間淡薄或消失，本條既然賦予警察監視之職權，透過攝錄機附

號刑事判決〉，《月旦裁判時報》，第24期，2013年12月，頁62-70。

帶攝錄個人之單純活動影像，可以正確記錄個人之活動過程，且易於保存，正可輔助目視之不足。

（四）須以目視或科技工具為之

以肉眼的方式進行觀察，是監視的基本態樣。但因肉眼受限於距離之遠近及物理上的障礙，自然不能有效的觀察與掌握個人的活動。因此，法條特別規定可以藉助科技工具，以爲輔助。關於這裡的所謂科技工具，解釋上可能會有一些爭議。本文以爲此處所謂的科技工具，應僅限於和目視能力之加強有直接關聯性的科技工具，方屬之。若科技工具之使用，已能超越肉眼之物理上障礙，進而可以追蹤被監視人之位置，甚至可以毫無遺漏地回溯掌握其活動路徑、停滯位置以及停滯的時間等，似乎並非立法者有意的授權。

三、程序要件

（一）須經由警察局長之書面同意

警察採行監視措施，既會干預人民的資訊隱私，除了應具備前揭之實質理由之外，程序上的預防及配套措施，則是防止濫權的良方。本條第1項明文規定，警察採行監視措施，須經由警察局長之書面同意，即係本此意旨所爲之規定，值得贊同。「德國北萊茵——西發冷邦警察法」第16條及「德國聯邦國境保護法」第28條有關以監視蒐集資料之規定，亦均規定警察採行監視措施，應經機關首長之命令行之，可資參考[329]。

（二）須遵守監視期間之限制

依本條第1項之規定，警察採行監視措施，應僅得於一定期間內為

329 李震山譯，〈德國北萊茵——西發冷邦警察法第九條至第二十一條〉，《新知譯粹》，第7卷，第2期，頁35；內政部警政署，《警察職權行使法逐條釋義》，2003年8月，頁47-48。

之。同條第2項則接著規定，所謂的一定期間，每次不得逾一年，如有必要得延長之，並以一次爲限。若警察局長同意的期間仍未屆滿，但依情形已無再爲監視蒐集資料之必要者，法條並明文規定，應即停止之。

由於監視期間的長短，可以作爲干預人民資訊隱私輕重與程度之評價依據之一。人民所受到的監視時間越長，人民資訊隱私所受到的干預就越大越重。「德國北萊茵——西發冷邦警察法」第16條及「德國聯邦國境保護法」第28條，規定監視是持續二十四小時或計畫逾越二天，最長亦不超過三個月[330]。本條賦予警察可以作爲期長達一年之監視，甚至經延長更可長達二年之監視，是否符合比例原則，從比較法之觀點言，確係値得斟酌。

（三）通知義務

本法第4條第1項「警察行使職權時，應著制服或出示證件表明身分，並應告知事由」。警察採行監視措施，係屬隱密性之作爲，本質上，即無所謂的事前踐行告知義務之問題[331]。是以，如何在程序上，貫徹對基本權利保障之要求，即顯得特別重要。此種程序上的保障要求，本條雖未明文。但依本法第4條第1項規範之精神，似可以事後的通知義務，予以彌補。「德國北萊茵——西發冷邦警察法」第16條第3項規定「警察應於措施結束後，在不致危及資料蒐集之目的下，即通知被監視之人。但因同一案情而對關係人進行刑事調查程序時，警察之通知應停止之[332]。」即是本此意旨所爲之規範，値得我國法立法及實務運作之參考。此外，我國「通訊保障及監察法」第15條關於事後告知制度之設

330 李震山譯，〈德國北萊茵——西發冷邦警察法第九條至第二十一條〉，《新知譯粹》，第7卷，第2期，頁35；內政部警政署，《警察職權行使法逐條釋義》，2003年8月，頁47-48。

331 本法第4條第1項之立法，未考量本法相關職權之行使，究係公開抑或隱密方式，一律要求應事前踐行事由之告知義務，欠缺妥當性。

332 李震山譯，〈德國北萊茵——西發冷邦警察法第九條至第二十一條〉，《新知譯粹》，第7卷，第2期，頁35。

計，亦值得參酌。[333]

(四) 警察監視蒐集資料之處理

1. 銷毀

本條爲了確保監視蒐集之資料之禁止他用，乃於第3項明文規定，蒐集之資料，應於達成目的後「立即銷毀」。本法第18條第3項，則另有「五年內註銷或銷毀」之明文規定。

(1) 立即銷毀之要件

依本條第3項本文之規定，警察依第1項蒐集之資料，於達成目的後，應即銷毀之。由於本條之立法目的在於預防性之犯罪抗制，故特定個人經監視之後，原先所懷疑其可能之犯罪並未發生，則警察所蒐集之資料，在「目的原則」的拘束下，即無再予保存之必要性。故法文明文規定應予銷毀，值得肯定。

再者，依本條第3項但書規定，爲調查犯罪行爲，而有保存之必要者，始不受立即銷毀之限制。而所謂調查，參考「刑事訴訟法」第229條至第231條之規定，至少參與者應有不法行爲之嫌疑，始得開啓調查程序。如無嫌疑，應即無所謂的調查之問題，資料自亦無保存之必要性。此時，警察依法蒐集之資料，即係符合前揭所謂應立即銷毀之範圍，自應依本條第3項本文之規定處理。

(2) 五年內註銷或銷毀之要件

本法第18條第3項明文規定，除法律有特別規定者外，警察依法所蒐集之個人資料，至遲均應於資料製作完成時起五年內註銷或銷毀之。

---

333 通訊保障及監察法第15條第1項規定：「第五條、第六條及第七條第二項通訊監察案件之執行機關於監察通訊結束時，應即敘明受監察人之姓名、住所或居所、該監察案件之第十一條第一項各款及通訊監察書核發機關文號、實際監察期間、有無獲得監察目的之通訊資料及救濟程序報由檢察官、綜理國家情報工作機關陳報法院通知受監察人。如認通知有妨害監察目的之虞或不能通知者，應一併陳報。」第3項則規定：「法院對於第一項陳報，除有具體理由足認通知有妨害監察目的之虞或不能通知之情形外，應通知受監察人。」

由於本條對於被監視人之犯罪行爲業經調查，而程序尚未終結之案件，並無特別之保存期限規定。此一法律漏洞，究應如何解決，解釋上，有二種可能性：其一，表示可以無限期（永久）的保存；其二則是依本法第18條第3項之原則處理。至於應採何者，立法理由並未敘明。基於所蒐集之資料係供作犯罪行爲之證據使用之理由，可以無限期（永久）保存之說法，應不可採。據此，本條既無特別之保存期限規定，即應適用本法第18條第3項之規定，予以補充。換言之，該等證據資料，至遲均應於資料製作完成時起五年內註銷或銷毀之[334]。

資料至遲均應於製作完成時起五年內註銷或銷毀，此於行政不法行爲之追究處罰，或已足夠。行政不法行爲是一種輕微的犯行，即使因期間之經過，資料遭到銷毀，致行政不法行爲無法追究處罰，對公益影響不大，就當事人資訊自決權之保護而言，此時之銷毀，亦是比例原則的體現，應無可訾議。惟就刑事案件而言，通常稍爲複雜者，要在五年之內判決確定，已有困難，更何況在判決確定後，仍有再審之可能，如再加上聲請回復原狀之情形，補充規定之五年期限，並不符合實際之需求。是以，本條如不考慮修法增加保存之特別規定，亦應考慮在第18條第3項之補充規定，修法增設但書規定，使得上開仍未終結之刑事案件，不致因爲證據之銷毀，而造成眞實無法發現，讓不法之徒逍遙法外之窘境[335]。

---

334 警察所蒐集之資料，若符合法定要件時，亦即爲調查犯罪或其他違法行爲或供法院審判程序所需者，是否即得永久保存而不受銷毀規定之約束，若依「警職法」第18條第3項之文義解釋：「除法律另有特別規定者外，所蒐集之資料，至遲應於資料製作完成時起五年內註銷或銷毀之。」因「警職法」第9條係屬同法第18條第3項之特別規定，所以即不受最遲銷毀年限之限制。惟此種純文義的解釋，有欠妥當，論著亦持否定之看法。參考林明鏘，〈警察職權法基本問題之研究〉，《台灣本土法學雜誌》，第56期，2004年3月，頁119。

335 通常情形，資料應保存到判決確定才予銷毀，因爲在判決確定前，這些資料仍有再度使用之可能性。當然少數情形，資料會保存超過上開期間，這類例外，主要是本案有幾可預見會聲請再審，或聲請回復原狀之情形。參考林鈺雄，〈對被告犯罪嫌疑人之身體檢查處分〉，《台灣本土法學雜誌》，第55期，2004年2月，頁66。

(3) 銷毀之監督與紀錄

本條關於銷毀之規定，並無監督機制之規定，更無應製作銷毀紀錄之要求，難免造成警察之恣意與濫權。將來修法應有考量予以增訂之必要。

2. 保存

所謂的保存，係指資料得在一資料體中爲一定時間的儲存。若係在資料處理中短時間暫時儲存，則非屬保存[336]。是以，監視得之之資料即時銷毀，其資料雖短暫儲存在資料體中，即非此處所稱之保存。循此概念，本條資料保存之情形，若不考慮法律漏洞之問題，可能有二：

其一，犯罪行爲調查期間之資料保存，其實際得以保存的期間究竟多長，應視犯罪行爲嫌疑何時獲得澄清爲判斷之基準。並非謂基於調查之理由，即可將所蒐集資料一律保存五年。具體言之，被監視人如經證明並無不法，此時監視目的已經達成，自此時點起，資料即不得再予保存，應依銷毀規定處理之。

其二，如經證明有犯罪行爲嫌疑，且已達追訴之門檻者，在追訴案件未終結前之資料保存，其實際得以保存的期間究竟多長，應視犯罪行爲之判決何時確定終結爲斷。並非謂基於判決程序之理由，即可將所蒐集資料一律保存五年。具體言之，如果案件在本法第18條所規定的五年期間內的某一時點，確定終結者，自此時點起，資料即不得再予保存，應依銷毀規定處理之。當然，案件確定終結時，若仍未逾五年期間，在少數情形，資料仍有續予保存之必要，這類例外，主要是本案有幾可預見會聲請再審，或聲請回復原狀等非常救濟之情形。至於五年期滿，案件仍未處理終結者，依現行法第18條之規定，資料只有銷毀一途。其所造成的法律漏洞、因而衍生的負面影響及應如何補救，前已有論述，於此不贅。

---

336 李震山譯，《德國警察與秩序法原理》，登文書局，1995年11月，二版，頁167。

參、問題探討

一、實務問題

（一）摘要

警察得否援引本條規定，在特定車輛使用衛星定位追蹤器？

（二）研析

警察人員爲追蹤車輛或物件之位置，經常將電子追蹤設備裝置於車輛或物件上，並藉由電子追蹤設備所發出之信號，而可以在接收器上得知所追蹤車輛或物件之位置及其與接收器之距離遠近。對於此種電子追蹤器或衛星定位追蹤器，是否可以包含在本條所謂的「科技工具」的概念之下，不無疑義。

以德國「刑事訴訟法」第100條c第1項第1號字母b：「爲了事實的調查或者是行爲人停留地點的查明，其他特別的、特定是爲了監視目的的科技措施被使用。當調查的標的是一個重大的犯罪行爲時」爲例，德國聯邦法院以及杜塞多夫邦高等法院都主張根據上開條文，可以將衛星定位追蹤器，包含在該條文中所謂「其他特別的、特定是爲了監視目的的科技措施」之概念底下[337]。其主要係從立法史的角度，去支持上述解釋的正確性。其認爲，透過「其他特別的、特定是爲了監視目的的科技措施」這個概念的選擇，立法者可想見地是要爲科技的進步預留空間，並且也可以讓在立法當時尚未被採用於刑事訴追之系統的使用成爲可能[338]。

---

337 Vgl. NStZ, Heft 7, 2001, S.387; Werner Beulke, Strafprozesrecht, 4. Aufl., 2000, Rdn. 264.轉引自吳俊毅，〈由一則德國聯邦法院判決談全球衛星定位系統（GPS）的使用在刑事訴訟程序上的正當性〉，《法令月刊》，第53卷，第6期，2002年6月，頁26-27。

338 Vgl. NStZ, Heft 7, 2001, S.387; Werner Beulke, Strafprozesrecht, 4. Aufl., 2000, Rdn. 264.轉引自吳俊毅，〈由一則德國聯邦法院判決談全球衛星定位系統（GPS）的使用在刑事訴訟程序上的正當性〉，《法令月刊》，第53卷，第6期，2002年6月，頁27。

由於本條之立法是爲了警察犯罪預防目的，並非爲刑事偵查而設，而且依德國前開「刑事訴訟法」之規定來看，衛星定位系統的使用，尚有「可罰行爲之重大性」、「以其他方式是較少期待會成功或是有困難時」等要件之限制，若以之與本條相比較，本條在要件上，似乎寬鬆許多，若允許警察得於危害發生之先前領域，使用衛星定位系統，公益與私益之間，難免有失均衡。

類似的爭議，美國法係以一目瞭然法則作爲警察使用科技工具是否適法之判斷準據。依該法則，只要執法人員有合法在場之理由，而該執法人員係使用視覺功能偵測某些事物，則該偵測行爲並未構成「憲法」第4條增補條款所規定之搜索。是以，美國法院在適用此原則時，對於執法人員使用機械輔助感官作用之若干情形，承認其適用一目瞭然法則，取得合法性。但亦不允許濫用機械輔助感官作用，或隨意擴張一目瞭然法則之涵意[339]。

GPS衛星定位係以人造衛星持續發射載有衛星軌道資料及時間的無線電波，地球上的接收儀則是追蹤所有GPS人造衛星，利用幾何原理即時計算出接收儀的座標、移動速度及時間。因此，當行爲人將追蹤器（本身也是接收儀）裝置於他人身上、物品或汽車時，透過追蹤器所記錄的僅係他人、物品或汽車的位置資訊，並非他人身體、物品或汽車的活動本身。若將本條規定之他人「行爲或生活情形」概念射程，目的性擴張至「位置資訊」，或將本條規定之科技工具解爲包括「GPS衛星定位追蹤器」，均有牴觸類推適用禁止原則之疑慮[340]。我國刑事司法實務，在他人車輛下方底盤裝設GPS追蹤器，連續多日、全天候持續而精確地掌握該車輛及其使用人之位置、移動方向、速度及停留時間等位置

339 吳信穎，〈論美國法院對於使用電子追蹤設備之若干判決（上）、（下）〉，《司法週刊》，第1167、1168期，三版。

340 薛智仁，〈衛星定位追蹤之刑責——評台灣高等法院100年度上易字第2407號判決〉，《科技法律評論》，第11卷，第1期，頁119-154。

活動行蹤，評價爲等同車輛使用人之活動行蹤，實屬不妥[341]。如認有賦予警察機關蒐集他人位置資訊之必要，同時考量其對個人資料侵害之重大性，亦應嚴格另定其要件，方屬正途。

（三）立法授權蒐集位置資訊之必要性

隨著資訊科技與監控科技發展，使警察取得更多蒐集資訊利器，可以大幅提升蒐集資訊之能力，並且將之加以儲存、分析與利用。對於效率取向之警察而言，縱使明知這些新興科技有干預基本權疑慮，並且尚未經立法者個別授權容許，通常也無法阻止其立即將新興科技運用於職務執行上。跟監除了單純目視觀察之外，爲了延伸感官能力或儲存所蒐集之資訊，經常使用科技設備輔助跟監，例如在跟監對象、隨身物品或車輛上裝置感測器、追蹤器、全球衛星定位發射器、無線射頻辨識系統，亦可利用行動電話基地台分析及序號清查，掌握行動電話使用者的所在位置。

由於法條明文規定之監視之標的，應僅限於虞犯之身體外在舉止動靜本身，只有附著於人類身體活動本身的隱私資訊，才落入本條之保護領域。一旦基於事務的性質或科技設備，使這些隱私資訊脫離人類身體舉止而被儲存，縱使第三人可從系爭資訊推論或證明曾經發生過特定的人類活動，這些資訊本身或資訊的儲存媒介本身，不會因此質變爲人類身體舉止。據此，蒐集位置資訊既非在本條授權範圍，又爲實務常用作爲跟監之手段，是其明文授權立法，即有其必要性。最高法院106年度台上第3788號判決呼籲「至GPS追蹤器之使用，確是檢、警機關進行偵查之工具之一，以後可能會被廣泛運用，而強制處分法定原則，係源自憲法第8條、第23條規定之立憲本旨，亦是調和人權保障與犯罪眞實發現之重要法則。有關GPS追蹤器之使用，既是新型之強制偵查，而不

---

341 最高法院106年台上字第3788號判決參照。

屬於現行刑事訴訟法或其特別法所明定容許之強制處分，則為使該強制偵查處分獲得合法性之依據，本院期待立法機關基於強制處分法定原則，能儘速就有關GPS追蹤器使用之要件（如令狀原則）及事後之救濟措施，研議制定符合正當法律程序及實體眞實發現之法律。」即值得贊同。[342]

二、理論爭議

跟蹤監視是遂行警察目的所不可或缺的手段，其必要性常因具體案件之不同，而具有多樣性。故對其要件，不應嚴格設定，以「避免不必要之跟監」此種一般化的範圍，來加以規範及限制即可[343]。是以，認為本條要件過於嚴苛，無法適用於最輕本刑未滿五年且非屬組織性犯罪之案件，即使此等案件發生之可能性極高，警察亦僅能袖手旁觀，任由犯罪發生之後再行偵查，如此，不但不合理，也不免有未善盡警察職責之嫌[344]。本文認為跟蹤監視，對於一般人之資訊隱私權或資訊自決權，及行為自由既具干預性，賦予警察跟蹤監視職權，以維護治安，但在立法上，亦應考量被跟監人基本權之保障，不宜逕行排斥一方。此即涉及兩者之間法益衡量的問題。如何決定法益保障之優先順序，並盡可能使各種法益處於實際和諧的雙贏狀態，值得再探究。

342 為了因應最高法院宣告GPS跟監違法，法務部和學者亦各自提出立法構想，法務部提出之通訊保障監察法第5條之1修正條文，可參考：吳俊毅，〈德國刑事訴訟上使用衛星定位技術進行監察之研究〉，《中正大學法學集刊》，第63期，2019年4月，頁64-65。學者立法構想，可參考：薛智仁，〈GPS跟監、隱私權與刑事法－評最高法院106年台上字第3788號判決〉，《裁判時報》，第70期，2018年4月，頁56-59。

343 渡邊修，《搜查與防禦》，1995年，頁27-28。轉引自李錫棟，〈跟監對基本權之干預〉，發表於中央警察大學法律系2004年法律學術研會，頁3。

344 李錫棟，〈跟監對基本權之干預〉，發表於中央警察大學法律系2004年法律學術研會，頁3。

肆、其他

一、行政院函請立法院審議之「警察職務執行條例草案」

無此條文。

二、立法委員陳其邁等提案審議之「警察職權行使法草案」第12條[345]

「警察爲預防或制止犯罪，認有必要，而不能或難以其他方法調查證據者，得對下列各款之人予以長期監視：一、有事實足認其有觸犯最輕本刑五年以上有期徒刑之罪之虞者。二、有事實足認其有參與職業性、習慣性、集團性或組織性犯罪之虞者。

前項措施應經警察局長以書面下令行之。

第一項所稱長期監視，係指警察依計畫針對個人之行爲或生活情形，於一定期間內所爲之觀察紀錄等資料蒐集活動。

依第一項蒐集之資料，於達成監視目的後，應即銷毀之。在不致危及監視目的下，並應將監視之理由及情形告知當事人。」

第12條（以線民蒐集個人資料一）

警察為防止危害或犯罪，認對公共安全、公共秩序或個人生命、身體、自由、名譽或財產，將有危害行為，或有觸犯刑事法律之虞者，得遴選第三人秘密蒐集其相關資料。

前項資料之蒐集，必要時，得及於與蒐集對象接觸及隨行之人。

第一項所稱第三人，係指非警察人員而經警察遴選，志願與警察合作之人。

經遴選為第三人者，除得支給實際需要工作費用外，不給予任何名義及證明文件，亦不具本法或其他法規賦予警察之職權。其從事秘密蒐集資料，不得

---

345 《立法院第五屆第一會期第十九次會議議集關係文書》，院總第915號，委員提案第4259號，2002年5月29日，頁292-295。

有違反法規之行為。
第三人之遴選、聯繫運用、訓練考核、資料評鑑及其他應遵行事項之辦法，由內政部定之。

壹、立法緣由

一、立法理由與目的

警察實務於偵查犯罪時，經常對偵查對象運用線民蒐集其犯罪事證，已是眾所皆知，更將其執行要領明文規定於警察偵查犯罪手冊第二章第一節之中。對於社會保防工作，亦有使用線民的長期經驗[346]。更有將警察的歷史，看作是其運用線民的歷史者[347]。由於線民之運用，有如國家手足之延伸，是其運用如無法律之授權基礎，國家取證行為應受基本權制約之法治國家原則，其功能恐將斲喪泰半。

二、法理基礎

線民之工作，雖與警察蒐集情報有別，但其工作中的某特定部分，仍與資料之蒐集傳遞等，具有同樣的性質。而且警察在利用此一祕密手段的同時，線民卻常以欺騙手段之措施蒐集資料，故其干預人民資訊隱私之情形，是更具嚴重性，故需要有一法律的授權依據。我國早期警察運用線民之依據[348]，多屬行政命令之性質，自不符法律保留之原

346 參考內政部警政署民國90年10月16日安孝詮字第5096號函頒「社會保防情報諮詢工作計畫」。

347 許文義，《德國警察職權法制之研究》，李震山主持，《警察職務執行法草案之研究》，內政部警政署委託，2001年6月，頁91。

348 例如內政部民國80年9月15日頒訂之「社會性犯罪偵防情報布建工作執行計畫」、內政部警政署民國80年10月16日安孝詮字第50956號函頒「社會保防情報諮詢工作計畫」及內政部警政署民國88年6月15日警署刑偵字第8141號函頒「警察偵查犯罪規範」第

則。本條之規定即係在賦予警察運用線民蒐集資料之權限，並將其法治化，以符法治。

貳、條文解說

一、名詞解釋

何謂線民，一般泛指向警察提供有關資訊的人。德國實務界與學說上，將祕密提供情報或偵查犯罪行動之人，分爲三種：其一是線民；其二是臥底者；其三是臥底警探。其中線民是指受信賴，且有意願，就個別犯罪事件，向警方提供消息的人[349]。美國法上，較正式的線民定義，應具備三種條件，方可稱爲線民：線民應有能力接近犯罪相關情報；其之所以成爲線民，知情報告警方，一定要有其動機；再加上情報控管與受偵查員指揮。換言之，係以檢舉動機、有能力接觸情報、願接受控管指揮三要素具備齊全，才是眞正的線民[350]。本條所稱線民，依其第3項之規定，係指非警察人員，而經警察遴選，志願與警察合作，蒐集特定對象個人資料予警方之人。

二、實體要件

（一）須係為防止危害或犯罪

防止危害與犯行追緝，是警察的二大任務。因此，本條第1項第1句開宗明義，以防止危害與犯罪，作爲警察得以運用線民蒐集資料之要件，其控制的密度不大，充其量僅是重申「警察法」第2條之警察任務而已。

02001102016條之規定，均係適例。

349 林東茂，〈德國的組織犯罪及其法律上的對抗措施〉，《刑事法雜誌》，第37卷，第3期，1993年6月，頁32。

350 陳連禎，〈淺談線民〉，《警光雜誌》，第557期，2002年12月，頁19-22。

（二）須認為特定個人將有危害行為或有觸犯刑事法律之虞時

本條第1項規定，警察認爲對公共安全、公共秩序或個人生命、身體、自由、名譽或財產，將有危害行爲，或有觸犯刑事法律之虞時，得遴選第三人秘密蒐集其資料。是以，警察運用線民蒐集個人資料，即必須以該個人之行爲，將會危害到公共安全、公共秩序或個人生命、身體、自由、名譽或財產者，或其行爲有觸犯刑事法律之虞時爲限。若非因個人行爲將肇致危害或有犯罪之虞，即與法定要件不符，自不得作爲採行運用線民之依據。惟本條第2項又另規定，運用線民蒐集個人資料，如有必要，得及於與蒐集對象接觸及隨行之人，則係例外。另「德國北萊茵──西發冷邦警察法」第19條第1項第2款規定，爲使個人資料蒐集得以完成而有必要者，亦可蒐集他人之資料[351]。更將蒐集資料之對象，必要性的擴張及於原蒐集對象及其接觸、隨行之人以外之人，更有利於線民完成警察託付之任務，值得我國法之立法參考。

按依學術見解，「個人權利及個人法益不受侵犯」，本在「公共安全」的概念範圍。本條第1項除了「公共安全」及「公共秩序」之外，同時另規定「個人生命、身體、自由、名譽或財產」也屬於警察要保護的法益，將「個人生命、身體、自由、名譽或財產」排除在「公共安全」之外，而使其成爲另一個獨立的警察保護法益，難免令人感到不解與突兀[352]。

（三）線民須非警察人員

警察活動若無國民之協助，實難完全克盡職責。情報蒐集活動和一般警察活動相同，須考量在法律容許的範圍內得到國民協助。特別是情報蒐集對象爲非公開之組織，警察蒐集情報自有其界限。情報蒐集方

351 李震山譯，〈德國北萊茵──西發冷邦警察法第九條至第二十一條〉，《新知譯粹》，第7卷，第2期，頁38。

352 謝碩駿，〈警察職權行使法第二八條第一項作爲警察法上之概括條款〉，《法學新論》，第6期，2009年1月，頁56。

法之一是由協助者提供情報，有其效果，且警察本身無立即被指責之危險[353]。本條第3項明文規定，警察運用線民蒐集資料，其線民必須不具有警察人員身分。如係警察人員經由核備的化名，偵查犯罪活動，則屬另一特別的資料蒐集措施，稱之為臥底警探。本法研究草案本有臥底警探之規範[354]，但因諸多因素未能納入立法[355]，其得失如何，值得觀察。

（四）線民工作須經警察特別委託

警察經由國民協助蒐集個人資料，其類型不一。有私人本於主動意願或為自身目的進行調查蒐證後，將證據交給警察者。亦有經由警察委託安置去蒐證者。本條有關線民之規定，依其第3項「經警察遴選，志願與警察合作」及第1項警察得「遴選第三人秘密蒐集其相關資料」之規定，自可得知，此處線民之工作，應非自發性，而係經由警察之特別委託蒐集資料。

本條規定警察得遴選線民為其蒐集資訊，顯見警察要與特定人建立合作關係，則必須在個案中透過一定的法律行為才行。從本條規定之「志願與警察合作」一語來看，警察機關與線民之間的合作關係，可能是建立在「須相對人同意之行政處分」或是「契約」的基礎上。由於須相對人同意之行政處分，其規制之權利義務都是由行政機關單方決定，相對人只是透過同意使該行政處分生效而已，並不能左右行政機關已經單方設定好的規制內容。就此而言，本條規定之「志願與警察合作」其性質即非對行政處分規制內容之同意，而是對警察機關「要約」的「承諾」。

線民與警察機關之間既是透過契約而建立合作關係，但是其契約

353 陳通和，《警察情報蒐集活動法律建制之研究——從基本權保障及實質法治主義之觀點以論》，中央警察大學法律學系碩士論文，2001年6月，頁34。

354 參考〈警察職務執行法草案第16條〉，收錄於李震山主持，《警察職務執行法草案之研究》，內政部警政署委託，1999年6月，頁232。

355 參考內政部警政署，《警察職權行使法逐條釋義》，2003年8月，頁50。

性質究是私法契約或是行政契約，有認爲雙方關係係屬於民法上勞務與買賣混合契約，也有認爲兩者之間雖屬民法關係，但與民法契約關係不同，因爲雙方都沒有受到契約關係拘束的意思[356]。德國聯邦行政法院在2010年5月26日作成的一則裁定中，則以聯邦情報局與線民締結之契約，其契約標的乃雙方約定由線民以自由工作伙伴之身分爲聯邦情報局取得資訊，而聯邦情報局則給付報酬給線民爲由，認定聯邦情報局與線民之間所締結的乃是私法契約[357]。

「行政程序法」第135條規定，公法上法律關係得以契約設定、變更或消滅之。所謂公法上法律關係，係指發生在數個法律主體之間的某一具體事件，因爲在某一公法法條的規範範圍內，基於適用該法規範而產生的法律關係[358]。在此一理解下，某一個契約要被認定是以「設定、變更或消滅」公法上法律關係作爲標的而界定爲行政契約，關鍵點即在於該契約要規範或約定的事件，被某一公法法條掌握住。又契約之性質到底是行政契約還是私法契約，取決於該契約的締結依據究竟是公法還是私法。本條之規定具有公法性質，應無爭議，既然警察機關與線民之間締結契約的依據是本條規定，而該契約要約定或規範的事實又被本條給掌握住，基此，警察機關與線民間締結之契約，其性質即應定位爲行政契約。至於「行政程序法」第138條「甄選公告」及第140條「經第三人同意」之規定，與遴選線民之本質無法相容，自得將本條規定解釋爲「行政程序法」之特別規定，依「行政程序法」第3條第1項之規定，阻斷其適用之效力[359]。

---

356 周治平，〈情報機關秘密情報蒐集之法律問題〉，《東吳法研論集》，第5卷，98年12月，頁142-143。

357 謝碩駿，〈論私人參與國家機關之資訊蒐集活動——以線民之遴選運用及電信業者之協力義務爲中心〉，《高大法學論叢》，第7卷，第2期，2012年3月，頁172-173。

358 陳敏，《行政法總論》，2011年，七版，頁213。

359 謝碩駿，〈論私人參與國家機關之資訊蒐集活動——以線民之遴選運用及電信業者之協力義務爲中心〉，《高大法學論叢》，第7卷，第2期，2012年3月，頁171-176。

（五）線民活動之干預性問題

1. 線民之組織法定位

由於線民係一非警察人員之第三者，是其與警察之間即無勤務法上之關係，故無「警察法」上之職權，亦無其他高權[360]。因而，本條第3項即明文規定，除得支給實際需要工作費用外，不給予任何名義及證明文件，亦不具有本法或其他法規賦予警察之職權。再者，基於法治國家之要求，線民自亦不能以違法的方式蒐集資料[361]。是以本條第3項最後一句，即明白規定，其從事秘密蒐集資料，不得有違反法規之行爲。雖然警察機關與線民之間締結之契約爲行政契約，但此一契約關係，僅是雙方合作關係建立之基礎，並非阻卻違法事由，應注意予以辨明[362]。

在行政組織法上，私人參與行政任務之履行，其可能的型態大概有以下四種：受委託行使公權之私人、行政助手、基於私法契約獨立從事公務之私人以及服公役義務之私人。警察機關遴選線民蒐集資料，線民之參與究應屬於哪一種參與型態，即有究明之必要。

受委託行使公權力，係指行政機關將職權委託某一私人行使，該私人在受託範圍內，得以自己名義獨立履行高權任務，爲各種公法上之行爲。本條第3項規定，線民不具本法或其他法規賦予之職權，因此其並非「受託行使公權力之私人」。基於私法契約獨立從事公務之私人，係指私人與行政機關締結私法上之承攬契約，該私人基於履約義務，獨立爲行政機關完成某一任務。基於私法契約獨立從事公務之私人承攬之工作雖是行政任務的一部分，但並不具有高權性質，故亦不涉及公權力之委託行使。線民不具本法或其他法規賦予之職權，雖類似基於私法契約獨立從事公務之私人，但本書認爲線民與警察機關之合作關係係屬行

360 李震山譯，《德國警察與秩序法原理》，登文書局，1995年11月，二版，頁198。
361 李震山譯，《德國警察與秩序法原理》，登文書局，1995年11月，二版，頁199。
362 周治平，〈情報機關秘密情報蒐集之法律問題〉，《東吳法研論集》，第5卷，98年12月，頁142-143。

政契約，既非私法契約，自亦不宜將線民定位爲基於私法契約獨立從事公務之私人。至於服公役義務之私人，是指法律直接對私人課予特定義務，要求私人提供一定之人力、物力，以協助行政機關履行任務。服公役義務之私人是「履行被課予之公法義務」，自與線民係透過行政契約自願參與公任務之履行不同。行政助手乃是在行政機關指令的指揮監督下，在行政機關履行任務時，於執行面上提供協助支援。線民本身並無決定是否對特定人採取資訊蒐集措施之職權，其所扮演之角色，只不過是在警察機關決定採取資訊蒐集措施之後，幫警察機關把資訊拿至手而已。如再進一步觀察「警察機關遴選第三人蒐集資料辦法」可以發現，警察機關與線民之間存在著相當緊密的合目的性監督關係。基於上述線民所負責之活動及其與警察機關之間緊密的專業監督來看，線民被定位爲警察機關之行政助手，比較適宜[363]。

2. 線民活動之具體運用[364]

線民之設置，主要即係爲警察機關針對特定人蒐集其危害資訊，供作警察機關防止危害任務使用。而且本條亦規定線民不具本法或其他法規賦予之職權。是以，線民爲取證目的採行之相關取證活動是否適法，即值得重視。

(1) 接觸對象探聽消息：由於危害者自願之社會接觸，屬於其生活風險的範圍，如果線民只是與其接近、談話、接觸而已，即使採行擴張的基本權干預概念，亦無法將這種單純隱匿身分的接觸行爲，視爲基本權干預，從而亦無違法之問題。

(2) 進入相對人住宅：住居安寧之基本權爲「憲法」第10條所保障，線民爲取證目的而進入相對人住宅，即無法否認其涉及住居安寧之

---

363 謝碩駿，〈論私人參與國家機關之資訊蒐集活動——以線民之遴選運用及電信業者之協力義務爲中心〉，《高大法學論叢》，第7卷，第2期，2012年3月，頁162-171。

364 林鈺雄，〈線民之干預與授權問題〉，《政大法學評論》，第89期，2006年2月，頁275-324。

基本權及其干預性。因此，若無法律之特別特授權，自屬違法[365]。至於得否基於線民誘發的錯誤之同意，亦即，相對人是否因爲捨棄其基本權之保護，因而導致線民行爲欠缺干預性，基於相對人欠缺對於同意之重要事實基礎之認知，國家自不得主張相對人已經捨棄其基本權。因此，結論就是國家以線民進入相對人住宅，已構成對住居安寧之干預。

(3) 取得證物或檢視文件：由於取得證物或檢視文件涉及「憲法」第15條之財產權及「憲法」第22條之隱私及資訊自決權，線民若未得到特別的立法授權，不能行這些干預，否則亦屬違法。

(4) 竊聽竊錄行爲：線民受警方委託從事竊聽竊錄行爲，是否構成干預，必須回歸秘密通訊之基本權及「通訊保障及監察法」之規範來區別處理。比較沒有疑義的是，藉由線民來竊聽兩造的通訊或予以錄音，其干預性皆不容否認，自屬違法。比較棘手的是竊聽竊錄是通訊之一方或是得通訊一方同意之監察是否適法，即有疑義。我國最高法院判決見解有二：其一，認爲「通訊保障及監察法」第29條第3款雖規定，監察他人之通訊，監察者爲通訊之一方或得通訊一方之同意，而非出於不法目的者，不罰。此乃基於衡平原則，對於當事人之一方，所賦予之保護措施，非謂司法警察於蒐集證據時，得趁此機會，於徵得通訊一方之同意，即可實施通訊監察[366]。其二，認爲「通訊保障及監察法」第29條第3款不罰之規定，係因受監察者對通訊之一方，並無通訊秘密及隱私期待可言，此與監察者在受監察者不知情之狀況下，截聽或截錄電話談話內容之情形有別。故公務員實施監察而爲通訊之一方，如其所爲非出於不法之目的，不惟在刑罰規範上屬於阻卻違法之事由，且因屬公務員基於保全證據之必要所實施之作爲，即不生違背法定程序取得證據之問

365 美國聯邦最高法院之Lewis v. U.S. 206（1966）採不同見解，並以嫌犯已將其住宅當成毒品交易場所，結論認爲緝毒臥底警探進入嫌犯住宅交易不違憲。

366 最高法院93年台上字第2949號判決參照。

題[367]。基於通訊之雙方皆享有通訊秘密，通訊之一方僅能同意捨棄自己的通訊秘密，並不能越俎代庖替他人爲同意，更何況如此一來，警方將藉由一方同意之機制來規避「通訊保障及監察法」之嚴格授權規定。是以，第一種見解自較可採。

（六）線民與警察合作必須出於志願

本條第3項明文規定，線民是經警察遴選，志願與警察合作之第三人。是以，線民與警察之合作必須出於志願。如果警察利用其弱點掌握，或支付實際工作費用做超出社會通念所能接受之範圍者，均有可能被評價爲是約束其自由意志[368]，自非法定要件之所謂的志願。

三、程序要件

（一）線民身分之取得須經遴選核准

線民與警察之關係，僅止於個案之合作關係。警察於個案情形，有使用線民作爲資料蒐集之方法者，除須符合使用線民之實體要件之外，在程序上，更應依個案遴選適合之人選，依本法第13條第1項之程序，經有權核准人員核准後，始得運用線民蒐集資料。是以，線民係應警察之要求被動將個案資訊媒介給警方。一般人民如因發現危害或犯罪情形，主動向警察機關舉發，警察只是被動接受人民之報案或資訊，此舉發之人民，因非經警察遴選核准運用，自非屬本條所謂的線民，應注意予以辨明。

（二）警察應踐行告知義務

本條第3項後段規定「經遴選爲第三人者，除得支給實際需要工作費用外，不給予任何名義及證明文件，亦不具本法或其他法規賦予警察

---

367 最高法院101年台上第3287號判決參照。

368 陳通和，《警察情報蒐集活動法律建制之研究——從基本權保障及實質法治主義之觀點以論》，中央警察大學法律學系碩士論文，2001年6月，頁39。

之職權。其從事秘密蒐集資料，不得有違反法規之行為。」依此，法雖無明文要求警察應將此項規定告知經遴選為線民者。但因此項規定事涉線民之權利與義務，及其在實際從事資料蒐集上所生之法律責任之問題。是以，程序上，警察自有踐行此項告知之義務，以利線民知所遵循。

依本條第4項授權訂定之「警察遴選第三人蒐集資料辦法」[369]第4條第1項第4款、第5款規定，對於線民應施予「相關法律程序及法律責任」、「本法規定及其他注意項」，及同辦法第5條第6款規定，對於線民應告知「其他應行注意事項」等，雖無明文規定警察應踐行前揭告知義務，雖有瑕疵，但依其立法意旨，應可導出警察此項之告知義務，並期待將來修法能予以明確規定。

（三）其他程序事項

本條第4項規定「第三人之遴選、聯繫運用、訓練考核、資料評鑑及其他應遵行事項之辦法，由內政部定之。」內政部並已依其授權訂定有「警察遴選第三人蒐集資料辦法」；同時更訂有「警察遴選第三人蒐集資料作業規定」作為線民遴選、聯繫運用、訓練考核、資料評鑑等之執行依據[370]。

四、實務與學術見解

警察運用線民蒐集資料，線民之蒐證活動是否具有國家性，換言之，線民之蒐證活動，是否應受到國家取證規範之拘束，尤其是應否受到國家對個人為基本權干預之相關限制，例如，線民行為是否適用訊問相關規範，是否違反告知義務及禁止詐欺訊問等，針對此一問題，學界

369 參照內政部民國93年11月17日臺內警字第0920079449號令訂定發布之「警察遴選第三人蒐集資料辦法」。

370 關於線民之遴選、聯繫運用、訓練考核、資料評鑑等問題之詳細討論，可參考：張維容，〈線民制度之研究〉，中央警察大學行政警察研究所碩士論文，2004年。

見解如下：

（一）線民蒐證行為具有國家性[371]

依本條規定，線民之運用，係經由遴選核准而運用，自屬國家機關手足之延伸，其取證活動屬於國家行爲的一環，自亦應受國家取證規範之約束。本條規定線民之運用，應受法律保留原則之拘束，亦是此一屬性的例證之一。

（二）線民單純刺探並取得蒐證對象對己不利之陳述

線民之蒐證行爲既具有國家性，是其蒐證活動亦應受國家取證規範之拘束。而此一問題最爲常見者，即是線民行爲是否適用訊問相關規範，是否違反告知義務及禁止詐欺訊問等。

一般法律規範中所謂的訊問或詢問，在學說上，有所謂的形式意義的訊問及實質意義的訊問，兩種不同的概念。形式意義的訊問係指「訊問人係以執行職務型態出現於受訊問人面前，並基於國家高權特性對受訊問人要求答覆而所爲之發問」，所謂的實質意義的訊問，則指只要國家機關基於法規範目的之遂行，直接或間接的要求人民就特定事實爲陳述或透露即屬之。通常法規範中明文規定之訊問或詢問，均屬於形式意義的概念。是以，警察運用線民隱匿發問之目的，而以非通常執行職務樣貌進行者，即不構成所謂之訊問或詢問，自不須踐行告知之程序，亦無違反所謂禁止詐欺之問題[372]。

---

371 林鈺雄，〈國家挑唆犯罪之認定與證明〉，《月旦法學雜誌》，第111期，2004年7月，頁213。

372 楊雲驊，〈證據使用禁止在個案上的判斷過程——以電話分機聆聽案爲例〉，《東吳法律學報》，第13卷，第2期，2002年2月，頁69-70。

參、問題探討

一、實務問題

警察實務運用線民，雖其相關規定多列屬機密性質，取得不易，但吾人應耳熟能詳。本法公布施行後，現有相關規定，能否繼續適用，實有疑義。

依前揭說明，警察運用線民蒐集人民資訊，具有干預性，且具有國家性，自應受法律保留原則及比例原則之拘束。依此一觀點，就吾人從事警察實務工作經驗所知，警察實務機關運用線民蒐集人民資訊之規範，多屬行政規則之性質，自不符法治國家原則，均應予以停止適用。否則本條規範即屬多餘，甚至將形同具文，失去制定本法規範警察行使職權之原意。或許在本法第1條規範範圍之外之其他領域，例如刑事追訴及國家安全情報作爲上，會因爲相關行政規則之停止適用，並受限法律保留原則之拘束，在未完成相關法制之立法前，實務機關會有一定期間之陣痛與震撼，但此未嘗不是一個法制改革的契機，值得省思。

二、案例解析[373]

（一）摘要

警察於逮捕吸毒者之後，利用該吸毒者爲誘餌，電洽供應者並佯爲購毒要約，警方並在約定交易地點當場逮捕供應者，是否適法？[374]

（二）研析

本案例雖屬刑事法性質，但其問題本質與本條線民之運用及本法第3條第3項禁止警察引誘教唆人民犯罪有關，仍值得於此予以評介。

373 本案例及文內相關法律見解，引用自林鈺雄，〈國家挑唆犯罪之認定與證明〉，《月旦法學雜誌》，第111期，2004年8月，頁207-234。

374 參考最高法院92年度台上字第4558、7006、7364號判決。

1. 本案誘餌之屬性

本案被逮捕之吸毒者，以誘餌身分協助警察誘出供應者，一般情形，均應經其同意。是以，警察應有與其合作之約定，而且此項之合作約定，僅止於個案關係，也就是說，其係以誘餌之身分，將供應者之犯罪資訊，媒介警方。此一合作關係，應已符合本條之線民概念。如再依本條規定檢驗，通常警察調查刑事案件，於逮捕吸毒者之後，如取得該吸毒者之合作，願意作爲誘餌，將供應者誘出加以逮捕，實務上，通常少有踐行本法第13條之核准程序，即逕由執行逮捕之警察人員，於逮捕現場取得其同意後，即進行誘捕之行動，顯然不符本法第13條規定之程序，自非適法之線民運用，值得實務機關斟酌省思。

2. 本案警察運用誘餌線民應否受本法第3條第3項規定之拘束

我國最高法院採行美日實務作法，將誘餌偵查區分爲「創造犯意型」與「提供機會型」二種情形，來論述警察此種作法之適法性。前者係指行爲人原無犯罪之意思，因受偵查人員之引誘，始萌生犯意，進而著手實行犯罪者而言。後者，係指行爲人原本即有犯罪之意思，偵查人員僅係提供機會讓其犯罪，於其犯罪時予以逮捕者而言。實務稱前者爲「陷害教唆」，後者則以「釣魚偵查」名之[375]。但亦認爲釣魚偵查之情形，仍應受取證規範之拘束，如有違背法定程序而取得證據，應仍有「刑事訴訟法」第158條之4證據排除法則之適用[376]。惟未進一步說明，釣魚偵查於何種情形下，始得謂之爲符合法定程序。

本案警察於逮捕吸毒者之後，利用該吸毒者爲誘餌，電洽供應者並佯爲購毒要約，警方並在約定交易地點當場逮捕供應者，依前揭實務見解，似即屬於最高法院所謂之「釣魚偵查」，應認係屬適法之偵查手段之行使。

---

375 參照最高法院93年台上字第1868號判決。

376 參照最高法院93年台上字第1704號判決。

惟此種以被告主觀犯意傾向作爲警察誘捕行爲合法性認定之準據，論者以爲忽略了「憲法」與「刑事訴訟法」對國家追訴行爲所設的客觀界限，會促使警察誘捕行爲之妥當性過渡移轉到行爲人品格、性向及前科的審查，使「刑法」從行爲罪責淪落爲人格罪責，自屬不當。從而認爲警察誘捕行爲之妥當性，仍應著重在誘捕行爲本身的適當界限，即使是對已有犯罪事前傾向之人，警方亦不得提供過於煽惑的誘因或機會來促成其犯罪，否則本法第3條第3項所禁止的「引誘」人民犯罪，即無從解釋。並認爲其判斷基準，應從被告存有犯罪嫌疑之基礎及程度，警方所採影響措施之方式及強度，被告犯罪的傾向及其自我的非他人操控的自主性等，予以整體評價[377]。應屬可採。

三、問題提出

（一）線民資格與規範目的衝突疑義問題

爲因應線民規制之施行，警政署依據本條第4項訂定有「警察遴選第三人蒐集 資料辦法」一種。依該辦法第3條規定，警察對於第三人之遴選，應查核下列事項：一、忠誠度及信賴度。二、工作及生活背景。三、合作意願及動機。依其立法理由說明，遴選對象應以品德良好、誠實可靠之人爲原則。依此標準，顯然將線民之資格限於「優良國民」，造成線民制度成爲「花瓶規範」，而有抵觸規範目的之疑慮。[378]

以犯罪預防及危害防止之警察任務來說，警察所遴選之線民，自以有助達成其任務者爲首要之選。換言之，警察線民往往具灰色性格而遊走於犯罪組織、團體中者爲利用之常態，或可能是長年於易生犯罪或危害之場所附近居住、從商或走動者，亦即與警察預防任務所之資料處

377 林鈺雄，〈國家挑唆犯罪之認定與證明〉，《月旦法學雜誌》，第111期，2004年8月，頁207-234；楊雲驊，〈正當的法律程序對偵查行爲的控制——以可歸責於國家的誘使犯罪爲例〉，《台灣本土法學雜誌》，第17期，2002年12月，頁147-157。

378 黃齡慧，〈從警察蒐集資料活動論線民之運用——兼論資料之使用〉，台灣大學法律學研究所碩士論文，2005年，頁110-111。

於近距離之狀態。以德國來說，八十年代中葉黑森邦曾以線民為主題做過一個研究，結果發現，70%之線民至少都有過一次以上被判過刑。[379] 警察遴選第三人蒐集 資料辦法第三條在其立法理由說明下，對受遴選者之工作及生活背景，以一般道德良好者爲標準之限制，自有影響警察利用線民蒐集資料之成效。惟立法理由說明僅是法規解釋適用依據之一，並無絕對拘束法規範本身解釋適用之效力。更何況其之闡釋亦謂以之爲「原則」，並無禁止在例外情形，例如任務無法履行、無法完整履行或不能合法履行時，遴選具灰色性格者以之作爲線民之可能性。以之認爲牴觸法規範之目的，不具合法性，甚至造成線民制度成爲「花瓶規範」，[380]恐略嫌速斷。

至於關於特定人對其當事人有保密義務，或有拒絕證言權之人，是否不得爲線民， 涉及其與保密義務或拒絕證言權規範目的之衝突問題，爲了保密義務或拒絕證言權規範目的被規避，以及在多大範圍必須受到限制，則是另一有待解決之立法政策問題。[381]

（二）線民活動干預授權之可能性及必要性

線民欲從事有效的取證活動，很難不涉及住宅安寧、秘密通訊、資訊隱私或自決權等基本權及其侵犯，但如前所述，絕大部分的線民行爲卻是無可爭辯的干預行爲。但是授權規定是立法上不可能的任務嗎？論者曾舉瑞士聯邦巴舍地區關於線民的明確規範，說明了這種可能性。[382]

本條第3項規定，線民從事秘密蒐集資料，不具本法或其他法規賦

---

379 李震山主持，《警察職務執行法草案之研究》，內政部警政署委託，1999年6月，頁92-93。

380 李震山主持，《警察職務執行法草案之研究》，內政部警政署委託，1999年6月，頁92-93。

381 薛智仁，〈論拒絕證言權對於取證強制處分之限制：以親屬與業務拒絕證言權爲例〉，《台大法學論叢》，第49卷，第2期，2020年6月，頁771-778。

382 林鈺雄，〈線民之干預與授權問題〉，《政大法學評論》，第89期，2006年2月，頁318。

予警察之職權，近乎剝奪線民從事干預活動之可能性，如此嚴格立法，以前述「花瓶規範」評之，或不爲過。線民活動干預授權既有其可能性，爲了避免線民活動干預性授權之侷限，不當限縮線民制度之規範目的及影響警察利用線民蒐集資料之成效，適度立法賦予線民活動的干預授權基礎，亦有其必要性。至於本條第3項另規定，線民從事秘密蒐集資料，不得有違反法規之行爲。此固係基於法治國家之要求，但德國實證研究發現，線民許多是應受處罰的或參與犯罪，線民在犯罪圈內工作之所以獲得信賴，以及之所以受警察徵召，經常即是其「參與其間」之故。是以實際應用上，若非有線民活動干預性授權之立法，要求線民不違法蒐證，似難以期待。論者認爲就此問題，一個解決如何運用此措施令人滿意之答案，尚未發現。值得深入再作研究探討，解決之[383]。

肆、其他

一、行政院函請立法院審議之「警察職務執行條例草案」

無此條文。

二、立法委員陳其邁等提案審議之「警察職權行使法草案」第13條[384]

「警察爲預防、制止危害或犯罪，認有必要，而不能或難以其他方法調查證據者，得對下列以下各款之人，得遴選第三人秘密蒐集其相關資料：一、有事實足認其對公共安全、公共秩序或個人生命、身體、自由、名譽或財產，將有重大危害行爲者。二、有事實足認其有觸犯最輕

383 許文義，〈德國警察職權法制之研究〉，李震山主持，《警察職務執行法草案之研究》，內政部警政署委託，1999年6月，頁92。

384 《立法院第五屆第一會期第十九次會議議案關係文書》，院總第915號，委員提案第4259號，2002年5月29日，頁295-299。

本刑三年以上有期徒刑之罪之虞者。三、有事實足認其有參與職業性、習慣性、集團性或組織性犯罪之虞者。四、有事實足認其有反覆實施同一犯罪行爲之虞或依其前科素行、性格或環境，而認有觸犯刑事法律之虞者。

前項資料及證據之蒐集，必要時得及於與蒐集對象接觸及隨行之人。

第一項所稱第三人，係指非警察人員而經警察遴選，志願與警察合作之人。經遴選爲第三人者，不給予任何名義及證明文件，亦不具本法或其他法規賦予警察之職權。其從事秘密蒐證工作，不得有違反刑事法律之行爲。

第三人之遴選、聯繫運用及其訓練考核與資料評鑑等實施事項，由內政部定之。」

第13條（以線民蒐集個人資料二）

警察依前條規定遴選第三人秘密蒐集特定人相關資料，應敘明原因事實，經該管警察局長或警察分局長核准後實施。

蒐集工作結束後，警察應與第三人終止合作關係。但新發生前條第一項原因事實，而有繼續進行蒐集必要且經核准者，得繼續合作關係。

依前條第一項所蒐集關於涉案對象及待查事實之資料，如於相關法律程序中作為證據使用時，應依相關訴訟法之規定。該第三人為證人者，適用關於證人保護法之規定。

壹、立法緣由

一、立法理由與目的

運用線民蒐集個人資料，既屬干預人民權益之措施，其行使程序，不宜放任警察人員個人為之，而應有所制約，此為本條第1項及第2項之所設之理由。線民雖於個案與警方建立合作關係，將其取得之個人資訊，媒介給警方。惟其於訴訟程序上，受限於嚴格證明法則及證據方法法定原則，仍僅係證人之地位。且一般情形，線民身分如果曝光，難免造成其困擾，甚至危及其或其家人生命身體之安全，故第3項乃規定，其所蒐集之資料，如作為證據使用時，應依相關訴訟法之規定。並適用關於證人保護法之規定，予以保護。

二、法理基礎

依本法第12條之規定，線民既無「警察法」上之職權，亦無其他高權。則又何須法律之授權基礎，即值得推敲。線民之工作，係在蒐集個人資訊將之媒介給警方，其運用之必要性，雖實務多有予以肯認。惟在個人資訊自決權普獲重視之今日，警察蒐集個人資料，已受到法治國家原則之拘束，利用線民蒐集個人資料，又豈能成為法外之地。再者，線民實際從事蒐證工作，既係隱性手段，且難免以詐欺等違法手段蒐集資料，其干預人民權益更具嚴重性。如果此種手段之運用，在特定危害或犯罪類型，已屬不可避免，從權衡觀點，即有予以法治化之必要。是以論者即謂，除非限制警察不得使用線民，否則更應嚴格法律上之構成要件，並要有詳細比例性之審查[385]，誠屬確論。

[385] 許文義，〈德國警察職權法制之研究〉，李震山主持，《警察職務執行法草案之研究》，內政部警政署委託，1999年6月，頁92。

貳、條文解說

一、名詞解釋[386]

(一) 證據

所謂證據，一般泛指所有可能提供證明待證事實存在或不存在的相關資訊之謂。其內涵至少包括有二層意義：其一是作爲「證據資料」的意思；其二是作爲「證據（證明）方法」的意思。證據資料，是指所有可能與待證事實直接或間接相關的資訊內容或素材，其來源可能是一種相關的人、地、物。證據資料必須透過特定的方法才能呈現，此特定方法即稱之爲證據方法。

(二) 證人

證人係指於相關程序中，陳述自己對於系爭案件之待證事實的見聞的第三人。任何對於系爭案件之待證事實有所見聞的自然人，原則上皆得充當證人。爲了發現眞實之程序目的，一般國民原則上皆有作證的義務。但是法律不能強人所難，發現眞實也不是程序之唯一目的。因此，法制上在特定之情形下，亦有承認得拒絕證言之制度。

二、實體要件

(一) 證據使用

本條第3項規定，警察依前條第1項運用線民所蒐集關於涉案對象及待查事實之資料，如於相關法律程序中作爲證據使用時，應依相關訴訟法之規定。謹以刑事訴訟程序，試舉一例，簡要說明之。

警察接獲情報顯示偏激份子甲可能於總統選舉期間，利用候選人乙街頭拜票時，將之槍殺。爲進一步瞭解掌握狀況，乃徵得丙之同意，蒐

---

386 林鈺雄，《刑事訴訟法上冊》，學林出版社，2000年9月，頁360、382-387。

集甲有關上開案情之相關資訊。丙竟因好大喜功，將甲綁赴山上，嚴刑拷打逼供，甲迫於無奈，親筆寫下其預謀槍殺乙之計畫，並交出改造手槍一枝予丙，經丙轉交警察偵查移送檢察官起訴，試問法院審判時，甲當時寫下之「供詞」及改造手槍，得否作爲證據使用？

我國「刑事訴訟法」總則編第十二章證據中，首先揭示「無罪推定」及「證據裁判原則」，第154條第1項規定：「被告未經審判證明有罪確定前，推定其無罪。」；同條第2項規定：「犯罪事實應依證據認定之，無證據不得認定犯罪事實。」其次，關於如何依據證據來認定犯罪事實，有關證明活動之實施，第155條第2項規定應採嚴格證明，「無證據能力、未經合法調查之證據，不得作爲判斷之依據。」至於，有證據能力之證據經合法調查後，其證據價値之判斷，第155條第1項規定：「證據之證明力，由法院本於確信自由判斷。但不得違背經驗法則及論理法則。」所謂嚴格證明法則，包括「證據能力」及「調查程序」兩種概念。證據必先取得證據能力，始得要求再踐行法定的調查程序。某項證據如經判斷不具證據能力，即已確定終局出局，不得再作爲判斷之依據，即無後行法定調查程序踐行之問題。

在以被告爲訴訟主體而非訴訟客體的近代刑事思潮下，被告擁有的意志決定及表達自由，爲人性尊嚴的重要保障，且不強制自證己罪原則爲刑事訴訟內的基本原則之一。故我國「刑事訴訟法」第156條特別明定以強暴、脅迫等不正方法取得被告之自白無證據能力，且此一結果不須再經過個案衡量後始可決定[387]。本案線民丙之取證行爲，依前揭說明，具有國家性，即應受國家取證規範之拘束。而且，本法第12條第3項亦明文規定「其從事秘密蒐集資料，不得有違反法規之行爲。」是以，丙以嚴刑拷打逼供，所取得甲當時寫下之「供詞」，不論直接適用或類推適用「刑事訴訟法」第156條之規定，即不具證據能力，自不得

387 參考「刑事訴訟法」第156條及第158條之4。

作爲認定犯罪事實之依據。至於，丙以嚴刑拷打逼供，所取得甲之改造手槍，依「刑事訴訟法」第158條之4之規定，係由法官審酌人權保障及公共利益，衡量判斷之。由於丙係以強暴方式取得改造手槍，此種手段極其不人道且嚴重違犯人性尊嚴，法官審酌時，自應以人權保障爲重，宣告該改造手槍，亦無證據能力，自亦不得作爲認定犯罪事實之依據。

即使線民之取證活動，或有論者認爲不具有國家性，不受國家取證規範之拘束。但其以私人身分，採此極其不人道且嚴重違犯人性尊嚴之手段取證，雖依法應負刑事責任。但有論者認爲「刑事訴訟法」第156條之規定，是立法機關實現「憲法」保障人權基本要求的「基本價值」，因此，其規範對象，除國家外，在解釋上，基於基本權利客觀上具有放射效力的功能，其規範內容已經擴及於「私人——私人」的關係。可認爲僅有「刑法」對該嚴刑拷打逼供行爲的處罰規定，已不足保護被告的法益。此時，如果受履行保護義務的刑事法院不動用「證據使用禁止」而否定其證據能力的話，該裁判將因違反憲法之保護義務的最低要求而違憲[388]。值得參採。

（二）證人保護[389]

本條第3項規定「該第三人爲證人者，適用關於證人保護法之規定。」證人保護問題，於此應予重視，主要乃因線民與蒐證對象易於接觸，可以提供有價値的證據資料。但因這些人由於種種顧忌，不敢在追訴或審判程序上自由陳述，或對於陳述打折扣，或乾脆拒絕陳述。因此，加強對於線民證人之保護，是有效對抗對象報復，發現眞實的必要配套措施之一。

---

388 楊雲驊，〈賠了夫人又折兵？——私人違法取得證據在刑事訴訟的證據能力處理〉，《台灣本土法學雜誌》，第41期，2002年12月，頁19。

389 關於證人保護法之介紹性文章，可參考林東茂，〈證人保護法鳥瞰〉，《台灣本土法學雜誌》，第9期，2004年4月，頁201-207；陳文琪，〈證人保護法簡介〉，《全國律師》，第5卷，第3期，2001年3月，頁50-63。

關於證人之保護，主要規定在「證人保護法」。由於並非所有的線民證人，都有被報復的急迫危險，可以依「證人保護法」聲請保護的證人，必須是證人所作證者，係「證人保護法」第2條規定之犯罪案件。而得受保護之人，除證人外，尚包括與其有密切利害關係之人。主要係指其父母、配偶、子女、兄弟姊妹[390]。

依「證人保護法」之規定，保護措施可分為四大類：1.身分保密。2.人身安全保護。3.生活安置。4.刑罰減免。其中人身安全保護，必要時，還可以禁止關係人接近證人，或禁止接近證人的密切關係人的身體、住居所、工作場所或禁止對證人為一定之行為[391]。

三、程序要件

（一）指令權

運用線民蒐集個人資料，既屬干預人民權益之措施，其行使程序，不宜放任警察人員個人為之，而應有所制約。故本條第1項明文規定僅警察局長或警察分局長始有指令權。警察人員欲運用線民蒐集個人資訊，均須經程序報經該管警察局長或警察分局長核准後，始得實施。即使對於同一線民，於符合法定要件，須再次運用時，本條第2項亦明文規定，仍須經程序報經該管警察局長或警察分局長核准後，始得實施。

由於警察機關首長或主管長官，於警察組織編制上，其職稱並非使用「警察局長」及「警察分局長」之用詞，為避免法條「警察局長」及「警察分局長」之用詞，解釋適用上造成誤解，認為專業警察機關即不得運用線民蒐集個人資料。內政部警政署於依授權訂定「警察遴選第三人蒐集資料辦法」時，即於該辦法第2條第3項明文規定「專業警察機關遴選第三人及核准程序，準用前二項規定」。

390 參考「證人保護法」第4條第1項。
391 參考「證人保護法」第11條至第14條。

（二）核准程序

1. 線民意願及可信賴性之查核

依「警察遴選第三人蒐集資料辦法」第3條規定，警察遴選第三人，應查核下列事項：

(1)忠誠度及信賴度。

(2)工作及生活背景。

(3)合作意願及動機。

2. 以書面爲之

依「警察遴選第三人蒐集資料辦法」第2條規定，其書面應記載事項如下：

(1)遴選第三人蒐集資料之原因事實。

(2)蒐集對象之基本資料。

(3)蒐集資料之項目。

(4)第三人個人資料及適任理由。

(5)指定專責聯繫運用之人員（以下簡稱專責人員）及其理由。

第三人之眞實姓名及身分應予保密，並以代號或化名爲之，警察製作文書時不得記載第三人之年齡、住居所、國民身分證統一編號或護照號碼及其他足資識別其身分之資料。第三人之簽名以捺指印代之。

（三）線民之訓練

依「警察遴選第三人蒐集資料辦法」第4條規定，遴選第三人經核准後，除最近二年內曾任第三人者外，應實施下列訓練：

1. 蒐集資料之方法及技巧。

2. 保密作爲。

3. 狀況之處置。

4. 相關法律程序及法律責任。

5. 本法規定及其他注意事項。

前項訓練由專責人個別指導。

（四）任務交付

依「警察遴選第三人蒐集資料辦法」第5條規定，第三人完成訓練後，應以口頭或其他適當方式交付任務，並告知下列事項：

1. 簡要案情狀況。
2. 蒐集對象資料及其可能從事之危害或犯罪行爲。
3. 蒐集資料項目。
4. 任務起迄時間。
5. 聯繫方法。
6. 其他應行注意之事項。

（五）蒐證期限

依「警察遴選第三人蒐集資料辦法」第6條規定，警察遴選第三人蒐集資料之期間不得逾一年。認有繼續蒐集必要時，得於期間屆滿前依第2條第1項程序報准延長之。但延長期間不得逾一年，以一次爲限。

（六）合作關係之終止

本條第2項規定，蒐集工作結束後，警察應與第三人終止合作關係。但新發生前條第1項原因事實，而有繼續進行蒐集必要且經核准者，得繼續合作關係。另依「警察遴選第三人蒐集資料辦法」第7條規定，警察遴選第三人蒐集資料，有下列情形之一者，應依第二條第一項程序，報請終止合作關係，並即告知第三人：

1. 原因事實消失者。
2. 蒐集目的達成者。
3. 有事實足認不適任者。

（七）聯繫運用作為

依「警察遴選第三人蒐集資料辦法」第8條至第10條規定，警察與第三人之聯繫運用，應注意保密，並主動探詢其蒐集資料情形。第三人之陳述有保全之必要，得經其同意後，予以錄音留存；其交付之證據資料，應載明取得之過程與方法。該錄音紀錄或證據資料，應依第11條規定管理。警察並應隨時考核第三人之忠誠度及信賴度，並適時檢討其工作成效。其工作成效未達預期者，得視案情狀況，加強其蒐集資料技巧及方法之訓練。第三人之忠誠度、信賴度或工作成效經評估認為已不適任者，應停止執行，並依第7條報請終止合作關係。警察對第三人所蒐集之資料，應客觀判斷其取得過程及方法，參酌經驗及結果事實情況，評鑑其可信性。該資料經研判認為可信，且具證據價值者，應依下列方式處理：

1. 資料欠詳盡者，應告知繼續蒐集；必要時，應予適當之指導。
2. 資料足資證明特定人有危害或犯罪行為者，應依法處理。

第1項資料經研判認為不可信者，依前條規定處理。

（八）工作費用

依本法第12條第3項規定，線民得支給實際需要工作費用。至於其工作費用之具領程序，依「警察遴選第三人蒐集資料辦法」第12條規定，應以專責人員名義具領後，親自交付第三人。

（九）蒐證資料之管理

依「警察遴選第三人蒐集資料辦法」第11條規定，警察遴選第三人及第三人蒐集之資料，應列為極機密文件，專案建檔，並指定專人依「機密檔案管理辦法」管理之。該檔案文件，除法律另有規定者外，不得供閱覽或提供偵查、審判機關以外之其他機關、團體或個人。該文件供閱覽時，應由啟封者及傳閱者在卷面騎縫處簽章，載明啟封及傳閱日期，並由啟封者併前手封存卷面，重新製作卷面封存之。

參、其他

一、行政院函請立法院審議之「警察職務執行條例草案」

無此條文。

二、立法委員陳其邁等提案審議之「警察職權行使法草案」第14條[392]

「警察依前條規定遴選第三人秘密蒐集特定人相關資料及證據者，應敘明原因事實，經該管警察局長或警察分局長核准後實施。

警察於前條第一項蒐證工作結束之後，應以書面載明蒐證理由及適用之法律依據，通知被蒐證對象。但有不能通知或有資料蒐集目的或對第三人生命、身體或自由有危害之虞者，不在此限。

蒐證工作結束後，警察應與第三人終止合作關係。但新發生前條第一項原因事實而有繼續進行調查必要者，不在此限。

依前條第一項所蒐集，關於涉案對象及待查事實之資料，得於相關法律程序中，因證據目的而加以使用。以該第三人爲證人者，適用關於證人保護法令之規定。

警察對於第三人提供資料之利用、傳遞、比對、註銷或銷毀，依本法或其他法令之規定。」

第14條（以通知方式蒐集資料）

警察對於下列各款之人，得以口頭或書面敘明事由，通知其到場：

一、有事實足認其能提供警察完成防止具體危害任務之必要資料者。

二、有事實足認為防止具體危害，而有對其執行非侵入性鑑識措施之必要者。

依前項通知到場者，應即時調查或執行鑑識措施。

---

392 《立法院第五屆第一會期第十九次會議議案關係文書》，院總第915號，委員提案第4259號，2002年5月29日，頁299-302。

壹、立法緣由

一、立法理由與目的

警察為完成其法定任務，在依法行政原則的拘束下，自得運用一切闡明事實所必要以及可獲致的事實材料，以認定眞正的事實。惟有關事件之事實，其形成、經過及事實狀況，有時當事人甚至第三人，往往比警察機關更為知悉或掌握正確的資料。因此，在合理的範圍內，依法律授權課予其協力發現眞實之義務或負擔，應屬法治國家所許。

二、法理基礎

通知某人到場，目的既然是在要求其提供資料或執行鑑識措施，從資訊隱私的保護，及個人對於自己的資訊得以自我掌控，不容任意侵犯的角度來看，通知某人到場，要求其提供資料或執行鑑識措施，已干預到個人資訊自決權，自須要有一合乎規範明確性要求之法律依據。傳統以任意性及強制性之標準，認為通知某人到場不具強制性，從而認為警察此種措施不須有法律授權之看法，於此應不再適用。

三、相關條文

1.「社會秩序維護法」第41條：「警察機關為調查違反本法行為之事實，應通知嫌疑人，並得通知證人或關係人。前項通知書應載明左列事項：一、被通知人之姓名、性別、出生年月日、籍貫及住所或居所。二、事由。三、應到之日、時、處所。四、無正當理由不到場者，得逕行裁處之意旨。五、通知機關之署名（第1項）。被通知之姓名不明或因其他情形有必要時，應記載其足資辨別之特徵；其出生年月日、籍貫、住所或居所不明者，得免記載。訊問嫌疑人，應先告以通知之事由，再訊明姓名、出生年月日、職業、住所或居所，並給予申辯之機會（第2項）。嫌疑人於審問中或調查中得委任代理人到場。但法院或警察機關認為必要時，仍得命本人到場（第3項）。」

2.「行政程序法」第39條：「行政機關基於調查事實及證據之必要，得以書面通知相關之人陳述意見（第1項）。通知書中應記載詢問目的、時間、地點、得否委託他人到場及不到場所生之效果（第2項）。」

貳、條文解說

一、名詞解釋

所謂通知，係要求某人於特定時間至警察單位報到[393]。也就是條文中所謂的「到場」之意。至於通知某人到場，其目的，依本條第1項各款規定，包括「要求其提供資料」及「對其執行非侵入性鑑識措施」。

二、實體要件

（一）以通知方式要求提供資料之要件

1. 須有事實足認被通知者能提供有關資料

警察為完成其法定任務，在依法行政原則的拘束下，自得運用一切闡明事實所必要以及可獲致的事實材料，以作為認定處理之依據。惟有關事件之事實，其形成、經過及事實狀況，若有當事人，甚至第三人，比警察機關更為知悉或掌握正確的資料者，為經濟及效率考量，以法律課予人民協力義務或負擔，以完成警察任務，應為法治國家所允許。因此，本條第1項第1款即規定，對於此等知悉或掌握有關資料之人民，警察得以通知之方式，要求其到場。當然，為了防止警察無的放矢或單憑主觀臆測的濫行通知，同項款並明文限制，得作為警察通知對象者，須

393 參考李震山譯，《德國警察與秩序法原理》，登文書局，1995年11月，二版，頁136。

「有事實足認其能提供資料」。關於何謂「事實」，何謂「足認爲」，於第9條以攝影錄音蒐集資料要件中，已有闡釋，不再贅述。

至於符合上開前提要件之得受通知者，若有二人或二人以上者，警察如何決定應受通知之對象，不無疑義。吾人以爲，此時警察應有裁量決定之權限。警察之裁量決定，若無逾越或濫用裁量權之情形，即屬合法。再者，本條款對於受通知對象，並無明文要求係當事人或第三人，亦未區分危害者或非危害者[394]。若各該人均係警察得予通知之適格者，從責任原則之觀點來看，當事人及危害者似應列爲優先通知之對象。但是有效及無瑕疵的防止危害，仍是選擇通知對象應考量之重點，尤其若一具體案件之責任範圍未能具體釐清時，警察之合義務性之選擇判斷，毋寧更爲重要。

2. 被通知者提供之資料須係爲達成警察防止具體危害任務所必要

警察以通知方式要求人民到場提供資料，本條第1項第1款明文要求，此項資料必須有助於警察達成其防止具體危害任務所必要者，始得爲之。換言之，警察之通知，必須與一特定具體案件相關聯。此爲立法比例原則之具體展現，主要目的應在排除警察以一般性探詢或探聽消息爲目的之通知，值得肯定。至於所謂的「具體危害」之概念，及有無「必要性」之判斷準據，前揭論述已有說明，不再贅述。

（二）以通知方式執行非侵入性鑑識措施之要件

1. 須有事實足認被通知者應受非侵入性鑑識措施之執行

(1) 非侵入性鑑識措施之種類

本條立法理由，並未明文說明非侵入性鑑識措施之種類，亦未明示其所參考之國內外立法例。是以，其所謂鑑識措施，其所得採行之手

394 此處之被通知人，可能包括製造危害的人、對危害知情的證人，也可能包括其他關係人。參考洪文玲（發言內容），「警察職權行使法評析」研討會，《台灣本土法學雜誌》，第56期，2004年3月，頁137。

段，究何所指，難免滋生爭議。

依本法研究草案第9條、第10條及第21條之規定觀之，各該條所指之「鑑識措施」，限於「採取指紋或掌紋」、「照相或錄影」、「確認體外特徵」、「量取身高、體重」及「其他得以辨識身分之法定鑑識措施」[395]。換言之，鑑識措施手段之採行，依前揭研究草案之例示規定，均係屬「非侵入性」之鑑識措施，至於概括規定之「其他得以辨識身分之法定鑑識措施」，是否包括「侵入性的鑑識措施」，依概括規定之解釋適用，應受例示規定項目之共同特徵所拘束之解釋方法，概括規定之「其他得以辨識身分之法定鑑識措施」，即無將之解爲包括「侵入性的鑑識措施」之必要。此從研究草案第10條立法理由說明二，明白舉例說明類如DNA之檢驗，不在概括規定之列，應可獲得佐證[396]。

即使爲因應實務上之需要，欲將此概括規定擴張解釋，非例示的鑑識措施，亦必須要有法律另外特別授權，始足當之。惟現行條文既已明文限制鑑識措施之採行，以非侵入性者爲限，則侵入性之鑑識措施，即非在本條規範之列，應注意予以辨明。至於將此處之鑑識措施，限於非侵入性者爲限，其立法之妥當性問題，從警察實務立場而言，或有欠周延。但從基本權之干預程度來看，毋寧是爲正確的立法。

(2) 鑑識措施執行目的之探求

本條立法理由，並未明文說明執行鑑識措施之目的何在。一般而言，鑑識措施之採行，其目的可能有二：其一，在蒐集保全證據或執行鑑定勘驗，以認定案件事實；其二，純係用於確認身分。蒐集保全證據或執行鑑定勘驗之鑑識措施，目的既然係在爲未來程序之事實認定之用，自然應有具體根據可得推論可能存在所欲探知的案件事實存在。本

395 參考李震山主持，《警察職務執行法草案之研究》，內政部警政署委託，1999年6月，頁225、226、234。

396 參考李震山主持，《警察職務執行法草案之研究》，內政部警政署委託，1999年6月，頁226。

條項僅以防止具體危害作爲要件，顯然不符法治國家法律明確性原則之要求。是以，爲避免人的身體成爲國家任意探知或干預之對象，吾人以爲，本條項之鑑識措施，不宜擴張至蒐集保全證據或執行鑑定勘驗等目的。若爲蒐集保全證據或執行鑑定勘驗，以認定案件事實或證立始初嫌疑的手段，則須另有明確法律根據。

至於確認身分之鑑識措施，有認爲應連接本法第6條加以解釋。亦即本條項規定之鑑識措施，被認定爲係屬身分查證職權之配套措施，僅於以其他方式都不能或顯難達成身分查證目的時，始得適用[397]。如此見解，依研究草案第10條第1項第1款之規定[398]，固係有力的歷史解釋。吾人亦認爲本條項之規定，原即寓有此意，並於本法草案第7條第1項予以特別授權而已。惟因該規定於立法時，遭到刪除，以致於引起爭議。

由於鑑識措施係屬干預人民身體自由及資訊自決之手段，依法治國家原則，必須有法律明確之授權基礎，始得爲之。如今本法草案第7條第1項之特別授權規定，遭到刪除。本條項是否有存在之必要，即值得考量[399]。吾人以爲，干預基本權之措施，若法律未明文禁止，原則上均得經由當事人同意而免除干預的授權。是以，依本條項通知到場之人，在其自願性的同意之下，仍得對其採行鑑識措施，以確認其身分。保留本條項規定，並無不妥。反而眞正要考量的，倒是前揭規定被刪除後，對於以其他方式都不能或顯難達成身分查證目的之人，警察查證身分職權規範之功能，恐將斲喪泰半，此應非立法者所願見。因之，立法予以回復原草案規定，應屬必要。

由於本條項僅以「有事實足認爲防止具體危害」，作爲採行鑑識

397 洪文玲（發言內容），「警察職權行使法評析」研討會，《台灣本土法學雜誌》，第56期，2004年3月，頁138。

398 參考李震山主持，《警察職務執行法草案之研究》，內政部警政署委託，1999年6月，頁226。

399 梁添盛（發言內容），「警察職權行使法評析」研討會，《台灣本土法學雜誌》，第56期，2004年3月，頁144。

措施以確認身分之要件，是其對象，並未限於製造危害或本身產生危害之人。是以，除了第6條第1款所列可能之危害者之外，對於其他非危害者，若有採行鑑定措施以確認其身分之必要者，只要符合前揭「有事實足認爲防止具體危害」之要件，應可認爲亦在本條項規範之列。例如，對於迷失的兒童、老人或是精神異常的人，若其身上並無身分證明文件，又無法意識清醒地回答警察之問話，警察即有必要採集其身高、體重或是照相，以透過媒體發布，通知他的親友來領回[400]。

2. 須被通知者之鑑識資料係爲達成警察防止其體危害任務所必要

警察以通知方式要求人民到場對其執行侵入性鑑識措施，本條第1項第2款明文要求，此項鑑識資料必須有助於警察達成其防止具體危害任務所必要者，始得爲之。換言之，警察之通知，必須與一特定具體案件相關聯。此爲立法比例原則之具體展現，主要目的應在排除警察以一般性探詢或探聽消息爲目的之通知，值得肯定。至於所謂的「具體危害」之概念，及有無「必要性」之判斷準據，前揭論述已有說明，不再贅述。

三、程序要件

（一）應以口頭或書面方式通知

本條第1項本文開宗明義規定，符合通知之要件，警察即得以口頭或書面方式，通知關係人到場。由於法文並未以急迫情形，作爲區分此二種通知方式之適用界限。是以，實務執行上，究應採用何種方式以爲通知，警察即得依其合義務性之裁量，決定適當的通知方式。惟口頭通知可能使受通知人處於「資訊不對稱」之不利地位，例如無從知悉或準備因應，極易造成程序上的突襲，故論者認爲如能增訂有急迫情形

---

400 洪文玲（發言內容），「警察職權行使法評析」研討會，《台灣本土法學雜誌》，第56期，2004年3月，頁138。

外，不得以口頭通知人民之規定，以減少正當法律程序之疑慮，值得贊同[401]。

1. 口頭通知

通知，係警察所為之有相對人之意思表示，故必須為相對人所瞭解，或使其居於可瞭解之狀態，始能對其發生效力。口頭通知即係以言詞所為說明之通知，故應使受通知人處於可認識其內容之地位。再者，口頭通知通常係警察執行職務時，於執行現場所為之決定，故應無所謂通知紀錄之問題。如係為便利或爭取時效，而以口頭代替書面通知者，例如以電話通知，因其通常係於警察機關辦公處所為之，自以做成書面紀錄為宜。至於此之口頭通知之決定權在於何種層級，鑑於實際運作需要，宜由帶隊之現場職務最高長官行使裁量權決定之。

2. 書面通知

書面通知係一種非對話之意思表示，故若要使相對人能瞭解或居於可瞭解之狀態，通常係以交付或寄送方式，使其可領受該書面時，始完成通知之程序。此之交付或寄送，行政程序法則以送達名之。由於本條並未明文交付或寄送之要件與程序，「行政程序法」有關送達之規定，於此即應有其適用[402]。至於書面通知之格式或應記載之事項為何，本條亦無明文，警政署應可依實務需要，律定標準格式，以供各警察機關使用。法務部為供各行政機關適用「行政程序法」第39條通知相關之人到場陳述意見，亦有函頒陳述意見通知書標準格式一種[403]，各警察機關亦可依實務需要參考使用。再者，此之書面通知，當屬公文程式條例所稱「處理公務之文書」，是其蓋印簽署或其授權，及代理代行等程式，自

---

401 林明鏘，〈警察職權法基本問題之研究〉，《台灣本土法學雜誌》，第56期，2004年3月，頁121-122。

402 參考「行政程序法」第67條至第91條之規定。

403 參考法務部90年3月15日法律決字第000135號函。

亦應符合公文程式條例之規定，自不待言。

（二）應告以到場之時間、地點及通知之事由

所謂通知，既係要求某人於特定時間至警察單位報到。依此，自應明確告知其應到場之時間及地點。如無急迫情形，為免造成程序上之突襲，更應預留一定之期間，以利其準備。至於應告知通知之事由，本條文雖亦未明文，但本法第4條第1項應可作為告知義務之依據。再者，通知既有其一定之要件，對於何人方屬適當的應受通知之人，必須依法定要件做出正確之判斷。故將告以通知事由列屬「應為規定」，除了表示警察不能任意決定應受通知人之外[404]，亦可從法治國家依法行政、法定聽審、保障基本權利及尊重人性尊嚴之憲政原則，找到其法規範上之依據[405]。

至於事由告知之內容，原則上固不得為空洞或標語式的，僅以「為查明案情」之方式行之。但警察機關有時為保全證據或發現眞實之追訴目的，亦應保有一定的「資訊優勢」，否則受通知者，即有可能因此一告知程序，而脫免法律上應負之責任。是以，告知事由之內容應為如何之記載，以避免空洞，以致受通知人難以評估準備，並避免一五一十的告知，以致喪失警察應有的資訊優勢，實務機關自應審愼斟酌因應。

（三）應即時調查或執行鑑識措施

本條第2項明文規定，依前項通知到場者，應即時調查或執行鑑識措施。

---

404 李震山譯，《德國警察與秩序法原理》，登文書局，1995年11月，二版，頁138。

405 洪家殷，〈論行政處分之理由說明（上）〉，《政大法學評論》，第52期，1994年12月，頁94-99。

1. 調查

此處所謂之調查，主要係指對本條第1項第1款應通知到場之人所為之詢問。但依法條文義，似亦未排除警察得依本條款規定，要求其提供必要之文書、資料或物品。

(1) 要求提供必要之文書、資料或物品

警察要完成防止具體危害之任務，以有足夠正確的資訊為前提要件。此項作為預測判斷之資訊，警察除可自行蒐集者外，如有事實足認當事人或第三人所持有管領之文書、資料或物品，有助於危害防止任務之預測及判斷者，警察自可依本條之通知規定，要求其將該文書、資料或物品，交付警察進行調查。惟警察機關行使此項權力，應注意下列原則：①所得要求提供之文書、資料或物品，其種類雖無限制，但皆須對防止具體危害具有重要性，若係無關之文件物品，即不得要求提供。②要求提供之資料，如因調查閱覽，無法及時完成者，得商請資料持有管領人同意，製給收據，暫時保管之。如不獲同意而有繼續調查之必要者，自得再依本條通知規定，要求其再為提供[406]。

於此必須特別注意者，即是本條通知之法律效力如何之問題。首先，本條對於違反通知規定者，並無罰則之擔保或得強制執行之明文，對於應受調查者如無正當理由拒絕調查，或拒不提出有關文書、資料或物品時，即缺乏強制之效力，其對警察防止危害任務，自有一定之負面影響[407]。

其次，對於違反通知規定者，得否依「行政執行法」有關行政強制之規定，予以強制執行之，不無疑義。法務部早期實務見解似認為符合「行政執行法」課予怠金或直接強制之要件，即得依法予以強制執

406 李震山，《行政法導論》，三民書局，2001年9月，修訂四版一刷，頁420。

407 例如「公平交易法」第43條合併第27條，即明文規定對於無正當理由不依法接受調查者，有秩序罰之罰則，可以擔保調查程序之順利進行。

行[408]。亦有學者認為，「行政執行法」第28條第2項第1款之「扣留、收取交付、解除占有」，亦可適用於義務人違反「行政程序法」第40條規定[409]，不履行提供必要文書、資料或物品之義務時，行政機關即得收取交付解除占有[410]。惟其同時認為「行政執行法」第28條第2項規定之直接強制措施，性質上僅屬「執行方法」，僅係賦予行政機關實施強制措施之「權限」，非可以之作為獨立權限基礎，故其實施須另有法律明文規定，始得為之[411]。本文以為此問題之本質，在於依本條課予人民的，究係「參與義務」或「參與負擔」。如果是「參與義務」，人民若不履行其義務，只要符合行政執行之要件，自可依「行政執行法」之規定，予以強制執行，反之則否。如果從相關的立法文獻及過程來看，將本條通知規定解為「參與負擔」，似較符合立法原意[412]。

(2) 詢問

所謂詢問，係指警察得以問話，從被詢問者獲知事實上或個人有關之資訊[413]。通常詢問有所謂的當場詢問及通知到場詢問兩種情形。當場詢問，往往為某一措施之前置行為，甚至與之相結合相互運用，例如依第6條所為之查證身分，依第7條第1項第2款之規定，即得詢問個人有關之資訊。此時，詢問之法律效果，即為與之相結合之措施所吸收，其法律保留原則之適用，亦以相結合之措施為之。至於依第6條所為之詢問，除得詢問個人有關之資訊外，依該條文義，似不包括事實上資訊之詢問。惟如將之與本條連結使用，如有事實認為被查證身分之對象，

---

408 參考法務部90年5月30日法80律字第08144號函釋意見。

409 「行政程序法」第40條規定，行政機關基於調查事實及證據之必要，得要求當事人或第三人提供必要之文書、資料或物品。

410 李建良，〈論行政強制之執行方法〉，《政大法學評論》，第63期，2000年6月，頁184。

411 李建良，〈論行政強制之執行方法〉，《政大法學評論》，第63期，2000年6月，頁184。

412 蔡震榮，〈警察職權法之評析〉，《法學講座》，第19期，2003年7月，頁20。

413 李震山譯，《德國警察與秩序法原理》，登文書局，1995年11月，二版，頁102。

能提供警察防止具體危害任務之必要資料者，似非不得以口頭通知其到場的方式，就有關之事實上之資訊，加以詢問。舉重明輕，警察於查證身分時，如有事實認為被查證身分之對象，能提供警察防止具體危害任務之必要資料者，於當場予以詢問與防止危害有關之事實上之資訊，似亦非法之所禁。惟應注意，不論是當場詢問或通知到場詢問，其詢問之內容與範圍，應以其所為之說明，可供警察完成特定任務者為限。換言之，詢問前，任務必須特定，並就所預測判斷防止具體危害有關聯性之事實資訊，作為詢問之界限，禁止無的放矢之詢問，或做一般性的探詢。

通知依前揭說明，應不具強制之效果，是以，被通知者自得依其自由意志，決定是否到場接受詢問。從而，到場之人對於警察之詢問，不僅不負供述之義務，亦得隨時離開詢問之處所。

2. 執行鑑識措施

其所謂鑑識措施，係指「採取指紋或掌紋」、「照相或錄影」、「確認體外特徵」、「量取身高、體重」，及「其他得以辨識身分之法定鑑識措施」。至於侵入性之鑑定措施，屬於對個人身體比較重大之干預，本條已明文予以排除。因依前揭說明，本條通知之規定不具強制性，是以，執行鑑識措施，仍以當事人同意者為限。

（四）以通知方式蒐集資料之處理

本條對於以通知方式蒐集資料之處理，並未做特別之規定，是其保存、利用、傳遞與銷毀等，應均依本法第16條至第18條之規定為之。

四、實務與學術見解

（一）體系定位問題

按行政機關為調查事實或證據，常須與當事人或其他利害關係人進行直接溝通協談，藉以確定系爭事件之事實與證據，並做成行政行為。

從而，「行政程序法」第39條即明文授權一般行政機關，得以書面通知相關人到場陳述意見[414]。論者認為「警察職權行使法」第14條通知之規定，雖在要件、方式及內容上，稍異於「行政程序法」之前揭規定，但兩者之間究係併用關係或是特別法與普通法，或基本法與補充法之間的關係，並不明確，應予以釐清[415]。

「警察職權行使法」之立法，主要源起於現行個別法律對於警察職權之授權不足，且欠缺明確性，更有以命令規定警察職權之情形，為期警察行使職權能符合法治國家原則，並避免各別修法之緩不濟急，乃制定此一特別之職權法律[416]。故本法草案第1條第2項即規定，警察行使職權，應依本法之規定，本法未規定者，始得適用其他法律之規定。雖然如此立法，有違一般法律適用之基本原則。但原研究草案第35條已就現行法令不符法治國原則之警察職權規定，規定其最後適用期限，除已間接表明本法草案第1條第2項之過渡性格[417]之外，亦有迫使立法機關加速個別職權法律立法工作之用意。是以，依最初立法原意，本法應屬特別法之性質，本條通知之規定，與其他法律就同一事項產生規範競合時，應優先於其他法律而為適用。惟應予注意者，本法僅係一暫時性之替代性立法，若個別法律之職權規範，已有完整之體系規定時，本法即應進行檢討修正，並將其適用體系定位為補充法，以回歸法律適用之基本原則。但本法第1條立法時已刪除原草案第2項之規定，依其立法意旨似已將本法定位為備位法之性質。因此，其他各別警察法規若有通知之相關規定，即應居於優先適用之地位，應予以注意辨明。

---

414 林明鏘，〈警察職權法基本問題之研究〉，《台灣本土法學雜誌》，第56期，2004年3月，頁120-121。

415 林明鏘，〈警察職權法基本問題之研究〉，《台灣本土法學雜誌》，第56期，2004年3月，頁121。

416 參考李震山主持，《警察職務執行法草案之研究》，內政部警政署委託，1999年6月，頁6。

417 參考李震山主持，《警察職務執行法草案之研究》，內政部警政署委託，1999年6月，頁243。

再者，從機關任務分配的觀點來看，警察機關與一般行政機關應各有其法定職掌，而其任務分配，亦有一定的法理可資遵循[418]。惟警察任務之異於一般行政機關者，即在於其廣泛的防止公共安全與秩序危害之任務。其中最爲顯著者，即是一般危害防止任務。舉凡與公共安全與秩序有關之危害，若非其他行政機關法定任務範圍，又非個別法律賦予警察之個別任務，除保護私權應受一定要件之限制外[419]，均屬警察一般危害防止任務範疇。本條通知規定之目的，即包括爲防止具體危害時之「要求人民提供資料」及「對人民執行非侵入性鑑識措施」。其適用範圍，與「行政程序法」第39條通知陳述意見規定，純係爲調查事實及證據，以做成行政行爲者，尙有不同，此從警察一般危害防止任務觀點而言，自仍有其立法之必要性。論者認爲本條適用要件之立法，不應逾越「行政程序法」第39條規定「調查事實與證據」之範圍，而任意予以擴張[420]。考其論據，無非避免警察濫權，雖無可議。但未能體察警察一般危害防止任務之廣泛及急迫性質，以僅是「可能」的濫權爲由，反對適用要件擴張之立法，自難令人接受。

（二）依不同目的分別立法之問題

通知某人到場，其目的，依本條第1項各款規定，包括「要求其提供資料」及「對其執行非侵入性鑑識措施」。論者有認爲該二款規定，宜分別不同條文，各自規定[421]。基本上，本條第1項第1款之「要求提供資料」，與第2款之「執行非侵入性鑑識措施」，二者目的固有不同，

---

418 曾淑英，〈警察與一般行政機關危害防止任務分配之研究〉，《警學叢刊》，第30卷，第2期，1999年9月，頁237-258。

419 警察保護私權任務，體系上屬於一般危害防止任務之限制。至於其概念及要件，詳可參考李震山譯，《德國警察與秩序法原理》，登文書局，1995年11月，二版，頁78-80。

420 林明鏘，〈警察職權法基本問題之研究〉，《台灣本土法學雜誌》，第56期，2004年3月，頁121。

421 洪文玲（發言內容），「警察職權行使法評析」研討會，《台灣本土法學雜誌》，第56期，2004年3月，頁138。

但仍具有以通知到場蒐集資料之共通性，合併立法或分別立法，並無本質上對錯之問題。但就立法技術及明確原則之觀點來看，論者認爲，爲了能更明確及周延的規範各該通知可能適用之狀況，分別立法或許是較佳之選擇。

（三）賦予通知、調查及執行鑑識措施一定法律效果之問題

本條第1項僅賦予警察有通知權，既未明定拒絕到場之法律效果，是其性質僅具任意性，自無強制之效力。再就本條第2項之文義觀察，其規定係在要求警察之調查或鑑識措施之執行應即時爲之，不得有不必要之遲延。故其規定應僅係義務規範，而非權力賦予規範。故如有拒絕調查或拒絕鑑識者，亦不得強制執行之。故有論者認爲採此任意型立法，對警察維護治安防止具體危害之達成，恐無法克竟其功。故認爲應修法賦予其具直接強制效力，以擔保其實效者[422]。此一意見，從警察達成任務之有效性而言，確有納入未來立法參考之必要。

參、其他

一、行政院函請立法院審議之「警察職務執行條例草案」

無此條文。

二、立法委員陳其邁等提案審議之「警察職權行使法草案」第20條[423]

「警察對於下列各款之人，得以書面敘明事由，通知其到場：

422 洪文玲，〈警職法通知場制度之研究〉，《中央警察大學學報》，第42期，2005年7月，頁141-163。

423 《立法院第五屆第一會期第十九次會議議案關係文書》，院總第915號，委員提案第4259號，2002年5月29日，頁313-314。

一、有事實足認其能提供警察完成防止具體危害任務之必要資料者。

二、爲執行鑑識有必要者。

依前項通知到場者，應即時調查或執行鑑識措施。」

第15條（治安顧慮人口之定期查訪）

警察為維護社會治安，並防制下列治安顧慮人口再犯，得定期實施查訪：

一、曾犯殺人、強盜、搶奪、放火、妨害性自主、恐嚇取財、擄人勒贖、竊盜、詐欺、妨害自由、組織犯罪之罪，經執行完畢或假釋出獄者。

二、受毒品戒治人或曾犯製造、運輸、販賣、持有毒品或槍砲彈藥之罪，經執行完畢或假釋出獄者。

前項查訪期間，以刑執行完畢或假釋出獄後三年内為限。但假釋經撤銷者，其假釋期間不列入計算。

治安顧慮人口查訪項目、方式及其他應遵行事項之辦法，由内政部定之。

壹、立法緣由

一、立法理由與目的

治安顧慮人口查訪係指警察爲了維護社會治安，防制治安顧慮人口再犯，所爲之定期查訪。其目的是爲了：（一）維護社會治安；（二）防制治安顧慮人口再犯。其查訪行爲無課予受查訪人接受查訪義務之強制力，警察在執行時，雖不具有法律上強制力，但於查訪時得爲行政指導，即在其職權或所掌事務範圍內，爲實現防制其再犯之行政目的，以輔導、協助、勸告、建議或其他不具法律上強制力之方法，促請查訪對象爲一定作爲或不作爲之行爲。

立法者鑑於目前社會上大部分之犯罪，係由少數職業慣犯所爲，尤其影響民心至深且鉅之竊盜、強盜、搶奪、詐欺及毒品等犯罪，絕大多數均爲累犯所爲，造成社會不安，基於維護治安及使社會大眾有免於恐懼之自由，乃思由警察對於治安顧慮人口，定期實施查訪，以防制其再犯[424]，故有本條之訂定。

二、法理基礎

（一）治安顧慮人口查訪與警察勤務區訪查

治安顧慮人口查訪不論執行之依據、目的、對象、方式等，均與警勤區訪查不同，前者是依本條之授權實施，後者是依據「警察勤務區訪查辦法」實施。就查訪目的而言，治安顧慮人口查訪是爲了蒐集查訪對象之工作、交往及生活情形，及其他有助於維護社會治安及防制查訪對象再犯之必要資料。警察勤務區（以下簡稱警勤區）訪查是爲了達成犯罪預防、爲民服務及社會治安調查等任務。換言之，前者側重蒐集治安顧慮人口資料，後者側重提供治安服務。警察機關實施警勤區訪查時得從事犯罪預防宣導，指導社區治安，並鼓勵社區居民參與，共同預防犯罪。發現、諮詢及妥適處理社區居民治安需求，並依其他法規執行有關行政協助事項。透過與社區居民、組織、團體或相關機關（構）之聯繫及互動，諮詢社區治安相關問題及建議事項。就查訪對象而言，治安顧慮人口查訪僅限於查訪曾犯本條第1項各款所定之罪或受毒品戒治人，經執行完畢或假釋出獄者。警勤區訪查得就警勤區內之住所、居所、事業處所、營業場所、共同生活戶、共同事業戶及其他有關之處所實施。就執行之方式言，依「治安顧慮人口查訪辦法」第4條、第5條之規定，治安顧慮人口查訪應由戶籍地警察機關每個月實施查訪一次。必要時，得增加查訪次數。發現查訪對象不在戶籍地時，應查明及通知所在處所之警察機關協助查訪；其爲行方不明者，應通報直轄市、縣（市）政府警察局協尋。實施查訪，應選擇適當之時間、地點，以家戶訪問或其他

---

424 《警察職權行使法案》，立法院內政委員會編，法律案專輯，第335輯，立法院公報處印行，2004年7月，初版，頁391。

適當方式為之，並應注意避免影響查訪對象之工作及名譽。警勤區訪查，也以實地個別訪查為原則；必要時，得以聯合訪查或座談會方式實施。訪查時，應經受訪查之住居人、代表人、事業負責人或可為事業代表之人同意並引導，始得進入其適當處所。實施訪查時間，應避免干擾受訪查者生活及事業之正常作息。

由於治安顧慮人口查訪一般是在蒐集查訪對象之工作、交往、生活情形，及其他有助於維護社會治安及防制查訪對象再犯之必要資料[425]，所以在性質上，通常是一種資料蒐集活動，但在警察發現查訪對象有違法之虞時，由於應以勸告或其他適當方法，促其不再犯[426]，故此時具有行政指導之性質，應遵守「行政程序法」第165條至第167條有關行政指導之規定。

（二）日本戰前之戶口調查與戰後之巡迴連絡、特別巡迴連絡

與治安顧慮人口查訪相類而同屬查訪之制度，除了前述之警勤區訪查之外，在比較法上，尚有日本戰前之戶口調查與戰後之巡迴連絡與特別巡迴連絡。日本戰前之戶口調查是基於「預防人民之危害與安寧」此一基本方針而為之活動，在明治時期的警察一再強調「治安責任」。此所謂「治安責任」即是不讓自己的管轄內有「犯罪產生，犯罪者產生及被害者產生」。警察是以國家代表的身分被分派到各地區，保護國民就是警察所被賦予的責任，即使人民是犯罪者，也是重要的國民，故亦必須加以保護，惟有善導人民使之不致犯罪才是眞正具有卓越見識及能力的警察。此為日本當時所一再強調的觀念[427]。

儘管如此，明治時期之戶口調查並無強制力[428]，但是日本一般國民

425 「治安顧慮人口查訪辦法」第3條。

426 「治安顧慮人口查訪辦法」第8條。

427 上村千一郎，蔡秋雄譯，〈日本的治安為甚麼那麼好：警民合作的成果〉，福祿壽興業，1997年10月，頁48-49。

428 不過，該時期各府縣對於內務省令「寄宿申報及其他」之第9條「關於其他本人家族來

都認爲警察有強制力可爲戶口調查。其原故有日本學者認爲，在警察內部規定戶口調查的責任制度肯定是一項重要的因素。即在確定該區戶口調查之警勤區警員的同時，即賦予必須透過查察之方式，致力於發現轄區內犯罪人等之責任，若被他轄警勤區警員發現犯罪人，則該轄區之警勤區警員及身爲其監督者之派出所所長均不能免除其責任，所以對於查察之關係人施力之方法肯定是十分特別的。另一方面，人民因多年之習慣，對於警察所爲之戶口調查一般認爲都是相當有道理的，比起現在，是相當配合的[429]。但由內務省警保局編著而在警察訓練所使用的警察教科書中，在警務篇中即明確記述「戶口調查雖然是警察所必要的，但是並非依法令強制施行的調查，所以應經常考慮住民的方便性，並應注意不使住民感到困擾。若有故意拒絕回答，或有不配合調查者，亦不得強制之，而應報告該狀況，接受上司之指揮」。明治42年10月發布之「戶口查察規程施行細則」第6條亦有類似之規定「於戶口查察時有故意拒絕回答者，應稍予曉喻，若仍不回答，則應附具其事由報告所屬長官[430]。」

不過，進入昭和時代之後，在走向戰爭的過程中，戶口調查也曾被濫用。戶口調查對於純粹的和平主義者，以及宗教家也嚴密地予以監視，他們只要和「町內會」[431]的職員有一點不合作，或是稍微吐露眞言，就會被以特殊人物對待[432]。

二次戰後盟軍司令部，認爲日本警察施行戶口調查，其目的並非爲

寄宿者，於警察詢問時應回答之」之規定，作廣義解釋，亦即認爲該省令賦予警察得爲一般戶口調查之權限，但是是否可以如此解釋，屢屢受到質疑。三角嘉裕，〈戸口調査と巡回連絡〉，《警察学論集》，16卷6號，頁10-11。

429 三角嘉裕，〈戸口調査と巡回連絡〉，《警察学論集》，16卷6號，頁4-5。

430 三角嘉裕，〈戸口調査と巡回連絡〉，《警察学論集》，16卷6號，頁12。

431 町內會是日本在鄉鎮市內所組織之居民自治組織，二次大戰期間，此種作爲地方行政之端末機構更被強化其組織，並成爲1940年10月第二次近衛內閣下之「大政翼贊會」的端末組織。

432 上村千一郎，蔡秋雄譯，〈日本的治安爲甚麼那麼好：警民合作的成果〉，福祿壽興業，1997年10月，頁49-50。

了作爲統計紀錄或作爲經濟目的之用，而純粹是爲了維持如網目般的情報機構，故要求廢止。日本方面認爲廢止戶口調查之後，如果沒有替代方案，將無法完成警察之任務。幾經交涉，盟軍司令部乃同意以「巡迴連絡」勤務代替[433]。

巡迴連絡是警勤區警員（巡查）巡迴所負責之區域，訪問家庭、營業所等，從事犯罪、災害事故之預防及其他確保居民安全、平靜生活所認爲必要事項之指導連絡，聽取居民之意見、希望、所遭遇之困難等，期與住民保持良好之關係，同時掌握管轄區域內之實際狀況（日本平成6年「國家公安委員會規則」第14號「地域警察營運規則」第20條第1項）。在巡迴連絡中，警勤區警員被期待要訪問管轄區域之各家庭、營業所等，請求受訪者將其家族之資訊記錄於所謂巡迴連絡卡之用紙後提交該警察，詢問其附近發生之事，例如有無發現行跡可疑之人等等，並聽取對警察之希望與意見，提供最近附近發生犯罪之狀況等資訊，回應其希望並做預防犯罪之指導。警察透過此種巡迴連絡，可以正確地掌握地區性的問題及居民所關心的方向等所有的實際狀況。而這些資訊與實際狀況，也將成爲地區警察官規劃勤務重點的一個方向，及派出所、分局應採取什麼措施的指南針，甚至可能成爲整體警察組織在營運上的重要參考。故巡迴連絡就日本而言不只是地區警察官的基本活動，也是警察活動的基礎[434]。

至於特別巡迴連絡是在有特別治安情勢時，特定其目的、對象、地區，短期、集中、臨時性地實施巡迴連絡。具體而言，是「鑑於時期性或地區性的犯罪或災害事故有經常發生之傾向而認爲有必要時，或對於重大犯罪或災害事故之發生或有發生之虞認爲有爲適當處理之必要時，

433 三角嘉裕，〈戸口調査と巡回連絡〉，《警察学論集》，16卷6號，頁14-16。

434 小林寿一，〈警察の巡回連絡が地域住民の治安意識に及ぼす影響 地域レベルの分析〉，犯罪社会学研究21號，1996年，頁95-96；高橋昌規，〈新版巡回連絡〉，立花書房，平成5年8月，再訂版一刷，頁77-78。

得臨時性地實施特別巡迴連絡。」這種情形，勤區警員（巡查）當然應指導連絡有關發生犯罪、災害事故之傾向，留意防止其被害之事項及其他必要事項，並應說明治安情勢，以得到被訪問人之協助，積極地蒐集犯罪資訊及有助於預防犯罪之資訊等[435]。

三、相關條文

1.「治安顧慮人口訪查辦法」第1條：「本辦法依警察職權行使法（以下簡稱本法）第十五條第三項規定訂定之。」

2.「治安顧慮人口訪查辦法」第2條：「依本法第十五條第一項規定得定期實施查訪對象如下：一、曾犯刑法第二百七十一條或第二百七十二條之殺人罪者。二、曾犯刑法第三百二十八條至第三百三十二條之強盜罪者。三、曾犯刑法第三百二十五條至第三百二十七條之搶奪罪者。四、曾犯刑法第一百七十三條第一項、第一百七十四條第一項、第一百七十五條第一項或第二項之放火罪者。五、曾犯刑法第二百二十一條、第二百二十二條、第二百二十四條至第二百二十七條、第二百二十八條或第二百二十九條之妨害性自主罪者。六、曾犯刑法第三百四十六條之恐嚇取財罪者。七、曾犯刑法第三百四十七條或第三百四十八條之擄人勒贖罪者。八、曾犯刑法第三百二十條或第三百二十一條之竊盜罪者。九、曾犯刑法第三百三十九條、第三百三十九條之一、第三百三十九條之二、第三百三十九條之三或第三百四十一條之詐欺罪者。十、曾犯刑法第二百九十六條、第二百九十六條之一、第三百零二條、第三百零四條或第三百零五條之妨害自由罪者。十一、曾犯組織犯罪防制條例之罪者。十二、毒品危害防制條例第二十五條第二項所定之受毒品戒治人。十三、曾犯毒品危害防制條例所定製造、運輸、販賣、持有毒品之罪者。十四、曾犯槍砲彈藥

435 高橋昌規，〈新版巡回連絡〉，立花書房，平成5年8月，再訂版一刷，頁52-53。

刀械管制條例所定製造、運輸、販賣、持有槍砲彈藥之罪者。前項查訪期間，以刑執行完畢或假釋出獄後三年內爲限。」

3.「治安顧慮人口訪查辦法」第3條：「警察實施查訪項目如下：一、查訪對象之工作、交往及生活情形。二、其他有助於維護社會治安及防制查訪對象再犯之必要資料。」

4.「治安顧慮人口訪查辦法」第4條：「治安顧慮人口由戶籍地警察機關每個月實施查訪一次。必要時，得增加查訪次數。戶籍地警察機關發現查訪對象不在戶籍地時，應查明及通知所在處所之警察機關協助查訪；其爲行方不明者，應通報直轄市、縣（市）政府警察局協尋。」

5.「治安顧慮人口訪查辦法」第5條：「警察實施查訪，應選擇適當之時間、地點，以家戶訪問或其他適當方式爲之，並應注意避免影響查訪對象之工作及名譽。」

6.「治安顧慮人口訪查辦法」第6條：「警察實施查訪，應於日間爲之。但與查訪對象約定者，不在此限。」

7.「治安顧慮人口訪查辦法」第7條：「警察實施查訪時，應著制服或出示證件表明身分，並應告知事由。」

8.「治安顧慮人口訪查辦法」第8條：「警察發現查訪對象有違法之虞時，應以勸告或其他適當方法，促其不再犯。」

9.「治安顧慮人口訪查辦法」第9條：「警察依本法第六條至第十條規定實施身分查證及資料蒐集，發現行方不明治安顧慮人口之第三條所定資料時，應通報其戶籍地警察機關。」

10.「治安顧慮人口訪查辦法」第10條：「本辦法自中華民國九十二年十二月一日施行。本辦法修正條文自發布日施行。」

11.「行政程序法」第165條：「本法所稱行政指導，謂行政機關在其職權或所掌事務範圍內，爲實現一定之行政目的，以輔導、協助、勸告、建議或其他不具法律上強制力之方法，促請特定人爲一定作爲或不作爲之行爲。」

12.「行政程序法」第166條：「行政機關爲行政指導時，應注意有關法規規定之目的，不得濫用。相對人明確拒絕指導時，行政機關應即停止，並不得據此對相對人爲不利之處置。」

13.「行政程序法」第167條：「行政機關對相對人爲行政指導時，應明示行政指導之目的、內容、及負責指導者等事項。前項明示，得以書面、言詞或其他方式爲之。如相對人請求交付文書時，除行政上有特別困難外，應以書面爲之。」

貳、條文解說

一、名詞解釋

（一）治安顧慮人口

所謂治安顧慮人口，係指對於社會之安寧秩序容易構成威脅之人而言，包括危害治安之虞及有遭遇危害之虞之人[436]。有遭遇危害之虞之人並非本條得定期查訪之對象。有危害治安之虞之人，依本條現行之規定，得爲查訪對象者，限於本條第1項各款所列之人。即1.曾犯殺人、強盜、搶奪、放火、妨害性自主、恐嚇取財、擄人勒贖、竊盜、詐欺、妨害自由、組織犯罪之罪，經執行完畢或假釋出獄者。2.受毒品戒治人或曾犯製造、運輸、販賣、持有毒品或槍砲彈藥之罪，經執行完畢或假釋出獄者。

（二）定期查訪

警察爲了維護社會治安，防制治安顧慮人口再犯所得採取之措施爲定期查訪。所謂定期查訪，係指戶籍地警察機關每個月應實施查訪治安顧慮人口一次。必要時，並得增加查訪次數（「治安顧慮人口查訪辦

436 楊清江，《户口查察新論》，中央警官學校，1993年元月，修訂三版，頁75。

法」第4條第1項）。

（三）受毒品戒治人

受毒品戒治人，為「警察職權行使法」第15條第1項第2款明定之治安顧慮人口。此所謂的受毒品戒治人，依照內政部的函釋，認為受毒品戒治人，係包括受「觀察、勒戒」及受「強制戒治」之人，此於「警察職權行使法」第15條第3項所授權訂定之「治安顧慮人口查訪辦法」立法過程中至為明確[437]。

不過，新北市政府訴願會於訴願決定中認為「警察職權行使法」第15條第1項第2款與同條第3項所授權訂定之「治安顧慮人口查訪辦法」第2條第1項第10款規定，均已明定限於「受毒品戒治人」始為治安顧慮人口[438]。又，「按『毒品危害防制條例』第20條第2項規定……，揆諸其法文結構，可知施用毒品之行為人經觀察、勒戒後，乃分就『無』繼續施用毒品傾向與『有』繼續施用毒品傾向二種情形分別處分，亦即限於『有』繼續施用毒品傾向者，始受『強制戒治』處分，至若『無』繼續施用毒品傾向者，則不受『強制戒治』處分，……；準此，『觀察、勒戒』與『強制戒治』實乃本質不同之處分而不容混淆……。然內政部警政署民國101年4月30日警署人字第1010066706號書函不察，未嚴加區辨『觀察、勒戒』與『強制戒治』實乃本質不同之處分而將二者等同視之，是否合於論理法則與立法意旨，已非無進一步探究之餘地；……且治安顧慮人口查訪辦法僅屬法規命令之性質，似已牴觸具有法律位階之警察職權行使法第15條第1項第2款規定……[439]。」本文認為施用毒品應屬再犯率甚高之犯罪行為，如要將曾經被觀察、勒戒之人納入治安顧慮人口接受查訪，應於本法明文規定清楚，以杜絕爭議，並符法律保留

437 內政部警政署民國101年9月25日警署人字第1010136305號書函；內政部民國102年4月24日臺內警字第10208715663號函。

438 新北市政府第1017090506號訴願決定書。

439 新北市政府第1017131476號訴願決定書。

原則。

二、實體要件

（一）須為了維護社會治安及防制再犯

對於治安顧慮人口爲定期查訪，必須是基於維護社會治安及防制其再犯之目的始得爲之。所謂維護社會治安係指對於社會安寧秩序之確保，與維護公共安全、秩序，同屬抽象的不確定法律概念，而與防制治安顧慮人口再犯則是處於目的與方法的關係，質言之，維護社會治安乃是防制治安顧慮人口再犯之目的，防制治安顧慮人口再犯只是達成維護社會治安的方法之一。蓋爲了維護社會治安所能採取之方法甚多，防制治安顧慮人口再犯只是眾多方法之一，立法者選定防制治安顧慮人口再犯此一方法作爲達成維護社會治安之重要的法定方法，爲了防制治安顧慮人口再犯，立法者並授權警察得定期查訪之。因此，定期查訪治安顧慮人口必須是爲了防制治安顧慮人口再犯與維護社會治安，且在理論上，防制治安顧慮人口再犯尚且必須是爲了維護社會之安寧秩序始可，二者並非處於平行或擇一的地位。是以，對於治安顧慮人口所爲定期查訪之項目內容，除了必須是爲了防制治安顧慮人口再犯之外，尚必須是基於維護社會治安之目的始可。

基此，經由查訪所獲得之資訊，在妥善管理及確實做好個人資料保護措施之前提下，理應妥善運用這些查訪所得之資料，以便防制其再犯，並有效維護社會治安。

（二）查訪之對象須為治安顧慮人口

由於治安顧慮人口之定期查訪是爲了防制其再犯，故查訪之對象自應僅限於治安顧慮人口。所謂治安顧慮人口，係指對於社會之安寧秩序容易構成威脅之人而言，包括危害治安之虞及有遭遇危害之虞之人[440]。

---

440 楊清江，《户口查察新論》，中央警官學校，1993年元月，修訂三版，頁75。

有遭遇危害之虞之人並非本條得定期查訪之對象，得成為查訪對象者僅限於就有危害治安之虞之人，至其應涵蓋哪些人，範圍應多大，允宜有實證調查之統計資料作為根據。

就本條現行之規定而言，得為查訪對象者，限於本條第1項各款所列之人。又依「治安顧慮人口查訪辦法」第3條所為解釋性之規定，本條第1項各款所規定得定期實施查訪之對象係指下列治安顧慮人口，經執行完畢或假釋出獄者：

1. 曾犯「刑法」第271條或第272條之殺人罪者。

2. 曾犯「刑法」第328條至第332條之強盜罪者。

3. 曾犯「刑法」第325條至第327條之搶奪罪者。

4. 曾犯「刑法」第173條第1項、第174條第1項、第175條第1項或第2項之放火罪者。

5. 曾犯「刑法」第221條、第222條、第224條至第227條、第228條或第229條之妨害性自主罪者。

6. 曾犯「刑法」第346條之恐嚇取財罪者。

7. 曾犯「刑法」第347條或第348條之擄人勒贖罪者。

8. 曾犯「刑法」第320條或第321條之竊盜罪者。

9. 曾犯「刑法」第339條、第339條之1、第339條之2、第339條之3或第341條之詐欺罪者。

10. 曾犯「刑法」第296條、第296條之1、第302條、第304條或第305條之妨害自由罪者。

11. 曾犯「組織犯罪防制條例」之罪者。

12. 「毒品危害防制條例」第25條第2項所定之受毒品戒治人。

13. 曾犯「毒品危害防制條例」所定製造、運輸、販賣、持有毒品之罪者。

14. 曾犯「槍砲彈藥刀械管制條例」所定製造、運輸、販賣、持有槍砲彈藥之罪者。

對於上述規定之治安顧慮人口，是否皆會造成社會上之治安顧慮，即有學者認爲其未經犯罪學之資料統計，而質疑其所列舉之罪名是否涵蓋過大的範圍，是否皆有再行犯罪之合理懷疑[441]。

三、程序要件

（一）須明示身分並告知事由

實施定期查訪，須由有查訪權限之警察進行查訪，故爲使受查訪人確信警察查訪行爲之適法性，警察於查訪時，須使受查訪人確知其身分，並應告知查訪之事由（本法第4條第1項）。警察實施查訪時，若未著制服，亦未出示證件以表明身分，顯難澄清人民之疑慮，受查訪人自得拒絕之（本法第4條第2項）[442]。例如，未出示證件表明身分，即不予開門。

受查訪人若對身著警察制服之人員仍不信任，爲免除人民受假冒警察者之欺騙，受查訪人仍得要求警察出示證件，以釋其對警察身分之疑慮。警察未告知查訪之事由時，受查訪人亦得請求其告知事由。

（二）查訪須相對人任意性同意與協助

治安顧慮人口之查訪在本質上爲須相對人配合之活動，蓋相對人若不願或不能配合查訪，警察之查訪根本無法實施。惟由本條法條文義以觀，本條既未課予相對人配合查訪之義務，亦未賦予警察得違背相對人之意思強行查訪之職權，基於干預人民權利之事項必須有法律之明確授權，本法既然未課予人民配合查訪之義務，亦未賦予警察強行查訪之職權，則警察實施查訪自應取得相對人之任意性同意與協助始可，不得有

441 蔡震榮，〈警察職權行使法第十五條修正及相關法規比較〉，《月旦法學雜誌》，第211期，2012年12月，頁26。

442 在解釋上，本條之定期查訪乃屬任意性措施，即使警察已表明身分並告知事由，受查訪人仍得拒絕之，併此敘明，以免誤會。

脅迫、強制之成分存在，即使被相對人拒絕也不得施予強制力[443]。

遇到拒絕查訪之相對人時，應盡可能瞭解其原因，並予以克服之後再請求其提供協助。如果這樣仍然被拒絕時，也不得予以強迫，而仍應誠懇地應對，以留下好印象，等待下一次機會。當然也應報告上級長官請求指示。其後有機會，仍應再去拜訪，誠懇地對待，以緩和相對人的戒心。即使如此仍然被拒絕時，則只有當做其不在家處理，由鄰居或其他管道來進行瞭解[444]。

（三）查訪措施須符合比例原則

警察實施查訪之方法，應符合比例原則，例如實施查訪時，應選擇適當之時間、地點，以家戶訪問或其他適當方式爲之，並應注意避免影響查訪對象之工作及名譽（「治安顧慮人口查訪辦法」第5條）。發現查訪對象有違法之虞時，應以勸告或其他適當方法，促其不再犯（「治安顧慮人口查訪辦法」第8條）。由於此種措施在性質上是警察爲實現預防犯罪之目的，以輔導、協助、勸告、建議或其他不具法律上強制力之方法，促請查訪對象不爲一定行爲之行政指導，故應遵守「行政程序法」上有關行政指導之原則，例如以勸告促其不再犯時，應注意本法規定之目的，不得濫用；受查訪人明確拒絕指導時，警察應即停止，並不得據此對受查訪人爲不利之處置（「行政程序法」第166條）。

查訪之時間，應於日間爲之，但與查訪對象約定者，不在此限（「治安顧慮人口查訪辦法」第6條）。換言之，查訪的時間原則上是在白天實施，而且應避免在會造成受訪者困擾之時間實施。但是因配合受訪者的方便而不適合於白天實施查訪時，得例外於夜間實施。不過，就現實上言，由於各個受查訪人之生活型態十分複雜而多樣，這種「原

443 蔡震榮，〈警察職權行使法第十五條修正及相關法規比較〉，《月旦法學雜誌》，第211期，2012年12月，頁25，認爲治安顧慮人口查訪未具實質強制力，將影響警方防制再犯作爲與成效。

444 高橋昌規，〈新版巡回連絡〉，立花書房，平成5年8月，再訂版一刷，頁186。

則」與「例外」並非那麼單純、劃一[445]。日本曾就實施巡迴連絡之時間做過意見調查，當問到什麼時間可以實施訪問時，在星期的選項上例假日是壓倒性的多數，而在時間上，則大多選擇「夜間」。不過，因訪問對象之職業的不同，情形也有各種不同之差異。例如：有在非週六、週日休息之工作，有因星期別、甚至有因每月之上旬、中旬、下旬而工作特別忙者，當然也有因季節之不同而有淡旺季之職業。如此，因查訪對象之不同，其「造成受訪者困擾的時間」或「受訪者的方便性」也會有各自不同的差異，所以在實施時應注意這種情形，在最不造成受查訪人困擾的時間實施查訪[446]。

查訪之項目，得及於查訪對象之工作、交往、生活情形及其他有助於維護社會治安與防制查訪對象再犯之必要資料（「治安顧慮人口查訪辦法」第3條），但仍不得為不必要或與目的不符之資料蒐集。學者有認為查訪之項目不應及於工作情形、交友情形、生活作息及財務狀況等含個人高度隱私之項目，始不脫逸查訪之原始規範目的，符合必要性原則之要求[447]。關於此一問題，應非全有全無之問題，而是就這些項目可以查訪到什麼程度的問題。例如就工作情形而言，如查訪對象之工作為一般正當之工作，自無查訪之必要，但其工作如有違法之虞時，如保鑣、圍事等，當然不能說與查訪之目的無關，至於有無查訪之必要，得查訪到什麼程度，則應視實際情形而定，無法一概而論。其他如交友情形、生活情形等查訪項目也是如此。

關於查訪之方式，除了直接查訪，即直接與查訪對象面談外，得否為間接查訪，即不直接與查訪對象面談，而係就受查訪對象之相關事項詢問與其熟識之鄰居或其他第三人。換言之，本條所謂之查訪究何所

---

445 高橋昌規，〈新版巡回連絡〉，立花書房，平成5年8月，再訂版一刷，頁62。

446 高橋昌規，〈新版巡回連絡〉，立花書房，平成5年8月，再訂版一刷，頁63-64。

447 林明鏘，〈警察職權行使法基本問題之研究〉，《台灣本土法學》，第56期，2004年3月，頁117。

指，僅限於直接查訪？還是包括直接查訪與間接查訪？關於此一問題，從本條條文來看，並無明確之規定。在解釋上，應審究間接查訪對查訪對象有無權利之侵害，如有，則須有法律之明確授權，如無，則屬任意性之措施。

就查訪對象之相關事項詢問與其熟識之鄰居或其他第三人，對查訪對象而言，因無需進入查訪對象之住所（詢問查訪對象之同居人另當別論），自無干預其居住自由之問題，較有疑問者，應爲此種活動關係到查訪對象之隱私或個人資訊自決之問題。由於警察可能將查訪時所蒐集到關於查訪對象之資訊用於對其之監視，故此種間接查訪顯已孕育了侵害其個人隱私之危險性[448]。不過，由於由鄰居或第三人所爲關於查訪對象之資訊提供並非強制性的，且所蒐集之資訊係用於維護社會治安及預防或制止犯罪，故未必完全無正當化之可能。蓋間接查訪對於隱私權之侵害，固然有基於「隱私權爲『控制與自己有關之資訊及其流向之權利』的立場」，認爲「警察未經本人同意獲知其行爲及生活情形本身就是一種隱私的侵害」[449]。事實上，不論本人之意思如何，只要透過其行爲表現出來，看見（或聽到）其言行活動之人即可能知道本人之意思或資訊，且知道其意思或資訊之人也將如圓形波紋般地擴散開來，在本人不知道的情況下，已有許多人在未經本人同意下得知其意思及資訊，人類既然生活在這樣的社會，未經本人同意獲知其相關資訊乃是極自然之事。

關於這一點，即使在歷史上，吾人也可以很清楚地看到，不論是在原始的群體生活，還是在極端專制之制度下，都已不可能完全控制與自己有關之資訊及其流向，更何況在今天這種複雜而多樣化的社會裡，認爲個人可以控制與自己有關之資訊及其流向，可以說是一種妄想。所以

---

448 小林寿一，〈警察の巡回連絡が地域住民の治安意識に及ぼす影響 地域レベルの分析〉，《犯罪社会学研究》21號，1996年，頁96。

449 江橋崇，〈大学の自治と警察権〉，《憲法判例百選》，第三版，頁83。

所謂警察未經本人同意獲知其思想內容本身就是一種隱私的侵害，如果從權利本身之內容來看，這種權利在本質上是有部分缺陷的[450]。

在貫徹國民主權原則下，作爲國家機關之一的警察，與其他機關一樣，爲了履踐其職責，必須知道國民之意志所在，所以就警察而言，既然負有維持公共安全與秩序之職責，則爲了遂行其義務與責任，對於公共安全與秩序之維持所可能成爲具體有害之情形，都可能以人之身體行動顯現出來，所以，對於與此種情形有關之言行乃至思想內容與思考過程，警察都有注意與認識之義務。對於這些人而言，其思想內容與思考過程乃至其言行舉止，未必有要讓警察知道之意圖，甚至毋寧說其可能根本不想讓警察知道，所以，在這種情形下是有侵害隱私之形式。不過，即使隱私權作爲權利而存在，顯然也與其他基本人權一樣，僅存在於不違反公共福祉之限度內。更何況法律將這種要求當做是警察的職責[451]，而這也正是國民所要求的，所以從公共福祉的觀點言，透過間接查訪以瞭解查訪對象平日的言行當然也有可能被允許，隱私權亦應服從其制約[452]。

不過，只要查訪對象之行爲沒有發展到可以被評價爲犯罪之程度，警察與一般行政機關研究行政對象一樣，不得使用強制力，只能以任意性之手段，且與一般人亦能得知該資訊之相同程度之手段得知，在此限度內不發生違憲違法之問題[453]。不過以任意手段所爲之資料蒐集活動並非全部都是合法的，其判斷之標準至少應考慮：(1)其必須是爲了社會治安之維持或治安顧慮人口再犯之防制而爲之行爲。(2)其所爲之行爲必須在客觀上被認爲是爲了達成該目的所必要的。(3)其行爲本身必須在社會通念上被認爲是相當的。在具備這三個要件的限度內，間接

450 河上和雄，〈情報収集活動の限界〉，《警察学論集》，27卷10號，頁181-182。
451 此依「警察法」第2條有關警察任務之規定，即可清楚地看出。
452 河上和雄，〈情報収集活動の限界〉，《警察学論集》，27卷10號，頁182-183。
453 河上和雄，〈情報収集活動の限界〉，《警察学論集》，27卷10號，頁183-184。

查訪才是正當的職務行爲，也才沒有違法侵害一般基本人權之虞[454]。

經由查訪第三人所取得之資料如果伴隨有脅迫、強制，因爲是違法的實力行使，當然爲法所不許。不過，一般人是以與人互相認識之方法接觸，在與對方互相認識之後，從對方得到想要的資料[455]，在這種須透過第三人之協助所爲之間接查訪，既然有第三人自由意思的協助，不問其動機如何，只要該第三人提供以其一般生活上取得之資料，乃至提供以尚未達到違法行爲之方法取得之資料，均尚不致認爲這種間接查訪是違法的。不過該第三人的行爲如果帶有強制的成分，而有侵害自由權利時，這種資料蒐集與由警察強制地行資料之蒐集，在客觀上無法清楚地加以劃分，所以警察如果知道該資料是以這種方法取得，當然有可能評價爲違法的資料蒐集，甚至連警察不知道這種強制的情形都有可能認爲是違法的資料蒐集。亦即，由第三人所提供之資料，如果從該第三人之地位，及其與被查訪對象之關係來看，根本無法以通常的任意手段取得，則在沒有合理說明的限度內，因爲取得資料之任意性尚有疑義，所以有可能已逾越資料蒐集的界限。總之，該第三人作爲警察之手腳所爲之違法行爲，在客觀上已污染了警察的資料蒐集，如果警察在取得該資料時不爲相當之注意，就有可能被評價爲在主觀上有疏失或縱容該第三人爲違法之資料蒐集[456]。

其次，查訪之期間以查訪對象受刑執行完畢或假釋出獄後三年內爲限。但假釋經撤銷者，其假釋期間不列入計算。

454 〈東京高等裁判所昭和42年8月31日判決〉，《警備情報活動判例集》，頁260；河上和雄，〈情報収集活動の限界〉，《警察学論集》，27卷10號，頁184-185。
455 河上和雄，〈情報収集活動の限界〉，《警察学論集》，27卷10號，頁188。
456 河上和雄，〈情報収集活動の限界〉，《警察学論集》，27卷10號，頁190-191。

參、問題探討

一、實務問題

◎如何研判查訪對象有無再犯之虞？

研析：如果查訪對象有再犯之傾向，無論其如何用心隱藏，一定會露出與一般人生活不同之不自然的地方，而這就是發掘其可能再犯之線索。以下列出日本警察在過去舉發之案件中，犯罪人曾經露出的不自然之處，以供參考[457]。

（一）在居住地

1. 出入的人很多

(1)除了住戶之外，有不明來歷之青少年人手一把複製的鑰匙，自由進出該房子。

(2)承租時雖然聲稱要作營業場所，但是看不出有在工作的樣子，有青少年進進出出，卻在屋內無所事事。

2. 過於孤獨的生活

住在同一棟公寓好多年，但是沒有親人、兄弟、朋友來拜訪，也沒有賀年卡、郵件等，過著孤獨的生活。

3. 警戒心特別強

(1)與鄰居之應對，不開門而只在門內側應對，或不讓對方看到裡面，只把門打開一半地應對。

(2)用從大門幾乎看不到屋內的帷幕將屋內完全隔開，或特意地在進門之處放置家具之類的物品。

---

457 以下係摘譯自高橋昌規，〈新版巡回連絡〉，《立花書房》，平成5年8月，再訂版一刷，頁69-73。

(3)雖然碰了面有打招呼，但是完全不談自己成長或家裡的事，與鄰居之交往也沒有眞心的對話和來往。

4. 生活不自然

(1)以爲其長期不在家，卻又突然出現在家裡。其間有不認識的人出入，而又把屋內整理得乾乾淨淨。

(2)以新婚的名義搬入，卻沒有新婚的氣氛，而立刻有不認識的人住入或寄宿。

(3)以兄弟姐妹之名義搬入，但是臉型、體型、所使用的語言、腔調等完全不同。

(4)所使用的家具非常少。

5. 客人來訪時的不自然

(1)訪客以敲門、電鈴等做類似暗號的信號才能進入，或使用共用（複製）的鑰匙。

(2)有訪客時沒有迎接客人的招呼聲和笑聲，立刻進入屋內，連說話的聲音都聽不到。

(3)平常幾乎沒有訪客，但大致上是定期性的，在夜間會有同一批人進出。

6. 刻意避開警察

即使在發生竊盜或交通事故等案件而成爲被害人時，也不想向警察報案等類似有刻意逃避與警察接觸之傾向。

7. 有異常的味道或聲響

煙毒犯、製造槍彈犯在屋內製作毒品、槍彈時，有時會傳出藥品的味道及切割金屬的聲音。

（二）在職場

在職場上的不自然行爲：

1. 在工作上有能力也很努力，但是希望從事可以不與人接觸的工作，或在職場內沒有特別親近的同事，或中午用餐時從不與人交談聊天。談到家庭、故鄉等話題時立刻保持沉默，或即使與同鄉人交談時也不投機，或有不談論自己事情之傾向。

2. 在職場內沒有親近的朋友但經常有來自於職場外的電話，或在講電話時常常以小聲到似乎不讓人聽到般的聲音在交談，或只簡要地講幾句話就掛斷。

3. 有時突然毫無理由地休好幾天假。

二、案例解析

◎警察經由查訪所得個人資料傳遞、利用之限制

（一）摘要

在誹謗罪之案件中，告訴人提出告訴後，經臺北市政府警察局中山分局受理後，移送臺北地檢署偵辦，文山第二分局於收受移送書副本後，交辦被告設籍地景美派出所警勤區員警調查繕寫「素行調查表」，就平日查察所得，提供「該民個性怪異，平日不與他人交往，連現住地鄰居都與其不合，難以相處，個性脾氣刁鑽」內容，以爲該「素行調查表之填報資料內容，並由該分局函請臺北地檢署併案偵辦。嗣後，被告以該「素行調查表」提供內容不實，影響臺北地方法院判決，致其被判處拘役，權益受戕害，向臺北市警察局、該局文山第二分局及內政部警政署陳情[458]。

（二）研析

實施查訪所建立之資料大多屬於個人資料，自應注意保密，不得任

458 林文全，〈我國警察機關户口查察政策之執行評估—以臺北縣政府警察局爲例〉，臺北大學公共行政暨政策學系碩士論文，2003年7月，頁81-82。

意對外提供，其提供亦應有一定之程序，尤其是人民素行資料紀錄，更應僅止於機關內部在不侵犯人民權益之前提下，謹慎運用，嚴格管制，始能兼顧治安之維護與人權之保護[459]。

肆、其他

日本「地區警察營運規則」第2條：「地區警察之任務，是要掌握地區之實際狀況、順應該實況，回答住民之意見與希望，同時在市民日常生活上，應經常保持警戒狀態、從事所有適合於警察事務之活動，以確保市民日常生活之安全與平靜。在遂行前項任務時，地區警察官應負有承擔該地區之自覺與責任，對市民積極地提供服務，以便與市民保持良好之關係，同時，必須致力於確實掌握管轄區域內之實際狀況。」第20條：「在執行巡回連絡時，應巡迴所負責之區域，訪問家庭、營業所等，並從事犯罪之預防、災害事故之防止及其他爲了確保居民之安全而平靜的生活所認爲必要之事項的指導連絡、聽取居民之意見、希望、所遭遇之困難等，期與居民保持良好之關係，同時掌握管轄區域內之實況。」

第16條（資料傳遞）

警察於其行使職權之目的範圍內，必要時，得依其他機關之請求，傳遞與個人有關之資料。其他機關亦得依警察之請求，傳遞其保存與個人有關之資料。

前項機關對其傳遞個人資料之正確性，應負責任。

---

459 林文全，〈我國警察機關户口查察政策之執行評估—以臺北縣政府警察局爲例〉，臺北大學公共行政暨政策學系碩士論文，2003年7月，頁82。

壹、立法緣由

一、立法理由與目的

我國個人資料保護法（以下稱「個資法」）第2條第1款規定修正「個人資料」之定義，並於個資法施行細則第3條規定進一步闡釋何謂「得以間接方式識別」特定個人，期更明確說明個人資料概念。有論者主張在資料識別性要件的判斷上，應採用95歐盟指令第26點說明與歐盟資保小組2007年意見書見解，即只要有任何人，透過所有可能、合理的方式，能將此資料連結至特定個人，該資料即具備特定個人識別性[460]。

資料之傳遞，係資料蒐集後處理之一環，爲了避免重複蒐集與節省人力物力等，因此在法律明文規定情形下，警察機關與其他機關，或其他機關對警察機關均得相互傳遞相關之個人資料。傳遞機關，對該資料之正確性，並應自行負責[461]。行政機關之間本著行政一體之理念，應相互合作，在合於各機關間之資料蒐集目的、範圍內，資料可提供其他需要之機關。行政機關間之傳送個人資料，亦會干預個人之資訊自決權，非有法律授權，不得任意爲之。本條規定警察須在「行使職權之目的、範圍內」，於必要時傳送個人資料給其他機關，自須遵守一定之法律要件。

二、法理基礎

個人資料之被蒐集、傳遞、利用，涉及對個人隱私權、資訊自決

---

460 張陳弘，〈個人資料之認定——個人資料保護法適用之啓動閥〉，《法令月刊》，第67卷，第5期，2016年5月1日，頁67。

461 《警察職權行使法案》，立法院內政委員會編（122），法律案專輯，第335輯，立法院公報處印行，2004年7月，頁45-46；李震山等，《警察職務執行法草案之研究》，內政部警政署委託研究，1999年6月，頁233。另相關文獻，請參考田村正博，〈警察における情報の取得及び管理に関する行政法的統制〉，《産大法学》，第50卷，第1、2號，京都産業大学法学会，2017年。

權及一般人格權之干預。美國對個人資料之保護稱為「資訊隱私權」，德國稱為「資訊自決權」，我國則概稱為「人格權」。從權利保護之觀點言，資料保護係從隱私權保護發展而來，此一發展是漸進且有軌跡可循的[462]。在探討資料傳遞之同時，亦須兼顧人民資訊隱私之保護。以下擬就個人資訊隱私權、機關間之協助、提供資料者之責任，分別敘述之[463]。

（一）個人資訊隱私權

1. 資訊隱私權的概念

對於隱私之權利，在美國從1890年時，該主張被承認以後，其既成為一個法律概念。從類似毀損名譽之複雜法理中，予以單純化而與名譽之法益不同，並以防止精神上安靜的獨自法益被不法侵害為其目的，而被提倡。

在提倡之時，美國稱隱私權利為「一個人獨處的權利」（a Rights to be Let Alone）。這種說法在1950年代時，經由日本開始介紹，並界定其範圍。但是對於個人的生活利益不受妨害，只不過是單純的說明。這樣定義隱私權為「一個人獨處的權利」，以此界定「必要事項之定義類別」，以此區分與其不同者的表示方法，似有問題。因隱私並不是孤獨、獨居的使人際關係減為零的權利，應必要提出及加以說明。依前所述，隱私為「自由」之全部或與「自律」之間的區別，其意有所不明，

---

462 許文義，〈德國警察資料處理職權之探討〉，《中央警察大學學報》，第35期，1999年，頁185。

463 相關日文文獻，請參考小倉一志，〈インターネット上の表現行為と媒介者の責任（特集情報法というフロンティア）〉，《法學教室》，第479期，2020年8月，頁26-29。高木浩光，〈個人情報保護から個人データ保護へ：民間部門と公的部門の規定統合に向けた検討(4)〉，《情報法制研究》，第7期，2020年5月，頁78-102。井上禎男，〈公的部門のデータ保護と利活用（特集情報法というフロンティア）〉，《法學教室》，第479期，2020年8月，頁12-16。星周一郎，〈安全とプライバシ（特集情報法というフロンティア）〉，《法學教室》，第479期，2020年8月，頁8-11。

這種說法顯然其範圍過於廣泛[464]，有必要進一步再爲定義及說明。

另有日本學者認爲個人隱私權的保護範圍，包括：(1)對於自己私生活行爲等的決定權利等，即「私生活上自由」的自我決定權；(2)私生活上活動的個人空間，不受侵犯的自由；(3)有關個人資料的蒐集處理的「資訊隱私權」[465]。依日本行政機關個人資料保護法規定，本法在資料管理法制上，有下列二種功能：其一，有關行政資訊管理之一般規則，明確加以訂定；其二，行政機關所掌管保存的個人資料，其管理與運用的事項。對於人民自我資訊決定權方面，認同人民請求公開、修正及限制利用之權利[466]。

2. 以人格權作爲隱私權的定位

1960至1970年代，日本對於隱私權的論述，爲了避免定義上的曖昧不明，在實質上做了一些努力，以使其能更加明確。日本學者一邊深受美國學說、判例影響，另也融入了德國式的人格權思考方式。所論述的隱私權，將其定位爲屬司法上之人格權的一種。當時學者所關心的，爲如何的從不法行爲的侵害中，保護這種成爲法益的隱私權，而將其歸屬民法上的人格權。

1960年代初，美國學說努力探求隱私權的內容及其外延範圍，另外W. Prosser教授試著分析與此同樣之權利的侵害型態。此「Prosser的四類型」學說，經過日本學者伊藤正己以「隱私的權利」爲名，加以介紹。在此之後，不法行爲對隱私權的侵害，在通說上形成了下列四種的

464 阪本昌成，〈プライバシーと自己決定の自由〉，收於樋口陽一編著，《講座・憲法學第3巻——權利の保障》，日本評論社，1994年6月10日，頁227。另相關文獻，請參考山本龍彥，《プライバシーの権利を考える》，信山社，2017年10月5日。

465 土井眞一，〈国家による個人の把握と憲法理論〉，公法研究75號，2013年，頁3。另相關文獻，請參考指宿信，〈ハイテク機器を利用した追尾監視型捜査—ビデオ監視とGPSモニタリングを例に〉，《鈴木茂嗣先生古稀祝賀論文集（下巻）》，成文堂，2007年，頁165-185。

466 大橋洋一，《行政法》，有斐閣，2013年11月二版，頁350。

類型：

(1) 對私生活的侵入（Intrusion into One's Private Affairs）。

(2) 私生活的被公開（Publication of One's Private Facts）。

(3) 公開錯誤的資訊（Placement of One's Life into False Light）。

(4) 辨識個人的資訊被任意使用（Appropriation of One's Identifier）。

因此可說，隱私權爲「私生活不被任意公開，並受法律保護的權利」，「亦可稱爲人格權上被概括保護的一種權利」[467]。

3. 私生活領域的擴大

隱私權被保障的範圍，以「私生活」的確定範圍爲其判斷的依據。但此種定義從最早期到現在，皆並非明確。判例上認爲「與私生活相關的個人權益項目」，有病歷、資產狀況、前科、經歷、工作處所、不被任意拍攝相貌及外形的自由（最判昭44.12.24刑集，23卷12號，頁1625）、指紋形狀，均包括在內。

經過此理論演進，私生活領域的擴大關聯上，日本判例認爲構成侵害隱私權的要件，需要有「不舒適感」的傾向，對此，美國的判例認爲主張侵害隱私權，與再次的判斷對照，並非要有「高度的不舒適」（Highly Offensive）。日本隱私權的介紹，在此與接續同樣意義的使用，並擴大其保障的範圍。

依翻譯的定義，隱私應爲「心的祕密權」、「私生活的祕密」，像被窺視、不想被他人知道的「祕匿性」意思；不特定多數人所不知道的，爲「非公開性的」範圍界定。

解釋「隱私權」在生活上的範圍，如個人決定對親密性的人公開，對其他的人不公開。爲依自己意思的「自律決定」之法律概念上的利益。即「隱私」有祕匿性、非公開性、自律性之符合個人生活領域的

467 阪本昌成，〈プライバシーと自己決定の自由〉，收於樋口陽一編著，《講座・憲法學第3卷——權利の保障》，日本評論社，1994年6月10日，頁228-229。

範圍。「隱私權」在這個領域上，有其正當的利益，且依一般人的精神生活安寧，有被保護的權利。依此思考方式，存在著人的生活不被他人觀察、干預，有物理及精神層面上的生活圈[468]。依此，任意公開、傳遞與個人有關之資訊，將造成個人權利之干預。

（二）機關間之協助

行政機關間之相互提供資訊，本係屬職務協助（Amtshilf）之範圍。依「行政程序法」第19條第2項規定，行政機關執行職務有符合特定情形者，得向無隸屬關係之其他機關請求提供資訊之協助[469]。個人資料經警察機關蒐集後，其重要性應在資料之如何利用，以達到警察之目的。資料傳送給其他機關，自非爲警察之原來任務，但從行政一體之觀點，如屬有利於公共利益之情況，自亦不必全面禁止。一般警察依其蒐集資料目的，對於所蒐集之資料，除警察機關依法自行使用外，另亦可在法令許可之限度內，提供給其他行政機關使用。提供個人資料給其他機關，涉及干預「個人資訊自決權」，應有法律保留原則之適用。警察機關所蒐集之資料，從蒐集資料職權之授予，以維護治安爲目的，如有傳遞給其他機關使用之需要，須有法律之特別授權。依「個人資料保護法」第5條規定：「個人資料之蒐集、處理或利用，應尊重當事人之權益，依誠實及信用方法爲之，不得逾越特定目的之必要範圍，並應與蒐集之目的具有正當合理之關聯。」可知資料蒐集之目的及其利用之範圍。

---

468 阪本昌成，〈プライバシーと自己決定の自由〉，收於樋口陽一編著，《講座・憲法學第3巻——權利の保障》，日本評論社，1994年6月10日，頁230-231。

469 李震山，〈「電腦處理個人資料保護法」之回顧與前瞻〉，《中正法學集刊》，第14期，2004年，頁54。另相關文獻，請參考安冨潔，〈情報セキュリティの法的保護：刑事法的視点から〉，《法学研究》，88巻2期，慶應義塾大学法学研究会，2015年2月，頁73-82。

（三）提供資料者之責任

個人資料因長期被保存，未經註銷、修改或補充而有錯誤，已因個人資料保護之理由，構成基本權利之侵害。因此，其保存期限、合法使用範圍，需要明確法律依據[470]。資料保護法上資料傳遞之責任，原則是由傳遞單位負擔，因爲資料是從其掌理事項之範圍交付出去的。因此，傳遞單位亦必須負起措施合法性責任。若資料傳遞是依據接收者之請求，爲審查應做必要之陳述。若自動擷取之資料傳遞，接收者應負起擷取合法性之責任[471]。

三、相關條文

原「電腦處理個人資料保護法」於民國99年5月26日總統華總一義字第09900125121號令修正公布名稱及全文56條；施行日期，由行政院定之，原條文第19-22、43條之刪除，自公布日施行。並修改法律名稱爲「個人資料保護法」。

1.「個人資料保護法」第22條第1項：「中央目的事業主管機關或直轄市、縣（市）政府爲執行資料檔案安全維護、業務終止資料處理方法、國際傳輸限制或其他例行性業務檢查而認有必要或有違反本法規定之虞時，得派員攜帶執行職務證明文件，進入檢查，並得命相關人員爲必要之說明、配合措施或提供相關證明資料。」

2.「行政程序法」第19條：「行政機關爲發揮共同一體之行政機能，應於其權限範圍內互相協助（第1項）。行政機關執行職務時，有

---

470 相關文獻，請參考郭戎晉，〈論歐盟個人資料保護立法域外效力規定暨其適用問題〉，《政大法學評論》，第161期，2020年6月，頁1-70。李寧修，〈個人資料合理利用模式之探析：以健康資料之學術研究爲例〉，《國立臺灣大學法學論叢》，第49卷，第1期，2020年3月，頁1-50。許義寶，〈警察蒐集與利用個人資料職權之研究——以警察職權行使法第十七條爲中心〉，《高大法學論叢》，第15卷，第1期，2019年9月，頁71-114。

471 李震山，〈論個人資料之保護〉，收錄於台灣行政法學會主編，《行政法爭議問題研究（上）》，五南圖書出版公司，2000年，頁670。

下列情形之一者，得向無隸屬關係之其他機關請求協助：（一）因法律上之原因，不能獨自執行職務者。（二）因人員、設備不足等事實上之原因，不能獨自執行職務者。（三）執行職務所必要認定之事實，不能獨自調查者。（四）執行職務所必要之文書或其他資料，爲被請求機關所持有者。（五）由被請求機關協助執行，顯較經濟者。（六）其他職務上有正當理由須請求協助者（第2項）……。」

貳、條文解說

一、名詞解釋

（一）目的範圍內

指其他機關請求傳遞之資料，其目的與警察之維持公共秩序、保護社會安全之任務有關，始得傳遞[472]。原來警察蒐集資料之職權，法律之授權既是爲了維護治安、預防犯罪之目的，在蒐集個人資料後之利用，包括其傳遞範圍，亦應合於此目的範圍內，始符合法律授權本旨，並免除人民對個人資料受到非法或不可預測使用之疑慮。另亦可避免行政措施之違反程序正義、誠信原則、合目的性原則之法律問題。

個資法第5條規定：「個人資料之蒐集、處理或利用，應尊重當事人之權益，依誠實及信用方法爲之，不得逾越特定目的之必要範圍，並應與蒐集之目的具有正當合理之關連。」故公務機關蒐集、處理或利用個人資料，應於執行法定職務「必要範圍內」爲之，不得逾越特定目的之「必要範圍」，並應符合行政程序法第7條比例原則之要求，亦即行

---

472 另請參考陳英淙，〈警察法公共安全與公共秩序之探討〉，《軍法專刊》，第62卷，第2期，2016年4月，頁1-33。李寧修，〈國家蒐集集會遊行資料的憲法界限：德國聯邦憲法法院「巴伐利亞邦集遊法部分暫停適用」裁定之反思〉，《東吳法律學報》，第27卷，第3期，2016年1月，頁151-186。

政行爲採取之方法應有助於目的之達成（適當性），並應選擇對人民權益損害最少（必要性或侵害最小性），且造成之損害不得與欲達成目的之利益顯失均衡（衡量性或狹義比例原則）[473]。

（二）傳遞個人資料

私人機構在大數據巨大商業利益的驅使下，企業將以最大程度蒐集、處理、利用個人資料作爲提升其產業競爭力的重要手段，使得傳統個資法上的「知情同意」、「目的限定」、「資料蒐集最小化」等原則遭受嚴峻的挑戰。尤其是在資料處理喪失原有的「情境脈絡」（context）情況下，由於資料主體本身對於個資遭他人蒐集後進行何種方式的利用往往不知情，且大數據資料分析所建構、追求的個性化服務，亦對資料主體的隱私造成莫大威脅[474]。

資料傳遞（Uebermitteln）屬干預人民資訊自決權類型之一。資料之傳遞，當然需要一特別法律之授權基礎[475]。傳遞個人資料之方法，指透過各種途徑、方式之傳送。目前因科技、電子技術之發達，其可使用快速、精準、大量之方式傳送。包括電子郵件、傳眞、電話、口頭等方式，均屬之。傳遞與個人有關之資料，依照「個人資料保護法」第2條規定：「本法用詞，定義如下：一、個人資料：指自然人之姓名、出生年月日、國民身分證統一編號、護照號碼、特徵、指紋、婚姻、家庭、教育、職業、病歷、醫療、基因、性生活、健康檢查、犯罪前科、聯絡方式、財務情況、社會活動及其他得以直接或間接方式識別該個人之資

473 法務部法律字第10703515980號。法務部106年10月6日法律字第10603513040號函及102年4月3日法律字第10203502520號函。

474 葉志良，〈大數據應用下個人資料定義的檢討：以我國法院判決爲例〉，《資訊社會研究》，第31期，2016年，頁5。

475 許文義，〈論個人資料蒐集或處理之合法性〉，《警學叢刊》，第31卷，第6期，2001年5月，頁260。另相關文獻，請參考田村正博，〈組織犯罪対策における条例の意義〉，收於井田良ほか編，《新時代の刑事法学下巻》，椎橋隆幸先生古稀記念，信山社，2016年。

料。」

二、實體要件

（一）特定「目的範圍內」

警察之任務，在爲維護良好的社會治安。爲能即早發現危害與不法，警察須使用各種方法去蒐集有關之個人資料[476]。惟法治國家公權力之行使，須依法行政，特別是干預行政之作爲，更須嚴守法律保留原則，不得逾越。警察蒐集人民資料最主要之目的，在於供自身調查犯罪事實或其他違法行爲之使用，另必要時，亦得透過資料相互傳遞，而提供其他機關之使用[477]。如依警察法之四大任務，即包括依法維持公共秩序、保護社會安全、防止一切危害與促進人民福利。另對人民請求或人民有所困難之爲民服務事項，亦與警察工作有關。依此，對於警察蒐集個人資料，以下可概分爲制止危害、犯罪偵查、預防犯罪與危害之三種目的。其中警察的事先蒐集個人資料，與預防犯罪及危害發生，是當前防範社會危害或不法行爲發生之一重要職權，但在無具體違法證據下提前蒐集個人資料，是否符合立法比例原則亦有問題[478]。

有關警勤區員警於訪查後所建立的資料，基於爲保障人民的基本權利，從制度面根本檢討家戶訪查勤務，以犯罪預防爲中心，以服務取代控制，不得再任意干涉人民言論自由。內政部並研修「警察勤務區家戶訪查辦法」，修正內容重視基本人權保障，爲使員警執行訪查的目的與範圍更加明確，明定警勤區訪查目的爲達成犯罪預防、爲民服務及社

476 另請參考陳俊宏，〈警察蒐集資料相關問題之研究——以個人資料保護爲中心〉，《警專學報》，第5卷，第7期，2014年4月，頁17-34。陳通和，〈論警察職權行使之原則——以制定法論述之（下）〉，《中央警察大學學報》，第52期，2015年6月，頁135-161。

477 林明鏘，〈警察職權行使法基本問題之研究〉，收錄於《警察法學研究》，新學林，2011年7月，頁168。

478 請參考林明鏘，〈由防止危害到危險預防：由德國警察任務與權限之嬗變檢討我國之警察法制〉，《國立臺灣大學法學論叢》，第39卷，第4期，2010年12月，頁167-212。

會治安調查等三大任務，也明定警勤區員警應嚴格遵守誠信、比例與公平正義原則及個人資料保護相關法令規定，以強化對民眾人權的保障。此外，內政部指出，修正也明定警勤區員警於訪查後所建立的資料，應嚴格遵守個人資料保護相關法令規定，以符合人權保障的精神，並導入社區警政概念，結合社群網路、電子及平面媒體等載具，將治安狀況評估納入提供諮詢服務事項，以利社區治安維護。其他之爲民服務、犯罪宣導工作，透過參與社區服務傳達，依民眾報案被動性訪查，且連線全國戶政資訊系統電腦化，對人口的掌握非常完備，依此進行了解戶口現況[479]。

本條規定須於警察行使職權之目的範圍內，必要時，得傳遞與個人有關資料給其他行政機關。此「目的範圍」之意義甚爲概括，須予界定。解釋上須從法律授權目的與人民資訊自決權之保護觀點，予以明確界定。其範圍必須與維護治安之任務有關，即對於維持公共安全、社會秩序有幫助之目的爲限。

（二）相互傳遞

「其他機關」應指行政機關而言，包括中央與地方之各級行政機關。其他機關亦得傳遞資料予警察機關，「亦得」有裁量之意，其他機關仍須依法決定，考量是否合於法律之規定後，再予傳遞。如無違背法律之精神、法律無禁止或特別保護之規定，依行政一體原則，應相互協助傳遞資料。

公務機關間相互傳遞個人資料，涉及個人資料之利用及蒐集行爲。若未經當事人之同意而爲之，則屬對其受憲法所保障之資訊隱私權構成侵害。我國個人資料保護法對於公務機關間個人資料之傳遞並無特別之規定，對傳遞行爲之合法性判斷，實務上向來採行「分別評價」模

479 立法院，警察勤務區家户訪查問題之研析，https://www.ly.gov.tw/Pages/Detail.aspx?nodeid=6590&pid=170501，瀏覽日期：2020/08/04。

式：就傳遞機關而言，須滿足個人資料保護法第16條之「資料利用」規定；而就接收機關而言，則須滿足同法第15條關於「資料蒐集」之規定。操作之結果，傳遞機關及接收機關皆須是在「執行各自法定職務」之範圍內，個人資料之傳遞始屬適法。此等法適用之結果，一方面固然對於當事人之資訊隱私權甚具保障。然另一方面，卻將導致公務機關間個人資料傳遞之合法性空間大幅緊縮。爲調和個人資料傳遞所引發之公、私益扞格，有論者建議在立法政策上或可參酌德國聯邦資料保護法第15條第1項所採行之「單方法定職務執行模式」立法例[480]。

（三）「資料之正確性」

資料之傳遞，應由傳送之機關負相關責任。即應過濾資料之正確性、可信性。包括經過輸入、保存、更新、重製等，皆應確保該資料之正確，方不致於侵害當事人之權利。

三、程序要件

（一）經由相關機關之請求

機關間之相互傳遞個人資料，原則上應由需求之機關請求，此屬機關間之職務協助。個人資料之價值性、重要性、需求性，請求機關知之最詳，請求時自應說明需求之原因，以提供傳遞機關認定、審酌是否符合本條「資料傳遞」之規定[481]。

（二）傳遞方法

目前本法律並未明定資料傳遞之方法，依當前科技方式，有透過傳

480 詹鎮榮，〈公務機關間個人資料之傳遞——以臺灣桃園地方法院行政訴訟102年度簡字第2號判決出發〉，《法學叢刊》，第60卷，第1期，頁1。

481 另請參考陳正根，〈論警察職權行使之重要措施——以典型措施與資訊作用爲例〉，《月旦法學雜誌》，第211期，2012年12月，頁41-70。田村正博，〈暴力団排除条例と今後の組織犯罪法制〉，《産大法学》，第48卷，第1、2號，京都産業大学法学会，2015年。

眞、電子郵件、電話、無線電等。此可由傳遞機關與請求機關間，共同決定透過最有效、快速且安全之方式爲之。在此，須考量資料之安全性問題，以防止外洩。傳遞之後，對於接收之資料，接收機關須負相關保存之責任。

（三）內部監督

警察機關所保管之個人資料爲數眾多，經由各種警察業務目的所製作之個人資料檔案，自應爲一定之管理。對此，警察機關爲防止資料外洩，及建立個人資料保管之內部監督機制，訂定「警察機關資訊安全實施規定」。有關其訂定目的依第1點：內政部警政署（以下簡稱本署）爲促進各警察機關制定資訊安全政策，建立資訊管理制度，採行適當必要之資訊安全政策，確保資訊蒐集、處理、傳送、儲存及流通之安全，特訂定本規定。

其資訊安全目標，依第2點：本規定所稱資訊安全措施，指爲達成以下資訊安全目標所訂定之資訊安全管理作業規定、措施、標準、規範及行爲準則等：1.建立資訊管理制度，訂定重要資訊資產及關鍵性業務之防災對策及災變復原計畫，確保本機關可持續運作；2.確保資訊系統、資訊資產之安全，包括人員、設備、系統、資訊、資料及網路等；3.防止洩漏機密資料，建立資訊安全，人人有責之觀念，進行資訊安全必要訓練，提高資訊安全意識。

內部控制——內政部警政署修訂「警察機關資通安全實施規定」，原則禁止員警代爲查詢資料，若有辦案需要出於情況急迫僅限於同單位（如派出所、偵查隊、分隊等）。另須加強宣導，內化保密意識利用聯合勤教、勤前教育及其他會議場合，辦理講習訓練，進行相關保密規定及案例宣導，務使機關同仁均能瞭解相關案例、保密規定、法律責任及公務機密維護作爲[482]。

四、實務與學術見解

行政的一體性概念爲，早期國家權力的一體性；近來被提出認爲，行政對外責任歸屬的明確性，即行政的透明性、確保行政的經濟性、效率性上，另在國民權利及利益之保護上，亦有其作用。惟被質疑其概念的內容不明確，從行政的多元化、專門化的觀點，對於行政的一體性，加以質疑。今日，從行政的一體性概念，亦無法導出行政組織法上的原則，及行政機關相互協助的規範要件。依此，須檢討行政機關設置的目的，及具體所賦予的權限。有關行政機關相互間協助合法性的判斷，應個別加以認定[483]。

戶政事務所或其他公務機關對所保有指紋檔案資料如欲予以利用或提供，自應符合電腦處理個人資料保護法（本法已修正爲「個人資料保護法」）第8條之規定，並請依本法第17條之規定，指定專人依相關法令辦理安全維護事項，以維護個人隱私，防止個人資料被竊取、竄改、毀損、滅失或洩漏[484]。

---

482 參新北市政府警察局108年廉政細部工作，案例一，file:///C:/Users/user/AppData/Local/Microsoft/Windows/INetCache/IE/R16I09KB/108%E5%B9%B4%E5%BB%89%E6%94%BF%E7%B4%B0%E5%B7%A5%E6%A1%88%E4%BE%8B(%E5%AE%9A%E7%89%88).pdf-，瀏覽日期：2020/08/04。

483 磯村篤範，〈行政機関相互間の協力関係と法的問題点の所在〉，《大阪教育大學紀要》，第41卷，第2號，1993年2月，頁74。另相關文獻，請參考田村正博，〈警察の組織と行動の特性と他機関連携のための施策について〉，《早稲田教育評論》，第26卷，第1號，早稲田総合研究所出版，2012年。

484 法務部91年1月17日法律決字第0090048437號。

參、問題探討

一、實務問題

◎行政執行處要求警察機關提供應受拘提人之口卡片資料

（法務部91年8月12日法律字第0920032559號）

（一）摘要

行政執行署所屬各行政執行處（已修正爲「行政執行分署」），於執行事件進行中，爲加強人別辨識，有參考義務人相片之必要，惟因邇來部分警察局婉拒提供，本部行政執行署請貴部警政署轉知各地警察機關繼續提供應受拘提人口卡片資料，惟警政署以人口卡片資料關係個人隱私甚鉅，認爲仍應堅守僅供偵防犯罪所用爲由，復無法提供。……按「個人資料保護法」第7條規定……「行政執行處組織通則」第3條規定……本部行政執行處爲執行上開法令規定之職掌，基於強制執行之特定目的……應屬「法令規定職掌之必要範圍內」，符合首揭「個資法」有關公務機關蒐集個人資料之要件規定，應屬無疑。

（二）研析

行政機關所蒐集之個人資料，其利用範圍依法必須符合蒐集之目的。我國訂定「個人資料保護法」後，有關個人資料之保護，即有一般之法律依據[485]。早期其範圍僅限於「電腦處理」，似有不足，近年來更

485 「電腦處理個人資料保護法」自民國84年8月11日公布施行至今，已近十八年，由於資訊通信科技發達的結果，透過電腦及網際網路處理與傳輸個人資料之情形，已今非昔比，該法的規範顯然已不足夠，且個人資料外洩事件時有所聞，尤其是尚有龐大未適用該法的民間產業，影響個人資料本人的隱私權益甚鉅。鑑此，法務部組成修法專案小組於民國93年間完成修正草案，歷經數年審議，終於民國99年4月27日完成三讀，同年5月26日總統公布「個人資料保護法」，除第6條、第54條外，其餘條文行政院指定於101年10月1日施行。參「個人資料保護法」問答，經濟部網頁，瀏覽日期：107/02/22。

發生個人資料被不法集團盜用、公務員轉賣個人資料給詐欺、不法集團之事件。亦已形成政府機關、全民均開始正視個人資料之保護問題。

本件為行政執行分署為行政執行之認定義務人人別之需要，向警察機關請求提供個人口卡片之問題。警察機關認為本項之請求已超出口卡片之利用範圍，予以婉拒。行政執行分署之上級機關，即法務部乃發函，要求警察機關提供口卡片。對此，理論上有如下兩個問題：1.法律之明確性問題。依法律規定對本項「個人口卡片」之利用範圍，是否明定或警察機關基於職權上之認定，是否符合資料蒐集之目的？顯然本件警察機關之認定，採不合於法律之利用目的範圍；2.如兩個平行機關，在職務協助之認定上，發生有認知不同，依「行政程序法」之規定，須透過共同上級機關解決，即由行政院予以協調解決。因此，透過本案亦可知警察機關所保存之資料，其利用目的是否符合原來之範圍，有必要進一步研究。

二、案例解析

◎提供外僑全年在臺居留天數資料

（法務部86年5月8日法律決字第12921號）

（一）摘要

按公務機關對個人資料之利用，應於法令職掌必要範圍內為之，如有「個人資料保護法」第8條（現修正為第6條）但書情形之一者，得為特定目的外之利用。本件財政部函請警政署（現在權責機關改為移民署）依據外僑入出境資料，列印外僑全年在臺居留天數超過九十天之清冊，其目的在於查詢外僑居留及入出境資料，俾能迅速核課外僑之所得稅，核與「所得稅法」第2條第2項、第8條第3款但書規定相符。……符合「個人資料保護法」第8條但書第1款「法令明文規定者」之情形，應可援引該款規定逕予提供。

（二）研析

警察所蒐集、保管之資料，原爲警察任務所需要之目的，其他行政機關有利用需要之情形時，依「警職法」規定得向警察機關請求傳遞。在「警職法」中僅規定其傳遞須合於蒐集之目的，惟並未明定傳遞之要件。在相互比較之下，「個人資料保護法」第6條，依其但書第1款規定「法律明文規定者」，則進一步規定其目的外利用之要件，解釋上亦可適用。本件依「所得稅法」第8條規定：「本法稱中華民國來源所得，係指左列各項所得……三、在中華民國境內提供勞務之報酬。但非中華民國境內居住之個人，於一課稅年度內在中華民國境內居留合計不超過九十天者……。」符合目的外利用之要件，警察機關（或權責機關）在無特別法律禁止情況下，應傳遞予財政部之機關。

第17條（資料利用）

警察對於依本法規定所蒐集資料之利用，應於法令職掌之必要範圍內為之，並須與蒐集之特定目的相符。但法律有特別規定者，不在此限。

壹、立法緣由

一、立法理由與目的

對個人資料之利用，應適用「目的性拘束」原則。警察機關使用個人資料應於法令職掌之必要範圍內爲之，並應與蒐集之特定目的相符[486]。個人資料因警察任務之必要而被蒐集，在此範圍內，人民應保有

---

486 李震山等，《警察職務執行法草案之研究》，內政部警政署委託研究，1999年6月，頁233。

可預測其個人資料被利用之限度；若有不當、超過必要範圍之利用個人資料，對於人民隱私權、資訊自決權，將造成侵害。因此，對於警察利用個人資料之範圍，應限於與蒐集目的相符或法律有特別規定情形。

警察蒐集資料屬干預之作用，其影響人民權利甚鉅，依法治國家中之法律保留原則，必須要有明確之法律授權為基礎。警察於資料蒐集後如何處理，亦是一重大之課題，由於資料處理亦密切關係到人民之權利，並不遜於蒐集措施，因此，當然亦應受到法律保留原則之規制[487]。

二、法理基礎

（一）警察蒐集之資料

警察有多種蒐集個人資料[488]之管道，包括透過各種直接勤務方式、間接經由第三人提供或採取各種公開、祕密之方式蒐集，皆有可能。惟蒐集資料之目的與方法，應符合機關任務需求及法律之授權，為法治國家依法行政原則之當然。

「警職法」中之規定，從第6條之查證人民身分，到第15條之治安顧慮人口之查訪。警察可為達成任務採取直接、間接方式之蒐集個人資料。人民在公共場所之活動，其合理期待之隱私權，應較私人生活處所為少。在公開場所，其本人亦較會注重個人之行為或言行、衣著；或在公開場合，人大多會彼此尊重，注意不去侵擾他人之自由。警察可依現有法律授權，為達到法定任務，而進一步蒐集職務上所需之個人資料。

如果警察利用設置監視器方式[489]，對個人活動、行蹤，加以掌握；

487 許文義，〈德國警察資料處理職權之探討〉，《中央警察大學學報》，第35期，1999年，頁160。

488 有關警察蒐集資料之職權，請參考洪文玲、曹昌棋，〈論警察「蒐集資料」之職權〉，收錄於《「刑事訴訟法（交互詰問制）與警察職權行使法」學術研討會論文集》，中央警察大學行政警察學系，2003年12月，頁147-159。指宿信，〈GPSと犯罪捜査——追尾監視のためのハイテク機器の利用〉，《法学セミナー》，2006年7月。

489 有關監視器之蒐集個人資料問題。請參考蕭文生，〈自基本權保護觀點論街頭監視錄影設備裝設之問題〉，收錄於《法治與現代行政法學——法治斌教授紀念論文集》，元照對所攝錄之影像，超過合理必要範圍之提供觀賞、其他目的之利用，則顯已侵害個人權利。對於蒐集個人資料之方式，日本早期對於有關刑事偵查之監視錄影，判例上認為，在沒有經過本人同意，也未經過法院許可，如許可由警察機關對個人容貌攝錄影，應只限於在有現行犯罪發生或即將發生犯罪，有保全證據的必要性與緊急性之情況下，且其錄影的限度不超過社會一般通念所認同的相當方法，始可為之[490]。並引用日本「憲法」第13條規定，認為警察如無正當理由，對個人容貌的攝影，應是不被許可的，學說對此判例，有甚高的評價[491]。對個人資料的蒐集及利用，從理論及實務之觀點，皆要符合法律的精神與其使用之必要範圍。

（二）資料利用對人民權利之干預

警察機關為執行公務之必要，常會干預人民之權利。人民資料由警察所保管，對於可能造成人民權利干預之資料傳送，警察自應遵守一定之信賴保護原則，不應任意將未有法律授權之資料，傳送給其他機關。

德國法的理論方面，認為對不伴隨權力行為措施的蒐集個人資訊，或將資料儲存、加工等，此資訊處理之措施及過程，一般亦被認為具有侵害性。對此相關措施之發動，亦成為法律保留的對象。首先須說明的是，對於個人資料的蒐集、處理行為，應該不能只單單將其看成是對個人權利無關的事實行為（行政內部行為）。第二，法律保留之目的，以權力手段為侵害之概念，在與手段相關性上，以往被認為須具有

出版公司，2004年5月，頁233-262。李震山，〈從公共場所或公眾得出入之場所普設監視錄影器論個人資料之保護〉，收錄於《第一屆東吳公法研討會》，東吳大學法律系主辦，2004年6月5日，頁1-31。

490 相關文獻，請參考陳英淙，〈論警察危害防止與刑事追訴的分與合〉，《政大法學評論》，第151期，2017年12月，頁91-150。

491 河上和雄，〈寫真撮影〉，收錄於河上和雄編，《刑事裁判實務大系第11卷——犯罪偵查》，青林書院，1991年2月，頁155。另相關文獻，請參考指宿信，〈GPS利用捜査とその法的性質ー承諾のない位置情報取得と監視型捜査をめぐって〉，《法律時報》，2015年9月。

密切之相關，但在此不能再將此認爲是主要原因。對於個人資料的蒐集行爲，並提供給外部機關，與其是否使用權力的手段蒐集無關。因其已造成個人的權利侵害，應給予個人在法律上的被保護地位，即使該措施成爲法律保留的對象[492]。

警察對個人資料之利用，除傳遞之外，一般並有保存及複製。1.保存：警察所蒐集之個人資料、所錄製之個人影像，其目的在維護治安、防制犯罪。資料保存之期間、處所、人員均須依法規所訂之程序，妥爲保管，並防止遺失或有不當使用之情形；2.複製：複製應限於有正當原因，如有治安目的、特定犯罪調查之目的使用等。複製檔案之技術，依現代之科技，可爲非常快速、大量性複製。因此，須防止不合目的之傳送、散布使用。且複製比調閱、觀看、抄寫之影響層面、幅度更廣，有必要予以限定在特定之情形，始得爲之。

（三）利用之法律授權

現代之電腦科技進步迅速，使用電腦能大量、快速處理各種資料，已爲各國公私機關普遍採用，其亦對處理各種業務，具有迅速、正確處理之甚大貢獻[493]。「警職法」所規定之蒐集、傳遞、利用個人資料，並不限於使用電腦之方式，尚包括其他各種之方法。

個人私益與公共秩序二者之間，依法治國家原則，二者法益必須取得平衡。爲維護公益必要合於必要情形下，亦得限制私人權益。但其限制並非無限度、任意、不正當、違反誠信原則的方式。而是要透過合乎「法律授權」之方式，始得限制。否則人民資料盡爲國家機關所掌控、

492 島田茂，〈ドイシにおける預防警察的情報收集活動と侵害留保論〉，收錄於吉川經夫編，《各國警察制度の再編》，法政大學現代法研究所，1995年5月31日，初版，頁126。

493 曾隆興，〈隱私權之公法上保護及其界限〉，收錄於《行政法爭議問題研究（上）》，台灣行政法學會主編，五南圖書出版公司，2000年，頁685。另相關文獻，請參考田村正博，〈犯罪捜查における情報の取得・保管と行政法的統制〉，收於高橋則夫ほか編，《曽根威彥先生・田口守一先生古稀祝賀論文集》，成文堂，2014年。

任意使用或傳遞，將造成人民權利損害之重大風險。

三、相關條文

「個人資料保護法」第6條：「有關病歷、醫療、基因、性生活、健康檢查及犯罪前科之個人資料，不得蒐集、處理或利用。但有下列情形之一者，不在此限：一、法律明文規定。二、公務機關執行法定職務或非公務機關履行法定義務必要範圍內，且事前或事後有適當安全維護措施。三、當事人自行公開或其他已合法公開之個人資料。四、公務機關或學術研究機構基於醫療、衛生或犯罪預防之目的，爲統計或學術研究而有必要，且資料經過提供者處理後或經蒐集者依其揭露方式無從識別特定之當事人。五、爲協助公務機關執行法定職務或非公務機關履行法定義務必要範圍內，且事前或事後有適當安全維護措施。六、經當事人書面同意。但逾越特定目的之必要範圍或其他法律另有限制不得僅依當事人書面同意蒐集、處理或利用，或其同意違反其意願者，不在此限（第1項）。依前項規定蒐集、處理或利用個人資料，準用第八條、第九條規定；其中前項第六款之書面同意，準用第七條第一項、第二項及第四項規定，並以書面爲之（第2項）。」

貳、條文解說

一、名詞解釋

（一）資料之利用

行政機關所蒐集之個人資料，其目的在於利用，亦爲行政之主要目的。透過資料之利用，警察可進一步達成法定任務，有效的維護公共利益。爲此其資料之利用，應與正當職務行使有密切相關。另一方面，從管轄法定、依法行政之觀點，警察機關之利用個人資料，亦應僅限於其任務範圍內使用，不得超過必要之限度。

（二）特定目的

此規定，一方面在於要求機關之任務與所管轄事務，能相符合。依據機關設官分職各有所司之原理，對資料之蒐集、利用，應僅限於本職之範圍。從人民權利保護之觀點言，警察利用個人資料，應僅限於維護治安之範圍。如逾越此範圍，而運用於政治蒐情、個人私權領域，對人民權利將造成不法之干預。

二、實體要件

（一）符合法令職掌範圍

依本法所蒐集之資料，其利用必須符合「法令職掌」之範圍，並與蒐集目的相符。如對明知非屬警察主管業務之案件調查，而有其他不符合目的性之蒐集、利用資料措施。

（二）法律特別規定

法律有特別規定者，即因特殊目的，由其他法律中予以特別規定，則可例外的使用該項資料。如警察於查證身分中，發現有犯罪行爲，該查證身分所得之資料，可於刑事訴訟程序中，依法使用。

三、程序要件

（一）利用之程序

如程序上規定使用人須「輸入密碼」，以區別使用資料人之身分與目的，可以過濾不必要或沒有權限者之任意查詢、逾越權限之利用個人資料。利用個人資料之人，其查詢、利用警察機關所保存之個人資料，須經「記載、登錄」之程序，以保護資料之安全性，使無洩漏之危險。或於事後可以查證相關資料之使用者。

（二）人民之請求查詢、更正

「警職法」中雖未規定人民有請求資訊公開之權利，但依「行政程序法」、「政府資訊公開法」之相關規定，應可推知人民得請求警察公開、更正有關之個人資料。依德國法院判決，人民得要求政府公開資訊，如有爭訟時得提起課予義務訴訟[494]。

有關請求權人的資格，依資訊公開目的，爲實現國民知的權利。國家機關所保存的資訊，須依具體化之法定程序公開。原則上不問請求權者與被請求公開資訊者（國家）的利害關係如何，應皆得請求。請求權者的範圍，除具有國民資格者外，並爲之擴大，其範圍之界定如何，亦屬相關研究之課題[495]。依美國「資訊自由法」之規定，並不限定須爲美國之市民及國內居住者才具有此權利，在國外居住的外國人，亦被認爲有請求權[496]。

四、實務與學術見解

◎户政事務所之蒐集指紋資料[497]

按「指紋」依「個人資料保護法」第2條第1款規定，係屬個人資料之一種。又依本法第7條規定：「公務機關對個人資料之蒐集或電腦處理，非有特定目的，並符合左列情形之一者，不得爲之……二、經當事人書面同意者[498]。……」是以公務機關對個人資料之蒐集或電腦處

---

494 平松毅，〈知の権利〉，收錄於小嶋和司編，《憲法の爭點》（新版），ジュリスト增刊，有斐閣，昭和60年（西元1985年）8月，頁101。

495 資訊公開請求權者的範圍，依我國「行政資訊公開辦法」第9條規定：「中華民國國民及依法在中華民國設有事務所、營業所之本國法人、團體，得依本辦法規定請求行政機關提供行政資訊（第1項）。前項所定中華民國國民，不包括大陸地區人民、香港居民及澳門居民在內（第2項）。」

496 議野彌生，〈情報公開〉，收於成田賴明編，《行政法の爭點》（新版），ジュリスト增刊，有斐閣，1990年5月，頁94。

497 法務部民國91年1月17日法律決字第0090048437號。

498 目前個人資料保護法第7條第1項規定爲：第15條第2款及第19條第1項第5款所稱同意，指當事人經蒐集者告知本法所定應告知事項後，所爲允許之意思表示。

理，除符合「經當事人書面同意者」外，尚須具備特定目的，始得合法蒐集……本件依來函所附設置計畫說帖，各區戶政事務所爲建置指紋辨識系統，擬經當事人書面同意後蒐集指紋資料，以輔助確認申請人身分，似符合上開特定目的之「戶政及戶口管理」項目。

◎個人資料蒐集之特定目的消失或期限屆滿

個人資料保護法第11條第3項、第4項規定：「個人資料蒐集之特定目的消失或期限屆滿時，應主動或依當事人之請求，刪除、停止處理或利用該個人資料。但因執行職務或業務所必須或經當事人書面同意者，不在此限。」「違反本法規定蒐集、處理或利用個人資料者，應主動或依當事人之請求，刪除、停止蒐集、處理或利用該個人資料。」上開規定之「刪除、停止蒐集、處理或利用」，並無優先順序或替代關係，端視具體個案事實及當事人請求之內容而定[499]。

◎警察機關爲查察員警風紀狀況，將經列管之不妥當場所之所有受臨檢民眾之個人資料與所屬員警資料庫進行比對

警察職權行使法第17條規定：「警察對於依本法規定所蒐集資料之利用，應於法定職掌之必要範圍內爲之，並須與蒐集之特定目的相符。但法律有特別規定者，不在此限。」查公務機關對個人資料之利用，應於執行「法定職務」必要範圍內爲之，並與蒐集之特定目的相符，但爲增進公共利益所必要，得爲特定目的外之利用，個資法第16條本文及但書第2款定有明文。個資法規定所稱「法定職務」，係指法律、法律授權之命令等法規中所定公務機關之職務（個資法施行細則第10條規定參照）。是警察機關基於警政特定目的（代號：167），執行警察勤務條例第11條第3款規定之臨檢職務，並依警察職權行使法第6條及第7條規定採取「身分查證」措施，蒐集受臨檢民眾之姓名、出生年

499 法務部法律字第10203513000號函。

月日、住居所及身分證統一編號等個人資料，並載明於臨檢紀錄表。而警察機關將臨檢紀錄表之個人資料與所屬員警資料庫進行比對，則屬特定目的外之利用行爲，倘如貴署來函所稱能先期掌握違紀員警加強督導考核，達成「整飭官箴、杜絕貪腐」之目的，雖可認爲符合個資法第16條但書第2款「增進公共利益所必要」之規定，而得爲特定目的外利用，惟查，個人資料之利用，應尊重當事人之權益，依誠實及信用方法爲之，不得逾越特定目的之必要範圍，個資法第5條定有明文，是個人資料之利用，除應符合個資法第16條之利用規定，並應符合個資法第5條比例原則之規定。準此，警察機關爲查察員警風紀狀況，避免所屬員警有違紀案件發生，而將經列管之不妥當場所之所有受臨檢民眾之個人資料與所屬員警資料庫進行比對，此種全部、通案、預先之比對機制，恐有違反比例原則之虞[500]。

參、問題探討

◎社會保防單位之辦理人事查核

（法務部民國89年5月26日法律字第013344號）

（一）摘要

依「內政部警政署組織法」第2條暨「社會保防工作作業要點」訂定「民營事業機構、廠礦、社團安全防護工作作業規定」……，是否符合「個人資料保護法」第8條資料利用之規定。查「內政部警政署組織法」[501]第2條：「……十、關於社會保防及社會治安調查之協調、規

500 法務部法律字第10503512050號函。

501 新修正「內政部警政署組織法」第2條：「十、社會保防與社會治安調查之協調、規劃及督導。」

劃、督導事項。」揆諸「個人資料保護法」第8條本文文義，公務機關只要於法令職掌必要範圍內，且與其蒐集之特定目的相符者，即可對個人資料予以利用。惟本件所述之情形是否符合上開法條規定，……警察機關依「民營事業機構、廠礦、社團安全防護工作作業規定」……由於涉及上開員工之隱私權，且無法律或法律授權訂定之命令之依據，恐與「憲法」第23條、「中央法規標準法」第5條第2款之規定有違。

（二）研析

民營事業機構、廠礦、社團之安全防護工作，其查詢對象爲私人公司之員工資料。警察機關所保管之個人素行、前科紀錄、家庭親友關係等，是否可提供私人公司查詢問題。理論上必須要有法律之特別授權，始可查詢、利用。上述「民營事業機構、廠礦、社團安全防護工作作業規定」，其法律位階屬行政規則；其目的在透過私人公司之查詢，以早期發現有前科者及預防性的維護治安。但從法治之立場探討，本項之提供查詢會干預人民之隱私權利；且本項查詢與警察基於治安任務之職權措施，亦有不同。因此，上述「防護工作作業規定」之提供個人資料的合法性，尚有疑義。

第18條（資料註銷）

警察依法取得之資料對警察之完成任務不再有幫助者，應予以註銷或銷毀。但資料之註銷或銷毀將危及被蒐集對象值得保護之利益者，不在此限。

應註銷或銷毀之資料，不得傳遞，亦不得為不利於被蒐集對象之利用。

除法律另有特別規定者外，所蒐集之資料，至遲應於資料製作完成時起五年內註銷或銷毀之。

壹、立法緣由

一、立法理由與目的

基於資料保護之精神，註銷是原則，儲存是例外。沒有永遠應儲存之資料，因此資料之註銷乃是必然之結果。因此，本條特別規定資料註銷之要件，以維護個人資料保護之精神[502]。

個資法第11條第3項規定：「個人資料蒐集之特定目的消失或期限屆滿時，應主動或依當事人之請求，刪除、停止處理或利用該個人資料。但因執行職務或業務所必須或經當事人書面同意者，不在此限。」準此，倘業者基於當事人同意合法蒐集、處理之個人資料（個資法第19條第1項第5款參照），而當事人事後撤回其同意，則自其撤回時起，如蒐集個人資料之特定目的或要件已不存在，除有上開個資法第11條第3項但書規定之情形（個資法施行細則第21條規定參照）外，業者應主動或依當事人之請求，刪除、停止處理或利用該等個人資料[503]。

二、法理基礎

資料保護之重要原則是個人資料不應「永久的」（ewig）儲存，而是若該資料不再需要時，應刪除之。大多數國家資料保護法之一般規定，均將此範圍之特別要件予以特殊化，我國亦不例外，依「個人資料保護法」第2條第4款規定，刪除為電腦處理過程之一。依同法第3條第5款規定，當事人有請求刪除之權利；同法第11條第3項則明確規定刪除之要件。所謂「刪除」，依據同法施行細則第6條規定，係指「使已儲存之個人資料自個人資料檔案中消失而不復存在[504]。」

---

502 李震山等，《警察職務執行法草案之研究》，內政部警政署委託研究，1999年6月，頁233。

503 法務部法律字第10603512680號函。

504 許文義，〈論個人資料蒐集或處理之合法性〉，《警學叢刊》，第31卷，第6期，2001

三、相關條文

「個人資料保護法」第11條：「公務機關或非公務機關應維護個人資料之正確，並應主動或依當事人之請求更正或補充之（第1項）。個人資料正確性有爭議者，應主動或依當事人之請求停止處理或利用。但因執行職務或業務所必須，或經當事人書面同意，並經註明其爭議者，不在此限（第2項）。個人資料蒐集之特定目的消失或期限屆滿時，應主動或依當事人之請求，刪除、停止處理或利用該個人資料。但因執行職務或業務所必須或經當事人書面同意者，不在此限（第3項）。違反本法規定蒐集、處理或利用個人資料者，應主動或依當事人之請求，刪除、停止蒐集、處理或利用該個人資料（第4項）。因可歸責於公務機關或非公務機關之事由，未爲更正或補充之個人資料，應於更正或補充後，通知曾提供利用之對象（第5項）。」

貳、條文解說

一、名詞解釋

「註銷」，其意應與「刪除」相同，在電腦學中又稱「消除」，係指移除或消去特定儲存器中之單位資料。例如消去檔案中之資料項或資料錄、消除記憶器中之程式或消除磁帶中之檔案[505]。

二、實體要件

（一）任務已完成之資料

對任務已完成，不再有幫助之資料，應予註銷或銷毀。應銷毀之

年5月，頁258。「個人資料保護法施行細則」第6條第1項：「本法第二條第四款所稱刪除，指使已儲存之個人資料自個人資料檔案中消失。」

505 許文義，〈論個人資料蒐集或處理之合法性〉，《警學叢刊》，第31卷，第6期，2001年5月，頁258。

資料，應無後續利用價值或法律爲保護個人權利，限定於蒐集使用後，即應註銷。因該資料已對警察任務不再有幫助，亦不得再傳遞給其他機關，或另爲不利於被蒐集對象之使用。如民事上使用、提供其他行政機關之目的外使用等。

個資法第11條第3項規定：「個人資料蒐集之特定目的消失或期限屆滿時，應主動或依當事人之請求，刪除、停止處理或利用該個人資料。但因執行職務或業務所必須或經當事人書面同意者，不在此限。」所稱特定目的消失，係指：一、公務機關經裁撤或改組而無承受業務機關。二、非公務機關歇業、解散而無承受機關，或所營事業營業項目變更而與原蒐集目的不符。三、特定目的已達成而無繼續處理或利用之必要。四、其他事由足認該特定目的已無法達成或不存在（個資法施行細則第20條參照）。是以，當事人請求行政機關刪除其個人資料時，倘個人資料蒐集之特定目的仍繼續存在，或屬執行職務所必須，即得不予刪除（本部101年11月21日法律字第10100622750號函參照）。有關當事人請求刪除行政院公報資訊網所刊載個人資料之處理，依所述，行政院公報資訊網揭露之相關政府資訊係由各機關依據業務執掌自行決定，則相關個人資料是否應依當事人之請求刪除，須視該個人資料蒐集之特定目的是否仍繼續存在，或是否屬執行職務所必須而定，此應由刊登公報之各機關依具體個案情形審認[506]。

（二）危及被保護對象之利益

如該資料之註銷危及被保護對象值得保護之利益，則不在此限。如該資料有利於當事人之證明合法資料、有利於當事人之主張權利資料。原則上違法蒐集之資料應予消除，例外情形，爲防止危害之任務，在資料蒐集時，已就保護遭侵害權利與其他遭威脅之法益（例如生命、健

506 法務部法律字第10503510410號函。

康）間之法益衡量，運用此違法所得之資料必要時，則此利用應認爲是正當。若有理由認爲，當事人值得保護之利益被侵害，或該資料爲提出證據需要（Beweisnot）不可或缺時，或資料爲科學上目的所必須的，則得不消除與銷毀[507]。

三、程序要件

（一）五年內註銷

警察爲維護治安、調查違序所蒐集之個人資料，一般保存之期間至長以五年爲限。本條規定五年之期限，以免個人之資料，受到沒有目的長久的保存，產生其他可能之危險性。本條規定至久五年之時間，並非指資料之保存，一律須等到五年期滿，才予註銷。如警察所保存之資料，已完成警察任務或不再有利益於任務之達成，即可予以註銷。另有較短期間之規定者，應優先從其規定。如「警職法」第9條、第10條規定，對一般公共活動之蒐證、監視、錄影資料，原則上應於一年期間內銷毀之。

（二）法律另有規定

此處應考慮的方向有二：其一，從當事人立場言，雖然符合上述可以註銷之要件，但從當事人之權利觀點，註銷將損害當事人之合法權利時，則不在此限；其二，從機關之任務與資料保存之必要性言，雖該資料有續予保存之價值，衡量個人權益與公共利益之間，法律有特別規定得以保存，得爲例外之不予註銷。如有關刑事案件資料、個人戶籍資料，則分別依「刑事訴訟法」、「戶籍法」之特別規定辦理。

---

507 許文義，〈德國警察資料處理職權之探討〉，《中央警察大學學報》，第35期，1999年，頁184。

參、問題探討

一、案例解析

◎刪除、停止處理與利用其個人資料[508]

（法務部民國86年8月6日法律字第000305號）

（一）摘要

原「個人資料保護法」第13條第3項所謂「特定目的消失」，係指目的事業主管機關核准之所有特定目的均消失而言……故難僅因客戶已清償貸款或結清帳戶，即認其對該客戶蒐集或電腦處理其個人資料之特定目的已消失；且非公務機關於接受當事人請求刪除或停止電腦處理個人資料時，如有本法第13條第3項但書之三種情形之一時，亦得拒絕當事人之請求。

（二）研析

個人資料經行政機關蒐集、保存，會造成對個人權利之干預。依「個人資料保護法」規定，在特定之目的消失後，爲刪除資料之法定原因。「特定目的消失」之意義，是否僅屬該當事人已履行法定義務，尚有疑義。本件座談之結論，認爲尚有其他之行政目的需要，故得不予註銷，惟未明確指出「其他之行政目的」爲何，法理上之解釋，如有特定原因，必須符合明確之授權。

依「警職法」第9條、第10條規定，對集會遊行、公共活動之錄影及公共場所監視器所蒐集之個人資料，除有法定原因外，至遲應於一年內銷毀之。其他警察透過干預、非干預性手段蒐集之個人資料，亦有多種。依本條規定，除法律有特別規定之保存期限外，至遲應於資料製成五年內銷毀之，亦有保護當事人權利之意義。

---

508 執行電腦處理個人資料保護事項協調連繫會議第四次會議紀錄及各提案結論。

第三章
即時強制

第19條（對人管束）

警察對於有下列情形之一者，得為管束：

一、瘋狂或酒醉，非管束不能救護其生命、身體之危險，或預防他人生命、身體之危險。

二、意圖自殺，非管束不能救護其生命。

三、暴行或鬥毆，非管束不能預防其傷害。

四、其他認為必須救護或有危害公共安全之虞，非管束不能救護或不能預防危害。

警察為前項管束，應於危險或危害結束時終止管束，管束時間最長不得逾二十四小時；並應即時以適當方法通知或交由其家屬或其他關係人，或適當之機關（構）或人員保護。

警察依第一項規定為管束時，得檢查受管束人之身體及所攜帶之物。

壹、立法緣由

一、立法理由與目的

警察爲防止危害，對特定人有管束其自由之必要，爰參照「行政執行法」第37條及配合「道路交通管理處罰條例」第35條有關酒醉駕駛之規定，於第1項及第2項前段，明定其實施管束之相關要件及時間限制。

第1項第4款概括規定，包括基於保護逃學或逃家之兒童或少年之安全，於警察尋獲有必要時亦得為保護性之管束[1]。本法與「行政執行法」之不同，因行政執行法考量重點，係以一般行政機關共通適用部分為限，仍有不符警察任務需要者。因此，個別領域之專精化，於警察領域即顯得有其特殊之必要性[2]。

對人管束屬警察即時強制[3]之一種型態，其目的在防止人民之生命、身體受到急迫之危害。依我國「警察法」第2條之規定意旨，警察目的主要在維持公共秩序、保護人民生命、身體及財產不受到危害。因社會生活及眾人之事務，狀況錯綜複雜，危害情形可能不時發生。對所肇致之危害原因，不管為人為、動物、天災、事變等，雖有不同，但對公共秩序、人民生命、身體、財產等法益均會造成侵害。對此危害，如屬緊急性，警察必須即時介入，於最先短期間內制止，使不繼續擴大。

---

1 《立法院議案關係文書》，審議「警察職務執行條例草案」及本院委員陳其邁等38人擬具「警察職權行使法草案」等二案，院總第915號，2003年6月4日，頁127-128。

2 《警察職權行使法案》，立法院內政委員會編（122），法律案專輯，第335輯，立法院公報處印行，2004年7月，頁50。

3 國內有關警察即時強制之文獻：如城仲模，〈行政強制執行序說〉，收錄於《行政法之基礎理論》，三民書局，1991年10月，頁247-318。李震山，《警察法論——警察任務編》，正典出版文化有限公司，2002年10月，初版，頁292-300。李震山，〈論行政管束與人身自由之保障〉，收錄於《人性尊嚴與人權保障》，元照出版公司，2001年11月，增訂再版，頁228以下。李震山，〈自殺與管束〉，《月旦法學雜誌》，第72期，2001年5月，頁22-23。李震山等，《警察職務執行法草案之研究》，內政部警政署委託，1999年6月。蔡震榮，《行政執行法》，中央警察大學印行，2000年10月，初版，頁173-206。蔡震榮，〈警察之即時強制〉，《警學叢刊》，第31卷，第4期，2001年1月，頁57-80。梁添盛，〈論行政上之即時強制〉，收錄於《警察法專題研究（一）》，中央警官學校出版社，1992年4月，頁119-180。鄭善印，〈修正「行政執行法」之研究報告〉，《警政學報》，第4期，頁1-22。林素鳳，〈即時強制的縱向探討〉，《中央警察大學行政警察學系八十八年學術研討會論文集》，1999年5月11日，頁141-162。李建良，〈論行政強制之執行方法〉，《政大法學評論》，第63期，頁163-195。李建良，〈行政上即時強制之研究〉，《1998年海峽兩岸行政法學術研討會實錄》，政治大學法學院，1999年4月，頁234以下。洪文玲、劉嘉發，〈警察即時強制之研究〉，收錄於《「刑事訴訟法與警察職權行使法」研討會論文集》，中央警察大學行政警察學系，2003年12月，頁197-220。康順興，〈行政執行法中警察管束類型化之探討〉，《警學叢刊》，第30卷，第3期，1999年11月，頁255-276。

二、法理基礎

（一）即時強制之制度演進

即時強制爲在特殊狀況時賦予執行機關，有即刻處理權力。早期我國「行政執行法」，對於即時強制之規定，賦予一般行政機關行使必要之緊急強制權限，在修正後之行政執行法，並續予保留。一般法制上認爲，管束之實施，因時間急迫無法兼顧履行一般行政程序，例如告知行爲人、命行爲人履行一定義務及先經過法院許可等，即可發動必要之權力。

早期警察對人之救護、管束依據，以舊行政執行法之規定爲主。近年來此種廣泛授權給一般行政機關有即時強制權力之規定，因其要件寬鬆，被認爲與憲法保障人民自由權利之本旨不符，且易遭誤用，日本已於二次大戰後廢除舊行政執行法[4]之此類職權。將屬於警察所專用之保護、制止、避難、進入處所之權力，規定在「警察官職務執行法」中。此從機關職權、執行人員、構成要件等之明確性及保障人權等方面觀之，均較符合法治國家之潮流。警察之「保護」、「管束」措施，雖然顧及對被保護者之生命安全，惟在執行上對人身自由有重大影響，亦可能被濫用。因此，其實施要件及程序，必須相當明確[5]。

即時強制之實施機關以警察爲主，其他行政機關之業務，亦有與此相關者。如防災行政、危險物行政、醫療防疫行政等，依其之組織職掌，依法亦有類似之職權[6]。

---

4 日本明治憲法時期，警察可依行政執行法之「保護檢束」或「預防檢束」執行，此制度每每遭到濫用。如對於政治性、經濟性、思想性之活動，以此作爲加以壓制之方法，或以之作爲代替刑罰之方法，因此該制度自始即遭到很多之批判。關根謙一，〈行政強制と制裁〉，《ジュリスト》，第1073期，1995年8月，頁64。

5 田宮裕、河上和雄編，《大コンメンタール警察官職務執行法》，青林書院，1993年8月，頁236。

6 關根謙一，〈行政強制と制裁〉，《ジュリスト》，第1073期，1995年8月，頁68。另相關文獻，請參考米田雅宏，〈抽象的危険と危険防御命令ー危険防御を目的とした行政立法の実体的統制ー〉，《行政法研究》，第19期，2017年，頁61-157。

一般警察之執行職務，大都對人民發布處分，如人民不遵守，始運用強制手段。但依實際情況，有某些緊急情形，基於事件之急迫性，若不即時處置，將有害公共安全或造成個人生命、身體之即時危害，故容許警察有例外之緊急處理權力，此乃產生「即時強制」概念。因此可說，警察即時強制，以排除目前急迫危害，無暇命當事人履行義務或依該事件之性質，如採行命責任人爲一定義務，亦無法達成警察目的；此時，必須直接對國民之身體或財產施以實力，以實現警察目的及狀態，此之作用稱爲「即時強制」[7]。

「即時強制」早期認爲其應歸屬於行政處分，而稱其爲默示的警察強制處分行爲。二十世紀前後，一般學者認爲警察即時強制之發動，無須有法律之特別授權，只要基於緊急避難權限之原因發動即可。但因爲此種措施之侵害性極大，因此，雖無須法律之特別規定，但仍應僅限於在緊急情況以及檢驗所有可行之手段，均不可爲之後，而後所採取之最後手段。即應有比例原則之適用，且採取損害最小之手段，始爲合法[8]。因此，即時強制之特徵約有：1.其目的限於保護人民之生命、身體、財產法益或爲阻止犯罪、避免緊急危害發生；2.其發動前提，須時間上有急迫性；3.得行使實力，以達成行政目的。

「警職法」中之即時強制類型，有對人管束、對危險物扣留、緊急救護之進入家宅及建築物、使用或限制使用土地等物品之措施。其將警察常使用之即時防止危害措施，予以類型化，明定其要件及程序，以供遵循。

---

7 宮崎清文，《警察官のたあの的行政法講義》，立花書房，昭和63年（西元1988年）3月，五版，頁208。關根謙一，〈行政強制と制裁〉，《ジュリスト》，第1073期，1995年8月，頁67-68。

8 蔡震榮，《行政執行法》，中央警察大學印行，2000年10月，初版，頁175-176。另相關文獻，請參考米田雅宏，〈「警察權の限界」論の再定位－親密圏内における人身の安全確保を素材にして〉，《自治研究》，第93卷，第12期，2017年，頁27-51。

（二）對人管束之概念與意義

管束，爲一時拘束當事人之人身自由。理論上身體行動自由遭受侵犯，主要內涵可分爲消極的驅離或禁止入內，係行動方向上受阻，以及積極拘束行動自由，係空間上（raeumlich）受限。憲法之規定主要係指後者，指違反當事人意願或在其無法表達意願下，而將之留置在一特定狹窄範圍之地，側重在人身自由拘束之結果，至於手段或動機則不在所問。因此，人身自由遭受侵害，非指身體本身（Eingriffe die koerperliche Unversehrtheit）遭侵害或居住遷徙自由（Recht auf Freizuegigkeit）遭受侵害（譬如限制住居或限制出境）[9]。

我國學者陳立中氏稱人的管束爲「警察機關爲排除目前急迫危害之人，以實力暫時拘束其行動自由之管束」。目前我國行政執行法規定之管束，有發動之構成要件，但缺乏相關之程序規定[10]。

「管束」涉及人身自由之暫時剝奪，依德國「基本法」第104條第1項，需要一法律依據。該法同條第2至第4項規定，人身自由之剝奪要有特定程序之要件。德國依特別法之規定優先於警察職權，此處特別是指對有自殺之虞之精神病患安置法，以及人身自由剝奪法[11]。對此，依我國「警職法」之第19條規定，即爲有關「管束」之要件及程序內容。

警察對人「管束」，其實施之目的含有：1.保護：防止行爲人生命、身體之法益遭受危害；2.管束：得採取拘束其身體自由之手段；3.制止：管束過程中，含有制止之措施，以防止危害之繼續擴大。

（三）管束之法律保留

現代法治國家之思想，福利行政與秩序行政理論，依其發展而有分

9 李震山，〈論行政管束與人身自由之保障〉，收錄於《人性尊嚴與人權保障》，元照出版公司，2001年11月，增訂再版，頁228-229。

10 蔡震榮，〈警察之即時強制〉，《警學叢刊》，第31卷，第4期，2001年1月，頁72。

11 李震山譯，《德國警察與秩序法原理》，登文書局，1995年11月，中譯二版，頁128-129。另相關文獻，請參考田村正博，《全訂警察行政法解説第二版》，東京法令出版，2015年。

野。警察權之範圍，亦有隨之限縮的趨勢。在內務行政中，有劃分爲屬於增進國民福利之行政部分；與傳統防止危害、維護公共安寧秩序之警察行政作用相互區分。依我國「警察法」第4條至第8條規定，警察行政爲國家行政之一種，並將其一部分授權地方自治團體行使[12]。

傳統有所謂「警察急狀權」，可排除法律保留原則之說法；但此在理論通說上，應不被認同。因「即時強制」直接對國民身體、財產施以實力，所實施的爲非常之強制手段，應考量其可能造成相對人的重大不利益。以「依法律行政原理」的標準，其執行手段應嚴格被限制，必須屬特殊例外之情形，始能容許。因此，即時強制之發動，如果法律沒有明確授權，則不得爲之[13]。

從監督即時強制行使要件及程序上言，其重點應在於其之發動須有明確的法律授權[14]。法律保留原則之意義，在兼顧人民權利保障與公共利益之維護，依權力分立原則，對人民基本權利之限制，須由立法機關決定。即時強制屬警察緊急權之範圍，其實施之要件、程序，產生之法律效果，因對人民之自由權、財產權、隱私權等有干預性之效果，須由法律授權，始符合法治國家原則。

日本警察採取一般的即時強制措施，其實施要件、方法，目前具體法律之依據爲「警察官職務執行法」。依該法第2條至第7條規定，警察職權有盤查、保護、避難等措施，及預防、制止犯罪、進入場所、使用武器方法等[15]。

(四) 管束之使用強制力

即時強制，爲直接對國民身體及財產施予「實力」，以實現達成警

---

12 陳立中，《警察法規》，臺灣警察專科學校，1995年8月，修訂版，頁22-23。

13 藤田宙靖，《第三版行政法Ⅰ》（總論），青林書院，2000年3月，再訂版，頁298以下。

14 奥田劍志郎撰，〈行政強制〉，越路正己編，《現代行政法論》，敬文堂，1990年4月，頁173。

15 藤田宙靖，《第三版行政法Ⅰ》（總論），青林書院，2000年3月，再訂版，頁299。

察目的之必要作用。對於被管束人，如持有凶器、危險物之人，得對該物品暫時扣留、保管。對於如何實施實力之方式，法律雖無明文規定，警察自得於必要限度內實施之[16]。

依「警職法」第2條規定，該法所規定之各種職權乃「公權力之具體措施」，既爲公權力之具體措施，則依「秩序行政」、「侵害保留」之原理，各種職權皆有限制人民自由權利之性質，因此，應皆有強制力，只是如何執行之問題[17]。

「管束」從其字面上意義，可認知在合於情況所必要之限度內，可實施含有強制力之「管束」措施，此爲法律之所許，而其重點應在該「個案情形」是否已達符合管束之法定要件[18]及實施過程是否合乎「比例性」。

三、相關條文

「警察職權行使法」第19條爲「對人管束」之規定，與本規定相關的法律條文，有「行政執行法」第37條及「道路交通管理處罰條例」第35條，以下節錄之。

「行政執行法」第37條：「對於人之管束，以合於下列情形之一者爲限：一、瘋狂或酗酒泥醉，非管束不能救護其生命、身體之危險，及預防他人生命、身體之危險者。二、意圖自殺，非管束不能救護其生命者。三、暴行或鬥毆，非管束不能預防其傷害者。四、其他認爲必須救護或有害公共安全之虞，非管束不能救護或不能預防危害者（第1項）。前項管束，不得逾二十四小時（第2項）。」

---

16 河上和雄，《詳釋警察官職務執行法》（全訂版），日世社，平成9年（西元1997）1月，頁162。

17 鄭善印，〈警察職權行使法解釋架構之研究〉，收錄於《「刑事訴訟法與警察職權行使法」研討會論文集》，中央警察大學行政警察學系，2003年12月，頁95。

18 有關警察盤查強制力之行使，請參考陳景發，〈論盤查之實力行使〉，收錄於《2004年「行政警察與司法警察之交錯」法律學術研討會》，中央警察大學法律學系，2004年6月，頁1-15。

「道路交通管理處罰條例」第35條：「汽車駕駛人，駕駛汽車經測試檢定有左列情形之一者，……因而肇事致人受傷者，並吊扣其駕駛執照二年；致人重傷或死亡者，吊銷其駕駛執照，並不得再考領：一、酒精濃度超過規定標準。二、吸食毒品、迷幻藥、麻醉藥品及其相類似之管制藥品（第1項）。……汽車駕駛人肇事拒絕接受或肇事無法實施第一項測試之檢定者，應由交通勤務警察或依法令執行交通稽查任務人員，將其強制移由受委託醫療或檢驗機構對其實施血液或其他檢體之採樣及測試檢定（第4項）……。」

貳、條文解說

一、名詞解釋

（一）管束

管束係基於特定行政目的，在符合一定條件或情形之下，違反當事人意願或未經其同意，暫時拘束其人身自由之即時措施。

依我國「警職法」規定對人實施管束之要件，共有四款。其情形分別爲第1款：「瘋狂或酒醉，非管束不能救護……或預防他人生命、身體之危險。」第2款：「意圖自殺……非管束不能救護。」除警察親自執行管束外，亦可採取其他措施，如送醫治療、交給其家屬看護。第3款：「暴行或鬥毆……。」執行時除管束外，程序上須查證其身分，檢查其所攜帶之物品，查驗是否有危害器械，防止或制止其危害自身或他人。第4款：「其他認爲必須救護……危害公共安全。」

管束依其目的，有保護性、安全性及移置性管束，以下分述之：

1. 保護性管束

人之生命、身體及財產之保護，原應由其本人及與其有親權關係者，加以保護或照顧；如有其他特殊情形，可由適當機關依法介入保護；警察的保護，應屬臨時及一時性之必要措施。「保護」依其文義，在於維護該人生命、身體或財產安全，使免處於遭受危險之狀態。「保護」之意，即強制移動被保護者之所在，在一定時間內，拘束其身體之自由[19]。

保護性管束係以當有人因故意或因意志喪失，而致嚴重自傷或自殺爲要件。管束之目的係對人之保護。縱然此僅涉及被管束者個人之法益，但亦構成公共安全之危害。在目的上與保護性管束類似者，爲關係人自行請求管束，稱爲保護[20]（Obhut）。

2. 安全性管束

爲阻止直接將發生之重大危害及爲防止公共安全之重大干擾，或爲阻止犯罪之實施或重大秩序違反行爲，得對行爲人爲安全性之管束。於此，必須有直接將發生行爲之具體事實存在，以作爲預測之理由，僅憑臆測仍屬不足。安全性之管束會與其他職權結合，譬如於執行驅離，於保護私權以及於執行身分之確認時。此時，可各依法定職權分別執行[21]。

3. 移置性管束

管束的另一種特別形式，係由警察實務中發展出來的，並稱爲「移置性管束」（Verbringsgewahrsam）。即暫將一人管束，並移置他處之謂。此種措施特別用來對付無家可歸及居無定所之人，將其移置到城市以外。此時，當然會產生以下疑問：其係爲防止這些人的何種犯罪行爲、重大危害或秩序違反行爲；此外，若以驅離措施則可完成何須管束，或者由地方法規爲相關之禁止規定，而由警察執行之。移置性之管

---

19 田宮裕、河上和雄編，《大コンメンタール警察官職務執行法》，青林書院，1993年8月，頁236-239。

20 李震山譯，《德國警察與秩序法原理》，登文書局，1995年11月，中譯二版，頁129。

21 李震山譯，《德國警察與秩序法原理》，登文書局，1995年11月，中譯二版，頁130。

束亦被用於示威遊行之時，即將參與示威者移往示威以外之地。德國司法實務上之見解尚未明確，就此措施之合法性已有質疑[22]。我國之遊民收容與將其移送至相關機關、戶籍地等措施，屬此種之移置性管束，其執行是否有明確之法律授權，亦常引起合法性之討論[23]。

（二）強制力

警察實施管束，具有強制之性質，自得在必要之程度內實施之。「強制力」爲一般制止之方法，以保護當事人免於受到危害或制止其危害他人。強制力實施之樣態有多種，包括「制止、帶往、留置、使解散、驅散」等，凡屬依實力行使之職權者皆屬之。本條強制力之實施，其保護之法益，限於防止急迫危害或法律有特別授權。依日本「警職法」規定，對人格權之法益保護，並無本項之適用[24]。

制止之強制力行使，其要件必須嚴格解釋。依法律規定警察之制止，具有認定權或裁量權，即使事後檢討，認爲警察人員執行時有所違誤，如警察在執行當時，已有足資認定其已盡注意義務之證據時，其制止之行爲爲合法[25]。

（三）同行

依「少年事件處理法」規定，警察有權對少年爲「同行」。其爲對於「少年事件」，在符合一定條件時，該少年經法院傳喚不到，法院依法發布協尋之執行用語。警察查察到被協尋之少年，依法院所發之同行

---

22 李震山譯，《德國警察與秩序法原理》，登文書局，1995年11月，中譯二版，頁130-131。

23 參見〈同是天涯淪落人，寧當遊民不回家〉，《中國時報》，2003年12月8日，A10版。

24 即時強制所保護之法益，爲可能受到立即危害且非即時介入保護，難以防止或回復之法益爲主。如個人之生命、身體、自由、財產之法益。

25 王學良，〈集會遊行事件處理與法律問題〉，《警學叢刊》，第19卷，第3期，1989年3月，頁39。另相關文獻，請參考島田貴仁、荒井崇史，〈犯罪情報と対処行動の効果性が犯罪対処行動意図に与える影響〉，《心理学研究》，第82卷，第6號，2012年。

書得強制少年到案。此與上述「管束」之目的、執行法律依據，尚有不同[26]。

二、實體要件

管束為特殊之行政措施，在實施時因已無足夠之時間，可課予當事人自行履行警察義務，必須以警察實力，對當事人施以管束，以達到防止危害之目的。警察之管束方式，依法治國家依法行政原理，其前提須有法律明確授權。實施管束應於有具體危險、危害發生時，始能發動本項職權；在危害結束或中止時，則即應停止，其實施之時間，最長不得超過二十四小時。警察執行管束時，一方面應即時通知其家長、家屬、關係人或適當之機關，為後續之保護。對被管束之人，警察並得檢查其身體及所攜帶之物品，防止造成當事人自身、他人或警察之危害。

「警職法」本條文規定「得為」管束，有行政裁量之意。警察須依是否符合急迫、發生危險程度以為決定。如依具體情況該行為人，有立即遭受危害之虞，依一般社會通念，警察如不即時實施管束或採取適當措施，該當事人有立即遭受危害之虞，則應實施「管束」。「管束」為警察之法定職權，如警察放任危害發生，不予必要之保護或管束，則構成違法責任。以下討論警察得為管束之具體法律要件：

（一）瘋狂或酒醉者

依「警職法」第19條第1款規定：「瘋狂或酒醉，非管束不能救護……或預防他人生命、身體之危險。」所稱瘋狂或酒醉之態樣有多種類型，本款之「瘋狂或酒醉」要件，並非須達到刑法上之「心神喪失」或醫學上之「泥醉」程度[27]，而是依社會通念，行為人已無清醒意識為

---

26 「少年事件處理法」第22條：「少年……現在保護少年之人，經合法傳喚，無正當理由不到場者，少年法院法官得依職權或依少年調查官之請求發同行書，強制其到場……。」

27 田宮裕、河上和雄編，《大コンメンタール警察官職務執行法》，青林書院，1993年8

已足。如只是單純有飲酒之氣味，則不屬之[28]。依本款之規定，並非一有「瘋狂或酒醉」之要件狀況即可管束；而是不僅須具備「瘋狂或酒醉」要件，另外須有「非管束不能救護」之必要性程度，始爲構成。

依實際情況，行爲人已受到急迫危害，須即時救護或管束，且無其他適當方法可爲代替，始由警察施以管束手段。警察不即時管束，該當事人有受到立即危害之可能。如行爲人神志不清、爛醉如泥且身處野外，或精神遭受強烈打擊，有欲輕生、自殺之行爲舉動，且無適當親人、朋友予以勸說、制止、照顧、保護等。依本款之要件，警察實施管束，須具備必要性與相當性，不得藉故以當事人之精神時有不正常或飲酒之名，而予管束或以此作爲調查其他不法行爲之用，此均不符合本款之目的。

依本款規定爲預防他人生命、身體危害之必要[29]。其意爲被管束者可能成爲被危害之對象，此情形行爲人因無法自行控制自己之行爲，其本身可能受到外來、客觀、事實上不能避免之危害；另其他第三人亦可能受到該行爲人之危害，即危害之來源爲「被管束者」所造成。本款之立法目的，主要在保護被管束人之安全，其他社會上之第三人，因此亦可避免受到危害，獲得間接之保護[30]。

「酗酒泥醉」，依「行政執行法」第37條第1項第4款之構成要件以觀，第1款前句之「酗酒泥醉」與第2款之「意圖自殺」，既不傷害他人權利，亦難認爲妨害公共利益，至於是否妨害社會秩序，有論者認爲，縱然自殺純屬個人行爲自由，甚至爲形而上的法律權利

月，頁245。

28 河上和雄，《詳釋警察官職務執行法》（全訂版），日世社，平成9年（西元1997年）1月，頁149。

29 警察執行管束時，也有可能受到危害。如精神病患之襲警，有如不定時炸彈，警察亦難防。詳見《中國時報》，2003年10月30日，社會版。

30 田宮裕、河上和雄編，《大コンメンタール警察官職務執行法》，青林書院，1993年8月，頁252。

（metajuristisches Recht），但因該行爲已由「行政執行法」本於「憲法」第23條所限制，該條文中「避免緊急危難」，自亦包括個人生命、身體之重大危害在內，且基於生命法益之保護，而對個人行爲自由爲合比例限制，應屬合憲[31]。

（二）自殺或傷害他人者

依本條之第2款規定：「意圖自殺……非管束不能救護。」於採取本款之措施時，除警察親自實施管束外，亦可採取其他之保護措施。如送醫治療、交給其家屬保護、照顧等。本款之對象爲自然人，如該當事人有輕生念頭，且有明顯徵兆，並不只是口頭上說法而已，而有實際行動或表現於行爲上。遇有該狀況時，可使警察決定介入，以制止危害。

本款警察管束之要件，須該情況已達「非管束不能救護」。意指該自殺行爲，正在發生或即將發生之謂。如當事人已爬上高樓、走到岸邊、拿起凶器準備、欲吞藥物等，將要危害自己生命，如不即時制止，當事人將受到危害。反之，如尚未有具體、客觀之危害情狀、徵兆或行爲，尚不能因有其他風聞、主觀想像、未經查證事由，即直接制止或管束人民。

警察管束欲自殺行爲人之行動自由，其實施之限度，以情況急迫無法由家人、救護機關、適當機構處理之情況爲限。如已有家屬、相關機構介入，可爲適當處理，以交由其處理爲宜，此又稱爲第一次保護。警察之管束，可稱爲第二順位之保護，並只限於急迫性、暫時性之保護爲限。

（三）暴行或鬥毆者

依本條第3款規定：「暴行或鬥毆……。」對其之管束，又稱爲安

---

31 即時強制之發動要件，並非以行爲人有違反法律之義務爲前提，而是該情況已將危害人之生命、身體、財產法益，且有迫切性，如：警察機關不即時介入、制止，該法益即將受到危害之謂。李震山，〈自殺與管束〉，《月旦法學雜誌》，第72期，2001年5月，頁22。

全性管束。在執行上除管束之外，並須查證暴行或鬥毆者身分，檢查其所攜帶物品，查看是否有危害物品或器械。對於預備實施暴行或鬥毆者，警察應即時制止，防止其行為造成自身、對方、其他第三人之傷害。另暴行或鬥毆行為，應已違反「刑法」、「社會秩序維護法」或「少年事件處理法」等相關法律，警察在此有介入調查與實施管束之二種職權（違序或犯罪偵查與管束）。

本款之目的在制止「暴行」危害之發生或擴大。依一般觀念，警察可以管束、訓誡方式，達到制止意圖實施「暴行或鬥毆」者，使其打消此念頭或產生嚇阻之效果。管束在實際運用上，得實施制止之職權，並予必要之警告、訓誡、留置。其實施之過程，常須運用「制止」之實力。如對當事人留置或施以檢查、限制其行動自由等。

除依「警職法」之管束規定外，另依「社會秩序維護法」、「少年事件處理法」、「刑法」等相關法律，並有罰則之規定，警察亦應主動調查。為維護警察執行之安全，在管束前得檢查行為人所攜帶之物品，查驗是否持有凶器[32]、危害物品，此為必要之措施。依本條第3項規定，管束時得併檢查被管束人之身體，其檢查限度以查驗是否有攜帶足以危害本人或他人生命、身體之物品為主。實施時不可濫用本項檢查職權，故意或不當侵害當事人之隱私或另有為其他不相關之目的，而實施超出職權範圍之檢查。

（四）其他情形

依本條文第4款規定：「其他認為必須救護……危害公共安全。」指防止對人造成危害之其他情況，其範圍包括各種具體、迫切危害。依

32 最高法院92年1月9日台上字第96號刑事判決：「……行政官署認為有危害公安之虞，非管束不能預防危害者，得施以管束……。A既不服警員制止其行為，又始終拒絕表明身分，於警察請其到警局說明時，仍置之不理，則具有警察身分之B、C等人施以強制處分權，分別搜查其皮包內有無危險物品，及強制其到警察派出所，以達瞭解其身分之目的，就其實施手段而言，尚未逾越實施公權力之比例相當性原則……。」由此觀之，預防危害之查證身分與管束之要件，亦有相互交集之處。

危害之種類，只要符合急迫性、具體危害性，且無其他之保護情形。如其親友不在、無法即時保護，危害之發生已可預見，警察均有義務介入，予以制止、保護[33]、管束。

依本款規定之管束事由，須有類似上述三款所規定之要件，始得爲之。如遭遇山難之人、走失之兒童、受傷者、失蹤之人等，而由家人或本人請求警察機關協助救護、尋找、保護。警察必須依具體情況判斷是否屬緊急、迫切，而採取必要之管束措施。惟並非所有上述所舉情形均符合本款之要件，而得以強制「管束」。如逃家流浪在外之兒童、少年已幾日未進食，若不加以保護，其生命、身體可能受到危害，應可實施。但如成年人之離家者，則與本款之規定，有所不同，不得強制管束。

警察採取之管束，因限制人民之人身自由，其「實施方式」與該「具體危害狀況」之間，必須符合適合性、必要性及相當性原則，不可超過必要之限度。

三、程序要件

（一）管束時間

管束有一定的時間限制，雖然本法規定最長不得超過二十四小時，但在實施管束過程中，如危險、危害已經結束，必須即時終止。從管束之必要性而言，因有危害之發生或發生之虞時，才有管束之必要。如危害已經消失，則無須再行管束。例如對酒醉喪失意識之人，其已清醒、恢復其意思，則可解除管束，由家人領回或由其自行返家。最長之管束期間，依本法規定爲二十四小時，此爲對同一案件管束時間之界限，不得超過此限度，否則已違法侵害人身之自由[34]。從警察管束之即

---

33 對於失蹤人口之案件，於查察中發現該失蹤人時，在通知其家人領回前，應可適用本款要件，予以必要保護及留置管束。

34 警察管束一般爲暫時性之預防危害，在管束實施後，大部分案件可在二十四小時內，該危害狀況解除或可交由親屬、其他機構照顧、安置。因此，本法規定最長不得超過二十四小時，如有特殊超出時間情形，應屬少數。

時、臨時特性，對此保護之案件，亦不宜由警察長時間管束當事人，實際上應儘速通知其家人、親友或送至醫療院所治療。管束之期間，須給予照料、看護、供給飲食、施予保護等必要措施，並防止其受到危害。不得留置而不管，使其受到傷害。

管束之場所，一般在警察機關。如一時無法帶至警察機關，亦得覓適當之處所，以爲保護。在各警察勤務機構（分駐所、派出所）內，對於被管束人之留置、保護，亦應規劃有適當處所，以爲管束之用，如設置「保護室」等方式。爲避免被管束人受到危害或傷害第三人、警察，管束之處所，應備有安全性設施、物品，防止其自傷等危害行爲[35]。

（二）通知親友

實施管束時，警察應即時通知、聯絡其家人、親屬、關係人或有關機關爲後續之保護。家屬或關係人等可提供適當之保護，或證明當事人身分及給予必要之協助或心理安慰等。本項「通知」，應由警察實施，通知之方式不限於任何形式，如以口頭、書面、電話、傳真等皆無不可。警察通知爲法定程序，屬正式告知，並命家屬到場及爲後續之照料、領回。如通知不到家人、親友，或無家人、親友者，對有繼續保護必要者，可通知、移送至相關權責機關，爲後續保護、安置。

（三）通知相關機關

1. 精神病患之保護機關

依「精神衛生法」第5條規定：「……本法所稱病人，係指精神疾病患者（第1項）。本法所稱嚴重病人，係指病人呈現出與現實脫節之怪異思想及奇特行爲，致不能處理自己事務，或有明顯傷害他人或自己

[35] 有關管束之問題，另請參考洪文玲、劉嘉發，〈警察即時強制之研究〉，收錄於《「刑事訴訟法與警察職權行使法」研討會論文集》，中央警察大學行政警察學系，2003年12月，頁197-220。

之虞，或有傷害行爲，經專科醫師診斷認定者（第2項）。」同法第9條規定：「中央及直轄市衛生主管機關應設專責單位，縣（市）衛生主管機關應設專賣單位，縣（市）衛生主管機關及鄉（鎮、市、區）衛生所應置專人，辦理精神疾病防治及研究有關業務。」

精神病患者依其病發程度，可能傷害自己或他人，有關精神衛生法中之認定、處理機關，已有明定。實務上如發生精神病患之自傷或傷害他人案件，一般均經過向警察報案程序，由警察到場處理、保護、防止其自傷或傷害第三人。警察處理時，得依「警職法」之管束規定，予以制止及保護。另依「精神衛生法」之規定，警察有協助其送醫之任務。在此，警察之管束，只屬臨時性、緊急性之過程，「警職法」中雖有規定管束之最長時間不得超過二十四小時，但對於涉及專業醫療之精神病狀問題，應以速送至專業醫療機構治療、處理、照料、保護爲宜。上述兩個法律規定，以「精神衛生法」爲特別法，因在本法中有專門之處理程序規定，處置上應依此法律規定爲主。

2. 兒童保護機關

依「兒童及少年福利與權益保障法」第53條：「醫事人員、社會工作人員、教育人員、保育人員、教保服務人員、警察、司法人員、移民業務人員、戶政人員、村（里）幹事及其他執行兒童及少年福利業務人員，於執行業務時知悉兒童及少年有下列情形之一者，應立即向直轄市、縣（市）主管機關通報，至遲不得超過二十四小時：一、施用毒品、非法施用管制藥品或其他有害身心健康之物質。二、充當第四十七條第一項場所之侍應。三、遭受第四十九條各款之行爲。四、有第五十一條之情形。五、有第五十六條第一項各款之情形。六、遭受其他傷害之情形（第1項）。其他任何人知悉兒童及少年有前項各款之情形者，得通報直轄市、縣（市）主管機關（第2項）。直轄市、縣（市）主管機關於知悉或接獲通報前二項案件時，應立即進行分級分類處理，至遲不得超過二十四小時（第3項）。」

離家之兒童或少年，依上述「兒童及少年福利與權益保障法」規定，警察得予暫時保護；依「警職法」之規定，對此情形，警察可依第19條第4款之規定，即「其他應予保護或救護情形」。兒童或少年均屬未成年人，如無故脫離家庭、逃學，流浪在外，警察查明後，依法須給予必要之保護，此屬警察協助私權之行爲。兒童流浪在外，可能受到危害、生病、缺乏生活照料、無經濟能力足以生活等。警察在主管機關介入保護前，如果發現有此情形，可先爲必要之保護、管束，並通知其家人。警察與兒童、少年主管機關之間，各別有其相關任務；對於「兒童、少年」事務，警察應屬輔助機關。主管機關依「兒童及少年福利與權益保障法」規定，有特定保護機制及得爲相關必要措施。在具體個案中，警察除先行實施管束、留置、保護外，並須儘速通知其家人或移送給主管機關爲後續之安置、保護。

四、實務與學術見解

（一）實務見解

1. 實施強制力之限度

使用「強制力」之實施人員，須依該事件之必要，依法定職權執行，不得逾越其必要範圍；同時，選擇強制方法之種類與強制之範圍或程序，應符合比例原則。由於即時強制之方法對人民權益影響較大，除必須具備緊急性與必要性之一般要件外，依「行政執行法」第37條至第40條規定，並須具備特別之要件，始得實施[36]。

2. 實施管束過當之責任

本件管束過當之情形爲[37]：「A於1997年2月18日凌晨3時許，在住

---

36 法務部91年10月8日法律字第0910039713號函。

37 最高法院92年台上字第1853號刑事判決。

處陽臺喧吵丟物，干擾鄰人睡眠，經人報警處理。警員B、C等到達樓下命A下來，未獲理睬……。被告B、C等竟基於犯意聯絡，一同出手毆打A，致A頭部裂傷出血……本件上訴人上訴意旨略以……被告等逮捕A後，將其一隻手吊銬在分駐所牆上，任其頭部流血，凌虐A達十五個小時，拒不送醫，亦不移送分局，迨其死亡才移送，應有遺棄之行爲。」

3. 適當機關或人員之所指

依「警職法」第19條第1項規定，得爲管束之情形及對象不一，故同條第2項所稱「適當之機關（構）或人員」，當視受管束之對象而定。例如警察執行勤務中，查獲中輟生、逃學（家）或涉及性交易之兒童、少年，而暫予執行保護性管束時，則應分別通知社政、教育機關（構）或社工人員[38]。

（二）學術見解

1. 管束是否須經過法院之許可

管束是否須由法院許可之問題，按人之管束，係未經當事人同意，且具有強制性拘束當事人之人身自由[39]。是否此種人身自由之拘束，皆應由法官介入以保障人權，學者看法各有不同，林紀東氏認爲：「行政官署，得於法定條件之下，對人身爲二十四小時以內之管束，其實質與憲法第8條之逮捕拘禁相仿，行政官署，既非司法機關，又非警察機關，則此項規定是否違憲？亦可研究。」蔡震榮教授認爲，即時強

38 內政部警政署民國92年11月21日警署督字第0920154185號函，「刑事訴訟法新修正條文暨警察職權行使法頒布後，各警察機關因應作爲及員警意見反映」專案督導通報，頁23-24。

39 相關日文文獻，請參考河本志朗，〈警察における国民保護措置－（特集国民保護法と救急医療：緊急対処事態に備えて（国民保護法における組織の対応））〉，《救急医学》，第42巻，第1期，へるす出版，2018年1月，頁23-28。米田雅宏，〈「警察権の限界」論の再定位：親密圏内における人身の安全確保を素材にして〉，《自治研究》，第93巻，第12期，2017年12月，頁27-51。

制多屬急迫性有即時處置之必要，發生期間多在晚上，且我國「行政執行法」上已對發動原因時機做相當嚴格之限制，並且限制於二十四小時內爲之；在我國執行機關多數爲警察，因此，應不違反「憲法」第8條之規定，應屬合憲[40]。實務機關與學者通說認爲，目前之管束，應不需有法院之介入；但李震山教授認爲「憲法」第8條之規定，並不區分刑事或行政案件類別，一有拘束人身自由之處分，即應受到憲法之規範，至於受法院許可方式，則可依事件性質之不同，採取經過事前許可或事後報告之方式，以符合憲法之精神[41]。

2.「警職法」與「行政執行法」之管束規定

有學者認爲依「警職法」之規定，對於「酒醉程度」之要件，顯較「行政執行法」爲寬鬆合理[42]。但因爲「警職法」之定性不明，解釋上若受「行政執行法」第1條之優先適用時，則「警職法」第19條之放寬酒醉程度規定，將毫無任何意義可言[43]。是故此二法律之間的適用優先順序關係，必須予以釐清。

有學者認爲，即時強制訂在「行政執行法」之中，實在是立法上的錯誤。蓋因行政執行與民事執行同，其主旨乃規定對公法上金錢給付義務及行爲、不行爲義務之履行程序，即時強制對當事人而言，本無義務存在，如何可以和公法上義務履行程度相提並論？其之所以訂在「行政執行法」上，僅因「強制性」之此一因素而已。是故，將即時強制逐漸改訂在各種行政法規中，以適應各行政機關達成行政任務之需求，無乃

40 蔡震榮，〈警察之即時強制〉，《警學叢刊》，第31卷，第4期，2001年1月，頁73。

41 李震山，〈論行政管束與人身自由之保障〉，收錄於《人性尊嚴與人權保障》，元照出版公司，2001年11月，增訂再版，頁228以下。

42 相關文獻，請參考林三欽，〈行政執行法「即時強制」專章應否廢除之思考〉，《東吳公法論叢》，第7期，2014年7月，頁231-234。

43 林明鏘，〈警察職權行使法基本問題之研究〉，《台灣本土法學雜誌》，第56期，2004年3月，頁122。

是行政法規細緻化後之必然結果[44]。本文則採後說，認為「警職法」之管束規定，應屬特別法性質，應優先適用。

3. 管束與逮捕之區別

管束是行政機關暫時拘束人身自由之措施，純屬行政法之範疇；就手段而言，雖亦拘束人身自由，其目的卻是因救護或維持社會秩序之必要，非屬犯罪偵查目的，與刑事強制處分之逮捕有別。「管束」與「刑事處分」，應有如下之關係：(1)同屬國家公權力之行使，原則上屬合法型態，但涉不法行為仍應追究；(2)行政機關限制剝奪人身自由時，亦應受到憲法及提審法規定之限制；大法官會議議決釋字第392號解釋認提審法不以非法之逮捕拘禁為限，亦包含管束之手段；(3)屬於人身自由之侵犯，其手段之形式，二者相類似，均應遵守比例原則；限制與剝奪人身自由，不論是否移送法院均應即時處理，不得以二十四小時為法定拘束時間[45]。

參、問題探討

一、實務問題

（一）再次管束之合法性

依「警職法」第19條規定，對人管束之時間不得超過二十四小時。從立法目的言，本條主要在保護人民之生命、身體法益。其執行

44 鄭善印，〈警察職權行使法總論——以職權行使之法律性質為焦點〉，收錄於《「刑事訴訟法與警察職權行使法」研討會論文集》，中央警察大學行政警察學系，2003年12月，頁93。另相關文獻，請參考米田雅宏，〈脱警察化と行政機関に対する警察の役割（1）—「隙間なき危険防御」の法的位置づけ—〉，《北大法学論集》，第65卷，第5期，2015年，頁181-237。

45 康順興，〈行政執行法中警察管束類型化之探討〉，《警學叢刊》，第30卷，第3期，1999年11月，頁268。

之時間限度，爲二十四小時以內[46]。遇有特殊情形，如管束時間已達二十四小時，依法必須解除管束。如被管束人之管束原因繼續存在，爲預防危害可採適當之方法繼續看護，直至主管機關、家屬到場，始予交付爲妥。但法律明確規定不得超過二十四小時，解釋上應認爲不得採取強制管束之方式。適當方法，如在管束達到二十四小時之後，告知可自由離去、經過被管束人同意等。

管束之執行程序，有超過二十四小時之需要，依「憲法」第8條規定須經過法院之許可，此時須由法院介入審查或向法院報告。對此，將來在本法修正時，對於特殊情形，應可增訂報請法院核准之相關程序規定。

（二）對酒醉駕車者之管束

依「警察法」第2條規定：「警察任務爲依法維持公共秩序，保護社會安全，防止一切危害，促進人民福利。」有謂任務賦予之同時，便授權管轄機關，有權採取必要之措施，如此方能切合實際，不危及警察之效率[47]。但如於執行時當事人不願配合，拒絕接受管束，可否以強力執行之。因法律上授權未明確，容易發生問題[48]。實務上，警察取締交通違規行爲，對於酒醉駕駛人，如施予強制留置，因法無明文規定，是否可依「警職法」之管束職權規定，爲執行依據？易造成困擾。如該情況爲非管束不能防止危害，則應持肯定說。惟是否達「非管束」不能防止其危害，則應視危害發生之具體性、執行必要性而定。

從執行目的上言，爲取締違規目的之實施酒測所使用之強制力，與爲保護目的之實施管束所使用之強制力，二者發動之目的有所不同。在此僅能依各自必要之目的、範圍內，各別實施。對於酒醉駕車者，除

46 二十四小時之時間，警察應可爲必要之聯絡、移送；因此類案件亦不宜由警察長時間的照料。

47 法務部（84）檢（二）字第1037號函。

48 李震山等，《警察職務執行法草案之研究》，內政部警政署委託，1999年6月，頁368。

違反交通法規依法處罰外，如符合「警職法」之管束「條件」規定，已達到「非管束不能救護其生命之危害」程度者，則得進一步加以「管束」。

（三）市區遊民集中管理之合法性[49]

對於街頭遊民，爲防止發生治安事件、影響環境衛生等，可否依「警職法」之規定，予以管束、強制收容？從法律要件上檢視，其要件應不符合。實務上執行遊民強制隔離之措施，爲依據「傳染病防治法」之規定。依該法規定：「曾與傳染病病人接觸或疑似被傳染者，得由該管主管機關予以留驗；必要時，得令遷入指定之處所檢查，或施行預防接種等必要之處置。」依上述規定屬衛生法上之即時強制，其構成要件是否明確[50]？有待探討。遊民是否符合「曾與傳染病病人接觸或疑似被傳染者」？須有具體客觀之事實爲依據，經認定後，始得實施本項之強制收容。

「警職法」之管束要件，對於遊民、流浪之人，依外觀事實觀察，如已生病、有精神病狀、顯需受協助，非由主管機關、警察介入保護、管束，可能病危、餓死或有傳染病，其可能發生自身危害、危害第三人或已發病必須儘速送醫等情況時，警察得依當事人意願或依具體情形，依「警職法」之規定實施保護性管束，將其送至相關處所治療；但如未達可能受危害之程度，則不符合要件，尚不得實施管束。

一般流浪漢在市區活動，影響環境衛生、交通、營業等，造成社會問題。對於市區的遊民、酗酒人、流浪漢等，警察機關採取勸導、取締，只是一時性之作法。有關安置、處理流浪漢之方法，一般採取勸導、協助之方式，將其送至社會局所屬之安置處所[51]。如屬緊急情形，

---

49 請參考陳正根，〈遊民與基本人權之保障〉，《國立臺灣大學法學論叢》，第39卷，第4期，2010年12月，頁117-165。

50 有關執行遊民強制隔離之問題，如《中國時報》，2003年5月12日報導。

51 有時尚因流浪漢非屬本市之市民，而無法被收留。對於路倒之流浪漢，一般警察將其送

無其他專門法律特別規定，應可適用「警職法」之管束規定，暫時加以保護。依管束之要件，一般流浪漢（遊民）如無受到危害情形，並不符合管束（強制保護）的要件。

（四）對離家少年之管束

對無故離家或逃家、逃學之少年、兒童，一般須予保護。因其可能在外無法獨立生活、受到引誘而犯罪、受到不法分子利用、受到危害等。警察發現被協尋之離家少年、兒童，應予保護、管束，並通知其親人及有關機關。

對此事實之認定，可從具體事實之外觀發現少年、兒童之行爲可疑，從盤查中得知爲離家少年、兒童，應保護、暫時管束其自由。警察此職權，爲依「警職法」第19條第4款之規定，屬法定職權，無涉「妨害自由」之問題。但如成年人之離家者[52]，如無意識不清、受到危害必須即時救護情形，尚不可援引「警職法」之規定，予以強制管束[53]。

（五）對酒醉者之強制保護問題

警察爲制止行爲人飲酒滋事，依具體狀況採取對行爲人強制管束及保護措施，但可能發生當事人提出被警察傷害，向法院告訴之事件。造成警察執行「管束」之合法性界限問題[54]。對此問題之釐清，除要有法

到醫院，後續之治療及辦理住院之程序，須由社會局等相關單位負責。李震山等，《警察職務執行法草案之研究》，內政部警政署委託，1999年6月，頁368。另相關文獻，請參考米田雅宏，〈脱警察化と行政機関に対する警察の役割（2・完）—「隙間なき危険防御」の法的位置づけ—〉，《北大法学論集》，第66卷，第1期，2015年，頁1-54。

52 河上和雄，《詳釋警察官職務執行法》（全訂版），日世社，平成9年（西元1997年）1月，頁155。

53 成年人之離家，因其非少年有自立能力；且離家有各種之原因，如無違反其他刑事法律，警察自不得任意拘束其自由。一般只是採取詢問原因、查證身分或勸導其返家等適當之方式處理。

54 李震山等，《警察職務執行法草案之研究》，內政部警政署委託，1999年6月，頁368-369。

律之明確授權外，執行過程亦應遵守相關原則；並須對於管束之要件、處理程序、實施限度等充分瞭解。

警察對酒醉行爲人，施以強制保護，致使該行爲人受傷。其執行之合法性如何？是否可主張免責？如該被保護人提出傷害告訴，警察之管束，有無超出合法之範圍，是否構成傷害罪責[55]等，似應視具體個案而定，不可一概而論。一般如未違反比例原則，執行符合必要性，應屬依法令之行爲。

（六）管束與提審

警察執行管束，如被管束人提出提審之請求，警察應遵守提審法相關之規定。

「提審法」第8條：「法院審查逮捕、拘禁之合法性，應就逮捕、拘禁之法律依據、原因及程序爲之（第1項）。前項審查，應予聲請人、被逮捕、拘禁人及逮捕、拘禁之機關到場陳述意見之機會。必要時，並得通知相關第三人到場陳述意見（第2項）。」本條第2項條文規定法院就逮捕、拘禁合法性之審查，應予聲請人、被逮捕、拘禁人及逮捕、拘禁之機關到場陳述意見之機會。必要時，並得通知相關第三人到場陳述意見。本條項之規定在解釋上當有第7條第2項之適用。但在多數聲請人之情況下（如本人、他人同時爲聲請人時；及多數他人爲同一法院之聲請人時；及多數他人爲不同法院之聲請人時），基於抗告權歸屬之不同（見第10條第1項），原則上仍應通知各該聲請人到場陳述意見。但如聲請人（不包括被逮捕、拘禁人本人）、逮捕、拘禁機關之人員及相關第三人如已表示不願或無法到場陳述意見時，基於「即時救

55 警察因實施管束，造成傷害之訴訟案件，該案其偵查期間經過一至二年，期間不斷傳訊警察，造成警察執勤上之挫折感。有謂警察之實施管束，因此被告，實無法理解。在此，如有法制化之規定，明定警察得施予「強制保護」之要件，其執行自有法律依據。李震山等，《警察職務執行法草案之研究》，內政部警政署委託，1999年6月，頁368。

濟」精神，法院仍應逕行就逮捕、拘禁之合法性爲審查[56]。

二、理論爭議

（一）「管束」名稱之妥當性

管束含有保護、制止、限制當事人行動自由之意。爲預防危害之必要，對行爲人之人身自由予以暫時限制。在此，須防止以保護之名，而實施爲其他目的之拘束人身自由之實。因此，執行之法定構成要件，須符合明確性要求。管束雖有保護之意，以防止當事人受到危害或避免造成他人之危害；但「管束」亦具有檢肅、制止、制裁、處罰之意。管束之名稱，依日本「警察官職務執行法」之規定，已改成「保護」之名，目前我國「警職法」中使用「管束」之名，是否符合時宜，有待研究[57]。並有學者對此規定，提出不同看法。以「管束」或「保護」爲名，屬形式上「名稱」用詞不同，其重點應在實質之實施要件、程序，是否符合法律保留原則，及要件規定是否有明顯侵害人權之虞爲重點。依目前我國實務上之管束職權運用，其性質界定在服務、制止、救護、保護、協助私權等防止危害之目的，未有明顯之「不恰當規定」的問題。

（二）「管束」是否須經當事人同意

管束之措施是否須告知當事人及經過當事人之同意，從保護當事人之觀點言，對瘋狂、泥醉者，因當事人已無清楚意識，其自身可能受到危害，須即時管束，可解釋爲不須告知當事人及得到當事人同意，屬強制管束之範圍。但如當事人意識尙清楚，可自行決定就醫或返家，對此仍須視具體情形、危害程度而定[58]，此屬任意性管束之範圍。且須避免

---

56 許旭聖，〈修正後提審法之相關實務問題研析〉，《司法新聲》，第112期，頁41。

57 另請參見梁添盛教授（發言內容），「警察職權行使法評析」研討會，《台灣本土法學雜誌》，第56期，2004年3月，頁134-135。

58 日本「警察官職務執行法」第3條第2款規定，有關保護之第二種情形爲「迷童、病人、

以保護之名，執行其他行政、刑事調查之目的事項，而造成違法。

依本條規定之四款情形，是否可違反當事人之意願管束，在條文中並未明定，解釋上應屬肯定。但適用時亦應考量：1.視當事人之意識是否清楚而定，如已意識不清無法判斷、精神喪失等，可能危害自身或他人，則得強制管束[59]；2.如本人意識尚清楚，未達本條規定「非管束不能救護」之危害程度，則不得強制管束；3.對欲行自殺之人，可即時制止其行爲，但不得長時間拘束其自由[60]。

三、案例解析

◎對酒醉滋事者管束所造成之傷害，執行人員法律責任之有無

（臺灣高等法院92年度上訴字第3181號刑事判決）

（一）摘要

被告警員A於到場處理，喝令制止告訴人時，遭告訴人撲倒並抓傷等情，亦經上述證人C證述明確，並有受傷之診斷證明書……告訴人B於當時顯非酒醉，而係藉酒滋事，此由告訴人於本院陳明其當時意識清楚……復觀諸告訴人B警訊錄影帶中應訊舉止，話多、重複、違反常理之爭辯等情，可認告訴人於被告前往處理當時係藉酒無理生事。足見被告A係於告訴人藉酒滋事，涉有毀損、攻擊執法警員致傷等情形下，始將告訴人強制壓制戴上手銬帶回警局處理，衡諸其處理情節，尚難謂被告二人所爲有何不法或不當之處，遑論被告二人有不法傷害告訴人之情。

受傷者等無適當的保護人照料時，認爲有緊急救護之必要者（但本人有拒絕的情形時除外）。」

59 警察實施管束之處所，應另外設置並考量包括安全上之設施，不宜放任「被束人」留置在辦公處所。

60 田宮裕、河上和雄編，《大コンメンタール警察官職務執行法》，青林書院，1993年8月，頁249-250。

（二）研析

本件「藉酒滋事者，是否符合本款之管束要件」。原法律之規範，皆在保護特定之法益。警察之即時強制，其目的在阻止犯罪、防止公共安全之急迫危害及保護人民之生命、身體、財產安全[61]。對於其他違反行政義務或有緊急情形而不及通知當事人或縱已通知當事人，如預見其無法即時排除危害時，爲保護公共利益或個人法益，得行使即時強制之職權。本件情形，依「警職法」第19條第1款規定，管束之要件爲「瘋狂或酒醉，非管束不能救護。」當事人飲酒滋事，雖未致泥醉不醒人事之程度，但因其有不法攻擊警察、毀損行爲。「警職法」得管束規定要件之所謂「酒醉」，並不須達到醫學上或刑法上之「精神喪失或耗弱」程度[62]，解釋上依具體情形，如已構成「非管束不能救護」或防止危害之程度，即得實施管束。

四、問題提出

（一）通知家人及其他機關

警察執行管束後，若無其他家屬或機關人員得接替警察行使保護之權限時，警察應如何執行後續之工作？是任由受管束人自行離去？或於該適當之人員未接手前，仍持續予以管束？此時，得否受二十四小時最長時限之拘束？警察機關及人員得否構成「警職法」第19條第2項所稱之「適當機關或人員」[63]？

對上述問題，除管束時間已說明過之外，另「警職法」雖然規定在管束之後，須通知其親屬及有關機關。但實際上，如無法通知到其親

---

61 相關日文文獻，請參考鷲見哲太郎，〈条文徹底攻略現場で役立つ警察官職務執行法（第6回）保護（その1）〉，《警察公論》，第73卷，第7期，2018年7月，頁18-32。

62 田宮裕、河上和雄編，《大コンメンタール警察官職務執行法》，青林書院，1993年8月，頁245。

63 林明鏘，〈警察職權行使法基本問題之研究〉，《台灣本土法學雜誌》，第56期，2004年3月，頁123。

友，而聯繫其他之有關機關，即非常重要。其他有關機關，依法亦有保護當事人之職責。警察與其他有關機關間，如與消防機關、社會局、衛生局等機關，亦應訂定一聯繫及業務之分工辦法，此則爲後續之問題。

（二）管束之告知

實施管束之職權，具有干預當事人之人身自由性質，是否須明確告知當事人管束之依據、管束之時間、當事人得主張之權益等？如對於未告知情形，可能引起誤解或有侵害人身自由等問題，亦待後續研究。

（三）司法院第708號解釋有關移民收容之問題

在本號解釋理由書提及：人民身體自由享有充分保障，乃行使其憲法上所保障其他自由權利之前提，爲重要之基本人權。故「憲法」第8條第1項即明示：「人民身體之自由應予保障。除現行犯之逮捕由法律另定外，非經司法或警察機關依法定程序，不得逮捕拘禁。非由法院依法定程序，不得審問處罰。非依法定程序之逮捕、拘禁、審問、處罰，得拒絕之。」是國家剝奪或限制人民身體自由之處置，不問其是否屬於刑事被告之身分，除須有法律之依據外，尙應踐行必要之司法程序或其他正當法律程序，始符合上開憲法之意旨（本院釋字第588號、第636號解釋參照）。又人身自由係基本人權，爲人類一切自由、權利之根本，任何人不分國籍均應受保障，此爲現代法治國家共同之準則。故我國「憲法」第8條關於人身自由之保障亦應及於外國人，使與本國人同受保障。

第20條（使用警銬）

警察依法留置、管束人民，有下列情形之一者，於必要時，得對其使用警銬或其他經核定之戒具：

一、抗拒留置、管束措施時。

二、攻擊警察或他人，毀損執行人員或他人物品，或有攻擊、毀損行為之虞時。

三、自殺、自傷或有自殺、自傷之虞時。

警察對人民實施查證身分或其他詢問，不得依管束之規定，令其供述。

壹、立法緣由

一、立法理由與目的

警察依法留置、管束人民，於必要時得對其使用警銬或其他經核定之戒具（如腳鐐等），因其攸關人民自由權利，應受法律保留原則之限制，爰參考「德國警察法標準草案」第40條規定，於第1項予以明定[64]。

對於被管束、留置之人，有暴行或精神錯亂行爲，在帶往警察勤務處所或醫院途中，如有必要得對行爲人使用警銬等「戒具」，以避免發生危害。依照具體狀況在警察保護室內亦得使用警銬。警察之管束、保護，爲該人依具體情況，屬緊急須予救護，並限於此目的內之作爲，而非爲犯罪預防與偵查目的。因此，在作法上與實施過程中，須注意其適當性[65]。

---

64 《警察職權行使法逐條釋義》，內政部警政署編印，2003年8月，頁72。

65 河上和雄，《詳釋警察官職務執行法》（全訂版），日世社，平成9年（西元1997年）1月，頁162-163。

二、法理基礎

警察依法管束、留置行為人，得以實施必要之實力，以達成警察目的。一般之實施方式，以腕力為已足。但有特殊情形，如行為人抗拒、攻擊執行人員、自傷等，可能造成其他傷害。此時，必須為另外之安全性保護措施。因此，本條規定在合於要件情形，得對行為人使用警銬及其他經核定之戒具。

對行為人使用警銬及戒具，將造成行為人人格上之極大傷害[66]，其使用必須相當謹慎。因此，使用上除符合法定要件外，另實施之必要性、妥當性等，均須予以考慮。

警銬屬警械之一種，惟其之危險性質不若警槍之使用，可能立即造成相對人之傷害。但對其使用之目的、效果，亦應限制在制止被管束人之抗拒、暴行、危害行為。對於有其他不法或重大危害行為，另可依據「警械使用條例」之使用槍械規定，使用警槍[67]。在「警械使用條例」中，已對警槍之使用訂有明文，「警職法」中則不再另行規定。

警察使用警銬及其他經核定之器械，其目的在於管束行為人對己身及第三人之可能造成危害，為出自保護之目的。使用前，該行為人須有符合本條所規定三款情形之一，且為預防危害經認為有必要時，得使用警銬。此須考量具體危害發生之可能性程度。

三、相關條文

「警械使用條例」第1條：「警察人員執行職務時，所用警械為棍、刀、槍及其他經核定之器械（第1項）。第一項警械之種類及規

---

66 另請參考陳景發，〈論警察應勤裝備器材之攜帶使用的法問題〉，《中央警察大學法學論集》，第31期，2016年10月，頁49-76。鄭羽軒，〈警察職權行使法問題研析〉，《全國律師》，第20卷，第5期，2016年5月，頁55-70。

67 有學說認為使用警槍，已超過警察權之界限，屬於警察急狀權之範圍。宍户基男、宮脇磊介，《新版注解警察官職務執行法》，立花書房，平成6年（西元1994年）8月，頁166。

格，由行政院定之（第3項）。」

貳、條文解說

一、名詞解釋

「警銬」爲警械之一種，其種類依「警械使用條例」規定，爲經行政院核准之器械[68]。警察職權行使過程中，爲預防危害對被管束人或依法被留置人於必要時得使用警銬或制止性、安全性之器械。使用之警銬及其他器械，必須是法定之警銬及其他經核定之器械。另其使用之要件，須符合本條之規定。

廣義警銬應包括束帶，如參考「法警職權行使法草案」第32條立法說明：爲達管束之實效，並符法警實務所需，於法警實施即時強制時，如遇受留置或管束之人，以不正方法抗拒，或有危害自身或他人生命、身體、財產之虞者，宜允法警施用戒具輔助。法警實施即時強制，與一般行政機關實施之強制，其最大差異在於警械及戒具之使用。法警因任務之特性，實施即時強制使用警械及戒具，學理與實務均予肯認，惟考量受留置或管束之人之行爲，非屬具法敵對性之犯罪或違法、違序行爲，基於法治國原則之比例原則之要求，就警械或戒具之使用，應以警棍或束帶爲原則，避免過度侵害受留置或管束之人之基本權利，爰參考警察職權行使法第二十條之規定，於本條予以明定[69]。

68 在警械使用條例中，並未規定「警銬之使用要件」，以往一般之使用警銬僅依屬「經核定之器械」、「於必要情形」二個要件衡量使用警銬之必要性與合法性。

69 《立法院第九屆第三會期第八次會議議案關係文書》，106年4月5日，委56-57頁。

二、實體要件

本法第20條所規定得使用警銬之要件[70]，爲對於被留置、管束之人民，於必要時得使用警銬等戒具。其使用之要件，依第1款規定，爲抗拒留置、管束者。第2款規定，爲攻擊警察或他人者或有攻擊之虞者。第3款規定，爲自殺、自傷或有此之虞者。此處「之虞」，表示依客觀事實，很有可能發生該危害行爲之謂。「必要時」指未即時制止，該當事人或第三人即有可能受到危害之謂[71]。

「抗拒留置」之意，如消極不配合管束之措施、有欲逃逸跡象、抵抗警察對其施以管束等。使用警銬須符合本條規定之要件；如不符合本條之規定，任意對人使用警銬，則有妨害自由之刑責問題。

第2款「攻擊警察或他人」之意，其前提爲該被管束人，已由警察介入管束之中；或依法被留置之人，在實施留置中。該行爲人如有意識不清、心神喪失致危害他人情形；或行爲人對於警察、第三人、公物、他人物品有攻擊或破壞之動作或行爲之謂。對於人身自由之拘束，依憲法原理必須經過法院之許可，方符合「憲法」第8條之人權保障精神。但遇有特殊情況，如仍依一般程序申請，等待法院決定方爲執行管束、使用警銬，則危害已經造成，將不符合國家防止危害、保護人民權利之目的。

「留置」與查證身分之帶往警所，爲不同概念[72]。此種限制「留置」之定義，是否過於狹隘，尚有討論空間。如被管束人無法一時查證其身分，有符合使用警銬要件時，自得使用警銬。其他被留置人，應指依法可暫時拘束行爲人之自由，使其暫時留在勤務處所之人。如依法調

---

70 另請參考陳俊宏，〈使用警銬相關問題之探討〉，《警專論壇》，第7期，2013年6月，頁59-68。陳景發，《警械使用之法的制約》，中央警察大學出版社，2013年9月。

71 另請參考陳英淙，〈探討警察法之危害概念〉，《政大法學評論》，第140期，2015年3月，頁163-222。林明鏘，〈比例原則之功能與危機〉，《月旦法學雜誌》，第231期，2014年8月，頁65-79。

72 《警察職權行使法逐條釋義》，內政部警政署編印，2003年8月，頁72。

查中、尚在被執行查證身分之人、被保護之人、嫌疑人、違序被調查人等。如有符合本條規定之各種情形，應可使用警銬。立法理由，只採形式上之符合「留置」用語，限制於只對特定違法之人，似過於狹隘。解釋上被帶往警所之人，如有類似本款之攻擊警察行爲，得以強制力制止之；其行爲如已符合本條之使用警銬規定，自可適用。

三、程序要件

對於被「查證身分」之行爲人，不得援引「管束」方法，使其供述。如採取留置時間過久、使用戒具等。查證身分與管束之目的、要件、危害性等均不同，自不可任意援用不同之職權措施，違反法律之授權範圍，造成侵害人權之結果。

警察使用警械之種類、時機、方法及相關責任與補償，已在「警械使用條例」中，有完整之規定。該條例主要規定，使用警棍、警刀、警槍之時機與程序，並得同時使用經核定之器械。該條例明確規定使用警棍、警刀、警槍之時機，主要考慮警械之使用，造成當事人之危害性、殺傷力較大，須有一定之嚴格要件，始得爲之，以確保人民生命、身體之安全。

「警械使用條例」中之其他經核定警械，尚有催淚彈、警銬、捕繩等，依本條例規定得併爲使用。此其他器械之使用，並無明確之要件，使用警銬之時機，一般常以刑事犯罪之嫌疑犯爲使用對象；對於制止行政危害之管束對象，長期以來因法無明文，並不常使用。

本「警職法」對於使用警銬等器械之明文規定，在此可輔助警察職權之行使，保護行爲人或第三人、警察之安全。

四、實務與學術見解

（一）實務見解

第1項所稱「依法留置」之情形，係指警察依有關法律，如早期之

「檢肅流氓條例」、原「社會秩序維護法」第47條等規定，對相關行為人所為之留置[73]。

警銬為警械之一種，手銬為刑事戒具之一種，兩者雖為同一種器械，惟適用之法令不同。警察機關、憲兵單位或駐衛警察單位持有者為警銬，司法機關或其他依法負有維持治安任務之機關持有者為手銬；前者係依據「警械使用條例」之規定列管；後者則適用「監獄行刑法」、「羈押法」及「保安處分處所戒護辦法」之規定。除此之外，其他人員持有者一律以「警銬」論，非經內政部之許可，不得定製、售賣或持有，違反者由警察機關沒入。司法機關或其他依法負有維持治安任務之機關可逕向承製廠商定製手銬。警銬則依據「警械使用條例」第13條之規定辦理。惟警銬之外銷授權由各當地警察局審核辦理[74]。

（二）學術見解

「警職法」與「警械使用條例」之關係，有學者認為「警械使用條例」其實已經對警察人員之使用警械的種類與時機作了相當完整的規定，包括防衛性的武器（如警棍）連交通指揮棒都有規定[75]。「警械使用條例」第2條提到警察可以使用警棍，警棍的概念便涵蓋交通指揮棒；還有攻擊性的武器，如刀、槍及其他器械（包括手銬）。警察機關依「警械使用條例」使用手銬，受到比較嚴格的拘束，因為「警械使用條例」第4條要件很嚴格，但「警職法」卻把它擴大，只不過掛一漏萬，何以不修改「警械使用條例[76]」？亦可供將來修法時參考。惟手銬屬不具有殺傷力之器械，原在「警械使用條例」中未規定其使用要件，

73 《警察職權行使法逐條釋義》，內政部警政署編印，2003年8月，頁72。

74 內政部77年4月14日台內字第583944號函。

75 相關日文文獻，請參考澤田あすか，〈条文徹底攻略現場で役立つ警察官職務執行法（第16回・完）武器の使用（その2）及び他の法令による職権職務〉，《警察公論》，第74卷，第6期，2019年6月，頁9-22。

76 洪文玲（發言內容），「警察職權行使法研析」研討會，《台灣本土法學雜誌》，第56期，2004年3月，頁138。

於「警職法」中規定，亦具有相當意義。

實務上警察處理違法或暴行案件，對行為人帶案調查，行為人如有抗拒，是否即符合本法規定之使用警銬情形，有待探討。原則上使用警銬須符合本條規定之要件。在本條規定中，既然已對使用警銬有所明文，適用上應優先於「警械使用條例」。

參、問題探討

一、實務問題

◎檢查行為人身體及物品之限度

對被管束人，警察得檢查其身體及所攜帶之物品。以防止其己身或造成他人、警察之危害。檢查當事人所攜帶物品，有如「刑事訴訟法」之搜索，已造成人身自由及隱私之極大侵害，一般搜索依法必須持有搜索票或符合緊急逮捕、拘提之要件，始得實施。本項警察得檢查行為人之身體及所攜帶物品，其前提必須該行為人已符合「管束」之要件。

實施檢查與危害發生之間，應有相關性與必要性。如預見行為人攜帶危害本身之物品或器械，或有攜帶危害他人之物品，則可為檢查、制止並扣留該物品。檢查限度亦應僅及於此，不得實施不必要之檢查或以非保護之目的，而實施其他目的之檢查，此為不合比例原則及違反本條規定之目的，屬違反本條之規定。

二、理論爭議

◎使用警銬之必要性程度

「警職法」授權警察機關得採取管束之措施，可能發生以管束之名，而任意使用警銬之侵害人權問題。惟任何良善之法律，在執行過程中，皆有可能發生流弊，因此在監督機制上，首先是檢討法定要件是否合適之問題。如「抗拒留置」，必須要有抗拒之具體事證，始足當之，如僅是言語上之不配合，則尚不構成。第二，須遇有必要時，所謂「必要」之使用警銬，應是不得已之措施，其使用所造成之侵害爲最小，且無其他更適當之方法可爲採行之最後措施。如尙屬不必要程度或另有其他方法可爲採行，便不得使用警銬。

三、案例解析

◎對違法嫌疑酒醉者之使用警銬，屬執勤上之必要

（臺灣高等法院92年度上易字第1617號刑事判決）

（一）摘要

被告雖辯稱其遭警察毆打……惟據告訴人指訴：「被告酒醉砸店、出言恐嚇並公然辱罵執勤員警，遭逮捕後，其與女兒、被告、警員同坐警車至派出所，在車上被告態度一直很兇……過程中警員並未對他施暴……但因他言語不斷干擾員警對我製作筆錄，所以由一位員警對他一隻手上手銬，但他不斷拉扯手銬，好像自殘一樣……。」等語，核與證人證稱被告辱罵員警，並拒絕配合上警車經警強制帶回派出所等情節相符。

（二）研析

本件行爲人違法對人施暴，且有酒醉砸店之行爲，已屬違反「刑法」毀損罪之現行犯，警察得依法將其逮捕。警察制止危害時，應注意須符合比例原則，不得超過必要限度。本件使用警銬之適法性，依「警職法」第20條規定[77]，該行爲人應已符合「抗拒留置、管束措施」之要

---

[77] 相關文獻，請參考鄭善印，〈警械使用條例修正之研究〉，《臺灣法學雜誌》，第395期，2020年7月，頁1-6。

件。惟警察使用警銬[78]因對人身自由造成重大干預，其法律要件應嚴謹認定。如合法使用警銬造成行爲人受傷，是屬執行過程中所不可避免，屬依法令之行爲，自得阻卻違法。

四、問題提出

◎其他情形「依法留置、管束」之使用警銬

「警職法」第20條規定使用警銬之範圍，僅對「依法留置、管束」時之使用。「警械使用條例」配合其他警察依法行使職權有必要時，亦得使用。比較上後者之使用範圍，則較廣泛。使用警銬之要件，須在「依法執行職務」中，且屬「必要」之情形時，始得爲之。「警械使用條例」使用警銬及其他戒具之範圍，是否會因「警職法」之施行而受影響，亦待研究。

肆、其他

「德國聯邦直接強制法」[79]第二章第8條（對於人員施以鐐銬）：「被執行公務員扣押之人員，得施以鐐銬，如（一）該人員有攻擊執行公務員或第三人之危險，或反抗者；（二）該人員意圖脫逃，或經評估所有事實，特別是考量防止脫逃之個人關係及情況，該人員有脫逃之虞

78 民國45年1月12日台上字第31號判例：「本件上訴人爲派出所警員，因某甲違警被其處罰後，風聞某甲將不利於己，乃擅行通知某甲到所，即以手銬將其銬扣於椅背，自難認爲依法執行職務。當時某甲並非酗酒泥醉，亦與『行政執行法』第七條（舊）所定情形不符。即依『警械使用條例』更無執行警務而使用手銬之規定。其竟濫用手銬加諸於人，實難卸免假借職務上之權力妨害自由之罪責。」依本件案情行爲人尚無具體違法或可疑之情事，且無危害警察之行爲、暴行，警察對其通知至派出所並對其使用警銬，不符行使職權之要件。

79 李建良譯，〈德國聯邦直接強制法中譯文〉，《政大法學評論》，第63期，頁197-201。

者；（三）有自殺危險者。」

第21條（扣留危險物）
警察對軍器、凶器或其他危險物品，為預防危害之必要，得扣留之。

壹、立法緣由

一、立法理由與目的

警察爲維持公共秩序，保護人民生命、身體安全，對可能造成危害之物品，得予扣留。爲遵守法治國家之依法行政原理，立法者必須授權警察得對特定範圍、可能造成危害之物品，於必要時得扣留之職權。

依本條之立法理由謂：「警察於執行職權、預防危害時，若發現有危險物品，理應賦予得扣留之權，故仿行政執行法第三十八條，設得扣留危險物品之規定。至於扣留物品所應遵行之程序，及扣留物品後之處置，悉依本法其他規定[80]。」

二、法理基礎

警察一般依法所扣留之物[81]，有危險物、違禁物、查禁物等，其處理程序各依有關法律，如「刑事訴訟法」、「社會秩序維護法」、「行政執行法」等規定程序。可扣留物品之種類，有現在之危險物，如狂犬；有抽象之危險物，如槍砲；有具體之危險物，如酒醉駕車者之車

80 《立法院議案關係文書》，院總第915號，2003年6月4日，頁131。
81 其範圍是否包括遺失物，如從法律目的、性質上而言，應有所區分。因此，其處理程序，應有不同。

輛。不論該物是否已造成危害發生，依法均得扣留[82]。

「警察法」之扣留物品，以有危害迫切或預見危害情形為限。扣留物之處理並依照一定法律程序，如屬「沒入物品」則依警察特別法之授權訂定內部處理沒入物品之規定[83]。一般警察機關之扣留物，均不作留作公用的建議或處理。對於違法、違規之物品，警察得扣留，扣留時須發給所有人或保管人收據，機關首長並應署名，並將所查扣之物品，移送相關負責單位處理。

一般警察扣留之物品，為何種違法物品？依「刑法」第34條規定，如該物品屬於「違禁物」者，得加以扣押。「查禁物」部分有關處理的規定，依「社會秩序維護法」授權訂定有「沒入物品處分規則」，一般依此規則辦理[84]。如扣留之物品並非「違禁物」或「查禁物」，行為人之違反義務行為亦非重大，為兼顧行政目的與人民私權，多有以暫時拘束財產權而無終局剝奪效果之「扣留」處分代之[85]，於後續並可能予以發還。

三、相關條文

1.「行政執行法」第38條第1項：「軍器、凶器及其他危險物，為預防危害之必要，得扣留之。」

2.「集會遊行法」第23條：「集會、遊行之負責人，其代理人或糾察員及參加人均不得攜帶足以危害他人生命、身體、自由或財產安全之物品。」

3.「集會遊行法」第33條規定：「第二十三條規定之物品，不問

82 宮田三郎，《警察法》，信山社，2002年7月，頁110。
83 如依「沒入物品處分規則」第4條規定：「沒入物品，依左列方法分別處分之：一、留作公用。二、拍賣或變賣。三、廢棄或銷毀。四、移送有關機關。」
84 李震山等，《警察職務執行法草案之研究》，內政部警政署委託，1999年6月，頁373。
85 蔡茂寅，〈行政罰之沒入與即時強制〉，收錄於《月旦法學教室（1）——公法學篇》，2000年9月，頁121。

屬於何人所有，均得扣留並依法處理。」

貳、條文解說

一、名詞解釋

（一）扣留

扣留（Sicherstellung）者，係結束權利人（所有權人，占有人）對物之管領，經由此，警察（或警察之委託人）以危害防止爲目的，形成一種公法上之保管關係。扣留之標的得爲動產與不動產。扣留並未改變所有權關係，而是改變占有關係[86]。

（二）軍器、凶器及其他危險物品

「軍器」爲國家軍隊所使用之武器，爲保衛國家存立所使用，有其特定之目的，一般人不得任意持有；「凶器」一般可作爲傷害他人之用，包括固體、液體之物。依法律禁止私人持有或管制物品，如違禁物品。另物品在使用上亦有限制，如於一定場合不得任意攜帶、持用而做爲危害他人之用。「警職法」本條文規定之造成危害之物品範圍，如化學強酸、強烈腐蝕之化學液體等，均得暫時扣留、保管。「凶器」，泛指一般可造成危害他人生命身體之器械。與「刑法」上之凶器定義應屬相同。其有本質上凶器的槍枝、獵槍等各式槍械、刀、劍、小刀、菜刀等刀劍類，黏著性等攻擊武器、汽油彈、炸彈等爆裂物，硫酸、鹽酸等劇烈化學物品；用法上的凶器，如球棒、金屬管、錐子、鉗子、螺絲起子等均包括。有判決認爲長約1公尺的角材，亦爲凶器。但是附有傾倒臺的貨車，雖也可以做爲殺傷人的用具，但在外觀上並不具備凶器的特

---

86 李震山譯，《德國警察與秩序法原理》，登文書局，1995年11月，中譯二版，頁151。

性，不能認爲是凶器[87]。

「其他危險物品」，指凶器之外，可造成人身立即危害之固體、液體、氣體之器物。

二、實體要件

依「警職法」第21條規定：「警察對軍器、凶器或其他危險物品，爲預防危害之必要，得扣留之。」造成危害之意，依警察法概括條款之危害，係指「在順利進行下，因物之狀況（Zustand）或人之行爲（Verhalten），極有可能對公共安全或公共秩序造成損害（Schaden）之一種情況（Lage）。」由此可知，危害防止即損害防止（Schadensabwendung），而危害之構成有兩大要素，其一是損害，其二是損害之發生有可能性（Wahrscheinlinkeit）[88]。

「警職法」對物品扣留之規範（第21條至第24條），不僅較「行政執行法」第38條規定細緻完備，亦較對人管束規定爲多[89]。本條所稱扣留之對象——「軍器」，有一定之種類，以供作軍事目的使用之意。

「軍器」、「凶器」之意涵，如上述。其他相類似之名詞，如「違禁物、查禁物」，其意義亦有所不同，以下述之。

「違禁物」指法律禁止一般人製造、販賣、運輸、持有或行使之物[90]。學理上，違禁物可分爲絕對違禁物與相對違禁物，絕對違禁物指

---

87 河上和雄，《詳釋警察官職務執行法》（全訂版），日世社，平成9年（西元1997年）1月，頁135。

88 李震山，《警察法論——警察任務編》，正典出版文化有限公司，2002年10月，初版，頁181。

89 林明鏘，〈警察職權行使法基本問題之研究〉，《台灣本土法學雜誌》，第56期，2004年3月，頁123。

90 71年台上字第754號判例：「違禁物固不問屬於犯人與否，均應沒收，但該物苟係屬於第三人所有，則其是否違禁，即應視該第三人有無違禁情形爲斷。故犯人雖係違禁持有，而所有之第三人如係經合法允許持有者，仍不在應行沒收之列。本件上訴人所竊得之雷管雖屬違禁物，但原所有人係經允准持有供其砍伐林班之用，並非未受允准、無正當理由持有。依照上開說明自不在沒收之列，原判決遂行諭知沒收，顯屬於法有違。」

除溶失其本質外，無論在何種情形下，其物均爲法令所禁止者，如鴉片、嗎啡等[91]；相對違禁物，指未受允准前，爲法所禁止持有之物，如槍械等[92]。

「查禁物」爲「社會秩序維護法」所查禁之物，係指「刑法」第38條第1項所定違禁物以外，依法令禁止製造、運輸、販賣、陳列或持有之物。

「警職法」所指之「其他危險物品」具體上應有如下之範圍：（一）包括刑法之「違禁物」，並限於軍器、凶器、爆裂物之範圍爲限，不應任意擴張。（二）參酌個案狀況之時間、地點、場合等因素，依該物之特性、存在是否合於常理？有無顯然造成立即危害可能？如參加集會遊行之人，攜帶木棍、磚塊、石頭等物，有預作活動中之攻擊物品之虞，亦屬本條規定之其他危險物。（三）「危險物」與持有是否已受許可、是否屬合法持有狀態、是否爲有權者持有等無關。本條所考量目的，爲防止該物造成之立即危害。

三、程序要件

警察依具體或概括之法律依據，執行扣留處分，使物品之持有人暫時喪失對該物品之使用、處分權。被扣留物之所有權，原則仍屬該物之有權者，除非該物爲違禁物、查禁物或犯罪所有之物，被依法沒收、沒入者外，依一般程序應在於無繼續危害之狀況時，發還給所有人。

警察之扣留，爲依法令之行爲，物之所有人須遵守警察處分，不得

---

91 「毒品危害防制條例」第2條：「本條例所稱毒品，指具有成癮性、濫用性及對社會危害性之麻醉藥品與其製品及影響精神物質與其製品（第1項）。毒品依其成癮性、濫用性及對社會危害性分爲四級，其品項如下：一、第一級 海洛因、嗎啡、鴉片、古柯鹼及其相類製品（如附表一）。二、第二級 罌粟、古柯、大麻、安非他命、配西汀、潘他唑新及其相類製品（如附表二）。三、第三級 西可巴比妥、異戊巴比妥、納洛芬及其相類製品（如附表三）。四、第四級二丙烯基巴比妥、阿普唑他及其相類製品（如附表四）（第2項）。」

92 《警察法規詞典》，内政部警政署印行，1993年6月，頁1013。

有抗拒、主張有權使用該物等行爲。警察執行時，須視該物扣留之必要性、扣留可能造成之損害、扣留時間長短之影響等，爲合理之扣留及發還，不可超過必要限度。

對於危險物品同時，構成違序行爲時，可依「行政罰法」第35條之規定執行：「行爲人對於行政機關依前條所爲之強制排除抗拒保全證據或強制到指定處所查證身分不服者，得向該行政機關執行職務之人員，當場陳述理由表示異議（第1項）。行政機關執行職務之人員，認前項異議有理由者，應停止或變更強制排除抗拒保全證據或強制到指定處所查證身分之處置；認無理由者，得繼續執行。經行爲人請求者，應將其異議要旨製作紀錄交付之（第2項）。」

四、實務與學術見解

（一）實務見解

警察人員依「警職法」而對物之扣留，該扣留之物非屬「刑事訴訟法」上之贓證物[93]。

警察爲預防危害必要，扣留或代保管相關物品對1225專案勤務周邊秩序及交通安全，實施彈性人、車管制。爲維護旨揭活動場所及道路沿線周邊秩序及交通安全、確保與會人士人身安全，執勤人員得依據警察職權行使法第21條及特種勤務條例施行細則第19條，對軍器、凶器或其他危險物品或具安全威脅之物品（遙控無人機、高音量喇叭或噪音器物、爆竹煙火、長度或收合後長度超過六十公分以上棍棒、工具及農具類、運動用品類、雞蛋等），爲預防危害之必要，得扣留或代保管之，並得對管制範圍內及欲進入管制範圍內之人員、物品、場所、交通、通訊及其他設備爲必要之查驗、管制，其職權之行使準用警察職權行使法及道路交通管理處罰條例之規定[94]。

---

93 內政部警政署民國92年11月21日警署督字第0920154185號函，頁27-28。

94 爲維護1225專案勤務周邊秩序及交通安全，實施彈性人、車管制，參桃園市政府警察局

（二）學術見解

依法扣留之物通常爲動產，但亦可能爲不動產，如房屋作爲無住屋者安置之場所。物之扣留並不變更物之所有權，其只是剝奪所有權人或其他有權者的事實上物的支配權。我國「行政執行法」僅針對軍器、凶器及其他危險物之扣留，並不包括不動產在內[95]。

參、問題探討

一、實務問題

（一）扣留物之保管

因被扣留物之特性，顯不宜由扣留機關保管者，除交由關係人或其他機關保管外，應可委由第三人代保管，如危險、珍貴野生動物、易腐敗之物品、體積龐大不易搬運等。惟代保管費用負擔及代保管物滅失賠償等問題，均是警察機關窒礙難行之處[96]。

（二）扣留廣播器

有立法委員指出：「有民眾的喇叭在忠孝東路上被你們警察搶走了，他們要求返還。」結果公關室告知說，因爲東西是被檢察官扣押。結果，禮拜一這些東西的主人和學生去「路過」中正一分局，中正一分局自己就把喇叭推出來交給他們了。之後，你們的報告上面寫說，當初是依照「警職法」第21條，爲了預防危害的必要，先予以扣留該組喇叭。我們來看看，「警職法」第21條是怎麼規定的。該條文規定：「警

網頁，瀏覽日期：2020/08/05。

95 蔡震榮，《行政執行法》，中央警察大學印行，2000年10月，初版，頁197-198。另相關文獻，請參考鵜浦裕，〈銃社会としてのアメリカ—現状、合衆国憲法、連邦法〉，《文京学院大学外国語学部紀要》，第13號，2013年，頁93-107。

96 内政部警政署民國92年11月21日警署督字第0920154185號函，頁28。

察對軍器、凶器或其他危險物品，爲預防危害之必要，得扣留之。」換句話說，你們能夠扣留的東西只有三種，一個是軍器、一個是凶器、一個是危險物品。你們給我們的報告，就算它是危險物品，所以你們把它扣押好了。可是，你們這個報告又說明了那天返還的原因，它如此寫道：「本分局審酌該組機具非屬違禁、危險物品，且前揭之危害情形已消失，依照警察職權行使法第24條扣留物返還之依據，將該物返還所有人（持有人或保管人）。」前面你們說是危險物品扣留，依照「警職法」第21條你們把它們扣留的話，依照第22條，你們就必須要簽發扣留物清單，而且，要載明扣留之時間、處所、扣留物之名目及其他必要事項，交付該物之所有人、持有人或保管人。但是，你們完全沒有依照這個程序、沒有依照「警職法」第22條的規定來扣留，然後，你們只說都是危險物品。到禮拜一的時候，又說那個不是危險物品，也不是違禁物，所以還給他們了[97]。

本文以爲：在一般情形下，民眾持有或使用喇叭，並不會造成立即的危害；但是如在集會遊行中，對非法集會命令解散等處分執行之必要情形下，警察得制止該不配合之廣播行爲。或該民眾使用喇叭，有煽動參與民眾違法，造成激烈抗爭行爲，可預見顯然會造成立即危害之情狀，亦得依「警職法」第21條予以扣留。另於現場無法給予扣留清單，可於工作紀錄中記明。

二、理論爭議

（一）警察扣留新聞照片

警察預防危害得否扣留新聞照片？爲防止當前危害而行扣留措施之常有狀況，如酒醉者意欲開車而扣留其汽車鑰匙。有爭議者係一扣留攝入警察勤務情形之膠卷，警察應沒有扣留新聞產品之職權[98]。

97 《立法院公報》，第103卷，第36期，委員會紀錄，頁6-7。

98 李震山譯，《德國警察與秩序法原理》，登文書局，1995年11月，中譯二版，頁153-

（二）警察扣留不實黑函

法務部指出有關「黑函」的處理方式，若以匿名製作物品，散布足以毀損他人名譽情事，即應由檢察官或司法警察官，依「刑事訴訟法」有關搜索、扣押規定辦理。所謂「黑函」是指以匿名、化名、冒名等方式，製作文書、圖畫、物品，例如錄音帶、錄影帶、光碟、電磁紀錄、散布謠言；或傳播不實情事；或指摘、傳述足以毀損他人名譽。若有簽署眞實姓名，或足以辨識製作人身分等偏名，不屬黑函範疇。依「公職人員選舉罷免法」第51條第1項規定：「候選人印發以文字、圖畫從事競選之宣傳品，應親自簽名；……」，選舉期間如果有候選人或政黨散發未親自簽名之不實文宣（黑函）違反前開條文規定，選舉委員會應依同法第97條第1項處罰。如該宣傳品同時涉有違反同法第92條：「意圖使候選人當選或不當選，以文字、圖畫、錄音、錄影、演講或他法，散布謠言或傳播不實之事，足以生損害於公眾或他人者，處五年以下有期徒刑。」之規定，因該罪屬公訴罪，檢、警機關應依法主動偵辦。值得注意的是，候選人競選活動開始前以參選人身分，散發經候選人或製作者親自簽名，應視爲競選文宣，而非黑函。法務部指出，選舉期間出現的黑函，若未散布，應依「公職人員選舉罷免法」第97條第1項、「行政執行法」第36條規定，由行政機關依法扣留；若依「選罷法」處以行政罰，也應由選委會裁處。若黑函已散布於眾，則依「公職人員選舉罷免法」第92條規定，由檢察官依「刑事訴訟法」有關搜索、扣押等相關規定辦理[99]。

154。

99 選舉黑函處理，法務部：依刑訴搜索扣押辦理，法源編輯室，2005年11月30日。

三、案例解析

◎屬違禁物之軍用槍、子彈範圍

（最高法院90年度台非字第19號刑事判決）

（一）摘要

「刑法」第187條之加重危險物罪，係以被告持有軍用槍、子彈爲其要件。是本件被告所持有之槍、彈，是否軍用或可供軍用之槍、彈，關係被告所涉之罪名及其應負之刑責。應有相當之證據以爲證明，自應予以查明，當然有調查之必要性。

（二）研析

軍事武器，一般有其危害性，其作用目的爲軍事之用途，一般人不得持有，在「刑法」中並明文禁止一般人持有。實務上，預防危害目的之扣留軍器，其法律依據除「行政執行法」外，並有「警職法」。一般之危害物品，有軍用武器、凶器、爆裂物、有毒氣體、液體等。認定上之「軍器」，一般均有種類、編號或標記以爲管理、認證之用。警察處理時，可請相關軍事武器製造、管理單位，共同查證。本件判決被發回，其問題在於認定「軍器」之依據不詳，有再確認本件物品是否爲「軍器」之必要。目前法制上已制定有「槍砲彈藥刀械管制條例」並爲特別法，可視具體情況優先適用。本條例之客體並不限定須爲「軍器」，其主要以有「殺傷力」作爲認定之依據[100]。

---

100 「槍砲彈藥刀械管制條例」第4條第1項第1款規定：「本條例所稱槍砲、彈藥、刀械如下：一、槍砲：指火砲、肩射武器、機關槍、衝鋒槍、卡柄槍、自動步槍、普通步槍、馬槍、手槍、鋼筆槍、瓦斯槍、麻醉槍、獵槍、空氣槍、魚槍、改造模型槍及其他可發射金屬或子彈具有殺傷力之各式槍砲……。」

◎依特別法規定之危險物品扣留依據

（法務部85年5月22日法律決字第12351號解釋）

（一）摘要

危險品如屬環保署公告列管之毒性化學物質，則得依「毒性化學物質管理法」之規定處理，依該法第16條、第17條規定「……。該管行政官署或命第三人代執行，向義務人徵收費用。」此項代執行處分，於緊急情形時，得不先予以書面警告即逕行執行，爲同法第2條第2項所明定。又同法（舊行政執行法）第8條第1項規定：「軍器、凶器及其他危險物，非扣留不能預防危害時，得扣留之。」故前述危險物品如屬「消防法」第15條所規定之物品或氣體，而有「（舊）行政執行法」第3條或第8條所定情形時，似可依各該有關規定辦理。

（二）研析

「行政執行法」之即時強制規定，一般行政機關亦得適用，對於化學專業、毒性物品，從專業之立場考量，由主管機關處理要比由警察處理，較具專業性與安全性。「行政執行法」之適用範圍及於一般行政機關，其利之方面可充分由一般行政機關彈性適用，不限於法律所授權之機關；弊之方面，在介入處理權責部分，如由不具專業能力或訓練不足之機關受理，是否有能力處理？則有疑問。在此可劃分於主管機關未介入前，可由警察暫時處理、防護、扣留、警戒，並通知主管機關處理。另「警職法」與其他一般專業法律間，對於處理權限之規定，有競合時以一般專業法律爲主，如本件之「毒性化學物質管理法」優先適用[101]；但如一般專業法律未特別規定處理程序、權限時，應得引用「警職法」

101 「毒性化學物質管理法」第1條規定：「爲防制毒性化學物質污染環境或危害人體健康，特制定本法；本法未規定者，適用其他有關法令之規定。」第3條規定：「本法所稱主管機關：在中央爲行政院環境保護署；在直轄市爲直轄市政府；在縣（市）爲縣（市）政府。」

作爲處理之依據。

四、問題提出

◎危險物品之認定權責機關及其範圍

「警職法」本條之規定，雖立意良善，可即時保護人民免於受到危險物品之威脅，惟在執行上亦有許多待決之問題。諸如「危險物品」之範圍，應如何認定？本法與其他專門規範「危險物法律」間之關係如何？警察專業認定之能力，是否能及於所有危險物品？上述問題在執行上應取得其平衡點，以達到本條規定之目的。「警職法」在此可做爲補充法之地位，在無其他專業法律規定前，爲防止危害必要，可依「警職法」作爲扣留之依據。

第22條（物之扣留程序）

警察對於依法扣留之物，應簽發扣留物清單，載明扣留之時間、處所、扣留物之名目及其他必要之事項，交付該物之所有人、持有人或保管人；依情況無法交付清單時，應製作紀錄，並敘明理由附卷。

依法扣留之物，應加封緘或其他標示妥善保管。因物之特性不適於由警察保管者，得委託其他機關或私人保管之，並通知所有人、持有人或保管人。必要時，得以處分之相對人為保管人。

前項扣留之物，除依法應沒收、沒入、毀棄或應變價發還者外，期間不得逾三十日；扣留原因未消失時，得延長之，其延長期間不得逾二個月。

壹、立法緣由

一、立法理由與目的

依「憲法」第15條規定明文保障人民之財產權。警察對於人民之物品，非有法定原因不得限制其使用、處分及扣留。本條之規定爲扣留物之處理程序。即在符合法定原因爲防止危害，得依法扣留人民之物品，扣留時須履行一定之法定程序，使行政程序透明化，人民可以預知相關處理過程，適時請求警察發回被扣留之物品。

二、法理基礎

本條執行程序上首先必須製作扣留物清單，交予所有權人、管理人或事實上管領人。扣留物清單之內容，包括物之名稱、數量、特徵、現狀等，理論上應儘量詳細，且應註明所有人、保管人，以免因扣留程序之不明確，使該物遺失、無法辨別，造成保管缺失，損害人民之財產權。在執行程序上，如現場所有人、保管人不在，無法交付保管清單等情形，應製作紀錄以供查考。

三、相關條文

「社會秩序維護法」第22條：「左列之物沒入之：一、因違反本法行爲所生或所得之物。二、查禁物（第1項）。前項第一款沒入之物，以屬於行爲人所有者爲限；第二款之物，不問屬於行爲人與否，沒入之（第2項）……。」

「行政執行法」第38條：「……扣留之物，除依法應沒收、沒入、毀棄或應變價發還者外，其扣留期間不得逾三十日。但扣留之原因未消失時，得延長之，延長期間不得逾兩個月（第2項）。扣留之物無繼續扣留必要者，應即發還；於一年內無人領取或無法發還者，其所有權歸屬國庫；其應變價發還者，亦同（第3項）。」

貳、條文解說

一、名詞解釋

「依法」扣留之物，依條文字義解釋，可扣留物品之範圍，並不限於「軍器、凶器、其他危險物」，尚包括其他警察依法律所可扣留之物。即除即時強制之扣留危險物外，另包括違反其他法律或其他法律授權可依法扣留之物[102]。

二、程序要件

對於扣留之物，應妥善保管，以便在扣留原因消失後發還給所有人，並確保不致損壞。扣留之物，應加封緘，以確保所有物品之正確。具體情形，如由警察直接執行該扣留程序，在事實或專業上顯有困難或時間、金錢均花費過鉅時，得委託其他機關（構）保管，此時並應通知該物之所有人、持有人或保管人。

扣留之物除依法應沒收、沒入[103]、毀棄、變價發還者外，扣留期間不得超過三十日。扣留原因未消失，指有繼續扣留之原因存在，如持有「法未明文禁止持有」之凶器，考量特定行爲人，可能因特殊時間、地點之持有而傷人，得延長其扣留之時間，其延長以可能具體造成危害之必要期間爲限。依具體情形，除三十日之扣留期間外，並可延長兩個月。執行時應附記其認定理由並予記錄，以供查考、監督或當事人提起救濟時之審查依據。

---

102 如依「社會秩序維護法」、「道路交通管理處罰條例」所規定，扣留之物品。

103 如「社會秩序維護法」第22條規定。

三、實務與學術見解

◎對違規停車車輛之依法扣留、保管

（一）拖運費、保管費

本件原告將其所有自小客車違規停放在劃有黃色禁止停車標線處，經被告高雄市政府警察局查獲，依違反上開條例第56條第1項第4款予以舉發，並拖吊至保管場，經原告於同日前往領取，並繳交交通違規罰鍰及車輛拖運費、保管費[104]。

（二）委託其他機關或私人保管之法律關係

最高法院100年台上字第1484號民事判決：依國家賠償法第4條第1項，因國家機關根據法律或基於法律授權，簽訂行政契約或作成行政處分，委託該私人或私法團體，以其自己名義對外行使個別特定之公權力，而完成國家特定之任務者，性質相當於國家機關自行執行公權力，因而在特定職務範圍內，U該私人或私法團體職員於執行職務行使公權力時視同委託機關之公務員U，並於其不法侵害人民自由或權利或因怠於執行職務，致人民自由或權利遭受損害者，始認國家應負損害賠償責任。又欲使該私人或私法團體職員成爲視同委託機關之公務員，必須有「授與」該私人或私法團體公權力之意思及賦予其本於自主意思決定准駁獨立性者，始足當之[105]。

（三）由交通勤務警察指揮執行

「道路交通管理處罰條例」第85條之3第1項：「第十二條第三項及第四項、第三十五條、第五十六條第四項、第五十七條第二項、第

104 高雄高等行政法院90年度簡字第3878號判決。

105 劉宗德，公私協力所生國家賠償責任歸屬之研究，科技部補助專題研究計畫成果報告，2014年10月，第6頁。

六十二條第六項及前條第一項之移置或扣留，得由交通勤務警察、依法令執行交通稽查任務人員逕行移置或扣留，其屬第五十六條第四項之移置，得由交通助理人員逕行爲之。上述之移置或扣留，得使用民間拖吊車拖離之。」

有關移置或扣留之問題，曾有立法委員提案要求修正爲：得使用民間拖吊車拖離之。前項移置或扣留，得向汽車所有人收取移置費及保管費；其不繳納者，追繳之。其中由民間拖吊車拖離之，造成民間拖吊業者無照拖吊或爲搶業績無執法人員在場卻先拖先贏引起相當大之民怨，且容易造成行政機關有私相授受之機會，且避免違法形式之民主體制，脫離制度之監督，建議明定依法移置或扣留車輛有使用民間拖吊車輛時，該拖吊業者應爲依法受委託者，建議修正草案第85條之3第1項得使用民間拖吊車拖離修正爲得由交通勤務警察、依法執行交通稽查任務人員現場指揮調度依法委託之拖吊業者行之[106]。

參、問題探討

一、實務問題

（一）查禁物與違序

行爲人A持有可危害他人之「查禁物」，因屬違反「社會秩序維護法」之違序行爲，被警察依社維法暫時扣留。依「社維法」第63條規定：「有左列各款行爲之一者，處三日以下拘留或新臺幣三萬元以下罰鍰：一、無正當理由攜帶具有殺傷力之器械、化學製劑或其他危險物品者。……」併依同法第22條第3項規定：「供違反本法行爲所用之物，

106 《立法院第七屆第七會期第十三次會議議案關係文書》，院總第756號，委員提案第10523號。

以行爲人所有者爲限，得沒入之……。」本件並得依「社維法」之規定予以裁罰，並處分沒入該物。此時已非單純之持有危險物品，尚構成「違序行爲」。因此，本件情形該被扣留物，應屬依法應沒入之物品。

（二）拾得物與扣留

民法第803條第1項規定：「拾得遺失物者應從速通知遺失人、所有人、其他有受領權之人或報告警察、自治機關。報告時，應將其物一併交存。但於機關、學校、團體或其他公共場所拾得者，亦得報告於各該場所之管理機關、團體或其負責人、管理人，並將其物交存。」第804條第1項規定：「依前條第一項爲通知或依第二項由公共場所之管理機關、團體或其負責人、管理人爲招領後，有受領權之人未於相當期間認領時，拾得人或招領人應將拾得物交存於警察或自治機關。」上開民法第804條制定時之立法理由謂：「謹按依前條之規定，拾得遺失物人經指示招領後，如所有人不於相當期間前來認領時，拾得人應即報告警署或自治機關，並將遺失物交存，亦不能據爲己有[107]。

因此，警察機關對於拾得物依法應爲保管及公告招領、發還。廣義上，亦與警察職權有關。可解釋爲警察依法保管，後續並加以處理。對於拾得物之處理程序，已有明確規範──「警察機關辦理拾得遺失物作業規定」，警察機關當遵行之。

二、案例解析

◎扣留違規車輛之行車執照

（最高行政法院87年判字第1707號）

（一）摘要

「公路法」第77條第2項規定：「未依本法申請核准，而經營公路

---

[107] 法務部法律字第10803514270號函。

經營業、汽車及電車運輸業者，處五千元以上五萬元以下罰鍰……。」又「汽車運輸業管理規則」第138條第1項規定：「未經申請核准而經營汽車運輸業者，監警稽查人員於舉發時，得扣留違規車輛之行車執照、號牌或車輛。」本件原告駕駛自用小客車，自彰化交流道搭載一名乘客至火車站收費100元，爲監警聯合稽查小組查獲，並吊扣該車輛牌照一個月，並無違誤。

（二）研析

「警職法」本條規定警察扣留物之範圍，及於所有「依法」扣留之物品。因其範圍並不限於軍器、凶器等危險物，尙包括依其他法律規定扣留之物品。其他依法扣留之物品，如本件尙包括車輛之「牌照」。其他法律雖然規定有扣留之要件，但在扣留之後有關扣留、發還之相關程序，常未明定。在此，亦得依「警職法」之本條規定程序辦理。

◎刑事扣押物品之保管

（臺北高等行政法院105年度訴字第336號判決）

（一）摘要

扣押物之保管，係偵查主體即檢察官因扣押物性質之個別狀況、爲延續強制處分狀態而爲之處置，實屬檢察官之裁量權行使，自屬國家之單方行爲，與原告間非互居於「民法」第153條所定意思表示一致之立場，要無成立公法上寄託契約之可能，縱有代保管單之簽立，亦難執此逕謂雙方存有公法上寄託契約或公法上寄託關係，此有本院104年度訴字第1136號判決意旨可參。原告主張應類推適用「民法」寄託費用償還請求權之相關規定，實屬無由。再按「警職法」第24條規定，警察扣留物品時，扣留及保管費用由所有人、持有人或保管人負擔，並於扣留物返還，收取扣留及保管費用，據此，扣留爲警察機關之行政行爲，本件爲刑事扣押處分程序之一部，基於犯罪偵查之目的，人民對於刑事偵查行爲較行政機關之行政行爲具有更高之忍受義務，且就限制保管物不得移轉、處分之性質而言，扣留與扣押二者並無差異，舉輕以明重，扣留所生費用既由所有人、持有人或保管人負擔，扣押所生之保管費用，自應爲所有人、持有人或保管人負擔。

（二）研析

義務人有違法犯罪之嫌疑，被查獲相關物品，行政機關依法命義務人暫爲保管，義務人因此所生之負擔，可否請求補償？本文認爲依有關損失補償之法理，參考「行政執行法」第41條第1項規定：「人民因執行機關依法實施即時強制，致其生命、身體或財產遭受特別損失時，得請求補償。但因可歸責於該人民之事由者，不在此限。」其立法理由係在於人民對於國家社會原負有相當的社會義務，行政機關基於公共利益，合法的實施即時強制，致人民之生命、身體或財產遭受特別損失時，如係在其社會義務範圍內者，負有忍受之義務，不予補償；如係已超過其應盡之社會義務範圍，則應就其個別所遭受之特別損失或特別犧牲，酌予公平合理之補償。準此，反面言之，倘發生即時強制之原因或發生特別損失係可歸責於該人民之事由者，均不得請求補償，以示公允[108]。

第23條（扣留物之變賣）
有下列情形之一者，扣留之物得予變賣：
一、有腐壞或價值重大減損之虞。
二、保管、照料或持有所費過鉅或有其困難。
三、扣留期間逾六個月，無法返還所有人、持有人或保管人，且不再合於扣留之要件。
四、經通知三個月內領取，且註明未於期限內領取，將予變賣，而所有人、

108 法務部法律決字第0950700376號。

持有人或保管人未於期限內領取。
前項之物變賣前，應將變賣之程序、時間及地點通知所有人、持有人或保管人。但情況急迫者，不在此限。
物之變賣，採公開方式行之。因物之性質認難以賣出，或估計變賣之費用超出變賣所得時，得不經公開方式逕行處置之。第一項第三款、第四款之物，於六個月內未賣出者，歸屬各該級政府所有，並得將該物提供公益目的使用；其屬第一項第四款之物者，應將處理情形通知所有人、持有人或保管人。
扣留之物因腐壞、腐敗等理由而不能變賣者，得予銷毀之。
第二項通知之規定，於前項情形準用之。

壹、立法緣由

一、立法理由與目的

本條規定對扣留物之「變賣」原因，有因物之腐壞、不易保管、無法通知所有人、所有人於期限內未予領回等。並明定可為處理之變賣方式及無法變賣時，該物所有權之歸屬。以免因物之特性，無法長期扣留，且經通知無人領回，造成處理、保管上困擾。但因物之特殊性質之處理，仍須符合相關必要之行政程序，如通知、履行變賣程序等。

二、法理基礎

警察所扣留之物，其扣留原因已消失，不再有造成危害之虞時，則應將該扣留物，發還給所有人或有權利人。但物之扣留程序，依物之性質，如在發還前之扣留期間內，該物有事實上無法保管、難以保管或其保管之費用過鉅等原因，則須為即時處置，以免造成更大之損害。

法律對此「扣留物」之特殊情形，一般採取「變賣」之方式處理。此方式之處置，對物之所有權人權利亦有影響，但從物之保管安全性、事實上無法保管等原因考量，屬不得已之方式。

一般「變賣」僅適用於動產，係指將查封之動產，基於特定原因，例如：依「強制執行法」第60條之規定，物有易於腐壞之性質、保管困難或需費過鉅者……等，不經拍賣程序，而以相當價格賣出之執行行爲[109]。「警職法」第23條第1款規定：「有腐壞……。」第2款：「保管……所費過鉅。」第3款：「扣留逾六個月……無法返還。」如無人領受之情形。第4款：「經通知三個月內領取……且註明未領取將變賣……未於期限內領取。」得予以「變賣」。上述原因，原則上已考量物之所有人權利與保管上之困難，屬特殊之處理程序。

三、相關條文

「強制執行法」第60條：「查封物應公開拍賣之。但有左列情形之一者，執行法院得不經拍賣程序，將查封物變賣之：一、債權人及債務人聲請或對於查封物之價格爲協議者。二、有易於腐壞之性質者。三、有減少價值之虞者。四、爲金銀物品或有市價之物品者。五、保管困難或需費過鉅者（第1項）。第七十一條之規定，於前項變賣準用之（第2項）。」

貳、條文解說

一、名詞解釋

「變賣」又稱變價，爲將一扣留物出售或供使用，而獲取相當之價款。譬如，出售扣留汽車所獲之款項。此措施與扣留、保管等最大之區

109 李震山，《行政法導論》，三民書局，2014年9月，修訂十版，頁446。

別在於，變價時權利人之所有權即被剝奪。該項除權之本身並非一項措施，而是在其之前有一項措施，而其僅是該項措施之效果[110]。

「得逕行處置」，為解決警察機關對扣留之物，保管及處理上之長期困擾，爰於本條第3項明定對於扣留之物，因其性質認難以賣出，或因估計變賣之費用超出變賣所得等原因時，得不經公開方式逕行處置之[111]。

二、實體要件

扣留之物[112]，一般處理之程序，採公開變賣之方式，惟如有難以賣出或其變賣之手續費超過該物之價值時，得逕行處置[113]。本條第3款、第4款之扣留物，如無法返還於所有人時，或於六個月內未賣出，其所有權歸屬各該級政府所有，另依其性質亦可提供公益使用。第4款規定，並應將處理情形通知所有人。如扣留之物有腐壞、腐敗之原因時，並得予以銷毀；此時並應通知物之所有人，其實施銷毀之時間、地點。

三、程序要件

實施變賣之程序，應通知所有人；但情況急迫者，不在此限[114]。如所扣留之物有腐壞之虞，須即時處置；或無法通知所有人或物品之保管，造成保管人或保管處所之危害；或在扣留之時，所有人不在現場，且該危險物品無法長期保管者，均可以「變賣」之方式處理。

變賣時，並須注意如下事項：（一）取得證明，如採取照相、簽收

---

110 李震山譯，《德國警察與秩序法原理》，登文書局，1995年11月，中譯二版，頁158。

111 《警察職權行使法逐條釋義》，內政部警政署編印，2003年8月，頁78。

112 包括危險物、依法扣留物、違序物品、可供做違序調查證據之物品等。

113 法務部民國77年12月21日（77）法律字第22629號：「按民法第一千一百七十九條第一項第二款規定關於遺產管理人職務『為保存遺產必要之處置』，除管理行為、改良行為外，必要之處分行為亦包括在內，惟以有保存遺產之必要者為限，故遺產如係建物而有荒廢喪失價值之虞，自得變賣以保存其價值，無須經親屬會議同意或法院之許可。至於遺產為土地者，是否有荒廢喪失價值之虞而有保存之必要，則須視個別情形而定……。」

114 實施時亦應遵守一定之行政程序，如照相、記錄存證，以供查詢。

等方式辦理；（二）法律無具體規定其實施程序[115]，亦宜經由警察機關內部訂定一種「變賣物品之規則」，以供遵循。

四、實務與學術見解

（一）實務見解

1. 通知當事人

按「行政程序法」第23條規定：「因程序之進行將影響第三人之權利或法律上利益者，行政機關得依職權或依申請，通知其參加爲當事人。」故如違反管制使用之土地與地上物非屬同一人，主管機關爲行政處分時，如認該程序之進行將影響第三人之權利或法律上利益者，依上開規定，得依職權通知其參加爲當事人[116]。

2. 變賣之價格

依司法院函，「強制執行法」中「有市價之物品」，係指變賣時，當地市場公開之交易價格而言。查封物是否具有此公開之交易價格，以及依此價格變賣是否於債權人及債務人均屬有利，應由執行法院就個案具體情況，依職權認定之。至同法第57條第2項所稱「因查封物之性質，須迅速拍賣者」，一般係指其物不適合久存，如鮮果、蔬、魚、肉或非迅速處理即有價值減少之虞，如年節貨物是。查封物是否具此性質，亦屬執行法院就具體個案依職權認定之範圍。惟債權人認爲適當時，自亦可爲變賣或迅速拍賣之聲請，以供執行法院爲職權發動之參考[117]。

---

115 法務部民國93年9月29日（73）法律字第1520號：「查財政收支劃分法第二十三條規定『依法收入之罰金、罰鍰或沒收、沒入之財物及賠償之收入，除法律另有規定外，應分別歸入各級政府之公庫』。本案新聞局依法沒入之『第四頻道』視聽器材，似無其他法律規定得逕行撥贈其他機關、部隊或另爲處理，依照首開法條，應予歸入國庫。至是否變賣或價撥陸軍部隊而將所得價款繳庫，或於歸入國庫後另爲處理，宜由主管機關循法定程序爲之。」

116 法務部民國92年3月27日法律字第0920008219號函。

117 司法院民國81年6月30日（81）秘台廳（一）字第09686號函。

3. 駕照不得變賣

「民法」第884條規定：「稱動產質權者，謂因擔保債權，占有由債務人或第三人移交之動產，得就其賣得價金受清償之權。」……本件汽、機車駕駛執照或行車執照乃政府發給駕駛人或車輛所有人之一種憑證，其不得變賣，且無經濟上之交換價值甚明，依首開法條規定，自不得以之為收當之物品[118]。

（二）學術見解

軍器、凶器及客觀上具有危險性之物品，本質上即應沒入、銷毀之，而不宜拍賣、變賣交由他人繼續使用而危害社會，從而亦無價金返還之問題，始符常理[119]。

參、問題探討

一、實務問題

變賣之處理程序，實施時應注意如下事項：（一）變賣之行政程序，須依一定之規則或程序辦理；（二）實施時除符合「警職法」本條之規定要件外，其辦理過程並須公開、透明、通知所有人、記錄或照相，以供日後查詢。

二、理論爭議

警察依法扣留之物品，物之所有人對其物權利之請求方式不同於民法。因「警職法」對被扣留物之請求權期間，有特別規定。其他如「道路交通管理處罰條例」第85條之3第3項規定：「第一項移置保管之車

118 法務部民國70年3月5日（70）法律字第3215號函。

119 林明鏘，〈警察職權行使法基本問題之研究〉，《台灣本土法學雜誌》，第56期，2004年3月，頁125。

輛，經通知車輛所有人限期領回；逾期未領回或無法查明車輛所有人，經公告三個月，仍無人認領者，由移置保管機關拍賣之，拍賣所得價款應扣除違反本條例規定應行繳納之罰鍰、移置費、保管費及其他必要費用後，依法提存。」

物之所有權人，因所有之物為被依法「扣留」，其對物之主張權利，自亦受上述法律之規範。至於扣留原因是否合法，如有不服自得依法定程序，提出救濟。

三、問題提出

（一）扣留之物是否限於危險物

依「警職法」規定，有關扣留危險物之條文順序，緊接著「對軍器、凶器、其他危險物」得予扣留之後，為扣留物之處理程序條文。本法扣留之物是否僅限於為「防止危害」之危險物，檢視具體條文之規定。其規定為「依法扣留」之物，依其文義該「扣留物」之範圍，應不只限於為「防止危害」之危險物，應包括其他依法律所扣留之物（如依「社會秩序維護法」等法律規定，所扣留之物）。惟依「刑事訴訟法」所扣押之物，應不包括在內。此問題仍待主管之「警察機關」解釋而定。

（二）變賣之程序

變賣之程序中，有「情況急迫者」、「不易保管者」、「得不經公開方式」等法定名詞，屬不確定法律概念或其內涵有待釐清，亦待警察機關明確函示，始有統一參考依據。另相關案例之經司法判決，亦可補充將來認定之明確性。

政府機關變賣物品是不是仍然適用「政府採購法」？「政府採購法」僅規範政府機關於採購物品或發包工程時，要適用政府採購法，目的是希望透過競標程序，使政府機關能以最低價採購或發包。但政府機關標售物品則希望得到最高價，所以，不適用政府採購法之規定。但仍要遵守內部有關標售程序之規定[120]。

依「各機關奉准報廢財產之變賣及估價作業程序」（101.7.6）第3點；「變賣方式以公開標售為原則。但奉准報廢財產每件賸餘價值未達新臺幣（以下同）一萬元者，得由執行機關以議（比）價方式讓售（第1項）。公開標售辦理方式如下：（一）通信投標方式。（二）現場喊價方式。（三）於政府機關建置及管理之拍賣網站辦理（第2項）。公開標售採通信投標方式辦理者，開標時如無人郵遞投標，執行機關得當場改以現場喊價方式辦理（第3項）。公開標售一次而未標脫者，執行機關得以原標售底價或酌予降價，重新標售（第4項）。」

第24條（扣留物之返還）

扣留之物無繼續扣留之必要者，應將該物返還所有人、持有人或保管人；所有人、持有人或保管人不明時，得返還其他能證明對該物有權利之人。

扣留及保管費用，由物之所有人、持有人或保管人負擔。扣留之物返還時，得收取扣留及保管費用。

物經變賣後，於扣除扣留費、保管費、變賣費及其他必要費用後，應返還其價金與第一項之人。第一項之人不明時，經公告一年期滿無人申請發還者，繳交各該級政府之公庫。

壹、立法緣由

一、立法理由與目的

經警察依法所扣留之物，暫時限制所有人之使用、管有權利；但該

120 政府機關變賣物品是不是仍然適用「政府採購法」？http://www.dongshih.gov.tw/files/i/生活法律常識100年8月，瀏覽日期：2018/08/16。

被扣留物，除依法應沒入、沒收、銷毀者外，物之所有人並不喪失其對該物之所有權。但對物之扣留，於法定原因消失後，即不再有扣留之必要，須依法定程序發還給物之所有權人或有權利之人。

二、法理基礎

警察對物之扣留，其原因除爲防止危害之外，另有依其他法律目的之扣留情形。扣留僅一時性的，限制所有人之管領、使用物品；在該物扣留原因消失、已無扣留必要，原則上警察應解除對此物之扣留處分，將扣留之物發還給物之所有人。

「無繼續扣留必要」，指爲依法扣留之原因已消失，無造成危害之迫切性原因等。「警職法」從即時強制、防止危害之觀點，扣留危險物爲安全性上考量。因具體情況對第三人有造成危害之急迫原因，此可從具體現場時間、場合、當事人、事件性質等狀況因素爲判斷。如該構成具體危害之狀況已消失，原所扣留之物，已回復一般情況，無即時造成危害之虞。例如集會遊行已結束，原行爲人所攜帶之木棍、器物，不再有造成有危害之虞[121]。此時，除物本身有違法或依法律規定必須銷毀或已依法變賣者外，其繼續扣留之原因不存在，應將該物發還給所有人或保管人等。

貳、條文解說

一、名詞解釋

「返還」，原物之所有權，歸屬物之所有人。因警察防止危害等目的之公法原因，暫時剝奪物之所有人占有、使用該物之權。因時間之經

121 認定之原因，應有紀錄以供查詢。

過，該物已無危害發生之虞或可爲證據之物，已供證明完畢，自應發還給物之所有權人，恢復物之所有人原來權利的程序之謂。

「保管費用」，一般警察所扣留之物，不收取保管費。但有時因該物之特殊危險性，非警察可獨力保管，而須委由其他機構或私人管理。因物之所有人有違反「警察法」之責任爲警察責任人時，得對其收取保管費之謂。

二、實體要件

本條所規定之「扣留物」與刑事法之違禁物、社維法之查禁物、一般之無主物，有所相關，惟其範圍並不完全相同。「警職法」之扣留目的，除強調爲防止危害之處分，爲暫時保管之措施；其另包括依法扣留之物。扣留之處分，爲具有法律效果之職權措施。在依「預防危害」、「可爲證據之用」、「法律規定扣留」之原因消失時，須依法定程序處理或發還給物之所有人、持有人或保管人。

扣留之要件消失，應將物交還給權利人，此規定將比例原則具體化。時間逾限，交還請求權可視爲結果排除請求權。若交還會構成一新的扣留要件，則不必交還之[122]。

發還之要件，警察須依本條文之規定，如對已無「即時危害」之危險物認定，須依時間、場合、持有人、該物造成即時之危害性，認爲其危害已減至最低。此種認定「已無即時危害」，屬不確定法律概念之法律問題，必須依事實認定，即對於具體狀況之判別。另其他依法扣留之物，其發還之要件，爲依特別法律規定其扣留之目的已不存在，如可爲證據之物，該案件已終結，無再利用該「物」爲證明之必要，且該物非屬違禁物或查禁物之際。

122 李震山譯，《德國警察與秩序法原理》，登文書局，1995年11月，中譯二版，頁160-161。

三、程序要件

警察扣留之物，已無扣留之必要者，原則上應返還給物之所有人。所有人等不明時，返還能證明對該物有權利之人。如交由他機關保管之費用，由物之所有人負擔。警察機關自行保管之費用是否收取？如法律未明確規定，一般以不收取爲原則。

變賣物之後，扣除扣留費、保管費、變賣費、其他費用（如運送費），返還價金於所有人等。所有人等不明，經公告一年無人請求發還，所有權歸屬各該級政府公庫。

依德國法理論，扣留物之變賣，應將價金返還物之「正確權利人」，若因權利人無法尋獲而返還不可能，原則上，可將價金依「民法」第372條至第386條，提存三年[123]。依警政署委託學者研究版草案，第29條第2項：「物已變賣則返還其價金。若有權人不存在或無法查獲，其價金依『民法』規定提存。物變賣後三年，價金返還請求權消滅[124]。」依行政院草案版本第16條第3項：「物經變賣後，於扣除扣留費、保管費、變賣費及其他必要費用後，應返還其價金與第一項之人。第一項之人不明時，經公告一年期滿無人申請發還者，繳交各該級政府之公庫。」立法院審查會決議：「第二十四條照行政院案第十六條通過[125]。」

實施扣留物品時，須依警政署函頒「扣留物清單」之格式[126]記錄。依本清單中所列，扣留原因有：（一）屬依「警職法」第21條；（二）「集會遊行法」第33條；（三）其他扣留物品。實施時除依本法之明文授權外，對扣留要件之認定，仍須敘述理由。如危險物品之樣態、持有

123 李震山譯，《德國警察與秩序法原理》，登文書局，1995年11月，中譯二版，頁161。
124 李震山等，《警察職務執行法草案之研究》，內政部警政署委託，1999年6月，頁238。
125 《警察職權行使法案》，立法院內政委員會編（122），法律案專輯，第335輯，立法院公報處印行，2004年7月，頁335-336。
126 「扣留物清單」，請參照警政署民國92年11月18日警署行字第0920154098號函頒之格式。

人情狀、可疑行為、特殊場合等原因而予扣留；依法扣留之法律名稱、條文、事實、相關認定事項等。

依上述扣留物品清單之附記，實施時之相關事項約有：（一）在場人員係指行為人、鄰居、該管自治團體人員或執行扣留處所可為代表之人員；（二）本單於現場無法交付時（例如，行為人不明之情況），應予敘明理由附卷備查。

四、實務與學術見解

（一）扣留期間不宜無限制

「行政執行法」之即時強制係行政機關為阻止犯罪、危害之發生或避免急迫危險，所為之必要即時處置行為，多屬緊急情況下所為，其延長扣留之期間自不宜毫無限制[127]。

（二）扣留原因由法律明定

對於物之扣留使用或處分或限制其使用，如非具有「（舊）行政執行法」第8條或第9條所規定之要件，不得為之，且國家依權力課予人民以義務時皆須有法規上之根據，不得任意為之。本件依「汽車運輸業管理規則」第42條，僅規定得依「行政執行法」第5條之規定予以罰鍰處分，如再對之扣留其汽車牌照或限制其在一定期間不得使用，即有擴張解釋之嫌，亦與「（舊）行政執行法」第11條規定有違，仍以依「汽車運輸業管理規則」第42條規定處理為宜[128]。

127 李建良，〈論行政強制之執行方法〉，《政大法學評論》，第63期，頁192-193。
128 民國53年11月7日（53）台函參字第0690號。

參、問題探討

一、理論爭議

（一）處理程序與其他警察法律之關係

「警職法」之依法扣留物品規定，其範圍甚廣，除違反刑事法律之扣押物外，皆包括之。因此，其他之警察法律如「社會秩序維護法」，亦有規定發還之程序，二法律之間應如何適用？解釋上，特別之警察法律如已有特定之處理程序規定，即應依該特別規定之方式爲之；若其他法律未特別規定者，應可依「警職法」之程序處理。

（二）收取扣留費、保管費之原則

爲「預防危害」目的之扣留危險物，因物之所有人爲警察責任人，在合於法律要件下，可對其收取保管費，固無問題。但因其他原因之扣留，如非屬警察責任人之持有可爲證據之物，依法扣留該證據物品，是否亦得收取保管費？解釋上對非警察責任人，應不得收取保管費用。

肆、其他

一、警察機關取締酒醉駕車移置保管車輛注意事項[129]

（一）車輛移置

相關之程序：1.員警於製單舉發汽車駕駛人違反「道路交通管理處罰條例」第35條規定時，應同時塡製「移置保管車輛收據」予汽車駕駛人，並口頭告知相關注意事項如下：(1)應於十五日內到案接受裁決，

---

[129] 內政部警政署民國91年8月13自警署交字第0910131349號函。

且於繳納罰鍰後，持繳納罰鍰收據正本，並繳清移置費及保管費，始得領回車輛；(2)逾期不繳納罰鍰者，依法移送強制執行；(3)逾十五日未領回車輛者，經公告三個月後，將由移置保管機關拍賣；2.汽車駕駛人如拒收「移置保管車輛收據」，執勤員警應予錄音、錄影，並於該收據適當處註記拒收事由；3.執勤員警將汽車駕駛人及移置保管車輛之相關資料填入「移置保管車輛保管單」，交由拖吊人員攜回保管場，並將車輛移置至保管場；4.被移置保管車輛如車身已損壞，執勤員警應於現場拍照存證；5.爲統一保管移置車輛，並便利向汽車駕駛人收取移置保管費用及辦理領車等相關手續，違規車輛應移置至保管場。

（二）車輛保管

保管之程序：1.拖吊人員應將移置保管車輛連同「移置保管車輛保管單」中，交由保管場管理人員簽收，據以收繳移置費及保管費；2.保管場應備登記簿冊及必要之表格，詳爲記錄保管車輛之車號、車種、移置地點、保管時間及繳費情形等事項。

二、對物扣留之即時強制性質

「道路交通管理處罰條例」第35條第1項第1款規定：「汽車駕駛人，駕駛汽車經測試檢定有下列情形之一者，處新臺幣一萬五千元以上九萬元以下罰鍰，並當場移置保管該汽車……一、酒精濃度超過規定標準。」之規範目的在於避免該汽車駕駛人繼續駕駛汽車，對道路交通行車安全造成危害；又「當場移置保管汽車」究其性質，係屬「爲阻止危害發生，而有即時處置之必要時」所爲「對物扣留」之行政即時強制措施。此等具有限制汽車使用、收益、處分等財產權利效果之行政行爲，除法律另有特別規定者外，自仍受「行政執行法」第四章「對物扣留」之即時強制相關規定，以及「行政程序法」第7條比例原則之規範。次按「行政執行法」第38條第2項、第3項規定：「（第2項）扣留之物，除依法應沒收、沒入、毀棄或應變價發還者外，其扣留期間不得逾三十日。但扣留之原因未消失時得延長之，延長期間不得逾兩個月。（第3項）扣留之物無繼續扣留必要者，應即發還；……」依此規定，因即時強制扣留之物倘無繼續爲阻止犯罪、危害之發生或避免急迫危險，而扣留之必要者（參見行政執行法第36條第1項），除依法應沒收、沒入、毀棄或應變價發還者外，應即發還；且扣留原因縱未消失，最長期間也不得逾同法第38條第2項所定之期間（臺灣臺北地方法院104年度簡字第237號判決參照）[130]。

三、扣留原住民自製獵槍

「行政罰法」第40條規定：「扣留物於案件終結前無留存之必要，或案件爲不予處罰或未爲沒入之裁處者，應發還之；其經依前條規定拍賣或變賣而保管其價金或毀棄者，發還或償還其價金。但應沒入或爲調查他案應留存者，不在此限（第1項）。扣留物之應受發還人所在不明，或因其他事故不能發還者，應公告之；自公告之日起滿六個月，無人申請發還者，以其物歸屬公庫（第2項）。」上開規定所稱「扣留物」，依同法第36條規定係指得沒入之物或是可爲證據之物，於符合「案件終結前無留存之必要，或案件爲不予處罰或未爲沒入之裁處者」之要件時，應依「行政罰法」第40條規定處理。「槍砲彈藥刀械管制條例」第20條第1項規定：「原住民未經許可，製造、運輸或持有自製之獵槍、魚槍，或漁民未經許可製造、運輸或持有自製之魚槍，供作生活工具之用者，處新臺幣二千元以上二萬元以下罰鍰，本條例有關刑罰之規定，不適用之。」係考量原住民使用獵槍有其生活上之需要，故基於尊重原住民族傳統文化，其未經許可持有獵槍者，將刑罰予以除罪化，改以行政秩序罰，以保障原住民基本之生活權益（民國90年及93年修

130 宜蘭縣政府訴願決定書，府訴字第1050198016號。

正立法理由參照），是司法實務認為原住民未經許可持有之自製獵槍不能視為違禁物（臺灣高等法院暨所屬法院100年法律座談會刑事類提案第11號決議參照）。本件原住民因違反前揭條例規定而遭裁處罰鍰，因該原住民依規定無法申請持有自製獵槍資格，其家屬又拒絕領回，以致查獲之自製獵槍可否發還或公告後歸屬公庫認有疑義事，如其查獲之自製獵槍符合「行政罰法」第36條規定之扣留，且系爭獵槍符合「行政罰法」第40條第1項之發還要件，並依客觀事實可認為有「因其他事故不能發還」情事，自得依「行政罰法」第40條第2項規定處理[131]。

四、扣留可疑走私物品

「適用海關緝私條例為『沒入』處罰時，仍應有行政罰法第21條及第22條規定之適用。對得沒入之物，除法律另有明文規定外，尚不得不問物之所有人為何人或不問屬於何人所有即逕為裁處沒入。惟在修法前，如以該等物係可為證據之物，得依行政罰法第36條以下規定，先予扣留，待爾後發還時，如因不知所有人為何人，自得依無主物方式處理，在無人領取時，依無主物無人領取予以歸公」，其文義明確，並無疑義。又「海關緝私條例」第2條規定：「本條例稱私運貨物進口、出口，謂規避檢查、偷漏關稅或逃避管制，未經向海關申報而運輸貨物進、出國境。」準此，所稱「走私物品」應屬上開規避檢查、偷漏關稅或逃避管制，私運進口之貨物，以有違反行政法上義務之走私行為為前提，自得依「行政罰法」第36條第1項規定予以扣留之。「民法」第803條至第807條所稱之「遺失物」，係指非基於占有人之意思而喪失其占有，現又無人占有且非為無主之動產而言；又「民法」第810條所稱「漂流物」，指非因占有人之意思喪失占有而漂流於水上或已附著於岸邊，無人占有且非為無主之物，如拾獲之動產為無主物（如經原所有

131 法務部法律字第10503502570號。

人拋棄之物）或非得爲拾得之客體（如禁制物原非私人所得享有），即不得依上開「民法」規定主張拾得之效果。所詢走私物品如由海關以外之機關、團體或民眾拾獲後移交海關，海關無法查明貨物所有人爲何人時，得否依「民法」第803條至第807條有關遺失物招領規定辦理乙節，應視其是否符合上揭遺失物或漂流物之要件而定。如經判斷應屬走私物品，雖一時無法查明行爲人，仍宜依上開「行政罰法」第36條規定扣留之，如該物品係原所有人拋棄而屬「無主物」，或該走私物品依法不得由任何人取得所有權，似不得依遺失物之拾得程序處理，而取得所有權[132]。

第25條（物之使用、處置與限制使用）

警察遇有天災、事變或交通上或公共安全上有危害情形，非使用或處置人民之土地、住宅、建築物、物品或限制其使用，不能達防護之目的時，得使用、處置或限制其使用。

壹、立法緣由

一、立法理由與目的

警察對於因天災、事變或交通上或公共安全上之危害情形而威脅人民生命、身體、財產安全時，必須採取必要之措施，以維護社會公益，爰仿「行政執行法」第39條規定，予以明定[133]。

一般人遇有「刑法」上之緊急避難原因時，得實施一定措施，以保

132 法務部法律字第0999051069號。

133 《立法院議案關係文書》，審議「警察職務執行條例草案」及本院委員陳其邁等38人擬具「警察職權行使法草案」等二案，院總第915號，2003年6月4日，頁136。

護自己或他人之生命、身體、自由或財產等法益，使免於受到危害。但因警察人員屬於「職務上特別義務之人」，有法定之特別任務，不能主張因保護自己之法益，而犧牲他人權利；在此，可解釋為達公益目的之為保護他人法益，得行使本項必要的職權[134]。

二、法理基礎

即時強制乃因時間上有急迫情形，無法以其他行政處分為代替之最後手段；如果時間上允許，則可使用其他間接強制或代履行之方式，此從對人民權利保障與實施警察權力之必要性觀點上言，都應如此。

依「警職法」第25條規定，警察在遇有天災、事變等緊急危害情形[135]，得使用人民之物品[136]。此項職權，類似「刑法」上之緊急避難行為，但本條規定屬警察之公法義務與職權。「警察法」之行為責任人，依法有防止危害之作為義務；一般警察職權行使之對象，以警察責任人為原則。對物之使用、制止範圍，原則上並以違反「警察法」之物為執行之對象。但在遇有緊急危險情形，經常現場並無警察責任人，為防止危害所必要之配備、工具、物品經常不足。因此，為防止危害之目的，由法律授權警察有直接使用第三人物品之職權[137]。

警察實施即時強制原因，一般約有二種：（一）為排除目前急迫危害之緊急必要，無暇命相對人一定之義務；（二）依原來之處分，命相對人為作為義務，亦無法達成目的。即時強制在日本有依「消防法」之

134 田宮裕、河上和雄編，《大コンメンタール警察官職務執行法》，青林書院，1993年8月，頁279。另相關文獻，請參考本柳亨，〈リスク社会における防犯活動と安心の考察〉，《ソシオサイエンスVol. 19》，2013年3月，頁1-16。

135 有關災害之定義，依「災害防救法」第2條規定：「本法專用名詞定義如下：一、災害：指下列災難所造成之禍害：（一）風災、水災、震災、旱災、寒害、土石流災害等天然災害。（二）重大火災、爆炸、公用氣體與油料管線、輸電線路災害、空難、海難與陸上交通事故、毒性化學物質災害等災害……。」

136 另有關使用人民之物品，請參考「災害防救法」第31條規定。

137 相關規定，另請參考「消防法」第19條。

規定，爲救災目的而使用土地、進入住宅、其他即時處分等；另有爲預防傳染病及對傳染病患者醫療之相關法律（「傳染病預防法」），亦得對相關處所實施交通管制、封閉等[138]職權。

三、相關條文

1.「行政執行法」第39條：「遇有天災、事變或交通上、衛生上或公共安全上有危害情形，非使用或處置其土地、住宅、建築物、物品或限制其使用，不能達防護之目的時，得使用、處置或限制其使用。」

2.「消防法」第19條：「消防人員對火災處所及其周邊，非使用或損壞其土地、建築物、車輛及其他物品或限制其使用，不能達搶救之目的時，得使用、損壞或限制其使用。」

3.「災害防救法」第31條：「災害應變中心指揮官，於災害應變之必要範圍內，得爲下列之處分或強制措施：一、徵調相關專門職業及技術人員協助救災。二、劃定一定區域範圍，製發臨時通行證，限制或禁止人民進入或命其離去，或指定道路區間、水域、空域高度，限制或禁止車輛、船由自或航空器之通行。三、徵用民間搜救犬、救災器具、車、船或航空器等裝備、土地、建築物、工作物。四、危險建築物、工作物之拆除及災害現場障礙物之移除。五、優先使用傳播媒體及通訊設備，蒐集及傳播災情及緊急應變相關資訊。六、其他必要之應變處置。」

---

138 藤田宙靖，《第三版行政法Ⅰ》（總論），青林書院，再訂版，2000年3月，頁299。

貳、條文解說

一、名詞解釋

（一）急迫

「急迫」屬在各種警察危險情況中之當前危險，且處於緊急的狀態。如對該危害已經施以警告的方法，因應情況如不接續使用制止手段，將無法避免危害的發生。其包括在警告之後，相對人毫不聽從，且該危害狀態持續發生之狀態[139]。

另警察對涉及私權爭執，有急迫情形之處理，則屬例外。被跟追人有依「民法」向民事法院提出侵權訴訟及請求除去侵害（「民法」第18條及第195條規定參照）之權。此時，警察基於尊重私法自治及契約自由，針對該等本應由民事法院優先管轄的私權爭執事件，至多只能依「警職法」第28條第2項之規定介入排除或制止因私權爭執所生之急迫危害，即：「警察依前項規定，行使職權或採取措施，以其他機關就該危害無法或不能即時制止或排除者爲限。」該項規定係就警察作爲其他機關（包括法院）之代位、輔助機關時，設下僅得依「補充性原則」（Subsidiaritätsprinzip）行使職權的限制。須再三強調，警察所得介入排除或制止者，僅係因私權爭執所生之急迫性危害而已，目的乃爲輔助司法救濟一時之窮，自不能取代法院成爲執行憲法義務之蹊徑[140]。

二、實體要件

「天災、事變或交通上或公共安全[141]上」有危害情形，爲本條之實

139 警察法令研究會編，《新版注解警察官職務執行法》（全訂版），立花書房，平成12年（西元2000年）4月，頁100。

140 參見釋字第689號李震山大法官解釋部分不同意見書。

141 治安事件是否屬公共安全上之原因，解釋上採肯定說。因此，對有重大犯罪之對應之即時處置，即有「防止危害」與「犯行追緝」之雙重職權競合問題。有關警察危害防止與犯行追緝任務之競合論述，請參考李震山，《警察行政法論——自由與秩序之折衝》，

施要件。本項要件之「危害發生原因」屬不可預測，且在時間上無法因應，又因警察之裝備、物品有所不足，必須藉由使用一般人民之土地、物品等爲協助，始得防止、避免該緊急危害。

「天災」指各種重大之天然災害，如颱風、巨浪、地震、水災；「事變」指重大之變故，如民生、經濟、社會、治安上之重大危害事件發生時屬之。

「得使用或處置人民之土地、住宅、建築物、物品或限制其使用」。警察使用第三人土地、物品範圍，限於第三人之土地、住宅、建築物或物品。在法益衡量上，因維護重大公益，而必須使用第三人之物品，此屬爲公益而犧牲一部分私人之權利。警察使用或限制人民使用物品之程度，應考量限於「一般社會通念」所認同之範圍內。如果因實際必要，警察使用物品之限度超過此範圍，則國家應予必要之補償。一時的使用人民之土地、住宅、建築物、物品或限制人民之使用，在合理範圍之內，第三人應有忍受之義務。

三、程序要件

即時強制執行之主體與客體間，即警察與第三人之間，依法律規定，警察對於他方有強制的權限並由法律規定，於有必要時，第三人被課予忍受強制的「義務」[142]。

警察執行程序中，應告知被使用物品之人民，其使用之原因、範圍，如無法告知，亦應有表明身分、理由之作法。事後並依一定程序報告、紀錄或補償人民之損失。

元照出版公司，2016年10月，修訂四版，頁325-360。

142 藤田宙靖，《第三版行政法I》（總論），青林書院，再訂版，2000年3月，頁300。

四、實務與學術見解

（一）緊急情況中警察職權措施要件

在救護事件中，依急迫危害程度情況，有需即時保護情形。在此警察所實施之措施，可選擇必要之適當方法。惟緊急情況縱然可由警察自行決定如何處理，其前提應限於緊急迫切之情況[143]。

參、問題探討

一、實務問題

（一）相關機關之職權

「警職法」本條文，並未提到有關對人生命之救護，但從具體狀況考量，「天災、事變」均會對人之生命造成重大危害。所謂「警察急狀權」之發動，亦基於保護人之生命、身體安全爲其目的。防止危害爲所有行政機關之責任，一般之緊急狀況，雖由警察先行處理、制止，以防止損害擴大。因此，警察之措施性質，應屬緊急性、暫時性、先行性之範圍。依相關法律規定，主管機關有須爲後續處理之職責。

依「災害防救法」第30條：「民眾發現災害或有發生災害之虞時，應即主動通報消防或警察單位、村（里）長或村（里）幹事（第1項）。前項之受理單位或人員接受災情通報後，應迅速採取必要之措施（第2項）。各級政府及公共事業發現、獲知災害或有發生災害之虞時，應主動蒐集、傳達相關災情並迅速採取必要之處置（第3項）。」

（二）造成損失之補償

警察遇有緊急情況之使用人民物品，可能會造成人民財物之損

143 河上和雄，《詳釋警察官職務執行法》（全訂版），日世社，平成9年（西元1997年）1月，頁146。

失。所謂「損失補償」，乃行政機關爲公益之目的，依法律規定實施行政作爲，造成人民損失所爲之補償，與「國家賠償」係因違法之侵害有所不同。

警察爲救護人民之生命所爲之緊急狀況處置，常有不得已之破壞、使用、處分措施，造成第三人住宅、物品之損害。如該損害情形已甚爲嚴重且無法回復，第三人因此受有損害；雖然執行人員無違法之故意或過失，但爲分擔社會風險，國家或地方自治團體應負擔補償第三人之損害。

另一方面，人民對於國家公共秩序之維持，亦負有相當的社會義務。警察基於公益原因，合法的實施警察職權，致人民生命、身體或財產遭受損失時，如其損失程度尚在社會義務範圍內，人民應有忍受之義務，國家尚不予以補償[144]。依「警職法」第31條規定：「警察依法行使職權……因人民特別犧牲……得請求補償。」如因避難原因，警察使用人民物品，而致該物品滅失，即超過一般限度之使用，人民得請求補償。此有關「損失補償」之部分，並請詳見本書第31條之釋論。

（三）對市區流浪狗之處理

實務上提出因市區流浪狗眾多，影響市容、交通，可否引用本條規定，處理之問題[145]。對於已造成交通之危害，似符合本條之規定，可對該流浪狗實施必要之處置。另此種行爲已造成交通秩序之危害，該行爲人已構成警察處分之對象，爲違反「警察法」上義務之警察責任人；警察可採取命令方式，命該人有不作爲之義務。如無法達成目的時，可以實力制止此種行爲。另依「道路交通管理處罰條例」第84條規定：「疏

144 李震山等，《警察職務執行法草案之研究》，內政部警政署委託，1999年6月，頁242。

145 曾發生有特定之養狗人，養了1,000多隻狗，並利用在特定日期，用貨車載狗到某一特定市區道路，恣意放下使造成交通阻塞，而欲達其請求目的，已影響交通秩序及造成一定之危害。見李震山等，《警察職務執行法草案之研究》，內政部警政署委託，1999年6月，頁380。

縱或牽繫禽、畜在道路奔走，妨害交通者，處所有人或行爲人新臺幣一百八十元罰鍰。」亦可作爲處理之參考。

（四）為防疫之限制營業

109年4月9日中央流行疫情指揮中心曾公布，爲維護民眾健康，自即日起，酒店和舞廳全面停止營業，呼籲業者能共體時艱、配合相關防疫措施。爲防止疫情擴散，指揮中心指出，請全國各縣（市）政府務必配合，由經發局（或業管機關）、衛生、消防、警察局共同稽查上述行業是否有遵守規定。同時再次呼籲，現在是國內防疫關鍵時刻，提醒全國人民避免涉足人潮聚集、密閉空間及易造成群聚感染的營業場所，以降低遭到感染的風險[146]。

109年5月8日中央流行疫情指揮中心因應國內武漢肺炎（新型冠狀病毒疾病，COVID-19）疫情趨緩，陸續宣布多項防疫措施鬆綁或解禁，唯獨酒店和舞廳至今仍沒有明確宣布可以恢復營業。指揮中心今天宣布業者若能符合4項防疫和安全措施，民眾可以放心消費，包括保持社交距離，如室內1.5公尺、室外1公尺，座位採梅花座或增設隔板區隔；落實個人衛生防護，如戴口罩、量測體溫、入口及場所內提供洗手用品或設備；建立實名制，並確實執行人流管制及環境清消；消防安全檢查及建築物公共安全檢查合格[147]。

二、理論爭議

（一）可否命第三人為協助

本條警察之職權爲遇有天災等緊急情形時，使用第三人之土地、物品等即時措施，並不須依一般程序得到所有權人之同意。執行上是否

---

146 全國酒店和舞廳，自9日起停止營業，衛生福利部網頁，https://www.mohw.gov.tw/cp-16-52664-1.html-，瀏覽日期：2020/08/06。

147 酒店舞廳能不能開？指揮中心：符合防疫4措施由地方政府決定，自由時報，2020年5月8日。

可以命第三人為協助？在此可解釋第三人有忍受土地、物品被用作供避難使用之義務。至於警察命令非警察責任人之第三人為協助時，依本條規定第三人並無明確之法律義務。此時第三人可依實際情形、本身能力狀況予以協助，如違反協助命令，依本條規定並無罰則；惟如其他法律有規定，須為協助義務時，則另當別論。本條之重點在於警察得使用第三人之動產及不動產。在此，尚不能擴大解釋為第三人有主動協助之義務；惟第三人不能妨害警察之執行。

「警職法」本條之即時強制處分，對象限於動產及不動產，並未規定第三人有協助之義務，依解釋第三人可主動協助。除依本法規定之外，如其他特別法規定關係人須負救護義務或是警察責任人（即造成危害之人）須為救護，解釋上則有救護之義務[148]。

（二）「公共安全」與重大犯罪之案件

警察對於緊急危難狀況之處理，常會遇到同時有犯罪案件發生情況。如造成交通危害行為、正在犯罪之行為，除造成犯罪行為外，亦會影響到公共安全。處理上應重在防止危害或追緝嫌疑人？從發動要件上看，二者同樣皆有「阻止犯罪」之目的，前者重在「防止危害」，後者目的在「追緝犯罪」，執行上二者要兼顧及同時達成，事實上常有困難。

理論上應考量其執行之先後順序。法律之目的，在於保護一定之法益，如同時有二個法益存在，一時間不能同時兼顧時，則應考量保護之優先順序。此時，如果「緊急處置」保護之法益為人之生命，而「犯罪追緝」為國家之刑罰權追訴目的，可依具體案件之法益比較及衡量決

148 道路交通管理處罰條例第62條第3項：「汽車駕駛人駕駛汽車肇事致人受傷或死亡者，應即採取救護措施及依規定處置，並通知警察機關處理，不得任意移動肇事汽車及現場痕跡證據，違反者處新臺幣三千元以上九千元以下罰鍰。但肇事致人受傷案件當事人均同意時，應將肇事汽車標繪後，移置不妨礙交通之處所。」另第4項：「前項駕駛人肇事致人受傷而逃逸者，吊銷其駕駛執照；致人重傷或死亡而逃逸者，吊銷其駕駛執照，並不得再考領。」

定，一般應以救護人生命之法益爲優先。

三、案例解析

◎緊急防疫需要之必要措施範圍

（法務部91年10月18日法律字第0910039713號函）

（一）摘要

即時強制之機關必須就該事項有法定職權，並不得逾越其權限範圍而實施；同時，選擇強制方法之種類與強制之範圍或程序，均當符合比例原則。再者，由於即時強制之方法對人民權益影響較大，除必須具備緊急性與必要性之一般要件外，行政執行法第37條至第40條更規定須具備特別要件，始得實施。本件有關行政機關爲因應登革熱緊急防疫需要，可否依據本法第36條規定，對不在戶之空屋、空地孳生源執行清除疑義乙節，仍請該管機關參酌上開說明，就個案之具體情形，本於職權自行審認之。

（二）研析

即時強制之發動，因遇有情況急迫，行政機關自應立即採取必要措施，以避免造成人民生命、身體或財產上之損害。倘若行政強制執行權之發動仍須以行政處分爲基礎，往往有緩不濟急，錯失良機的危險。因此，在一定條件下，應允許行政機關得直接採取強制執行之措施，而無待事先作成行政處分[149]。

傳統即時強制的概念，認爲當事人無須違反法律上之義務，此種定義，應有問題。因人民如無違反法定義務，行政主體之強制權限基礎便

149 李建良，〈違規車輛拖吊及保管之法律問題——兼論行政強制執行基本體系之再構成及其相關問題〉，《政大法學評論》，第53期，1995年6月，頁134。

不存在，因無義務即無權限[150]。在此，可認爲執行時命令或處分無法通知到行爲人，義務人無法得知有作爲義務之狀態，而須忍受即時強制之情形[151]。

本件解釋認爲採取「即時強制方式」之處置人民物品，應符合法律具體規定之要件。並應本於職權具體認定是否該「因應登革熱緊急防疫需要」，已符合「行政執行法」所規定之特定要件。如時間緊急、無法命義務人作爲及屬最後之手段、無其他替代方法等，皆須考量。另其實施方式與防止危害之間，是否具有必然性、直接關係，亦須注意。

第26條（進入住宅救護）
警察因人民之生命、身體、財產有迫切之危害，非進入不能救護時，得進入住宅、建築物或其他處所。

壹、立法緣由

一、立法理由與目的

人民之生命、身體、財產遭受到急迫危害，依「警職法」所賦予警察之職權，除第19條之對人管束、第20條之扣留危險物外，另亦需要有進入住宅等處所之職權。本條賦予警察之此項職權，以爲實施救護、制止，爰訂定本條文。

對於住宅等處所之進入，「行政執行法」第40條原已有規定，本

150 有學說認爲即時強制爲下命、選擇執行方式、實施，三者合一之處分。

151 依「警察職權行使法」第3條規定之意旨，警察行使職權時必須要表明身分及告知事由，如行爲人在場，此時警察亦應表明身分、告知事由爲妥。至於時間、情況是否允許，則爲事實上之問題。

條規定與其相同。另立法之時，立法委員亦提出因「行政執行法」對於公共場所之進入[152]未設規定，遂提案比照「日本警察官職務執行法」第6條規定[153]，警察得進入公共場所。後來本條第2項之上述建議條文，移至本法第6條第4項中，予以規定。

二、法理基礎

（一）即時強制進入住宅等處所之必要性

即時強制之進入住宅等處所，其前提要件應具有急迫性、必要性。在其他法律中爲特定行政目的，亦有規定警察得進入營業場所檢查，有的規定如拒絕行政機關或警察進入，得對其處以罰鍰者。上述之執行目的、性質，均與警察即時強制有所不同。一般立法上考量，爲達成行政目的之必要限度內，大都採取以罰則爲擔保。依「實力進入」處所，應只有在極爲特殊之情況下，才被允許[154]。

一般行政調查之目的而要求進入住所，與爲保護人民之住居自由、隱私權被干預程度之衡量，法律上大多會採取以任意行爲方式或以間接強制之罰則爲擔保手段。除了不即時進入住宅阻止犯罪、救護、制止危害，可能造成當事人、公共利益之重大危害，始會允許有即時進入之職權。

（二）進入住宅等處所與令狀主義之要求

即時強制之理論，其目的、內容、範圍，已有大致之定義。實務上規定警察職權之明確要件、手段，以避免因學理上名詞之模糊或不確

152 《立法院議案關係文書》，審議「警察職務執行條例草案」及本院委員陳其邁等38人擬具「警察職權行使法草案」等二案，院總第915號，2003年6月4日，頁137。

153 「日本警察官職務執行法」第6條第2項規定，警察官對於表演場所、旅館、餐廳、車站及其他多數顧客聚集的處所，爲預防犯罪或預防人的生命、身體或財產的危害，得要求場所管理人，在公開時間內進入，如無正當理由，不得拒絕。

154 星野鐵次郎，〈警察作用法學のすすめ〉，《警察學論集》，第33卷，第3號，1980年2月，頁24-26。

定造成之缺點。即時強制除緊急救護目的之外；如有「情況急迫，即使課予義務亦無法達成行政目的」，爲達成行政目的之必要，對「進入住宅」可否免除令狀主義之要求，亦待探討。

依日本最高法院在平成4年（西元1992年）7月所作成的「成田新法事件判決」。本判決中引用川崎民商事件判決，認爲「以非刑事追訴目的爲理由，尙不能因此而逾越憲法第35條規定所保障的範圍」。在本判決中亦稱「行政程序與刑事程序各有其法律性質，二者有所不同。因行政目的有其各種類別，在行政程序中，有特殊須強制進入住宅型態的，如全部均解釋爲須有法官的令狀，應不妥當。對進入住宅應考量的重點，應在於其是否爲達成維持公共福祉的行政目的，所不可欠缺的手段？或是以追訴刑事責任目的之蒐集資料的直接措施？另應綜合判斷其實施強制的程度、態樣及所被直接實施之對象？以爲決定其實施是否需要有法官的令狀。」本件依「成田新法」第3條第1項規定，爲確保「禁止命令」履行的必要限度，執行該被禁止命令的對象工作物時，得爲「進入」（同條第3項），該規定似已否定令狀主義的適用[155]。

即時強制對私人身體、財產造成侵害，是否應適用日本「憲法」第33條及第35條之令狀主義規定？依日本現行法規定，即時強制須具備法院的令狀及許可狀的案例並非沒有（「國稅犯則取締法」第2條、「出入國管理及難民認定法」第30條、「警察官職務執行法」第3條第3項）。但是，此種案例極其有限。因此，現行法上如無特別規定，其實施之要件，是否應適用憲法規定？如一概解釋爲未經過法院許可，所實施之即時強制，就屬違法，亦有問題[156]。考量行政上即時強制之目的，

155 在本判決中之「進入」其法律性質爲何？在論述上亦不明確。惟所有的進入權限行使，並非全部皆以直接物理的方式完成。解釋上，日本最高法院對此事件亦採取否定令狀主義的論點，對拒絕者，得以罰則制裁。因此，其意義爲並不具有即時強制的性質。藤田宙靖，《第三版行政法Ｉ》（總論），青林書院，2000年3月，再訂版，頁306-307。

156 藤田宙靖，《第三版行政法Ｉ》（總論），青林書院，2000年3月，再訂版，頁304-305。

所對應的各種可能發生狀況，如「國稅犯則取締法」（日本）案件，其實施之行政即時強制手段，實質與刑事程序有關，須經過法官之令狀許可爲憲法之當然解釋。相對的，如滅火之際進入鄰居庭院，對此主張須有法院令狀之說法，應無必要性。

我國「警職法」之本條規定，爲預防急迫危害之進入住宅，其要件相當明確以兼顧防止危害與人民隱私權之考量。

三、相關條文

「行政執行法」第40條：「對於住宅、建築物或其他處所之進入，以人民之生命、身體、財產有迫切之危害，非進入不能救護者爲限。」

「家庭暴力防治法」第4條：「本法所稱主管機關：在中央爲衛生福利部；在直轄市爲直轄市政府；在縣（市）爲縣（市）政府（第1項）。本法所定事項，主管機關及目的事業主管機關應就其權責範圍，針對家庭暴力防治之需要，尊重多元文化差異，主動規劃所需保護、預防及宣導措施，對涉及相關機關之防治業務，並應全力配合之，其權責事項如下：……五、警政主管機關：家庭暴力被害人及其未成年子女人身安全之維護及緊急處理、家庭暴力犯罪偵查與刑事案件資料統計等相關事宜……（第2項）。

「家庭暴力防治法」第22條：「警察機關應依保護令，保護被害人至被害人或相對人之住居所，確保其安全占有住居所、汽車、機車或其他個人生活上、職業上或教育上必需品（第1項）。前項汽車、機車或其他個人生活上、職業上或教育上必需品，相對人應依保護令交付而未交付者，警察機關得依被害人之請求，進入住宅、建築物或其他標的物所在處所解除相對人之占有或扣留取交被害人（第2項）。」

貳、條文解說

一、名詞解釋

（一）進入住宅或其他處所

「進入」（Durchsuchung）乃公務員爲防止人民生命、身體或自由之當前危害，在未得土地或建築物所有人、管理人之同意或違反其意思；或爲檢查物件、調查與蒐集資料目的，而進入個人管有或其營業場所之土地或建築物之意[157]。

（二）非進入不能救護

警察對於危險情況之發生或對於人的生命、身體或財產有迫切之危害，爲防止危害或避免損害之擴大及救助被害人，在不得已之情況時，進入他人土地、建築物或車、船之中。警察進入之目的，應僅限於不得已之情況[158]，始得爲之。

二、實體要件

本條文以緊急救護爲目的之進入住宅，其法定要件述之如下：

（一）「生命、身體、財產」之法益

所危害之法益必須是人民之「生命、身體、財產[159]」受到危害。至於其他之個人名譽、人格、信用，受到損害則不得爲之。區分保護之法益，旨在表示其保護之必要性、急迫性。即此等法益受到危害，如不即時救護，事後將難以回復或將造成重大之損害。

---

157 宮田三郎，《警察法》，信山社，2002年7月，頁107。

158 宮田三郎，《警察法》，信山社，2002年7月，頁107-108。

159 如屬竊盜案件之現時發生，警察進入住宅之依據，則適用「刑事訴訟法」之逮捕現行犯等相關規定。

（二）迫切危害

個人法益受侵害之狀態，有各種類型[160]。如一有個人法益受侵害之虞，即容許警察進入住宅救護，可能在「執行必要方法」與所保護「法益」之間，無法取得平衡。採取侵入住宅之方法，爲不得已措施，其所救護之法益受侵害程度，應限於緊急情形，始得爲之。以避免濫用本項職權，造成侵害人民住居權利。實施之前提必須上述受保護之法益，已受到「迫切危害」始可適用。所謂「迫切危害」爲該危害即將發生或正在發生，如不即時採取對應之救護，無法制止、救護、保護之意。

三、程序要件

本條規定採取進入「住宅、建築物或其他處所」之方法。警察所使用之手段，爲進入住宅等處所爲救護或制止，此爲因應緊急必要之特殊情況，由法律授權逕行直接進入，程序上不必經過當事人同意或法院之許可。

執行時，仍須有告知之程序，以使住居者得知警察之目的或可配合警察救護。以避免產生誤解或逃避、抵制警察進入。但特殊情形時，無法告知當事人，則不在此限。

具體進入住宅之方法，仍應以適當方法爲優先考量，避免直接採取破壞門窗等方式進入，以兼顧人民之財產權保護。但遇有無法經由一般方法進入住宅時，並得採取進一步之開鎖、破壞門窗等方式進入；此時，須兼顧執行之時效性。

四、實務與學術見解

（一）實務見解

對於現行犯罪人之逮捕，並非依據本條文（緊急進入住宅），而是

---

160 其保護之方法有民法、刑法等相關規定。其實施之程序，須依各別法律之程序法規定行之。

依據「刑事訴訟法」之規定[161]。

警察執行勤務是臨時性的、須立刻做處理，不同於法院之依據法規之方式處理。警察執行勤務就是保障人權，若沒有馬上採取防制處理，失去時機對於人民就是受害[162]。

（二）學術見解

造成對生命危害的「該當行爲」，在條文解釋上並非沒有限制。其必須是犯罪情況即將發生，依其事態所衍生的結果，將對生命造成迫切的危害爲主要。犯罪與迫切危害間，有主要之因果關係是無庸置疑的[163]。

「警職法」與修正後之「行政執行法」規定進入住宅之要件，大致相同。將進入處所之要件，嚴格限於緊急救護之目的，刪除舊法爲制止賭博、妨害風俗、公安之行爲而侵入住宅或處所之規定[164]。

參、問題探討

一、實務問題

執行進入住宅之「必要性」判斷，依條文規定爲非進入不能救護。即採取「進入」住宅救護、制止是惟一方法，無其他更適當手段可爲救護之意。如危害情況已經終止、不存在、並非眞正侵害或已查明原

161 田宮裕、河上和雄編，《大コンメンタール警察官職務執行法》，青林書院，1993年8月，頁351。
162 陳立中（發言內容），「警察職權行使法評析」研討會，《台灣本土法學雜誌》，第56期，2004年3月，頁141。
163 田宮裕、河上和雄編，《大コンメンタール警察官職務執行法》，青林書院，1993年8月，頁351。
164 洪文玲、劉嘉發，〈警察即時強制之研究〉，收錄於《「刑事訴訟法與警察職權行使法」研討會論文集》，中央警察大學行政警察學系，2003年12月，頁209。

因，純屬誤解。則無再進入救護之必要，即不得再行實施。但其判斷爲依警察之「主觀認定」，遇有爭議時應如何解決？此雖爲個案問題，但其實施過程、程序、判斷依據之方法，亦應明確。對警察執行過程之評價，如其措施非屬恣意，應屬合法之範圍。

二、理論爭議

（一）危害之定義

依「警職法」第26條規定，進入住宅救護之原因，有因人之生命、身體、財產之迫切危害，並以緊急救護之目的爲限。該「危害」須具有具體性、迫切性。如當事人有自殺或傷害他人行爲出現，且依社會通念，亦認爲此情況必須由警察進入救護，始能制止該危害之擴大即可。本條所稱「危害」之要件，並不等同「刑法」上之實害。

（二）住居自由之保護

有關「住居自由」之保護，依「憲法」第10條規定人民有居住及遷徙之自由。即人民有居住空間之自由、保護其隱私權之意，並不得任意干涉。

住居自由之理論上保護，依日本「憲法」第33條及第35條規定，其主要對於刑事司法權力之程序規範。對行政（警察救護）目的之即時進入住宅，其規範程度是否與此相同？因即時強制一方面須即時實施，對此要求須遵守令狀主義原則，雖原則上有其必要，但考量其他相關因素，如屬排除目前急迫危害之警察作爲，有關於此，實際上要求先經過法官之許可，一般應無此餘裕之時間並有其困難性[165]。

---

165 日本近來學說或判例中，關於此問題朝向較爲細緻的方向發展。例如昭和30年（西元1955年）時，高柳教授主張原則以令狀主義爲主，即「原則上以令狀主義爲主，惟如依事件性質要求法院之令狀爲不可能時，則不需有令狀的要求。」要求行政即時強制須符合令狀主義，此種主張應有其合理的界限。藤田宙靖，《第三版行政法Ⅰ》（總論），青林書院，再訂版，2000年3月，頁305。

三、案例解析

◎執行戶口查察之規定

（最高行政法院89年度裁字第1620號判決）

（一）摘要

警察人員執行家戶訪問（戶口查察）工作，係依「警察法」第9條第7款所定，且「警察勤務條例」第11條第1款亦明定戶口查察爲勤區查察之主要任務。因此，戶口查察工作之實施，係依法之行政行爲。警察執行前述工作，乃爲瞭解轄內居民動、靜態及宣導政令、爲民服務、發掘治安問題暨協助戶政機關查對戶籍資料，具有維護社會治安之功效……。核其內容……僅爲單純之事實敘述及說明，尚不對外發生准駁之法律上效果，即難謂其屬行政處分性質。

（二）研析

實務上警察執行戶口查察[166]工作，常涉及是否得以進入私人住宅之問題。「警職法」之本條規定，進入住宅之要件，必須有急迫之原因，始得爲之。一般執行戶口查察，如果沒有人民同意或邀請，仍不得直接進入。「警職法」之即時強制進入住宅，其要件限於爲救護目的之進入。至於其他對違序行爲之調查或行政目的之查察，仍必須依各該法律之規定爲之。

「警職法」第26條規定進入住宅救護之要件，以人民之生命、身體、財產有迫切之危害爲必要，一般之戶口查察自與此有所不同。上述判決認爲戶口查察尚未直接干預人民權利，並未提到有關強行進入住宅之問題。有關蒐集個人資料及資料之處理運用，實務機關亦應事先規劃

166 警察實務上之戶口查察，遇到相當多困難之問題，即法律未明文規定得進入住宅。詳見李震山等，《警察職務執行法草案之研究》，內政部警政署委託，1999年6月，頁358-363。

並妥為保管。

四、問題提出

（一）保護法益之範圍

本條規定警察進入住宅等處所之目的，可分為「防止危害」、「救護傷患」、「制止危害擴大」，其重點在於防止危害之擴大。有關保護之法益，限於「生命」、「身體」、「財產」之迫切危害，不及於其他法益。在此，如何界定此三者法益之範圍，使不致過於空泛，造成任意進入住宅，影響人民居住之自由權；或避免過度對此要件限縮解釋，產生不能即時保護人民權利之問題。

（二）以即時強制之方法進入住宅等處所之考量

以即時強制之方法進入住宅等處所，對人民權益影響重大，於實施時，應就個案之具體情形，審認是否具備上述緊急性與必要性等要件，其強制方法之種類與強制之範圍或程序，均應符合比例原則（「行政執行法」第3條參照）。茲以緊急救護執行，舉例說明及建議處理如下：

1.住宅內有需緊急救護送醫之緊急傷病患，非進入不能救護，惟房門上鎖，無人可以開門或不願配合開門時，此時，得依「行政執行法」上開規定於必要範圍內破壞門窗，強行進入住宅執行緊急救護，如遇抗拒時，必要時並得將抗拒之人以強制力排除之。

2.住宅外之防火巷等處所有需緊急救護送醫之緊急傷病患，因巷道狹窄等因素無法搬運，如需借道通過，但屋主抗拒時，應依個案之具體情形綜合評估，採對緊急傷病患最有利之措施，倘經評估後，即時強制所需破壞門窗、排除人為抵抗等時間較繞道搬運更長，對緊急傷病患較為不利時，則不宜採取即時強制。反之，倘非即時強制無法將傷病患運出時，則應依法實施即時強制。

3.執行救災、救護勤務時，可能遇到之情境及其適法性，應利用訓練或會議等適當場合，邀請法制、法律專業人員或團體加以研討或講習，以強化執勤效能[167]。

（三）動物之定性及是否屬「財產」

「行政執行法」第36條第1項、第2項第3款及第40條規定：「行政機關爲阻止犯罪、危害之發生或避免急迫危險，而有即時處置之必要時，得爲即時強制（第1項）。即時強制方法如下：……三、對於住宅、建築物或其他處所之進入（第2項）。」「對於住宅、建築物或其他處所之進入，以人民之生命、身體、財產有迫切之危害，非進入不能救護者爲限。」有關寵物之性質（即是否爲財產）乙節，學說有認其爲動產；亦有認爲動物屬物（動產），惟動物應受保護，對動物的支配，應受特別法之規範，受有限制；實務上亦有認爲，在現行法未明確將動物定位爲物之情形下，應認「動物」非物，而是介於「人」與「物」之間的「獨立生命體」（臺灣臺北地方法院103年度簡上字第20號判決參照）。據此，因學說及實務對於動物之定性及是否屬「財產」均尚有爭議，貿然適用上開行政執行法上對人民侵害度較高之即時強制作爲，恐有適法性疑慮，故關於動物救援，如貴會認爲應賦予警、消人員或動物保護檢查員進入住宅、建築物或其他處所之權限，建議於動物保護法中將相關要件及救濟方式等另爲明文規定，俾利明確適用及執行[168]。

第27條（驅離或禁止進入）
警察行使職權時，為排除危害，得將妨礙之人、車暫時驅離或禁止進入。

---

167 內政部消防署民國106年8月17日消署護字第1060700138號函。

168 法務部法律字第10703512600號函。鄭冠宇，《民法總則》，新學林，2016年，頁193。王澤鑑，《民法總則》，新學林，2014年2月，頁235-236。

壹、立法緣由

一、立法理由與目的

警察執行震災、火災、槍戰、刑案等現場勤務時，爲排除危害，達成任務，有時必須驅離可能遭受危害與阻礙職務執行之人、車；因此等措施限制人民之自由權利，故基於依法行政之民主法治國原則，須有法律對之賦予職權，以爲準據，乃有本條之規定。蓋倘警察依本法行使職權時，對行使職權現場之人、車，如有可能遭受危害與阻礙職務執行，而不賦予暫時驅離或禁止進入之職權，反而可能造成更大之損害或妨礙任務之執行，故本法於立法時，乃參考日本「警察官職務執行法」第4條及德國「聯邦與各邦統一警察法標準草案」第12條規定，予以明定警察爲了排除危害，得將妨礙之人、車暫時驅離或禁止進入，以符合法律保留原則[169]。

二、法理基礎

（一）強制措施必須有法律之授權

警察措施大概可分爲強制措施與任意措施，此二者之不同，主要在於有無獲得對方之同意[170]，或有無違反其任意之意思。任意措施，雖然一般認爲不需法律之特別授權[171]，但強制措施必須有法律之特別規定，

169 《立法院公報》，第92卷，第34期，頁305-306、352。

170 茂田忠良，〈警察活動における強制手段と任意手段〉，《警察學論集》，第35卷，第2號，頁28-29；日本實務亦間接採此見解，例如：日本最高法院昭和53年6月30日判決「所允許之檢查攜帶物品是盤查（任意措施）之附隨行爲，所以只要獲得持有人之承諾，原則上即得爲之，自不待言。」

171 關於任意措施是否需要有法律之特別授權，學說上有如下之爭論：(1)全面保留說：認爲任何國家事務，只要有法律規範可能者，均應由議會立法規範之，沒有法律的授權，行政權不能有所行動，尤其不能採取對人民有法拘束力之措施。(2)干預保留說：認爲在沒有法律規範的事務領域，只要不直接干預到人民的自由與財產，行政機關依然得採取一切爲達成國家目的所必要或有所助益的措施。(3)折衷說：認爲立法者必須嘗試在法律授權與保有行政權足夠「法律外的積極、主動性」之間，尋求一個均衡點。許宗

若無法律之授權，該強制措施不得爲之。質言之，要限制人民之自由權利，必須有法律之授權，此爲法治國之重要原則，也是現代民主國家之要求[172]。驅離與禁止進入都是限制人民自由權利之行爲，也是壓抑個人意思強制實現警察目的之行爲，所以具有強制措施之性質，需有法律之授權始得爲之，本條即爲驅離或禁止進入之授權規定。至於自願離開，因其已欠缺人身自由之干預性質，故非此處之驅離。

（二）禁止進入及驅離措施非屬「憲法」第8條之逮補拘禁

由於驅離對於身體行動自由之侵犯係屬消極的行動方向上受阻，故與積極拘束行動自由，係空間上受限有別。前者爲人身自由之限制，後者則可能爲人身自由之剝奪[173]。人身自由之剝奪與人身自由之限制，兩者同爲以違反相對人意思之強制方法，干預相對人之行動自由，其區別在於干預強度及時間長短之程度上，人身自由之剝奪係侵害人身自由之強烈形式，其已以積極干預方式將自由完全排除，譬如逮捕。人身自由之限制與人身自由之剝奪不同者，在其具消極要素，即消極阻礙個人進入某處與驅離出某處，係對人身自由爲部分之限制。因此，人身自由之剝奪與限制兩者間，並非各自獨立，毋寧說，人身自由剝奪係人身自由限制的一種特別型態。至於兩者區別之實益則在於人身自由之剝奪，除有法律依據外，尚需合乎「憲法」第8條法官應介入之規定，而人身自由之限制，除仍應有法律依據外，並不必受「憲法」第8條第2項所定程序之拘束，行政官得依法或本於法律爲之。本條之驅離或禁止進入之措施，即屬後者，不必受「憲法」第8條第2項所定程序之拘束，但仍應有

力，〈論法律保留原則〉，收錄於《法與國家權力》，月旦出版社，1996年12月，增訂二版三刷，頁148、152、157。

172 茂田忠良，〈警察活動における強制手段と任意手段〉，《警察學論集》，第35卷，第2號，頁29。

173 李震山，〈論行政管束與人身自由之保障—兼論警察盤查權〉，收錄於《人性尊嚴與人權保障》，元照出版公司，2001年11月，修訂再版，頁228。

法律之授權依據，故有本條之訂定。

三、相關條文

「集會遊行法」第25條：「有左列情事之一者，該管主管機關得予警告、制止或命令解散：一、應經許可之集會、遊行未經許可或其許可經撤銷而擅自舉行者。二、經許可之集會、遊行而有違反許可事項、許可限制事項者。三、利用第八條第一項各款集會、遊行，而有違反法令之行爲者。四、有其他違反法令之行爲者（第1項）。前項制止、命令解散，該管主管機關得強制爲之（第2項）。」

貳、條文解說

一、名詞解釋

（一）驅離

所謂驅離係指警察爲達成其法定任務，於執行職務時，爲了排除危害，對於有受危害之虞或妨礙其執行職務或排除危害之人、車，違反其意思驅逐出一定範圍或處所之公權力措施。驅離措施，對於身體行動自由之侵害係屬較輕微之「人身自由之限制」，尚未至「剝奪人身自由」之程度，故除應有法律明文授權外，並不必受「憲法」第8條第2項所定程序之拘束，警察得依法或本於法律爲之[174]。惟於執行時，仍應受本法第3條比例原則之支配，基此，在執行驅離措施之程序上，除情況急迫之外，應於採取驅離措施之前，先行勸導或警告離去，仍不能達到目的時，再採行強制驅離。換言之，除情況急迫之外，在採取驅離措施之前，必須先採行其他溫和、適當之前置措施，當勸導或警告離去等前置

---

174 李震山，〈論行政管束與人身自由之保障—兼論警察盤查權〉，收錄於《人性尊嚴與人權保障》，元照出版公司，2001年11月，修訂再版，頁229-230。

措施無效時，始得採行驅離措施。

（二）禁止進入

所謂禁止進入係指警察爲達成其法定任務，於執行職務時，爲了排除危害，對於有受危害之虞或妨礙其執行職務或排除危害之人、車，違反其意思禁止其進入一定範圍或處所之公權力措施。禁止進入與驅離同屬限制相對人不得置身於一定之範圍或處所，所不同者，僅在於驅離乃是積極地將相對人驅使出一定之範圍或處所，而禁止進入則是消極地禁止相對人進入一定之範圍或處所。其對於身體行動自由之侵害程度，與驅離措施同屬較輕微之人身自由之「限制」而尚未達到「剝奪」之程度，故除應有法律明文授權外，亦不必受「憲法」第8條第2項所定程序之拘束，警察得依法或本於法律爲之[175]。

（三）「暫時」驅離

本條所謂之「暫時」驅離，在解釋上，應指具體危害發生起至危害被排除以前而言，一旦危害業經排除，即應解除管制，恢復常態，不得僅因某種特別之危害類型經常出現，即長期予以管制。例如，不得僅因某處經常發生鬥毆，而長期管制該處，禁止人車進入或驅離管制範圍內之人、車即是。

（四）驅離、禁止進入與其他類似措施之區別

1. 驅離與管束

若從人身自由干預程度之觀點言，驅離之型態是將相對人驅逐出一定之範圍或處所，只要相對人離開該範圍或處所，其欲前往何處均不得予以干涉，故與同屬警察即時強制措施之管束（本法第19條所規定），

175 李震山，〈論行政管束與人身自由之保障—兼論警察盤查權〉，收錄於《人性尊嚴與人權保障》，元照出版公司，2001年11月，修訂再版，頁229-230。

兩者之目的雖均爲排除危害，但管束措施之型態是將相對人拘束於一定處所或範圍，故管束對人身自由干預之程度顯然較驅離爲強，應予注意。

2. 禁止進入與攔停

本條之禁止進入與本法第7條所謂之攔停，在外觀上雖然都是使相對人停止，但攔停之目的乃在於查證身分，身分查證清楚後，即應任其繼續前進，本條禁止進入之目的則在預防相對人之危害或使警察順利排除危害，所以，在危害被排除之前，即不得任其進入管制範圍或處所。

3. 禁止進入與限制使用處所

禁止進入與本法第25條之限制相對人使用其土地、住宅、建築物，雖然都是對一定處所之管制，其目的亦都是爲了排除危害，不過，第25條限制使用僅限於排除天災、事變或交通上或公共安全上之危害，本條禁止進入則不以此爲限，亦即不論是天災、事變、交通上或公共安全上之危害，還是這些危害以外之危害，只要是具體存在之危害，爲了將此危害排除，警察均得禁止有妨礙之人、車進入該管制處所。其次，就限制之方法言，第25條之限制相對人使用其土地、住宅、建築物，並非必然禁止其進入，例如有可能允許其進入而僅限制其使用之方法，或限制其使用之人數，但禁止進入，則是根本不得進入該管制處所，在禁止進入期間內，是完全禁止使用該土地、住宅、建築物。

二、實體要件

（一）須於警察正在合法行使職權時

警察採取驅離措施必須是警察正在依法執行職務，行使職權時，始得爲之。警察非於執行職務時，或雖在執行職務，但係以違法之方法執行職務時，均非合法行使職權，不得採取驅離措施。其次，行使職權之主體必須爲警察，其他如法官、檢察官、檢察事務官、調查員等依法行使職權，均無本條之適用，必須是由警察依法行使職權時始可。又此所謂之「警察」，除行政警察之外，是否包括司法警察。由本法第1條「爲規範警察依法行使職權，以保障人民權益，維持公共秩序，保護社會安全，特制定本法。」之立法目的及同法第2條第1項「本法所稱警察，係指警察機關與警察人員之總稱」之規定以觀，似應認爲此所謂之「警察」係指組織法上之警察機關與警察人員，不論其行使之職權係屬行政警察作用，抑或司法警察作用，均包括在內，蓋無論行政警察作用或司法警察作用，都是在保障人民權益，維護公共秩序與社會安全。

其次，警察所行使之職權須爲其職權範圍內之事項，且其職權之行使須爲合法之行使，倘以違法之方法行使警察職權，即使其所處理之事項係屬警察職權範圍內之事項亦非合法行使職權，自不得採取驅離措施。

（二）須為了排除危害

警察依本條將人、車驅離或禁止其進入，必須是基於危害之排除，倘非爲了排除危害，則不得任意將人、車驅離或禁止其進入。例如勘察犯罪現場固爲警察協助犯罪偵查之職權事項，但如僅單純爲了保存現場之完整，以便進行現場勘察蒐集證據，則不得以本條爲依據封鎖現場，將人、車驅離或禁止其進入現場。蓋犯罪行爲本身固然會造成危害，但此一危害倘已爲既成之事實而爲過去之危害，即現已無危害之存在，警察自無排除危害之必要與可能，亦無本條適用之餘地。但如果犯罪行爲尚在繼續進行中，例如挾持人質之現場，因危害尚未成爲過去，排除尚屬可能，警察自應依本法第三章之規定設法排除危害，於必要之限度內，並得依本條之規定將妨礙排除危害之人、車暫時驅離或禁止其進入現場。由此可知，本條所謂之「危害」，雖未明文規定須爲「現在之危害」，但就事物之本質言，解釋上應將過去之危害，例如既成事實之犯罪，排除在本條適用之外，即依本條將人、車驅離或禁止其進入，必須是基於排除現在進行中或即將來臨之危害始可。至於危害已成過去，爲查明造成過去危害之事實以釐清責任之歸屬，則應依其他相關規定處理。例如，爲了調查已成爲過去危害的犯罪事實，如有封鎖犯罪現場之必要，則應依「刑事訴訟法」第230條第3項或同法第231條第3項之規定爲之，不得援引本條作爲封鎖犯罪現場之依據。但如現場之犯罪行爲尚未終了，危害可能繼續發生或擴大時，如須封鎖現場，究應適用本條之規定，還是應適用「刑事訴訟法」第230條第3項（或同法第231條第3項）之規定，即不無疑問。本文基於「事前之危害防止優於事後之責任追究」的道理，認爲此種情形，應優先適用本條，當危害已成過去，始有「刑事訴訟法」第230條第3項（或同法第231條第3項）適用之餘地。

其次，本條所謂之危害必須係一具體之危害始可，所謂具體危害係指在具體案件中之行爲或狀況，依一般生活經驗客觀判斷，預料短期內極可能形成傷害（Schaden）的一種狀況。因此，案件必須具體，危害發生需有不可遲延性、可能性及傷害性，具體危害要件方能構成[176]，警察驅離措施之發動才有依據。若僅爲特別之危害類型，則尚未達到本條所稱之「危害」，即不得僅因有特別之危害類型出現，即採取驅離或禁止進入之措施，必須是爲了排除某一個具體之危害，始得採取驅離或禁止進入之措施[177]。

（三）被驅離或禁止進入之對象須為有受危害或妨礙危害排除之人或車

被驅離之對象，必須是在有發生危害之虞之處所，實際在現場或其附近之人、車。主要是針對有妨礙警察排除危害之虞者，但不以此爲

---

[176] 李震山，〈論行政管束與人身自由之保障—兼論警察盤查權〉，收錄於《人性尊嚴與人權保障》，元照出版公司，2001年11月，修訂再版，頁261。

[177] Scholler/Schloer著，李震山譯，《德國警察與秩序法原理（Grundzüge des Polizei-und Ordnungsrechts in der Bundesrepublik Deutschland）》，登文書局，84年11月，二版，頁100。

限，尚包括其本身有受危害之虞者。本條雖僅規定「得將妨礙排除危害之人、車驅離」，但其本身有受危害之虞者，經警察勸導或警告離開該危險區域，如自行離開，自無驅離之問題，如不願離開，或因身體狀況不能自行離開，或因精神狀況不能理解警察勸導或警告離開之意思，其本身固然爲有受危害之虞者，同時也可能成爲有妨礙警察排除危害之人，蓋其本身爲有受危害之虞者，不論係不願或不能離去，該不願或不能離去本身即已妨礙警察排除危害，而得採取驅離措施。況且，警察驅離妨礙排除危害之人，其目的乃在於排除危害，對於作爲危害對象之「有受危害之虞之人」，在排除危害之方法上，自無不得採取使其離開該危險區域之保護措施之理，而使其離開之方法，自不以任意措施爲限，於必要時，自得採取強制驅離措施，以達到排除危害之目的。此外，若觀諸本法第19條之規定，對於有受危害之虞者於必要時尚得管束其身體，則在以侵害較小之驅離方式即可達到排除其本身受危害之目的時，自得允許其採取驅離措施，是以，被驅離之對象，除了有妨礙警察排除危害之虞者外，尚包括其本身有受危害之虞者。其次，除了實際在現場者外，尚包括正前往而尚未到達即將發生危害之處所者，對於此等人、車所採之方式則是制止其進入該危險處所而非驅離，自不待言。

三、程序要件

（一）須明示身分並告知事由

爲使被驅離或禁止進入之人確信警察驅離及禁止進入措施之適法性，警察於執行驅離或禁止進入時，須使被驅離或禁止進入之人確知其身分，並應告知驅離或禁止進入之事由（本法第4條第1項）。警察在執行驅離或禁止進入時，若未著制服，亦未出示證件以表明身分，顯難澄清人民之疑慮，被驅離人自得拒絕之（本法第4條第2項）。

被驅離人若對身著警察制服之人員仍不信任，爲免除人民受假冒警察者之欺騙，被驅離人仍得要求警察出示證件，以釋其對警察身分之疑處。警察未告知驅離或禁止其進入之事由時，被驅離人亦得請求其告知事由。

（二）執行方法應遵守比例原則

驅離之執行方法如何，條文並未規定，在解釋上應受本法第3條比例原則之支配，亦即其驅離之方法及劃設之範圍大小，均應符合比例原則。首先，就驅離之方法言，於驅離之前，若以口頭勸導或警告之方式即可使相對人離開，則因驅離之目的已達成，即不得實施驅離，於實施驅離時，若以腕力即可達驅離目的，即不得以器械、棍棒驅趕，驅離之強度如已足以造成被驅離者之損傷，而此種損傷之程度已超越警察所要排除之危害的程度，即不得採取此種強烈的驅離方式。其次，就劃設之管制範圍言，所得劃設之範圍應限於排除危害所必要者，不得任意擴張管制範圍，原先劃設之範圍如因部分危害業經排除，以致部分管制範圍變成非必要時，則應隨之縮小管制範圍，一旦危害已完全排除，即應撤除管制範圍，不得爲不必要或與目的（即排除危害）不符之管制。

（二）執行驅離不得課予被驅離人前往特定地點之義務

在驅離之措施下，被驅離之人固然有離開該處所之義務，但警察之驅離，不得課予被驅離人前往特定地點之義務。不過，於被驅離人離開該管制地點時，得指點其方向及告知其欲前往地點之距離。除此之外，原則上對於被驅離人不得採取管束措施，除非有本法第19條之情形或依其他法律得爲管束之情形出現，始得採取管束措施[178]。

不過，有時爲了執行驅離，警察需將相對人抬上警車，送往他處，再加以釋放，以免其再快速回到現場，此種措施固然是爲達成驅離之目的，但其所採用之方法乃是拘束人身自由之管束措施，所以在性質

---

[178] Scholler/Schloer著，李震山譯，《德國警察與秩序法原理（Grundzüge des Polizei-und Ordnungsrechts in der Bundesrepublik Deutschland）》，登文書局，1995年11月，二版，頁100。

上應仍屬管束而非驅離，必須是以直接強制手段驅離仍無法奏效或極可能不奏效時，始得採取之手段，且由於驅離屬暫時措施，有其臨時性，因此，此種「爲了執行驅離所爲之管束」亦應係短期間，並且在特別例外之情況下方能行使[179]。

參、問題探討

一、實務問題

（一）警察得否進入住宅執行驅離？

研析：警察得否以本條爲依據，進入住宅執行驅離，不無疑問。德國法對於警察之此種驅離措施，並未授權得進入住宅執行驅離[180]。惟如住宅內確有急迫之危害出現，不授權警察對妨礙救難之人或有受危害之虞之人採取緊急驅離之措施，似有未妥。故在解釋上，本條所謂之驅離或禁止進入之場所，應包括住宅。

（二）人民遭受警察之驅離（或禁止進入），得否提起行政救濟？

研析：由於現行「訴願法」第3條、「行政程序法」第92條就行政處分定義增列「其他公權力措施」，且「行政訴訟法」亦增列確認之訴[181]，而驅離措施雖非以意思或觀念表明等精神作用爲要素，而係警察

179 李震山，〈論行政管束與人身自由之保障—兼論警察盤查權〉，收錄於《人性尊嚴與人權保障》，元照出版社，2001年11月，修訂再版，頁226-227。

180 Scholler/Schloer著，李震山譯，《德國警察與秩序法原理（Grundzüge des Polizei-und Ordnungsrechts in der Bundesrepublik Deutschland）》，登文書局，84年11月，二版，頁100。

181 此種確認之訴，主要是確認(1)行政處分之無效；(2)公法上法律關係成立或不成立；(3)已執行完畢或已消滅之行政處分違法與否，其中(4)與驅離措施之救濟有關。李震山，〈論行政管束與人身自由之保障—兼論警察盤查權〉，收錄於《人性尊嚴與人權保障》，元照出版公司，2001年11月，修訂再版，頁248。

運用物理之強制以實現行政處分內容或逕行執行法令之強制措施[182]，並因而侵犯到相對人之自由權利，故被驅離人對於警察所爲之驅離措施，如認爲其驅離之方法有不當或違法之情事，或有其他侵害利益之情事，得依本法第29條第1項之規定，當場陳述理由，表示異議。警察認爲其異議有理由者，應立即停止或更正驅離行爲；若認爲無理由，仍得繼續執行驅離，但經被驅離人請求交付書面處分書時，應將異議之理由製作紀錄交付之（本法第29條第2項），被驅離人並得據以提起行政爭訟。蓋驅離措施雖不以發生某特定之法律效果爲最終目標，但其實質上會發生一事實上之後果，使相對人之權益產生得喪變更[183]，故依本法第29條第3項之規定，被驅離人對於警察之驅離措施認爲有違法或不當情事，致損害其權益者，自得依法提起訴願及行政訴訟。

（三）警察違法驅離（或禁止進入），應負何種責任？

研析：「憲法」第24條規定：「凡公務員違法侵害人民之自由或權利者，除依法律受懲戒外，應負刑事及民事責任。被害人民就其所受損害，並得依法律向國家請求賠償。」警察人員爲本條所稱之公務員殆無疑義，故警察人員若因採取驅離措施，違法侵害人民之人身自由權，即有本條之適用，其具體化，在「刑法」、「民法」、「國家賠償法」、「公務員考績法」與「公務員懲戒法」，茲論述於次：

1. 刑事責任

公務員有違法侵害人民之人身自由者，若構成瀆職罪或其他刑事法律規定之罪，應受刑事上之訴究，是爲刑事責任。警察明知爲違法竟仍強制驅離人民，則可能構成「刑法」第304條之強制罪。其強制驅離之行爲若爲假借職務上之權力、機會或方法以故意犯之者，依「刑法」第

182 吳庚，《行政法之理論與實用》，自印，1996年8月，增訂3版，頁394。
183 李震山，〈論行政管東與人身自由之保障—兼論警察盤查權〉，收錄於《人性尊嚴與人權保障》，元照出版公司，2001年11月，修訂再版，頁218-219。

134條之規定，尚需加重其刑至二分之一。

2. 民事與國家賠償責任

警察在執行職務外，僅以私人身分，不法侵害他人權利時，固應負「民法」上之賠償責任（民法第184條）。如其因故意違背對於第三人應執行之職務，致第三人之權利受損害者，亦應負賠償責任；其因過失者，以被害人不能依他項方法受賠償時爲限，負其責任。如被害人得依其他法律上之救濟方法，除去其損害，而因故意或過失不爲之者，身爲警察之個人不負賠償責任（民法第186條）。例如被害人原得依「國家賠償法」第2條「公務員於執行職務行使公權力時，因故意或過失不法侵害人民自由或權利者，國家應負損害賠償責任」之規定除去其損害，竟捨此救濟途徑，逕向執行驅離之警察請求損害賠償，警察自得依上開規定，不負直接之損害賠償責任。換言之，警察因執行職務而採取驅離措施，倘有故意或過失而不法侵害人民自由或權利時，國家應優先負損害賠償責任，但警察於採取驅離措施有故意或重大過失時，賠償義務機關對該採取驅離措施之警察有求償權。

3. 行政責任

警察違法強制驅離之行政責任與制裁，殆可依「公務員懲戒法」及「公務員考績法」予以懲處。至於現行體制於公務員懲戒之外又容許行政長官以考績之名行懲戒之實，迭有合憲與否之爭議[184]。

（四）執行驅離時，得否將相對人抬上警車載離現場？

研析： 執行驅離於必要時自得以腕力將相對人抬離現場，惟此所謂之現場，係指警察爲排除危害所必要管制之範圍而言。如將相對人抬離此範圍殆無疑問，但如更將相對人以警車載至他處，則已屬管束之性

184 關於考績懲處之合憲性，請參閱大法官釋字第491號解釋及其中吳庚大法官所撰之協同意見書。

質，此種措施必須是以直接強制手段驅離仍無法奏效或極可能不奏效時，始得採取之手段。由於驅離屬暫時措施，有其臨時性，因此，爲了執行驅離所爲之管束，亦應係短期間，並且在特別例外情況下方能行使。

（五）執行驅離時，使用催淚瓦斯、噴水車、徒手抬離，何種措施較為溫和？

研析：驅離之執行方法應受本法第3條比例原則之支配，亦即所採取之驅離方法應適合於警察目的的達成，且適合於達成目的的眾多驅離方法，例如採用口頭勸導或警告之方式，或使用催淚瓦斯、噴水車、徒手抬離，或者棍棒驅離等方式，必須採取適合於達成目的的侵害權利最小的方法，而這種適合於達成目的的侵害最小的方法，其權利侵害之程度尚不能大於警察目的所要保護的利益。這種比例原則在抽象上雖然可以如上所述，但在實際運用上，卻未必那麼清楚明確，例如執行驅離時，使用催淚瓦斯、噴水車、徒手抬離，何種措施侵害較小，即有不同的看法，有認爲以催淚瓦斯驅離比優勢警力架離輕者[185]，有認爲抬離比催淚瓦斯驅離輕，用噴水車比用催淚瓦斯輕者[186]。事實上，這些措施對於權利侵害的程度，並非法律解釋的問題，而是事實的認定問題，甚至含有對未來可能狀況的判斷問題，不可一概而論。以徒手抬離爲例，以一個人抬離和以四個人抬離，其侵害的程度就有可能不同，同樣是一個人抬離，被抬離者願意配合離開與被抬離者消極的攤在地上甚至積極的抵抗，其侵害程度也有可能不同或發生變化，例如可能因抵抗而跌倒造成傷亡。再者，被抬離者有無持有什麼物品、器械，會採取什麼樣的態

185 林安邦主編，《高中公民與社會課本》，第3冊，龍騰文化，民國102年高二適用版，頁93。

186 林鈺雄，〈強制驅離行動的合法界限—以324事件爲例〉，發表於民間司法改革基金會等主辦之「公權力壓制群眾抗爭的行爲解析—以324行政院強制驅離事件爲例」學術研討會，《台灣法學雜誌》，第260期，2014年11月15日，頁121、125。

度，也常涉及須事前判斷的預測性問題，而且在同一個驅離現場中，每一個被抬離者的反應也常常是因人而異，因此，未必以徒手抬離就一定比用噴水車或催淚瓦斯輕，或用噴水車就一定比用催淚瓦斯輕，反之亦然。因爲用噴水車驅離一樣有各種不同的方式，包括所噴的水用清水、辣椒水或含有其他成分的水，噴水的方式從灑水花到射水柱，噴水的角度從仰角到水平，水壓從弱到強，如果交叉運用又有各種不同的可能方式，而這些方式，其侵害的程度通常也會不一樣；用催淚瓦斯也一樣可能有各種不同的方式，催淚瓦斯也會有各種不同的成分，其侵害的程度也會不一樣。因此，究竟用哪一種驅離方式，侵害權利的程度較強，哪一種較弱，需做事實調查研究，而非想當然爾地一概而論。

二、案例解析

◎於挾持人質現場所爲之封鎖現場究屬司法警察行爲抑屬行政警察行爲

（臺灣高等法院92年度上易字第2071號刑事判決）

（一）摘要

「……臺北市政府警察局警察於民國90年6月23日下午3時許，在臺北市大同區重慶北路三段與酒泉街口，處理遊覽車遭歹徒持槍挾持刑事犯罪案件，而於該處實施現場警戒、封鎖，被告無端侵入封鎖區，警方施以強制力予以驅離，固爲依刑事訴訟法第230條第3項及第231條第3項規定之執行職務行爲。」

（二）研析

於挾持人質現場所爲之封鎖現場，在性質上可能是爲了逮捕現行犯所爲之封鎖現場，其法律依據爲「刑事訴訟法」第230條第3項及第231條第3項規定之封鎖犯罪現場；同時也可能是爲了排除危害所爲之禁止人、車進入，其法律依據則爲「警職法」第27條之禁止進入或驅離措施。如爲前者則封鎖現場之行爲應屬司法警察行爲，如爲後者則屬排除或制止危害之行政警察行爲。此種情形因禁止進入之要件與「刑事訴訟法」上封鎖犯罪現場之要件同時滿足，所以依本條所爲之禁止進入或驅離實際上與犯罪現場之封鎖在同一時點實施，而兼具有司法警察行爲與行政警察行爲。不過，對於此種挾持人質之案件，基於「事前之危害防止優於事後之責任追究」的道理，與其認爲是基於偵查犯罪所爲之犯罪現場封鎖，毋寧認爲是基於排除現在進行中或即將來臨之危害所爲之禁止進入或驅離措施，而優先適用本法第27條。此判決係在本法施行前所做之判決，判決時本法尚未制定，並無本法第27條適用之可能，惟本法施行後，類似本案之挾持人質案件，倘欲封鎖現場以進行人質之救援，則應優先適用本法第27條，而無「刑事訴訟法」第230條第3項及第231條第3項之適用，蓋在本條有效施行之前提下，「刑事訴訟法」第230條第3項及第231條第3項僅在危害已成爲過去時，始有適用之餘地。

肆、其他

一、日本「警察官職務執行法」第4條：「警察機關於認爲有危害人民生命、身體、或重大損害其財產之虞之天災、事變、工作物損壞、交通事故、危險物爆炸、狂犬、奔馬等動物出現或極端混亂等危險事態發生時，得對在場之人、該事物之管理人或其他關係人爲必要之警告，或於特別緊急時，對於有受危害之虞者，爲避免其在場之人、該事物之管理人或其他關係人爲防止危害、令其採取通常認爲必要之措施，或由警察官自行採取該措施。警察官對於依前項規定所採取之處置，應循序報告所屬之公安委員會。此時，公安委員會應採取適當措施，請求其他機關對於後續處置給予必要之協助[187]。」

二、德國「聯邦與各邦統一警察法標準草案」第12條：「為排除危害，警察得將某人暫時驅離或禁止進入某地。驅離亦適用於妨礙救火、救護及救難勤務之人[188]。」

第28條（行使職權或採取措施之限制）
警察為制止或排除現行危害公共安全、公共秩序或個人生命、身體、自由、名譽或財產之行為或事實狀況，得行使本法規定之職權或採取其他必要之措施。
警察依前項規定，行使職權或採取措施，以其他機關就該危害無法或不能即時制止或排除者為限。

壹、立法緣由

一、立法理由與目的

警察須於其任務領域因公共安全、公共秩序或人民之生命、身體、自由、名譽、財產受到危害始能採取行動。為排除此等危害，警察可使用一般適於排除危害之方法。若防禦方法不觸及人民權利範疇時，則警察基於任務之授與，即可行動。反之，若警察所採取之行動已侵入人民之權利範疇時，則除任務之授與外，警察尚須一項法定之職權。該項法定職權乃在排除個人權利不受警察干涉之屏障，並進而限制個人自由行動之權利。於此，此等職權具體告示警察，其可採之行為與該行為

187 《立法院公報》，第92卷，第34期，頁306-307。
188 《立法院公報》，第92卷，第34期，頁307。

之界限爲何[189]。換言之，警察爲達成法令所賦予的任務，除在組織法上揭示其權限或管轄外，尙以職權法授予具體職權，譬如：盤查權、管束、扣留……等，此等以權力行使爲基礎，經類型化的職權，在法治主義原則下，其構成要件與行使程序皆應十分明確且具可預見性。但具體規定難免產生疏漏，尙需一般性職權條款彌補之，此種一般性職權條款通稱爲警察職權概括條款[190]。質言之，警察職權概括條款，係以概括地對警察授予職權爲目的之規定，其預先承認警察機關在無個別的法律授權下，亦得獨立地採取行動，包括干預人民權利之行爲[191]。

再者，由於社會政經文化等之變遷快速，法律一時難以因應，若出現新興危害而不予處理，即無從維護公共安全與秩序，個人生命、身體、自由、名譽與財產，亦無法受到應有之保障。此時若要求警察出面處理，自亦應賦予其相應之職權[192]。是以，警察職權概括條款之所以存在，也是因爲立法機關無法事先預設所有警察權發動之事態，並以法律規定其要件[193]，乃有本條之訂定。但這同時也潛藏著行政及司法在適用此概括條款時恣意解釋，而侵害人民權益，使本欲追求的公平正義淪爲口號[194]。

二、法理基礎

（一）授予警察概括職權之危險性與積極性

在概括條款中，無可避免地會使用抽象的概念，如本條在危害個人

189 Frauz-Ludwig Knemeyer教授講、劉淑範譯，〈德意志聯邦共和國憲法（基本法）對於法治國家警察法之要求〉，《憲政時代》，第14卷，第4期，頁76；梁添盛，〈警察任務與警察權限〉，《中央警察大學法學論集》，第2期，頁76。

190 李震山，《警察法論——警察任務編》，正典出版文化有限公司，2002年10月，初版，頁174。

191 梁添盛，〈警察任務與警察權限〉，《中央警察大學法學論集》，第2期，頁76。

192 《立法院公報》，第92卷，第34期，頁307-308、352。

193 関根謙一，〈警察の概念と警察権の限制(1)〉，《警察学論集》，第33卷，第10號，頁2；梁添盛，〈警察任務與警察權限〉，《中央警察大學法學論集》，第2期，頁76。

194 李震山，〈論警察法之概括條款〉，《警政學報》，第15期，頁2。

生命、身體、自由、名譽、財產之外，又並列屬於抽象性之危害「公共安全」與「公共秩序」等不確定之法律概念[195]。此種概括條款之立法方式，固然可以給立法者藉抽象性的法律用語，取代詳細字斟句酌的要件規定，並避免隨時修法之壓力[196]，但由於警察概括條款，將警察任務之實現，經由概括授權而使警察擁有處置廣泛情勢之權力[197]，且由於警察職權之行使大多與基本人權有關，職權概括條款之執行，可能賦予行政機關乃至司法機關恣意或擴大解釋不確定法律概念之機會，而潛藏著行政及司法機關在適用解釋該概念的恣意及欠公平性，而侵害人民權益的危機[198]，使實質的法治主義成爲空談。總之，在賦予警察防止危害權限之同時，也不利於防止警察濫用職權[199]，且警察職權概括條款所使用無客觀明確性之「不確定概念」，在解釋上容易形成言人人殊之情形，導致法條意義及法律效果呈現極度不穩定之狀態，嚴重破壞法律應得爲預測之原理，此亦無異於立法機關放棄其憲法上受人民委託之職務，有違權力分立之基本原理[200]。

不過，由於保護個人安全同時也是保護社會之安全，對於個人之危害很多也同時成爲社會的傷害。所以在此意義上，要明確地區分個人生活之保護與社會生活之保護有其困難。是以，保護個人平穩的生活固

195 所謂不確定法律概念，係指某些法律概念（用語），其必須藉個案中之具體事實適用其上時，才能具體化其內涵。在此之前，該法律概念皆無法確定，譬如公共安全、公共利益、社會秩序、情節重大、危害等。將該不確定法律概念，經過涵攝、解釋予以具體化之過程，稱爲不確定法律概念之判斷。請參考李震山，《行政法導論》，三民書局，2001年，修訂四版，頁73以下。

196 李震山，《警察法論——警察任務編》，正典出版文化有限公司，2002年10月，初版，頁171。

197 梁添盛，《警察權限法》，1999年8月，初版一刷，頁282。

198 李震山，《警察法論——警察任務編》，正典出版文化有限公司，2002年10月，初版，頁171、174-175。

199 田宮裕、河上和雄，《大コンメンタール警察官職務執行法》，青林書院，1993年8月，初版，頁318。

200 梁添盛，《警察權限法》，1999年8月，初版一刷，頁282-283；李震山，《警察任務法論》，登文書局，1998年3月，增訂四版，頁139。

然是在尊重人權之憲法下的警察基本任務，但公共安全之維持同樣是警察任務中最本質性的事項[201]。況且爲了達成「對人性尊嚴之尊重與保護」，若立法者已窮盡列舉之責，爲防疏漏，非賴概括條款之彈性規定似無法達成，且若能再經由判例及學說，將概括條款之內容、目的及範圍予以明確化，則其應有其存在之合法性[202]。蓋若期望以有限之法律條文，規範無窮社會現象，並冀求能與時俱進，實踐其規範功能，似乎不太可能。因此，就立法技術而言，於盡可能採列舉原則後，再輔以概括性規定，藉以承接就立法者意識到某些暫無法解決之漏洞問題，以期周延，並避免修法頻繁危及法之安定性。若是如此，所謂概括性規定並不必然違反法律明確性之原則[203]。是以，就人民權益消極保障之立場言，概括條款之規定似有被濫用之可能，但若從人民權益積極保障觀點而言，政府爲促進人民福利，警察正可藉概括條款之彈性規定，積極防止新興危害，方不致使受到危害之人無法立即得到保障，也可杜絕警察以法無明文，因而消極不作爲之口實，概括條款毋寧亦有其積極填補漏洞之功用。換言之，概括條款可以本於輔助（補充）性原則以補具體規範之遺漏。當具體規範有缺漏而導致功能不足時，即可由概括條款承接並彌縫之，以發揮規範完整功能[204]。

其次，依民主法治國家原則，爲了界定立法與行政權限的範圍以

---

201 田宮裕、河上和雄，《大コンメンタール警察官職務執行法》，青林書院，1993年8月，初版，頁25。

202 李震山《警察法論——警察任務編》，正典出版文化有限公司，2002年10月，初版，頁174-175。

203 司法院大法官釋字第432號解釋謂：法律明確性之要求，非僅指法律文義具體詳盡之體例而言，立法者於立法定制時，仍得衡酌法律所規範生活事實之複雜性及適用於個案之妥當性，從立法上適當運用不確定法律概念或概括條款而爲相應之規定。……立法使用抽象概念者，苟其意義非難以理解，且爲受規範者所得預見，並可經由司法審查加以確認，即不得謂其與前揭原則相違。李震山，《警察法論——警察任務編》，正典出版文化有限公司，2002年10月，初版，頁169；李震山等，《警察職務執行法草案之研究》，內政部警政署委託研究，1999年6月，頁49。

204 李震山，《警察法論——警察任務編》，正典出版文化有限公司，2002年10月，初版，頁170-172。

及實踐正義，雖不排除概括性規定，但仍要求必須有「一定程度的明確性」方爲合憲[205]。警察職權概括條款雖能補充具體規範之不足，以適應社會行爲及倫理道德價值觀念之變遷，而使法律得以不因時廢，併追求公平正義[206]。但如果這些不確定之法律概念缺乏足夠學理、判決、解釋加以詮釋，概括條款之補充性功能，一方面可能易被濫用以任意擴大警察之職權範圍；另一方面，也可能無從發揮，以致警察職權被做機械式或僵化之限制[207]。所以，其之執行，必由執法者，本於社會上可以探知認識之客觀倫理秩序、價值規範及公平正義原則，加以判斷，並事後接受司法之審查，以具體顯現其規範功能[208]。

（二）「個別職權規定優先適用」原則

由於授予警察概括職權具有上述之危險性，所以警察職權概括條款應受到依特別授權而制定之類型化規定所制約。質言之，措施之性質屬干預性者，首先適用特別授權規定之類型化規定，類型化規定不能適用時，才考慮適用概括性職權條款，避免概括條款被濫用，以保障人民權益[209]。「德國聯邦與各邦警察法標準草案」第8條第1項即有類此之規定，謂「爲防止公共安全與秩序所生之具體危害，警察除依第9條至第24條特別規定之警察職權外，仍得採取必要之措施。」我國警察法規在體系上，係將任務、權限、職權分別規定，前二者僅具宣示性質，可作

---

205 大法官釋字第508號解釋蘇俊雄大法官部分不同意見書。

206 李震山，《警察法論——警察任務編》，正典出版文化有限公司，2002年10月，初版，頁170。

207 李震山，《警察法論——警察任務編》，正典出版文化有限公司，2002年10月，初版，頁172。

208 概括條款不確定法律概念，有學者認爲屬法內漏洞，該漏洞所生之「不圓滿性」有賴法律補充理論加以填補，參考黃茂榮，《法學方法與現代民法》，台灣大學法學叢書（32），1982年，頁312以下；李震山，《警察法論——警察任務編》，正典出版文化有限公司，2002年10月，初版，頁170。

209 李震山，《警察法論——警察任務編》，正典出版文化有限公司，2002年10月，初版，頁173。

為警察發動非干預權利措施之依據，至於干預權之行使，必須以職權條款為依據。且在有具體職權規定時，應優先適用具體規定，只有在無具體規定時，才適用一般性之概括職權條款以補充、承接之。

（三）警察職權之補充性原則

立法者所未事先考慮到的新興危害，未必均屬警察任務之範圍。此時本應由各該任務機關自行處理。但各該任務機關，非如警察般地接近民眾且二十四小時服勤，遇有危害必俟其到場處理，殆屬不可能，且有些危害之制止或排除，間不容髮，各該任務機關勢難竟全功。為填補人權保障之闕漏，由警察適時介入，有其必要[210]。但由於警察係以維持客觀事實上之秩序為目的之國家機關，所以警察在一般行政機關「危害防止」任務分配上，應盡可能扮演輔助、承接性角色，不應積極的支援、推行特定行政機關之政策，以免影響警察維護治安之功能，此即所謂之「警察補充性原則」之限制[211]。本條第2項「警察依前項規定，行使職權或採取措施，以其他機關就該危害無法或不能即時制止或排除者為限。」及「德國聯邦與各邦統一警察法標準草案」第1條a：「其他機關不能或不可能適時防止危害時，方由警察執行之。」即屬此一原則之明文規定。

---

210 《立法院公報》，第92卷，第34期，頁308。

211 戒能通孝，《警察權》，岩波書店，1970年8月，頁308、333；李震山，《警察法論——警察任務編》，正典出版文化有限公司，2002年10月，初版，頁76；梁添盛，《警察法專題研究（一）》，1992年4月初版，頁38。林明鏘，〈論警職法第28條之權限概括條款與補充性原則〉，《警察法學》，第5期，2006年10月，頁23。此所謂之「警察職權的補充原則」與「警察職權概括條款的補充原則（即警察個別職權條款優先適用原則）」係屬不同的概念，不應混淆。前者是指警察機關與一般行政機關間在職權上的補充性原則；後者是指警察職權概括條款與警察職權個別條款間，在適用上的補充性原則，宜予釐清。

貳、條文解說

一、名詞解釋

（一）危害

危害之構成須具備兩大要素：其一是損害；其二是損害之發生須有可能性。

1. 損害

所謂損害係指經外在非法影響而對一事實現存正常法益狀況，所形成客觀、直接，且有一定強度之減損。法益之減損，並非關係人主觀之感覺受到損害，而係依據客觀判斷之結果。法益之減損並非正常發生，而是外在非法影響，與自然耗損有別，亦與民法上之「所失利益」不同。民法上之「所失利益」僅是一種不利，但卻不能減損事實存在之法益狀況。此外，法益之減損必須是直接的，因企圖逃避損害而產生主觀不悅的感覺，並非損害，而是間接損失[212]。其次，法益必須受到一定強度之傷害，才構成損害，若未達到一定強度時則非損害，而只是所謂的干擾（負擔）[213]。

2. 損害之可能性

損害之成立不必一定是直接即將形成且緊急的，且不必保證一定會形成，只要具備單純可能性或足夠的可能性即可。換言之，危害形成具

---

212 李震山，《警察法論——警察任務編》，正典出版文化有限公司，2002年10月，初版，頁181。

213 Scholler/Schloer合著，李震山譯，《德國警察與秩序法原理（Grundzüge des Polizei-und Ordnungsrechts in der Bundesrepublik Deutschland）》，登文書局，1995年11月，二版，頁71；李震山，《警察法論——警察任務編》，正典出版文化有限公司，2002年10月，初版，頁182。損害和干擾不同，但要劃清兩者之界限有其困難，惟有就個別情況認定，方有可能將抽象的概念具體化。例如：整日吠叫之狗是否損及鄰居之健康？必須因周遭環境（城市或鄉村），損害之形成與持續性，住宅區、工業區、療養區而做不同之判斷。總之，法益傷害必須達到一定之強度才是所謂之損害。PrOVGE 88,209 ff.

有足夠可能性，並不表示危害之形成有明確性，損害之發生，以預計將來將發生危害即可[214]。對尚未實現之事況可能性程度之判定，必須基於一種客觀的預測[215]。

（二）危害行為

危害行爲，係指造成危害狀態之人類行爲而言。犯罪行爲及其他違法行爲固然包括在內，但並不以此爲限，即使非屬違法行爲，亦可能爲危害之行爲，例如自殘行爲即是。

（三）危害之事實狀況

危害之事實狀況，究何所指，法條並無明文，在解釋上至少應包括天災、事變、工作物之損壞、危險物之爆炸、危險動物之出現、極端擁擠之情況等危險的事實狀況。其中所謂之天災，包括風災、水災、地震等自然現象之災害，不問其發生地區之廣狹、災害之大小均屬之。所謂事變，包括暴動、騷動、火災等人爲因素的危險狀態。工作物之損壞係指工作物被破壞、老化或故障，以致其全部或一部處於不完全之狀態，諸如建築物倒塌、堤防潰決等。所謂危險物之爆炸，係指火藥類、瓦斯類、揮發性有機溶劑、爆炸性之化學藥品、高壓鋼瓶等危險物之爆炸。危險動物之出現，包括有人飼養但未在飼養人控制之下的危險動物（如不在主人控制之下的狼犬、逃出動物園之猛獸等），及野生之危險動物（如虎頭蜂、毒蛇等）均屬之。所謂極端擁擠之情況，係指諸如電影院、球場、廟會等多數人聚集之場合，而聚集的人多到無法維持秩序之危險狀況而言[216]。除了上述列舉之情況外，當然尚有其他危害之事實狀

---

214 李震山，《警察法論——警察任務編》，正典出版文化有限公司，2002年10月，初版，頁183-184。

215 李震山，《警察任務法論》，登文書局，1998年3月，增訂四版，頁150-151。

216 田宮裕、河上和雄，《大コンメンタール警察官職務執行》，青林書院，1993年8月，初版，頁282-284。

況，無法在此一一列舉。

（四）個人生命、身體、自由、名譽或財產

就本條所保護的個別權利而言，除自由權之外，並列舉了生命、身體、名譽及財產，凡此均屬人類生存於社會中所不可或缺之重要法益。就生命法益而言，其不但是個人法益中最重要的法益，更是刑法所絕對保護之法益。其次，關於身體權之保護，則包括身體完整性、身體不可侵性、生理機能之健全與心理狀態之健康的保護[217]及身體行動自由之保護，此均屬個人極重要之法益。此外，本條並不限於具體地對於特定個人之生命身體有危險之虞，始有其適用。即使只是間接地認為「不知是哪些人」有受危害之虞，只要具備確實性與明白性即屬個人生命或身體之危害。例如，在違法的集會遊行開始時，因遊行隊伍與路人發生衝突，若有導致人員受傷之虞，即使不能確定何人會受傷亦得制止該衝突行為，甚至得制止該集會遊行行為[218]。至於個人名譽，乃是關於個人人格價值的評價，此對其個人在營社會生活有重大的關係，故亦在本條保護之列。而財產則是指為維持個人日常生活所不可欠缺的個別財產而言，又此所謂之財產，並非僅限於民法上所稱之所有權，而是包括所有有財產價值之一切權利[219]，但不包括民法上之所失利益。至於自由權之保護，則不宜將自由權本身單純的視為一種權利，毋寧將自由權之保護視為是包括所有與憲法所規定之其他個別基本權利有關之自由權利的保護[220]。舉凡此等權利有危害之際，均在本條應加以制止或排除之範圍內。

總之，就對個人之危害而言，可以制止或排除之危害，乃是對個

---

217 林山田，《刑法各罪論》，1999年9月，增訂二版，頁101。

218 奈良地判昭和49年7月23日判例時報758號，頁119；田宮裕、河上和雄，《大コンメンタール警察官職務執行法》，青林書院，1993年8月，初版，頁316。

219 初宿正典，《憲法2基本權》，成文堂，2001年11月，二版，頁324、326。

220 初宿正典，《憲法2基本權》，成文堂，2001年11月，二版，頁128。

人之生命、身體、自由、名譽、財產之危害，揭示這樣具體的要件。除了有助於在瞬時的現場中爲適當之判斷外[221]；亦在於表現對於個人之尊重，亦即對憲法上所謂之「人性尊嚴」之體現。舉凡危害作爲一個人所應具備之最基本的地位者，均應加以制止或排除。基此，本條所稱之個人固然係指受危害之人，但若基於對人性尊嚴的尊重，甚至對照應廣泛地保護一般國民之生命、身體、自由、名譽、財產之行政警察目的，亦無理由排除加害人本身受有危害之情形，因此，本條所稱之「個人」應包含第三人及加害人本身[222]。亦即，加害人本身受到危害時，警察仍有制止或排除該危害之責任與義務。

二、實體要件

警察機關依據職權概括條款執事，應清楚地認識概括條款僅具「補充性」及「承接性」之作用，不得以行政效率或便宜爲理由，濫用概括條款。必須某一現行危害與「公共安全」、「公共秩序」、「個人生命、身體、自由、名譽或財產」有關而法令皆無特別規定時，始有本條警察概括職權適用之可能。其要件分述如下：

（一）須有現行之危害存在

危害之發生，可能係人之行爲所肇致，亦有可能係物之狀況引起[223]。無論其如何發生，都必須是具體的現行危害，始得依本條之規定行使警察職權。此所謂具體的危害，係指在具體案件中，因人之行爲或

---

221 田宮裕、河上和雄，《大コンメンタール警察官職務執行法》，青林書院，1993年8月，初版，頁314。

222 田中八郎、勝田敏男，《条解警察官職務執行法（改訂版）》，立花書房，昭和31年，頁70。出射義男，《警察官職務權限詳論》，警察時報社，昭和34年，頁170。河上和雄，《詳釈警察官職務執行法（全訂）》，日世社，平成3年，頁220；田宮裕、河上和雄，《大コンメンタール警察官職務執行法》，青林書院，1993年8月，初版，頁312-313。

223 《立法院公報》，第92卷，第34期，頁308。

物之狀況，極有可能引致損害之狀況。所謂現行的危害，係指損害之結果已經開始有其影響，或該影響在極短時間內有出現在安全邊緣之可能性。亦即，其損害可能性已然實現或迫在眉睫，在該情形下，若不加以阻止即可能造成損害[224]。質言之，在順利進行下，因物之狀況或人之行為，極有可能對個人法益、公共安全與公共秩序造成損害之一種情況[225]。

當警察預測損害時，首先要瞭解個別案件之具體情況，看其是否有損害產生之顧慮，而此種顧慮係依一般生活經驗與因果關係的推演。所謂一般生活經驗係「依統計上之多數某事實之成立，即經常會產生危害之情況的一種認知」，其應包括個人經驗認知，以及學術與科技上之認知[226]。在測定可能性時，若有干涉個人基本權利，需特別注意比例原則之基本精神。此外，可能性程度之判定，須因所欲干預之法益或保護之法益之不同而有所變異。所干預之法益較次要，對可能性之程度要求將較高；所欲保護之法益極為重要，則可能性之程度要求就不必太高[227]。警察人員需善用經驗法則，甚至運用裁量原則，對在個別具體案件中法益折衝做一合理判別。總之，警察職權概括條款中之危害是否構成，應注意損害確定之可能性，以所干預法益及所保護法益之質及量，測度可能性，衡量損害時機是否迫近，於預測時並應合理運用經驗法則[228]。

---

224 Scholler/Schloer合著，李震山譯，《德國警察與秩序法原理（Grundzüge des Polizei- und Ordnungsrechts in der Bundesrepublik Deutschland）》，登文書局，1995年11月，二版，頁74；z.B. PrOVGE 67,334; 77,341; 87,301.引自李震山，《警察法論——警察任務編》，正典出版文化有限公司，2002年10月，初版，頁180。

225 Drews/Wacke/Voger/Martens, Gefahrenabwehr, 9.Aufl., 1986, S.221.引自李震山，《警察法論——警察任務編》，正典出版文化有限公司，2002年10月，初版，頁181。

226 李震山，《警察法論——警察任務編》，正典出版文化有限公司，2002年10月，初版，頁184。

227 Scholler/Schloer合著，李震山譯，《德國警察與秩序法原理（Grundzüge des Polizei- und Ordnungsrechts in der Bundesrepublik Deutschland）》，登文書局，1995年11月，二版，頁74；李震山，《警察法論——警察任務編》，正典出版文化有限公司，2002年10月，初版，頁184。

228 李震山，《警察任務法論》，登文書局，1998年3月，增訂四版，頁153；李震山，《警至於必須有法令特別規定（非概括規定）之抽象危害[229]、潛藏性危害[230]、危害嫌疑[231]，均非本條所稱之危害，警察若在無法令特別規定之情況下，僅以概括規定據以採取干預措施，則屬不法。其次，事實上危害並不存在，但警察在錯誤或缺乏足夠理由之下，主觀上認定危害存在，而與事實情況不符之誤想危害，因係警察主觀所犯之錯誤，其判斷既非客觀，且事實上並無危害存在，故亦不屬警察職權概括條款上之危害，警察若據此採取干預措施，亦屬不法[232]。不過，同屬警察認知錯誤之表見危害[233]，雖亦非屬本條所稱之危害，但因其預測是客觀的，任何人在同樣情形判斷都會得到相同之結果，所以警察因誤認表見危害而採取干預措施，理論上並無違法[234]，但仍須有法令之特別規定。

其次，由於依本條第1項概括授權條款「得採取其他必要之措施」

察法論——警察任務編》，正典出版文化有限公司，2002年10月，初版，頁185。

229 抽象危害是指某一種事態出現時，一般都會有損害發生，並由立法者對此種事態之出現，直接以法規認定爲一種危害，而不論其損害是否果眞有具體發生之可能性。

230 潛藏性危害是指隱藏起來的危害，該危害事實上已存在，然尚未受到注意，當周遭環境改變或加入其他因素後，危害才會突顯。潛藏性危害與概括條款中危害之不同，在於損害是否已達到有「可能性」，前者尚在隱藏狀況，後者已極有可能發生。李震山，《警察法論——警察任務編》，正典出版文化有限公司，2002年10月，初版，頁187、188。

231 危害嫌疑是指因認識不足，或事實不確定，對危害形成可能性未有充分把握下，所預測爲危害之狀況。其與表見危害不同者，是表見危害之客觀判斷，即使是執法品質最佳之警察也會做相同之判斷；但危害嫌疑則不然，警察只能依一些事實上觀點，認爲危害存在，但非確信。由於事實上不易確定，與經驗法則之不足，論著上大都不認爲危害嫌疑屬於警察危害，因爲其不合乎危害之構成要件。若將「危害嫌疑」納入警察危害，有違反自由法治國家之嚴格主義，因爲藉此可擴大警察之干預權，若基於保障國家社會團體福祉，而有必要賦予機關干預危害嫌疑時，應以法律特別規定之，惟有在明確授權之下，警察義務人才有忍受該項措施之義務。換言之，防止「嫌疑危害」需以法律有特別規定爲限，不得廣泛毫無限制將「危害嫌疑」視爲概括條款之危害，或視同於表見危害，擴大警察干預權行使之範圍。李震山，《警察法論——警察任務編》，正典出版文化有限公司，2002年10月，初版，頁189-191。

232 李震山，《警察法論——警察任務編》，正典出版文化有限公司，2002年10月，初版，頁188。

233 表見危害是依客觀判斷，認爲在決斷當時，可以肯定有危害存在。非如誤想危害是主觀且錯誤判斷之認定結果。李震山，《警察法論——警察任務編》，正典出版文化有限公司，2002年10月，初版，頁188。

234 李震山，《警察法論——警察任務編》，正典出版文化有限公司，2002年10月，初版，頁189。

之規定，可知警察所可以採取的措施是廣泛的，而有恣意濫權之危險，所以本條第1項概括授權條款將其要件限定在現行危害存在時，始有適用之餘地。在具體危險萌生之前的危害先前領域，警察不得以本條爲依據而採取權利干預措施。在此階段如有必要授權警察採取權利干預措施，則必須以個別授權的方式來規定[235]，以避免警察恣意濫權，並保障人權。例如本法第二章有關資料蒐集的規定，即多屬這一類的個別授權規定。

講起來，「警察法」作爲其一般的性格，是同時兼具有制約警察權行使和予以正當化的兩個面向。傳統法治主義的警察法一直是擔負著守護國民的權利、自由避免受到警察權力過度干預的使命而依循警察消極目的原則，所謂警察的消極目的原則是指警察必須是爲了維護公共安全、社會秩序之目的才可以授予警察行使職權，以免警察濫用權力。形成此理論的核心是具體危險狀態及警察義務人的法理。也就是必須破壞公共安全、社會秩序的危險已經顯在化、具體化了的具體危險出現時，才可以認爲公共安全、社會秩序已有受到威脅，需要警察權的介入，沒有到這種具體危險的程度就不能被認爲是爲了維護公共安全、社會秩序。而且，警察的強制措施，在法益侵害的危險顯在化的狀態（具體危險狀態），首先應對有責任的人（妨害者）除去該危險[236]。形成警察消極目的原則的具體危險和警察義務人的法理在概括授權條款所適用的範圍內一直被認爲是妥當的。也就是只要在具體危險的情況下，警察對於義務人所可以採取的措施並不以有個別授權者爲限，即使只有概括的授權條款，而在概括授權條款所適用的範圍內就可以被允許。換言之，警察在這種情況下所可以採取的措施是廣泛的[237]，警察職權行使法第28條

235 李錫棟，〈警察預防性制壓犯罪之任務與職權〉，《警大法學論集》，第33期，106年10月，頁193-194。

236 島田茂，〈ドイツ警察法における「犯罪の予防的制圧」の任務と権限〉，《甲南法学》，第47卷，第1号，2006年9月，頁81。

237 例如電腦網路線上搜索等科技方法亦有可能援用警察法上的概括授權條款以作爲授權

第1項的概括授權條款「得採取其他必要之措施」就是如此。一方面給予警察廣泛的活動權限，一方面基於概括授權條款所採取的警察措施至少必須有具體危險存在始可。[238]

不僅如此，如前所述，警察職權行使法第28條第1項更進一步將其要件限制爲「現行危害」，亦即要以本條之概括授權條款爲依據來行使警察職權，除了必須破壞公共安全、社會秩序的危險已經顯在化、具體化了的具體危險出現之外，還必須是現行危害始可。這樣的限制雖然可能因而致使警察積極保護人民權利的功能受限，但此種積極功能之受限，應尚在可忍受的範圍，而屬立法形成之自由，理應予以尊重。

（二）所危害者必須為公共安全、公共秩序或個人生命、身體、自由、名譽或財產

概括條款之主要目的在於防止危害，但並非所有危害之防止都屬警察任務範圍，而是該危害必須威脅到公共安全、公共秩序或個人生命、身體、自由、名譽或財產，所以公共安全、公共秩序及個人生命、身體、自由、名譽或財產爲概括條款所欲保護之法益[239]。換言之，本條並不限於只對個人生命、身體、自由、名譽、財產有直接危害之情形，即使是直接對公益之侵害也可認爲爲了保護社會公共之法益，在可以承認有保護公共秩序與安全之必要性時，亦得採取適合於該情形之適當的方法，且依具體之情形，在適合於該情況之必要限度內，並得爲實力之行使[240]。

基礎（謝碩駿，〈警察機關的駭客任務──論線上搜索在警察法領域內實施的法律問題〉，《臺北大學法學論叢》，第93期，2015年3月，頁27-34），不過，此等措施如果用於危害先前領域，則能否通得過法治國原則的檢驗，恐有疑慮。

238 李錫棟，〈警察預防性制壓犯罪之任務與職權〉，《警大法學論集》，第33期，106年10月，頁192-194。

239 李震山，《警察法論──警察任務編》，正典出版文化有限公司，2002年10月，初版，頁176。

240 高知地判昭和49年11月14日下級裁判所民事判例集24卷9-12號，頁836；田宮裕、河上和雄，《大コンメンタール警察官職務執行法》，青林書院，1993年8月，初版，頁316-317。

不過，由於公共安全與公共秩序此二概念乃屬於所謂不確定法律概念，在解釋上不免有言人人殊之情形，甚至有學者將此二概念混爲一體，而認爲公共安全與公共秩序所表現者乃是同一概念，均係指以法規或社會習慣、社會道德爲基礎所形成之平穩的個人生活、社會活動、國家活動之秩序狀態[241]。惟就本條條文而言，既然將「公共安全」與「公共秩序」並列規定，顯而易見，立法者是有意分別賦予「公共安全」與「公共秩序」不同之意義。有關其意義，已於本書（第1條之貳、一、名詞解釋）中闡明，茲不贅述。

（三）所應制止之行為及所應排除之事實狀況必須與可能發生之危害有因果關係

對於公共安全、公共秩序或個人之生命、身體、自由、名譽、財產有發生危害而應予制止或排除者，必須所要制止之行爲及所要排除之事實狀況與可能發生之危害間具有因果關係。即應制止之行爲及應排除之事實狀況與可能發生之損害間必須有因果之連結[242]。惟所應制止之行爲及所應排除之事實狀況與損害之間的因果關係是否僅限於直接的因果關係，亦即危害之結果是否必須是直接由所應制止之行爲及所應排除之事實狀況所致，即不無疑問。

若從防止警察濫用職權之觀點言，本條以概括規定之方式授予警察職權本身，已有使警察濫用職權之危險，將本條應制止之行爲及應排除之事實狀況限定在直接對公共安全、公共秩序或個人之生命、身體、自由、名譽、財產有現行而具體之危害，且必須具備可能性乃至高度的可能性或客觀的明確性，並在急迫之狀況下始得爲之，以防止警察濫用本條之概括授權而採取權利干預措施[243]，似有其合理性。但就負有預防犯

241 田宮裕、河上和雄，《大コンメンタール警察官職務執行法》，青林書院，1993年8月，初版，頁25。

242 田宮裕、河上和雄，《大コンメンタール警察官職務執行法》，青林書院，1993年8月，初版，頁314-315。

243 福岡高判昭和44年3月19日刑事裁判月報1卷3號，頁207；田宮裕、河上和雄，《大コン

罪之責任與義務之警察職責而言，若僅以其損害不是直接的此一理由，即認爲警察不能制止該行爲或排除該可能造成危害之事實狀況，恐怕不具有說服力[244]。況且，警察職權概括條款之主要功能即在塡補結構規範之遺漏，就其本質性之功能而言已受相當之限制，倘再做過於狹隘之解釋，恐難發揮承接與彌縫之功能，故本文認爲危害不必限於所應制止之行爲（或排除之事實狀況）所直接造成，即使是間接的，只要其行爲對於危害之發生有相當因果關係即可。換言之，不問直接或間接之因果關係，只要造成危害之行爲（或事實狀況）將被實施（或實現）而在客觀上有危害之虞業已明顯，即得予以制止或排除[245]。

（四）須無特別職權規定

在我國警察法規中，有特別授權警察行使職權之規定者，除本法之外，尚散見於其他法規中，如「警械使用條例」、「集會遊行法」、「道路交通管理處罰條例」、「社會秩序維護法」、「刑事訴訟法」、「行政執行法」等，均有警察職權行使之規定[246]。當此等法規有特別職權規定時，自應依「特別規定優先適用原則」優先適用各該特別職權規定，而無本條概括職權之適用，只有在無特別職權規定時，才有本條之適用。例如，駕駛人裝載貨物不穩妥，於行駛時顯有飛散、掉落致生事故之危險，即使此一行爲係屬現行而急迫危害交通安全之行爲，符合本條上述各要件，亦應優先適用「道路交通管理處罰條例」第30條第1項之規定責令駕駛人改正或禁止其通行，而不得逕依本條採取制止該行爲

メンタール警察官職務執行法》，青林書院，1993年8月，初版，頁315。

244 東京高判昭和41年8月26日高等裁判所刑事判例集19卷6號，頁631；田宮裕、河上和雄，《大コンメンタール警察官職務執行法》，青林書院，1993年8月，初版，頁316。

245 田宮裕、河上和雄，《大コンメンタール警察官職務執行法》，青林書院，1993年8月，初版，頁315、317。

246 例如「警械使用條例」第1至9條；「集會遊行法」第11、15、24、25、28、32條；「道路交通管理處罰條例」第6、20、21、21-1、22、29、29-1、29-2、30、32、35、43、62、85-2條；「社會秩序維護法」第42條；「刑事訴訟法」第88條；「行政執行法」第36至40條。

之其他職權措施。除此之外，當本法有個別職權規定時，亦應優先適用個別職權規定，無本條之適用，例如，在持械互毆之案件中，雖然對於個人身體有現行而急迫之危害，而符合本條上述各要件，仍不得依本條之規定施予制止危害之行爲，而應優先適用本法第19條第1項之規定予以管束，或依本法第21條之規定扣留該器械以預防其傷害。若已傷害他人之身體，則應依「刑事訴訟法」第88條之規定，以現行犯逮捕之，但此種情形因管束之要件與「刑事訴訟法」上之現行犯逮捕之要件同時滿足，所以依本法所爲之管束實際上與現行犯之逮捕在同一時點實施，又依現行犯之逮捕雖然也可以達到防止危害之目的，但因二者之目的不同，所以必須明白地加以區分[247]。類似之情形亦常出現在非法持有槍械之案件，因其既符合「刑事訴訟法」第88條逮捕現行犯之要件，在預防危害所必要之情形下亦同時滿足本法第21條扣留軍器之要件。

（五）須其他機關無法或不能即時排除該危害

所謂其他機關無法或不能即時排除危害，包括法律上不能及事實上不能。法律上不能，係指該危害之排除係由警察機關管轄，非其他機關所能置喙者而言。此類危害大多是急迫性危害，且排除該危害常需使用強制力。換言之，此類危害通常必須當場制止，且常需以警察之機動性及全天候值勤，方足以防止該類危害，以避免或擴大對公共安全或秩序之滋擾，或對個人法益之危害，故立法者通常將此類危害之排除劃歸警察機關負責，其他機關自無置喙之餘地。所謂事實上不能，係指危害之排除雖由其他機關管轄，但該其他機關事實上無能力或不能即時排除該危害者而言。

在一般行政機關「危害防止」任務分配上，若排除危害之法定管轄機關爲其他行政機關，則原則上警察機關僅居於輔助地位，而僅就該

---

247 田宮裕、河上和雄，《大コンメンタール警察官職務執行法》，青林書院，1993年8月，初版，頁320。

行政機關無法或不能即時排除之危害爲補充性、承接性地介入，若危害已排除，或該行政機關已能自行處理時，應即移轉由該行政機關處理，而非全程包辦，蓋若非如此，則有違管轄法定之原則。故危害發生時，必須在無法即時由危害排除之管轄機關予以排除，警察始得以本條爲依據，主動排除該危害。此時警察是依所謂輔助（或補充）原則行事。換言之，若危害可即時由該主管機關加以排除，警察即不得主動介入危害之排除。因此，警察輔助性原則亦爲警察行使職權或採取干預措施之界限之一，其危害排除行爲之發動，是爲輔助主管機關一時之窮，警察僅係居於輔助（或補充）之地位，其被授予者爲輔助性管轄權。至於主管機關是否能即時排除危害，係屬事實問題，並不生裁量權行使之問題[248]。

其次，若延遲排除危害，並無擴大損害之虞或增加損害可能性之虞，也不會造成主管機關排除該危害之顯然困難時，警察亦無介入之必要。換言之，警察決定是否有介入危害排除之必要性時，尙須以危害之排除是否具有不可遲延性爲考量基礎。只要該危害之排除不具不可遲延性，警察即無主動代替主管機關排除危害之必要，蓋若非如此，則有違管轄法定之原則，且主管機關有無能力自行排除該危害，只有該主管機關最爲清楚，警察自無代爲認定及判斷之必要，只需被動地接受請求協助即可。至於排除危害是否必須使用強制力，則非此處所需考慮之要素，蓋此種情形主管機關可循請求警察機關協助之途徑爲之。

三、程序要件

（一）須明示身分並告知事由

爲使相對人確信警察採取措施之適法性，警察於採取措施時，須使相對人確知其身分，並應告知採取該措施之事由（本法第4條第1項）。

248 李震山，《警察法論——警察任務編》，正典出版文化有限公司，2002年10月，初版，頁162。

警察在採取措施時，若未著制服，亦未出示證件以表明身分，顯難澄清人民之疑慮，相對人自得拒絕之（本法第4條第2項）。

相對人若對身著警察制服之人員仍不信任，爲免除人民受假冒警察者之欺騙，相對人仍得要求警察出示證件，以釋其對警察身分之疑慮。警察未告知採取該措施之事由時，相對人亦得請求其告知事由。

（二）排除危害之方法應由警察依實際狀況為合目的之裁量

警察於遇有符合前述實體要件之情況時，本條授權警察「得行使本法規定之職權或採取其他必要之措施」。依此規定，有關警察措施之採取是授權警察裁量，包括決定裁量與選擇裁量[249]，亦即包括是否採取警察措施及採取何種警察措施均授權給警察裁量，此由條文中「『得』行使本法規定之職權『或』採取『其他』必要之措施」之規定可知。當然，此等授權警察裁量之規範並不表示警察可以完全不受拘束，行政法上有關合義務性裁量之原則，於本條也同樣適用，因此警察於裁量時，不得逾越法定裁量之範圍，並應符合本條規定之授權目的，自不待言。

依本條所爲制止或排除之目的乃是爲了達到防止危害之發生、繼續、發展之行政上目的。制止或排除之方法，對應於各式各樣之危害，亦有各式各樣之方法。不只單純消極性的抑制行動，諸如將相對人移到必要之處所，或暫時性地扣留物品等積極性之手段亦得爲之[250]。

在具體之案件中，警察得採取之制止或排除危害之方法，包括行使本法規定之職權或採取其他必要之措施。所謂行使本法規定之職權，係指本法第2條第2項所規定之查證身分、鑑識身分、蒐集資料、通知、管束、驅離、直接強制、物之扣留、保管、變賣、拍賣、銷毀、使用、處置、限制使用、進入住宅、建築物、公共場所、公眾得出入場所或其他

249 謝碩駿，〈警察職權行使法第二八條第一項作爲警察法上之概括條款〉，《法學新論》，第6期，2009年1月，頁64-65。

250 田宮裕、河上和雄，《大コンメンタール警察官職務執行法》，青林書院，1993年8月，初版，頁320-321。

必要之公權力之具體措施。究應採取何種方法，應由警察依危害之實際狀況本於職權裁量決定之。惟警察採取制止或排除危害之方法時，必須出於制止或排除危害之目的，若在外形上出於類似制止或排除危害之措施，但並非屬執行公務，而完全是基於私人的激憤時，自不符本條之規定而屬違法之行爲[251]。

（三）所採取之方法應遵守比例原則

由於制止或排除危害之方法常會涉及人民權利之干預，所以應嚴格遵守本法第3條第1項所規定之警察比例原則，即所採取之方法不得逾越所欲達成執行目的之必要限度，且應以對人民權益侵害最少之適當方法爲之。此外，所採取之方法應限於在社會通念上是適當的。例如，在遊行群眾將有暴動之情形，雖然有可能採用噴水之方式或使用催淚瓦斯以作爲制止之方法，但是多數之情形應該是採用諸如堵住其前面的去路，或扣留所攜帶之兇器，或將想要趕赴現場之人禁足於一定區域之外，或將靜坐之人抬離現場等方法[252]。又如以實力制止犯罪行爲時，因爲制止行爲乃屬預防之手段，而且是在無令狀之情況下，物理性地限制人身自由，所以應僅限於必要之最小限度，對身體之拘束在該情形下所採取之預防措施亦應僅限於暫時性的隔離或移動，不得爲繼續性之自由拘束[253]。

---

251 田宮裕、河上和雄，《大コンメンタール警察官職務執行法》，青林書院，1993年8月，初版，頁320。

252 高松地判昭和44年1月31日警備判例要錄2卷，頁203；田宮裕、河上和雄，《大コンメンタール警察官職務執行法》，青林書院，1993年8月，初版，頁321。

253 東京地八王子支判昭和48年3月26日警察官裁判例集，頁251。

參、問題探討

一、實務問題

（一）討債公司為了討債正持球棒砸毀債務人之辦公設施，得否依本條規定制止之？

研析：爲了討債持球棒砸毀債務人之辦公設施，因已對個人財產形成現行而急迫之具體危害，警察爲了制止該危害，倘無個別職權規定，自得依現場之實際狀況，於必要時依本法第28條之概括職權規定採取有效之制止措施。惟依本法第19條第1項第4款之規定「警察於有危害公共安全之虞，非管束不能預防危害時，得爲管束。」故當現場之實際狀況符合上述規定時，警察只能依本法第19條第1項第4款之規定管束行爲人，而不得依本法第28條職權概括規定行使警察職權。又依本法第21條之規定「警察對軍器、凶器或其他危險物品，爲預防危害之必要，得扣留之。」因所稱之凶器係指用於殺傷之器具，有諸如槍砲、刀劍等性質上之凶器及棍棒、斧頭等用法上之凶器之別，本案之球棒乃係運動器材，並非軍器、危險物品，亦非性質上之凶器，倘行爲人將球棒用於砸毀辦公設施而非殺傷人，則亦非用法上之凶器，自非屬本法第21條所稱之凶器，不得依同條予以扣留。其次，本案行爲人如已構成「刑法」毀損罪，則尚得依「刑事訴訟法」第88條之規定，以現行犯逮捕之，但此種情形因防止危害之要件與「刑事訴訟法」上之現行犯逮捕之要件同時滿足，所以依本法所爲之防止危害措施實際上與現行犯之逮捕在同一時點實施，又依現行犯之逮捕雖然也可以達到防止危害之目的，但因二者之目的不同，應予明白區分。其次，對於砸毀辦公設施之球棒，因屬得爲刑事證據之物，如符合刑事訴訟法第133條之2第3項「有相當理由認爲情況急迫，有立即扣押之必要時」之規定，即得依該規定扣押之。惟扣押後，應依同條第4項之規定報告該管檢察署檢察官及法院。

（二）警察遇有墜機事件時，應否依本條之規定排除危害？

研析： 依「警察法」第2條之規定，警察有依法防止一切危害之任務，而墜機事件係屬現行之具體危害，殆無疑義，警察依上開規定，似得主動排除該危害，惟依「災害防救法」第3條第1項第4款「各種災害之防救，以下列機關爲中央災害防救業務主管機關：四、空難、海難及陸上交通事故：交通部。」之規定，墜機事件之主管防救的法定管轄機關爲交通部，並非警察機關，警察依「警察法」第2條所授予者僅係輔助性管轄權，故基於「警察補充性原則」，僅有在危害之排除具有不可延遲性，且無其他個別職權規定時，始得依「警職法」第28條之規定主動進行危害之排除，在此限度之外，警察不得主動介入。

（三）警察為了防止酒醉駕車，得否依本條攔停汽車？

研析： 酒醉駕車極易發生交通事故，係屬現行之具體危害，且其所可能危害者乃是個人之生命、身體或財產，故警察爲了制止該危險行爲，似符合本法第28條所規定之要件。惟因本法第8條第1項第3款規定「警察經依客觀合理判斷易生危害之交通工具，得予以攔停，並要求駕駛人接受酒精濃度測試之檢定。」故警察經依客觀合理判斷認爲駕駛人有酒醉駕車之嫌疑，而爲了檢測駕駛人有無酒醉駕車，得依本法第8條之規定予以攔停檢測。又依「道路交通管理處罰條例」第35條第4項之規定，汽車駕駛人拒絕檢測者，處新臺幣9萬元罰鍰，並當場移置保管其車輛及吊銷其駕駛執照。同條第1項並規定，汽車駕駛人經測酒精濃度超過規定標準者，處新臺幣1萬5,000元以上9萬元以下罰鍰，並當場移置保管其車輛及吊扣其駕駛執照一年。故當汽車駕駛人同時符合本法第28條之概括規定及上述「道路交通管理處罰條例」第35條第1、4項與本法第8條第1項第3款之特別規定時，自應依特別規定優先適用之原則，優先適用各該特別規定，而不得逕依本法第28條之概括規定攔停汽車。

（四）本條在立法體例上係編排在第三章即時強制之末，是否即為即時強制之概括規定？

研析： 概括條款在類型上有數種不同之類型，諸如有單獨存在之概括條款[254]，有依附在列舉條文後之概括條款[255]，本條究類屬前者，抑屬後者，容有討論之空間。因就立法之體例言，本條編列於本法第三章即時強制，且緊接在各種警察即時強制措施之後，故應屬後者[256]，若如此，則本條僅係本章即時強制之概括規定，於其他職權措施則無適用之餘地[257]。蓋此時，對此類型概括規定之解釋適用，必須從相關例示規定中探尋事物之共同特徵，以確認所欲規範的事物類型究竟爲何？然後，再行判斷系爭事實是否具備這些共同特徵而爲所欲規範之事物類型所涵蓋，如此方有引用概括規定之餘地[258]。惟同樣就立法體例言，亦非無可能解釋爲緊接在各種警察職權行使方式（即第二章身分查證及資料蒐集與第三章即時強制等各種職權行使方式）之後，而非僅係接在第三章各種即時強制措施之後，若如此，則本條即不僅爲本章之即時強制之概括規定，同時也是第二章身分查證及資料蒐集之概括規定[259]，當然此時仍須從相關具體規定中探尋其共同特徵，以爲適用之依據。至於本條作爲概括授權規定，在立法體例上應置於各具體授權規定之前還是之後，本文認爲本條概括授權規定既然是作爲各具體授權規定之補充性的條款，

---

254 例如「民法」第2條：「民事所適用之習慣，以不背於公共秩序或善良風俗者爲限。」；第72條：「法律行爲，有背於公共秩序或善良風俗者，無效。」；第148條第2項規定：「行使權利履行義務，應依誠實及信用方法。」等均其適例。

255 例如「憲法」第22條：「凡人民之其他自由及權利，不妨害社會秩序公共利益者，均受憲法之保障。」爲其適例。

256 林明鏘，〈警察職權行使法基本問題之研究〉，《台灣本土法學》，第56期，2004年3月，頁126-127，認爲本條規定乃是即時強制狀況下之概況條款。臺灣高等法院104年度抗字第740號裁定認爲：警察職權行使法第28條，係屬警察職權行使法第三章「即時強制」之條文，是其解釋、適用應合乎「即時強制」之法理。

257 林明鏘，〈論警職法第28條之權限概括條款與補充性原則〉，《警察法學》，第5期，2006年10月，頁23，即採此見解。

258 大法官釋字第508號解釋蘇俊雄大法官部分不同意見書。

259 謝碩駿，〈警察職權行使法第二八條第一項作爲警察法上之概括條款〉，《法學新論》，第6期，2009年1月，頁40，亦採此看法。

而非主要的或基本的條款，則不論在體系上或邏輯上都應置於各具體授權規定之後而非之前。

（五）本條所稱之現行危害是否必須為急迫之危害？

研析：現行危害在時間上幾乎都是急迫之情形，但得採取制止或排除行爲之時點也未必僅限於損害發生之稍前，毋寧是若再延遲採取制止或排除行動，即無足夠可以排除該危害之時間。例如，在國外之劫機犯罪計畫若距著手實施尚有相當之時間，若現以制止國內共犯之行動，即能防止該計畫之實施，則即使距離該犯罪計畫著手實施尚有相當之時間，若現在不予以制止，則有不能防止該計畫之狀況時，即屬急迫之情形，當然得爲制止之行爲[260]。蓋在此情形若不予以制止，則不能達到排除危害之目的，但此並非謂若錯過此一機會即絕對不能達到防止危害之效果，而是只要依社會通念而爲常識性判斷認爲不能達到排除危害之效果即爲已足。換言之，在該情形下，若不予以制止，是否果眞不能阻止危害之發生，並非物理上可能性之有無，而應該是依社會通念所爲之判斷[261]。

（六）群衆占據立法院並衝入行政院，警察予以驅離之法律依據為何？

研析：實務上有下級法院之判決認爲：政府機關正常運作之能力受到侵擾或妨害，往往意謂者現行法秩序（如「集會遊行法」第6條禁制區、「刑法」第306條侵入建築物罪等）受到破壞。而維護法秩序不受侵犯亦屬公共安全、公共秩序之重要內涵。員警負有維護公共安全、秩序之責任，可依「警職法」第28條規定，在嚴守補充性原則下予以介入，採取合乎比例之措施。此時，員警介入之依據爲「警職法」第28

260 田宮裕、河上和雄，《大コンメンタール警察官職務執行法》，青林書院，1993年8月，初版，頁318-319。

261 大阪高判昭和34年9月30日下集1卷9號，頁1924；田宮裕、河上和雄，《大コンメンタール警察官職務執行法》，青林書院，1993年8月，初版，頁319。

條，而非所謂之機關家宅權或公法上之家主權[262]。學說上也有採相同見解者[263]。不過，關於驅離，「警職法」第27條有個別授權規定警察行使職權時，為排除危害，得將妨礙之人、車暫時驅離或禁止進入。故上述情形，如果符合「警職法」第27條之情形，理應優先適用第27條驅離之個別授權規定，而不應繞過第27條之個別授權規定而適用第28條之概括授權規定。

（七）警察在情況急迫之情形下，無適當之警械可用時，得否以本條為依據，使用現場之物品以排除危害？

研析：例如某甲手持斧頭、狀似瘋狂，攻擊他人，警察於現場無適當之警械可用，為了保護在場之人，於情況急迫的情形下，自得依本條概括授權之規定，使用非行政院核定的警械來排除危害[264]。例如於某甲持斧頭攻擊他人時，警察為救護被害人，以現場之花盆丟擲某甲即是。其可能依正當防衛及緊急避難阻卻違法姑且不論，因其非使用警械制止被告，自無適用警械使用條例之問題，而係為防止某甲攻擊他人之目的，依本條第1項之概括授權規定使用現場物品以排除危害。當然，依此概括授權之規定，仍不得違反比例原則，自不待言。

（八）警察怠於依本條規定採取必要之措施，致使人民之權利受到損害時，如該損害與警察怠於執行職務間有因果關係，是否應負國家損害賠償責任？

研析：本條第1項之規定，一方面係概括授權警察於符合本條所定之要件時，除了具體授權之措施外，並得廣泛採取其他必要之措施。另一方面，也是課予警察於條件具備時，應為合目的之裁量並依其裁量採取或不採取行動，於裁量收縮至零而必須採取行動時，負有行動之義

262 臺灣臺北地方法院103年度簡字第107號行政判決。

263 謝碩駿，〈警察職權行使法第二十八條第一項作為警察法上之概括條款〉，《法學新論》，第6期，2009年1月，頁52-53。

264 臺灣高等法院105年度上易字第2024號判決。

務。本條所謂「得」採取必要措施，即指警察機關得本於職務裁量權，斟酌事實狀況，採取必要之措施。亦即警察對於實際發生之案件，應如何行使職權或採取如何之作爲，法律賦予判斷裁量之餘地，以應付警察所可能面對之各種不可預測之狀況[265]。換言之，在警察有判斷、裁量之餘地時，警察未以本條之授權規定爲依據而採取一定之措施，未必能認爲是違法的怠於執行職務。但當警察濫用裁量，或裁量收縮至零而必須採取行動時警察仍怠於採取行動，就有可能被評價爲違法的執行職務或怠於執行職務，如果此違法的執行職務或怠於執行職務，與損害之造成或擴大有相當之因果關係，國家就有可能應負損害賠償之責。

二、理論爭議

關於概括授權條款與特別授權條款之間的關係，國內學者有不同之見解，茲分別臚列於次，以供參考：

（一）陳愛娥教授在「相關警察執行職務法律草案是否已提示警察明確且有效的執法權限規範？—評論『警察職權行使法草案』與『警察職務執行條例草案』」一文中表示：本條第1項之規定方式並未適當地交代「概括條款」與「典型措施」之間的關係。依條文內容以觀，似認二者可任由警察裁量選量，依其立法理由，則顯示其係「參考德國警察法標準草案第8條第1項規定」。惟查「德國聯邦與各邦統一警察法標準草案」第8條第1項規定，「爲防止公共安全與秩序所生之具體危害，警察除依第9條至第24條特別規定之警察職權外，仍得採取必要之措施」，是誠如李震山教授所論，概括條款相對於典型措施應僅具「補充性」與「承接性」的功能[266]。

265 臺灣高等法院臺中分院95年度上國字第8號判決。

266 陳愛娥，〈相關警察執行職務法律草案是否已提似警察明確且有效的執法權限規範？—評論「警察職權行使法草案」與「警察職務執行條例草案」〉，《台灣本土法學》，第44期，2003年3月，頁92。

（二）林明鏘教授在「警察職權行使法基本問題之研究」一文中表示：在解釋上宜認爲本條規定乃是即時強制狀況下之概括條款，藉以彌補本法所列舉即時強制職權之不足，而非徹底顚覆本法第1條所揭櫫之「職權法定主義精神」，蓋若認爲第28條所稱之「其他必要措施」包含任何法律所未規定之職權在內，則不僅「警職法」毋庸再細行規範其他個別警察職權行使之要件、程序及救濟條款，因爲僅有此一條概括授權，即可完全取代「警職法」第6條至第27條之內容，而且「依法行政原則」或「法律保留原則」即形同崩潰矣[267]！

（三）梁添盛教授在「警察職權行使法評析」研討會中與談發言表示：如果我們把警察概括條款在總則章規定的話，會不會使我們整個依法行政或法律保留就落空？因爲擔心警察全部依第28條第1項來處理問題，我想這一點擔心可能多慮了。比如，在1983年德國的聯邦憲法法院在國勢調查判決中，揭櫫個人情報的自主決定權以後，警察法領域馬上展開對應，然後想到的問題是因爲情報的蒐集及處理，侵犯到個人的情報自主決定權，所以有法律保留原則的適用，那麼可不可以用任務規範爲依據？當然不行，因爲這個是一種侵害保留事項；至於可不可以援引警察概括條款爲依據？答案也是不行，因爲這不是具體危害！因爲警察預防情報的活動，所要預防的危害可能很抽象或永遠不會到來，所以即使我們授權警察有概括條款可以採取必要的措施，但是在要件的嚴格限制下，等於具體手段沒有備齊的時候，在這樣補充的地位之下，不得已時，才可以引用警察概括條款採取必要的措施[268]。

---

267 林明鏘，〈警察職權行使法基本問題之研究〉，《台灣本土法學》，第56期，2004年3月，頁126-127。

268 梁添盛（發言內容），「警察職權行使法評析」研討會，《台灣本土法學》，第56期，2004年3月，頁133-134。

肆、其他

一、「德國聯邦與各邦統一警察法標準草案」第8條第1項：「為防止公共安全與秩序所生之具體危害，警察除依第9條至第24條特別規定之警察職權外，仍得採取必要之措施。」

二、「德國聯邦與各邦統一警察法標準草案」第1條a：「其他機關不能或不可能適時防止危害時，方由警察執行之。」

第四章
救　濟

第29條（異議、訴願與行政訴訟）

義務人或利害關係人對警察依本法行使職權之方法、應遵守之程序或其他侵害利益之情事，得於警察行使職權時，當場陳述理由，表示異議。

前項異議，警察認為有理由者，應立即停止或更正執行行為；認為無理由者，得繼續執行，經義務人或利害關係人請求時，應將異議之理由製作紀錄交付之。

義務人或利害關係人因警察行使職權有違法或不當情事，致損害其權益者，得依法提起訴願及行政訴訟。

壹、立法緣由

一、立法理由與目的

國家或地方自治團體所實施的行政行爲，其目的在提升國民的福利；另一方面，其實施的過程，因爲違法或不當而侵害國民權利或利益的情形，亦非不可能[1]。法治國家所有的行政機關行爲，其執行法令均須遵守憲法原則。

1　芝池義一，《行政救濟法講義》，有斐閣，2003年8月，二版（補訂版），頁2。翁岳生主編，《行政訴訟法逐條釋義》，五南圖書出版公司，2018年。

所有行政機關實際所執行的行政行爲，大多數是合法的行爲，但其中亦有少部分可能違法或不當[2]，必須加以導正。因此，警察的行爲，對於其所實施的職權措施，亦應有所規範[3]。

二、法理基礎

（一）警察職權之法律性質

依「警職法」第2條規定，具體警察職權之類型有二十多種。而每一種「警察職權」是否該當於「行政處分」，有待探討。從法條用詞，其名稱爲「職權」，即表示有干預人民自由、權利之效果。於具體案件受干預之人民，如有不服，應得透過相關程序，提起救濟。以下略述有關警察「職權」型態之法律性質。

1. 即時措施

一般警察職權的措施，具有一時性、臨場性特質。如對人民查證身分或進入營業處所，其實施程序一經完成即告結束，並未有持續性的效果。對此種具有一時性職權之行爲，日本通說認爲此屬任意性之警察活動並非行政處分，自不得對其提起訴願及行政訴訟。如有違法，造成人民權利損害，可依「國家賠償法」規定，請求賠償[4]。

我國對警察一時性職權行爲之救濟，實務見解認爲可提起「訴願」[5]。其以大法官釋字第535號解釋意旨，認爲可提起「訴願」。依

---

2 田村正博，《改訂警察行政法解說》，平成5年（西元1993年）6月，東京法令，頁224。

3 另請參考蔡庭榕，〈英國警察職權法制之研究〉，《警察法學》，第10期，2011年12月，頁35-89。

4 棚町祥吉，《行政法と警察官の職務》，日世社，昭和62年（西元1973年）10月，頁103；田村正博，《改訂警察行政法解說》，平成5年（西元1993年）6月，東京法令，頁236。

5 依警政署民國92年11月18日警署行字第0920154098號函頒「實施臨檢盤查（查證身分）民眾異議紀錄表」，附註規定：受查驗人如對主旨所揭決定有所不服，得於收受本紀錄表之次日起三十日內，具訴願書經本局（分局）向市縣（市）政府提起訴願……。

「警職法」規定，原則可提起訴願。

提起訴願之實益，有對原來檢查之方式，經被撤銷之後，將來警察機關必須修正其「職權之作爲方式」，另可「回復當事人名譽」之利益。因警察職權之實施，另做成其他處分，因職權發動之違法或不當，經人民提起救濟，亦有可能撤銷該原處分[6]。

「即時強制」其法律性質特性，究應如何解釋？多認即時強制係事實行爲。關於事實行爲之概念，雖然目前有各種微妙差異，且不論其分類基準如何，多數說則認爲即時強制係屬於事實行爲的性質，少數則認爲係爲行政處分。

有學者從被強制人之救濟考量，認爲如主管機關遇有緊急情事，直接採取緊急措施，若當時被強制人在場，執行人員告知以執行意旨，此種口頭告知，應屬對被強制人課予容忍之義務，此種情況下所實施之即時強制，解釋爲行政處分應無疑義；反之，如主管機關於實施即時強制措施時，被強制人不在場或去向不明時，主管機關無從告知以執行之意旨，如此情況下所實施之強制措施，可否解釋爲行政處分，則有疑義。因即時強制之法律性質定位，攸關被強制人之救濟途徑，應從寬認定之[7]。

2. 持續性之處分

警察職權除大部分屬即時性措施外，另亦有屬持續性之處分。如扣留危險物品、對人管束、街道上之錄影設備。當事人之財產權、自由權、隱私權及人格權等，可能因此受到干預、侵害。上述措施具有一定之法律效果，當事人如有不服自可依訴願、行政訴訟等程序提起救濟。

---

6 如嘉義地方法院91年度交聲字第146號交通事件裁定主文：原處分撤銷，甲當事人不罰。

7 林素鳳，〈即時強制的縱向探討〉，《中央警察大學行政警察學系八十八年學術研討會論文集》，1999年5月11日，頁149-150。

3. 造成具體之損害

警察實施之各種職權，可能造成人民權利、利益受到具體損害。如執行查證身分之過程，造成人民受傷；或因即時救護之使用人民物品，造成人民財物損失。此時，人民可依法提起救濟，請求國家賠償或損失補償。

（二）警察職權之行政救濟

法諺有云：有權利即應有救濟，有權利而沒有救濟，該權利不能算是一項眞正的權利。現代法治國家對於人民的自由、權利，國家應有完善的保護制度。警察行政為秩序行政的一種，其目的在維持社會秩序制止非法行為，保護大眾生活之安寧。對於有危害及可疑之人、事、物，警察依法得為必要之干預、制止。

警察為預防犯罪、防止危害，可透過查證身分、檢查人民所攜帶之物品、對人錄影等職權而達到目的。其執行前提必須符合法律授權之要件，不得任意對人實施干預職權。警察職權行使，如有不符要件、恣意行事或執行過程違反法律原則、法定程序等，即有加以糾正之必要。如違法侵害國民的權利或利益，依法律規定人民可請求國家賠償或提起訴願、向法院請求撤銷原處分[8]。

依權力分立原則，警察行為如有違法侵害人民權益，應由司法機關判決加以導正。對屬公法行為之爭訟案件，應由行政法院管轄；如為民事、刑事案件，則由普通法院審理。目前我國司法制度採司法二元主義，對行政處分違法或不當之爭訟案件，對其之審理一般先行經由訴願方式，由原處分之上級機關或原處分機關，先行審理，如發現有違法或不當，則由行政機關自行撤銷。以減少法院負擔及給行政機關有再次審查之機會。對於訴願決定當事人如有不服，得再提起行政訴訟，由行政

---

8 田村正博，《改訂警察行政法解說》，平成5年（西元1993年）6月，東京法令，頁224-225。

法院審理[9]。

依「警職法」第29條規定爲對警察職權行使之行政救濟方式。義務人或利害關係人，對警察行使職權之方法、應遵守之程序，認爲有違法、不當或侵害其利益之情事，得於警察行使職權時，當場陳述理由，表示異議。本項之規定乃參照大法官釋字第535號解釋文，認爲警察查證身分，爲具有一定法效果之「其他公權力措施」。當事人有不服時，自得對此公權力之措施提起異議。

三、相關條文

「行政程序法」第174條：「當事人或利害關係人不服行政機關於行政程序中所爲之決定或處置，僅得於對實體決定聲明不服時一併聲明之。但行政機關之決定或處置得強制執行或本法或其他法規另有規定者，不在此限。」

「訴願法」第1條：「人民對於中央或地方機關之行政處分，認爲違法或不當，致損害其權利或利益者，得依本法提起訴願。但法律另有規定者，從其規定（第1項）。各級地方自治團體或其他公法人對上級監督機關之行政處分，認爲違法或不當，致損害其權利或利益者，亦同（第2項）。」

「行政訴訟法」第4條：「人民因中央或地方機關之違法行政處分，認爲損害其權利或法律上之利益，經依訴願法提起訴願而不服其決定，或提起訴願逾三個月不爲決定，或延長訴願決定期間逾二個月不爲決定者，得向高等行政法院提起撤銷訴訟（第1項）。逾越權限或濫用權力之行政處分，以違法論（第2項）。訴願人以外之利害關係人，認爲第一項訴願決定，損害其權利或法律上之利益者，得向高等行政法院提起撤銷訴訟（第3項）。」

---

9 對於行政處分，亦有相關「暫時權利」之保護規定。請參考蔡進良，〈論行政救濟上人民權利之暫時保護——新修正訴願法及行政訴訟法之檢討〉，《月旦法學雜誌》，第47期，頁65以下。

貳、條文解說

一、名詞解釋

（一）異議

即人民爲對警察職權措施不服，當場以「口頭表示不服」之方式，所提出之一種救濟。「警職法」所規定之「異議」與「行政執行法」第9條規定[10]之「聲明異議」，有其類似之處，但所不同者，爲後者規定之程序，乃經由原處分機關審查後，如認爲無理由，送交其直接上級機關審查決定。「警職法」所規定之「異議」，僅屬當場之不服表示。此「異議」所產生之效果，可提供執行人員認知當事人有不服之意思，對此並不構成執行停止之效果。

依「警職法」規定，執行後如執行人員被人民請求時，須製給查證身分或檢查場所之紀錄，此可做爲後續救濟之證明。

（二）訴願

訴願權爲憲法賦與人民之基本權利（憲法第16條），其係人民認爲中央或地方機關之行政處分違法或不當，致其權利或利益受損害時，請求原處分機關之上級機關或該機關自身，審查該處分之合法性與正當性，並爲一定決定之權利[11]。

訴願屬於最古老之一種救濟手段，蓋人民因行政措施而受冤屈，向上級官署甚至到達最高統治階層提出不拘形式的申訴，可謂早在立憲主義盛行之前，就已存在之制度。迨行政審判體系建立，獨立或附屬於行

---

10 「行政執行法」第9條：「義務人或利害關係人對執行命令、執行方法、應遵守之程序或其他侵害利益之情事，得於執行程序終結前，向執行機關聲明異議（第1項）。前項聲明異議，執行機關認其有理由者，應即停止執行，並撤銷或更正已爲之執行行爲；認其無理由者，應於十日內加具意見，送直接上級主管機關於三十日內決定之（第2項）……。」

11 李震山，《行政法導論》，三民書局，2014年9月，修訂十版，頁511。

政體系之行政審判機關（行政法院）設置之後，訴願方始「法制化」成爲行政爭訟程序之一環，而與申訴、請願等途徑有所區隔[12]。

（三）行政訴訟

依「憲法」第16條規定：「人民有請願、訴願及訴訟之權。」由於現行行政訴訟制度採訴願前置主義，傳統上被解釋爲訴願爲行政爭訟必經之一環。訴願及行政訴訟制度爲落實憲法保障人民訴願及訴訟權之重要制度，其功能首在於人民權利之保護[13]。

行政訴訟與訴願之不同爲，前者由客觀之第三者——行政法院審理，後者由原處分之上級行政機關審查。從審查機關之角色，是否有客觀、公正性之立場，可說「行政訴訟」制度較符合訴訟權之基本精神。依我國「行政訴訟法」第2條規定：「公法上之爭議，除法律別有規定外，得依本法提起行政訴訟。」係採概括主義之立法模式[14]。人民對警察職權措施不服，依法提起訴願後，對訴願決定不服並得提起行政訴訟。一般行政訴訟之類型有「撤銷訴訟」、「確認訴訟」、「給付訴訟」等。人民可因權利受侵害之性質，而依各種訴訟類型，提起救濟。

二、實體要件

行政救濟之目的主要因爲人民之自由或權利，受到警察職權之干預，使人民可依法定程序提起救濟以期獲得賠償或補償，並可糾正警察之職權措施。以下列舉人民之相關自由權利，可能受到警察干預之種類：

---

12 吳庚，《行政爭訟法論》，三民書局，1999年3月，初版，頁279。

13 郭介恆，〈修正後訴願法與行政訴訟法之關係〉，收錄於《行政救濟、行政處罰、地方立法》，台灣行政法學會主編，元照出版公司，2001年3月，頁129。

14 林明鏘，〈行政訴訟類型、順序與其合併問題〉，收錄於台灣行政法學會主編，《行政法爭議問題研究（下）》，五南圖書出版公司，2000年12月，頁966。

（一）行動自由及人身自由

如警察查證人民身分，造成人民之行動自由受限。或對於現場人民，無法提供身分證明並有明顯可疑，進一步警察將其帶往勤務處所查證。依「警職法」規定之查證身分，執行上如合於必要情形，最長時間人民可能被留置三小時。警察所採取之措施，包括有攔停、詢問、令出示身分證明文件、檢查等[15]。此時，人民之行動自由、人身自由，均已受到干預。

（二）人格權及資訊自決權

依「警職法」第9條至第13條規定，警察對於公共活動、公共場所或對特定有犯罪之虞的人民，可利用錄影、裝設監視器、長期監視等措施蒐集個人資料。對此，已干預到個人之人格權及資訊自決權[16]。

政府資訊公開法屬「一般性之資訊公開」，依該法申請行政機關提供資訊之權利，係屬「實體權利」，凡與人民權益攸關之施政、措施及其他有關之政府資訊，除具有同法第18條所定應限制公開或不予提供之情形外，政府均應主動公開或應人民申請而提供。如申請提供之政府資訊中含有第18條第1項各款規定限制公開或不予提供之事項者，依第18條第2項「資訊分離原則」，受理申請之政府機關仍應就可公開部分提供之[17]。

（三）財產權

警察行使職權，如為救護目的之使用人民土地、住宅、物品，而造

---

15 《警察職權行使法逐條釋義》，內政部警政署編印，2003年8月，頁29。

16 有關警察設置監視器蒐集個人資料之問題，請參考蕭文生，〈自基本權保護觀點論街頭監視錄影設備裝設之問題〉，收錄於《法治與現代行政法學——法治斌教授紀念論文集》，元照出版公司，2004年5月，頁233-262。李震山，〈從公共場所或公眾得出入之場所普設監視錄影器論個人資料之保護〉，第一屆東吳公法研討會，東吳大學法律系主辦，2004年6月5日，頁1-31。及詳見本書第9條以下之釋論部分。

17 最高行政法院103年度判字第645號判決。

成毀損、滅失，已損害人民之財產權。或於查驗身分時，發現人民攜有危險物品，爲避免危害依本法予以扣留。上述之處分，均已干預到人民之財產權。

「民法」第764條第1項及第2項規定：「物權，除法律另有規定外，因拋棄而消滅（第1項）。前項拋棄，第三人有以該物權爲標的物之其他物權或於該物權有其他法律上之利益者，非經該第三人同意，不得爲之（第2項）。」所謂拋棄者，乃權利人不以其物權移轉於他人而使其物權歸於消滅之單獨行爲。物權爲財產權，權利人在原則上自得任意拋棄，但其權利如與他人利益有關時，自須加以限制。又權利之行使，不得違反公共利益，或以損害他人爲主要目的，「民法」第148條第1項亦定有明文。司法實務見解有認爲，倘土地所有權人拋棄之土地，爲積欠債務之責任財產（包括全體債務之一般責任財產及履行特定債務之財產），或土地上附著基於實證法規定所生之物上公法上義務存在（例如土地所有權人曾出具承諾書，表明其所有之特定地理範圍內之土地，爲另一特定建物之建築法定用地，使得該地理範圍內土地使用方式受到特定管制，不得變更）者，符合「民法」第148條第1項權利濫用之要件[18]。

（四）營業權

依「警職法」規定警察進入營業處所查察，在具體條文中，並未明確授權警察有權得強行進入。但依常理警察爲預防犯罪、防止危害、維持公共秩序，警察有進入營業處所之必要。「警職法」第6條規定，警察進入營業處所，應於公開時間內爲之，且不得影響營業。但事實上警察之進入營業處所查察，會對營業造成一定之影響。如查證過久，一日之間進入營業場所次數過多等，已干預到人民之營業權[19]。

---

18 法務部法律字第10703501210號函。最高行政法院106年度判字第320號判決。

19 對於行政處分，亦有相關「暫時權利」之保護規定。請參考蔡進良，〈論行政救濟上人有關營業廣告之廣告物本質上不當然構成環境汙染物，如欲對其設置行爲加以規制，自須符合比例原則。因此，建築物牆面繫掛廣告物，不問其廣告物對市容景觀影響程度有無差別，一律禁止，有違比例原則。此外，行政行爲對人民課以一定之義務或負擔，或造成人民其他之不利益時，其所採取之手段，與行政機關所追求之目的間，必須有合理之聯結關係存在，若欠缺此聯結關係，此項行政行爲亦非適法[20]。

（五）居住自由

如警察對特定人民，包括其生活、起居、工作範圍的長期監視。此雖採取祕密方式，並對該人民之「無隱私期待」的生活範圍監視。但此種措施，亦已對人民之居住自由、出入住家隱私，產生一定之干預效果。

警察可否強行進入扣留物所在處所之問題。依「行政罰法」第37條規定：「對於應扣留物之所有人、持有人或保管人，得要求其提出或交付；無正當理由拒絕提出、交付或抗拒扣留者，得用強制力扣留之。」爲有效執行扣留，行政機關得要求所有人、持有人或保管人提出或交付應扣留物，且於遇有無正當理由拒絕提出、交付或抗拒扣留者，得以強制力扣留之；惟行政罰法就行政機關可否強行進入扣留物所在處所執行扣留部分，並無明文。學者有認，基於居住自由之憲法保障，行政機關進入住居所進行扣留，應符合法律保留原則之要求，須立法增訂行政機關進入住居所實施扣留之程序規定後，方得依法實施扣留[21]。

民權利之暫時保護——新修正訴願法及行政訴訟法之檢討〉，《月旦法學雜誌》，第47期，頁65以下。

20 最高行政法院106年度判字第170號判決。

21 法務部法律字第10703512600號函。廖義男，《行政罰法》，元照，2008年9月，頁274-277。

三、程序要件

（一）異議

1. 以口頭方式表示

當事人對於警察職權之措施，得當場表示「異議」。其提出之方式採當場、口頭之方式。形式上當事人在當場僅能以口頭方式表示，此方法雖顧及簡潔、有效率、即時，但其成效應屬有限。並且：(1)以口頭之方式表示，可能對執行人員造成干擾，且執行人員認爲公權力受到挑戰，可能不接受「異議」，繼續執行；(2)以口頭方式表示，是否具有法律效力，亦有問題。因本項「異議」僅是顧及即時、意思表示之一種方法，並未規定當事人一定要表示異議。因此，依嚴格意義該方式並不具有法定之「拘束力」。充其量，只是要求執行人員須對該「異議」，有所回答；(3)本異議之正面意義，可表示執行程序兼顧當事人之「異議權」，並提醒執行人員須遵守法律要件及程序[22]。

2. 訴願前之程序

警察職權之執行如有違法或不當，理應給予義務人或利害關係人有適當的救濟機會。本法依照「強制執行法」第12條，明定聲明異議之事由。按警察職務執行如係依警察機關做成之行政處分或法院裁定爲之者，其聲明異議係對上述與警察執行程序有關的事項有所不服之請求救濟[23]。

當事人提出異議之救濟程序，爲當場被查證身分等措施時，義務

22 另請參考陳俊宏，〈交通稽查適用法律問題及救濟程序之探討〉，《警專學報》，第6卷，第2期，2015年10月，頁1-13。陳英淙，〈攔停拒絕酒測之法律評價——評桃園地方法院102年度交字第293號行政訴訟判決〉，《軍法專刊》，第61卷，第4期，2015年8月，頁11-31。李震山，〈人權發展與警察職權——以司法院大法官解釋爲例〉，《中央警察大學學報》，第52期，2015年6月，頁1-13。吳景欽，〈從Terry Stop到釋字第535號解釋〉，《台灣法學雜誌》，第327期，2017年9月，頁7-13。林裕順，〈臨檢盤查 警民邂逅〉，《台灣法學雜誌》，第327期，2017年9月，頁14-18。

23 李震山等，《警察職務執行法草案之研究》，内政部警政署委託，1999年6月，頁241。

人（受查證人）或利害關係人（營業負責人、受僱人），得當場提出異議。執行人員認爲異議有理由者，應立即停止或修正其執行方式。如認爲異議無理由可續爲執行，經請求時應將附有異議理由之紀錄，交付該請求人。

本項當場表示「異議」與一般所謂之訴願先行程序，仍有不同。一般之訴願先行程序[24]，爲法律所規定必須履行此項先行程序（書面方式），經原處分機關或其上級機關審查後，如爲駁回決定或請求人對先行程序（如聲明異議）之決定有所不服時，得提起訴願。本法規定之「異議」，僅爲現場一種簡易救濟之意思表示，其有無表示異議並不影響事後提起訴願之權利[25]。

（二）訴願

訴願與撤銷訴訟相同的，爲直接針對行政處分不服之救濟制度。訴願受理審查的機關並非法院，而是由行政機關受理並審查訴願人之請求[26]提起訴願原因，只要當事人認爲警察職權行爲有違法或不當，已侵害到其本人之權利或利益，均可提出。包括已當場表示異議之情形或當場未表示異議，亦得在事後提出訴願。

1. 向執行機關之上級機關提出

依「訴願法」第4條規定，訴願之提出，向原處分之上級機關提出。縣（市）、直轄市政府所屬之警察局及其分局，所爲之職權處分，人民如有不服，依程序得經由原處分機關，向縣（市）、直轄市政府提出訴願。對中央（警政署）所屬專業警察機關之處分不服，依程序經由原處分機關，向內政部提出訴願。

---

24 有關訴願之先行程序，請參考李震山，〈論訴願之先行程序〉，收錄於台灣行政法學會主編，《行政法爭議問題研究（下）》，五南圖書出版公司，2000年，頁849-866。

25 對於當場未表示異議者，事後不補發檢查紀錄證明。詳見「實施臨檢之問題及研商意見表」問題36研商意見。民國91年4月4日警署行字第0910054548號函。

26 芝池義一，《行政救濟法講義》，有斐閣，二版（補訂版），2003年8月，頁4。

2. 提出訴願之方式

訴願係人民不服行政處分之救濟方法，提起訴願之主體以人民爲原則。所謂人民包括本國人及外國人，除自然人之外，法人或非法人團體均得提起訴願（訴願法第18條）[27]。

依「訴願法」規定，人民有不服警察對異議之決定者，得向警察上級機關[28]提出訴願，一般處分機關人員須提出答辯書，送交上級受理機關以爲決定。

3. 受理訴願機關之決定結果

(1) 不受理

如提起訴願人並非當事人、利害關係人或無代理權或未具明訴願標的、時間、對象等，此屬無法補正之瑕疵，受理機關應不予受理，逕予駁回。

(2) 顯無理由之駁回

當事人提起訴願雖合於法定形式，且在法定期間內提出，並指明訴願之標的、對象、不服之原因。但受理機關審查後，發現執行依法有據、符合法定要件，且未違反相關法律原則。如此，則可認爲當事人之訴願無理由，應予駁回。

(3) 撤銷原處分

受理訴願機關，審理訴願提出之原因、相關事實證明，如發現警察職權措施有違法或不當，得決定撤銷原處分，使該處分失其效力。對於警察處分措施之扣留物品、使用土地、封閉場所等，即應即時解除該處分。

27 吳庚，《行政爭訟法論》，三民書局，1999年3月，初版，頁287-288。

28 「訴願法」第4條：「訴願之管轄如左……二、不服縣（市）政府所屬各級機關之行政處分者，向縣（市）政府提起訴願。……四、不服直轄市政府所屬各級機關之行政處分者，向直轄市政府提起訴願。……」

(4) 撤銷並要求另爲適法處分

受理訴願機關於審理後如發現原處分顯有違法或不當，得在訴願決定書中指明，該違法或不當之處，並撤銷原處分發回原處分機關，要求另爲適法處分。但對於地方自治團體之處分，上級審查機關僅得對於是否「違法」部分審查，不得及於「適當性」之部分。

原處分機關經訴願審理機關之撤銷發回原處分，即應受該決定之拘束，並應於指定期間內另爲一適法之處分。

（三）行政訴訟

人民對警察職權措施不服提起訴願，經受理訴願機關決定仍有不服者，得依「行政訴訟法」之規定提起行政訴訟[29]。

行政訴訟得請求行政法院撤銷違法之行政處分，即撤銷訴訟。命令行政機關爲特定之行政處分，即課予義務訴訟。確認行政處分無效或確認特定法律關係之存在或不存在之確認訴訟。或命被告爲或不爲特定行爲之給付訴訟[30]。

1. 撤銷訴訟

對有繼續效力之處分行爲，如扣留物品、管束、繼續處分物品等，因持續性干預人民之自由權利，有提起撤銷訴訟之利益。對無持續性效力之處分，但因該處分之效果，可能影響將來當事人之權益者，仍得提起撤銷之訴。

提起撤銷訴訟，以經合法訴願爲要件，此觀「行政訴訟法」第4條之規定即明。當事人未經合法訴願而提起行政訴訟，其起訴即屬不備

---

29 另請參考李震山，〈『時事與法律』專欄——警察職權行使法與司法違憲審查制度〉，《警專論壇》，第10期，2014年3月，頁2-10。陳俊宏，〈從一個案例檢討警察執行身分查證的正當程序〉，《警專學報》，第5卷，第6期，2013年10月，頁1-22。傅美惠，〈誘捕偵查與警察職權行使法相關問題探討〉，《刑事法雜誌》，第57卷，第4期，2013年8月，頁1-38。

30 陳敏，《行政法總論》，三民書局，1998年5月，頁1034。

其他要件，行政法院應依「行政訴訟法」第107條第1項第10款後段規定，以裁定駁回其訴。次按「訴願法」第14條第1項、第2項規定：「訴願之提起，應自行政處分達到或公告期滿之次日起三十日內爲之。（第1項）利害關係人提起訴願者，前項期間自知悉時起算。但自行政處分達到或公告期滿後，已逾三年者，不得提起。（第2項）」「行政程序法」第98條第3項規定：「處分機關未告知救濟期間或告知錯誤未爲更正，致相對人或利害關係人遲誤者，如自處分書送達後一年內聲明不服時，視爲於法定期間內所爲。」參酌本院57年判字第205號前判例「未受原處分之送達者，其提起訴願之期間，應自知悉時起算」之意旨，可知提起訴願之期限，原則上固自行政處分達到或公告之次日起30日內爲之，但例外自知悉起30日內或於處分機關未告知救濟期間時，則訴願提起之期間延長爲一年[31]。

違反「道交條例」第12條至第68條及第92條第7項、第8項規定之行爲，雖由交通勤務警察或依法令執行交通稽查任務人員執行道路交通管理之稽查、舉發，惟應由公路主管機關作成處罰之交通裁決，違章行爲人係以公路主管機關所爲具有行政罰性質之裁決處分爲程序標的，提起行政訴訟。至舉發僅係對違規事實的舉報，乃舉發單位將稽查所得有關交通違規行爲時間、地點及事實等事項記載於舉發通知單，並告知被舉發者，屬處罰機關裁決前的行政行爲之一，性質上爲觀念通知，並非行政處分[32]。

行政執行法之聲明異議後，可直接提起撤銷訴訟。最高行政法院107年4月份第1次庭長法官聯席會議決議略以：「……對具行政處分性質之執行命令不服，經依行政執行法第9條之聲明異議程序，應認相當於已經訴願程序，聲明異議人可直接提起撤銷訴訟。」

31 最高行政法院109年度裁字第719號裁定。
32 最高行政法院108年度裁字第1798號裁定。

行政法院在撤銷訴訟中審查行政機關所作成之行政處分之合法性。「違反道路交通管理事件統一裁罰基準及處理細則」係「道路交通管理處罰條例」第92條第4項規定所授權制定，在法律所定罰鍰高低限，授權行政機關於裁量之範圍內，爲統一內部裁量處罰輕重能一致，所訂定之統一裁罰標準。而且，交通裁罰性質上屬行政罰，仍有「行政罰法」第18條規定之適用。又基於權力分立之原則，行政法院在撤銷訴訟中僅能審查行政機關所作成之行政處分之合法性，而不能代替行政機關追補或更正行政處分，否則即有司法機關代替行政機關行使行政權之虞，與權力分立原則未盡相符。行政法院若認原處分有裁決處罰金額高於法律規定之違法時，除有依法可以自爲裁判之情形，否則法院應撤銷原裁決，將案件發回原處分機關，由原處分機關依判決意旨另爲新的處分。本件行政法院若認爲原裁決所爲裁處第2階段罰鍰係屬違法，因涉及行政機關之裁量權行使，行政法院應撤銷原裁決，將案件發回原處分機關[33]。

不因提起行政訴訟而停止執行。「行政訴訟法」第116條第1項及第2項規定：「原處分或決定之執行，除法律另有規定外，不因提起行政訴訟而停止（第1項）。行政訴訟繫屬中，行政法院認爲原處分或決定之執行，將發生難於回復之損害，且有急迫情事者，得依職權或依聲請裁定停止執行。但於公益有重大影響，或原告之訴在法律上顯無理由者，不得爲之（第2項）。」準此，訴訟繫屬中行政處分以不停止執行爲原則，例外於「行政訴訟法」第116條第2項中明定許可停止執行之要件。次按原處分機關作成行政處分命義務人繳納公法上金錢給付義務，並於義務人逾期不履行，依「行政執行法」第11條第1項第1款規定移送執行後，因執行機關就執行事件之債權人有無執行名義所載之請求權，並無審認判斷之權，故執行機關依行政程序法相關規定判斷有形式上合

33 108年度高等行政法院及地方法院行政訴訟庭業務交流提案第2號。

法行政處分存在，就該已具形式確定力之行政處分，在未經撤銷、廢止或因其他事由而失效前，自難否認其效力而得不予執行[34]。再按公法上金錢給付義務之執行，除「行政執行法」第26條規定外，準用強制執行法之規定。

行政訴訟之暫時權利保護制度，有停止執行與保全程序之假扣押、假處分，並依本案訴訟種類之不同，分別提供不同之暫時權利保護方式。在撤銷訴訟，因其訴訟之目的在請求撤銷違法之行政處分，且行政處分不因提起訴願或行政訴訟而停止執行，爲延宕其效力，係以停止執行提供暫時權利保護，至於確認行政處分無效之訴訟，則係準用行政處分停止執行規定（行政訴訟法第117條）。而課予義務訴訟、一般給付訴訟及其他確認訴訟，則係適用假處分規定，作爲暫時權利保護方式，如涉及公法上金錢給付強制執行之保全，則以假扣押作爲暫時權利保護方式[35]。

2. 確認訴訟

確認訴訟分成無效確認、續行確認、一般確認。確認判決不具有創設、變更或撤銷之法律效果，其原意亦不在於強制執行之實施，僅係在確認一當事人間法律關係之爭議狀況。又，請求確認之法律關係必須是具體事實適用之法律已生之爭議。爲防止濫訴，宜限於原告之權利或法律上利益，在其主觀上有受侵害之危險，且得以確認訴訟除去者，始得爲之。此外，確認訴訟如得依撤銷訴訟達到目的，即不得提起[36]。在提起之前，須先向原處分機關提出「請求確認」，不獲回答後，方得提起「確認之訴」[37]。

---

34 法務部法律字第10803509930號函。「行政程序法」第110條第3項規定。最高法院63年台抗字第376號判例意旨。本部104年9月24日法律字第10403511420號函。

35 最高行政法院108年度裁字第1400號裁定。

36 李震山，《行政法導論》，三民書局，2003年10月，修訂五版，頁517-518。

37 有關「確認之訴」，請參考黃錦堂，〈確認訴訟〉，收錄於翁岳生主編，《行政訴訟法逐條釋義》，五南圖書出版公司，2004年2月，初版，頁101-113。

「行政訴訟法」第6條第1項、第3項分別規定：「確認行政處分無效及確認公法上法律關係成立或不成立之訴訟，非原告有即受確認判決之法律上利益者，不得提起之。其確認已執行而無回復原狀可能之行政處分或已消滅之行政處分為違法之訴訟，亦同。」「確認訴訟，於原告得提起或可得提起撤銷訴訟、課予義務訴訟或一般給付訴訟者，不得提起之。但確認行政處分無效之訴訟，不在此限。」此為「行政訴訟法」89年7月1日修正所增加之訴訟類型，在修正前，行政訴訟僅有撤銷訴訟一途，對於人民權益之保障欠周，乃修法增加訴訟類型，確認之訴即為其中一類。惟法律關係涉及行政處分者，當事人如有爭執，本應以撤銷訴訟訴請撤銷原處分或以課予義務訴訟，請求作成特定內容行政處分。故對於行政處分之救濟，以撤銷訴訟或課予義務訴訟為原則，僅於行政處分已執行而實現規制效力，且無回復原狀可能者，或行政處分已消滅時，方許其提起確認訴訟，惟若當事人因逾越起訴期限或因未經合法訴願程序，而已不得提起撤銷訴訟或課予義務訴訟者，不得以提起確認訴訟之方式，而免除遵守撤銷訴訟或課予義務訴訟之法定要件[38]。

「行政訴訟法」第6條第1項規定：「確認行政處分無效及確認公法上法律關係成立或不成立之訴訟，非原告有即受確認判決之法律上利益者，不得提起之。其確認已執行而無回復原 狀可能之行政處分或已消滅之行政處分為違法之訴訟，亦同。」可知，行政訴訟法所規範得提起確認訴訟之訴訟類型有「確認行政處分無效訴訟」、「確認公法上法律關係成立或不成立訴訟」及「確認已執行而無回復原狀可能之行政處分或已消滅之行政處分為違法訴訟」3種。所稱行政處分，係指中央或地方機關就公法上具體事件所為之決定或其他公權力措施而對外直接發生法律效果之單方行政行為；而所稱公法上法律關係，乃指特定生活事實之存在，因法規之規範效果，在兩個以上權利主體間所產生之權利義

38 最高行政法院109年度裁字第719號裁定。

務關係，或產生人對權利客體間之利用關係，法規不是行政處分，只是公法上法律關係形成原因的一種，並非公法上法律關係本身，不得以之爲確認訴訟標的，如以之爲標的訴請確認，即與確認訴訟之要件不合，非法所許[39]。

警察職權類型化之後其種類有多種，警察職權是否均屬「行政處分」，有待討論。但具有法律效果之職權，人民對其有所不服，應均得提起救濟[40]。對一時性之干預措施，如查證身分、檢查車輛、進入營業處所、檢查持有物品等，因該措施一結束之後，即未再繼續干預人民之自由、權利。理論上亦有主張對此措施可提起確認違法之訴，並可依「行政訴訟法」第7條規定，合併提起請求損害賠償。但其提出之程序，仍須依「行政訴訟法」第6條之規定方式，始爲合法。

3. 給付訴訟

給付訴訟之類別，分成課予義務之訴及一般給付之訴。一般給付之訴與其他訴訟類型同般，均應有權利保護之必要，始能由法院作成裁判，以避免訴訟權利之濫用，具有排除民眾訴訟（Popularklage）之功能。本實體要件雖非「行政訴訟法」第8條明文規定，自屬當然之解釋，因而提起一般給付訴訟之人必須主張行政機關不作爲（行爲、不行爲或容忍之給付）致損害其權利[41]。

在權利救濟之保護上，分別有第一次權利救濟（訴願、行政訴訟），與第二次權利救濟（國家賠償）。人民因公法上原因權利受到損害者，亦須依此程序提出[42]。

---

39 最高行政法院109年度裁字第186號裁定。

40 相關文獻，請參考盧政權，〈從警察職權行使法探討警察臨檢規範及救濟途徑〉，《科際整合月刊》，第4卷，第1期，2019年1月，頁35-57。

41 董保城，〈一般給付之訴〉，收錄於翁岳生主編，《行政訴訟法逐條釋義》，五南圖書出版公司，2004年2月，初版，頁123。

42 董保城，〈一般給付之訴〉，收錄於翁岳生主編，《行政訴訟法逐條釋義》，五南圖書出版公司，2004年2月，初版，頁115-116。

「行政訴訟法」第5條第2項：「人民因中央或地方機關對其依法申請之案件，予以駁回，認為其權利或法律上利益受違法損害者，經依訴願程序後，得向高等行政法院提起請求該機關應為行政處分或應為特定內容之行政處分之訴訟。」第8條第1項：「人民與中央或地方機關間，因公法上原因發生財產上之給付或請求作成行政處分以外之其他非財產上之給付，得提起給付訴訟。因公法上契約發生之給付，亦同。」依上規定可知，人民依法申請中央或地方機關作成一定內容之行政處分而經駁回者，固應依「行政訴訟法」第5條第2項之規定提起課予義務訴訟；惟如係請求作成行政處分以外之其他非財產上之給付，包括作為、不作為或容忍，則應依同法第8條第1項規定提起給付訴訟[43]。

行政法院並未具有上級行政機關之功能，不得取代行政機關而自行決定，故依「行政訴訟法」第8條所規定因公法上原因發生財產上之給付，而提起一般給付訴訟，其請求金錢給付者，必須以該訴訟可直接行使給付請求權時為限。如依實體法之規定，尚須先由行政機關核定或確定其給付請求權者，則於提起一般給付訴訟之前，應先提起課予義務訴訟，請求作成核定之行政處分。準此，得直接提起一般給付訴訟者，應限於請求金額已獲准許可或已保證確定之金錢支付或返還[44]。

人民依法申請中央或地方機關作成行政處分而經駁回者，固應依「行政訴訟法」第5條第2項規定提起課予義務訴訟，惟如係請求行政機關為公法上事實行為，則行政機關所為無法辦理之復函，僅屬意思通知性質，人民如不服，應提起「行政訴訟法」第8條第1項之一般給付訴訟請求救濟[45]。

---

43 最高行政法院109年度判字第237號判決。

44 最高行政法院109年度判字第245號判決。

45 最高行政法院109年度判字第241號判決。

四、實務與學術見解

（一）實務見解

警察機關受理行政救濟，有下列事項須注意：1.有關「異議」之紀錄，警政署訂有統一之格式，可依當事人之請求而發給；2.對於訴願書，依「訴願法」規定爲向執行機關之上級機關提出；縣、市（直轄市）政府所屬機關，向縣、市（直轄市）政府提出。其程序均經由執行機關之警察局、警察分局，向縣市政府提出。有關訴願書之保管，並由警察局行政課（科）保管。

有關人民爲確保自身權益之事項。鑑於警察爲維護社會治安、防止危害，依據警察職權行使法規定，執行巡邏、臨檢勤務，針對場所、人、交通工具臨場檢查，或以路檢方式執行盤查。民眾對於警察行使職權認有侵害其權利時，得依「警察職權行使法」第29條規定，表示異議，並請求警察開立異議紀錄表，同時亦可提出訴願及行政訴訟，以確保自身權益。內政部警政署所訂定「執行路檢攔檢身分查證作業程序」、「執行巡邏勤務中盤查盤檢人車作業程序」、「執行臨檢（場所）身分查證作業程序」、「取締一般交通違規作業程序」、「取締酒後駕車作業程序」均詳實規範相關作業流程[46]。

有關警察執行總統安全維護工作勤務時，遇有滋擾或有違公共安全等行爲，本得依據警察法、警察職權行使法、集會遊行法等規定，基於防止妨礙他人自由、避免緊急危難、維持社會秩序，或增進公共利益等考量，而對人民之人身自由、言論或表意自由等基本權利施以必要限制，至於該等法規實際之判斷與執行，則賦予執勤警察相當之即時裁量權限，並於事後接受行政監督與司法審查。亦即，警察所爲之客觀行爲依據現場具體情狀合乎法律規定及比例原則，即屬依法執行職務。執行

46 民眾受臨檢時之權益及相關作業程序參考資料，內政部警政署網頁，瀏覽日期：2020/08/11。

總統安全維護工作，具有高度公益性，牽涉國家元首之人身安全、國家秩序之穩定，如遇有無法預期蓄意之破壞行爲，將導致國家社稷產生難以承受的重大風險與動盪，警察本於專業與經驗，對於相關滋擾或有違公共安全之行爲，考量任務之周延性與影響受干涉人些微不便性之權衡下，難謂與比例原則有所相悖。「主管機關對安全維護對象之住居所、辦公處所、乘坐之交通工具、行徑路線及蒞臨場所等特種勤務地區，因應危害防止之必要，得劃出安全維護區及設置安全設施，特勤人員及特勤編組人員得對區內及欲進入區內之人員、物品、場所、交通、通訊及其他設備爲必要之查驗、管制，其職權之行使準用警察職權行使法之規定。」「特勤人員或特勤編組人員對於安全維護區內具安全威脅之物品，爲預防安全維護對象遭受危害之必要，得代爲保管之。」「特種勤務條例」第12條、「特種勤務條例施行細則」第19條定有明文[47]。

（二）學術見解

對警察職權之措施，可否提起假處分救濟？吳庚教授認爲，相對人可否向行政法院聲請假處分，而達到阻止之目的，應分別以觀：凡對即時強制之措施能提起本案訴訟以謀救濟者，如物之扣押、使用等，尚非不能爲假處分之標的，至於因避免迫切之危害，且強制措施只短暫存續，客觀上無從提起本案訴訟者，亦不得聲請假處分[48]。

參、問題探討

一、實務問題

提起訴願之實益，一般訴願決定撤銷原來處分，如認爲警察查證身

47 臺灣高等法院104年度上易字第961號判決。彰化縣政府訴願決定書（案號107－1004），府法訴字第1070296482號。

48 吳庚，《行政法之理論與實用》，三民書局，2003年10月，增訂八版，頁519。

分、進入營業處所之措施違法或不當，警察機關即必須修正其執勤之方式。對扣留之危險物品，因有繼續性之法效果，依訴願方式請求撤銷，可解除對物之扣留，警察必須即時發還該物給所有人。但依法定之扣留期間與延長之必要期間規定，人民請求撤銷扣留之效益如何，亦有問題。在此，受理機關可審查扣留之合法性與適當性。

但對於「查證身分、進入營業處所之措施」，是否可直接提起「確認違法」之訴。目前依「警職法」之規定，並未明文。實務上肯定可依「訴願法」、「行政訴訟法」之規定提出救濟，但其具體之救濟方式如何，仍待實務上對具體案件之審理或判決而定。

二、理論爭議

（一）即時強制之救濟

對於管束之救濟，日本多數學者認為即時強制並非僅為單純之事實行為，其亦含有忍受義務之具體化過程，與「其他相當於公權力行使之行為」性質等同，得為抗告訴訟之對象。但「含有忍受下命之事實行為」，具有繼續性質時，要有訴之利益存在始可。日本學者廣岡隆及今村和成教授認為「得依撤銷訴訟請求相關救濟之事實行為限於：1.因避免損害持續擴大，而有停止執行必要者；2.通常無法依民事訴訟請求救濟者，諸如有關於人之收容等情況；3.處於被拘禁狀態，人身自由受到持續性之侵害等情狀時，始得為之[49]。」一時性之警察「管束」職權措施，有其時間上之侷限性，是否適合提起訴願，以為撤銷原處分，不無疑義。理論上應可主張，可提起確認違法之訴，併請求損害賠償之訴。

（二）持續性處分之救濟

有關持續性處分，如日本「精神衛生法」第29條規定，對精神病

---

49 康順興，〈行政執行法中警察管束類型化之探討〉，《警學叢刊》，第30卷，第3期，1999年11月，頁267。

患者的強制入院；及依「關稅法」第86條對所攜物品的留置，此種措施其處分的內容有繼續存續的性質，如認爲其處分有不當、違法，日本學者主張在撤銷訴訟中，亦應考量納入[50]以供救濟。

（三）是否應增列司法機關介入

警察臨檢規定（警職法第6條至第8條規定），對人民自由權利影響甚鉅，因爲警察人員與警察機關經常採行，藉以「預防犯罪」之發生。惟警職法仿美國判例，區分對公共場所與對交通工具之臨檢二大類，結果造成二者案件重疊且不一致之情形，其原因乃忽略臨檢本質均係對「人」爲之，而非對「交通工具」或「公共場所」爲之。如果不能糾正現行法分類，可以預見將來，不僅執法時將會產生不同之「執法標準」外，人民與警察因爲臨檢所生糾紛將層出不窮，並深深困擾法院之判決。此外，臨檢過程中得因當事人身分「顯然無法查證」時，強制將人民帶往勤務處所查證三小時，此一立法政策是否有違憲之虞？是否應增列司法機關介入（事前或事後）之機制[51]？

三、案例解析

◎受臨檢人、利害關係人之提出異議

（大法官會議釋字第535號解釋理由書）

（一）摘要

應許受臨檢人、利害關係人對執行臨檢之命令、方法、應遵守之程序或其他侵害利益情事，於臨檢程序終結前，向執行人員提出異議，認異議有理由者，在場執行人員中職位最高者應即爲停止臨檢之決定，認

---

50 廣岡隆，〈即時執行〉，收錄於雄川一郎等編，《現代行政法大系》，第2卷，有斐閣，昭和59年（西元1984年）1月，頁311。

51 林明鏘主持，《警察職權行使法之基本問題研究》，行政院國家科學委員會專題研究計畫成果報告，94年12月，108頁。

其無理由者，得續行臨檢，經受臨檢人請求時，並應給予載明臨檢過程之書面。上開書面具有行政處分之性質，異議人得依法提起行政爭訟。

（二）研析

本號解釋將以往所認爲臨檢爲「事實行爲」，不得提起行政爭訟，做成一重大改變，將警察之臨檢認爲具有「行政處分」之效果，並可以提起行政救濟。在警察職權行使過程中[52]，當事人得當場表示異議，後續並可提起訴願及行政訴訟。實務執行查證身分、帶往警所等措施之提出異議，當場執行之人員，可立即判斷是否停止執行。但如爲即時強制，因無通知程序、屬急迫處分，因此，當事人之提出異議空間，顯得有限。理論上，亦應解釋得當場提出異議。

本號大法官解釋之重點，只針對「臨檢」部分。依「警職法」規定之職權，尚有其他錄影、鑑識、線民、長期監視等職權。對其之提出異議、救濟方式，亦有不同。解釋上如果屬「當場執行」之措施，得表示異議，請求提供紀錄；如非現場執行，如裝設「監視器」，則可透過訴願方式請求救濟。

◎因臨檢紀錄記載不完整，訴願決定撤銷原處分

（臺北市政府府訴字第09216971200號訴願決定書）

（一）摘要

本件訴願決定書[53]略謂：「……臨檢紀錄單，因具有行政處分之性質，自應依行政程序法第96條第1項規定應記載之事項記載之，查系爭

52 如依「警察職權行使法」第6條規定：「警察於公共場所或合法進入之場所，得對於下列各款之人查證其身分：一、合理懷疑其有犯罪之嫌疑或有犯罪之虞者……。」

53 另本件訴願書，提出主張原處分機關之臨檢紀錄單所爲處分無效、不成立及原處分機關應給付訴願人新臺幣11萬6,914元部分，訴願會依據「訴願法」第77條第8款規定：「對於非行政處分或其他依法不屬訴願救濟範圍內之事項提起訴願者」而爲不受理之決定。參見民國92年9月12日臺北市政府府訴字第09216971200號訴願決定書。

臨檢紀錄單僅記載受檢人之姓名、出生年月日、性別、身分證統一編號、住居所、臨檢時間、法令依據、臨檢事由、臨檢場所、臨檢過程等項，惟關於處分機關及其首長署名、蓋章、表明其爲行政處分之意旨等則付之闕如。準此，原行政處分未依行政程序法規定應記載事項爲之，顯有重大瑕疵。從而，應將原處分撤銷，由原處分機關於收受決定書之次日起三十日內另爲處分……。」

（二）研析

本件訴願決定內容爲：「撤銷原處分，命另爲適法之處分。」對當事人而言，是否有實質利益，不無疑問。但因本案之撤銷原處分，其重點可糾正警察作成處分之書面記載，確保以後紀錄之完整性，導正職權之作爲。

◎行政處分之構成要件

（最高行政法院92年度裁字第1460號裁定）

（一）摘要

本件抗告人出現攻擊其妻之行爲，導致其妻心生恐懼，乃衛生局請求幫助抗告人就醫，該局請精神科醫師到宅協助鑑定，經評估後認爲有強制送醫鑑定之必要，衛生局於徵得抗告人之妻同意後，會同派出所警員，護送抗告人至醫院住院診療。……查抗告人……且有高度傷人之虞，有強制送醫鑑定之必要，而依「精神衛生法」相關規定，協同轄區警員將抗告人強制送醫，核此送醫行爲，並非行政處分[54]。

（二）研析

本件當事人是否有身體上之迫切危害，尚不明確；「警察進入住

---

54 在大法官會議釋字第535號解釋中，並未定義臨檢是否爲行政處分，惟肯定其得提起救濟程序。因此，本號判決相對的仍顯得略爲保守。

宅」之救護為依據當事人之妻的報案，請求將當事人送往醫院檢查治療[55]。當事人有精神病為長期的狀況。如當事人行為，有攻擊人、危害意圖、情緒不穩情況等，含有不定時會傷害他人情形，可援引「警職法」之規定，加以管束。

對精神病人之送醫治療，屬即時強制之一種，其干預人民之自由甚鉅，必須法律明確授權，且其狀況必須符合必要性。一般對精神病人之送醫，如果依據家屬請求[56]，屬保護性質之救護。執行之後，將當事人置於精神病院治療，如果當事人有所異議，法律上應有救濟管道，不應將此種行為一律認為屬「事實行為」，不得救濟。依法治國家原則，受到不利之當事人，法律上應有提起救濟之管道。不應僅從法院無法判斷此醫療專業，而由排除其救濟。實務上亦常因此造成侵害人權事件，違反法治國家精神。

依「精神衛生法」規定之強制入院治療，實務上認為尚非行政處分。此即時強制處分涉及人身自由之限制，如只由行政機關鑑定，未經由法院裁定，且在行政救濟上不認為屬行政處分，不得提起救濟，似有問題。因此種行政措施具有持續性，且須即時保護，在法制上應有即時權利保護之機制及准許其提出「停止執行」之救濟。

◎警察之家戶訪問

（最高行政法院89年度裁字第1620號裁定）

警察人員執行家戶訪問（戶口查察）工作，係依「警察法」第9條第7款所定，且「警察勤務條例」第11條第1款亦明定戶口查察為勤區查

55 「精神衛生法」第22條：「警察機關於發現或接獲通知，罹患精神疾病或疑似罹患精神疾病者，有明顯傷害他人或自己之虞，或有傷害行為時，除本法或其他法律另有規定外，應即護送前往中央衛生主管機關指定之精神醫療機構診療，並應立即通知當地衛生主管機關；其身分經查明者，應立即通知其保護人或家屬（第1項）……。」

56 「精神衛生法」第18條：「除民法另有規定外，保護人應履行左列義務：一、促使病人接受治療，避免傷害他人或自己；必要時，依專科醫師診斷或鑑定結果，協助病人辦理住院……。」

察之主要任務。因此，戶口查察工作之實施，係依法之行政行爲，且非臺端所指係依據「戶口普查法」辦理。警察執行前述工作，乃爲瞭解轄內居民動、靜態及宣導政令、爲民服務、發掘治安問題暨協助戶政機關查對戶籍資料，具有維護社會治安之功效，對所屬員警如何妥適執行，警政署向極重視，已要求員警於執勤時，應有良好之服務態度，不得有擾民情事，倘有疏失，自當查處。核其內容，係對原告函詢事項告知有關法令依據及處理方式等，僅爲單純之事實敘述及說明，尙不對外發生准駁之法律上效果，即難謂其屬行政處分性質。原審以上開函非屬行政處分，不得對之提起行政訴訟，從程序上駁回原告之訴，核無不合。抗告人主張該函爲違法之行政處分提起本件抗告，並無理由，應予駁回。

◎警察執行酒測之對象

（臺北高等行政法院109年度交上字第193號裁定）

有主張已發生危害說者：即警察機關在所謂「易肇事路段」，以抽象性時間、地點標準，於道路上設置路障，要求該時段經過該特定道路之交通工具，行經警察機關設有告示執行酒測檢定之處所，如不依指示停車接受稽查，固已直接違反「道交條例」第35條第4項規定而得予處罰；但若非此等情形，倘汽車駕駛人在未行經該告示執行檢測檢定處所前，即已自行停止駕駛行爲者，警察機關僅得依「警察職權行使法」第8條第1項規定，對於「已發生危害之交通工具」或「依客觀合理判斷易生危害之交通工具」等，始有予以攔停，並要求駕駛人接受酒測檢定之權限，且不能因駕駛人不願順服前往接受此無差別性、概括、隨機性之臨檢措施，即主觀臆測凡任何不服膺此警察威權之國民，均屬可疑酒駕之人，甚至在駕駛人已無任何駕駛交通工具之行爲無從攔停之情形下，仍強令其接受酒測，忽視警察職權行使法對其權限行使之限制，並架空司法院釋字第699號、第535號解釋對於警察攔停交通工具進行酒測所要求關於酒駕懷疑之客觀合理關聯性。否則，即屬違法濫權盤檢取締，遭檢查人民依法並無配合接受酒測之義務，亦不得以道交條例第35條第4項規定予以處罰（臺北高等行政法院105年度交上字第131號裁定參照）。

本書以爲警察執行酒測之對象，依「警職法」第8條規定，含「已發生危害之交通工具」或「依客觀合理判斷易生危害之交通工具」。另「警職法」第7條規定，爲查證身分亦得攔停車輛，因此，警察執行之合法性，在解釋上應有適度之範圍爲宜。

第30條（國家賠償）
警察違法行使職權，有國家賠償法所定國家負賠償責任之情事者，人民得依法請求損害賠償。

壹、立法緣由

一、立法理由與目的

警察人員實施職權時，係以公務員之身分行使國家所賦予之公權力，如有「國家賠償法」所定國家賠償責任之情事者[57]，受損害人原得依「國家賠償法」向國家請求賠償，無待明文。惟鑑於警察職權實施有致人民權益遭受損害之虞，爲期愼重，爰於本法爲提示性之規定，促使警察人員注意兼顧人民權益之維護[58]。

57 另請參考林明鏘，〈警察行使職權與國家賠償責任——兼評臺北高行九十八年度訴字第一八四三號判決〉，《月旦法學雜誌》，第211期，2012年12月，頁27-40。梁添盛，〈論警察官使用警械所生國家責任之請求權行使問題〉，《警政論叢》，第11期，2011年12月，頁1-28。劉昌元，〈論國家賠償法上之違法性——以公權力行使致第三人受害之違法性爲中心〉，《中央警察大學法學論集》，第34期，2018年4月，頁1-81。

58 《立法院議案關係文書》，院總第915號，2003年6月4日，頁146。

我國國家賠償制度係以國家或其他公法人（均爲行政主體）爲損害賠償責任之主體，賠償義務機關僅係代理國家或其 他公法人受理賠償之請求，並對於就損害發生有故意或重 大過失之公務員或其他就損害原因有應負責任之人行使求償權（國家賠償法第2條、第3條、第9條及第14條規定參照）。是以，賠償義務機關與求償對象之機關如係屬同一行政主體，因其權利義務皆歸屬於同一行政主體（翁岳生，《法治國家之行政法與司法》，1994年6月，初版，頁174），爲免造成該行政主體所屬機關間「自我求償」， 此種情形似不宜行使求償權。反之，如賠償義務機關與求 償對象之機關係分屬不同之行政主體（例如：分屬國家與縣市等地方自治團體），則因權利義務之歸屬主體互異，並非同一行政主體所屬機關間「自我求償」，自仍得行使求償權[59]。

二、法理基礎

（一）國家賠償之概念

二十世紀之後，民法上「過失責任主義」，隨「所有權絕對神聖」、「契約自由」等思想之衰退而日漸式微，「無過失賠償責任主義」代之而起。加上民主、民權、社會福利、社會安全等思想，使國家權能急遽擴大。「行政法」上之賠償問題，亦層出不窮，若固執於絕對主權觀念，堅持統治原理，國家或公務員絕對不負責，不但有背於「民法」無過失賠償責任之發展，也違背了民主主義和社會安全思潮，實際上也有失法律上之正義與公平[60]。

我國「國家賠償法」於民國70年7月1日開始實施。依據「國家賠償法」第2條及第3條規定，國家賠償者，即公務員於執行職務行使公權力時，因故意或過失不法侵害人民之自由或權利，或公有之公共設施因

59 法務部98年2月12日法律字第0980003511號函。

60 李鴻禧，〈國家賠償法之法理問題〉，收錄於《憲法與人權》，國立臺灣大學法學叢書（39），1995年3月，頁513-514。

設置或管理有欠缺，致人民之生命、身體或財產受損害，而由國家負損害賠償之一種制度[61]。

國家賠償之理論，有國家代位責任論及國家自己責任論之分，我國法制採取綜合之立場。國家賠償責任之成立，係以公務員之違法有責行爲爲其前提，且國家在向被害人賠償後，對於造成損害有故意或重大過失之公務員有求償權，此爲採取國家代位責任之理論。有關公有公共設施，因設置或管理有欠缺，致人民生命、身體或財產受損害者，國家應負賠償責任，則採國家自己責任論之無過失責任主義[62]。

綜上，我國「國家賠償法」之特點有：廣泛承認國家應負損害賠償責任之範圍；公務員範圍採最廣義之定義，擴大賠償之國家負擔；明定對公務員有求償權；本法有不足之處仍可適用「民法」之規定；賠償方法包括回復原狀；採協議先行主義；法院得依聲請爲假處分，命機關暫先支付醫療或喪葬費及採國際間相互保護之平等互惠原則等[63]。

人民之權利因爲公務員之違法行使職權造成損害，依法得請求國家賠償。依「國家賠償法」規定，其提起必須向普通法院提出。雖然國家賠償事件，其法律性質屬公法之爭議案件，依法理應歸屬行政法院管轄，惟實務上依法院之設置、事務分配、人力配置等諸多因素，我國目前實定法，將國家賠償訴訟案件（其他如「社會秩序維護法」、「公職人員選舉罷免法」案件），由法律規定交由普通法院管轄、審理。

（二）警察職權行為與國家賠償

警察職權之執行，目的在爲保護公共秩序及人民之安全，其執行過程與人民權益有密切相關；其執行並常以強制力之方式爲之，可能造成人民權利之損害。依「國家賠償法」規定，請求國家之損害賠償責任，

---

61 廖義男，《國家賠償法》，三民書局，1995年5月，增訂版，頁8。

62 廖義男，《國家賠償法》，三民書局，1995年5月，增訂版，頁13-14。

63 城仲模，〈從行政法觀點論我國實施國家賠償法之相應整備〉，收錄於《行政法之基礎理論》，1991年10月，增訂版，頁814。

可適度平衡、保障人民權益。

對警察盤查之法律救濟，理論上有兩種見解：一者認爲依據法規，人民有忍受之義務，此種行政措施爲事實行爲，通常不含有如同下命處分之意思表示與法律效果，此爲通說見解。另一種見解認爲，其措施如同默示的下命處分，同行政處分一般。德國一般亦承認「屬事實行爲的行政處分」（日本亦同）。前兩種說法之意涵，「並沒有明白宣示，通常只依實際的事實行爲表示行政機關的意思。」因即時執行大多數在短時間內完成，沒有持續的性質，如有違法情況時，只有請求損害賠償的方法一途[64]。我國依「行政訴訟法」及「國家賠償法」規定，分別可提起確認違法並請求損害賠償之訴及國家賠償之訴等[65]兩種救濟途徑。

如以臺北市警察局執行集會遊行驅離所造成之國家賠償案件而言。因國家賠償法爲關於國家賠償事件之一般性規定，而警械使用條例爲特別法，應優先適用。又「警械使用條例」第11條第2項規定，明定賠償義務機關爲該使用警械致生損害之員警所屬之「該級政府」，而非該警察人員之所屬警察機關，故賠償機關應爲臺北市政府。臺北市政府警察局雖爲執行驅離之機關，然下達限時完成驅離行動之命令爲臺北市政府。臺北市警察局身爲下級機關，直接受臺北市政府指揮監督，對要求限時驅離之命令，幾無反駁之空間，自難歸咎於臺北市政府警察局。爲免上級機關將責任不當轉嫁於下級機關承擔，尤以警察於街頭執法面臨許多不確定性因素與風險，在現場衝突情境與複雜矛盾互動之心理狀態下，本潛存難以預見風險與危機，集會遊行之現場更是複雜萬端，夾雜許多情緒化與非理性因素，當非局外者或旁觀者所能理解。臺北市政府身爲集會遊行之主管機關及臺北市政府警察局之上級機關，面對此等

64 廣岡隆，〈即時執行〉，收錄於雄川一郎等編，《現代行政法大系》，第2卷，有斐閣，昭和59年（西元1984年）1月，頁311。

65 董保城，〈合併請求損害賠償〉，收錄於翁岳生主編，《行政訴訟法逐條釋義》，五南圖書出版公司，2004年2月，初版，頁114-116。

狀況本應尊重警政專業，充分授權第一線警官臨機應變決定以何種作為因應，縱然最後決定採取強制力驅離，亦可斟酌時機採取最小侵害方法為之[66]。

三、相關條文

「國家賠償法」第2條：「本法所稱公務員者，謂依法令從事於公務之人員（第1項）。公務員於執行職務行使公權力時，因故意或過失不法侵害人民自由或權利者，國家應負損害賠償責任。公務員怠於執行職務，致人民自由或權利遭受損害者亦同（第2項）。前項情形，公務員有故意或重大過失時，賠償義務機關對之有求償權（第3項）。」

貳、條文解說

一、名詞解釋

（一）國家賠償

指公務員或警察之行使職權過程，造成人民自由、權利損害，被害人得向國家提起請求賠償之一種制度，以有效保障人民的權利。對於請求之要件及程序，必須依「國家賠償法」等相關法律之規定。

公務員於執行職務行使公權力時，因故意或過失不法侵害人民自由或權利者，國家應負損害賠償責任；賠償請求權，自請求權人知有損害時起，因二年間不行使而消滅；自損害發生時起，逾五年者亦同。「國家賠償法」第2條第2項前段、第8條第1項分別定有明文。又按依「國家賠償法」第8條第1項前段、「國家賠償法施行細則」第3條之1規定，所謂知有國家賠償責任之原因事實，指知悉所受損害，係由於公務員於執

66 臺灣台北地方法院105年度重國字第148號國家賠償事件新聞稿，109.1.22。

行職務行使公權力時，因故意或過失不法行爲，或怠於執行職務，或由於公有公共設施因設置或管理有欠缺所致而言。於人民因違法之行政處分而受損害之情形，賠償請求權之消滅時效，應以請求權人實際知悉損害及其損害係由於違法之行政處分所致時起算，非以知悉該行政處分經依行政爭訟程序確定其爲違法時爲準[67]。

（二）公權力

爲構成國家賠償責任要件之一。對於警察職權行使案件，其必須屬警察執行「公法職務」之過程中，所造成之損害，始爲符合。屬於警察私人活動及私經濟行政事務之範圍內，所造成之損害，則不屬公權力之範圍。

警察攔查可疑車輛爲執行公權力之行爲。被告爲躲避員警攔查，竟以上揭高速超速、逆向行駛、闖越紅燈等方式於市區道路危險駕駛，更因其危險駕駛之舉，致其違反上開駕駛注意義務而分別肇生上開2次車禍事故，並致告訴人吳員等分別受有上述傷害，且其本可預見上開告訴人因其危險駕駛之舉致遭其所駕A車撞擊，該等告訴人均會受有傷害結果。原審以被告犯行事證明確，並審酌其駕車經警依法執行公權力而予攔檢之際，因認自身已因所犯另案遭通緝而爲逃避警方查緝逮捕，除拒絕停車受檢逕自駕車逃逸，更於逃逸過程無視道路交通標誌、標線、號誌及速限指示，率爾於市區道路危險駕駛，嚴重危害用路人之生命、身體及財產安全，並因而2次肇事，更於肇事後均未停留現場提供受傷之上開告訴人必要救護或協助，旋即駕車逃逸，嗣更以倒車衝撞本案警車之強暴方式，妨礙上開員警公務之執行，並致本案警車之右前車門損壞，所爲俱屬不該，核屬對國家公權力最嚴峻之侵害[68]。

---

67 最高法院105年度台上字第1055號判決。臺灣高等法院109年度上國字第3號判決。

68 臺灣高等法院109年度交上訴字第66號判決。

二、實體要件

（一）構成國家賠償責任之要件

構成國家賠償責任，可區分爲積極行爲與消極不作爲之兩種責任。積極行爲責任之構成，必須要符合下列要件：1.須爲公務員之行爲；2.須爲執行職務行使公權力之行爲；3.須行爲違法；4.須行爲人有故意或過失；5.須侵害人民之自由或權利[69]；6.須違法行爲與損害結果之間有因果關係。另消極不作爲之責任，如符合違法性、歸責性（故意過失）及因果關係致人民自由或權利遭受損害之要件時與積極行爲相同，亦成立國家賠償責任[70]。

有關公務員之範圍，參考「刑法」第10條第2項修正爲：「稱公務員者，謂下列人員：一、依法令服務於國家、地方自治團體所屬機關而具有法定職務權限，以及其他依法令從事於公共事務，而具有法定職務權限者。二、受國家、地方自治團體所屬機關依法委託，從事與委託機關權限有關之公共事務者。」「貪污治罪條例」第2條則修正爲：「公務員犯本條例之罪者，依本條例處斷。」並均自95年7月1日起生效。再按「刑法」第11條前段規定：「本法總則於其他法律有刑罰或保安處分之規定者，亦適用之。」是自95年7月1日起，有關貪污治罪條例犯罪主體「公務員」之定義，即應依修正後之現行「刑法」第10條第2項認定之。另按現行刑法已採限縮舊法公務員之定義，刻意將公立醫院、公立學校、公營事業機構人員，排除在身分公務員之外。雖立法理由中，又將依政府採購法規定之各公立學校、公營事業之承辦、監辦採購等人

---

69 最高行政法院92年判字第1194號判決：「……因行政機關之違法行政處分致權利或法律上利益受損害之相對人及其他利害關係人，始得爲提起撤銷訴訟之適格當事人。而所謂利害關係人係指違法行政處分之結果致其現已存在之權利或法律上利益受影響者而言，若僅具經濟上、情感上或其他事實上之利害關係者，則不屬之……。」

70 吳庚，《行政法之理論與實用》，三民書局，2003年10月，八版，頁708以下。另相關文獻，請參考米田雅宏，〈国家賠償法1条が定める違法概念の体系的理解に向けた一考察（1）ー職務義務違反説の可能性ー〉，《法學（東北大学）》，第81卷，第6期，2018年，頁1-35。

員，列爲刑法第10條第2項第1款後段之「其他依法令從事於公共事務，而具有法定職務權限者」（授權公務員），然則較諸身分公務員，其性質上既屬次要、補充之規範，解釋上自應從嚴限縮。此觀諸「政府採購法」第95條規定，是類採購人員，宜以專業人員爲之，並特別設有一定之資格、考試、訓練、發證及管理，作爲配套規範甚明，益見所謂承辦、監辦採購等人員，係以上揭醫院、學校、事業機構之總務、會計等專業人員爲主；至於非專業之人員，仍須以採購行爲所繫本身之事務，攸關國計民生之事項者爲限。再由修法理由對非身分公務員之職能性公務員（授權公務員、委託公務員），所指「從事法定之公共事務」、「公務上之權力」等字詞，並參照國家賠償法有關行政委託之界定，本於刑法謙抑思想，作爲最後手段性之刑法，其涵攝自應較諸行政法愈爲嚴格。易言之，所稱公共事務或公務權力，除所從事者爲公權力行政（高權行政）外，雖有包括部分之給付行政在內，惟應以學說上之通說，亦即以攸關國計民生等民眾依賴者爲限，此從刑法學界對公共事務之看法，認爲必須兼備對內性與對外性二種要件，亦可印證（意旨可資參照）[71]。

公務員於執行職務行使公權力時，因故意或過失不法侵害人民自由或權利者，國家應負損害賠償責任。公務員怠於執行職務，致人民自由或權利遭受損害者亦同，「國家賠償法」第2條定有明文。該條項後段所謂「公務員怠於執行職務」，係指公務員對於被害人有應執行之職務而怠於執行者而言。換言之，被害人對於公務員爲特定職務行爲，有公法上請求權存在，經請求其執行而怠於執行，或依法律規定之內容，其目的係爲保護人民生命、身體及財產等法益，且法律對主管機關應執行職務行使公權力之事項規定明確，該管機關公務員依此規定對可得特

71 臺灣高等法院106年度重上更（一）字第19號判決。最高法院103年度第13次刑事庭會議決議（一）。

定之人所負作爲義務已無不作爲之裁量餘地，猶因故意或過失怠於執行職務，復因具有違法性、歸責性及相當因果關係，致特定人之自由或權利遭受損害者，始得依上開規定，請求國家負消極不作爲之損害賠償責任[72]。

（二）「警察職權行為」之構成國家賠償責任

構成國家賠償責任，除上述一般要件外；另與警察職權行爲較相關事項，擬再敘述如下：

1. 是否違反法律要件

依「警察法」第2條規定，警察執法之任務關涉人民之人身自由安全保障，較之一般公務員，須取得人民更高之信賴感，立法政策上採取較嚴格之消極資格標準，以確保國民對警察執行公務之信賴感，核屬立法裁量事項，是以，「警察人員人事條例」第31條第1項第5款規定應屬警察人員消極資格之規定，而非就違法失職行爲之懲處規定[73]。

「警察」職權行爲是否構成國家賠償要件？依具體事件人民是否得主張國家賠償？其前提要件須認定警察之干預行爲，是否符合「警職法」所規定之要件？如查證身分，是否依「警職法」第6條規定之要件及程序。警察對具體案件之執行，如符合本法規定則屬依法令之行爲，無國家賠償責任之問題。

法律之解釋與執行，首先由執行之警察機關與人員認定、實施，如遇有爭訟疑義，受到請求仍須透過上級機關、法院進一步審查，以作最後確定。

內政部警政署102年10月3日頒布之取締酒後駕車作業程序內，作業內容第1點「勤務規劃」中第（二）點「一般性勤務」，明確指示

72 臺灣高等法院109年度上國字第1號判決。司法院大法官釋字第469號解釋、最高法院92年度台上字第69號裁定。

73 最高行政法院105年度判字第621號判決。

「針對易發生酒後駕車或酒後肇事之地區、路段與時段，妥善規劃部屬勤務，針對行徑異常有明確酒後駕車徵兆之車輛加強稽查」，因此舉發單位於勤務安排上，以嚇阻酒後駕車之事件發生，本即屬法之所許。且原舉發單 位員警於臨檢處所已停置巡邏車閃爍警示燈，並立有告示牌一面，且依舉發員警身穿反光背心並手持藍光指揮棒等情形觀之，除非有特殊情狀之存在，否則一般人應皆得瞭解現場 正在執行臨檢勤務。再按「警察於公共場所或合法進入之場所，得對於下列各款之人查證其身分：……六、行經指定公共場所、路段及管制站者。」「警察職權行使法」第6條第1項定有明文。倘員警執行酒精濃度測試檢定之處所，係屬於「警察職權行使法」第6條第1項第6款之「管制站」，員警依據警察職權行使法所為之交通檢查，而以特定原因如酒測等為發動要件，駕駛人行經警察機關設有告示執行道路交通管理處罰條例第35條第1項測試檢定之處所，遭員警攔查，即有停車接受稽查之義務[74]。

2. 是否遵守法律原則

警察行使職權除須依照本法之要件規定外，其執行過程並須遵守有關之法律原則。「行政法理論中」之重要法律原則，在「警職法」第3條中亦有明列出比例原則、誠信原則、正當程序原則。警察之職權行使，自應遵守[75]。其他「行政法」之原則，如合目的裁量原則、不恣意原則、禁止不當連結原則、平等原則等，亦須遵守。如有違反「行政

74 臺灣新北地方法院109年度交字第198號判決。

75 相關日文文獻，請參考治安関係重要判例解説（87）(1)警察官が報道機関に対し捜索差押え等に関する情報を提供したことにより名誉を毀損されたなどとする国家賠償請求訴訟において，治安フォーラム26(6)，治安判例研究会，2020年6月，頁21-31。葛野尋之，〈最新判例批評（69）保護室に収容されている、国家賠償法上違法となる場合〉，《判例評論》，第733号，《判例時報》，第2430期，2020年3月，頁188-194。佐伯和雅，〈行政法シリーズ連載（第28弾）行政法基礎（28）公権力の行使に関する賠償：国家賠償法1条を中心に〉，《税経新報》，第686期，2020年3月，頁77-80。森田崇雄，〈判例解説信号機の設置管理に係る国家賠償請求事件：山口県〔山口地裁平成30.2.28判決〕〉，《判例地方自治》，第456期，2020年3月，頁89-91。

法」之重要原則，將被視為「違法行為」，構成國家賠償責任之要件。

如警察人員，依法執行追捕嫌疑人所駕駛系爭贓車之職務，嫌犯所駕駛之系爭車輛有危險駕駛，甚至衝撞 支援警車。若放任繼續駕駛，屆時警車與系爭車輛於道路上追逐，反而會加深對公眾往來生命安全之危害，基此，警察之射擊系爭車輛右後輪行為，確為足使嫌犯停止逃逸且損害最小手段。又被告警察係瞄準系爭車輛右後輪而為射擊行為，非瞄準他人而射擊，嫌犯佯裝停車受檢卻逕行駛離，事發突然，自難苛責警察。且警察亦難預見其所射擊之子彈，可能擊破右後車窗後貫入被害人後腦，堪認被告警察已盡力避免傷亡之風險，更無罔顧被害人性命而濫射之行為，其已盡量注意勿傷及致命部位。是警察所為，合於「警械使用條例」第6條所定之「急迫需要」情形，合理使用槍械，並未逾越「必要程度」，自非不法行為[76]。

三、程序要件

有關警察機關處理國家賠償事件，警政署並函頒[77]「警察機關處理國家賠償事件注意事項」一種。受理請求國家賠償事件之審查要點：1.請求書之內容有無欠缺或不符；2.應附之證據文件是否齊全；3.代理人是否合法，有無提出代理人合法證明文件；4.請求權之時效；5.賠償義務機關之確定；6.損害性質與範圍；7.公務員應負責任；8.賠償方式。

其他有關「國家賠償」之受理方式、開始協議、法院審理、賠償額度等規定，請詳見「國家賠償法施行細則」及相關法規之規定。

76 臺灣桃園地方法院107年度重國字第4號判決。
77 內政部警政署民國70年8月20日警署法字第94069號函。

四、實務與學術見解

（一）實務見解

1. 警察人員應瞭解國家賠償法及其重點

依警政署所頒之「內政部警政署及所屬警察機關處理國家賠償事件注意事項」重點有，第9點：處理小組初步審查主管業務單位之處理意見，除有下列情形之一，得簽請主官核定後，以本機關名義書面敘明理由拒絕賠償外；應於收到主管業務單位處理意見後十日內召集會議進行審查：(1)無管轄權；(2)請求權人非其所請求賠償事件受有損害之人；(3)同一事件，經賠償、拒絕賠償或移由應賠償義務機關後，重行請求賠償；(4)國家賠償請求權已時效消滅；(5)請求賠償之事實，於法律上顯無理由。前項處理小組初步審查逕予拒絕賠償案件，應提請處理小組會議追認。第11點：處理小組開會審議國家賠償事件時，應就下列各款事項審查如下：(1)請求權人是否適格、代理人是否合法；(2)請求權之時效；(3)賠償義務機關之確定；(4)損害性質與範圍；(5)公務員應負之責任；(6)就損害賠償原因有無應負任之人；(7)責任認定；(8)其他有關事項。

另第20點：國家賠償之訴訟案件，由主管業務單位（機關）主辦，並得洽請處理小組、檢察官協助（第1項）。國家賠償事件之訴訟，警察機關應指派本機關之適當人員充任訴訟代理人；必要時，得委任律師爲訴訟代理人（第2項）。第21點：賠償義務機關依國家賠償法第2條第3項、第3條第2項、第4條第2項檢討審認被求償人之責任。求償權之行使，應經處理小組會議審議[78]。

「國家賠償法」第6條規定：「國家損害賠償，本法及民法以外 其他法律有特別規定者，適用其他法律。」又「警械使用條例」第11條

78 其他細部規定，請參見「內政部警政署及所屬警察機關處理國家賠償事件注意事項」，2009年10月7日。

規定：「警察人員依本條例規定使用警械，因而致第三人受傷、死亡或財產損失者，應由各該級政府支付醫療費、慰撫金、補償金或喪葬費。（第1項）警察人員執行職務違反本條例使用警械規定，因而致人受傷、死亡或財產損失者，由各該級政府支付醫療費、慰撫金、補償金或喪葬費；其出於故意之行爲，各該級政府得向其求償。（第2項）前二項醫療費、慰撫金、補償金或喪葬費之標準，由內政部定之。（第3項）」此爲關於警察人員於執行職務使用警械致人傷亡時應負損害賠償責任及範圍之特別規定，於此類事件，其適用應優先於「國家賠償法」第2條、第5條、「民法」第192條第1、2項、第194條之規定。準此，警械使用條例應屬於國家賠償法之特別法，於本件應優先適用警械使用條例。依警械使用條例規定賠償義務機關爲「各該級政府」，執行勤務之員警並無賠償義務，是以「警械使用條例」第11條所指之賠償義務機關應爲被告所屬中央或地方政府[79]。

2. 警察人員執行公務緝捕嫌疑犯時，因使用警械致人民財產權受損害者，得否適用國家賠償法

公務員於執行職務行使公權力時，因故意或過失不法侵害人民自由或權利者，國家應負損害賠償責任，「國家賠償法」第2條第2項前段定有明文。依來函所敘適用疑義分述如下：(1)警察人員於執行公務緝捕嫌疑犯時，依「警械使用條例」合法使用警械，致人民之財產權受損害者，應無「國家賠償法」之適用；(2)警察人員於執行公務緝捕嫌疑犯時，因故意或過失違反「警械使用條例」，不法使用警械而侵害人民之財產權者，「警械使用條例」並無明文規定，如符合上開規定，自可適用「國家賠償法」之規定[80]。

79 臺灣桃園地方法院107年度重國字第4號判決。最高法院94年度台上字第672號判決。
80 法務部民國79年12月28日（79）法律字第18992號函。

（二）學術見解

警察干預措施其行爲本身多屬事實行爲，尤其是當危險發生，而妨礙人（Stoerer）不存在或無法確認時，警察必須自行排除該障礙事物。如在交通繁忙的大道上，警察架走一遊蕩的醉者，或者將高速公路路面上之油漬予以清除等等，皆非行政處分。此「事實行爲」雖無法律效果，但仍應適法。如事實行爲有瑕疵或不作成此種事實行爲時，則可能成爲給付訴訟之訴訟標的，甚或構成國家賠償責任之原因[81]。

參、問題探討

一、實務問題

警察行使職權涉及國家賠償責任問題，對其構成要件、協議程序等，均依照「國家賠償法」之有關規定。其前提爲警察有故意或過失之行爲，致侵害人民的自由或權利，由國家代位賠償。本來公務員執行職務，如有故意或過失之侵害人民權益，不待法律特別規定，即應適用「國家賠償法」，本法特別規定主要在提示辦理之依據。

警察職權之行使涉及國家賠償責任，訴訟上警察必須主張及舉證，警察所爲職權爲合法之行爲，始得免責。即依法令之行爲，自可阻卻違法。

二、理論爭議

（一）警察職權行為與刑事程序之責任

警察任務因具有防止危害與刑事追緝之職責，對此二種任務，有競合及同時兼具之特性，在實務執行上很難區分。依「警職法」之執行車

81 張嫻安，〈行政行爲中之事實行爲〉，《輔仁法學》，第9期，1990年6月，頁69。

輛檢查或營業處所檢查，其執行行爲是屬預防犯罪之行政行爲或犯罪偵查之搜索，二者如何區分？如實施過程有違法，其違法性程度、效力，應如何認定？

目前解決方式[82]有二：一者依執行目的認定。行政之防止危害，尚無特定之對象，只針對一般被合理懷疑者，查證其身分、檢查車輛或對營業處所之進入查察。如屬犯罪偵查應從案件線索中，得出具體特定對象，其實施之範圍、嫌疑人，應已特定。此從執行目的，應可區分出屬行政之預防犯罪或刑事之犯罪偵查。二者，從實施之方法、過程，如屬預防危害之查證身分，其干預人民之自由程度，應屬有限，且須在合於必要之限度內實施。查證之過程依本法規定，至久不得超過三小時。如屬偵查犯罪程序，其實施依據爲「刑事訴訟法」，必須依法定程序爲之，且須告知當事人相關權利。如實施搜索、逮捕之強制處分須由法院許可，並依具體情形事先申請搜索票或事後即向法院報告。

警察職權實施過程違反法定要件、程序，構成不法侵害人民權利，人民自得依「國家賠償法」請求損害賠償。屬犯罪偵查之違法範圍，依我國「國家賠償法」第13條之特別規定[83]，並視其職權是否受檢察官指揮，而認定其國家賠償責任[84]。

---

82 有關警察行政與刑事偵查權行使程序之問題，請參見鄭善印，〈日本法制上警察之行政質問權與司法偵查權之糾葛〉，收錄於《法與義——Heinrich Scholler教授七十大壽祝賀論文集》，五南圖書出版公司，2000年5月，頁457-490。

83 有學者認爲這樣的立法，將造成檢察官濫行偵查、起訴之問題。請參見董保城，《國家責任法》，神州圖書出版公司，2002年6月，頁148-151。

84 有關偵查犯罪案件之構成國家賠償問題，請參見蔡志方，〈從立法裁量之界限，論國家賠償法第十三條之合憲性〉，收錄於《行政救濟與行政法學（二）》，三民書局，1993年3月，頁287-300。

三、案例解析

◎警察蒐集資料之回程途中是否屬執行職務範圍

（臺灣高等法院92年度重上國字第15號民事判決）

（一）摘要

公務員之行爲，無論在客觀上及公務員之內部認知上，如係本於公法上行使公權力，自非私經濟之行政輔助行爲。其既係本於職務上之目的而爲……其「回程」亦屬公法任務完成之必要行爲，如將二者割裂以觀，而謂僅「去程」行爲屬達成公法之行爲，回程行爲則否，自非可採。本件警察A於民國87年10月某日前往甲地蒐集流氓資料之行爲，無非係基於公法人主體地位爲達到刑事偵查犯罪任務之行爲，故無論其性質爲駕車前往甲市之單純事實行爲或係回程誤入匝道行爲，其表現型態，均係立於公法主體之地位而爲之行爲。

（二）研析

本件警察A之駕車行爲，其目的在蒐集流氓資料，屬公權力之行使範圍。如造成人民損害，自有國家賠償責任之問題。一般人民因公務員之故意、過失造成權利、利益受損，該公務員之所屬單位，即應負賠償責任。此從「憲法」第24條、「國家賠償法」第2條之規定，應屬明白。

本件原賠償單位主張，警察A之回程開車行爲，尚不屬於「行使公權力」之範圍。法院認爲，同爲完成警察蒐集資料任務之過程，去程屬公權力之行使，回程仍應屬公權力之行爲，不可將此二者分別看待，始符合法理。

「警察職權」之行使與「開車之回程」是否相關？爲另一問題。如果是直接蒐集資料，以採取利用第三人方式、長期監視方式、運用攝影方式等均屬本法所規定之具體職權，故無問題。而開車之前往或回程，亦為達成此職權行使之必要過程，故亦屬「行使公權力」，已見前述。其是否為「行使職權」？在此雖「開車行為」未直接干預人民之自由權利，但可視之為「行使職權之必要過程行為」。

◎未舉證警察之違法行為，不構成國家賠償責任

（最高法院92年度台上字第2013號民事裁定）

（一）摘要

上訴人經營之遊樂場，外觀上有涉嫌賭博情事，被上訴人所屬員警對其搜索、扣押等偵查行為，為合乎法令之行為。上訴人又未能舉證證明被上訴人所屬員警，於執行職務時，有何故意或過失不法侵害其權利之情事。上訴人本於「國家賠償法」規定，訴請被上訴人賠償……。就原審已論斷者，泛言違背法令，而非具體說明該論斷究有何不適用法規、適用法規不當……，應認其上訴為不合法。

（二）研析

警察職權之行使，具有防止危害與偵查犯罪二種任務。一般對有危害可疑或預防犯罪必要時，得依「警職法」之規定，查證當事人身分或實施必要之職權，其亦會干預人民之自由或營業權。一般依法之職權行為，當事人有忍受之義務。本件請求人未具體指出警察之違法行為，只提出請求賠償金額，不符法律規定。

◎警察之故意傷害行為，構成國家賠償責任

（臺灣花蓮地方法院85年度國字第1號民事判決）

（一）摘要

本件請求警察賠償之原告主張：原告之子A，因受被告所屬警員甲於民國84年某日凌晨，在某大橋南端，於執行公務時予以傷害致死……爰提起本件訴請國家賠償。……法院判決認為，經查原告之子A為被告

所屬警員甲於執行職務時傷害致死……另據證人B在檢察官前稱，死者跟警員扭打在一起，推來推去，然後又滾在地上，又爬起來，二人抱在一起靠在護欄，一下子二人又倒下去，警員就將死者壓住，警員就用腳去踩死者脖子。則原告主張A之死，其係被告所屬警員甲之非法加害行為所致，堪予採信。

（二）研析

本件判決明示警察之傷害行為，構成國家賠償責任，但未說明警察執行職務使用強制力之限度範圍，以其結果造成致人於死，而認定警察之行為違法。其他情形如警察制止酒醉之人或暴行之人，行使強制力之限度，亦須考量。本件警察行為應有逾比例原則，超過職務上必要限度，應負國家賠償責任。至於對其行為，國家是否應對其求償？則得視該行為是否有故意或重大過失之情形而定。

警察執行職務有故意加害、毆打被害人，使人民受傷害，已屬違法之侵害人民自由及權利行為，國家應負賠償責任[85]。

◎國家賠償事件請求程序

（新北府訴決字第1060458322號）

「國家賠償法」第10條規定：「依本法請求損害賠償時，應先以書面向賠償義務機關請求之。賠償義務機關對於前項請求，應即與請求權人協議。協議成立時，應作成協議書，該項協議書得為執行名義。」同法第11條第1項前段規定：「賠償義務機關拒絕賠償，或自提出請求之日起逾三十日不開始協議，或自開始協議之日起逾六十日協議不成立時，請求權人得提起損害賠償之訴。」同法第12條規定：「損害賠償

---

85 李震山主持研究，《司法對警察行政行為審查問題之研究》，國科會專題研究計畫，1998年8月，頁213-214。另相關文獻，請參考米田雅宏，〈国家賠償法1条が定める違法概念の体系的理解に向けた一考察（2・完）―職務義務違反説の可能性―〉，《東北大学法學》，第82卷，第1期，2018年，頁1-37。

之訴，除依本法規定外，適用民事訴訟法之規定。」本案訴願人於渠搶奪、竊盜案件確定後，向新北市政府警察局新店分局請求發還因案扣押之物品，因部分扣押物品滅失，認該局未妥善保管部分扣押物向該局請求國家賠償，經該局以民國105年度新北警店賠字第1號拒絕賠償理由書，予以拒絕賠償，訴願人不服，而提起本件訴願。惟其屬國家賠償事件，訴願人應依「國家賠償法」所定程序辦理，訴願人倘有所不服，自應循民事訴訟程序請求救濟。是本案非屬訴願救濟範圍內之事項，依首揭規定，訴願人提本件訴願，尚非法之所許，自不應受理。

◎警察之強制行為與相當因果關係

（臺灣高雄地方法院102年度國字第15號民事判決）

對於現行違反本法之行為人，警察人員得即時制止其行為，並得逕行通知到場；其不服通知者，得強制其到場。同法第42條前段亦有明文。則王○安、顏○琪（警察）於原告提出恐嚇報案，依法應予受理，且原告於渠等執行職務時，以顯然不當之言詞相加，並有違反「社維法」第85條第1款之責，王○安、顏○琪據此要求原告至派出所說明，乃於法有據，所為並無不法。又原告於王○安要求其上車至派出所到場說明時，出手拍擊王○安，顯亦於公務員依法執行職務時為不當之行動，同有違反「社維法」第85條第1款規定之責，是原告既於王○安通知上車至派出所到場說明時，拒絕上車，而有不服通知之行為，王○安、顏○琪依「社維法」第42條規定，自得強制原告到場。

原告固指稱其因王○安、顏○琪上開強制作為造成脖子扭傷、身體不適云云，惟依原告所提出當日看診之長庚醫院診斷證明書所載，原告於民國101年12月8日15時27分急診求診，診斷病名為胸悶、心衰竭，有該診斷證明書在卷可稽，然原告自承有多年心臟病史，是上開診斷證明書所載病情，與王○安、顏○琪當時之強制作為有無相當因果關係，尚不無可議。而於上開蒐證光碟中雖可見原告有表示頭部扭到，然原告當時係與顏○琪拉扯中，蒐證畫面中亦未明顯看見顏○琪有強壓原告頭部之行為，則原告脖子縱有扭傷，究係員警之強制行為所致，或於拉扯中，原告奮力掙扎不慎扭傷所致，尚有未明，且上開診斷證明書亦未有記載原告所指脖子扭傷之傷勢，是依原告所提之證據尚難使本院獲致其身體不適或脖子扭傷與員警之強制行為有相當因果關係之有利心證。況王○安、顏○琪乃依法執行職務，並無不法行為，已如前述，揆諸前揭說明，自不符合「國賠法」第2條第2項前段規定之要件。

四、問題提出

（一）國家賠償與行政訴訟之競合

依「行政訴訟法」第12條：「民事或刑事訴訟之裁判，以行政處分是否無效或違法為據者，應依行政爭訟程序確定之；行政爭訟程序已開始者，於其程序確定前，民事或刑事法院應停止其審判程序。」人民請求國家賠償如以行政處分是否無效或違法為前提時，解釋上似應先提起訴願及行政訴訟，確定該行政處分為違法後，始能請求國家賠償[86]。

（二）國家賠償之由普通法院管轄

我國司法制度為採行司法二元制，法院依其性質分別設立普通法院與行政法院，各自受理不同性質之案件。有關行政法院所管轄之案件，理論上以公法案件為原則，但法律如將公法性質之案件，劃分由普通法院審理，基於實體法規定，且大法官解釋認為尚屬立法形成自由，並未侵害人民訴訟權；但有學者指出既然我國司法制度，採行司法二元制，就應遵守法院之性質，而劃分其管轄之案件[87]。

依專業管轄原則，立法自然應受此原則之拘束，且從人民權益保

---

86 其前提是，第一次權利救濟之優先提起，對當事人而言，不會因而造成沉重負擔。董保城，《國家責任法》，神州圖書出版公司，2002年6月，頁191。

87 詳請參見李震山，《行政法導論》，三民書局，2014年9月，修訂十版，頁577以下。

障、普通法院法官之專業背景考量，均應將屬於公法之案件，如「社會秩序維護法」、「公職人員選舉罷免法」、「國家賠償法」之爭訟案件，改由行政法院審理始符法制。

（三）警察製作交通初步分析研判表與國家賠償

交通警察大隊警員製作二種不同格式之初步分析研判表。依規定，初步分析研判表係依警察分局檢送之本案交通事故卷宗內容，客觀上所爲之初步分析研判，再逐層核定後製作，故交通警察大隊提供法院之初步分析研判表，內容包含肇事經過及調查分析說明欄，而民眾臨櫃申請之初步分析研判表係核定後結果，其欄位係由內政部警政署訂定統一格式，兩者肇事分析結果並無不合。如上訴人僅憑初步分析研判表有2種不同格式，即認有不實云云，並非可採。又初步分析研判表僅供肇事雙方作爲參考，詳細肇事地點、原因、經過，倘有爭議，自須待後續刑事偵查及審判加以釐清認定，初步分析研判表本即不具有任何拘束偵查、審判之效力，此由初步分析研判表下方備註欄載明：「……對於肇事原因如有疑義，仍應以……法院之判決爲最終之確定。」等語，亦可得知[88]。

第31條（損失補償）

警察依法行使職權，因人民特別犧牲，致其生命、身體或財產遭受損失時，人民得請求補償。但人民有可歸責之事由時，法院得減免其金額。

前項損失補償，應以金錢為之，並以補償實際所受之特別損失為限。

對於警察機關所為損失補償之決定不服者，得依法提起訴願及行政訴訟。

損失補償，應於知有損失後，二年內向警察機關請求之。但自損失發生後，經過五年者，不得為之。

88　臺灣高等法院109年度上國易字第2號判決。

壹、立法緣由

一、立法理由與目的

行政上之損失補償，乃行政機關基於公益之目的適法的實施行政權所爲之補償，與國家賠償係對於違法之侵害者不同。人民對於國家社會原負有相當的社會義務，警察基於公益，合法實施職權，致人民生命、身體或財產遭受損失時，如係在社會義務範圍內，原負有忍受之義務，不予補償；必須超過其應盡之社會義務範圍，始應就其個別所遭受之特別損失或特別犧牲，酌予公平合理之補償，並以其損失非可歸責於該人民之事由者爲限[89]。

行政機關本於法定職權，爲了阻止犯罪或危害之發生，或避免急迫危險等公共利益之需要，得不依一般行政程序，而對人、物或處所逕爲緊急措施，或爲其他基於法定職權之必要處置。但其緊急處置結果，如造成人民之生命、身體或財產之損失，而已超過人民之社會義務容忍之範圍，構成特別犧牲時，即應予補償[90]。

公法上損失補償之意義，乃指國家基於公益需要，依法行使公權力，致特定人發生財產上之特別犧牲，從全體之公平負擔觀點，爲調整該犧牲所爲之財產補償之謂。至應給予何種程度之損失補償，參酌司法院釋字第425號、第440號及第516號等解釋意旨以觀，係採「相當補償原則」。而何種補償始謂相當，宜以考慮權利人受到逾越權利所負一般社會義務所受損害程度，客觀公平合理判斷之。又既曰損失補償，如涉及物之強制使用，則使用前後交易價值之減損（差額），乃屬財產上之特別犧牲，其補償程度及範圍，自應一併考量請求補償者因國家依法強制使用所致物之交易價值之減損，而非僅以其出租該物可獲得之租金利

---

89 李震山等，《警察職務執行法草案之研究》，內政部警政署委託，1999年6月，頁242。
90 最高行政法院103年度判字第436號判決。

益爲衡量；倘物因使用所致交易價值之減損，高於出租可獲得之租金利益時，尚不得置物因使用所致交易價值之減損於不顧，而逕以出租可獲得之租金利益爲其補償數額；否則，難謂符合相當補償之原則[91]。

對於警察職權行使，所造成人民生命、身體、財產之特別犧牲，在「警職法」中明文規定人民可提起請求損失補償。其補償之範圍必須是「特別犧牲」，即該「損失程度」已超過社會之一般義務忍受程度之謂。在本條文中規定其請求權時效，分別爲二年及五年，以維護法律之安定性。

二、法理基礎

（一）社會風險之分擔

國家與人民之間從社會契約說到法律保留原則之確立，一切之法律規範目的在尋求社會之公平正義。國家公益與私人權益間，需要有適度之調和。私人因公共利益而受損害，如其損失超過一般之社會義務可忍受程度，國家即應予以適當的補償，以求社會之實質公平。

行政上之損失補償，乃指行政機關基於公益之目的，合法實施公權力，致人民之生命、身體或財產遭受損失，由國家予以適當補償之制度，而與國家賠償制度，有所不同[92]。

（二）一般損失補償之要件

1. 合法行爲造成之損害

人民因爲合法公權力行使而造成損害，對於無責任者的「特別犧牲」，從公平原則考量，國家及地方自治團體，予以塡補其損失，應屬適當[93]。

---

91 最高行政法院103年度判字第436號判決。

92 李建良，〈行政法上損失補償制度之基本體系〉，《東吳大學法律學報》，第11卷，第2期，頁34。

93 田村正博，《改訂警察行政法解說》，平成5年（西元1993年）6月，東京法令，頁

「犧牲請求權」（Aufopferungsanspruch）所根據之基本理念，在於公共利益與個人權利發生衝突時，個人權利應行退讓，但對其權利損失則應給與補償。此一法律思想，早在德國1794年之「普魯士邦法」第74條及第75條中，即著有明文。在德國並已成爲憲法位階之習慣法，一般法律雖得在細節上爲形成及界定，但不得予以排除或做重大之限制[94]。

2. 法律之特別規定

補償請求權係指非危害者（Nichtstoerern）及非參與者（Unbeteiligten）因警察之措施受有損害，因而擁有之公法請求權。體系上，這類請求權係作爲一般犧牲請求權（Aufopferungsanspruch）之特別規定[95]。有關補償原則，一般爲維持社會公共安全與秩序之消極目的限制，因此而受到不利益之人民，並不一定要予以補償；另一般對於地方開發，爲增進公共福利積極目的之公用限制，通常予以補償。爲免國家責任過於擴大，一般「損失補償」均須要有法律特別規定，始得成立。人民受損害，如果不能依「國家賠償法」規定，向國家請求賠償，如亦無法律特別規定「損失補償」時，得依「民法」有關侵權行爲規定，請求該管公務員及所屬機關連帶賠償。

國家因合法之行爲，造成人民損失，是否予以補償有待立法規定。因涉及一般社會義務之人民忍受程度，及對國家之合法行爲不宜過分抑制，並考量國家之財政能力等因素，因此，須視立法政策而定。

3. 補償特別之損失

國民須遵守法律，國家秩序始能維持。在秩序行政方面，國民須配合國家之相關行政，以維護社會共同利益，此種義務又稱爲「一般義

226。

94 陳敏，《行政法總論》，三民書局，1998年5月，頁993。

95 李震山譯，《德國警察與秩序法原理》，登文書局，1995年11月，中譯二版，頁385。

務」或「一般社會責任義務」。如警察對違反法律之人、事、物，依法予以干預或制止。一般情況人民接受檢查之一時不便，屬忍受之義務範圍，尚不得因此而要求國家補償。

依「憲法」第15條規定所保障人民之財產權意旨，國民個人除遵守法律，履行一般之社會義務外。國家爲公共秩序目的，而犧牲第三人利益，顯然與「社會公平」原則有違。少數人或無辜之第三人生命、財產受到損害，其目的在爲公共利益或防止危害之必要所致，此種「義務」已屬特別犧牲之範圍。國家對此情形，在法制上應有限度的予以補償，始符合憲法保障人民財產權之目的。

損失補償法理，不是因爲國家合法的行爲而給予補償，而是國家爲了維護或促進公共利益，難免要限制或侵害個人權利，此種限制或侵害雖然被正當化，而不屬於違法行爲，然而特定個人之遭受特別損失，卻是爲了公共利益所生，是一種爲促進整體利益或是減輕整體不利益的「特別犧牲」，基於負擔平等原理，公眾應分擔此一特別犧牲，因而產生國家應予塡補義務[96]。

三、相關條文

「行政執行法」第41條：「人民因執行機關依法實施即時強制，致其生命、身體或財產遭受特別損失時，得請求補償。但因可歸責於該人民之事由者，不在此限（第1項）。前項損失補償，應以金錢爲之，並以補償實際所受之特別損失爲限（第2項）。對於執行機關所爲損失補償之決定不服者，得依法提起訴願及行政訴訟（第3項）。損失補償，應於知有損失後，二年內向執行機關請求之。但自損失發生後，經過五年者，不得爲之（第4項）。」

---

96 董保城，《國家責任法》，神州圖書出版公司，2002年6月，頁12-13。

貳、條文解說

一、名詞解釋

（一）損失補償

損失補償從福利國家、風險分擔之思想出發，一方面警察之合法行為，其本身應無任何法律責任。但此合法行為亦會造成人民生命、身體、財產之損失，國家不能只注重合法之執行公務，而不考慮一般第三人之權利因此而受損害。即「損失補償」為國家之合法行為，造成人民特別「損害」之補償制度。

有關國家賠償之制度，我國採國家代位責任制，即對警察行使或不行使職權行為，有故意或過失之不法，而造成人民自由、權利之損害，由國家代位賠償之意。此與「損失補償」之要件，尚有不同。

（二）特別犧牲

本法承認人民可因警察職權之行使，所造成之損害可以請求「補償」。本條文為概括之規定，在適用上必須依法認定是否符合「特別犧牲[97]」之要件。其補償之額度，亦以「特別之損失」為限。

「特別犧牲」指非屬一般之社會義務範圍，依社會通念其損害已超過一般可忍受程度，必須由國家補償，始能符合社會公平之理念。其具體標準仍待個案認定，始能明確。

二、實體要件

一般構成損失補償之要件，請見前述「法理基礎」部分。以下擬敘述有關「警察職權之損失補償」認定範圍：

---

97 有關特別犧牲之認定，請參考李建良，〈行政法上損失補償制度之基本體系〉，《東吳大學法律學報》，第11卷，第2期，頁76。

（一）警察任務之擴大

依十九世紀請求個人自由主義之國家思想，警察任務只是負責單純之維持治安，在其他方面被認爲應儘量少干預，如介入人民生活、福利及給付等方面事務。但國家任務隨之擴增，警察任務亦不能固守夜警國家思想。爲維護整體社會安全或制止危害發生，警察職權作爲之補償範圍，除了非警察責任人外，對於警察責任人因警察作爲而造成之損害，如顯然過大者，依立法政策亦有給予損失補償的情形[98]。

（二）特別犧牲之範圍

依德國著名的「國家責任法」一書，分析特別犧牲請求權之構成要件略爲：1.人民非財產法益受到侵害，例如：健康、自由、身體、婚姻、隱私等非物質法益（immaterielles Rechtsgut）受侵害，藉此有別於侵害財產法益之土地徵收情形；2.該侵害是公權力基於公益，依法採取具有高權強制性質（durch hoheitlichen Zwang）之行爲所致，典型例子如：強制施打預防針、警察使用警槍傷及無辜等；3.需形成特別犧牲（Sonderopfer）；人民對於合法公權力措施之干預原則上有忍受之義務，若該干預對關係人造成不平等負擔已逾越一般忍受界限，即構成特別犧牲。至於負擔是否明顯超出通常程度之不利益而有平等權之爭議時，得由法官依法律之意欲（Wille des Gesetzes）（例如：強制施打預防針時就已預見被施打者會有不適或輕微發燒現象）、依事物本質（Natur der Sache）及衡平的理性等，審酌強制措施類型與法益犧牲間是否已超越一般生活風險界限，以決定是否補償及補償額度，其既可將平等權具體化，並可作爲特別犧牲之界限[99]。

警察爲防止危害發生，對於造成危害之人、事、物，依法得予排除，被排除之人自然須忍受警察之干預。理論上一般並不認爲被排除之

---

98 宮田三郎，《警察法》，信山社，2002年7月，頁126。

99 釋字第670號解釋李震山大法官協同意見書，頁5。

人所受之損失，可以提起損害賠償[100]。

一般警察權之干預，限制人民之自由尙無須補償。從警察責任原則，警察權發動之對象有警察責任者，以除去違反警察義務之狀態爲目的。違反警察法義務之相對人，因自己行爲而成爲警察責任人，因此被干預、制止，產生財產上之損失，亦認爲不應受到補償[101]。

損失補償之「範圍」，在警察法中如「警械使用條例」、「行政執行法」，亦有相關之規定。依「警職法」規定人民因警察職權之行使，受到損害，可提起損失補償開啓請求「損失補償」之法律依據，且其請求範圍並不限於屬「即時強制」之部分。所謂「特別犧牲」除上面所述之外，應是人民無法律上義務，因爲警察法上因公益之目的而受到類似徵收之侵害，由國家予以補償。

三、程序要件

（一）須在法定期間內提出

依「警職法」第31條規定之特別犧牲，人民在合於一定要件時，得請求補償。對警察機關所爲損失補償決定不服者，可提起訴願、行政訴訟，以爲救濟。提起之期間，以知有損失二年內；或發生時起五年之內爲限。

（二）請求損失補償之主體

因警察職權造成人民之權利特別損失者，受損害之人民可提起「損失補償」。可提起請求之人，除一般無警察責任之第三人外，尙包括「警察責任人」，即造成危害原因之人。在此主要考慮社會風險之平均分擔、使當事人之損失不致過度，而由國家給予補償。爲此，本條文

100 宮田三郎，《警察法》，信山社，2002年7月，頁125。

101 小幡純子，〈警察權限の行使と損失補償〉，收錄於成田賴明編，《行政法の爭點》（新版），有斐閣，1990年5月，頁242。

規定：「……人民有歸責事由，得減免其金額。」

（三）以金錢為補償

人民之財產權，受到「憲法」明文（第15條）所保障。其他人民之自由、權利，同樣非依法律不得限制。爲公共利益必要，造成侵害人民的自由權利，屬不得已情況，國家應在合理限度內，予以補償。

國家補償之方式，應以金錢爲之。補償之範圍，包括對人民生命、身體、財產所造成之損失。補償之限度，以特別犧牲之部分爲限，以符合社會公平及分擔社會之風險。

四、實務與學術見解

（一）實務見解

1. 合理補償

司法院大法官釋字第440號雖解釋內容所言「國家應予合理補償」，亦係闡釋國家機關於具有解釋意旨所指情形，應依實定法之規定予以合理補償，而非謂國家應本於該解釋辦理補償；亦即該解釋同屬國家立法及施政之指針，非可作爲向國家請求損失補償之公法上原因[102]。

2. 補償第三人

國家基於公益目的，合法實施公權力，以致人民的生命、身體、財產等自由權利，遭受特別犧牲之損失等，而由國家基於公平負擔之觀點，給予關係人適當損失補償，藉以調整及衡平公益及私益，「警械使用條例」第11條第1項即屬此種規範，於司法警察出於公益目的，代表國家行使職權過程中致「無可歸責」之第三人受傷、死亡或財產損失時提供補償。警察人員雖合法使用警械，但受牽連之「無辜第三人」亦得請求補償；惟苟警察人員執行職務時，有「警械使用條例」第 4條之情

102 臺中高等行政法院92年訴字第375號判決。

事，對於該危險性之參與有所認識，而仍參與該危險性之行動或場合之人，即非「無辜第三人」[103]。

「警械使用條例」第11條第1項規定，參據「警械使用條例」之立法意旨及支付賠（補）償費用之精神，本條規定之「第三人」，須為警察人員合法使用警械對象以外之人，亦即無辜之善意第三人，如路過之民眾、遭歹徒挾持之人等；又同車之人，如係單純之駕駛與乘客關係，即雙方並無意思聯絡，則駕駛人衝撞員警，導致員警開槍，並致所搭載之乘客受有槍傷，該乘客仍可謂之無辜善意第三人，惟如駕駛人與乘客為共犯關係，具有拒捕、脫逃之犯意聯絡，甚至乘客教唆駕駛人衝撞員警等情，則難謂該乘客為本條所稱之第三人[104]。

（二）學術見解

「特別損失」屬不確定法律概念，是否符合「特別損失」之要件，應就具體狀況判斷之。是否當事人之損失已超出所謂「社會義務範圍」外。例如，警察為救助車禍受傷之人，而要求當時在場之私人車輛運送，則此時被命令之人，應屬所謂之「社會義務範圍」，無要求損失補償之權[105]。

所謂「社會義務」指依一般社會通念，對於該項義務之履行，屬每個人民在日常生活中活動所附帶之義務。履行該項義務，並不會造成人民過大之負擔。「社會義務」之類型，另亦有由法律規定者，至於人民履行該項義務所造成之損失，國家是否予以補償，另須考量人民財產權之侵害與國家財政負擔之問題[106]。

---

103 最高行政法院102年度判字第739號判決。

104 內政部民國100年5月18日台內警字第1000890243號函。

105 蔡震榮，《行政執行法》，中央警察大學印行，2000年10月，初版，頁204。

106 參考李建良，〈行政法上損失補償制度之基本體系〉，《東吳大學法律學報》，第11卷，第2期，頁33-101。

參、問題探討

一、實務問題

（一）區別「即時強制」與「其他警察職權」所造成之損失補償

「行政執行法」中之「損失補償」請求權，只針對「即時強制」部分；「警職法」及於所有警察職權行爲，均得提起損失補償。在「警職法」中是否要區別「即時強制」與「其他警察職權」所造成之損失補償？

「警職法」規定可適用損失補償之範圍，有所擴大。因警察職權行爲之目的在防止危害，執行過程中，除「即時強制」原因之造成損失外，依其他條文規定之執行，亦有可能造成人民之損害。在本法中明定受有「特別犧牲」者，即可提起請求補償，具有保障人民權利之意義。在此，並不須特別區分是否爲「即時強制」之職權。

（二）未構成特別犧牲

「警職法」第31條之立法理由：行政法上之損失補償，乃行政機關基於公益之目的適法的實施行政權所爲之補償，與國家賠償係對於違法之侵害者不同。人民對於國家社會原負有相當的社會義務，警察基於公益，合法實施警察職權，致其生命、身體或財產遭受損失時，如係在其社會義務範圍內者，負有忍受之義務，不予補償；必須超過其應盡之社會義務範圍，使應就其個別所遭受之特別損失或特別犧牲，酌予公平合理之補償。惟以其損失非可歸責於該人民之事由爲限。故其損失補償之成立要件爲：1.須屬於合法行使公權力之行爲；2.須對財產或其他權利之侵害；3.侵害須達嚴重程度或已構成特別犧牲；4.須相對人有值得保護之利益；5.須基於公益之必要性。又「警職法」第31條明定，人民僅「得」請求損失補償，是否補償仍須由原處分機關就個案裁量，此爲補償請求權之限制，即該損失係人民與有過失或可歸責於該人民，法律自亦得合理限制其補償請求權，該限制係為避免補償之失當或浮濫所必要。本案訴願人亦於警詢筆錄及偵訊筆錄陳稱及證稱略以：「林○○於騎車前有喝酒」顯見訴願人明知林君飲酒且同意由林君駕車，而經員警於肇事同日以呼氣測試林君酒精濃度達每公升0.86毫克，是訴願人任由飲酒之林君駕駛機車送其返家並未制止，違反「道路交通安全規則」第114條第2款規定及「刑法」第185條之3規定，其共同妨害交通秩序，無視公共安全之行為，本應受高度非難，致發生系爭事故而致訴願人自身受有損害，訴願人顯確有過失，無值得保護之利益。又原處分機關合法行為致人民生命、身體及財產受有超越社會義務範圍，即一般人應容忍程度之限制，始構成特別犧牲；然而，訴願人附坐於酒駕者機車行駛於道路，已助長道路交通法規所不容許之風險，又未為盡力防止，導致自己可預見之風險實現，故未構成特別犧牲[107]。

二、理論爭議

（一）損失補償之認定標準

「損失補償」之標準[108]，須超過一般社會容忍義務。「社會一般義務」，即人民與國家之間，除享受法定權利外，另亦負有一定之社會義務。如屬法律未明定之義務，人民因公益而受到之損害，是否即得申請「國家補償」。首先應以法律是否有特別規定，而後仍須視該付出之義務，是否「已超過一般社會義務之容忍程度」而定。解釋上雖有損害，但該損害屬輕微或在社會義務範圍之內，仍不得請求損失補償。

---

107 花蓮縣政府104年訴字第14號訴願決定書。

108 另請參考陳文福，〈我國警察職權行使損失補償制度之研究〉，中正大學法律研究所碩士論文，2005年。田村正博，〈犯罪予防の現状と課題〉，《ジュリスト》，第1438號，有斐閣，2011年。

（二）對供違法工具使用之物予以沒入與財產權能限制

對於因違反行政法上義務之違法行爲發生，爲達成危險預防之秩序保安目的，對供違法工具使用之物，不問屬於行爲人與否，縱有必要予以沒入或爲其他財產權能之限制，但倘若逾越社會責任可期待物之所有權人所 應容忍的程度，因而形成對其個人不平等之特別犧牲者，即應給予相當之補償，始符合憲法第15條對財產權保護之意旨。尤其出於危險預防之保安需求，而對違法行爲人以外之第三人，沒入其所有之物或爲其他財產權能之限制者，因該第三人並非違法行爲人，原則上即有使其爲公益目的而特別犧牲之表徵，故當特別謹愼探究是否已構成違憲之財產權侵害而應予補償的問題。若法律未訂定適當之補償機制者，即授權主管機關基於危險預防之目的，對供違法工具使用之物予以沒入或爲其他財產權能限制，但依個案情形已形成對財產權所有人之特別犧牲者，基於憲法對財產權保障衍生之「無補償即無徵收」之法理，並鑑於如何對特別犧牲進行補償，涉及國家財政負擔之規劃，應屬立法權決定之法律保留事項，尙非司法審查權限得貿然介入代爲決定，故法院僅得就行政法律所定沒入或其他財產權能之限制，於具體個案中，就已構成對物之所有人特別犧牲，且未給予相當補償之財產權干預措施（沒入或其他財產權限制），判斷其是否違法[109]。

三、案件解析

◎請求損失補償之提出程序

（最高行政法院92年度判字第1709號判決）

（一）摘要

「行政執行法」第41條第3項規定：「對於執行機關所爲損失補償

[109] 司法院釋字第731號解釋葉百修大法官之協同意見書。臺北高等行政法院106年度訴字第1192號判決。

之決定不服者，得依法提起訴願及行政訴訟。」……因行政機關實施即時強制，致人民財產遭受損失，而請求補償者，均應先向行政機關提出申請，於行政機關否准其請求時，方得提起訴願及行政訴訟。……上訴人未經訴願程序，逕行提起行政訴訟亦不合法。

（二）研析

人民財產權保障之方法，依法有各種之方式，一般救濟須依實定法之規定[110]程序。損失補償之請求程序，須先經提起訴願始爲合法。本件對於「即時強制」之請求損失補償，依「行政執行法」規定須經由請求、訴願、行政訴訟之程序。當事人未依此程序提出，受理機關即可從程序駁回其申請，無須再審查其實體理由。

◎原告提起課予義務之訴與聲明撤銷原處分

「行政訴訟法第5條所規定之課予義務訴訟，雖然有第1項之對怠爲行政處分之課予義務訴訟及第2項之對否准（駁回）行政處分之課予義務訴訟之別；惟均屬爲人民經由依法 申請程序之公法上請求權無法實現所設之訴訟救濟類型（起訴前均須經訴願程序），其訴訟標的同爲『原告主張行政機關應爲行政處分或特定內容行政處分』之公法上請求權。是以原告提起課予義務訴訟，除聲明請求命被告機關作成行政處分或特定內容之行政處分外，另附帶聲明請求將否准處分或訴願決定撤銷，其乃附屬於課予義務訴訟之聲明，並非獨立之撤銷訴訟，與課予義務訴訟具一體性，不可分割。」本件原告提起課予義務之訴請求判命被告應爲核發徵收補償費之行政處分，則起訴聲明第1項關於「撤銷原處分（即系爭函）與訴願決定」部分，乃不能認屬獨立之撤銷訴訟。故核系爭函內容雖僅爲被告向原告之母○○說明關於建物徵收補償之沿革，而無特定法律效果之表示，然原告既以之作爲否准伊請求之「原處分」

110 如「民法」、「刑法」、「國家賠償法」等法律，亦有對人民權利之保護規定。

而提起訴願，訴願機關且基此而爲審理決定[111]。

肆、其他

依日本「消防法」第29條第3項規定：「爲防止火災、延燒或爲救助他人生命之必要，於緊急時得實施消防破壞，因此而受損害之人於其提出請求時，須依時價予以補償。」即規定損失補償之一種制度。對於因警察緊急權的發動，造成非警察責任人的損害，必須給予必要限度的補償。另依日本「傳染病預防法」第19條之2規定：「對於被傳染病所污染建築物的處分，因此而受損的建築物所有人，應給予補貼。」警察對特定第三人之行使警察權，其補償限度應以特定人所受之特別損失爲限。即對超過一般可忍受之程度者，給予政策上補償[112]。

---

111 最高行政法院101年度判字第492號裁判要旨。臺北高等行政法院106年度訴字第1010號判決。

112 小幡純子，〈警察權限の行使と損失補償〉，收錄於成田頼明編，《行政法の争點》（新版），有斐閣，1990年5月，頁243。

第五章
附　則

第32條（施行日期）
本法自中華民國九十二年十二月一日施行。

本法於中華民國92年6月25日總統華總一義字第09200116580號令制定公布，其全文共三十二條；並自92年12月1日施行。另於中華民國100年4月27日總統華總一義字第10000079361號令修正公布第15條條文。

本次修正公布第15條條文為：「警察為維護社會治安，並防制下列治安顧慮人口再犯，得定期實施查訪：一、曾犯殺人、強盜、搶奪、放火、妨害性自主、恐嚇取財、擄人勒贖、竊盜、詐欺、妨害自由、組織犯罪之罪，經執行完畢或假釋出獄者。二、受毒品戒治人或曾犯製造、運輸、販賣、持有毒品或槍砲彈藥之罪，經執行完畢或假釋出獄者（第1項）。前項查訪期間，以刑執行完畢或假釋出獄後三年內為限。但假釋經撤銷者，其假釋期間不列入計算（第2項）。治安顧慮人口查訪項目、方式及其他應遵行事項之辦法，由內政部定之（第3項）。」

其立法理由為：一、第1項第1款增列「竊盜、詐欺、妨害自由」，並配合「刑法」修正刪除「常業竊盜」及將「性侵害」修正為「妨害性自主」。二、配合「檢肅流氓條例」廢止，刪除第1項第3款及第2項有關規定。三、其餘照案通過[1]。

依憲法規定法律案經立法院通過後，須經總統公布始能生效。本法歷經多年研究、草擬、研議、審查及內政部、行政院、立法院等各種版本之抉擇，最後終於立法通過，可說對警察職權法制，已向前邁進一步。

本法公布後，距開始施行日期約還有半年時間。相關主管機關之內政部、警政署，亦利用此期間積極要求各實務警察機關辦理各種講習、訓練課程，以期各機關可以熟悉本法之各項規定，於將來本法正式實施後，能正確執法與保障人民權利。

本法開始實施至今，各警察機關對本法之施行非常重視，除加強宣導外，並針對執行之各種相關問題，加以彙整、研擬解決方法。但法治之發展日新月異，對於人權之保障亦是警察責無旁貸之責任。從人民立場言，警察之形象與警察之執法品質，亦成正比。因此，警察除須對基本法治觀念有所認知外，亦須充實本身之執法能力，以順利達成現代執法人員之任務。

1 參立法院法律系統，立法院國會圖書館網頁，瀏覽日期：2018/08/16。

參考文獻

一、中文書目

1. 《警察職權行使法案》，立法院內政委員會編（122），法律案專輯，第335輯，立法院公報處印行，2004年7月，初版。
2. 《警察機關處理活動作業程序》，內政部警政署，1990年6月。
3. 《法規資源引介》，第67輯（「警察職權行使法」專輯），立法院國會圖書館編印（中正大學法律學系李震山教授審訂），2004年3月。
4. 《二○○三年學界回顧》，元照出版公司，2004年8月，初版一刷。
5. 《警察職權行使法逐條釋義》，內政部警政署編印，2003年8月。
6. 《警察法規詞典》，內政部警政署印行，1993年6月。
7. H. Scholler、李震山合著，《警察法案例評釋》，登文書局，1988年7月。
8. Frauz-Ludwig Knemeyer教授講、劉淑範譯，〈德意志聯邦共和國憲法（基本法）對於法治國家警察法之要求〉，《憲政時代》，第14卷，第4期。
9. 上村千一郎，蔡秋雄譯，〈日本的治安爲甚麼那麼好：警民合作的成果〉，福祿壽興業，1997年10月。
10. 王兆鵬，〈私人違法錄音錄影監察之證據能力〉，《搜查扣押與刑事被告的憲法權利》，翰蘆圖書出版有限公司，2000年9月。
11. 王兆鵬，〈美國刑事訴訟制度簡介〉，《刑事被告的憲法權利》，國立臺灣大學法學叢書（116），1999年3月。
12. 王兆鵬，〈論汽車之搜索〉，《搜索扣押與刑事被告的憲法權利》，翰蘆圖書出版有限公司，2000年9月。
13. 王兆鵬，〈論附帶搜索〉，《搜索扣押與刑事被告的憲法權利》，國立臺灣大學法學叢書編輯委員會，2000年9月。
14. 王兆鵬，〈論無預警強制處分權之實質原因〉，《搜索扣押與刑事被告的憲法權利》，翰蘆圖書出版有限公司，2000年9月。
15. 王兆鵬，〈臨檢與行政搜索〉，《月旦法學雜誌》，第85期，2002年6月。

16. 王兆鵬，〈臨檢與行政搜索〉，《當事人進行主義之刑事訴訟》，元照出版公司，2002年10月，初版一刷。
17. 王兆鵬，〈警察盤查之權限〉，《刑事法雜誌》，第45卷，第1期，2001年2月。
18. 王兆鵬，《路檢、盤查與人權》，翰蘆圖書出版有限公司，2001年6月
19. 王學良，〈集會遊行事件處理與法律問題〉，《警學叢刊》，第19卷，第3期，1989年3月。
20. 江慶興，〈閉路監視器（CCTV）應用於警察工作之探討——以英國爲例〉，《警專學報》，第2卷，第8期。
21. 何信全、張煜麟，〈如果監視器無所不在〉，《中國時報》，2003年12月29日，A15版。
22. 吳巡龍，〈相當理由與合理懷疑之區別〉，收錄於《新刑事訴訟制度與證據法則》，學林文化公司，2003年9月，初版。
23. 吳宗順主編，《警察職權行使法逐條釋義》，內政部警政署常訓教材，2003年8月。
24. 吳庚，《行政法之理論與實用》，三民書局，2003年10月，增訂八版。
25. 吳庚，《行政爭訟法論》，三民書局，1999年3月，初版。
26. 吳庚，《憲法的解釋與適用》，自印，2003年9月，修訂版。
27. 吳信華，〈基本權利的體系思考〉，《月旦法學教室》，第9期，2003年7月。
28. 吳信穎，〈論美國法院對於使用電子追蹤設備之若干判決（上）、（下）〉，《司法週刊》，第1167、1168期，三版。
29. 吳俊毅，〈由一則德國聯邦法院判決談全球衛星定位系統（GPS）的使用在刑事訴訟程序上的正當性〉，《法令月刊》，第53卷，第6期，2002年6月。
30. 吳景芳，〈臨檢法制之探討〉，《法令月刊》，第53卷，第1期，2002年1月。
31. 吳景欽，〈從Terry Stop到釋字第535號解釋〉，《台灣法學雜誌》，第327期，2017年9月。
32. 李建良，〈行政上即時強制之研究〉，《1998年海峽兩岸行政法學術研討會實錄》，政治大學法學院，1999年4月。

33. 李建良，〈行政法上損失補償制度之基本體系〉，《東吳大學法律學報》，第11卷，第2期。
34. 李建良，〈違規車輛拖吊及保管之法律問題——兼論行政強制執行基本體系之再構成及其相關問題〉，《政大法學評論》，第53期，1995年6月。
35. 李建良，〈論行政強制之執行方法〉，《政大法學評論》，第63期，2000年6月。
36. 李建良譯，〈德國聯邦直接強制法中譯文〉，《政大法學評論》，第63期。
37. 李建聰，《警察職權行使法》，自刊，2003年12月，修正二刷。
38. 李惠宗，《憲法要義》，敦煌書局，1999年4月，二版。
39. 李寧修，〈國家蒐集集會遊行資料的憲法界限：德國聯邦憲法法院「巴伐利亞邦集遊法部分暫停適用」裁定之反思〉，《東吳法律學報》，第27卷，第3期，2016年1月。
40. 李震山，〈「電腦處理個人資料保護法」之回顧與前瞻〉，《中正法學集刊》，第14期，2004年。
41. 李震山，〈『時事與法律』專欄——警察職權行使法與司法違憲審查制度〉，《警專論壇》，第10期，2014年3月。
42. 李震山，〈人權發展與警察職權——以司法院大法官解釋爲例〉，《中央警察大學學報》，第52期，2015年6月。
43. 李震山，〈自殺與管束〉，《月旦法學雜誌》，第72期，2001年5月。
44. 李震山，〈從公共場所或公眾得出入之場所普設監視錄影器論個人資料之保護〉，《第一屆東吳公法研討會》，東吳大學法律系主辦，2004年6月5日。
45. 李震山，〈從釋字第五三五號解釋談警察臨檢的法制與實務〉，《台灣本土法學雜誌》，第33期，2002年4月。
46. 李震山，〈集會遊行時警察攝錄影之法律問題〉，《警政學報》，第19期，1991年7月。
47. 李震山，〈論行政管束與人身自由之保障——兼論警察盤查權〉，《人性尊嚴與人權保障》，元照出版公司，2001年11月，修訂再版。
48. 李震山，〈論個人資料之保護〉，《行政法爭議問題研究（上）》，台灣行政法學會主編，五南圖書出版公司，2000年。

49. 李震山，《人性尊嚴與人權保障》，元照出版公司，2020年3月，五版。
50. 李震山，〈論國家機關蒐集資訊之合法性〉，《監聽法vs.隱私權——全民公敵》，三民書局，2001年7月，初版。
51. 李震山，〈論訴願之先行程序〉，《行政法爭議問題研究（下）》，台灣行政法學會主編，五南圖書出版公司，2000年。
52. 李震山，〈論警察法之概括條款〉，《警政學報》，第15期。
53. 李震山，《行政法導論》，三民書局，2019年2月，修訂十一版。
54. 李震山，《警察任務法論》，登文書局，1998年3月，增訂四版。
55. 李震山，《警察行政法論：自由與秩序之折衝》，元照出版公司，2016年10月，四版。
56. 李震山主持，《集會遊行法執行之研究》，行政院研究發展考核委員會委託，1991年7月。
57. 李震山主持研究，《司法對警察行政行爲審查問題之研究》，國科會專題研究計畫，1998年8月。
58. 李震山等，《警察職務執行法草案之研究》，內政部警政署委託研究，1999年6月。
59. 李震山譯，〈西德聯邦與各邦統一警察法選擇草案〉，《警學叢刊》，第16卷，第3期，1986年3月。
60. 李震山譯，〈德國北萊茵——西發冷邦警察法第九條至第二十一條〉，《新知譯粹》，第7卷，第2期。
61. 李震山譯，《德國警察與秩序法原理》，登文書局，1995年11月，中譯二版。
62. 李錫棟，〈跟監對基本權之干預〉，發表於中央警察大學法律系2004年法律學術研會。
63. 李錫棟，〈警察預防性制壓犯罪之任務與職權〉，《警大法學論集》，第33期，2017年10月。
64. 李鴻禧，〈國家賠償法之法理問題〉，《憲法與人權》，國立臺灣大學法學叢書（39），1995年3月。
65. 周治平，〈情報機關秘密情報蒐集之法律問題〉，《東吳法研論集》，第5卷，98年12月。
66. 林山田，《刑法各罪論》，1999年9月，增訂二版。

67. 林文全，〈我國警察機關戶口查察政策之執行評估——以臺北縣政府警察局爲例〉，臺北大學公共行政暨政策學系碩士論文，2003年7月。
68. 林安邦主編，《高中公民與社會課本》，第3冊，龍騰文化，民國102年高二適用版。
69. 林佳璋，〈警察職權法制化與人身自由保障〉，《警專學報》，第3卷，第4期，2003年12月。
70. 林明鏘，〈比例原則之功能與危機〉，《月旦法學雜誌》，第231期，2014年8月。
71. 林明鏘，〈由防止危害到危險預防：由德國警察任務與權限之嬗變檢討我國之警察法制〉，《國立臺灣大學法學論叢》，第39卷，第4期，2010年12月。
72. 林明鏘，〈行政訴訟類型、順序與其合併問題〉，《行政法爭議問題研究（下）》，台灣行政法學會主編，五南圖書出版公司，2000年12月。
73. 林明鏘，〈論警職法第28條之權限概括條款與補充性原則〉，《警察法學》，第5期，2006年10月。
74. 林明鏘，〈警察行使職權與國家賠償責任——兼評臺北高行九十八年度訴字第一八四三號判決〉，《月旦法學雜誌》，第211期，2012年12月。
75. 林明鏘，〈警察臨檢與國家責任〉，《台灣本土法學雜誌》，第48期，2003年7月。
76. 林明鏘，〈警察職權行使法基本問題之研究〉，《台灣本土法學雜誌》，第56期，2004年3月。
77. 林明鏘，〈警察職權行使法基本問題之研究〉，《警察法學研究》，新學林，2019年1月。
78. 林東茂，〈德國的組織犯罪及其法律上的對抗措施〉，《刑事法雜誌》，第37卷，第3期，1993年6月。
79. 林俊益，〈陷害教唆與釣魚偵查〉，《月旦法學教室》，第22期，2004年8月。
80. 林俊益，〈臨檢與搜索〉，《月旦法學雜誌》，第81期，2002年2月。
81. 林素鳳，〈即時強制的縱向探討〉，《中央警察大學行政警察學系八十八年學術研討會論文集》，1999年5月11日。
82. 林裕順，〈臨檢盤查 警民邂逅〉，《台灣法學雜誌》，第327期，2017年9

月。
83. 林鈺雄，〈國家挑唆犯罪之認定與證明——評三則最高法院九十二年度之陷害教唆判決〉，《月旦法學雜誌》，第111期，2004年8月。
84. 林鈺雄，〈強制驅離行動的合法界限——以324事件爲例〉，《台灣法學雜誌》，第260期，民間司法改革基金會等主辦之「公權力壓制群眾抗爭的行爲解析——以324行政院強制驅離事件爲例」學術研討會，2014年11月15日。
85. 林鈺雄，〈對被告犯罪嫌疑人之身體檢查處分〉，《台灣本土法學雜誌》，第55期，2004年2月。
86. 林鈺雄，〈線民之干預與授權問題〉，《政大法學評論》，第89期，2006年2月。
87. 林鈺雄，《刑事訴訟法上冊》，新學林出版社，2000年9月。
88. 城仲模，〈行政強制執行序說〉，《行政法之基礎理論》，三民書局，1991年10月。
89. 城仲模，〈從行政法觀點論我國實施國家賠償法之相應整備〉，《行政法之基礎理論》，1991年10月，增訂版。
90. 洪文玲，〈論警察對於營業場所之檢查權〉，《警大法學論集》，中央警察大學法律學系出版，第6期，2001年8月。
91. 洪文玲，〈警職法通知場制度之研究〉，《中央警察大學學報》，第42期，2005年7月。
92. 洪文玲、曹昌棋，〈論警察「蒐集資料」之職權〉，《「刑事訴訟法（交互詰問制）與警察職權行使法」學術研討會論文集》，中央警察大學行政警察學系，2003年12月。
93. 洪文玲、劉嘉發，〈警察即時強制之研究〉，《「刑事訴訟法與警察職權行使法」研討會論文集》，中央警察大學行政警察學系，2003年12月。
94. 洪家殷，〈論行政處分之理由說明（上）〉，《政大法學評論》，第52期，1994年12月。
95. 翁岳生主編，《行政訴訟法逐條釋義》，五南圖書出版社，2018年。
96. 康順興，〈行政執行法中警察管束類型化之探討〉，《警學叢刊》，第30卷，第3期，1999年11月。
97. 張嫻安，〈行政行爲中之事實行爲〉，《輔仁法學》，第9期，1990年6

月。
98. 梁添盛，〈論行政上之即時強制〉，《警察法專題研究（一）》，中央警官學校出版社，1992年4月。
99. 梁添盛，〈論警察官使用警械所生國家責任之請求權行使問題〉，《警政論叢》，第11期，2011年12月。
100. 梁添盛，〈警察任務與警察權限〉，《中央警察大學法學論集》，第2期。
101. 梁添盛，《警察法專題研究（一）》，1992年4月，初版。
102. 梁添盛，《警察權限法》，1999年8月，初版一刷。
103. 許文義，〈德國警察資料處理職權之探討〉，《中央警察大學學報》，第35期，1999年。
104. 許文義，〈論個人資料蒐集或處理之合法性〉，《警學叢刊》，第31卷，第6期，2001年5月。
105. 許文義，《個人資料保護法論》，三民書局，2001年1月，初版一刷。
106. 許宗力，〈基本權的保障與限制（上）〉，《月旦法學教室》，第11期，2003年9月。
107. 許宗力，〈論法律保留原則〉，《法與國家權力》，月旦出版社，1996年12月，增訂二版三刷。
108. 許恆達，〈GPS抓姦與行動隱私的保護界限——評台灣高等法院100年度上易字第2407號刑事判決〉，《月旦裁判時報》，第24期，2013年12月。
109. 許春金，《犯罪學》，三民書局，2000年8月，修訂三版。
110. 郭介恆，〈修正後訴願法與行政訴訟法之關係〉，《行政救濟、行政處罰、地方立法》，台灣行政法學會主編，元照出版公司，2001年3月。
111. 陳文福，〈我國警察職權行使損失補償制度之研究〉，中正大學法律研究所碩士論文，94年。
112. 陳正根，〈遊民與基本人權之保障〉，《國立臺灣大學法學論叢》，第39卷，第4期，2010年12月。
113. 陳正根，〈論警察職權行使之重要措施——以典型措施與資訊作用爲例〉，《月旦法學雜誌》，第211期，2012年12月。
114. 陳立中，《警察行政法》，自印，1992年，增訂版。
115. 陳立中，《警察法規》，臺灣警察專科學校，1995年8月，修訂版。
116. 陳俊宏，〈交通稽查適用法律問題及救濟程序之探討〉，《警專學報》，

第6卷，第2期，2015年10月。
117. 陳俊宏，〈使用警銬相關問題之探討〉，《警專論壇》，第7期，2013年6月。
118. 陳俊宏，〈從一個案例檢討警察執行身分查證的正當程序〉，《警專學報》，第5卷，第6期，2013年10月。
119. 陳俊宏，〈警察蒐集資料相關問題之研究——以個人資料保護為中心〉，《警專學報》，第5卷，第7期，2014年4月。
120. 陳英淙，〈探討警察法之危害概念〉，《政大法學評論》，第140期，2015年3月。
121. 陳英淙，〈攔停拒絕酒測之法律評價——評桃園地方法院102年度交字第293號行政訴訟判決〉，《軍法專刊》，第61卷，第4期，2015年8月。
122. 陳英淙，〈警察法公共安全與公共秩序之探討〉，《軍法專刊》，第62卷，第2期，2016年4月。
123. 陳敏，《行政法總論》，三民書局，2011年，七版。
124. 陳通和，〈論警察職權行使之原則——以制定法論述之（下）〉，《中央警察大學學報》，第52期，2015年6月。
125. 陳通和，《警察情報蒐集活動法律建制之研究——從基本權保障及實質法治主義之觀點以論》，中央警察大學法律學系碩士論文，2001年6月。
126. 陳連禎，〈淺談線民〉，《警光雜誌》，第557期，2002年12月。
127. 陳景發，〈論盤查之實力行使〉，《2004年「行政警察與司法警察之交錯」法律學術研討會》，中央警察大學法律學系，2004年6月。
128. 陳景發，〈論警察應勤裝備器材之攜帶使用的法問題〉，《中央警察大學法學論集》，第31期，2016年10月。
129. 陳景發，《警械使用之法的制約》，中央警察大學出版社，2013年9月。
130. 陳愛娥，〈相關警察執行職務法律草案是否已提供警察明確且有效的執法權限規範——評論「警察職權行使法草案」與「警察職務執行條例草案」〉，《台灣本土法學雜誌》，第44期，2003年3月。
131. 陳瑞仁，〈如何由法制面提升警察之辦案品質〉，《月旦法學雜誌》，第56期，2001年1月。
132. 陳瑞仁，〈偵查程序中警察作為之權源與界限〉，《行政院所屬各機關因供出國人員出國報告書》，行政院研考會（A4/C8301918），1993年10月。

133. 陳瑞仁，〈誘捕違法辦案，得等到有人受害？〉，《聯合報》，2003年6月6日。
134. 陳瑞仁，〈警察盤查之權源與界限〉，《臺灣臺北地方法院士林分院檢察署八十四年度研究發展報告》，1995年6月。
135. 陸師成主編，《辭彙》，文化圖書公司，1985年2月。
136. 章光明節譯，〈美國警察相關盤查法令〉，《新知譯粹》，中央警官學校出版社，第3卷，第6期，1988年2月。
137. 傅美惠，〈誘捕偵查與警察職權行使法相關問題探討〉，《刑事法雜誌》，第57卷，第4期，2013年8月。
138. 曾淑英，〈警察與一般行政機關危害防止任務分配之研究〉，《警學叢刊》，第30卷，第2期，1999年9月。
139. 曾隆興，〈隱私權之公法上保護及其界限〉，收錄於《行政法爭議問題研究（上）》，台灣行政法學會主編，五南圖書出版公司，2000年。
140. 游明得，〈傳統辦案方法之再省思──陷害教唆諸般問題之解析〉，財團法人國家政策研究基金會，國家研究報告，2001年7月23日。
141. 程明修，〈國家透過公共場所的監視器對人民基本權利的干預〉，《法學講座》，第3期，2002年3月。
142. 黃茂榮，《法學方法與現代民法》，台灣大學法學叢書（32），1982年，頁312以下。
143. 黃健庭，〈立法委員對於監視器之設置是否合法適當質詢案〉，《立法院公報》，第93卷，第6期。
144. 黃錦堂，〈確認訴訟〉，收錄於翁岳生主編，《行政訴訟法逐條釋義》，五南圖書出版公司，2004年2月，初版。
145. 楊清江，《戶口查察新論》，中央警官學校，1993年元月，修訂三版。
146. 楊雲驊，〈賠了夫人又折兵？──私人違法取得證據在刑事訴訟的證據能力處理〉，《台灣本土法學雜誌》，第41期，2002年12月。
147. 楊雲驊，〈正當的法律程序對偵查行爲的控制──以可歸責於國家的誘使犯罪爲例〉，《台灣本土法學雜誌》，第17期，2002年12月。
148. 楊雲驊，〈證據使用禁止在個案上的判斷過程──以電話分機聆聽案爲例〉，《東吳法律學報》，第13卷，第2期，2002年2月。
149. 董保城，〈一般給付之訴〉，收錄於翁岳生主編，《行政訴訟法逐條釋義》，五南圖書出版公司，2004年2月，初版。
150. 董保城，〈合併請求損害賠償〉，收錄於翁岳生主編，《行政訴訟法逐條釋義》，五南圖書出版公司，2004年2月，初版。
151. 董保城，《國家責任法》，神州圖書出版公司，2002年6月。
152. 廖義男，《國家賠償法》，三民書局，1995年5月，增訂版。
153. 劉定基，〈個人資料之定義、保護原則與個人資料保護法適用的例外——以監視錄影爲例（上）〉，《月旦法學教室》，第119期，2012年5月。
154. 劉幸義，〈罪刑法定原則的理論與實務批判（下）〉，《刑事法雜誌》，第38卷，第6期，1994年12月。
155. 劉昌元，〈論國家賠償法上之違法性——以公權力行使致第三人受害之違法性爲中心〉，《中央警察大學法學論集》，第34期，2018年4月。
156. 劉嘉發，大陸《人民警察法》（修訂草案稿）評析，展望與探索，第16卷，第3期，2018年3月。
157. 劉靜怡，〈十萬個監視器如果遭濫用威權不仁或科技宰制〉，《聯合報》，1999年7月13日。
158. 蔡志方，〈從立法裁量之界限，論國家賠償法第十三條之合憲性〉，《行政救濟與行政法學（二）》，三民書局，1993年3月。
159. 蔡秀卿，〈日本警察臨檢法制與實務——兼論大法官釋字第五三五號解釋〉，《台灣本土法學雜誌》，第33期，2002年4月。
160. 蔡茂寅，〈行政罰之沒入與即時強制〉，收錄於《月旦法學教室（1）——公法學篇》，2000年9月。
161. 蔡庭榕，〈英國警察職權法制之研究〉，《警察法學》，第10期，2011年12月。
162. 蔡庭榕，〈論國境檢查〉，《各國警察臨檢制度比較》，五南圖書出版公司，2002年8月，初版一刷。
163. 蔡庭榕，〈論檢察之查證身分〉，《「刑事訴訟法（交互詰問制）與警察職權行使法」學術研討會論文集》，中央警察大學行政警察學系與中華警政學會合辦，2003年12月12日。
164. 蔡庭榕，〈論警察臨檢之發動門檻——「合理懷疑」與「相當理由」〉，《內政部警政署警政法學研討會——警察臨檢盤查與偵查犯罪權限系列論文集》，內政部警政署編印，2002年6月11日。

165. 蔡庭榕，〈論警察臨檢之發動門檻——「合理懷疑」與「相當理由」〉，《警察法學》，內政部警察法學研究中心暨內政部警政署印行，創刊號，2003年1月。
166. 蔡庭榕，〈論警察攔檢之法規範〉，《警大法學論集》，第6期，2001年8月。
167. 蔡庭榕，〈論警察攔檢之法規範——以美國警察對行人及汽車攔檢爲例〉，《中央警察大學法學論集》，第6期，中央警察大學法律學系出版，2001年8月。
168. 蔡進良，〈論行政救濟上人民權利之暫時保護——新修正訴願法及行政訴訟法之檢討〉，《月旦法學雜誌》，第47期。
169. 蔡敬銘譯，《西德刑事訴訟法》，法務部，1982年7月。
170. 蔡震榮，〈交通執法與警察職權行使之探討〉，《九十二年道路交通安全與執法研討會論文集》，中央警察大學交通學系，2003年10月17日。
171. 蔡震榮，〈警察之即時強制〉，《警學叢刊》，第31卷，第4期，2001年1月。
172. 蔡震榮，〈警察職務執行條例草案之探討〉，《台灣本土法學雜誌》，2003年3月，第44期，頁101。
173. 蔡震榮，〈警察職權行使法第十五條修正及相關法規比較〉，《月旦法學雜誌》，第211期，2012年12月。
174. 蔡震榮，〈警察職權法之評析〉，《法學講座》，第19期，2003年7月。
175. 蔡震榮，《行政執行法》，中央警察大學印行，2000年10月，初版。
176. 鄭羽軒，〈警察職權行使法問題研析〉，《全國律師》，第20卷，第5期，2016年5月。
177. 鄭善印，〈日本法制上警察之行政質問權與司法偵查權之糾葛〉，《法與義——Heinrich Scholler教授七十大壽祝賀論文集》，五南圖書出版公司，2000年5月。
178. 鄭善印，〈日本警察偵查犯罪職權法制之探討〉，《刑事法雜誌》，第45卷，第6期，2001年12月。
179. 鄭善印，〈修正「行政執行法」之研究報告〉，《警政學報》，第4期。
180. 鄭善印，〈警察臨檢法制問題之研究〉，《警察法學》，內政部警察法學研究中心暨內政部警政署印行，創刊號，2003年1月。

181. 鄭善印，〈警察職權行使法解釋架構之研究〉，《「刑事訴訟法與警察職權行使法」研討會論文集》，中央警察大學行政警察學系，2003年12月。
182. 鄭善印，〈警察職權行使法總論——以職權行使之法律性質爲焦點〉，《「刑事訴訟法與警察職權行使法」研討會論文集》，中央警察大學行政警察學系，2003年12月。
183. 蕭文生，〈自基本權保護觀點論街頭監視錄影設備裝設之問題〉，《法治與現代行政法學——法治斌教授紀念論文集》，元照出版公司，2004年5月。
184. 薛智仁，〈衛星定位追蹤之刑責——評台灣高等法院100年度上易字第2407號判決〉，《科技法律評論》，第11卷，第1期。
185. 謝碩駿，〈論私人參與國家機關之資訊蒐集活動——以線民之遴選運用及電信業者之協力義務爲中心〉，《高大法學論叢》，第7卷，第2期，2012年3月。
186. 謝碩駿，〈警察職權行使法第二八條第一項作爲警察法上之概括條款〉，《法學新論》，第6期，2009年1月。

二、英文書目

1. Black's Law Dictionary, West Publishing Co., 1991.
2. Delaware v. Prouse, 440 U.S. 648 (1979).
3. Donovan v. Dewey 452 U.S. 594 (1981).
4. Dunaway v. New York, 442 U.S. 200 (1979).
5. Floyd, v. City of New York, 959 F. Supp. 2d 540 (S.D.N.Y. 2013).
6. Illinois v. William aka Sam Wardlow, 68 U.S.L.W. 4031 (2000).
7. Ko1ender V. Lawson, 461 U.S. 356 (1983).
8. Larry K. Gaines & Victor E. Kappeler, "Policing America", 4th ed. U.S. OH: Anderson Publishing Co., 2003.
9. Michigan Department of State Police v. Sitz, 496 U.S. 444 (1990).
10. Michigan v. Long 463 U.S. 1032 (1983).
11. Miller, Mark R., Police Patrol Operations, Copperhouse Publishing Company, Incline Village, Nevada, 1995.
12. Miranda v. Arizona 384 U.S. 436 (1966).

13. Rolando V. del Carmen, Criminal Procedure Law and Practice, 6th ed., Wadsworth Publishing Company, US, 2004.
14. States v. Martinez-Fuerte, 428 U.S. 543 (1976).
15. Terry v. Ohio 392 U.S. 1 (1968).
16. United States v. Arvizu 534 U.S. 266 (2002).
17. United States v. Cortez, 449 U.S. 411 (1981).
18. United States v. Montgomery, 561 F.2d 875 (1977).
19. Wayne R. LaFave, Search and Seizure, VIII, 1987.

三、日文書目

1. 〈東京高等裁判所昭和42年8月31日判決〉，《警備情報活動判例集》。
2. 三角嘉裕，〈戸口調查と巡回連絡〉，《警察学論集》，第16卷，第6號。
3. 土井眞一，〈国家による個人の把握と憲法理論〉，公法研究75號，2013年。
4. 大橋洋一，《行政法》，有斐閣，2013年11月，二版。
5. 小林寿一，〈警察の巡回連絡が地域住民の治安意識に及ぼす影響——地域レベルの分析〉，《犯罪社会学研究》，第21號，1996年。
6. 小幡純子，〈警察權限の行使と損失補償〉，收錄於成田賴明編，《行政法の爭點》（新版），有斐閣，1990年5月。
7. 山本龍彥，《プライバシーの権利を考える》，信山社，2017年10月5日。
8. 出射義男，《警察官職務権限詳論》，警察時報社，昭和34年。
9. 平松毅，〈知の權利〉，收錄於小嶋和司編，《憲法の爭點》（新版），ジュリスト增刊，有斐閣，昭和60年（西元1985年）8月。
10. 本柳亨，〈リスク社会における防犯活動と安心の考察〉，《ソシオサイエンスVol. 19》，2013年3月。
11. 田中八郎、勝田敏男，《条解警察官職務執行法（改訂版）》，立花書房，昭和31年。
12. 田村正博，〈犯罪予防の現状と課題〉，《ジュリスト》，第1438號，有斐閣，2011年。
13. 田村正博，〈犯罪捜査における情報の取得·保管と行政法的統制〉，收於高橋則夫ほか編，《曽根威彥先生·田口守一先生古稀祝賀論文集》，成文堂，2014年。
14. 田村正博，〈組織犯罪対策における条例の意義〉，收於井田良ほか編，《新時代の刑事法学下巻》，椎橋隆幸先生古稀記念，信山社，2016年。
15. 田村正博，〈暴力団排除条例と今後の組織犯罪法制〉，《産大法学》，第48卷，第1、2號，京都産業大学法学会，2015年。
16. 田村正博，〈警察における情報の取得及び管理に関する行政法的統制〉，《産大法学》，第50卷，第1、2號，京都産業大学法学会，2017年。
17. 田村正博，〈警察の組織と行動の特性と他機関連携のための施策について〉，《早稲田教育評論》，第26卷，第1號，早稲田総合研究所出版，2012年。
18. 田村正博，《全訂警察行政法解説第二版》，東京法令出版，2015年。
19. 田村正博，《改訂警察行政法解說》，平成5年（西元1993年）6月，東京法令。
20. 田宮裕、河上和雄編，《大コンメンタール警察官職務執行法》，青林書院，1993年8月。
21. 安冨潔，〈情報セキュリティの法的保護：刑事法的視点から〉，《法学研究》，第88卷，第2期，慶應義塾大学法学研究会，2015年2月。
22. 江橋崇，〈大学の自治と警察権〉，《憲法判例百選》，第三版。
23. 米田雅宏，〈「警察権の限界」論の再定位－親密圏内における人身の安全確保を素材にして〉，《自治研究》，第93卷，第12期，2017年。
24. 米田雅宏，〈抽象的危険と危険防御命令－危険防御を目的とした行政立法の実体的統制－〉，《行政法研究》，第19期，2017年。
25. 米田雅宏，〈国家賠償法1条が定める違法概念の体系的理解に向けた一考察（1）－職務義務違反説の可能性－〉，《東北大学法學》，第81卷，第6期，2018年。
26. 米田雅宏，〈国家賠償法1条が定める違法概念の体系的理解に向けた一考察（2‧完）－職務義務違反説の可能性－〉，《東北大学法學》，第82卷，第1期，2018年。
27. 米田雅宏，〈脱警察化と行政機関に対する警察の役割（1）──「隙間なき危険防御」の法的位置づけ──〉，《北大法学論集》，第65卷，第5

期，2015年。

28. 米田雅宏，〈脱警察化と行政機関に対する警察の役割（2•完）ー「隙間なき危険防御」の法的位置づけー〉，《北大法学論集》，第66卷，第1期，2015年。
29. 戒能通孝，《警察権》，岩波書店，1970年8月。
30. 阪本昌成，〈プライバシーと自己決定の自由〉，收於樋口陽一編著，《講座・憲法學第3卷——權利の保障》，日本評論社，1994年6月10日。
31. 河上和雄，〈情報収集活動の限界〉，《警察学論集》，第27卷，第10號。
32. 河上和雄，〈寫眞撮影〉，收錄於河上和雄編，《刑事裁判實務大系第11卷——犯罪偵査》，青林書院，1991年2月。
33. 河上和雄，《詳釋警察官職務執行法》（全訂版），日世社，平成9年（西元1997）1月。
34. 芝池義一，《行政救濟法講義》，有斐閣，2003年8月，二版（補訂版）。
35. 初宿正典，《憲法2基本權》，成文堂，2001年11月，二版。
36. 指宿信，〈GPS利用捜査とその法的性質ー承諾のない位置情報取得と監視型捜査をめぐって〉，《法律時報》，2015年9月。
37. 指宿信，〈ハイテク機器を利用した追尾監視型捜査——ビデオ監視とGPSモニタリングを例に〉，《鈴木茂嗣先生古稀祝賀論文集（下巻）》，成文堂，2007年。
38. 星野鐵次郎，〈警察作用法學のすすめ〉，《警察學論集》，第33卷，第3號，1980年2月。
39. 茂田忠良，〈警察活動における強制手段と任意手段〉，《警察學論集》，第35卷，第2號。
40. 宮田三郎，《警察法》，信山社，2002年7月。
41. 宮崎清文，《警察官のたあの的行政法講義》，立花書房，昭和63年（西元1988年）3月，五版。
42. 島田茂，〈ドイシにおける預防警察的情報收集活動と侵害留保論〉，收錄於吉川經夫編，《各國警察制度の再編》，法政大學現代法研究所，1995年5月31日，初版。
43. 島田貴仁、荒井崇史，〈犯罪情報と対処行動の効果性が犯罪対処行動意図に与える影響〉，《心理学研究》，第82卷，第6號。
44. 高橋昌規，〈新版巡回連絡〉，《立花書房》，平成5年8月，再訂版一刷。
45. 棚町祥吉，《行政法と警察官の職務》，日世社，昭和62年（西元1973年）10月。
46. 渡邊修，《捜査與防禦》，1995年。
47. 奥田劍志郎撰，〈行政強制〉，越路正己編，《現代行政法論》，敬文堂，1990年4月。
48. 綱川政雄、半田嘉弘共著，《職務質問》，平成5年（西元1993年）7月10日，改訂版十一刷。
49. 廣岡隆，〈即時執行〉，收錄於雄川一郎等編，《現代行政法大系》，第2卷，有斐閣，昭和59年（西元1984年）1月。
50. 磯村篤範，〈行政機関相互間の協力関係と法的問題点の所在〉，《大阪教育大學紀要》，第41卷，第2號，1993年2月。
51. 鵜浦裕，〈銃社会としてのアメリカ——現状、合衆国憲法、連邦法〉，《文京学院大学外国語学部紀要》，第13號，2013年。
52. 藤田宙靖，《第三版行政法Ⅰ》（總論），青林書院，2000年3月，再訂版。
53. 議野彌生，〈情報公開〉，收於成田賴明編，《行政法の爭點》（新版），ジュリスト增刊，有斐閣，1990年5月。
54. 警察法令研究會編，《新版注解警察官職務執行法》（全訂版），立花書房，平成12年（西元2000年）4月。
55. 宍戸基男、宮脇磊介，《新版注解警察官職務執行法》，立花書房，平成6年（西元1994年）8月。
56. 関根謙一，〈行政強制と制裁〉，《ジュリスト》，第1073期，1995年8月。
57. 関根謙一，〈警察の概念と警察権の限制(1)〉，《警察学論集》，第33卷，第10號。

附錄一
德國聯邦與各邦統一警察法標準草案

（1977年11月25日內政部長會議議決通過；1986年3月12日增修）

第一章　任務及一般規定

第一條　警察之任務

1. 警察之任務在於防止公共安全或秩序之危害。警察在該任務範圍內，亦得對犯行追緝為準備並對犯行為預防（犯行之預防性抗制），並得為防止未來危害，採取準備措施。
2. 唯有在無法即時獲得司法保護，且非得警察之協助，無法遂行其權利或權利之施行將更為困難時，警察方有依本法維護私法上權利之責。
3. 警察依本法第二十五條至二十七條之規定，協助其他機關執行任務。
4. 警察另應完成其他法規所賦予之任務。

第一條a　與其他機關之關係

除第一條第一項第二句情形外，警察僅得於其他機關不能或不可能適時防止危害時，防止該危害。警察應將該事件中對其他機關任務履行有關重要訊息，立即通知該其他機關，第十條c第二句規定不受影響。

第二條　比例原則

1. 警察應就無數可行及適當處分中，選擇對個人或公眾傷害最小者為之。
2. 處分不得肇致與結果顯然不成比例之不利。
3. 目的達成後，或發覺目的無法達成時，處分應即停止。

第三條　裁量，方法選擇

1. 警察依合義務性裁量後，採取其措施。
2. 有多種防止危害之方法，選定其一已足。若關係人請求使用另一有效方法，而其施行並不嚴重傷害公眾時，應允許之。

第四條　對人之行為負責

1. 處分應及於肇致危害之人。
2. 肇致危害之人如未滿十四歲，或受禁治產宣告，或交付臨時監護者，處分得及於對其有監督義務之人。
3. 肇致危害之人如係為他人執行事務者，而該危害係因執行事務而生，則處分得及於使用他人執行事務之人。

第五條　對物之狀況負責

1. 危害係因物所引起，處分及於對該物有事實管領力之人。
2. 處分亦得及於物之所有權人或其他有權利之人。但對物有事實管領力者，未經物之所有權人或有權利人同意而行使該物者，不在此限。
3. 危害係無主物所引起者，處分得及於拋棄該物所有權之人。

第五條a　直接行使處分

1. 處分之目的，經向第四條第五條所指之責任人要求，卻無法或無法即時達成時，警察得自己或委託他人直接行使處分。處分所及之人應即被告知。
2. 警察因直接處分所花之費用，依第四條第五條有責任之人，應負償還之義務。上述費用可依行政強制程序追繳之。

第六條　對無責任人之要求

1. 有下列情形之一時，警察之處分得及於第四條或第五條所指有責任人以外之人：
   (1)為防止目前重大危害；
   (2)處分不能或不可能適時及於第四條或第五條所指有責任之人，或處分雖及於有責任之人亦無效果；
   (3)警察無法或無法適時獨自或委託他人防止危害；及
   (4)處分需對非義務人無重大危害且不傷其重要義務。
2. 前項之處分，惟有在無其他方法得以防止危害時，方得行使。

第七條　基本權利之限制

生命與身體不可侵犯（基本法第二條第二項第一句）、人身自由（基本法第二條第二項第二句）、住所不可侵犯（基本法第十三條）等基本權利，得依本法限制之。

第二章　警察職權

第八條　一般職權

1. 為防止公共安全與秩序所生之具體危害，警察除依第九條至第二十四條特別規定之警察職權外，仍得採取必要之措施。
2. 為執行其他法律賦予警察之任務（第一條第四項），警察具有該法所規定之職權。若該其他法律未規定警察職權，則警察有本法所規定之警察職權。

第八條a　資料蒐集

1. 有下列情形之人，警察為防止危害或執行第一條第二項與第三項所分配任務之個別措施所必要時，得蒐集個人資料。

(1)第四條或第五條之人及在構成第六條要件下所稱之人，

(2)受傷害之人，無助之人或失蹤之人，及其親屬，法定代理人或其所信賴之人，

(3)遭危害之人。或，

(4)證人，舉證之人或其他提供訊息之人。

2. 有下列情形之人，警察基於事實線索依經驗為預防抗制犯罪行為所必要時，得蒐集個人資料。

(1)有事實足認該人將有犯罪之虞，

(2)與第一款所稱之人接觸或隨行之人，

(3)有事實足認該人會成為犯罪之被害人，或

(4)證人，舉證之人或其他提供訊息之人

3. 有下列情形之人，警察得蒐集個人資料中之姓、名、學歷、住址、電話號碼及其他相關可獲取之資料，若危害防止之準備有必要者，得更進一步要求所屬團體之資料。依經驗將引起特別危害狀況者，因預防或勤務執行，必要時，警察亦得蒐集個人資料。依第二句所蒐得之資料，於事件結束後至遲四週內銷毀之。第十條a第二項至第四項規定，不受影響。

(1)其知識與能力就危害防止有需要

(2)對設備或設施負有責任，且因其引起重大危害

(3)對易致危害設備或設施有責任者

4. 個人資料原則上應公開且從關係人處蒐集。若從關係人處無法或需耗費甚大才有可能蒐得者，或將對警察任務之完成有重大困難或危害者，方得從其他機關、第三人或以其他隱密方式蒐集。於第三項情形下，不許以秘密方式蒐集資料。

5. 於關係人處蒐集資料，應依要求告知資料蒐集之法律根據，或得依自由意願回答。

第八條b　於公共活動、人群聚集與集會中資料蒐集

1. 有事實足以認為，將有公共安全與秩序之危害發生時，警察得於集會法所未規定之公共活動與人群聚集中蒐集個人資料。該資料若非針對其具體個案為預防抗制重大犯罪有必要時，至遲應於活動或聚會後二個月銷毀之。

2. 有事實足以認為，將有公共安全與秩序重大危害時，警察得於公共活動中蒐集個

人資料。未形成公共安全與秩序滋擾者，該資料於集會結束後應即銷毀之。

3. 第十條a第六項與第十條g第四項不受影響。

第八條c　資料蒐集之特殊方式

1. 有下列情形之一者，警察得對第八條a第一項第一款與第二項第一款所稱之人及其接觸或隨行之人，依本條第二項所規定之方式蒐集資料。但以其為具有必要性，前於不危害任務達成之前提下，又無其他可行之方法蒐集資料時，方得為之，且其所採之措施與欲查明事宜之重要性應合比例

(1)為防止重大危害，或

(2)為預防抗制

①有事實足以認為，將有發生刑事訴訟法第一百條或刑法第一百七十六條至第一百八十一條a、第二百四十三條、第二百四十四條、第二百六十條、第二百六十三條至第二百六十五條、第二百六十六條說第三百二十四條至第三百三十條a所稱犯罪行為之虞時，

②有事實足以認為，將有職業性的，習慣性的或幫派所為犯罪行為之虞時。

書信、郵件、電信秘密之規定不受影響。除急迫危害外，所措施應經機關首長或經其授權之公務員下令行之。

2. 依第一項之方式計有：

(1)長期監視，

(2)藉科技工具秘密執勤，特別是攝影與錄影，以及監聽或錄音（於錄音機上），

(3)臥底（隱藏調查者）警察之勤務，

(4)與警察合作而第三者所不知悉之其他人之勤務。

3. 為防止個人身體、生命或自由或重大之財物或財產價值之現實危害，必要時警察得以第二項所稱之方式在住宅內或住宅外（第十九條第一項第二款）蒐集個人資料。除急迫危害外，以第二項第二款方式在住宅內或住宅外蒐集資料僅得由法官下令行之。但警察在屋內僅係為防止執勤個人身體或生命危害，而隨身攜帶科技工具而無錄（音）影之勤務，不在此限。第二十條第一項之程序規定準用之。

4. 藉裝置獨立之錄（音）影器械予以監視，對第一項所稱以外之人之錄（音）影，應即銷毀之。

5. 第一項與第三項所稱之措施結束後，在不致危及措施目的下，應即通知當事人。（被蒐集資料者）未錄製成個人資料或措施結束後已即刻銷毀者，則不必通知。但若因蒐證所得之事實而開始為刑事偵查程序時，第一段所稱之通知應不必履行。

第八條d　警察之監控

1. 有下列情形之一，警察為預防抗制犯罪行為，得對第八條a第二項第一款所稱之人之履歷或為便於監控而將其使用或行駛汽車之法定特徵儲存於檔案中，以便其他警察執勤之警察機關／勤務單位因發現人車或有其他事由時得以通知（為警察之監控之通報），
   (1)從個人整體評價及由其曾從事之犯行，可期待未來將會犯重大犯行，或
   (2)有事實足以認為，該人將觸犯本法第八條c第一項第一句第二款a或外國人法第四十七條a之重大犯行。
2. 警察監控通報之發布僅在有事實足以認為，基於有關查尋之人、隨行之人以及其攜帶之物或駕駛之汽車所呈報之資料，為預防抗制第一項所稱犯行所必要時，方得為之。通報之發布機關首長／勤務單位主官／高級職務之公務員以書面發布之。
3. 通報發布有效期限最長一年。至遲在六個月後應審核通報之構成要件是否還存在；該審核結果以書面制作之。為延長其有效期間則另行發布通報。
4. 若警察監控通報之構成要件不再存在，或該措施目的已達成或顯然無法達成時，應即註銷之。

第九條　查證身分及檢驗文件

1. 有下列各款情形之一者，警察得查證其身分：
   (1)為防止危害；
   (2)當其滯留於某地；
      ①據實際線索，依經驗認為該地：
         A. 有約定、預備、實施犯罪行為之人；
         B. 聚有無停（居）留許可證明之人；或
         C. 有人犯藏匿；或
      ②該地有人賣淫；
   (3)當其滯留於交通設施、民生必需品生產儲存設施、大眾交通工具、政府辦公大樓、或其他特別易受傷害之標的物，或滯留於其直接不遠之處，且有事實足以認為，於該類標的物內或周圍將可能實施犯罪行為，且該犯罪行為會危害該標的物內或周圍之人或危害標的物本身；或
   (4)警察為防止刑事訴訟法第一百條a或集會法第二十七條所指之犯罪行為所設之管制站。
2. 警察為查證身分得採取必要措施；如令關係人停止前進以詢身分，並令其交付所

攜帶證明文件以便查驗，當關係人之身分無法或有相當困難加以確定時，可將其留置。合於第三句要件下，關係人及其隨身攜帶之物得被搜索。

3. 關係人依法有義務隨身攜帶之證明文件，警察得令其交付查驗之。

第十條　鑑識措施

1. 有下列情形之一時，警察得採取鑑識措施：
   (1)以其他方法不能，或僅於相當困難情形下才可能執行第九條所許可之查證身分；或
   (2)關係人有從事犯罪行為之嫌，且依其行為之方式及實施有再犯之虞，為防制犯行有必要時。
2. 依前項第一款身分既經確認，與確認身分相關之鑑識資料應銷毀，但其依前項第二款或其他法令規定，保存有必要者，不在此限。
3. 鑑識措施特別是指：
   (1)採取指紋及掌紋；
   (2)照相；
   (3)確認體外特徵；
   (4)量度。

第十條a　資料之儲存、變更與利用

1. 警察為完成其任務所必要者。得將個人資料儲存於文卷或資料片中，並得加以變更與利用。
2. 警察對第八條a第一項第一款與第二項第一款所稱之人以外之人的資料，僅得於合乎其資料取得之目的時，使用之。因其他治安目的而利用資料者，須警察亦得因此目的而蒐集資料時，方得行之。
3. 警察為預防抗制犯行所必要時，得儲存、變更與利用其於刑事調查程序中所得之關於嫌疑人的個人資料。
4. 為預防抗制刑法第一百三十八條、第八十四條至第八十九條或第一百二十九條、或下列各款之職業性或幫派犯罪，
   (1)刑法第二百四十三條、第二百四十四條、第二百六十條、第二百六十四條或第三百二十四條至第三百三十條a，
   (2)武器法第五十二條a或第五十三條第一項第一句第一款至第二款，
   (3)軍事武器控制法第十六條第一項至第四項，
   (4)麻醉品法第二十九條第三項第一款至第四款或第三十條第一項第一款第二款

至第四款，或

(5)外國人法第四十七條a。

於必要時，警察對第八條a第二項第二款至第四款所稱之人之犯行之個人資料，得於資料片中儲存、變更與利用之。儲存期間不得超過三年。就第一句之構成要件是否還存在；從前一次儲存之時刻起算，每年審核一次，並由機關首長／勤務機構之主官或由其授權之公務員決定之。

5. 若欲將評鑑儲存於資料片中心，必須確定該規定評鑑所依據之資料源於何處。
6. 警察得為其養成與進修教育或統計目的利用已儲存之個人資料。但第二項至第四項之規定不適用之。

第十條b　檔案行政與文獻

警察檔案行政或一定期限之文獻，得將警察活動所獲得之個人資料儲存之，並僅為此目的而利用之。第十條a之規定不適用之。

第十條c　資料傳遞

1. 警察執勤之警察機關／勤務機構間為達成警察任務有必要時，得相互傳遞個人資料。第十條a第二項之規定準用之。
2. 主管危害防止之其他機關或公共機構為完成其任務顯然須要知悉警察現有之個人資料，警察得傳遞之。
3. 另有下列情形之一，必要時，警察得將個人資料傳遞予其他機關或公共機構

(1)為完成警察任務，

(2)接受資料者為防止危害，或

(3)防止或排除對公益或個人值得保護利益之重大不利。

在前段第一款或第三款之要件下，警察得將個人資料傳遞予非公務機構與個人。

4. 有下列情形之一，必要時，警察得將個人資料傳遞予外國公共部門與跨國或國家間部門

(1)為達成警察執勤之警察機關／勤務機關之某種任務，或

(2)由獲得資料者防止某種重大危害。

若有理由認為，該傳遞將違反德國法律目的或傷害關係人值得保護之利益者，不得為之。傳遞者應告知接受資料者傳遞之資料只為其目的時方可利用之，為完成其目的才可傳遞之。

5. 警察僅得依第二項至第四項規定將合於蒐集與儲存目的之個人資料傳遞之。在自資料接受者完成其任務有必要，與此資料無法以其他方法或無法及時或僅得以不

成比例之花費才能獲得時，警察得將為預防抗制犯罪依第八條a第二項第一款已蒐集或第十條a第三項已儲存之個人資料，依第二項至第四項之標準傳遞之。

6. 警察所持有之個人資料在職業秘密或特別職務秘密下，除須經警察傳遞許可外，須於資料接受者有需要與警察獲取或可能獲取資料有相同之目的時，方傳遞之。
7. 顯然為完成警察任務有必要時，其他機關或別的公務機構得將個人資料傳遞予警察。資料基於請求方傳遞之。警察於資料蒐集之要件成立時，方得提出相關之傳遞請求。
8. 警察執勤之傳遞資料（警察）機關／勤務單位審核傳遞之合法性。若接受資料者提出請求則傳遞單位須審核，該傳遞請求是否在接受資料者之任務內。此外在個案上有特別理由者，傳遞單位亦加以審核，不受影響。接受資料者應向傳遞機關提出審核之必要說明。
9. 接受資料者在法律無其他規定時，僅得在傳遞資料之目的下利用所接收之個人資料。
10. 其他有關資料傳遞之特別法規定，不受影響。

第十條d　自動調閱程序

1. 以調閱方式傳遞個人資料之自動程序設施得予許可，但此種資料傳達程序須經斟酌當事人值得保護之利益並合於警察任務者為限。該自動化之調閱除警察執勤之警察機關／勤務機構外，不得為之。
2. 依聯邦資料保護法第六條／相關邦資料保護法之規定所必要技術上與組織上之措施須以書面為之。第十條h之規定不受影響。
3. 調閱程序之措施須內政部長／內政局長之同意。依據第二項及措施之法令規定，再將其決定以書面傳遞之方式向聯邦／邦資料保護監察人報告。

第十條e　資料比對

1. 警察得將第八條a第一項第一款與第二項第一款所稱之人之個人資料與警察資料片之內容比對，其他人之資料，警察僅於有事實足以認為，為完成其任務顯然有必要時，得比對之。警察得進一步將其任務執行所獲得之個人資料與通緝狀況比對之。
2. 在其他情況下之資料比對之法規，不受影響。

第十條f　資料比對之特別形式

1. 為防止聯邦或邦之安全與生存或個人身體、生命或自由之當前危害，警察於事實足以證明資料比對對危害防止有必要時，得要求公務或非公務機構將其專為與其他資料比對目的之資料片中特定多數人之資料傳遞之。其他法規關於職業秘密或特殊公務秘密之規定，不受影響。

2. 請求傳遞資料以名字、住址、出生日期與地方以及具體個案上所確定之特徵為限。於繼續提供資料時，若因技術上之困難無法以適當之時間與費用予以排除時，得不予提供。

3. 若資料傳遞之目的已達成，或顯然無法達成時，則所傳遞之資料以及與措施有關之其他資料應即銷毀之。資料若對相對司法程序案情沒有必要時，亦應銷毀之。採取之措施應紀錄之。該記錄分別保管，以技術上與組織上措施確保其安全。且於第一句所稱資料銷毀之年限，於年底銷毀之。

4. 措施指令由機關首長發佈之。其須內政部長／內政局長之同意。

第十條g　資料之更正、註銷與封存

1. 資料片中之個人資料不正確者，應更正之。文卷中之個人資料經確認不正確者，應於文卷中註明之，或依其他方式紀錄之。

2. 有下列情之一，資料片中之個人資料應註銷之，與此有關之資料應銷毀之

(1)不法儲存者，

(2)於特定時限內所為審核（第十條h第一項第一句第八款）或因個案處理之理由確定，該資料對儲存機構之任務達成不再必要者。審核之期限由內政部長／內政局長以行政規章定之。

3. 警察確定將不正確或依第二項第一款應註銷之個人資料傳遞出去時，應通知資料接受者更正或註銷，即令該通知對個人或事實之評鑑或不再重要者亦同。

4. 有下列情形之一，應不予註銷與銷毀

(1)有理由足認為關係人值得保護之利益可能會受到傷害者，

(2)該資料對現存缺乏證據之舉證為必要者，或

(3)資料之使用就科學目的上是必要者，

有前述情形時，資料應封存並註明之。封存後僅得於合乎前段所稱目的或經關係人同意時，方得利用之。

5. 若檔案不依第二項第一句第二款規定予以註銷與銷毀，資料持有者得將資料交予國家檔案局，但以檔案法須有規定者為限。

第十條h　建檔規定

1. 警察執勤之任何自動資料片，其建檔規定，至少應包括下列項目：

(1)資料片之標示，

(2)資料片之法律基礎與目的。
(3)關於某些聚合之特定人之個人資料儲存於資料片中，
(4)為儲存個人資料之種類，
(5)供資料片開發之用之個人資料種類，
(6)到資料之傳遞與輸入成為儲存之個人資料，
(7)儲存之個人資料得予以傳遞給之接收者、傳遞程序、傳遞要件，
(8)進一步審核之期限，以確定資料之儲存是否為完成任務所必要，此係依事實之種類、重要性及當事人之年齡加以分別。

細則由內政部長／內政參議以行政規章訂之。其應將建檔規定轉交聯邦邦資料保護監察人。

2. 個人資料之儲存須限於必要之範圍，於適當期間後應審核資料片繼續使用或更正之必要性。

第十一條　傳喚

1. 有下列情形之人，警察得以書面或口頭傳喚之：
(1)有事實足以認為，該人能提供警察完成某特定任務必要之有用線索；或
(2)為執行鑑識措施所必要。
2. 傳喚應告知理由。決定傳喚時間時，應顧及被傳喚者之職業及其他生活關係。
3. 有下列情形之一，被傳喚者無足夠理由，未應傳喚時，得強制執行之：
(1)若該線索對某人之自由、生命、身體等危害之排除，有其必要。
(2)為執行鑑識措施。
4. 刑事訴訟法第一百三十六條a準用之。
5. 對被傳喚為證人或鑑定人之損失補償，適用證人、鑑定人損失補償法。

第十二條　驅離

為排除危害，警察得將某人暫時驅離或禁止進入某地。驅離亦適用於妨礙救火、救護及救難勤務之人。

第十三條　管束

1. 有下列情形之一，警察得管束之：
(1)有保護其身體或生命危害之必要；特別因其顯然陷於喪失自由決定意思能力或無助狀態時；或
(2)為制止即將發生之犯行、犯罪行為之繼續或重大危害之秩序違反行為有必要者。

2. 從有監護權人監護下逃離之未成年人，警察得管束之，以送回監護人或少年（輔導）機關。
3. 從羈押、接受自由刑、接受矯治及保安處分中脫逃者，或未經許可滯留於司法處遇機構之外者，警察得管束之，並送回原處遇機構。

第十四條　法官裁定

1. 依第九條第二項第三句、第十一條第三項或第十三條有人被留置，警察應即刻請求法官對剝奪人身自由之許可及延續予以裁定。若法官之裁定，於警察處分之依據消滅後才會到達，則無需請求法官裁定。
2. 前項裁定權屬於該人被留置所在地之區法院。裁定之程序依法院剝奪人身自由程序法為之。

第十五條　被留置者之處遇

1. 依第九條第二項第三句，第十一條第三項或第十三條被留置之人，應即被告知留置之原因。
2. 若非有害於剝奪人身自由之目的，被留置之人應即被賦予機會，通知其家屬或其所信賴者中之一人。法官剝奪人身自由之通知義務規定不受影響。當被留置之人，於無法行使前句所定之權利時，警察應在可能不違反被留置人意思下，代為通知。被留置之人係未成年、遭禁治產宣告或暫時交付監護之人，警察應即通知對其有照管義務之人。
3. 被留置之人應被隔離；尤其是未經其同意，不得將其與受刑人或羈押之人置於同房。男女應分開安置。被留置人只接受，為達成剝奪自由目的，或為維護管束秩序，所給予其之限制。

第十六條　剝奪自由之期限

被留置之人有下列情形之一，應釋放之：

1. 警察處分之根據一消失後；
2. 當法院裁定不許繼續剝奪自由時；
3. 若事先未依據其他法律經法官裁定剝奪自由，期限至遲在留置之次日結束前中止之。

第十七條　人之搜索

1. 除第九條第二項第四句情形外，有下列情形之人，警察亦得搜索之：
   (1)依本法或他法得被留置者；
   (2)有事實足認為其攜有得被扣押之物；

(3)顯然陷於喪失自由決定意思或無助狀態者；

(4)滯留於第九條第一項第二款所稱之地者；

(5)滯留於第九條第一項第三款所稱之物內或其直接附近，並有事實足認為，其在該類物體內或附近可能從事犯罪行為者。

2. 依情況，搜索足以保護警察和第三人以對抗生命、身體危害時，警察得對依本法或他法應被查證身分之人搜索武器、其他危險工具及爆炸物。

3. 對人之搜索只准由同性或醫生為之，但為維護生命身體危害之必要所作之立即搜索，不在此限。

第十八條　物之搜索

1. 除第九條第二項第四句之規定外，有下列情形之物者，警察得搜索之：

(1)依第十七條得被搜索者隨身攜帶之物，

(2)有事實足認為該由下列之人所攜帶，

①得被管束之人，

②因違法被拘禁之人，或

③無助之人。

(3)有事實足認為於該物中有其他得被扣押之物，

(4)該物置於第九條第一項第三款所指之地內，或

(5)該物置於第九條第一項第三款所稱之設施內或其直接附近，並有事實足認為犯罪行為將可能於該設施內實施。

(6)於陸、海、空交通工具內，有得依第九條第一項第四款應被查證身分之人時，搜索可擴及交通工具內之物。

2. 於物之搜索時，對該物事實上有管領力者有權在場。若其不在場，應請求其代理人或一其他證人到場。經對該物事實上有管領力人之要求，應發給搜索及其原因之證明文件。

第十九條　住所之侵入及搜索

1. 有下列情形者，警察得不經住所所有人之允許，侵入其住所並搜索之：

(1)有事實足認為，於該住所內有依第十一條第三項得予強制傳喚或第十三條得被管束之人；

(2)有事實足認為，於該住所內有得依第二十一條第一款予以扣押之物；或

(3)為防止身體、生命、人身自由或有重要價值之物所受目前之危害有必要者。

住所包括住宅及其附屬空間、工作房、營業處所及其他周邊圍定之土地。

2. 有前項情形需於夜間（刑事訴訟法第一〇四條第三項）侵入及搜索住所，惟限於防止生命、身體、人身自由及有重要價值之物遭受目前之危害時，方得為之。
3. 為防止緊急危害，有下列情形之一時，隨時皆可侵入住所；
   (1)依事實線索，據經驗認為在該住所，
      ①有約定、預備或從事犯罪行為之人；
      ②聚有無停（居）留許可證明之人；或
      ③有藏匿之人犯；或
   (2)該住所供賣淫之用。
4. 工作房、營業處所或其他公眾得出入之空間，及土地或關閉後仍許在場停留者，得因防止危害之目的（第一條第一項）於工作、營業或停留時間內侵入。

第二十條　搜索住所之程序

1. 除非危害急迫，搜索僅得法官指令行之。管轄法院為該住所所在地之區法院。該程序準用非訟事件法之規定。
2. 搜索住所時，住所所有人有權在場。若其不在場，在可能情形下，應請其代理人、一成人家屬、同住者或鄰居到場。
3. 若不危及搜索目的，住所所有人或其代理人應立即被告知搜索住所之理由。
4. 搜索應製作紀錄，紀錄應包括搜索之負責單位、理由、時間、地點及結果。該紀錄應由搜索公務員之一及住所所有人或被請到場之一人共同簽名。若拒絕簽名，應加以註記。經住所所有人之請求，應交付該紀錄之副本。
5. 紀錄之製作或其副本之交付，因情況特殊而不可能，或會危及搜索之目的時，應只發給關係人記載搜索負責單位、時間、地點之證明書。

第二十一條　扣押

有下列情形之物，警察得扣押之：
1. 為防止目前之危害；
2. 為保護物之所有權人或對該物有事實合法管領力人之物，以免受損或喪失；
3. 依本法或他法得被留置者所攜帶之物，或該物將被用以：
   (1)自殺或自行傷害；
   (2)傷害他人生命或健康；
   (3)損害他人之物；
   (4)促成或便於逃亡。

第二十二條　保管

1. 被扣押之物應予保管。因物之特性不適於保管或由警察保管顯不適合，應以其他方式保管或封存之。於此情形，亦可委託第三人保管之。
2. 說明扣押理由及註明扣押之證明書應交予關係人。依情況無法給予證明書時，應製作一紀錄，說明何以無法給予證明書之理由，並應立即通知物之所有人或對物事實上有合法管領力之人。
3. 警察應盡可能防止所保管之扣押物價值減損，但經有權人之請求交由第三人保管者，不在此限。
4. 保管之物應予登記並作記號，以免混淆。

第二十三條　變賣、銷毀

1. 有下列之情形，扣押之物准予變賣，
(1)該物有腐壞或價值重大減損之虞；
(2)保管、照料或持有該物所費過鉅或有其困難；
(3)因物之特性，對其保管不可能完全排除該物對公共與秩序之危害；
(4)扣押期間逾一年，無法將該物退還於有權利人，且不再合於扣押之條件；
(5)雖經通知限期領取該物，且註明若未於該期限內領取，該物將被變賣，有權人仍未在相當期間內領取者。
2. 關係人、所有權人及其他有權人，在其物變賣前應被通知。若情況及變賣之目的上許可，應將變賣之程序、時間及地點，通知上述之人。
3. 物之變賣採公開拍賣方式，民法九百七十九條第一項準用之。若拍賣不成，或自始便顯現無法賣出，或因拍賣之費用可能超出拍賣所得時，得不經公開拍賣方式，逕行販賣之，物得以拍賣之價金代之。相當時間內無買主，得將該物提供公益目的使用。
4. 有下列情形之，扣押之物得銷毀或破壞之，
(1)拍賣後，扣押之原因仍將繼續存或重產生者；
(2)因其他理由變賣不可能者。第二項準用之。

第二十四條　扣押物或拍賣價金之返還，費用

1. 扣押之要件一經消失，應即將該物返還予物被扣押之人。若物不可能返還前述之人，得返還任一能證明其對該物有權之人。因物之返還，將構成新的扣押要件，不得返還該物。
2. 物已變賣則返還其價金。若有權人不存在或無法查獲，其價金依民法規定寄存。

物變賣後三年，價金返還請求權消滅。

3. 扣押及保管費用，由第四條第五條之有責任人負擔，有責任人係多數時，由共同債務人。返還之同時得附收保管費用，物拍賣之費用可由價金抽取，費用可依行政強制程序徵收。
4. 民法第九百八十三條之規定不受影響。

第三章　執行協助

第二十五條　執行協助

1. 當其他機關需採用直接強制而無足夠可支配之人力，或不能用其他方法自行執行其處分時，警察依該機關之請求給予執行協助。
2. 警察只對其執行之方法負責。其他準用職務協助之原則。職務協助之義務不受影響。

第二十六條　程序

1. 執行協助之請求以書面為之，並應載明處分之理由及法律根據。
2. 情況緊急時，請求執行協助得不以書面方式為之，但經要求時應之即以書面證實之。
3. 請求經執行後，應通知請求機關。

第二十七條　剝奪人身自由之執行協助

1. 請求協助執行中，有以剝奪人身自由為內容者，應附法官認可該剝奪人身自由之裁定書，或於請求時表明之。
2. 若前項法官裁定未於事前下達，請求機關事後未曾或遲延申請法官裁定時，警察應將所留置之人釋放。
3. 第十五條與第十六條準用之。

第四章　強制

第一節　行為之強制、忍受及不作為

第二十八條　行政強制之許可

1. 對行為之作為、忍受、不作為所作之行政處分如不得撤銷，或法律救濟無停止效力者，得使用強制方法執行。
2. 為防止危害所必需，尤因對第四條至第六條所指之人無法或亦可能及時給予處分，或處無效果，且警察在職權範圍內者，得不先經行政處分即執行行政強制。

第二十九條　強制處分之方法

1. 強制處分之方法如下：

(1)代履行（第三十條）。

(2)強制金（第三十一條）。

(3)直接強制處分（第三十三條）。

2. 強制處分之方法，應依第三十四條及第三十九條之規定執行之。
3. 強制處分方法得與刑罰、罰緩同時行使，行政處分被遵守或可以其他方法完成前，強制處分之各方法得重覆或交互行使。

第三十條　代履行

1. 負行為義務而不履行，且該行為能由他人代履行（可代理之行為）者，警察得自行執行或委託他人執行而向義務人收取費用。
2. 得規定義務人事先繳付代履行之預估費用，義務人不如期繳付代履行或代履行預估費用者，得依行政強制程序徵收之，義務一經義務人執行後，應即停止徵收預估費用。

第三十一條　強制金

1. 強制金以書面定之，不得低於十馬克高於五千馬克。
2. 確定強制金時，應予義務人適當繳納期間。
3. 義務人未如期繳納強制金，得以行政強制程序徵收，一俟義務人履行其義務，或忍受該處分時，收停止徵收程序。

第三十二條　易處拘留

1. 通知繳納強制金之同時，已提示若不繳納將易處拘留後，仍不繳付者，行政法院得依警察之申請易處以拘留。拘留期間至少一日至多兩週。
2. 易處拘留係徑警察申請，由司法行政機關依民事訴訟法第九〇四條至九一〇條執行之。

第三十三條　直接強制

1. 當實施其他強制處分窒礙難行，或施行將無結果，或不合目的時，警察得行使直接強制處分。直接強制處分之方式及方法適用第三十五條以下各條之規定。
2. 不得以直接強制要求意見表達。

第三十四條　強制處分方法之告誡

1. 強制處分之告誡盡可能以書面為之；並載明義務人應履行義務之適當期限。若義務人應被強制不作為或忍受，則期間無需確定。當情況不允許，尤其為防止危害，有必要立即行使強制處分時，得免除告誡。
2. 告誡得於令作為、忍受或不作為之行政處分時併行之。若法律救濟無停止效力時，告誡應於行政處分時併行之。
3.告誡應明未確定之強制處分方法，若有多種強制處分方法，應定明行使先後順序。
4.代履行應告誡之，告誡中應說明預估費用。
5.強制金應告知一定額度。
6.告誡書應送達。告誡與行政處分併行時，該行政處分無送達規定者，仍應送達之。

第二節　直接強制之行使

第三十五條　法律基礎

1. 警察依本法或他法有權行使直接強制，於本法其他條文無特別規定時，直接強制之方式適用第三十六條至四十四條之規定。
2. 依正當防衛與緊急避難之規定所產生民刑法上之效力不受影響。

第三十六條　定義條款

1. 直接強制係藉身體強制力及其幫助物和武器，對人或物所作之干涉。
2. 體力平涉係對人或物所施任何直接身體之干涉。
3. 體力之幫助物特別係指；銬鏈、噴水器、阻具、警犬、警馬、警車、刺激物、麻醉物及特定爆炸物。
4. 武器係指；警棍、手槍、左輪槍、長槍、連發手槍及手榴彈。

第三十七條　指令行為

1. 經有指令權者之命令，警察有義務行使直接強制處分，但當此命令有損人性尊嚴或非因職務目的所發者，不在此限。
2. 當依指令行事可能犯罪時，該指令得不予遵守，警察若服從上述指令，除非其明知或依情況顯然知悉，遵指令行將致犯罪者，方負罪責。
3. 警察認為該指令合法性有疑慮時，於情況許可下，得對該指令提出質疑。
4. 公務員法中有關異議權之規定不適用之。

第三十八條　傷者濟助

當事實需要且情況許可時，因直接強制處分而受傷者，應予救助並延醫救護。

第三十九條　直接強制處分之告誡

1. 直接強制前應告誡之。當情況不許可，尤其當強制處分必須立即實施以防止危害時，不在此限。警告射擊視為使用射擊武器前之告誡。
2. 射擊武器及手榴彈之使用，僅限於防止目前身體或生命危害必要時，方不需事先告誡。

3. 對群眾行使直接強制處分時，應盡可能適時告誡，使未參與者尚有時間離開。對群眾中之人使用射擊武器時，使用前應不斷反覆告誡。使用阻具或警馬得不需事前告誡。

第四十條　對人使用銬鏈

依本法或他法被留置之人，有事實足認為其有下列情形者，得對其使用銬鏈：

1. 將攻擊警察或第三人、實行抗拒、損害物品；
2. 有逃亡或被營救脫逃之虞；
3. 將自殺或自傷。

第四十一條　使用射擊武器之一般規定

1. 射擊武器只有在行使其他直接強制方法無效，或顯無結果時，方得使用之。當對物使用射擊武器無法達成目的時，方得對人使用射擊武器。
2. 對人使用射擊武器。只得在使其喪失攻擊及逃亡能力之目的下行使。在安全上極有可能致命之射擊，僅於無他法防止目前生命危害或身體之重傷害時，方得行使之。
3. 對外表狀似未滿十四歲之人，不得使用射擊武器；但當使用射擊武器為惟一防止目前生命及身體危害之方法者，不在此限。
4. 警察明知未參與者極可能受傷害時，不得使用射擊武器。但使用射擊武器為惟一防止目前生命危害之方法者，不在此限。

第四十二條　對人使用射擊武器

1. 有下列情形，方得對人使用射擊武器：
   (1)為防止目前身體或生命之危害；
   (2)為防止即將或繼續犯重罪，或犯輕罪而使用或攜帶射擊武器或爆炸物者。
   (3)為制止於逮捕或查證身分時企圖逃離，且有下列情形之人：
      ①犯重罪之重大嫌疑；或
      ②犯輕罪之重大嫌疑，且經事實足認為其隨身攜有射擊武器及爆炸物。
   (4)對在管束中或應被拘提者逃亡之制止或掌握，且有下列情形者：
      ①因犯重罪經法院判決，或有犯重罪之重大嫌疑；
      ②因犯輕罪經法院判決，或有犯輕罪之重大嫌疑，且有事實足認為其攜帶射擊武器及爆炸物。
   (5)為避免一在管束中之人暴力脫逃。

2. 執行少年之拘禁、少年刑事拘禁、或避免少年從一開放處遇機構脫逃時，不得依前項第四款使用射擊武器。

第四十三條　對人群中之人使用射擊武器

1. 警察知悉對人群中之人使用射擊武器極可能傷及當事人時，不得使用之。但當射擊武器之使用為唯一防止目前生命危害之方法者，不在此限。
2. 非當事人，乃是人群中使用暴行、在行動上顯然同意或支持該暴行，或依第三十九條第三項一再警告仍不自人群中離去者以外之人。

第四十四條　特殊武器、爆炸物

1. 僅於有第四十二條第一項第一、二及五款之情形時，且經內政部長之同意，或於具體案件之中經內政部長委託之人同意，並且有下列情形者，方得使用連發長槍或手榴彈：
   (1)對付使用射擊武器、手榴彈或類似爆炸物之人；
   (2)使用其他射擊武器仍無效時。
2. 連發長槍及手榴彈之使用，僅限於使對方喪失攻擊力。手榴彈不得對人群使用。
3. 有關射擊武器使用之規定不受影響。
4. 對人不得使用爆炸物。

第五章　損害賠償、返還及補償請求權

第四十五條　損害賠償義務要件

1. 依第六條合法要求而受有損害之人，應予相當補償。因警察非法處分而受損害者亦應賠償之。
2. 經警察同意者，自願協助警察執行任務，或將其物提供使用，因而受損害之人，亦應予補償。
3. 其他補償請求權，尤其國家賠償請求權不受影響。

第四十六條　損害賠償之內容、方式及範圍

1. 第四十五條之賠（補）償，原則上僅及於財產損害。關於平常收益或用益停止損失以外所失利益，以及非與警察處分直接有關之不利，僅於防止不合理之不公正時，方予補償。
2. 身體或健康之傷害或人身自由之剝奪等非財產損害之傷害，應予適當賠償。賠償請求權不得轉讓或繼承。但在訴訟繫屬中或經契約承認者，不在此限。
3. 賠償以金錢給付之。因義務處分造成營業能力的消失或減低、需求增加、請求贍養權之喪失或傷害等結果，需賠償時，以定期金給付之。民法第七百六十條適用之。當有特別重要理由時，亦可要求協議以一次金錢給付代替定期金給付。此並不排除受害者對他人贍養給付之請求權。

4. 依請求權之內容及範圍合於賠償請求權時，受害者有向第三人請求之權，請求權轉讓後方得賠償之。
5. 衡量賠償時應顧及各種情況；尤其是損害之方式及可預見性、受害者及其財產是否已受警察措施保護、對損害之產生或惡化之影響、受害者是否有其責任。賠償之義務及範圍，尤應視損害主要係由受害者或警方所引起而定。

第四十七條　間接受害者之請求權

1. 有死亡情形時，依第四十六條第五項之範圍，應賠償喪葬費予有義務負擔喪葬費者。
2. 死者於受害時與第三人間有某種關係，因該關係死者依法對其有贍養義務、或將對其有贍養義務、或因死亡而剝奪第三人之贍養請求權，第三人得於第四十六條第五項之範間內請求；死者若未死亡，在其可能有生之年扶養所需相當費用之賠償。第四十六條第三項第三至第五句準用之。第三者受傷害時為胎兒，亦可請求賠償。

第四十八條　賠償請求權之時效

賠償請求權之時效，為自受傷害之時起算三年，有第四十七條情形者，自知傷害及賠償義務人時起算三年。若無法知悉，時效自有傷害事實起算三十年。

第四十九條　賠償義務人，補償請求權

1. 執行處分之警察人員所屬機關有賠償義務。
2. 警察係為他機關處理事務者，他機關負有賠償義務。
3. 於前項情形，惟有因措施執行方式之故，賠償義務機關方得向執行處分之警察人員所屬機關要求返還費用，但賠償義務機關對此執行之方式應自負其責者，不在此限。

第五十條　向有責人求償

1. 若賠償義務機關已依第四十五條第一項第一句或第二項賠償，得依第四十九條向第四條或第五條之有責任人要求費用之補償。
2. 多人同負其責，視為共同債務人。

第五十一條　救濟途徑

損害賠償請求之訴，由普通法院管轄。依第四十九條第三項或第五十條費用返還或補償，由行政法院管轄。

第六章　終結現定

第五十二條　他邦或聯邦警察之職務行為

1. 有下列情形者，他邦警察得在本邦內執行職務上之行為：
   (1)經有管轄權機關之要求或同意；
   (2)有基本法第三十五條第二項、第三項及第九十一條第一項情形者；
   (3)為防止目前重大危害、為追緝現行犯、追緝或逮捕逃犯，而管轄機關無法即時採取必要措施者；
   (4)為完成運送人犯之警察任務；
   (5)為偵緝犯行及違反秩序行為，或為防止危害而與他邦訂有行政協定者。
   有第三至第五款情形者，應立即通知管轄機關。
2. 他邦警察依前項執行任務時，具有與本邦警察相同之職權。其措施視同該地區或事務管轄範圍內之警察所為之措施，但應聽命於該邦。
3. 前兩項適用於聯邦警察。

第五十三條　於（本）邦管轄範圍以外之警察職務行為

1. （本）邦之警察，限於第五十二條第一項第一句及基本法第九十一條第二項或他邦邦法或聯邦法有規定之情形下，方得於他邦或聯邦管轄範圍之內執行任務。
2. 若非於本邦需用警力較支援他邦更急切，經他邦請求時應同意支援之。該請求應包括決定勤務委託之所有要件。

附錄二
日本警察官職務執行法*

第一條（本法之目的）

1. 本法制訂之目的，乃為使警察官能忠實地順利進行警察法所定之保護個人生命、身體及財產，預防犯罪，維持公安以及執行其他法令等職權職務，而規定其必要之手段。
2. 本法所規定之手段，以執行前項目的之必要最小限度為限，不得濫用。

第二條（盤問）

1. 警察官因異常舉動及其他周圍情事而合理判斷，認為有相當理由足認定其人有犯某罪或將犯某罪之嫌，或認定其人對已發生之犯罪或即將發生之犯罪知情，得將其人攔停盤問。
2. 為前項盤問時，苟認在現場為之對其人不利，或將妨礙交通時，得要求其人同行至附近警察分局、派出所或駐在所，以便盤問。
3. 前二項所規定之人，非依刑事訴訟法相關法律之規定，不得拘束其身體自由，或違反其意思強求至警察分局、派出所或分駐所，或強其答辯。
4. 警察官對依刑事訴訟相關法律所逮捕之人，得檢查其身體是否攜帶凶器。

第三條（保護）

1. 警察官因異常舉動及其他周圍情事而合理判斷，發現有明確符合下列各款情形之一，並且有相當理由足信其有緊急救護之必要者，應暫時將其送至警察分局、醫院、精神病患收容所、救護所等適當場所，予以保護。
   (1)因精神錯亂、泥醉，而有危害自己或他人生命、身體或財產之虞者。
   (2)迷童、病患、受傷者等，無適當保護人在場，而認有緊急救護之必要者（但經本人拒絕者，不在此限）。
2. 為前項處置時，警察官應盡可能地迅速告知其家屬、友人或其他關係人，並採取處理其人之必要準備。若無法聯絡有責任之家屬或友人時，應迅速將其人送至適當之公眾保健或公共福利機關，或依法令應負責處理其人之其他公家機關，繼續

* 鄭善印，〈日本法制上警察之行政質問與司法偵查權之糾葛〉，收錄於《法與義——Heinrich Scholler教授七十大壽祝賀論文集》，五南圖書出版公司，2000年5月，頁487-489。

處理。

3. 依第一項規定警察所為之保護，不得超過二十四小時。但有簡易法裁判所（指管轄為該保護行為之警察官所屬之警察分局所在地之簡易裁判所。以下皆同）認可之許可狀者，不在此限。
4. 前項但書所定許可證之頒發，應基於警察官之請求，且裁判官確認有不得已之事由時為限始得發給，其延長時間合計不得超過五日。其許可狀應載明確認為不得已之事由。
5. 警察官依第一項所為之保護，應將其人之姓名、住所、保護之理由保護及移送之時、日暨移送之地點，每週向簡易裁判所報告。

第四條（避難等措施）

1. 警察官於認為有危害人之生命、身體，或重大損害其財產之虞之天災、事變、工作物損壞、交通事故、危險物爆炸、狂犬、奔馬等動物出現或極端混亂等危險事態發生時，得對在場之人、該事物之管理人或其他關係人為必要之警告，或於特別緊急時，對於有受危害之虞者，為避免其在場之危害，於必要限度內將其留置，或使其避難，或對在場之人、該事物之管理人或其他關係人，為防止危害，令其採取通常認為必要之措施，或由警察官自行採取該措施。
2. 警察官對於依前項規定所採取之處置，應循序報告所屬之公安委員會。此時，公安委員會應採取適當措施，請求其他機關對於後序處置給予必要之協助。

第五條（犯罪之預防與制止）

警察官於認為犯罪確將發生時，為預防犯罪，得對關係人為必要之警告，又，該犯罪行為若有危害人之生命、身體，或重大損害財產之虞時，於緊急情況下，得制止該行為。

第六條（侵入）

1. 警察官於前二條所定之危險事態發生，而迫切危害人之生命、身體或財產時，為預防該危害，防止損害擴大，或救助被害者，認有不得已時，得於合理判斷之必要限度內，侵入他人土地、建築物或舟車。
2. 娛樂場所、旅館、酒店、車站或其他多數客人囷集場所之管理人或類似之人，在公開時間內，對於警察官因預防犯罪或預防對於人之生命、身體或財產之危害，而要求侵入時，若無正當理由不得拒絕。
3. 警察官依前二項規定侵入時，不得任意妨害關係人之正當業務。
4. 警察官依第一項或第二項規定侵入時，經該場所管理人或類似之人要求，應告以理由並出示身分證件。

第七條（武器之使用）

1. 警察官為逮捕人犯或防止脫逃，或為防護自己或他人，或為壓制妨害公務之抵抗，而有相當理由可認為必要時，得於合理判斷之必要限度內，因應事態使用武器。但除有刑法第三十六條（正當防衛）或同法第三十七條（緊急避難）情形，或符合下列各款情形之一外，不得危害人民。
   (1)為逮捕所犯為死刑、無期徒刑、三年以上懲役或禁錮之重罪之現行犯，或有充分理由足信為其已犯該等之罪之人，或為防止該等之人在警察官執行職務時抵抗或脫逃，或第三者為使其脫逃而抵抗警察官時，警察官有相當理由足信為無其他手段可得防止時。
   (2)依令狀執行逮捕、拘提或羈押時，為逮捕或防止其於警察官執行職務時為抵抗或脫逃，或防止第三者為幫助其脫逃而抵抗，警察官有相當理由足信為無其他手段可得防止時。

第八條（依其他法令規定之職權職務）

警察官除本法規定外，應依刑事訴訟及其他相關法令以及警察法規，執行其職權職務。

附則

本法自公布之日起實施。

國家圖書館出版品預行編目資料

警察職權行使法逐條釋論／李震山等著. ——三版. ——臺北市：五南，2020.09
面； 公分
ISBN 986-522-274-1（平裝）

1.警政法規

575.81 109013664

1U60

警察職權行使法逐條釋論

作　　者— 李震山、蔡庭榕、簡建章、李錫棟
許義寶（377.2）
發 行 人— 楊榮川
總 經 理— 楊士清
總 編 輯— 楊秀麗
副總編輯— 劉靜芬
責任編輯— 林佳瑩
封面設計— 王麗娟
出 版 者— 五南圖書出版股份有限公司
地　　址：106台北市大安區和平東路二段339號4樓
電　　話：(02)2705-5066　傳　真：(02)2706-6100
網　　址：http://www.wunan.com.tw
電子郵件：wunan@wunan.com.tw
劃撥帳號：01068953
戶　　名：五南圖書出版股份有限公司
法律顧問　林勝安律師事務所　林勝安律師
出版日期　2005年2月初版一刷
2015年3月初版四刷
2018年12月二版一刷
2020年9月三版一刷
定　　價　新臺幣720元

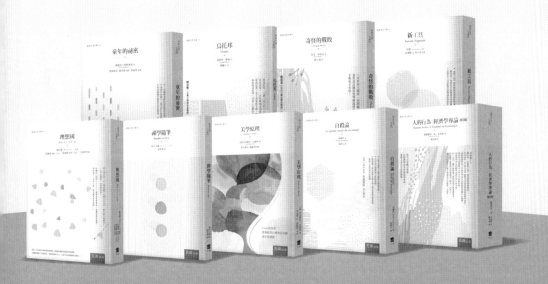